CW01664629

EDIZIONI **VERSANTE SUD**

Prima edizione: Marzo 2002
Seconda edizione: Aprile 2007
Terza edizione: Maggio 2013

ISBN: 978-88-896634-76-9

Copertina Jorg Verhoeven su *Brento Centro* al Monte Brento *(foto Heiko Wilhelm)*

Testi e disegni Diego Filippi

Stampa Monotipia Cremonese

Ringraziamenti
Grazie a Versante Sud che per la terza volta ha creduto e investito in questo lavoro.
Grazie a tutti i miei amici e compagni di cordata, per le innumerevoli giornate trascorse sulle pareti del Sarca, a ripetere itinerari dimenticati e a tracciare qualche via nuova, in particolare un grazie a Chistian Della Maria, Fabio Demetri, Francesco Devigili, Roly Galvagni, Luca Pilati.
Grazie agli alpinisti che hanno scritto qualcosa delle loro avventure in Valle: Roly Galvagni, Maurizio Giordani, Heinz Grill, Giovanni Groaz, Umberto Marampon, Giuliano Stenghel.
Grazie ai Sass Baloss Matteo Bertolotti e Luca Galbiati per le tante foto fornite.
Grazie a tutti gli alpinisti apritori delle ultime 200 vie.
Grazie a Ruggero del ristorante La Lanterna, alla parete di San Paolo, per la grandissima ospitalità che offre a tutti gli alpinisti.

NOTA
L'arrampicata è uno sport potenzialmente pericoloso, chi lo pratica lo fa a suo rischio e pericolo. Tutte le notizie riportate in quest'opera sono state aggiornate in base alle informazioni disponibili al momento, ma vanno verificate e valutate sul posto e di volta in volta, da persone esperte prima di intraprendere qualsiasi scalata.

FOR CLIMBING
BOOKS FOR BOLTS

Con il patrocinio del
Comune di Arco

Diego Filippi

ARCO PARETI

Vie classiche, moderne e sportive nella Valle del Sarca

Piccolo Dain
Monte Casale
Pian dela Paia
Placche Zebrate
Monte Brento
Cima alle Coste
Coste dell'Anglone
Mandrea
Monte Colt - San Paolo
Monte Colodri

EDIZIONI **VERSANTE SUD**

VERSANTE SUD

Prefazione

I caldi raggi del sole mi fanno sudare dopo soli cinque minuti di cammino sul ripido sentiero, che mi porta alla base di una fessura colma di chiodi vecchi e insicuri. La luce colora la parete d'infinito come infinita appare questa linea strapiombante che sale verso il cielo. Oggi tutte le nostre preoccupazioni e i nostri pensieri svaniranno e questa salita c'insegnerà a respirare e a bastare a noi stessi.
Diverse volte dalla cengia del piccolo Dain mi sono ritrovato con il naso all'insù per tentare di immaginare lo sguardo di Angelo Ursella che, quel giorno, inseguiva l'immortalità.
La linea che stiamo per ripetere è una delle più vecchie aperte in Valle del Sarca, ma di certo per me è e resterà la più affascinante. Le staffe e un duro lavoro di carpenteria sono gli ingredienti necessari per progredire. Oggi tutto suona decisamente fuori moda ma fieri di essere controcorrente procediamo sino a uscire in vetta. Lo spettacolo è unico. Da questa sosta appesa, un vento freddo raccoglie le nostre emozioni e le porta verso l'imbocco della valle, dove il clima è più mite e il lago le culla dolcemente. Da questa sosta pare di dominare l'intera valle. Generazioni di alpinisti hanno inseguito fessure e forzato strapiombi, ma soprattutto, regalato sguardi alla montagna.
Qui grandi uomini hanno tracciato indelebili linee di salita. Detassis utilizzò persino un chiodo da ghiaccio per superare l'estetica Canna d'Organo. Qui itinerari classici si alternano a quelli sportivi. L'artificiale abbraccia gli innovativi itinerari tracciati e curati dal creativo Heinz Grill, mischiandosi ai segni di chi non vuole lasciare tracce.
Tutte queste montagne, tutte queste linee non sarebbero nulla se non ci fossero gli uomini con i loro sogni. Sogni che scolpiti dal nostro io e cullati dalla condivisione con il compagno di cordata, ci conducono verso un qualcosa d'indecifrabile per la maggior parte delle persone ma estremamente nitido per l'alpinista. E sono proprio i rapporti tra le persone, e le conseguenti condivisioni che nascono durante l'arrampicata a trasformare una semplice salita in qualcosa di unico. La valle del Sarca è un mondo fantastico, fatto di luci e colori, fatto di sogni e di desideri. La valle del Sarca è tutto... e niente.
Descrivere una Valle non è semplice. Bisognerebbe raccontare delle persone che l'hanno frequentata, delle persone che l'hanno amata e la amano ancora. Bisognerebbe raccontare di gente che con la semplicità di un bambino riesce ancora a trovare nuove linee, nuove avventure.
La storia di Diego è quella di uno dei tanti innamorati della valle, per me sei anni fa lui rappresentava una fotografia su di un libro pieno di disegni che raccontano salite a volte per me troppo difficili, e oggi, un Amico con il quale ho condiviso tante avventure verticali. Sicuramente il dono più grande che la Valle del Sarca mi ha dato.
Dire che Diego è innamorato della Valle è riduttivo. È un'affermazione che non trasmette la passione che si sprigiona ogni giorno quando da Sopramonte Diego scende in questo mondo magico. Arrampicare, camminare, salire una ferrata o sistemare un sentiero d'accesso non ha importanza. L'importante è alzare lo sguardo su queste pareti e iniziare un dialogo con loro.
Occupare questo spazio, con la consapevolezza di essere stato preceduto da due grandi alpinisti come Samuele Scalet e Maurizio Giordani è un onore per me troppo grande. Un onore che solo un Amico ti può concedere.

Matteo Bertolotti

Introduzione

Questa nuova edizione, non è solo l'aggiornamento del 2007, ma una nuova guida: rinnovata e corretta nei testi e completamente rifatta negli schizzi.

Negli ultimi cinque anni, la Valle del Sarca è letteralmente esplosa, sia come numero di vie aperte sia come numero di alpinisti presenti. In questi ultimi anni, sono nate oltre 200 vie, di ogni tipo e difficoltà, e quasi sempre si tratta di itinerari belli, meritevoli e consigliati. In totale, in questa guida vengono relazionati circa 520 itinerari! Un bel numero, visto che si tratta di vie lunghe mediamente dai duecento ai trecento metri.

La nostra valle sta diventando quindi sempre più ricca e bella, e il mio primo grazie va a tutti gli alpinisti apritori di nuove vie. Ormai, aprire vie nuove in valle del Sarca, oltre alla spesa economica per chiodi e fix, comporta un grande lavoro di disgaggio e pulizia, e questo è un notevole sacrificio che va riconosciuto e rispettato. Mi preme ricordare che in valle del Sarca non esistono chiodatori professionisti, ognuno ci mette tutto di tasca propria, in termini di tempo, impegno e soldi.

Inoltre occorre ricordare che, anche se ci troviamo in strutture rocciose di fondovalle, attrezzate abbondantemente a fix e super frequentate, siamo sempre su pareti pericolose per la caduta di sassi. La caduta di sassi è il pericolo principale che possiamo incontrare in valle: evitate una via quindi se la trovate troppo affollata. Attenzione anche alle giornate troppo ventose o dopo forti piogge.
Detto questo, non mi resta che augurare a tutti buone salite in questo piccolo ma meraviglioso parco avventura.

Diego Filippi

Introduzione tecnica

ACCESSI STRADALI

Le pareti trattate in questa guida sono quelle che, scendendo dal paese delle Sarche fino ad Arco, precipitano dai fianchi del Monte Casale e del Monto Brento. Ovvero, quelle visibili dalla strada sulla destra orografica della valle. Il paese delle Sarche e il paese di Arco rappresentano sia l'entrata che l'uscita della valle ed entrambi sono facilmente raggiungibili dall'autostrada A22 Brennero-Modena. Per chi viene da Nord, uscire al casello di Trento Centro e seguire le indicazioni per il Lago di Garda o per Madonna di Campiglio. Da Trento in circa 30 min. si arriva al paese delle Sarche. Per chi proviene da Sud, uscire al casello di Rovereto Sud e seguire le indicazioni per il Lago di Garda e Arco. Da Rovereto in circa 20 min. si arriva al paese di Arco.

BASI LOGISTICHE

Per l'alpinista (quasi sempre squattrinato), le basi migliori sono i campeggi di Arco e di Pietramurata. Il primo si trova sotto le pareti dei Colodri, vicino alla piscina comunale, mentre il secondo, dietro l'Hotel Daino, proprio lungo la strada principale che percorre la valle. Alberghi e ristoranti se ne trovano poi lungo tutta la valle. Per la vostra fame, oltre ai molti locali di Arco, segnalo il piccolo alimentari Lunelli alle Sarche, che propone panini di ogni gusto e dimensione.

LE PARETI

La qualità migliore della Valle del Sarca è che sa offrire una grande varietà di itinerari sia all'alpinista sia all'arrampicatore sportivo. L'alpinista troverà pane per i suoi denti sulle grandi pareti del Brento o del Casale, e per allenarsi le più modeste pareti del Pian dela Paia o della Mandrea, che presentano dei piccoli ma veri capolavori alpinistici. L'arrampicatore sportivo, dal canto suo, ha solo l'imbarazzo della scelta: vie attrezzate a spit-fix di ogni difficoltà e lunghezza.

Amo molto questa Valle e la particolare arrampicata che offre, anche se spesso erbosa o friabile. Quindi non stupitevi se arrivo a cosigliarvi una fantastica via lungo fessure erbose, la Valle è così...

MATERIALE

Non credo che serva spendere tante parole sulla scelta del materiale da portare: ognuno ha le sue abitudini consolidate.

Vorrei però consigliare solo alcune cose.

Per tutte le vie alpinistiche portatevi sempre una buona scelta di chiodi, una bella serie di stopper e alcuni friend. Magari una staffa può sempre essere utile. Inoltre, è opportuno avere con sé molti cordini o fettucce da poter abbandonare alle soste in caso di ritirata.

Per le vie in artificiale è fondamentale non dimenticare mai il perforatore manuale e alcuni spit. Sarebbe un vero peccato rinunciare alla salita solamente perché un vecchio chiodo a pressione ha ceduto.

Per le vie sportive, potrà essere utile una staffa con qualche gancetto, per risolvere velocemente dei boulder ritrosi a farsi domare... soprattutto sugli itinerari molto lunghi, nei tratti finali, dove la fatica si fa sentire.

Ogni salita va affrontata sempre con due mezze corde. La corda singola è da bandire sulle vie lunghe, risparmiandola per la falesia!

Nei periodi caldi portatevi molta acqua e d'inverno, anche se la giornata è calda, ricordatevi che nel pomeriggio si alza spesso un vento gelido.

METEO

Sicuramente il bollettino meteo più affidabile, se avete il computer, è quello fornito dalla provincia di Trento.
http://www.provincia.tn.it/meteo/
oppure telefonico 0461238939

CONSIGLI E RACCOMANDAZIONI

È inutile sottolineare che nonostante abbia scritto con la massima cura questa guida, sicuramente ci sarà qualche dimenticanza, inesattezza o incompletezza. Di questo chiedo anticipatamente scusa ai lettori-fruitori, sperando in una loro collaborazione nel segnalarmi, attraverso gli indirizzi della casa editrice, eventuali contributi migliorativi per una nuova edizione.
Un consiglio: lasciate la vostra auto sempre vuota e sempre aperta nei posteggi indicati per gli avvicinamenti alle vie. Ormai i furti avvenuti non si contano più, almeno così salverete finestrini o serrature.

COME LEGGERE LA GUIDA

La guida è divisa in dieci capitoli principali, che si riferiscono ai dieci principali gruppi rocciosi della Valle. Ogni gruppo è stato a sua volta diviso in vari settori. Per ogni settore vengono descritti, o almeno menzionati, tutti gli itinerari attualmente esistenti.
Ogni gruppo inizia con un'introduzione con note anche storiche e una cartina per rappresentare gli accessi stradali, i parcheggi e i relativi settori.
Ogni settore inizia con una testata che riporta il numero progressivo del settore e il gruppo di appartenenza.
Dopo una breve introduzione, vengono descritti:
- l'accesso, con le indicazioni sul percorso e sui tempi da dove si lascia l'auto fino alla base della parete. L'attacco, nel dettaglio, viene spiegato poi singolarmente per ogni via.
- la discesa, con delle indicazioni sul percorso e sui tempi, che generalmente sono uguali per tutte le vie dello stesso settore.
- l'elenco delle vie presentate con lunghezza e tipo (a spit o alpinistiche).
- la descrizione degli itinerari, con il tracciato, la foto, una breve descrizione e tutti i dati strettamente tecnici.
- le altre vie, con una lista degli itinerari poco interessanti o sconosciuti ma che ho voluto comunque ricordare per la loro importanza storica o esplorativa.
Ogni itinerario viene valutato secondo parametri di bellezza e consigliabilità.

VALUTAZIONE DELLA BELLEZZA

★	Via sconsigliata, idea da abbandonare
★★	Via discreta, per chi ha già fatto tutto
★★★	Via bella, da ripetere
★★★★	Via stupenda, consigliata
★★★★★	Via meravigliosa, il massimo che la Valle può offrire, assolutamente da non perdere.

Attenzione! I giudizi sulla bellezza sono personali e assolutamente soggettivi.

SOCCORSO ALPINO

In caso di necessità il numero da chiamare è il 118.

VALUTAZIONE DEGLI ITINERARI

Per classificare in maniera più completa le vie, si è adottata la scala estesa di valutazione che scinde l'impegno generale di una via (ambiente, lontananza dal fondovalle, lunghezza, impegno psicologico) da quello relativo alla distanza o alla posa delle protezioni. Tutto questo per forza separato dalla difficoltà tecnica, comunemente espressa con la scala francese o UIAA.
Avremo dunque tre parametri da valutare e quindi tre scale diverse da affiancare nella relazione di una determinata via: la difficoltà tecnica, la proteggibilità, l'impegno generale.
Per avere l'idea più precisa di una via, sarà dunque necessario esprimerli sempre tutti e tre, perché nessuno di essi, preso separatamente, potrà dare sufficienti informazioni al ripetitore.

LA DIFFICOLTÀ TECNICA

Si è adottata la scala francese per le vie attrezzate a spit e di carattere sportivo e la scala UIAA per quelle più alpinistiche attrezzate

	PROTEGGIBILITÀ
S1	Spittatura normale, come quella utilizzata in falesia. Distanza mai superiore ai 3-4 m tra uno spit e l'altro. Lunghezza potenziale caduta qualche metro al massimo e volo senza conseguenze.
S2	Spittatura distanziata e tratti obbligatori tra le protezioni. Lunghezza potenziale caduta una decina di metri al massimo e volo senza conseguenze.
S3	Spittatura distanziata, passaggi quasi sempre obbligatori. Distanza tra gli spit anche superiore ai 5 metri, voli lunghi ma non eccessivamente pericolosi.
S4	Spittatura molto distanziata (oltre i 7 metri), passaggi obbligatori. Una caduta può potenzialmente provocare un infortunio.
S5	Spittatura oltre i 10 m, passaggi obbligatori e tratti dove una caduta può sicuramente provocare un infortunio (caduta su terrazzi e cengie o al suolo).
S6	Spittatura solo parziale e posizionata lontano dai passaggi chiave, tratti molto lunghi, anche superiori ai 20 m, in cui una caduta può avere conseguenze anche letali.
R1	Facilmente proteggibile con protezioni sempre solide, sicure e numerose. Limitati tratti obbligatori. Lunghezza potenziale caduta qualche metro e volo senza conseguenze.
R2	Mediamente proteggibile con protezioni sempre solide e sicure ma più rade. Tratti obbligatori tra le protezioni. Lunghezza potenziale caduta qualche metro al massimo e volo senza conseguenze.
R3	Difficilmente proteggibile con protezioni non sempre buone e distanti. Lunghi tratti obbligatori. Lunghezza potenziale caduta fino a 7-8 metri al massimo e volo con possibile infortunio.
R4	Difficilmente proteggibile con protezioni scarse o inaffidabili e/o distanti che terrebbero solo una piccola caduta. Lunghi tratti obbligatori. Lunghezza potenziale caduta fino a 15 metri con possibilità di fuoriuscita di ancoraggi e volo con probabile infortunio.
R5	Difficilmente proteggibile con protezioni scarse, inaffidabili e distanti che terrebbero solo una piccola caduta. Lunghi tratti obbligatori. Possibilità di lunghe cadute e di fuoriuscita di ancoraggi che può determinare un volo fino a terra con infortunio sicuro.
R6	Improteggibile se non per brevi e insignificanti tratti lontani dai passaggi chiave del tiro. Una eventuale caduta può avere conseguenze anche letali.

prevalentemente a chiodi. Per ogni itinerario viene indicato sia il grado massimo, sia quello obbligatorio. In alcuni casi viene anche indicato il numero di passaggi che devono (non essendo stati ancora saliti in libera) essere superati in artificiale.

LA PROTEGGIBILITÀ

Ho utilizzato una scala che tiene conto esclusivamente della distanza e dell'affidabilità degli ancoraggi, usando la lettera "S" nel caso di vie spittate e la "R" nel caso di vie attrezzate a chiodi o non attrezzate. Per le eventuali vie miste la sigla è "RS".
Questa tabella è suddivisa in 6 livelli, dove il livello R6 consiste in una lunghezza quasi o totalmente improteggibile, con rischi anche letali in caso di caduta. Naturalmente la scala è aperta.

	IMPEGNO GLOBALE
I	Una via corta richiedente poche ore, nei pressi della strada e con comodo avvicinamento, ambiente solare e ritirata comoda.
II	Via di diverse lunghezze su una parete superiore ai 200 m, avvicinamento facile anche se può richiedere una discreta marcia, comoda ritirata.
III	Via lunga oltre i 300 m, ambiente severo, richiede quasi tutta la giornata per essere superata. Può richiedere un lungo avvicinamento e la ritirata può non essere veloce.
IV	Via molto lunga, superiore ai 500 m, su parete severa e distante dal fondovalle. Richiede un'intera giornata per essere superata. La ritirata può essere complicata e non svolgersi sulla linea di salita.
V	Via molto lunga stile big wall, richiede normalmente un bivacco in parete. Ritirata difficile, ambiente severo.
VI	Big wall che richiede più giorni di permanenza in parete, ambiente di alta montagna, ritirata difficile.
VII	Tutte le caratteristiche proprie del grado VI esasperate, come nel caso di big-wall himalayane che necessitano di una spedizione per essere superate.

L'IMPEGNO GLOBALE

Questa scala sostituisce la scala classica francese (TD, ED...) nel valutare l'impegno globale di una via, l'ambiente in cui si svolge, la difficoltà di ritirata e la lontananza dal fondovalle. È sostanzialmente la scala americana in uso per le big wall, espressa in numeri romani da I a VII (ma si tratta di scala aperta) e affiancata alla difficoltà tecnica.

Come si deduce dalla tabella la gradazione è slegata totalmente dalla difficoltà, che andrà quindi sempre affiancata al numero romano.

LEGENDA DEI SIMBOLI

Tempo di avvicinamento

Tempo di discesa

Altezza massima della parete

Esposizione

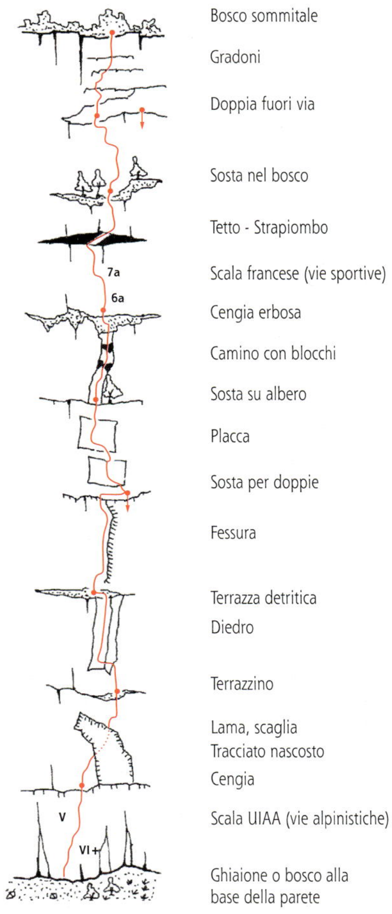

I PROTAGONISTI DELL'ARRAMPICATA IN VALLE DEL SARCA

Se il grande parco d'arrampicata della valle del Sarca esiste è per merito di tutti gli alpinisti che su quelle pareti vi hanno tracciato degli itinerari. Dopo le prime timide esplorazioni negli anni '30, salvo la puntata di Cesare Maestri al Limarò negli anni '50, la valle è rimasta a lungo abbandonata. Si può dire che la vera esplorazione inizia nel 1970, da allora il numero delle vie e degli alpinisti è in costante crescita.

Marcello Friederichsen e Luigi Miori
Protagonisti per aver aperto nel 1933 la prima via in valle del Sarca sulla grande parete del Casale. Una grande salita per quei tempi, se si considera che è lunga oltre 1000 metri e presenta difficoltà fino al sesto grado.

Bruno Detassis
Prima via aperta nel 1935: via del Gran Diedro al Casale.
Bruno, con l'apertura della via del Gran Diedro al Casale e della via della Canna d'Organo al Piccolo Dain rappresenta certo uno dei primissimi esploratori della valle del Sarca. Tutt'ora questi itinerari sono difficili e poco ripetuti.

Heinz Steinkotter e Heini Holzer
Prima via aperta nel 1966: via Steinkotter a Cima alle Coste.
Heinz è strato il primo grande esploratore delle pareti della valle. Bisogna ricordare le sue vie al Casale, a Cima alle Coste e al Monte Brento. Grandiosi itinerari di stampo decisamente alpinistico, tutti molto lunghi, dal notevole sviluppo e dal grande impegno fisico e morale. Heini va ricordato per la sua fantastica trilogia al Pian dela Paia: la via Holzer Reali, il Gran Diedro e la via Traudi sono ancora oggi itinerari ambiti e temuti.

Andrea Andreotti, Marcello Rossi e Franco Gadotti
Prima via nuova nel 1971: via Rita alla Parete Zebrata.
Andrea e Marcello sono stati dei grandissimi esploratori delle pareti della valle del Sarca. Primi a sfidare la Grande Placconata del Monte Brento aprendo la via Graziella. Col giovane Franco Gadotti sfidarono poi altre grandi pareti: lo spigolo Betti al Brento, la Vedovella al Casale e la Gadotti al Limarò rappresentano tutt'ora itinerari di serio impegno e di grande valore alpinistico.
Franco Gadotti era presente anche durante l'apertura della grandiosa Via degli Amici al Monte Brento.

Mauro Ischia e Ugo Ischia
Prima via aperta nel 1972: via Bertamini al Colodri.
I cugini Ischia hanno il merito di aver sfidato per primi le vertiginose parete del Colodri, tracciando veri capolavori come la via Bertamini, la via Barbara e la via Sommadossi. Altri itinerari li troviamo sulle pareti di San Paolo o in Mandrea, come la storica e classica Via delle Fontane.

Giuliano Stenghel
Prima via nuova nel 1976: via Agostina al Colodri.
Giuliano, Guida Alpina, è di certo tra i massimi protagonisti della valle del Sarca, innumerevoli sono i suoi capolavori. Via del Missile al Casale, il Pilastro Gabrielli in Mandrea, via Big Bang al Pian dela Paia sono esempi di audacia e logica alpinistica. Grande esploratore di pareti vergini, ha tracciato itinerari in ogni angolo della valle, tutti di indiscusso valore storico ed alpinistico. Altri capolavori di Giuliano sono: la via Stenico, la via Katia e la via Micheluzzi al Colodri. La via Mario Centi all'Anglone e il Pilastro Olimpos alla Pala dele Lastiele. La via Emanuele Zenatti, la via Andrea Calliari e la Via il magnesio dalla roccia alla Parete Ghandi. Il Pilastro Einstein e la temibilissima via Follia al Casale.

Giovanni Groaz e Palma Baldo
Prima via aperta nel 1978: via Baldo Groaz al Pian dela Paia.
Tra i grandi esploratori della valle ricordiamo la coppia Giovanni, Guida Alpina, e Palma, molte sono le loro realizzazioni, alcune di grande ingaggio come la via Palma al Brento,

e altre diventate famose e ripetutissime come le vie Vegetable e Kerouac al Pian dela Paia. Giovanni aprì anche i grandi capolavori come la via Gadotti al Pilastro Magro, la via degli Amici al Monte Brento e il Pilastro Gobbo al Casale.

Maurizio Zanolla "Manolo"
Prima via nuova nel 1978: via Gadotti al Pilastro Magro.
Sono poche le aperture di Manolo in valle del Sarca, ma basti ricordare la sua temibile via al Pilastro Magro e l'indiscusso capolavoro della via Zanzara ai Colodri. Di Manolo sono anche le grandi classiche al Pian dela Paia come la via Cesare Levis e la via Factotum.

Marco Furlani
Prima via aperta nel 1978: via dell'Amicizia alla Parete Zebrata.
Grande alpinista, Accademico del CAI e Guida Alpina, Marco ha tracciato sulle pareti del Sarca grandi capolavori alpinistici, di grande ingaggio e ampio respiro. Ricordiamo la via dell'Anniversario al Brento, la via Alba Chiara al Casale e la via Luce del Primo Mattino al Piccolo Dain.

Roberto Bassi
Prima via aperta nel 1979: via White Crack al Colodri.
Roberto concentra le sue aperture principalmente sulle pareti del Colodri, prima fra tutte la mitica via Zanzara. Da ricordare che rimane sua, la prima via sportiva aperta dall'alto in valle del Sarca: la via Specchio delle mie Brame.

Maurizio Giordani
Prima via nuova nel 1979: via Black Hole in Mandrea.
Grande alpinista, Accademico del CAI e Guida Alpina. Notevoli le sue realizzazioni sulle pareti del Sarca. Caratteristica comune: altissima difficoltà in arrampicata libera. Ricordiamo le vie Fiore di Corallo e Genghiz Khan in Mandrea e la repulsiva via della Rinascita a Cima alle Coste

Aldo Leviti e Ermanno Salvaterra
Prima via aperta nel 1979: via Sganzini al Colodri.
Le realizzazioni di Aldo e Ermanno, sono tutte di gran classe e di serio impegno fisico e morale. La via del Bepi e la via Sganzini al Colodri, con la via del Sole Nascente a Cima alle Coste rappresentano tutt'ora salite apprezzate e molto ambite.

Marco Pegoretti e Edoardo Covi
Prima via nuova nel 1980: via Luna di Miele al Pian dela Paia.
Marco, Guida Alpina e Edoardo, Accademico del CAI, formano una cordata straordinaria e hanno aperto sulle pareti del Sarca itinerari alpinistici estremamente difficili. Vale la pena ricordare la via Supergrafite al Casale, la Pegoretti Covi al Limarò e la straordinaria via La luna e i Falò a Cima alle Coste.

Rolando Larcher
Prima via nuova nel 1983: via Ugo Merz al Primo Pilastro del Casale.
Fortissimo arrampicatore sportivo, protagonista in valle del Sarca per l'apertura di notevoli itinerari di elevatissima difficoltà, sia sportiva che alpinistica, come Viaggio nel Passato al Casale o La Rosa dei Venti al Dain. L'apertura di Scirocco rimane importante per essere una delle prime vie, di tale difficoltà, ad essere stata aperta dal basso.

Umberto Marampon
Prima via nuova nel 1985: via Bepi Mazzotti al Piccolo Dain.
Umberto va ricordato per le sue bellissime salite in artificiale. Col suo particolare stile di chiodatura ha tracciato linee logiche e molto eleganti. Va menzionato il favoloso trittico dei Colodri: via DDT al Pilastro Zanzara, via Cismon '93 alla Rupe Secca e la via Berto 8.80 alla Rupe del Castello.

Dario Sebastiani
Prima via aperta nel 1988: via Viaggio nel Passato al Secondo Pilastro del Casale.
Le vie nuove di Dario, Accademico del CAI, sono tutte impegnative e decisamente severe sotto il profilo alpinistico e morale. Viaggio nel Passato al Casale, Gandalf il Mago al Monte Brento e la via dei Naufraghi in Mandrea rappresentano salite molto ambite e temute.

Diego Filippi
Prima via nuova nel 1992: via Vertigine al Monte Brento.
Accademico del CAI e Guida Alpina. Dalle grandi scalate artificiali del Monte Brento alle tranquille vie plaisir della Mandrea, numerosi sono i suoi itinerari e in ogni angolo della valle. Tra le più belle vie sportive ricordiamo la via Soleado e la via Moana in Mandrea. La via Nuvole Bianche e la via Casinò Royale a Cima alle Coste. Per le vie in artificiale, la via Universo Giallo al Brento, la Mauro Rostagno al Dain, e la via Fiore di Loto al Monte Colt rappresentano bellissimi itinerari in questo stile. Imponenete il suo lavoro di raccolta e classificazione di tutte le vie della valle sfociato in tre edizioni della guida di riferimento sulle pareti del Sarca.

Paolo Calzà
Prima via aperta nel 1992: via Ricci e Capricci alla Rupe Secca.
Le vie di Paolo, Guida Alpina, sono tutte dei veri e propri capolavori. Linee logiche e d eleganti, roccia ottima e chiodatura mai abbondante. Ricordiamo la via Passi Falsi, la via Sottovuoto e la via Segantini ai Colodri, vie molto apprezzate e ripetute.

Ivo Rabanser
Prima via nuova aperta nel 1992: via Freccia nel Cielo al Piccolo Dain.
Accademico del CAI e Guida Alpina, Ivo ha tracciato sulle pareti del Sarca numerosi itinerari. Tutti mantengono un'impronta decisamente alpinistica. Linee logiche ed eleganti, con chiodatura tradizionale e mai abbondante, sono le caratteristiche delle sue salite. La via Sintesi e Vecchi tempi alle Coste dell'Anglone e la via 23 Settembre al Pian dela Paia rappresentano il suo stile.

Tiberio Quecchia
Prima via nuova nel 1992: via Excalibur in Mandrea.
Tutte le vie di Tiberio, Accademico del CAI, sono sinonimo di eleganza e difficoltà. Salite non troppo lunghe ma decisamente intense sotto il profilo sia sportivo che alpinistico. Prima fra tutte la via Destinazione Paradiso a Cima alle Coste, una tra le più belle vie della valle. Ma ricordiamo anche le vie Odissea e Annamaria alla Parete Zebrata.

Edy Boldrin e Giacomo Damian
Prima via nuova nel 1992: via Non solo pane al Primo pilastro del Casale.
Poche ma di straordinaria eleganza le vie nuove di Edy, Guida Alpina, e Giacomo. Famoso il loro trittico delle vie Non solo Pane, Se la conosci la eviti e Senza chiedere permesso. Itinerari superbi su ottima roccia e chiodatura sicura. Altre vie a carattere più sportivo di Edy e Giacomo sono La Zeta di Zorro al Piccolo Dain e la via Nikotina alla parete Gandhi.

Andrea Zanetti
Prima via nuova nel 1993: via Specchio di Osiride a Cima alle Coste.
Grande alpinista, fortissimo arrampicatore sportivo e Guida Alpina. Andrea, oltre ad aver tracciato numerosi ed impegnativi itinerari alpinistici, come Il Grande Incubo al Brento e Le placche di Ugand al Casale, ha avuto la formidabile intuizione di tracciare i due capolavori del Limarò: Amazzonia e Orizzonti Dolomitici. Questi due itinerari, sono tra le vie più ripetute dell'intera valle del Sarca.

Roly Galvagni
Prima via nuova nel 1994: via Lune di Paola al Pilastro Afghano in Mandrea.
Roly è sicuramente il padre fondatore dell'arrampicata plaisir in valle del Sarca. Numerosissime sono le sue realizzazioni, tante che ormai non si contano più. Tutte ripetutissime, molto apprezzate e famose. Ricordiamo i capolavori come l'Impero dei sensi al Casale, Il Grande fratello ti guarda al Monte Colt, la via Solaris alla Parete Zebrata, il Pilastro Massud al Dain, la Transeamus alla Cima alle Coste, la Totem e Tabù alla Rupe Secca e molte altre ancora. Ha scoperto e valorizzato interi settori, come il Transatlantico, il Muro di Oceania, l'Antiscudo e Il Muro dei Meridiani. Di certo uno dei massimi protagonisti della Valle del Sarca.

Massimo Maceri
Prima via nuova nel 1994: via Nikotina alla Parete Ghandi.

Tutte le vie di Massimo sono sinonimo di logica ed eleganza. Tutte le sue vie sono molto apprezzate, sia quelle di stampo alpinistico, sia quelle di concezione puramente sportiva. Ricordiamo i capolavori di Baci di Carta alla Pala dele Lastiele e la via Genoma al Pian dela Paia. A lui dobbiamo la scoperta e la valorizzazione del bel settore a Cima alle Coste chiamato Antiscudo. Sue sono anche le prime aperture alla lunga parete dell'Anglone, come le vie Codice K e la via degli Ignoranti.

Fabio Giacomelli
Prima via aperta nel 1994: via Vento dell'est al Monte Brento.
Fabio, fortissimo alpinista, ha tracciato alcuni straordinari e difficilissimi itinerari in valle. Da ricordare le impressionanti realizzazioni in solitaria autoassicurato, delle vie Spazio alla Fantasia e Mitica e Nocciolina alla parete del Limarò.

Danilo Bonvecchio
Prima via aperta nel 1994: via Guru Bassi al Colodri.
Fortissimo arrampicatore sportivo. Apritore di vie di estrema difficoltà con arrampicata libera obbligatoria e chiodatura lontana. Ricordiamo veri capolavori come la via Dudaev al Piccolo Dain e la via Land Art al Transatlantico.

Giuseppe Mantovani
Prima via nuova nel 1995: via Vento Caldo del Sud al Monte Colt.
Con questa bellissima via, Giuseppe inizia l'esplorazione sistematica delle pareti del Monte Colt, aprendo in successione moltissime vie, tutte belle e di grande eleganza. Dopo il Monte Colt si sposta sulle pareti di San Paolo e alle Coste dell'Anglone, aprendo itinerari sempre belli e molto apprezzati. Caratteristica fondamentale nelle sue realizzazioni ottima roccia e chiodatura ravvicinata. Sicuramente uno dei fondatori dell'arrampicata plaisir in valle.

Diego Mabboni
Prima via nuova nel 1997: via Il destino del Leone al Monte Colt.
Diego, Guida Alpina, ha tracciato sulle pareti del Colodri itinerari sportivi di grande impegno fisico e morale, alte difficoltà e chiodatura non troppo ravvicinata sono le caratteristiche delle vie Red Aragosta e Ciao Fede. Di Diego è anche la bella e classica via Primi Sogni al Colodri

Alberto Damioli
Prima via nuova nel 1997: via Un pesce d'acqua dolce alla Parete Zebrata.
Alberto ha aperto moltissimi itinerari nella zona di Monte Colt. Tutti i suoi itinerari sono belli e meritevoli, dove prevale l'arrampicata plaisir con ottima roccia e abbondante chiodatura. Ricordiamo le bellissime vie Vento del Nord e Tu chioda che poi io fa al Monte Colt.

Ivan Maghella e Danilo Bonaglia
Prima via nuova nel 1998: via Uomini della nebbia in Mandrea.
Fortissimi alpinisti e arrampicatori sportivi, hanno aperto sulla parete di Mandrea molti itinerari di grande eleganza e difficoltà. Caratteristica comune: eleganza dei tracciati, difficoltà alte con chiodatura sicura ma mai abbondante. Tra le più belle ricordiamo Oxygen, Sudo ma godo, Il Solco della pesca e il fantastico Spigolo Bonaglia Maghella, tutte queste sulle pareti della Mandrea.

Heinz Grill, Franz Heiss e Florian Kluckner
Prima via nuova nel 1998: via del Sole Caldissimo al Monte Brento.
Tra i massimi protagonisti nella valle del Sarca, Heinz, Franz e Florian hanno aperto un numero sorprendente di vie e con un notevole lavoro di disgaggio e pulizia. Tutte le loro vie sono molto apprezzate e ripetute. Grandi capolavori come Arcangelo e Le due pareti alle Coste dell'Anglone, la via della Speranza e L'aspettativa di mondi superiori al Brento, rappresentano uno stile tra l'alpinismo e l'arrampicata sportiva. Caratteristica comune in gran parte delle loro realizzazioni.
Gran parte delle vie alla parete di San Paolo e alle Coste dell'Anglone sono state aperte da questo formidabile gruppo.

Franco Milani, Davide Lunel e Ugo Elfer
Prima via nuova nel 2001: via della Forbice alla Parete Gandhi.
Franco, Davide e Ugo, forti alpinisti della Piana

Rotaliana, hanno aperto in valle interessanti itinerari alpinistici, alcuni brevi altri di maggior ingaggio. Tra le migliori, la via Elia al Piccolo Dain e la via Le Placche di Ugand al Casale rappresentano il loro stile.

Mario Brighente
Prima via nuova nel 2003: via Spinelo alla Parete Zebrata.
Numerose le sue aperture, specialmente alla Parete Zebrata e alle Coste dell'Anglone. Itinerari di grande eleganza dove troviamo spesso ottima roccia e ravvicinata chiodatura. Itinerari tipicamente plaisir, vale la pena ricordare Perla Bianca alla Parete Zebrata e la bellissima Minuetto alle Coste dell'Anglone.

Antonio Zanetti e Giorgio Bonvecchio
Prima via aperta nel 2004: via Resentin alla Parete Zebrata.
Antonio e Giorgio hanno aperto numerosi itinerari e in ogni angolo della valle. Tutti itinerari dalla chiodatura sportiva ma dal sapore tipicamente alpinistico. Grande attività di apertura sulla parete Zebrata, ma anche alle Coste dell'Anglone e alla Cima alle Coste. Ricordiamo inoltre la grandiosa via Ipercasale al Casale.

Hannes Schnitzer
Prima via nuova nel 2005: via Vinschgerwind al Casale.
Non sono molte le vie nuove di Hannes, ma basta ricordare il favoloso trittico sulla parete di San Paolo: la via Spiderman, la Weg durch das gesicht e la Freiheit die ich meine sono arrampicate di straordinaria bellezza, con roccia ottima, linea elegante e perfetta chiodatura.

Franco Sartori
Prima via nuova nel 2007: via Universo Giallo al Monte Brento.
Con la via Universo Giallo al Monte Brento e la via Ipercasale al Monte Casale, Franco è l'unico alpinista ad avere all'attivo vie nuove sulle due più grandi pareti della valle. Grande alpinista e arrampicatore sportivo, numerose sono le sue aperture. Ricordiamo anche la bella via Pipistrei a Cima alle Coste.

Dario Cabas e Pierangelo Masera
Prima via nuova nel 2007: via Anormale alla Parete di San Paolo.
Dario e Pierangelo hanno aperto numerosissimi itinerari, alcuni tipicamente esplorativi lungo terreni delicati e talvolta friabili, altri di concezione più moderna e sportiva. Le loro aperture sono concentrate sulla parete di San Paolo e alla Piramide Lakshmi. Tra le più belle vanno menzionate la via Caldo Inverno, la via Sabine e la Via 70° alla parete di San Paolo.

Ivan Feller e Caludio Masera
Prima via nuova nel 2008: via Buon Natale 2008 alla Guglia Solidarnosh a Cima alle Coste.
Fortissimi arrampicatori, Ivan e Claudio hanno aperto una bella serie di itinerari sportivi sulle pareti del Sarca. Le loro linee, a chiodatura generalmente sportiva, mantengono sempre un impronta alpinistica. Bellissima la via Il Gigante alle Coste dell'Anglone e la via Gormiti al Casale.

Gianni Canale, Aldo Mazzotti e Franco Cavallaro
Prima via nuova nel 2008: via Mister Magoo al Piccolo Dain.
Gianni, Guida Alpina e Franco, Accademico del CAI con Aldo hanno tracciato straordinari itinerari sportivi sulle pareti del Piccolo Dain. Arrampicata libera estrema con chiodatura lunga sono gli ingredienti base delle loro aperture, sempre e rigorosamente dal basso. Capolavori come Le Vrai Plaisir e la Tigre il daino e il gladiatore, tutte sulle pareti del Piccolo Dain, rappresentano le arrampicate più impegnative della valle.

Luca Pilati
Prima via nuova nel 2009: via Esclusivamente per tutti alla Piramide Lakshmi.
Apritore di moltissime vie plaisir, molto apprezzate e ripetute, dove la caratteristica principale rimane l'ottima roccia e la ravvicinata chiodatura. Valorizzatore di interi settori come la Parete di Sherwood e la Parete Fabio Giacomelli. Ricordiamo alcune bellissime vie come la Fantatitoli alla Parete Zebrata, la Avancini alla Parete Ghandhi e la Pinamonti in Mandrea.

Arco "the Home of Climbing"

Arco ha accompagnato la storia dell'arrampicata attraverso trent'anni, rappresentando un laboratorio dove fin dalle origini sono state proposte e sperimentate tutte le nuove tendenze dell'arrampicata moderna.

Sulle pareti calcaree che si innalzano ai lati della Valle del Sarca, tutti possono trovare l'habitat sportivo e amatoriale ideale: dalle falesie tra gli olivi per le famiglie, ai multipitch attrezzati, alle sfide alpinistiche sulle grandi pareti, ai massi boulder.

Elemento caratterizzante di Arco è il supporto determinante che l'Amministrazione Comunale dà agli appassionati, operatori economici, turistici, e delle associazioni dedicate, allo sviluppo delle attività sportive outdoor.

Una presenza che non si è limitata a finanziare attività ed eventi, ma spesso è stata motore e guida di questo sviluppo.

Il primo intervento dell'Amministrazione Comunale per la valorizzazione delle falesie data al 1988 con il primo parco per l'arrampicata sui massi ai piedi del Colodri, arrivando senza soluzione di continuità ai nostri giorni con il progetto OutdoorPark GardaTrentino. Questo è un vero e proprio progetto di pianificazione territoriale in funzione dello sport outdoor volto non solo ad attrezzare e valorizzare nuove aree ma in primis a trovare i modi per conservare un ambiente che è il nostro grande valore comune. In quest'ambito, in collaborazione con Ingarda spa, e le altre amministrazioni del GardaTrentino, sono state attrezzate e valorizzate tredici falesie per un totale di 500 itinerari, tra questi la prima falesia al mondo "senza barriere".

L'arrampicata è certo per Arco un'importante risorsa economica, ma il rapporto della comunità locale con i climbers non è declinata in un freddo rapporto commerciale.

Ad Arco l'outdoor spirit lo senti e lo respiri nelle piazze, nei bar, ristoranti e gelaterie, dove il climber di ogni nazione, età, sesso, e colore, si sente il benvenuto, a casa propria.

Arco - the Home of Climbing - non uno slogan ma uno stile di vita che l'Amministrazione Comunale ha fatto proprio e su cui continuerà a investire risorse.

IL SINDACO
Paolo Mattei

L'ASSESSORE ALLO SPORT E TURISMO
Renato Veronesi

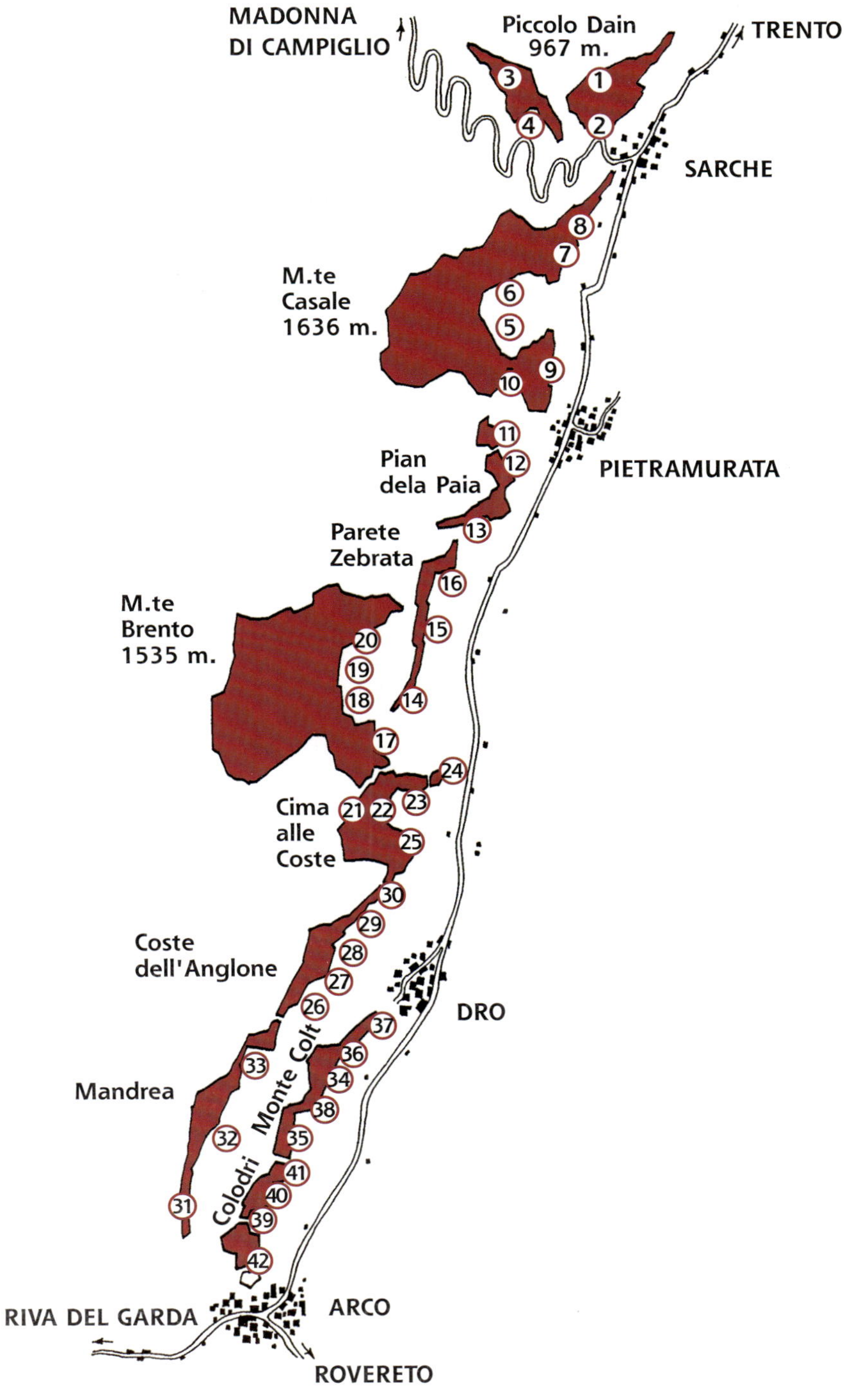
MADONNA
DI CAMPIGLIO
Piccolo Dain
967 m.
TRENTO
SARCHE
M.te
Casale
1636 m.
Pian
dela Paia
PIETRAMURATA
Parete
Zebrata
M.te
Brento
1535 m.
Cima
alle
Coste
Coste
dell'Anglone
DRO
Monte Colt
Mandrea
Colodri
RIVA DEL GARDA
ARCO
ROVERETO
1
2
3
4
5
6
7
8
9
10
11
12
13
14
15
16
17
18
19
20
21
22
23
24
25
26
27
28
29
30
31
32
33
34
35
36
37
38
39
40
41
42

Piccolo Dain

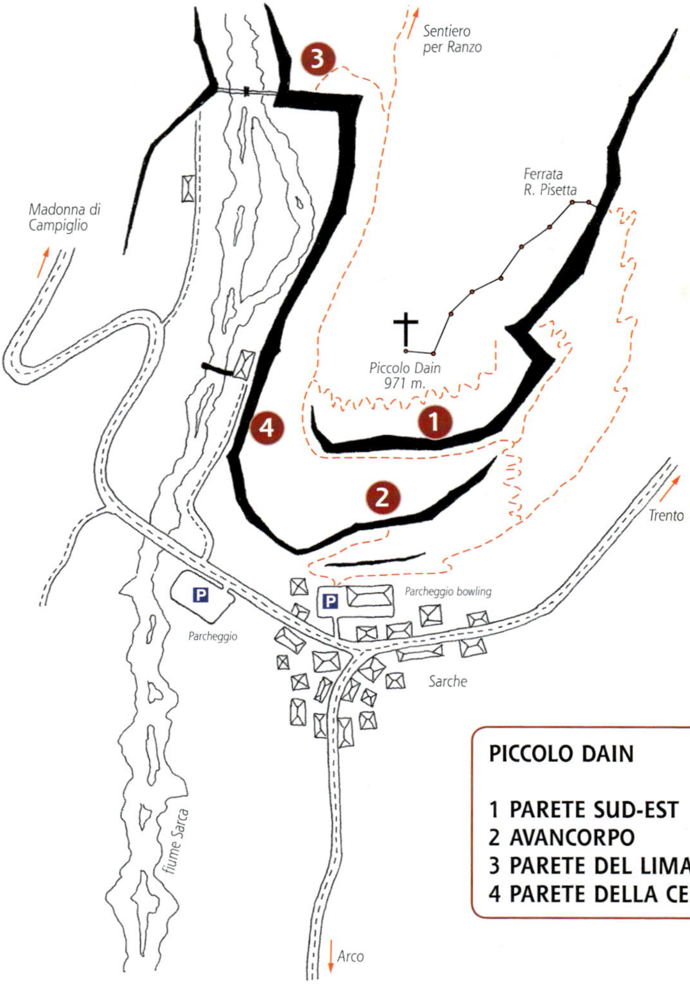

PICCOLO DAIN

1 PARETE SUD-EST
2 AVANCORPO
3 PARETE DEL LIMARO'
4 PARETE DELLA CENTRALE

Il Piccolo Dain, è l'ultima elevazione montuosa del gruppo della Paganella. Geograficamente appartiene a questa dorsale ma le sue rocce lo legano decisamente molto di più alla catena del Casale-M. Brento.
Forma verso sud-est e verso ovest due spettacolari pareti. A sud-est precipita con un salto verticale direttamente sopra l'abitato delle Sarche mentre a ovest offre una selvaggia e suggestiva parete che domina la profonda gola del Limarò. Sul fianco est corre la spettacolare e difficile ferrata "Rino Pisetta".

Luca Galbiati, *Diedro Maestri*, Piccolo Dain *(ph. sassbaloss.com)* →

1 Parete Sud-Est

Piccolo Dain

0.45 h

1.30 h

450 m.

SE

Parete solare e molto attraente. Verticale e compatta, sembra dominare l'intera valle. Di grande importanza storica, qui si sono dati appuntamento i migliori alpinisti trentini come Bruno Detassis, Cesare Maestri e Bepi Loss mentre l'ultima generazione di arrampicatori ha tracciato su questa parete itinerari sportivi di grande estetica e difficoltà. Questa vasta parete, è tagliata in due da quel regolare e perfetto diedro che è la "Canna D'Organo". La parete di sinistra viene considerata la "Parete Sud", mentre quella di destra è la "Parete Sud-Est".

Accesso

Dal paese delle Sarche, parcheggio presso il Bocciodromo, prendere il sentiero per la ferrata "R. Pisetta". Appena entrati nel bosco, ad un tratto in piano, lasciare il sentiero e prendere a sinistra una ripida traccia con bolli rossi. Questa traccia porta al bivio per Ranzo (rientro della Ferrata) Per le vie alla parete sud, (dalla via Amelie alla via Rostagno) prendere a sinistra

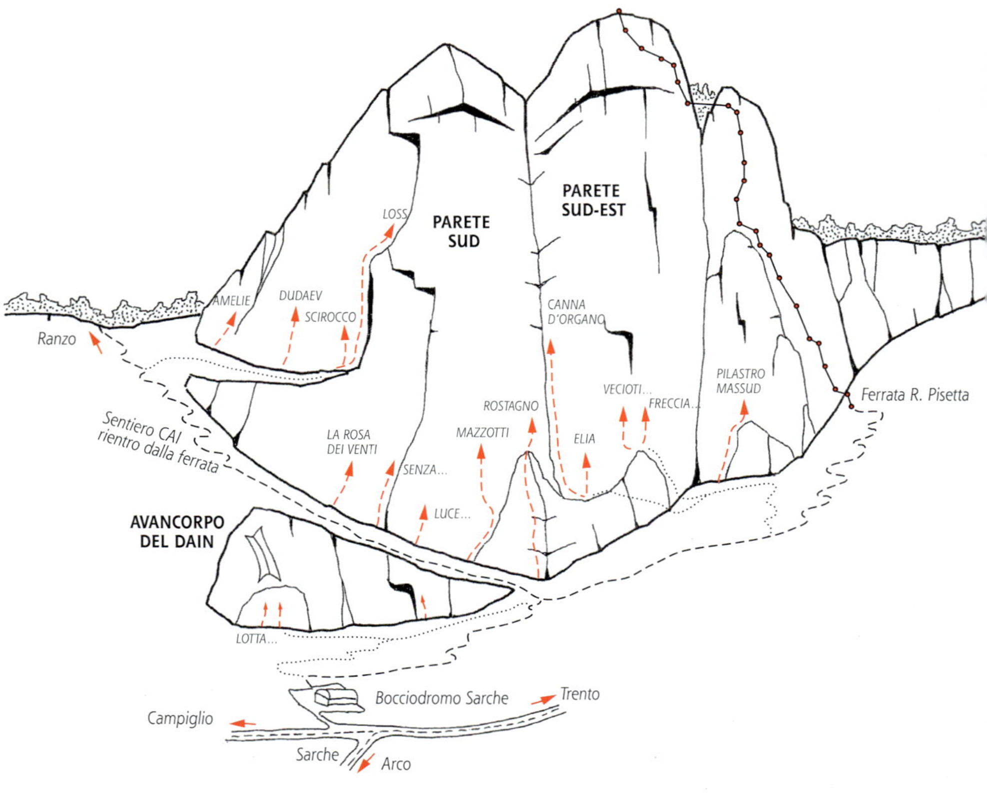

per Ranzo e dopo un tratto a gradini attrezzato con funi metalliche, si è sotto la parete sud. Per le altre vie (dalla via Detassis alla via Massud) continuare ancora seguendo il sentiero. Poco dopo abbandonare il sentiero e prendere a sinistra una traccia che, con ometti e bolli rossi, porta alla parete est.

Discesa

Per tutte la vie, conviene scendere con attenzione verso sinistra, tra arbusti e salti rocciosi, fino a trovare un'evidente traccia che scende lungo il fianco ovest del Piccolo Dain. Attenzione ad alcuni tratti molto esposti attrezzati con corde fisse. Raggiunto il sentiero di rientro della ferrata, comodamente si ritorna in valle.

1 LE STRANE VOGLIE DI AMELIE	**250 m.**
2 MISTER MAGOO	**120 m.**
3 JOHN COFFEY	**140 m.**
4 DUDAEV	**180 m.**
5 SCIROCCO	**200 m.**
6 VALERIO FONTANA	**180 m.**
7 DIRETTISSIMA LOSS	**250 m.**
8 LA ROSA DEI VENTI	**250 m.**
9 ULTIMA FIAMMA	**300 m.**
10 SENZA CHIEDERE PERMESSO	**300 m.**
11 LUCE DEL PRIMO MATTINO	**400 m.**
12 BEPI MAZZOTTI	**400 m.**
13 LE VRAI PLAISIR	**400 m.**
14 MAURO ROSTAGNO	**500 m.**
15 CANNA D'ORGANO	**350 m.**
16 ELIA	**400 m.**
17 VECIOTI E ZOVENOTI	**450 m.**
18 FRECCIA NEL CIELO	**450 m.**
19 PILASTRO MASSUD	**200 m.**

1 LE STRANE VOGLIE DI AMELIE★★★

A. Zanetti, D. Filippi 2005
250 m. (8L)
5b, 5c (5b obb.)/S1/II

Salita facile, divertente e a tratti anche molto esposta. Si sviluppa lungo lo spigolo sud-ovest del Piccolo Dain, caratterizzato nella sua parte bassa da un'evidente e regolare diedro. Questo diedro dà la direttiva della prima parte della salita, che continua poi lungo l'articolato spigolo. L'arrampicata è molto varia: diedri, placche verticali e tratti in aderenza lungo fessure svasate. La roccia è solida e la chiodatura è ottima e ravvicinata a fix. La caratteristica principale di questa salita sta nelle sue difficoltà molto contenute: può rappresentare un ottimo proseguimento dopo essere usciti dalle vie del Limarò come *Orizzonti Dolomitici* o *Amazzonia*.

Attacco: dal bivio per Ranzo, superate le scalette attrezzate e un tratto pianeggiante, si continua lungo il sentiero fino ad un caratteristico tratto lungo una dorsale. Poco dopo questo, un'evidente traccia si stacca sulla destra (ometto e bolli rossi) e si avvicina alla parete. Questa traccia è circa all'altezza del grande diedro della via Loss. La traccia sale fra arbusti e roccette instabili, attrezzati anche con qualche corda fissa. Arrivati a una comoda cengia un fix indica l'attacco della via.

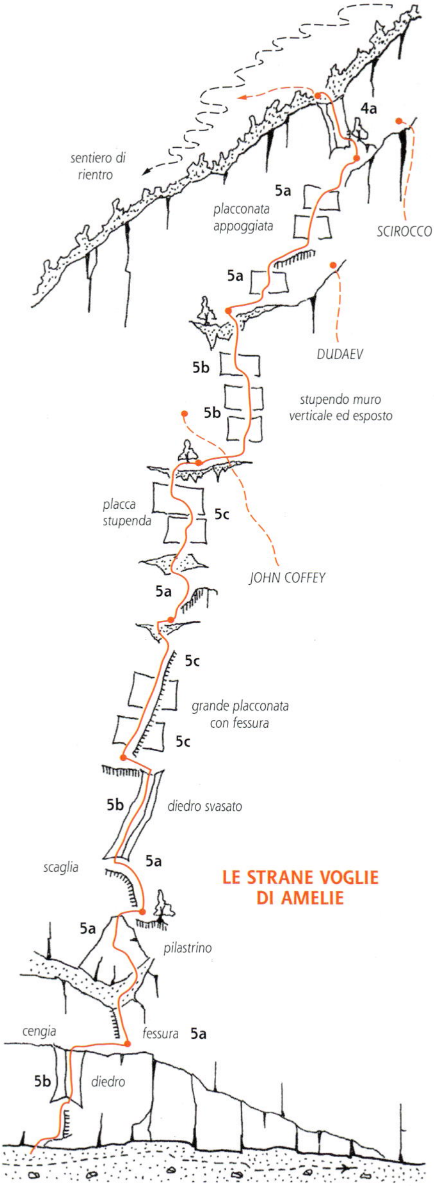

1

2 MISTER MAGOO★★★★★
G. Canale, A. Mazzotti 2008
120 m. (4L)
7c (7a obb.)/S2/II
Splendido itinerario che si sviluppa su favolosa roccia grigia. Arrampicata tecnica e sostenuta, soprattutto nel terzo tiro, dove è richiesta un' ottima padronanza dei piedi. Questo itinerario, aperto dal basso con ottima chiodatura a fix, è dedicato a Franco Cavallaro.
Attacco: dalla via Amelie, continuare ancora con attenzione lungo la cengia esposta, fino alla base di una bella placca a destra di un diedro boscoso. Targhetta con nome alla base.
Discesa: in doppia dalla via.

3 JOHN COFFEY★★★★
E. Salvaterra, F. Cavallaro 2001
140 m. (5L)
7b+ (7a obb.)/S2/II
Commento di R. Larcher: "È l'ultima nata sulla parete, primavera 2001, ne ho fatto la prima on sight. Sale all'estrema sinistra della parete, pertanto è più breve delle altre ma non per questo meno impegnativa. Sostenuta, bella e continua soprattutto per i piedi"
Attacco: dalla via Amelie, continuare ancora con attenzione lungo la cengia esposta, fino alla base di una bella placca gialla, visibili i primi fix.

4 DUDAEV★★★★
D. Bonvecchio, D.Hall, R. Pedrotti 1995
180 m. (6L)
7c (7b+ obb)/S3/II
Commento di R. Larcher: "Bella via, più recente di Scirocco. Più impegnativa sulla carta, grazie alla chiodatura più bonaria alla fine si equivale a Scirocco. Una linea molto estetica, che ha il suo culmine nell'ultimo tiro: uno dei più belli ed eleganti dell'intera Valle del Sarca."Itinerario moderno molto difficile, con chiodatura lontana, lungo placche verticali e muri strapiombanti.
Attacco: praticamente in comune e a sinistra di John Coffey

5 SCIROCCO★★★★
R. Larcher e compagni 1988
200 m. (8L)
7a, 7c (7b obb.)/S2/III
Commento di R. Larcher: "È la mia via del cuore, è stata la svolta nella mia attività ed è una via oramai storica sia nella Valle del Sarca che a livello italiano. È stata la seconda via in Italia dopo Tempi Modernissimi in Marmolada, ad essere aperta con questo stile (da basso in libera con l'uso del trapano) e la prima in valle. È stato un esperimento che ora a distanza di 13 anni di esperienze è da considerarsi più che mai riuscito, tenendo conto della rudimentale tecnica ed attrezzatura impiegata. Con questa via ho preso coscienza che si poteva salire onestamente in libera su pareti che fino ad allora non si consideravano. È stata anche la scoperta della mia dimensione ideale, il connubio perfetto fra le mie due grandi passioni: la montagna e l'alpinismo da una parte e l'arrampicata sportiva di alta difficoltà dall'altra. Scirocco è una delle poche mie vie che vengono ripetute."
Attacco: da John Coffey e Dudaev, traversare ancora di poco a destra fino alla fine della cengia. Salire la breve e facile rampa iniziale, in comune alla via Loss, fino ai primi fix visibili sulla sinistra.

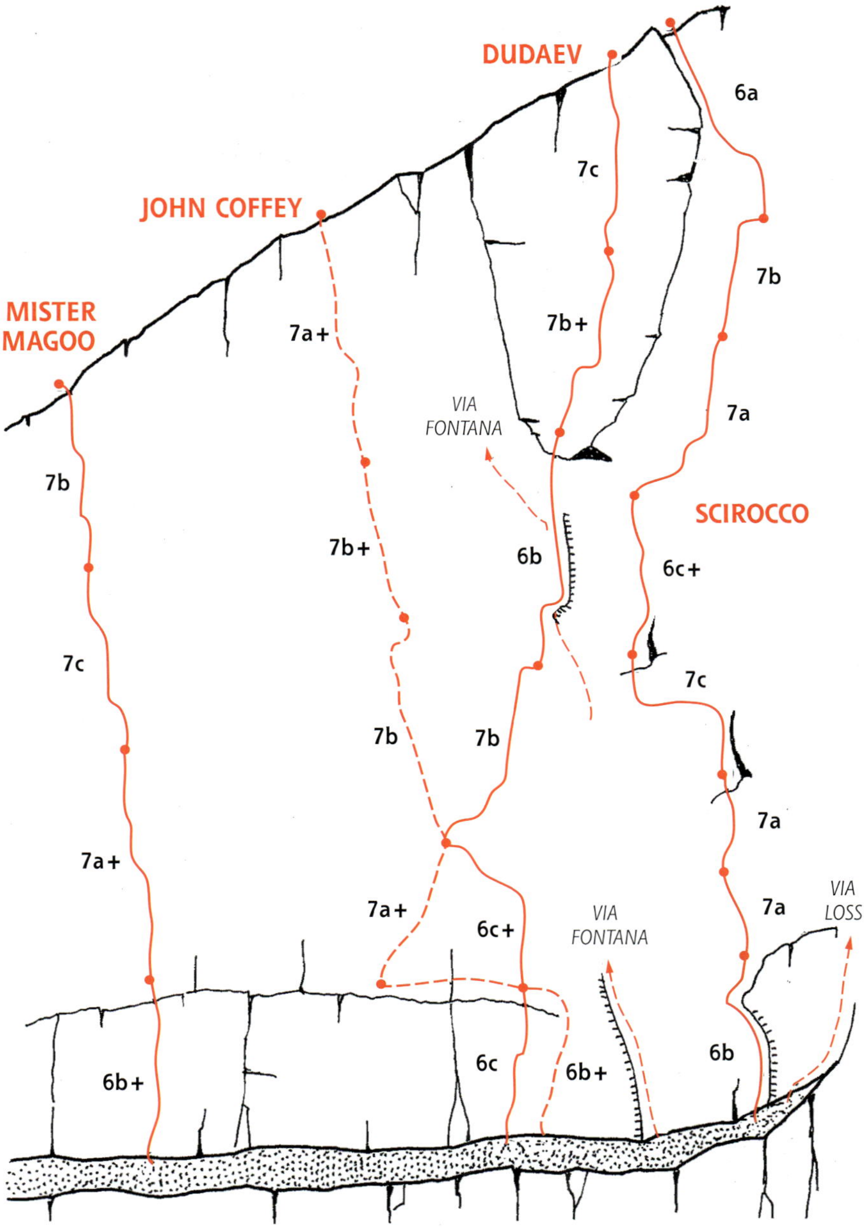
DUDAEV
6a
7c
JOHN COFFEY
7b
MISTER
MAGOO
7a+
7b+
VIA
FONTANA
7a
7b
SCIROCCO
7b+
6b
6c+
7c
7c
7b
7b
7a+
7a
7a+
6c+
VIA
FONTANA
7a
VIA
LOSS
6b+
6c
6b+
6b

7
10
4
2
5
7
6
3
8
10
9
11
12
14
13

6 VALERIO FONTANA★★★★★

A. Ursella, A. Andreotti, M. Rossi, T. Pedrotti 1970.
Prima libera: P. Antenhofer, O. Celva 2000
180 m. (7L)
V+, A2 (VIII)/R3/III

Bellissimo itinerario. Stupenda scalata artificiale, tra le più belle ed esposte vie della Valle del Sarca. Questo storico itinerario, il primo della parete, vince la grande e compatta parete sud del Piccolo Dain. Itinerario dalla linea estremamente logica: segue una sottile ed ininterrotta fessura, poco visibile dal fondovalle, dall'attacco alla cima. Molti sono i chiodi lasciati in parete, e la via è praticamente tutta attrezzata. I pochi chiodi che mancano, sono facilmente sostituibili con stopper o friend di misura medio-piccola. La roccia è sempre solida e permette anche diversi passaggi in arrampicata libera. Per i più allenati, questa via, rappresenta anche una stupenda arrampicata libera, e nemmeno troppo estrema. Tutte le soste sono ottime, e per la ripetizione è comunque consigliabile portare martello e alcuni chiodi.

Attacco: al termine della cengia, dove attacca la via Scirocco e la via Loss, salire un diedrino che in alto si trasforma in fessura. Visibili i primi due grossi chiodi ad anello.

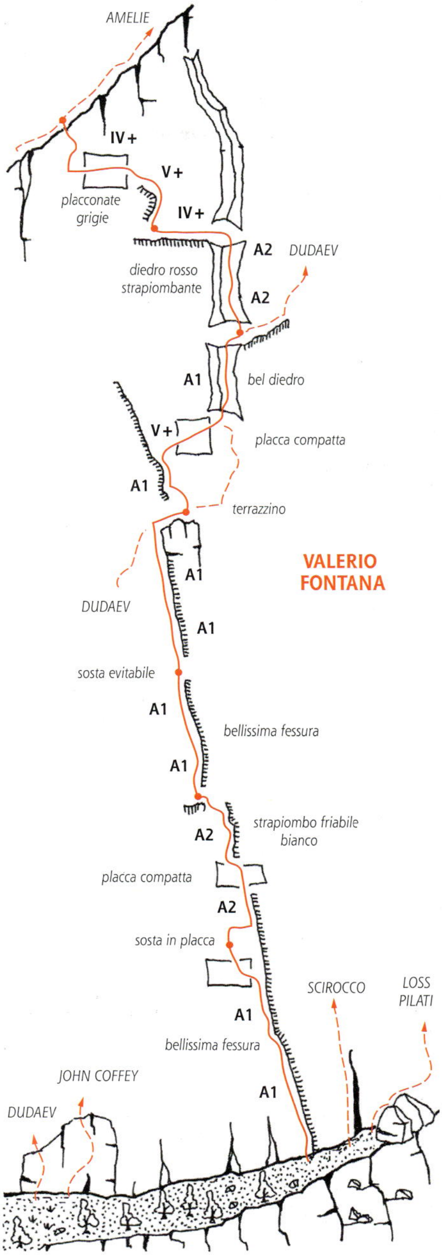

7 DIRETTISSIMA LOSS ★★★★

B. Loss, V. Degasperi, M. Pilati, V. Chini 1970
250 m. (8L)
VI+, A1/R3/III

Tra gli itinerari storici della valle, questo è sicuramente il più bello e ripetuto. La roccia è generalmente solida lungo tutto il percorso. La chiodatura, salvo le prime lunghezze, è abbondante e sicura. La via, dopo una prima facile lunghezza, continua lungo un difficile diedro strapiombante dove occorrono friends e stopper per medio-grandi, tiro chiave. Seguono belle placche grige chiodate in artificiale e un lungo diedro giallo chiuso da un tetto. Con grande esposizione si vince il tetto (utili le staffe) e con un ultima facile lunghezza, si esce dalla parete. Nel complesso una gran bella via tradizionale.

Attacco: al termine della cengia, sostare su un albero e attaccare la via per una serie di lame e diedri che portano alla base del grande diedro strapiombante.

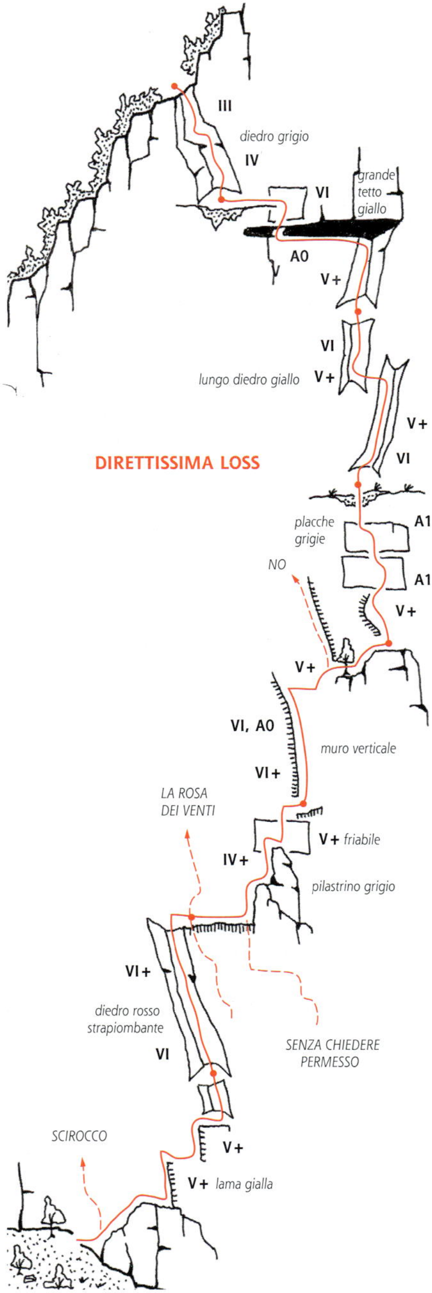

8 LA ROSA DEI VENTI ★★★★

R. Larcher, M. Cagol, E. Svab 1998
250 m. (8L)
7c+ (7b+ obb.)/S3/III

"Via molto bella e impegnativa, la più dura della valle in questo stile. È l'unica via a spit che supera per intero tutta la parete. A detta dei pochissimi ripetitori i gradi proposti sono un po' stretti". (R. Larcher)

Attacco: dalle Sarche si prende il sentiero che porta alla parete sud del Piccolo Dain (rientro via ferrata). Superata la scalinata attrezzata e una lingua di ghiaione, proseguire fino a notare una traccia sulla destra che rientra orizzontalmente sulla verticale della via, all'altezza della base della parete. Poi in breve per risalti di vegetazione al comodo cespuglio dell'attacco.

9 ULTIMA FIAMMA ★★★★

G. Vergoni, T. Buccella, R. Larcher 2007
300 m. (11L)
7c+, 8a (7b obb.)/S3/IV

Straordinario itinerario in arrampicata libera. Estremamente difficile e con chiodatura molto lunga, supera il corridoio compreso tra le vie Senza chiedere permesso e Luce di primo mattino.

A destra dei caratteristici tetti a scala, della via Senza chiedere permesso, una placconata bianca è solcata da una "fiammata rossa", questa da la direttiva della prima parte della via.

Attacco: dalle Sarche si prende il sentiero che porta alla parete sud del Piccolo Dain (rientro via ferrata). Superata la scalinata attrezzata e il tratto in piano, al primo canale di ghiaia salire per tracce in obliquo a destra fin sotto la parete dove un cordino d'acciaio aiuta a superare le prime friabili rocce.

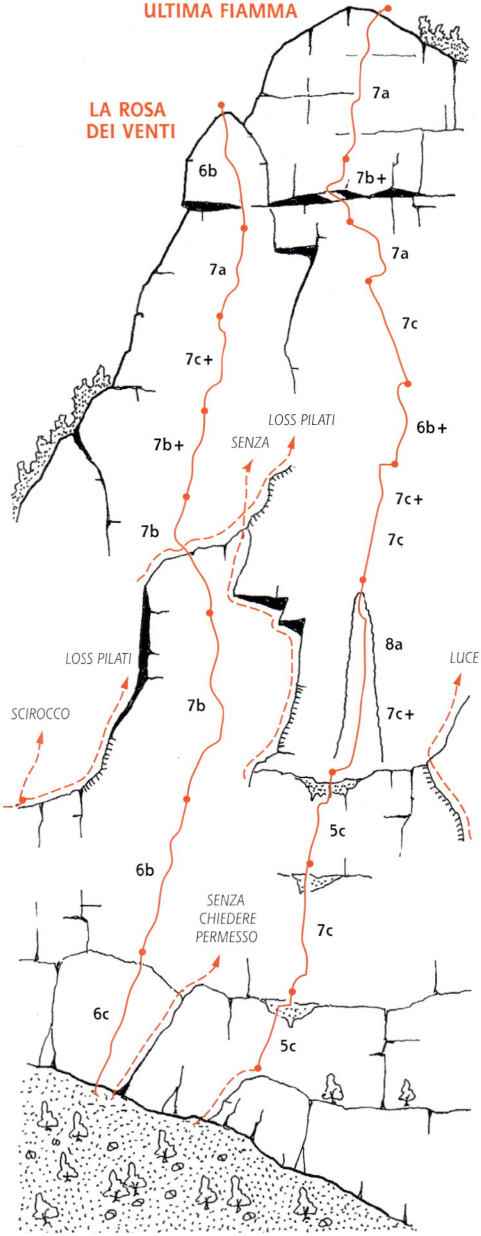

10 SENZA CHIEDERE PERMESSO ★★★

E. Boldrin, G. Damian, M. Peretto 1996
300 m. (12L)
VI+, A1/R3/III

Un po' sporca di vegetazione e poco interessante la prima parte, fino all'incrocio con la via "Loss".Bella per la qualità della roccia e la varietà dei passaggi la seconda parte. La chiodatura è mista: chiodi e spit. Soste e chiodi intermedi sono presenti. Va comunque trattata come una salita di tipo alpinistico. La roccia è mediocre nella parte bassa. Buona oppure ottima nella parte superiore. (Commento da una ripetizione di Samuele Scalet).

Attacco: dalle Sarche si prende il sentiero che porta alla parete sud del Piccolo Dain (rientro via ferrata). Superata la scalinata attrezzata, continuare a seguire il sentiero fin sotto la verticale di una caratteristica serie di tetti a scala. Attaccare per una evidente rampa erbosa che con andamento verso destra, porta sotto i tetti.

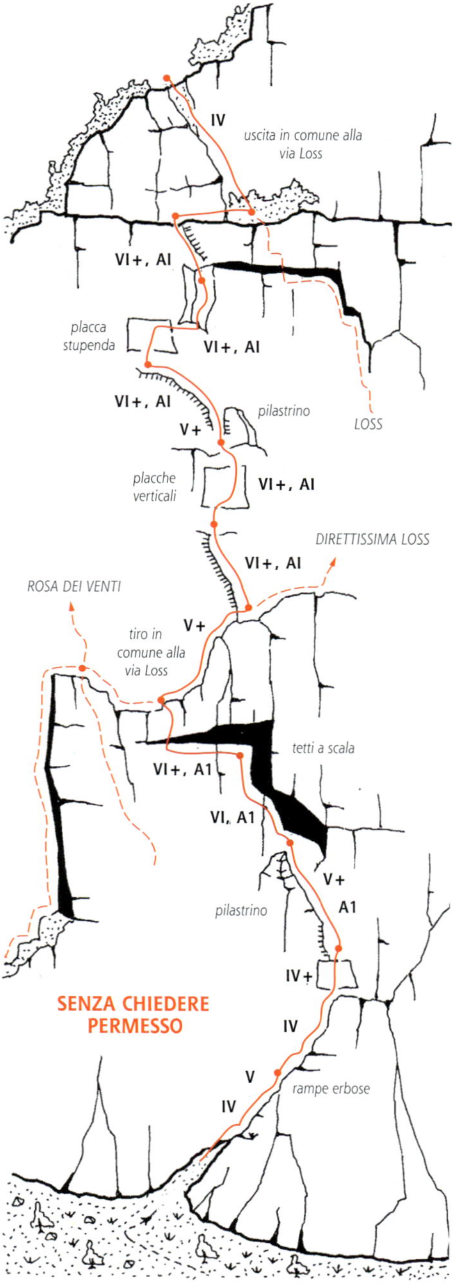

11 LUCE DEL PRIMO MATTINO★★★★

A. Andreotti, M. Furlani 1991
Prima libera: R. Larcher 2013
400 m. (14L)
X (8b) (VII, A2)/R2/III

Itinerario lungo e articolato. Alpinisticamente è la via più interessante della parete sud. Offre un'arrampicata sempre continua e sostenuta lungo diedri, fessure, placche e strapiombi. Alcune zone friabili richiedono attenzione, mentre per superare i lunghi e difficili tratti in artificiale, è opportuno possedere una buona padronanza sulle staffe. La roccia e la chiodatura sono buone lungo tutto il percorso.

Attacco: dalle Sarche si prende il sentiero che porta alla parete sud del Piccolo Dain (rientro via ferrata). Appena superata la scalinata attrezzata, entrare nel bosco,e portarsi alla base della parete. Salire verso sinistra fino a una evidente placca gialla: visibili chiodi e cordini.

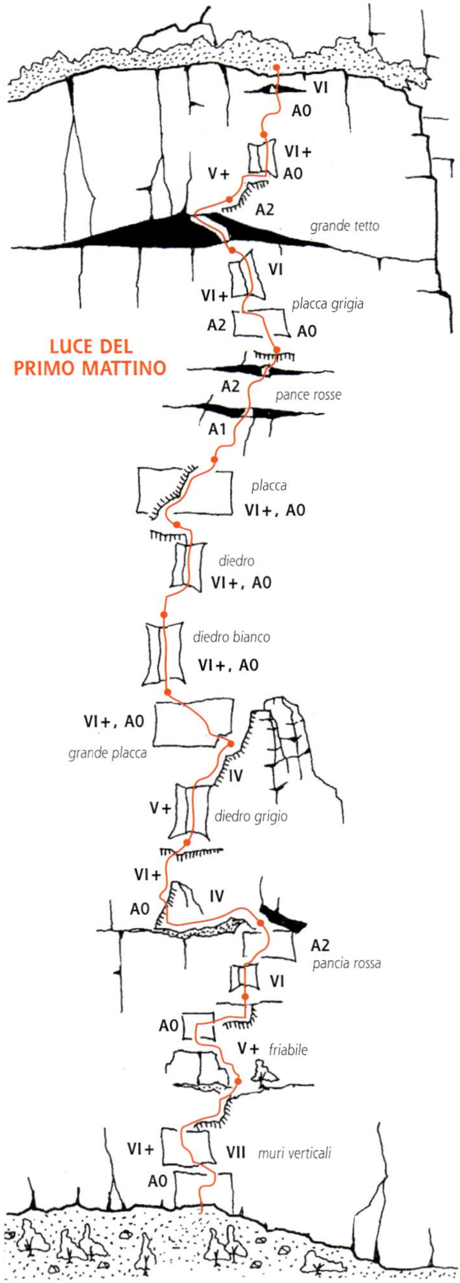

12 BEPI MAZZOTTI ★★★★★

U. Marampon, L. Zulian 1985
400 m. (13L)
A1, A2, VI/R2/III
Prima libera: R. Larcher 2006
7c+, 8a

Bellissima salita, logica e spettacolare, lungo la parete più slanciata del Piccolo Dain. Grande ed ennesimo capolavoro di Umberto Marampon. La prima parte segue fessure, diedri e placche grigie mentre la seconda metà si sviluppa lungo lavagne gialle verticali e leggermente strapiombanti. La chiodatura è sempre ottima e abbondante a chiodi a pressione ma nelle prime lunghezze occorre integrare con stopper e diversi chiodi normali. La roccia è generalmente buona, prestare solo un po' di attenzione al quarto tiro: facile ma friabile e pericoloso. Le soste sono tutte buone: su alberi o chiodi a pressione, ma le ultime sei sono state attrezzate a fix da R. Larcher per la salita in libera.

Attacco: dalle Sarche si prende il sentiero che porta alla parete sud del Piccolo Dain (rientro via ferrata). Appena superata la scalinata attrezzata, entrare nel bosco e portarsi alla base della parete. Salire verso sinistra fino ad una evidente placca gialla con cordini (attacco Luce Primo Mattino) poco a destra salire per un' evidente diedro rampa invaso dagli arbusti

Discesa: salire nel bosco, traversare a sinistra e prendere una evidente traccia che scende verso ovest, in breve si raggiunge l'uscita della via Loss e la discesa in comune a tutte le altre vie.

13 LE VRAI PLAISIR ★★★★★

G. Canale, A. Mazzotti, F. Cavallaro 2011
400 m. (12L)
8a+ (7b+, 7c obb.)/S3/IV

Grandioso itinerario sportivo, aperto dal basso, dalle alte difficoltà e dalla chiodatura veramente esigua. La difficoltà della via, oltre alla lunghezza e alla continuità, è data dagli ultimi due tiri di corda: i più impegnativi e i più strapiombanti della salita. Roccia ottima lungo tutto l'itinerario.

Attacco: dalle Sarche si prende il sentiero che porta alla parete sud del Piccolo Dain (rientro

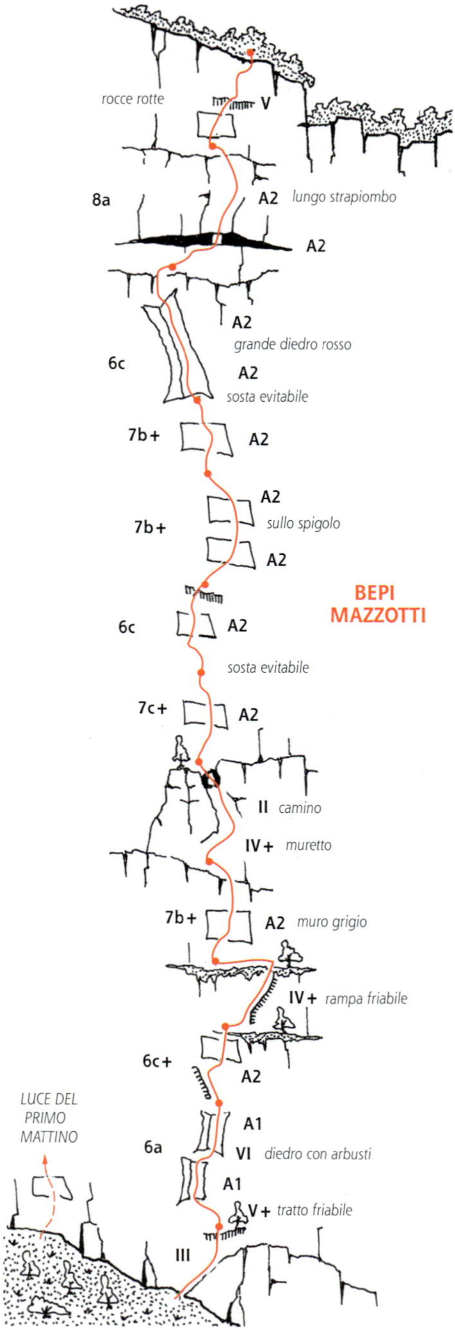

via ferrata). Appena superata la scalinata attrezzata, entrare nel bosco,e portarsi alla base della parete. traversare a destra ed abbassarsi fino a trovare una corda fissa che aiuta a raggiungere la prima sosta. Sosta in comune con la Via Mauro Rostagno.

14 SUPERDIRETTISSIMA MAURO ROSTAGNO

★★★

D. Filippi 2009

500 m. (15L)

A1, A2/R1/III

La parete sud est del Piccolo Dain, è solcata da un perfetto e slanciato diedro, dove sale la mitica via Canna d'Organo. A sinistra di questo, un perfetto e slanciato spigolo dà la direttiva della salita. Questo itinerario, che sale dove la parete offre il suo maggiore sviluppo, può essere diviso in due parti ben distinte e separate tra loro. La parte bassa lungo placconate grige compatte e verticali, e la parte alta lungo l'affilato spigolo: esposto e a tratti strapiombante. Di certo è lo spigolo più bello e lungo dell'intera valle del Sarca.

La via è completamente attrezzata per l'arrampicata artificiale. Nella prima parte, lungo le placconate, l'arrampicata può risultare a volte noiosa, ma lungo lo spigolo invece è eccitante e magnifica. Soprattutto nel superamento del "Tetto a Triangolo" o sul grande " Strapiombo Rosso" finale. La roccia è sempre ottima, eccezionalmente compatta, e dai più svariati colori. Per la ripetizione bastano dei rinvii, almeno 20 - 30, e un paio di staffe a testa. Non dimenticare il solito set da armo, per improbabili ma sempre possibili, rotture dei chiodi a pressione. Attenzione al quarto tiro: lungo 60 metri. Tutte le soste sono su 4 o 5 chiodi a pressione.

Attacco: dalle Sarche si prende il sentiero che porta alla parete sud del Piccolo Dain (rientro via ferrata). Prima della scalinata attrezzata, si rimonta verso destra, per pochi metri, uno zoccoletto erboso, attacco molto evidente con targhetta.

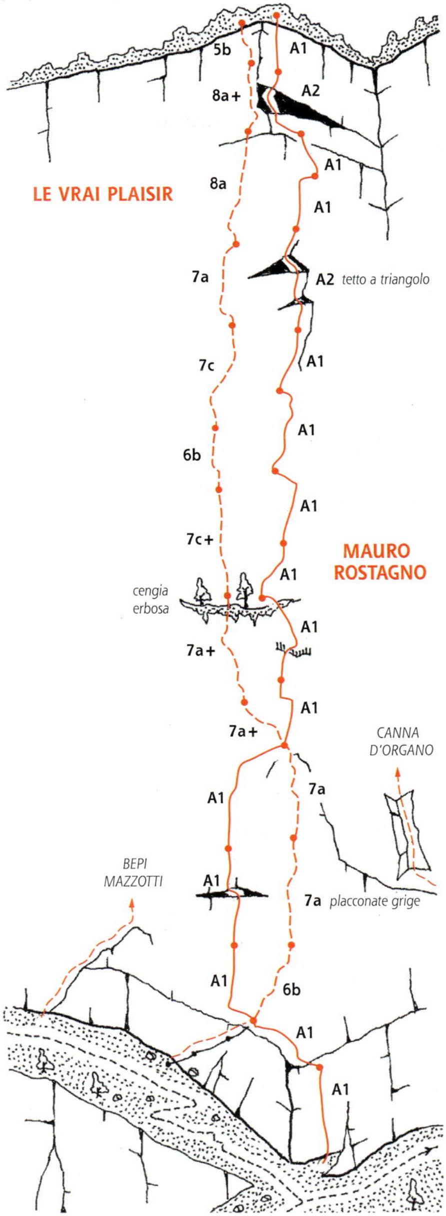

15 CANNA D'ORGANO ★★

B. Detassis, R. Costazza 1938
350 m. (11L)
V+, VI, A0/R3/III

Grande itinerario, simbolo dell'arrampicata classica in valle del Sarca. Supera quel maestoso e lineare diedro che incide la parete sud-est del Piccolo Dain. A detta di Bruno Detassis è una delle sue vie nuove più difficili. Arrampicata difficile lungo tutto il percorso, la chiodatura è precaria e la roccia anche se è generalmente buona presenta tratti decisamente friabili. Itinerario di gran classe ma poco ripetuto.

Attacco: dalle Sarche si prende il sentiero che porta alla parete sud del Piccolo Dain (rientro via ferrata). All'altezza della scalinata attrezzata (bivio per Ranzo), continuare a seguire il sentiero per la ferrata. Poco dopo prendere una traccia a sinistra che con ometti, bolli rossi e corde fisse porta all'attacco del Pilastro Massud. Abbassarsi un poco e traversare per una cengia esposta, attrezzata con corde fisse, fino alla base della parete (attacco Via Elia). Continuare a salire ora per rampe e cenge esposte fino alla base del grande diedro.

Discesa: salire nel bosco, traversare a sinistra e prendere una evidente traccia che scende verso ovest, in breve si raggiunge l'uscita della via Loss e la discesa in comune a tutte le altre vie.

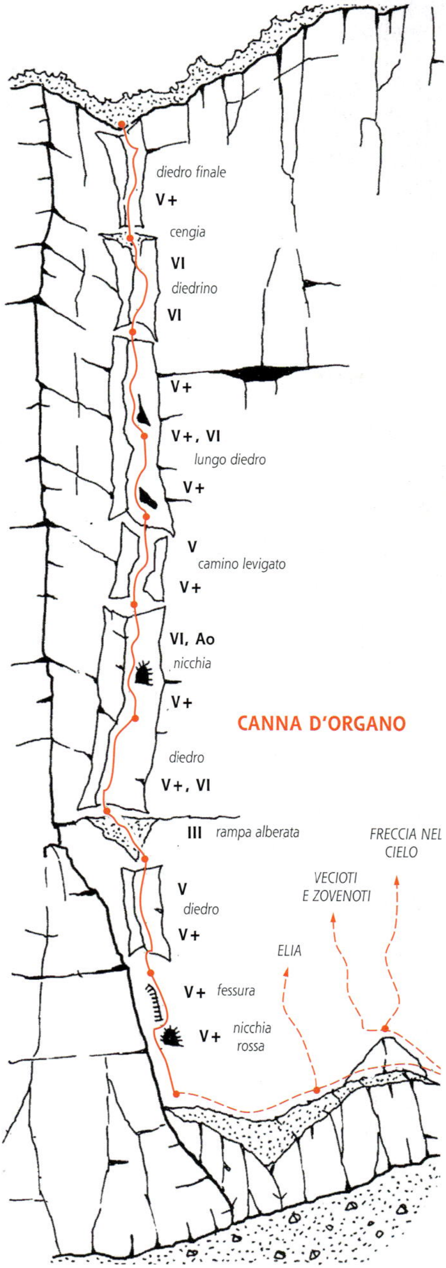

15
16
17
18
19

16 ELIA ★★★

F. Milani, D. Lunel, U. Helfer 2008
400 m. (14L)
VI+, A2/R3/III

Bella e interessante via alpinistica. Lunga, impegnativa e molto varia, dove è richiesta disinvoltura sia sull'arrampicata artificiale che sul friabile. Segue principalmente le linee naturali della parete come diedri e fessure e sugli strapiombi finali serpeggia alla ricerca della linea migliore. Portare una serie completa di friend, staffe, martello e alcuni chiodi.

Attacco: dalle Sarche si prende il sentiero che porta alla parete sud del Piccolo Dain (rientro via ferrata). All'altezza della scalinata attrezzata (bivio per Ranzo), continuare a seguire il sentiero per la ferrata. Poco dopo prendere una traccia a sinistra che, con ometti, bolli rossi e corde fisse porta all'attacco del Pilastro Massud. Abbassarsi un poco e traversare per una cengia esposta, attrezzata con corde fisse, fino alla base della parete. Un grosso arbusto, con cordone bianco, indica l'attacco della via.

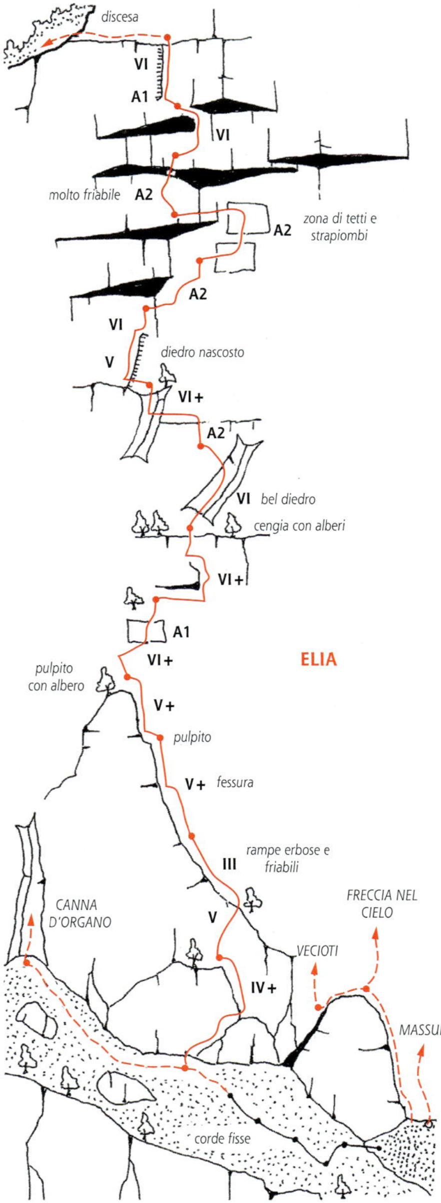

Dal diario dei ricordi

Umberto Marampon

Arrampico dal 1973 e nel mio cuore ci sono tre palestre di roccia. La prima è quella di Santa Felicità, che si trova nei pressi di Bassano del Grappa. L'altra è Cismon, che si estende per 15 Km lungo la Valsugana. La terza è la bellissima Arco con i suoi dintorni, in quest'ultima assieme all'amico Luca Zulian abbiamo aperto alcune vie.

Via Bepi Mazzotti al Piccolo Dain, 1985.
Col grandissimo amico Luca Zulian prepariamo il quarto bivacco sulla cengia che sta sotto il grande tetto sommitale, bisogna pulirlo da sassi e pietre.
"che facciamo, buttiamo giù tutto?..."
"siii... sono le sette di sera, chi vuoi che ci sia? In questi giorni non abbiamo visto anima viva!"
E giù sassi e pietre...
Ad un certo punto sentiamo urla e urla provenire dal basso: puttana Eva...
Ci guardiamo, i nostri visi di colpo diventano bianchi, pallidi e spaventati.
Non è possibile, là sotto c'è qualcuno... Ora non sentiamo più niente!
Passa il tempo. Poi alla nostra destra, dal Diedro Detassis, spuntano tre ragazzi, di Piacenza credo, sani e salvi, integri.
Per tutto il tempo che li vediamo passare e salire non facciamo altro che dire: "scusateci, scusateci, scusateci..."
Ci addormentiamo. Buum!! Una cannonata mi fa sobbalzare...
"Luca, Luca, Lucaaa!...
Fulmini, lampi e saette ci circondano. Sono le 21. Dobbiamo allontanarci al più presto da tutti questi chiodi, moschettoni e ferraglia. Saliamo qualche metro fin sotto il tetto, piantiamo due chiodi, ci appendiamo e stiamo li.
Ma porca miseria non va più via. Il temporale se l'è presa con la nostra montagna. Lo spettacolo di luci, bagliori e tuoni è grandioso e lo è anche la nostra paura. Tutto continua fino alle prime luci dell'alba.
A pensarci bene è la lezione che ci meritiamo: non si butta mai niente dalla parete se non si ha la certezza che...

Via 8 e 80 alla Rupe del Castello, 1986.
Mercoledì 1° gennaio: sto chiodando il tetto sporgente 8 metri e 80 centimetri.
Guardo giù, ai piedi della parete vedo un ragazzino trafficare. Dopo un po' sento un lungo e acuto sibilo terminare con un gran botto a pochi metri da me. Figlio di...
L'ho subito perdonato. A modo suo mi ha augurato buon anno!

Via DDT al Colodri, 1987.
Sabato sera, 24 marzo. In un punto abbastanza scomodo della parete pianto tre chiodi, mi lego e mi addormento. A mezzanotte vengo svegliato dalla pioggia, accompagnata da lampi.
No! Ancora il temporale! Mi sono rotto... Prendo lo zaino, la pila frontale e giù in doppia per i 200 metri che mi separano dalla base.
Alle due dormo tranquillo nella tenda.
Domenica 11 maggio, fatta anche questa. Sono contento. La nuova via la chiamo scherzosamente col nome del famoso insetticida DDT, perchè sale parallela alla via Zanzara, aperta da Manolo.

Via Cismon '93 alla Rupe Secca, 1993.
Quando ti guardo, Rupe Secca, sei sempre imbronciata. Ce l'hai con me perchè non ti ho ancora salita con una nuova via come ho fatto con le tue sorelle vicine: la Rupe del Castello e la Rupe del Colodri?
Ogni volta che passavo di là avevo questa sensazione.
E va bene, ti verrò a salire per quell'affilato spigolo strapiombante che sta a destra del Diedro Stenico!
1993, vado su e giù battendo chiodi per alcuni giorni. È quasi buio e sto arrampicando in discesa, arrivato a circa 15 metri dalle ghiaie mi schiaccio un dito e tiro un bestemmione galattico.
Tocco terra. Si avvicina una persona che stava seguendo le mie evoluzioni.
"Buona sera" mi dice, "dev'essere difficile e faticoso, bravo!"
Lo guardo bene, è un prete.

Grazie Diego, per quello che hai fatto e fai per i frequentatori della Valle del Sarca.

17 VECIOTI E ZOVENOTI ★★★

M. Furlani, I. Rabanser, A. Andreotti, F. Bretoni
1993
450 m. (12L)
VI+, A1, A2/R3/IV

Itinerario impegnativo, di tipo alpinistico.

La bellezza della via, dovuta all'ambiente e all'esposizione è in parte guastata dalla presenza di arbusti e tratti di difficile protezione a causa della qualità della roccia. La chiodatura deve essere integrata con protezioni veloci non sempre facili da posizionare. Presenti tutte le soste. La roccia è generalmente buona, ma con la presenza di tratti molto friabili come quello delle "Mattonelle parlanti",verso la ottava-nona lunghezza, che richiedono particolare attenzione. (Commento da una ripetizione di Samuele Scalet).

Attacco: dal bivio per Ranzo, continuare ancora per un breve tratto lungo la traccia per poi abbandonarla seguendo, a sinistra, i vari ometti con bolli rossi e corde fisse fino all'evidente attacco del Pilastro Massud. Traversare a sinistra e salire il marcato e profondo camino fino al boschetto. Un grosso albero con cordone indica l'attacco di Freccia nel Cielo. Abbassarsi di alcuni metri fino ad un' altro alberello con cordone. Attaccare una placca: visibile arbusto con cordino

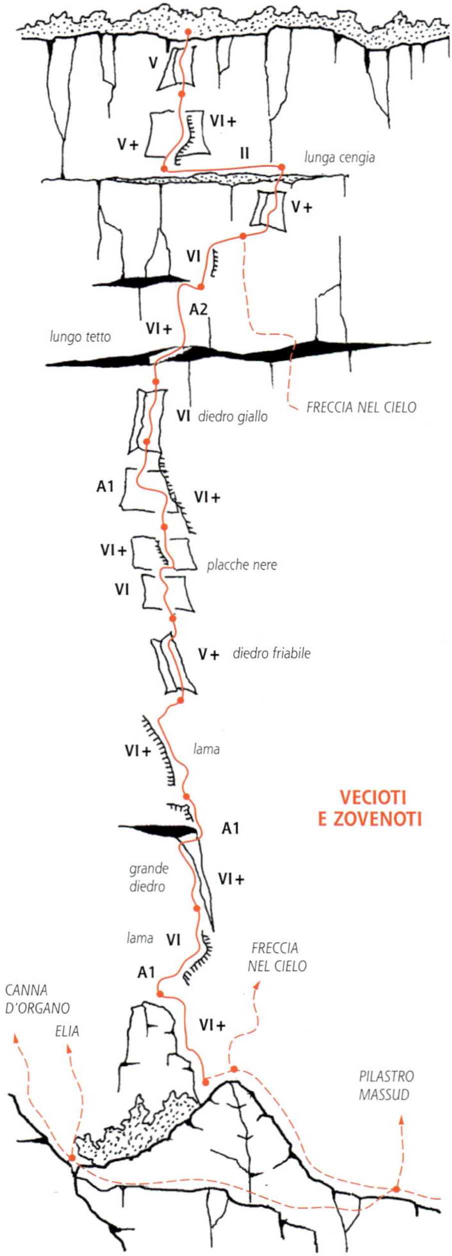

18 FRECCIA NEL CIELO ★★★★

I. Rabanser, S. Comploi, P. Mazzotti, M. Scarpellini 1992
450 m. (15L)
VI+, A0, A1/R4/IV

L'itinerario supera la parete a destra del marcato diedrone della via "Canna d'Organo", salendo la linea di minor resistenza. La fascia di tetti e strapiombi, che caratterizza la parte centrale della parete, viene superata sulla destra dove essa si restringe maggiormente. Arrampicata interessante ed esposta, su roccia in gran parte solida e con difficoltà a tratti molto sostenute. I primi salitori hanno lasciato in posto i chiodi di sosta ed alcuni chiodi intermedi. Portare una serie di stopper, friend delle misure medie e grandi e un assortimento di chiodi.

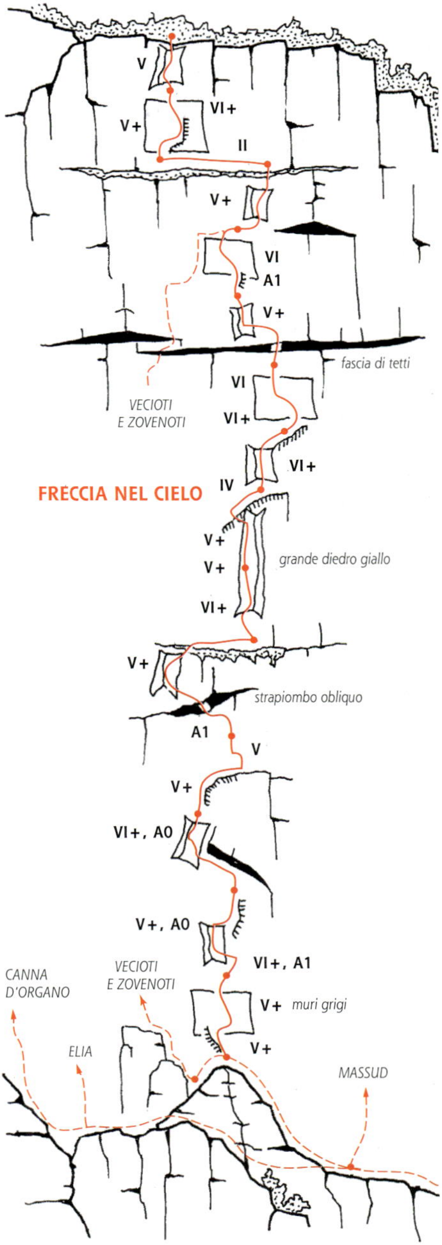

Relazione:

L1: Salire lungo una fessurina una placca grigia, superare un arbusto (cordino), poi salire verso destra e, passato un altro arbusto (cordino), proseguire per un diedrino fino alla sosta con 2 chiodi.

L2: Superare un breve muretto strapiombante, spostarsi verso sinistra e salire un piccolo diedrino, quindi traversare a destra (1 ch.) e procedere in dulfer lungo una lama fino ad un pulpito con arbusto e 1 chiodo di sosta.

L3: Salire una placca appoggiata giungendo sotto un tetto diagonale, traversare su ripida placca verso sinistra e salire direttamente (1 ch.) fino sotto il tetto, che si supera sulla sinistra con un delicato passaggio, poi per un diedrino alla sosta su pianta.

L4: Proseguire sfruttando una lama, passare faticosamente un arbusto (cordino), poi spostarsi verso destra su roccia friabile e sporca di vegetazione ed infine salire dritti ad una grossa pianta con 2 chiodi di sosta.

L5: Alzarsi diagonalmente verso sinistra superando due piccoli tettini, quindi superare un muro strapiombante (2 ch.) fino ad una cornice che verso sinistra esce su rocce più facili. Spostarsi verso destra seguendo una cengia con arbusti fino all'inizio di un marcato diedro.

L6: Superando una ripida placca si entra nel

diedro e lo si risale fino alla sosta su una grossa pianta.

L7: Continuare lungo il diedro, poi uscire a sinistra traversando verso una pianta secca, quindi risalire una splendida lama con successivo strapiombo, raggiungendo infine una piccola cornice con 3 chiodi di sosta.

L8: Risalire il seguente diedro, in parte strapiombante, in alto uscire con un passaggio delicato a destra, e per una placca con erba (1 ch.) alla sosta aerea con 2 chiodi.

L9: Superare una placca con toppe d'erba (2ch.) e uscire su un terrazzino friabile, sovrastato dalla fascia di tetti e strapiombi che tagliano orizzontalmente la parete. 2 chiodi di sosta

L10: Superare un piccolo tettino, spostarsi un po' a sinistra e risalire un diedrino fino alla sosta con 2 chiodi.

L11: Percorrere la seguente fessurina, superare una placca (1 ch.) e raggiungere una scomoda sosta con 2 chiodi.

L12: Spostarsi leggermente a destra e risalire un evidente diedro giallastro uscendo al suo termine su un'ampia cengia con piante. Bivacco dei primi salitori.

L13: Seguire la cengia che si restringe verso sinistra fino alla sosta con 1 chiodo.

L14: Proseguire ora direttamente superando una placca verticale incisa da un diedrino grigio (1 ch.), e per un diedro giallo e rocce sporche d'erba raggiungere la sosta con 1 chiodo.

L15: Risalire il diedro terminale superando due pance, uscendo infine dalla parete. Sosta con 2 chiodi. (Relazione di Ivo Rabanser)

Attacco: dal bivio per Ranzo, continuare ancora per un breve tratto lungo la traccia per poi abbandonarla seguendo, a sinistra, i vari ometti con bolli rossi e corde fisse fino all'evidente attacco del Pilastro Massud. Traversare a sinistra e salire il marcato e profondo camino fino al boschetto. Un grosso albero con cordone indica l'attacco.

Discesa: o si segue la discesa consigliata nell' itinerario precedente, oppure, usciti dalla via obliquare su cengie erbose verso destra in direzione di un profondo canale, al di là del quale passa la ferrata "R. Pisetta".

19 PILASTRO MASSUD★★★★

R. Galvagni, D. Filippi 2003
200 m. (8L)
6a, 6c (6a obb.)/S1/II

La grande parete sud est del Piccolo Dain, prima di degradare verso nord, forma un marcato ed evidente pilastro: su questo si sviluppa la via (ancora più a destra sale la ferrata R. Pisetta). Itinerario dalla linea classica, lungo diedri fessure e camini. La roccia è generalmente buona, con alcuni brevi tratti un po'erbosi. Le difficoltà mai estreme e la chiodatura ottima e ravvicinata permettono un'arrampicata sempre veloce, divertente e di soddisfazione. Al termine della via ci si trova sulla ferrata e da questa si ridiscende.

Attenzione: la ferrata è molto esposta ed atletica e conviene rimanere assicurati. Verso la fine della ferrata prendere la diramazione di sinistra (variante più facile).

Attacco: dal bivio per Ranzo, continuare ancora per un breve tratto lungo la traccia per poi abbandonarla seguendo, a sinistra, i vari ometti con bolli rossi e corde fisse fino all'evidente attacco con scritta.

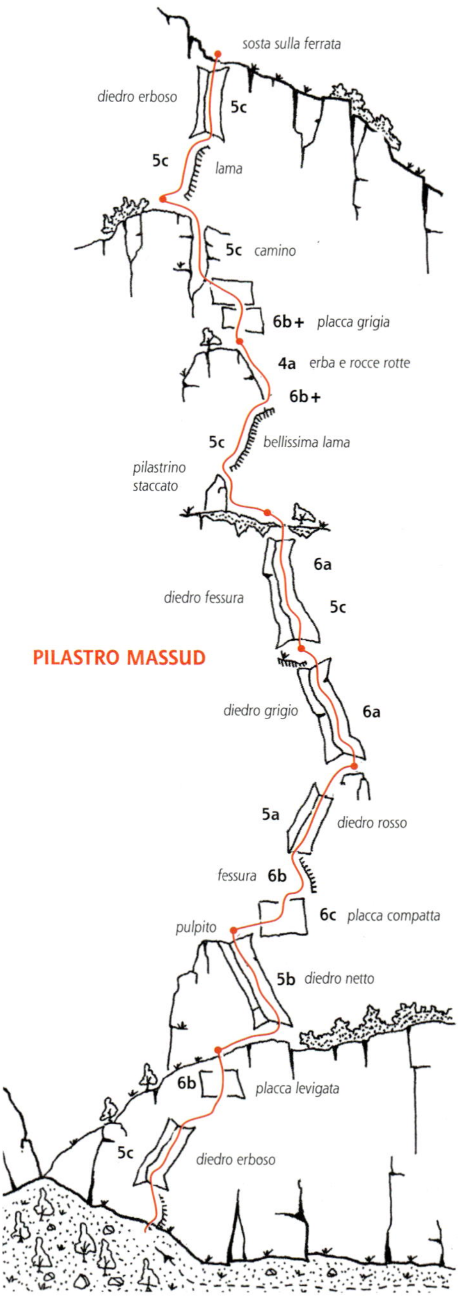

2 Avancorpo

Piccolo Dain

0.20 h

0.40 h

200 m.

S

Interessante fascia rocciosa, di discrete dimensioni, alla base della grande parete sud del Piccolo Dain. Caratterizzata da un elegante pilastro centrale, su questa parete sono stati tracciati alcuni meritevoli itinerari in arrampicata libera e in artificiale. Inoltre, nel settore destro è stata attrezzata da F. Leoni la bella falesia "Babilonia".

Accesso

Dal Bocciodromo delle Sarche, dove si parcheggia, prendere a sinistra una traccia che raggira il grande paramassi. Prendere poi un evidente sentiero che sale nel bosco in direzione della parete. Questo sentiero porta alla falesia Babilonia, poco prima di arrivarci seguire a sinistra una traccia in piano che porta alla base della parete.

Discesa

Salire per tracce nel bosco fino ad incontrare l'evidente sentiero che riporta alle Sarche.

20 LOTTA CON L'ALPE	**200 m.**
21 MIRKO MINUZZO	**200 m.**
22 ENRICO MAURO	**80 m.**

22
21
20

20 LOTTA CON L'ALPE★★★★
D. Filippi, R. Galvagni 2007
200 m. (7L)
6a, 2 passi 6b (6a obb.)/S1/I

Proprio a ridosso del paese delle Sarche, alla base della parete sud, il Piccolo Dain forma un piccolo avancorpo. Questo avancorpo, nella parte alta, è inciso da un evidentissimo diedro giallo-grigio e lungo questo si sviluppa la via. Itinerario breve e divertente, su roccia solida e con chiodatura ottima e ravvicinata. Alcune lunghezze sono bellissime, come la placca del 4° tiro e il diedro del 6° tiro.

Attacco: arrivati sotto la parete traversare a sinistra e rimontare un ripido canale con corda fissa. Nome alla base della via.

21 MIRKO MINUZZO★★★
D. Filippi 2008
200 m. (7L)
A1/R1/I

Bella via in arrampicata artificiale, completamente attrezzata con solidi chiodi a pressione. Supera una logica sequenza di placche strapiombanti e piccoli tettini. Entusiasmante la lunghezza centrale lungo un affilato spigolo strapiombante. Ottimo itinerario come primo approccio alle vie in artificiale. Via dedicata al grande alpinista Mirko Minuzzo, primo italiano all' Everest nonché apritore di bellissimi itinerari in artificiale nelle Dolomiti. Come, per esempio, la via "Camillotto Pellesier" alla parete nord della Cima Grande di Lavaredo e la via "Kennedy" alla parete sud della Torre Venezia in Civetta.

Attacco: appena a destra di Lotta con l'Alpe. Targhetta alla base.

22 ENRICO MAURO★★
D. Filippi 2009
80 m. (2L)
A1, IV/R1/I

Itinerario in arrampicata artificiale, breve, facile e divertente. Ideale come primo approccio all'arrampicata artificiale. Supera il bellissimo e caratteristico strapiombo rosso a destra della via Mirko Minuzzo. Il primo tiro si svolge lungo placche grige verticali con un brutto tratto friabile. Con la seconda lunghezza si vince un bellissimo strapiombo rosso su roccia fantastica. Dedicato ad Enrico Mauro, compagno di cordata di Mirko Minuzzo, sulle vie dolomitiche "Camillotto Pellesier" e "Kennedy".

Attacco: come per la Via Minuzzo, continuare lungo il sentierino fin sotto l'evidente tetto giallo. Targhetta alla base.

PICCOLO DAIN

Avancorpo

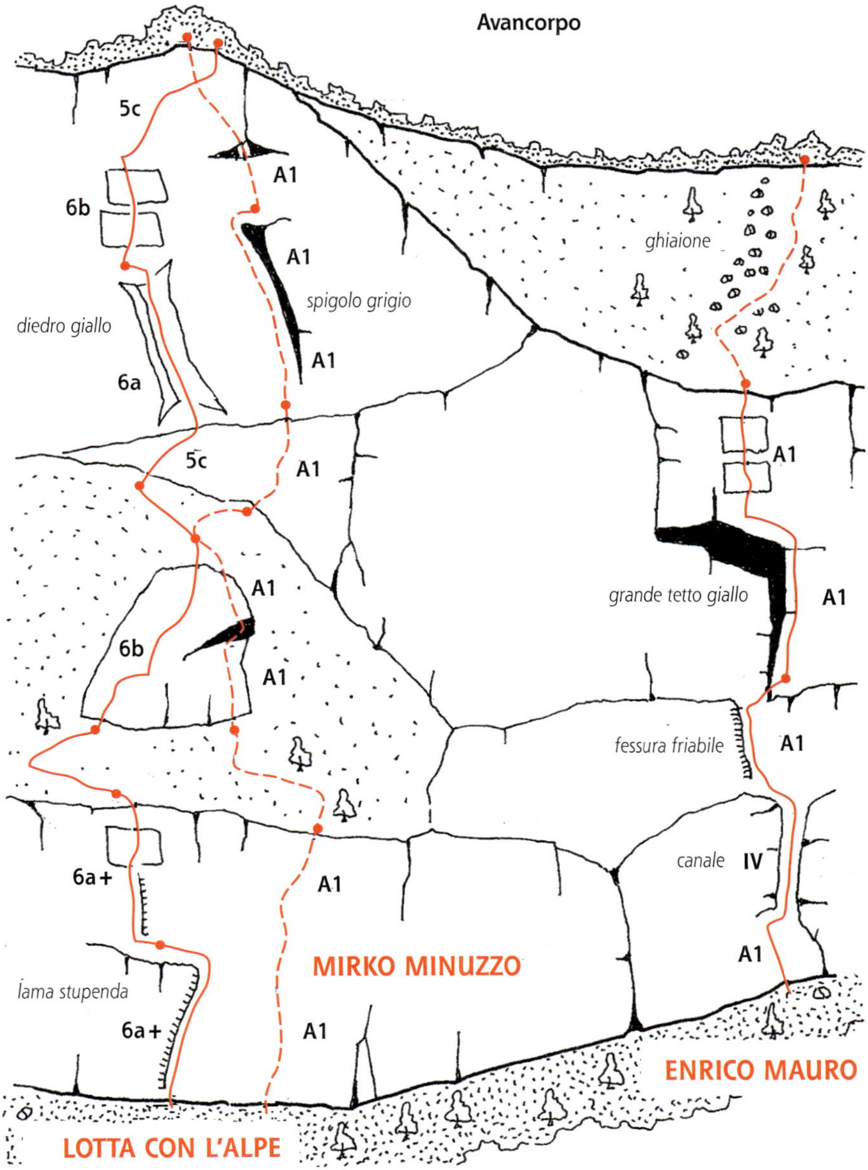

3 Parete del Limarò

Piccolo Dain

0.15 h

0.40 h

450 m.

SO

Questa parete appare come un immenso libro aperto, un grandioso diedro, come raramente se ne possono trovare nell'arco alpino. Prende il nome dall'omonima gola: quella profonda spaccatura scavata dal torrente Sarca. Lungo il grande diedro principale sale con estrema logica la bella ed impegnativa via di Cesare Maestri. Ai lati di questa, sulle vertiginose pareti, corrono itinerari alpinistici e sportivi tutti molto severi ed impegnativi.

Accesso
Dal paese delle Sarche, salire in direzione di Campiglio, poco prima del ponte sul Sarca svoltare a sinistra per una stradina e arrivare al comodo e ampio parcheggio con fontana e parco giochi.
Seguire la strada per Campiglio fino al primo ampio tornante e scendere nella gola seguendo una stradina sterrata. Con l'aiuto di enormi briglie di contenimento, facilmente si attraversa il torrente.
In caso di acque abbondanti potrebbe risultare problematico l'attraversamento.

Discesa
Usciti dalle vie, traversare il bosco in direzione est, fino ad incontrare il sentiero che porta alle Sarche.

23 EFFETTI COLLATERALI	**120 m.**
24 LA SALSA DELL'ORSO	**120 m.**
25 SPIGOLO DEL LIMARO'	**400 m.**
26 LUCE RIFLESSA	**400 m.**
27 VIA GADOTTI	**400 m.**
28 MITICA E NOCCIOLINA	**400 m.**
29 SPAZIO ALLA FANTASIA	**400 m.**
30 VIA PEGORETTI COVI	**400 m.**
31 LA CADUTA DEGLI DEI	**400 m.**
32 LA TIGRE IL DAINO E IL GLADIATORE	**400 m.**
33 DIEDRO MAESTRI	**400 m.**
34 VICOLO CIECO	**450 m.**
35 AMICO BERTO	**450 m.**
36 CONTATTO RADICALE	**450 m.**

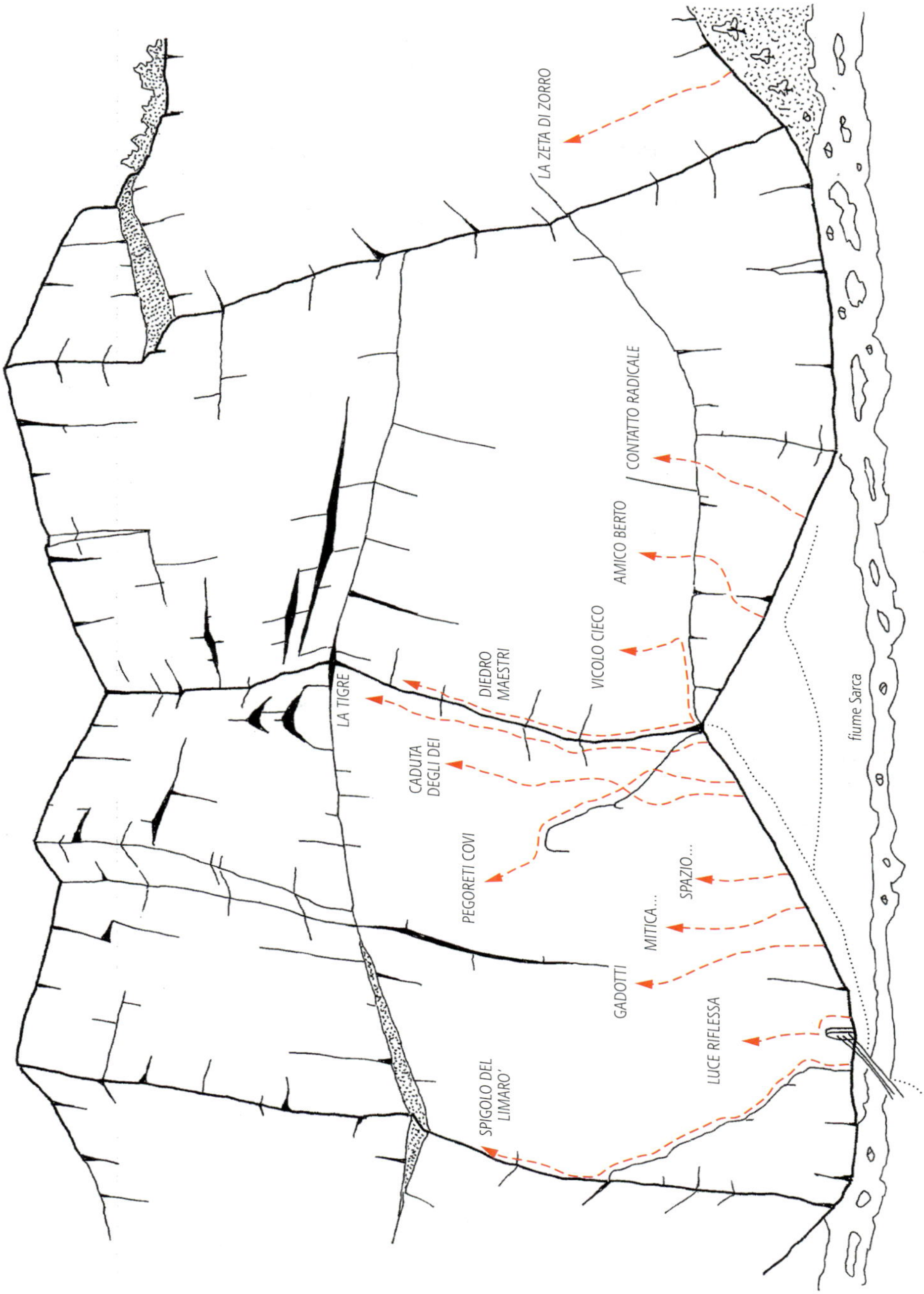
LA ZETA DI ZORRO
CONTATTO RADICALE
AMICO BERTO
VICOLO CIECO
DIEDRO MAESTRI
LA TIGRE
CADUTA DEGLI DEI
PEGORETI COVI
SPAZIO...
MITICA...
GADOTTI
LUCE RIFLESSA
SPIGOLO DEL LIMARO'
fiume Sarca

23 EFFETTI COLLATERALI ★★★★

D. Bonvecchio
120 m. (4L)
7a, 7c (7b obb.)/S2/II

Stupenda arrampicata in placca verticale dove prevale tecnica e movimento. Lungo e molto sostenuto il secondo tiro che impone duri passaggi obbligatori. Chiodatura ottima a fix, ma mai abbondante. **Attacco:** appena a sinistra della via "La salsa dell'orso".

24 LA SALSA DELL'ORSO ★★★★

M. Maceri, E. Boldrin 2003
120 m. (7L)
6b+, A2 (6b obb.)/S1/II

A sinistra della grande e imponente parete dove sale il Diedro Maestri, è visibile un caratteristico anfiteatro di rocce gialle, con strapiombi e tettini. Sul margine sinistro di questa parete corre questa originalissima via. Poco interessante per l'arrampicata libera, questa via offre invece una salita divertente e di soddisfazione per gli amanti dell'artificiale. Un buon isolamento e una grande esposizione sono garantiti. La roccia è solida e la chiodatura è ottima a fix. Per la ripetizione occorrono solamente dei rinvii e due staffe a testa.

Attacco: per accedere alla parete raggiungere e superare il paese di Ranzo (accesso da Vezzano). Parcheggiare fuori dall'abitato in prossimità di un capitello. Seguire la strada forestale che da qui scende a valle per raggiungere l'attacco della ferrata Pisetta e il paese di Sarche. Ad una curva, prendere il sentiero (cartello Pisetta) e seguirlo per circa 70 metri. Verso destra un ometto indica l'accesso alla parete. Poco sotto una corda fissa conduce al primo ancoraggio. Quattro doppie sono necessarie per raggiungere l'attacco della via, le prime due sono su spit e le successive su piante con cordoni. Dopo l'ultima calata traversare costeggiando la parete fino all'attacco dove sono visibili le prime piastrine. Attenzione: una volta calati, la salita della via rappresenta il percorso più facile per uscire dalla gola.

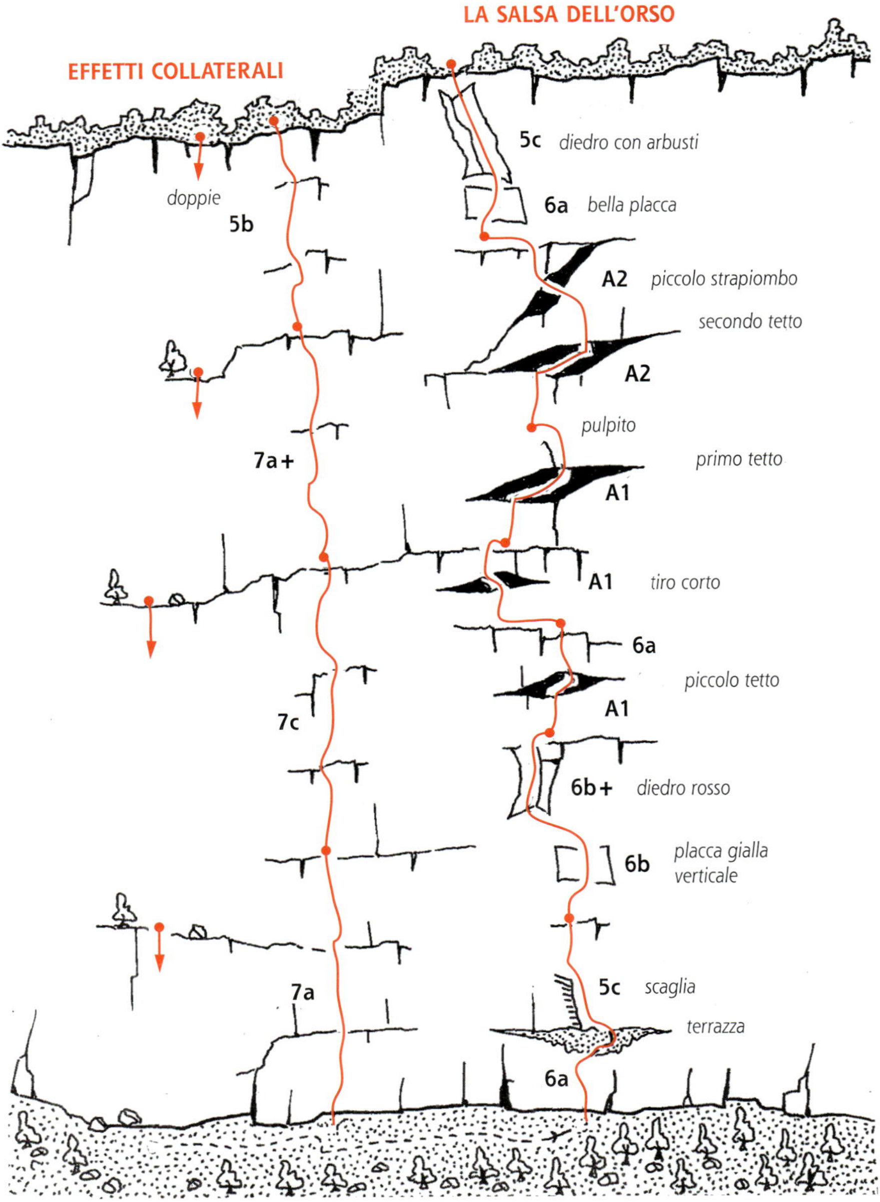
LA SALSA DELL'ORSO
EFFETTI COLLATERALI
5c diedro con arbusti
doppie
5b
6a bella placca
A2 piccolo strapiombo
secondo tetto
A2
pulpito
7a+
primo tetto
A1
A1 tiro corto
6a
7c
piccolo tetto
A1
6b+ diedro rosso
6b placca gialla verticale
7a
5c scaglia
terrazza
6a

25 SPIGOLO DEL LIMARO' ★★★

D. Filippi, parte bassa 2007
P. Ravasio, C. Bonari, parte alta 1983
400 m. (14L)
V+, VI+, A1/R2/III

Questo itinerario supera l'evidente e affilato spigolo che precipita verticale sopra la gola del limarò. Questo spigolo è tagliato in due da un'ampia cengia boscosa. La parte alta è verticale, affilata e molto attraente, mentre la parte bassa perde di forma ed è ingombra di vegetazione. È un' itinerario decisamente alpinistico, molto interessante e divertente da ripetere. Offre una salita di tipo classico: arrampicata libera, mista all'artificiale e con alcuni brevi tratti su roccia friabile. La roccia è comunque nel complesso buona e la chiodatura abbondante a chiodi normali, chiodi a pressione e spit. Per la ripetizione occorrono: almeno 15 rinvii, 2 staffe, alcuni friend, martello e alcuni chiodi normali. Eventualmente perforatore manuale e alcuni spit nel caso di rotture dei chiodi a pressione. Un po' di storia: nel lontano 1983, P. Ravasio e C. Bonardi, si calarono dall'alto e tracciarono una linea lungo l'affilato spigolo. Trascurarono la parte bassa, giudicandola non a torto, poco interessante e non meritevole. Purtroppo però, l'unico accesso per la salita allo spigolo rimase quello dall'alto, ovvero scomodo e molto laborioso. Questo itinerario rimase quindi per lungo tempo sconosciuto e poco o per nulla ripetuto. Ora, la parte bassa non offre una arrampicata entusiasmante, ma non è neppure tanto orribile, perlomeno permette di arrivare alla base dello spigolo vero e proprio direttamente dal basso.

Attacco: appena a sinistra delle briglie usate per attraversare il torrente.

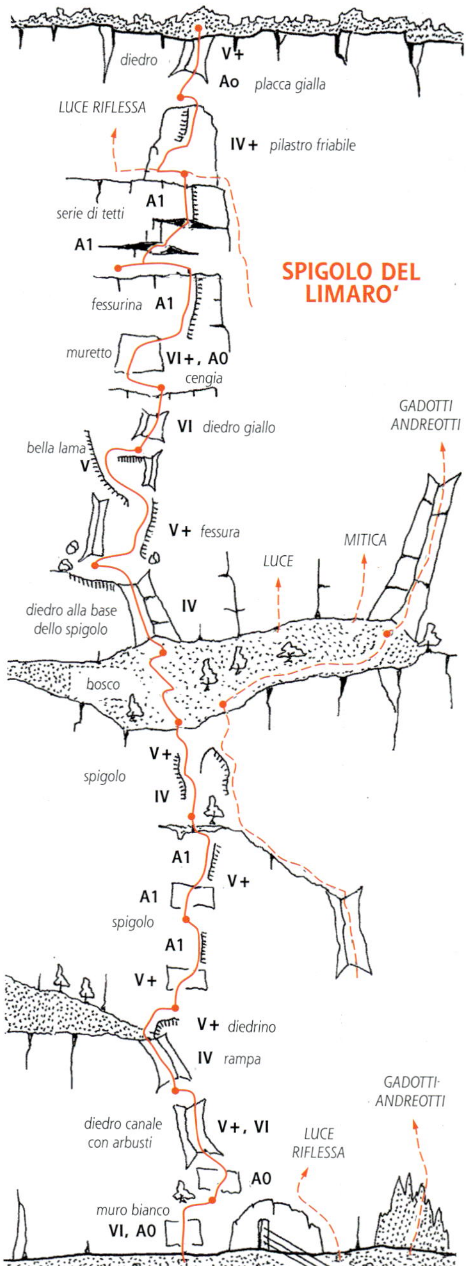

23
24
30
27
27
27a
27
25
26
31
27
28
29
30
32
33

26 LUCE RIFLESSA ★★★

M.Concini. 1998
400 m. (15L)
7b+ (7a obb.)/S3/III

Itinerario sportivo sostenuto e difficile su roccia buona ma con chiodatura spesso lontana. Molto lungo e faticoso, richiede un'ottima padronanza del grado 7a. È consigliabile percorrere questa via prima di buttarsi su "La caduta degli Dei", in quanto offre possibilità di fuga dalle cenge boscose che attraversa.

Attacco: appena a destra delle grandi briglie usate per attraversare il torrente. Una corda fissa aiuta a superare i primi metri resi inaccessibili dopo la costruzione delle briglie.

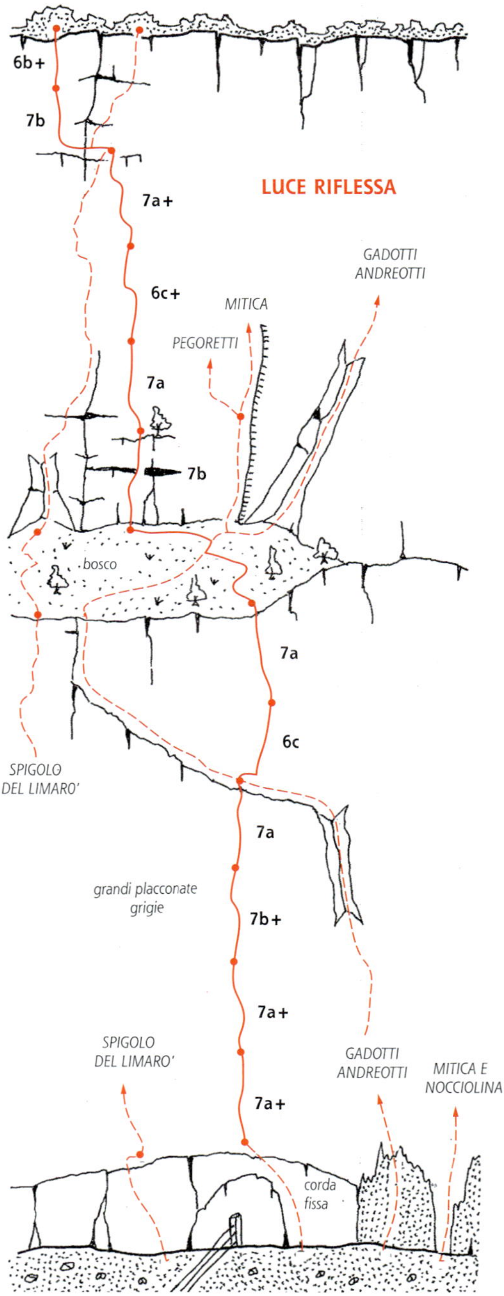

27 VIA GADOTTI ★★★

A. Andreotti, F. Gadotti 1972
400 m. (12L)
VI+, A1/R3/III

La grande parete di sinistra dell'immenso diedro del Limarò, è solcata nella sua metà superiore da un lineare e nettissimo diedro grigio. Questo diedro da la direttiva della salita. La via attacca sotto la verticale di questo vincendo con arrampicata prevalentemente in artificiale le prime placconate. Poi con un ampio giro a sinistra, sfruttando delle zone boscose, si guadagna la base del diedro. Qui, l'arrampicata migliora decisamente, con roccia buona e parete esposta. Nel complesso è una grande salita, completa e difficile, ma di grande soddisfazione. L'itinerario è rimasto completamente attrezzato, e molti sono i chiodi lasciati in parete soprattutto nelle prime lunghezze. Per la ripetizione bastano stopper, friend ed alcuni chiodi. La roccia è generalmente solida, occorre però prestare attenzione in alcuni tratti dove si arrampica sopra ad alcuni grandi blocchi di dubbia tenuta.

Attacco: sotto la verticale del diedro, circa 70 m. a sinistra dell'attacco del Diedro Maestri, la parete è ricoperta da una grande pianta di edera. Attaccare dove questa forma una specie di svasatura che permette la salita. Dopo circa 35 metri di pura arrampicata su edera si trova la prima sosta a chiodi.

27a VARIANTE STENGHEL ★★★

G. Stenghel, R. Vettori 1979
100 m. (2L)
V+, VI/R3

Terminato il lungo e difficile diedro, la via Gadotti segue verso sinistra delle facili rampe con arbusti. A questo punto la variante Stenghel, aperta in occasione della prima ripetizione della via, prosegue invece a destra seguendo la continuazione logica del diedro. Variante raramente percorsa, poco chiodata e con roccia a tratti friabile.

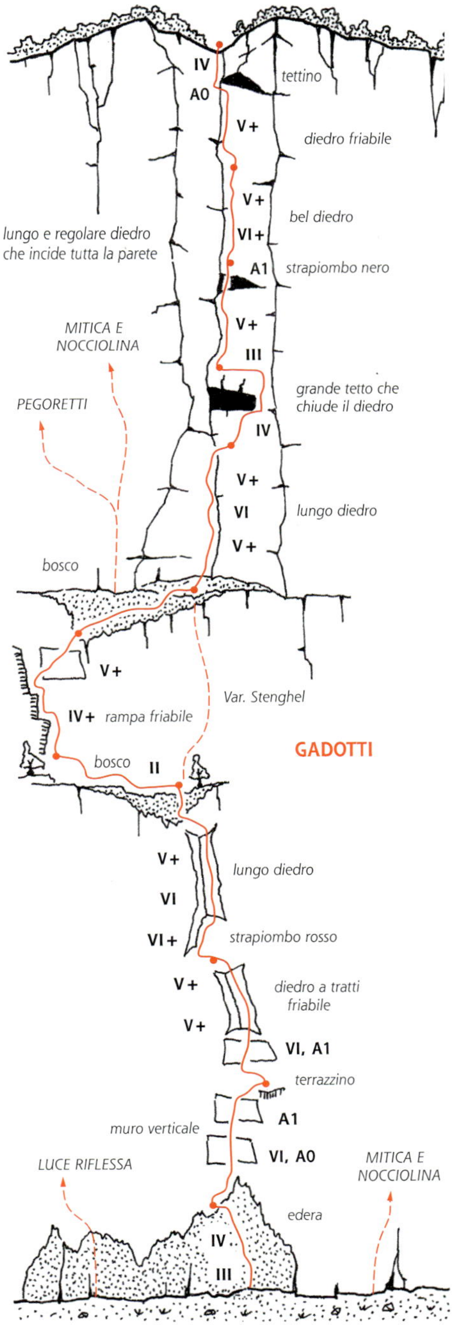

28 MITICA E NOCCIOLINA★★★★★
F. Giacomelli 2009
400 m. (12L)
VI+, VII+, A1, A2/R4/IV
Grandioso itinerario in arrampicata libera, aperto in solitaria dal basso dal forte alpinista Fabio Giacomelli. Nella parete inferiore, si sviluppa lungo placconate strapiombanti, poi in alto segue una teoria di sottili fessure a sinistra del grande diedro della via Gadotti Andreotti. L'arrampicata è sempre impegnativa, sostenuta e obbligatoria su gradi alti e con protezioni spesso lontane. La chiodatura è generalmente su chiodi normali e con qualche raro spit. Per la ripetizione portare friend, microfriend e una scelta di chiodi. Via dedicata ai figli di Fabio, Deborah e Alessio, soprannominati Mitica e Nocciolina.
Attacco: per l'evidente taglio dell'edera a destra dell'attacco della via Gadotti.

29 SPAZIO ALLA FANTASIA★★★★★
F. Giacomelli 2007
400 m. (12L)
VI+, VII+, A2, A3/R4/IV
Altro bellissimo capolavoro di Fabio Giacomelli. La linea è molto ardita e supera nella prima parte placconate gialle, compatte e strapiombanti, mentre nella seconda parte serpeggia tra una serie di piccoli tetti. Anche questa via, come la precedente, propone un'arrampicata difficile e molto sostenuta, su gradi alti e con protezioni scarse. La chiodatura è principalmente a chiodi normali e qualche spit. Per la ripetizione portare friend, microfriend, una scelta di chiodi e alcuni cliff.
Attacco: per una evidente placca grigia compatta, chiodo visibile in alto.

30 VIA PEGORETTI COVI★★★★
M. Pegoretti, E. Covi
400 m. (15L)
VI+, A1/R3/IV
Itinerario severo e molto impegnativo. Supera la parete seguendo le linee più naturali come fessure e diedri. La roccia è generalmente solida ma la chiodatura è piuttosto scarsa. Questa salita richiede una notevole esperienza alpinistica, sia per superare le forti difficoltà, sia per orientarsi nella parete. La prima parte dell'itinerario, sale più o meno al centro della parete, poi in alto si sposta ed esce a sinistra della via Andreotti Gadotti. Mancano informazioni dettagliate dell'itinerario.
Attacco: circa a metà della rampa che sale all'attacco del Diedro Maestri, evidente una piazzola. Visibili i primi chiodi in alto a destra lungo una fessura grigia

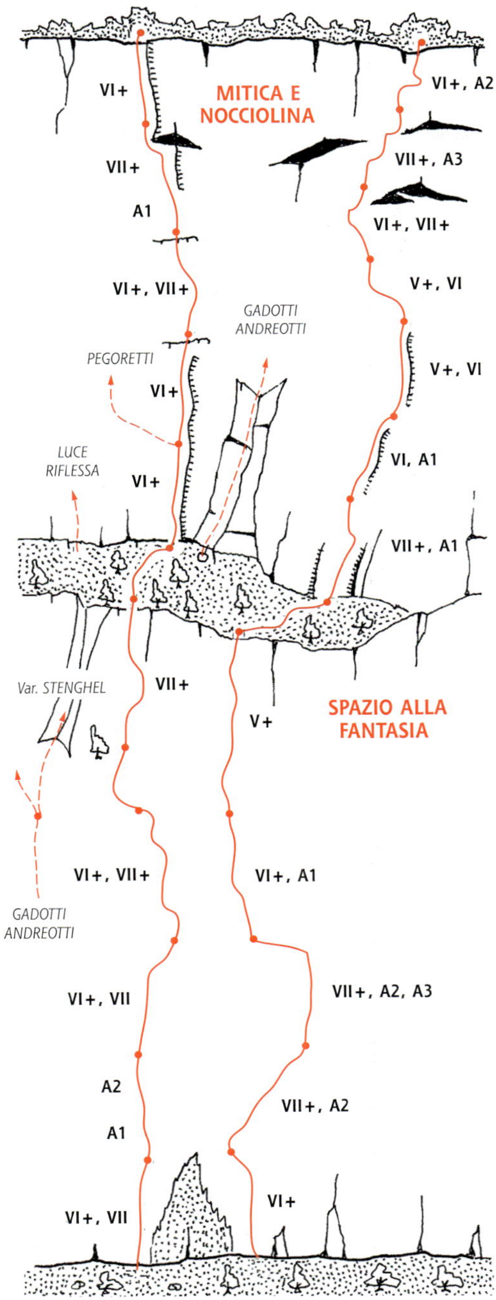

VI+
MITICA E NOCCIOLINA
VI+, A2
VII+
VII+, A3
A1
VI+, VII+
VI+, VII+
V+, VI
GADOTTI ANDREOTTI
PEGORETTI
V+, VI
VI+
VI, A1
LUCE RIFLESSA
VI+
VII+, A1
Var. STENGHEL
VII+
V+
SPAZIO ALLA FANTASIA
VI+, VII+
VI+, A1
GADOTTI ANDREOTTI
VII+, A2, A3
VI+, VII
VII+, A2
A2
A1
VI+
VI+, VII

31 LA CADUTA DEGLI DEI ★★★

M. Concini, B. Malfatti 1996
400 m. (13L)
7c (7b obb.)/S3/III

Itinerario lungo, difficile e molto sostenuto. A detta di alcuni ripetitori, l'impegno di questa salita sta proprio nella sua lunghezza, che obbliga anche nei tiri finali al superamento di difficoltà di 6c+ obbligato. Salita bella e gratificante che si sviluppa lungo il tratto più verticale, esposto e spettacolare dell'intera parete del Limarò.

Attacco: appena a sinistra della via Pegoretti-Covi, visibili i primi fix.

32 LA TIGRE IL DAINO E IL GLADIATORE ★★★★★

G. Canale, A. Mazzotti, F. Cavallaro 2010
380 m. (9L)
7c+, 8a (7c obb.)/S3/IV

Grandioso itinerario sportivo, sostenuto e difficile. La roccia è sempre ottima, salvo qualche breve tratto nel sesto tiro, dove richiede un po' di attenzione. Continuo, faticoso e di grande eleganza risulta essere il quarto tiro, mentre il sesto tiro è caratterizzato da un passo singolo molto duro. Tutte le soste (ad esclusione della seconda che è su albero) sono attrezzate con due fix e con anello di calata, ma la discesa in doppia risulta essere difficile e laboriosa. Relazione di G. Canale.

Attacco: su roccia grigia compatta, dieci metri a sinistra del grande diedro della via Maestri.

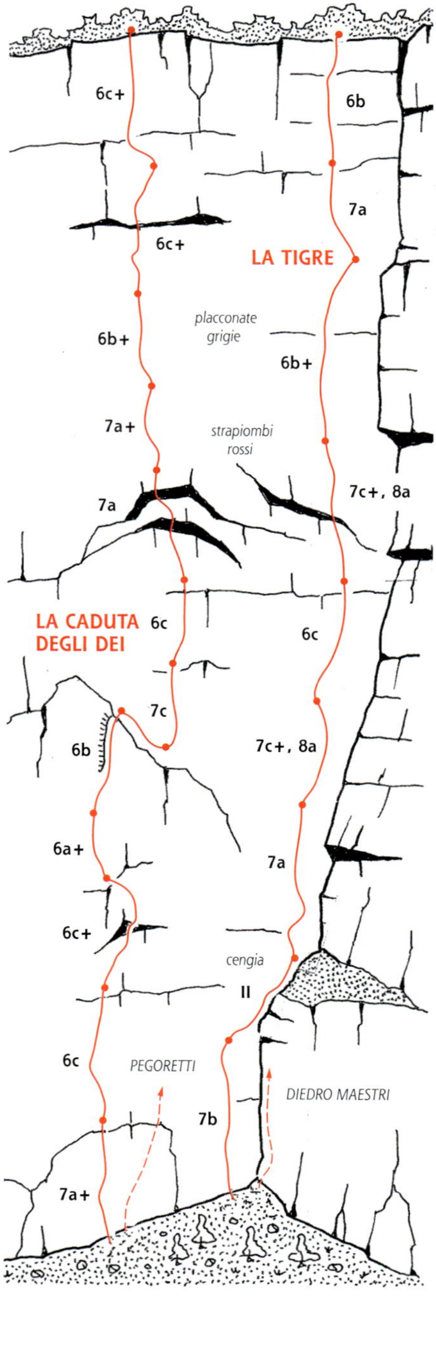

33 DIEDRO MAESTRI ★★★★★

C. Maestri, C. Baldessari 1957
400 m. (12L)
VI+, AO/R3/III

Grandioso e spettacolare itinerario, alpinisticamente molto interessante. Salendo lungo i tornanti della strada per Campiglio, è impossibile non notare questo enorme ed elegantissimo diedro. Cesare Maestri, con un grande utilizzo di mezzi artificiali, impiegò ben quattro giorni per vincere questa parete. Itinerario difficile e faticoso, decisamente classico, arrampicata in diedri e camini con roccia e chiodatura generalmente precaria.

Attacco: sotto la verticale dell'immenso diedro, attaccare una fessura friabile chiusa in alto da uno strapiombino.

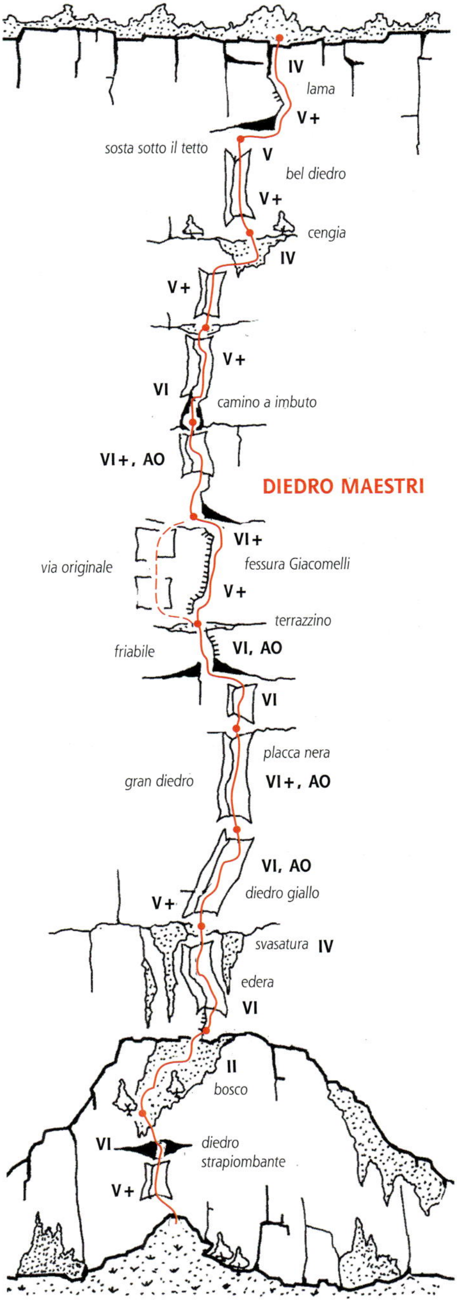

30
28
25
27
29
26
33
27a
29
31
28
30
32
26
27
25

33
34
35
36
37

34 VICOLO CIECO★★★

D. Filippi 2008
450 m. (13L)
A1, A2, un passo 6a/S1/III

Questo itinerario ricalca un po' le caratteristiche della vicina Amico Berto, ovvero una prima parte lungo placconate grigie appoggiate e una seconda lungo muri gialli e strapiombanti. L'arrampicata è generalmente in artificiale, salvo alcune lunghezze nella prima parte della salita e gli ultimi tiri che offrono una divertente arrampicata lungo un caratteristico diedro-camino. La roccia è fantastica, incredibilmente compatta e solida. L'ambiente è quello incantevole e suggestivo del Limarò: di rara bellezza e con il rumore del torrente che accompagna tutta la salita. L'itinerario è stato chiodato interamente e abbondantemente con fix da 8 mm e per la ripetizione bastano solamente dei rinvii e due staffe a testa. Questa salita, come Amico Berto, data la facilità di progressione dell' artificiale, rappresenta un'ottima occasione per far pratica sulle staffe e cosi in seguito poter affrontare salite più impegnative.

Attacco: dall'attacco del Diedro Maestri, seguire un'esile cengia che entra in parete a destra.

35 AMICO BERTO★★★

D. Filippi 2007
450 m. (11L)
A1, A2/S1/III

Questo itinerario supera la grande parete a destra del Diedro Maestri. La parete, alta 450 m, è nettamente divisa in due parti: la parte bassa, di 250 m., è costituita da placconate grigie, appoggiate e ingombre dalla vegetazione. La parte alta invece, è formata da lunghe lavagne gialle e strapiombanti. Questo itinerario, dalle caratteristiche esplorative, va alla ricerca della linea più logica e bella in completa arrampicata artificiale. Può rappresentare un ottimo primo approccio alle vie di questo genere, ma anche una valida salita di allenamento alla via Vertigine. Tutto l'itinerario è chiodato con fix da 8 mm. e per la ripetizione bastano, solo però se si alternano, 20 rinvii, e naturalmente un paio di staffe a testa. La parete è molto bella e la roccia

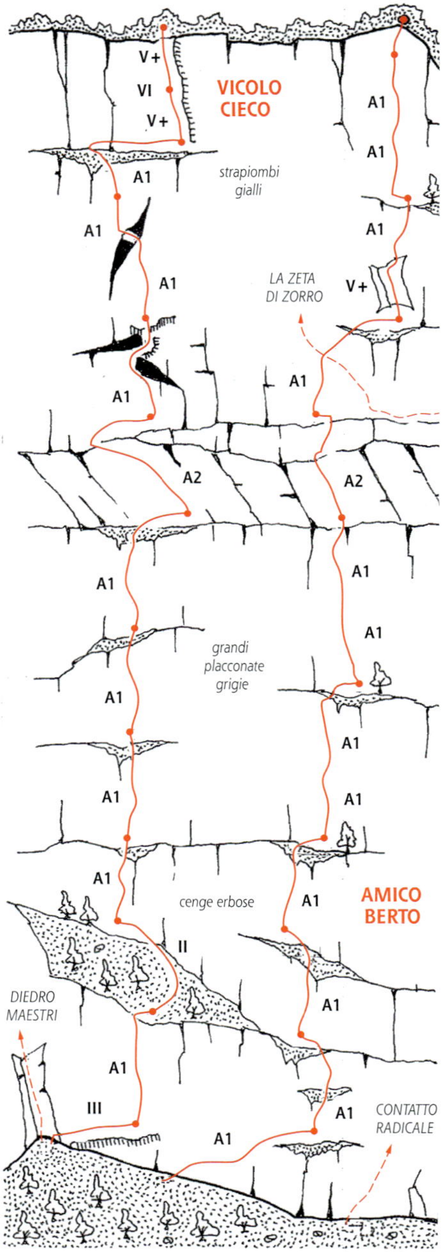

solidissima. L'itinerario, divertente da ripetere, è immerso in un ambiente selvaggio e di rara bellezza. Attenzione, una eventuale ritirata in corda doppia dalla seconda parte della via, potrebbe risultare assai problematica. Itinerario dedicato all'amico Umberto Marampon e alle sue bellissime vie.
Attacco: circa 50 m. a destra del Diedro Maestri. Nome alla base.

36 CONTATTO RADICALE ★★★

A. Toni Zanetti, M. Brighente 2010
450 m. (14L)
6b, A1 (5c obb.)/S1/III
Interessante itinerario in arrampicata mista, libera e artificiale, immerso nel bellissimo e suggestivo ambiente del Limarò. La linea di salita segue, per quanto possibile, i punti deboli della parete, come cenge, diedri e fessure. Quasi ogni lunghezza presenta tratti in libera con passi in artificiale, la chiodatura è ottima e ravvicinata a fix e per la ripetizione bastano solo i rinvii. Eventualmente una staffa potrebbe ritornare utile per i passaggi in A1. L'arrampicata, nella prima parte della via, è un po' disturbata dalla vegetazione, ma in alto lungo le lavagne gialle e strapiombanti, la salita si fa entusiasmante, esposta e meritevole. Bellissime le traversale esposte del 10° e 13° tiro.
Attacco: poco a destra di Amico Berto, targhetta con nome alla base.

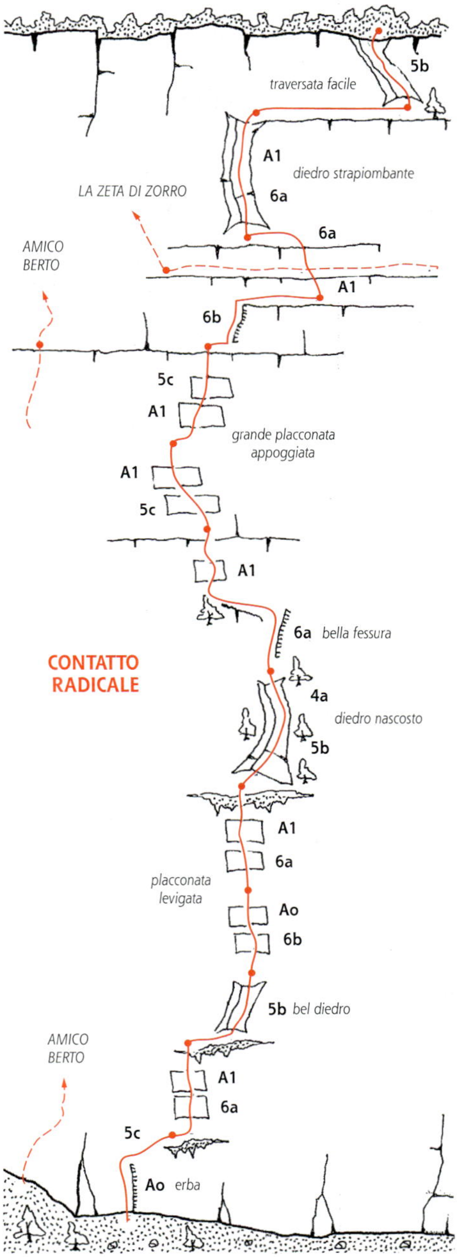

4 Parete della Centrale

Piccolo Dain

0.10 h

0.30 h

250 m.

SO

Splendida parete, proprio a picco sulle acque del torrente Sarca. Tutte le vie offrono una bellissima arrampicata, su roccia eccellente e con buona chiodatura. L'ambiente, data la vicinanza del torrente, è molto suggestivo e romantico, molto rilassante e unico nella valle. Il comodo accesso, la bellezza delle vie e il veloce rientro fanno di questo settore uno dei più frequentati nell'intera valle del Sarca.

Accesso
Dal paese di Sarche, salire in direzione di Campiglio, poco prima del ponte sul Sarca svoltare a sinistra per una stradina e arrivare al comodo e ampio parcheggio con fontana e parco giochi. Dal parcheggio, attraversare la strada e prendere una stradina a destra che porta alla Centrale Enel. Lungo la stradina prima del Cancello attaccano le varie vie.

Discesa
Usciti dalle vie, traversare il bosco in direzione est, fino a incontrare il sentiero che porta alle Sarche.

37 LA ZETA DI ZORRO	450 m.
38 VIA IL RAZZISMO DAL MODO	300 m.
39 AMAZZONIA	250 m.
40 ORIZZONTI DOLOMITICI	250 m.
41 MOON BEARS	250 m.
42 IL SOLE DI DAVID E MICHELANGELO	250 m.
43 LA SCUOLA PITAGORICA E HANS DULFER	220 m.
44 DODICI ALBERI	220 m.

44
43
42
41
40
39
38
37

37 LA ZETA DI ZORRO ★★★★

Edy, Giacomo, Armando 2007
450 m. (12L)
7a, 7b+ (7a obb.)/S3/III

Si arrampica sulla bella parete del Limarò che si affaccia sul torrente Sarche e l'omonimo paese. L'itinerario è attrezzato a spit lungo i suoi 450 metri di sviluppo, ma si consiglia d'agghindarsi con il solito materiale alpinistico: kevlar, friend medio piccoli, e qualche chiodo che non può guastare. L'obbligatorio sta sul 7a considerando l'impegno complessivo della via. Per percorrerla tutta ci si impiega dalle 6 alle 7 ore. Argomento roccia: buona e ottima in certi tiri. A tratti, specialmente sui gradoni erbosi, instabile. Relazione Edy Boldrin.

L1: Partenza iniziale assai delicata, poi placche erbose. Sosta su pianta. 40 m. 5c.
L2: Belle placche verticali. 40 m. 6a+.
L3: In Obliquo un po' a sinistra, poi dritti. 25 m. 6a.
L4: Grande placca gialla mista a chiazze marroni. 50 m. 6c, 7a+.
L5: Questo tiro porta a metà parete, su quella evidente cengia che la taglia a metà fino al Diedro Maestri. Balze delicate miste a vegetazione. 40 m. 6b.
L6: Lungo traverso a sinistra per entrare in parete. 40 m. II
L7: Qui comincia la seconda parte di questo viaggio verticale. Diedrino iniziale poi placca delicata. 35 m. 6b+. 6c
L8: Bellissimo traverso a sinistra. 40 m. 5c.
L9: Direttamente fino alla comodissimi cengia. 20 m. 6a+.
L10: Dopo il diedro iniziale, ci incrocia la via Amico Berto, si utilizza per l'occasione uno spit nero e si va verso sinistra. 40 m. 6b, 6c+.
L11: Verso sinistra su placca marrone con uscita in diedro svasato. 30 m. 7a, 7b+.
L12: Partenza su rocce instabili ma poi migliora. 50 m. 6b, 6c+.

Attacco: circa 200 metri a sinistra da Amazzonia.

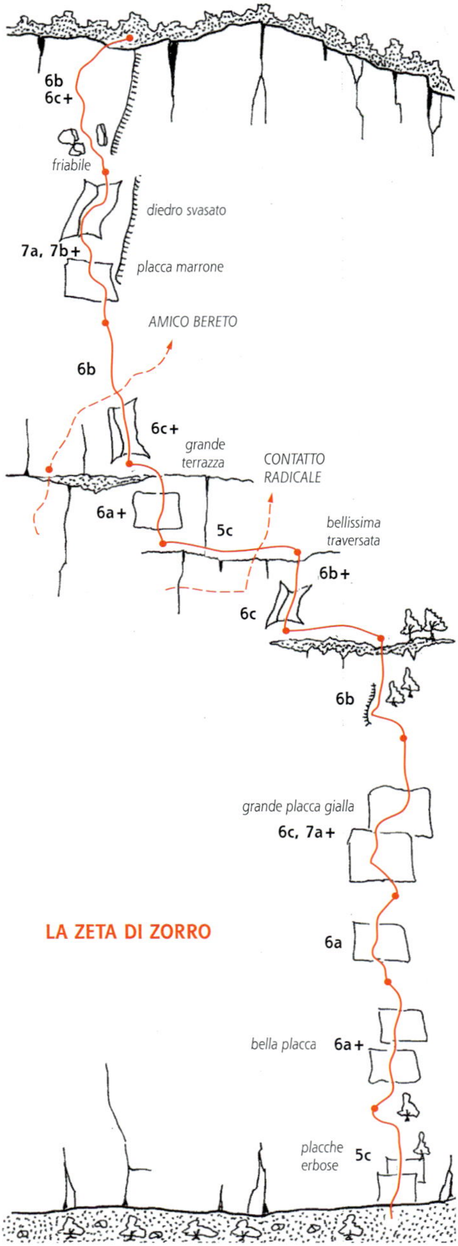

38 VIA IL RAZZISMO DAL MONDO★★★★

G. Stenghel, F. Sartori 1983

300 m. (9L)

V+, VI+/R3/II

Classica via alla Stenghel con una logica bestiale, protezioni scarse e passaggi di indubbia difficoltà. L'itinerario segue quasi interamente quella lunga fessura grigia che parte dalla diga sul Sarca, all'inizio della gola del Limarò, e taglia tutta la parete. La roccia è nel complesso buona ed a tratti ottima, anche se la vegetazione a volte intralcia un po' la progressione. Il tiro chiave della salita è molto atletico e richiede una buona capacità nel posizionamento delle protezioni. I primi e gli ultimi tiri invece rimangono su difficoltà classiche e le numerose piante e arbusti consentono un'arrampicata in sicurezza. Tutte le soste sono su solidi alberi ed in genere comode. Nel complesso una via di soddisfazione in un ambiente suggestivo, dove a volte è difficile comunicare per via del rumore dell'acqua che scorre nel torrente sottostante. Questa via è stata dedicata dai primi salitori a Padre Renato Chizito Cerezo. (Commento da una ripetizione di Franco Milani)

Attacco: Oltrepassata la centrale di circa 40 metri, attaccare un evidente diedro con degli arbusti.

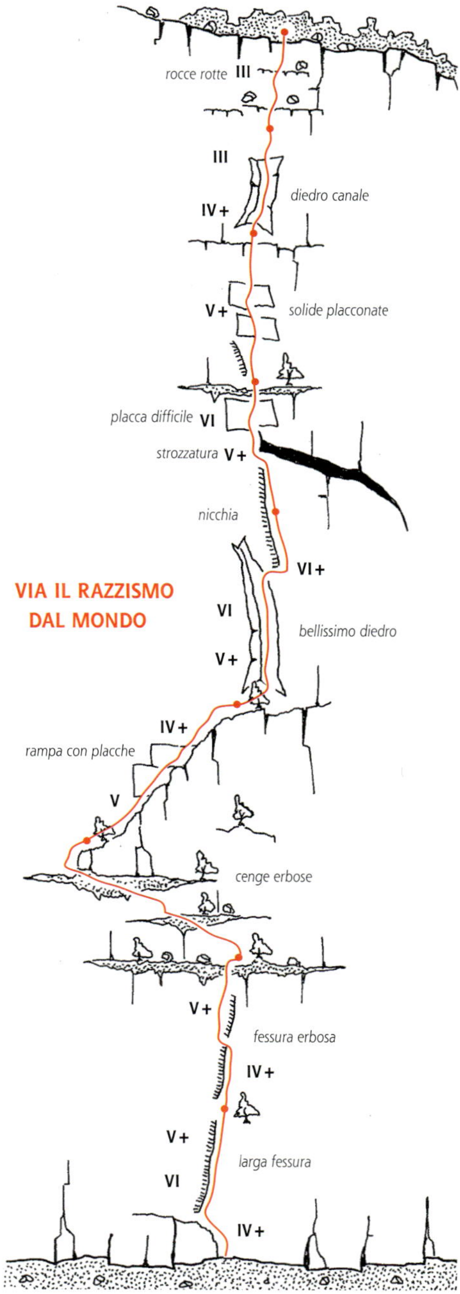

39 AMAZZONIA★★★★★
A. Zanetti 2005
250 m. (11L)
5b, 5c/S1/I
Corre vicino e parallela alla via Orizzonti Dolomitici e ne rispecchia quindi le caratteristiche principali. Itinerario bello e divertente lungo solidissime placconate, verticali ed esposte. Arrampicata sempre di soddisfazione. Molto bello è l'ultimo tiro difficile: una lunga placconata con movimenti tecnici ed eleganti.
Attacco: sopra il cancello della centrale attacca la via, le prime due lunghezze sono in comune alla via Orizzonti Dolomitici.

40 ORIZZONTI DOLOMITICI★★★★
A. Zanetti 2003
250 m. (11L)
5b/S1/I
Salita molto bella e divertente lungo solide placconate. Molto consigliata, conta ormai infinite ripetizioni, è un piccolo gioiellino della valle. La caratteristica principale di questa salita, è l'ottima chiodatura anche su difficoltà moderate. Itinerario ideale per quelle giornate in cui si ha solamente voglia di divertirsi in tutta sicurezza e relax. Il torrente sottostante rende l'ambiente particolarmente bello e suggestivo.
Attacco: sopra il cancello della centrale attacca la via.

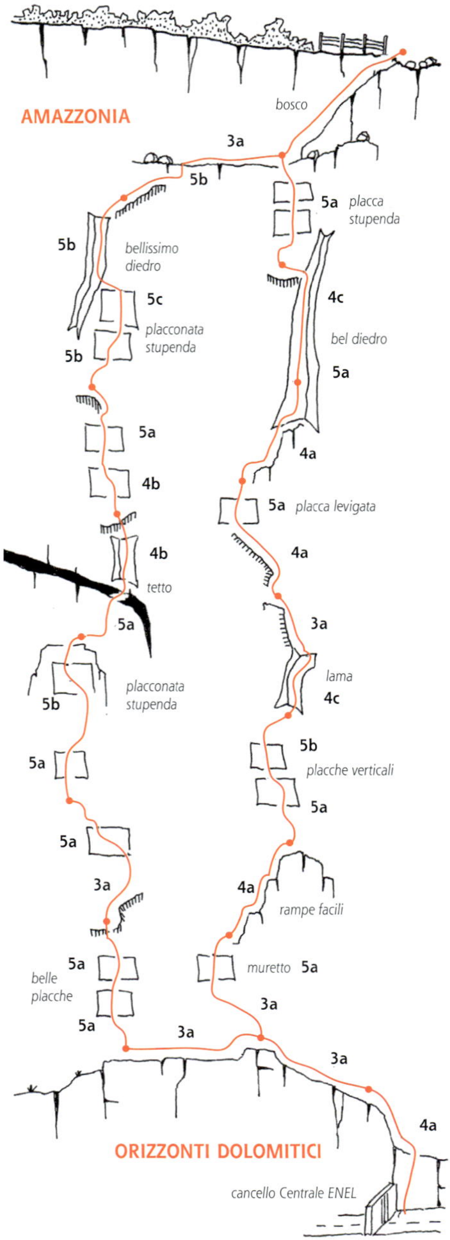

41 MOON BEARS★★★★

E. Salvaterra, M. Ghezzi 2011
250 m. (9L)
5b, 5c/S1/I

Itinerario bello e divertente, lungo una linea logica ed elegante. L'arrampicata è prevalentemente in diedro-fessura ma con brevi sezioni in placca. La roccia è sempre ottima e ripulita e la chiodatura sufficiente a fix

Attacco: sopra il cancello della centrale, attaccare per la via Orizzonti Dolomitici. Dopo le prime due lunghezze i comune, la via Moon Bears si stacca e prosegue indipendente.

42 IL SOLE DI DAVID E MICHELANGELO ★★★★

H. Grill, F. Kluckner 2009
250 m. (8L)
V+, VI+/R2/II

Questo itinerario offre un'arrampicata sempre piacevole e divertente, lungo solidissime placconate grigie e verticali. Stupendi sono il terzo e il sesto tiro: placche verticali di tecnica e movimento. Molto atletico, ma su buone prese, è il superamento del tetto centrale. La chiodatura è ottima lungo tutta la via: a fix, chiodi normali e qualche clessidra. Alcuni friend medio-piccoli possono ritornare utili.

Attacco: poco prima del cancello, nome alla base.

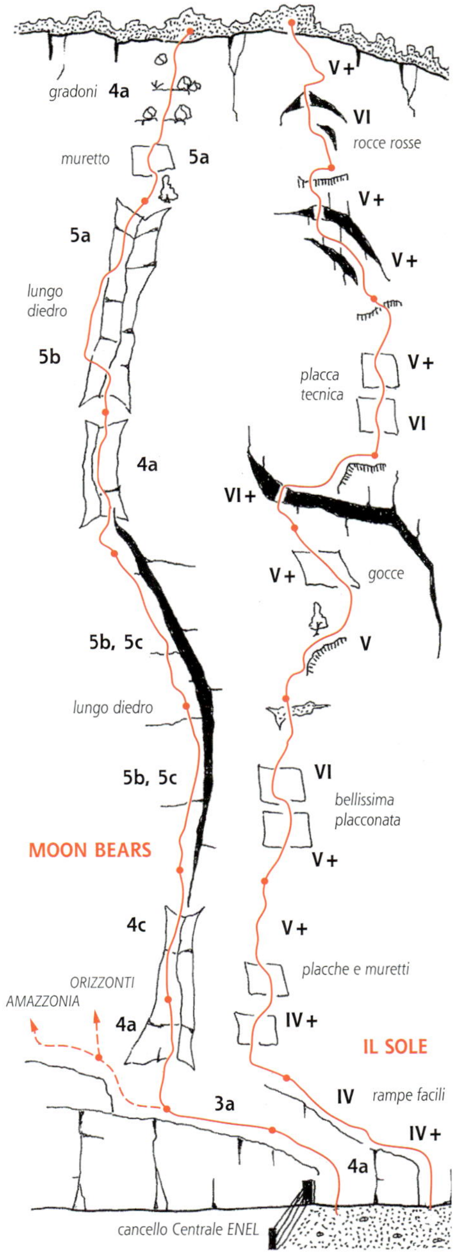

43 LA SCUOLA PITAGORICA E HANS DULFER ★★★★

H. Grill, F. Kluckner, F. Heiss, S. Königseder
2009
250 m. (8L)
V+, VI+, 2 passi VII-/R2/II

Arrampicata entusiasmante lungo solidissime placconate verticali. Dopo una prima parte un po' articolata, la via procede diretta ed elegante offrendo un'arrampicata sempre sostenuta e difficile. Chiodatura ottima a fix, chiodi normali e clessidre, ma attenzione ad alcuni tratti dove la chiodatura è un po' lunga. Utili alcuni friend medio-piccoli. Fantastico è il penultimo tiro: una placconata grigia, compatta e ripidissima, molto lavorata a buchi e piccole prese.

Attacco: poco prima del cancello, nome alla base.

44 DODICI ALBERI ★★★

H. Grill, F. Kluckner, U. Van Groten, F. Heiss
2006
220 m. (6L)
V+, VI+, un passo VII-/R3/I

Bell'itinerario, vario e divertente. Le prime lunghezze si sviluppano lungo placche compatte, con alcuni passaggi interessanti, come lo strapiombo atletico del secondo tiro o la fessurina difficile del terzo. Nella seconda parte invece, la via segue un'incredibile sequenza di diedri e fessure, atletiche e verticali. Roccia ottima lungo tutto il percorso. Chiodatura scarsa, portare una serie di friend, anche misure piccole.

Attacco: circa 30 metri prima del cancello, nome alla base.

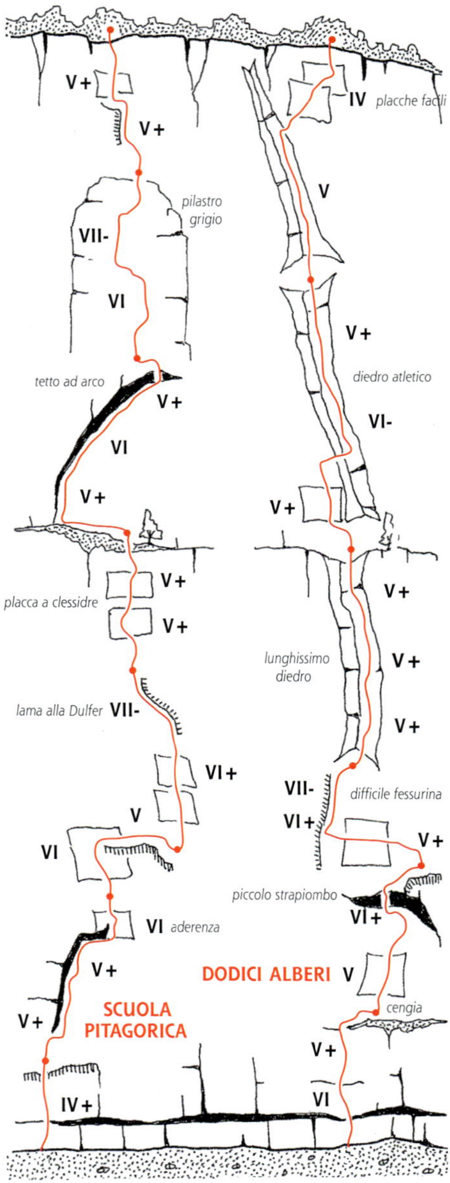

Claudia Farruggia, *Dodici alberi*, Piccolo Dain *(ph. sassbaloss.com)* →

Monte Casale

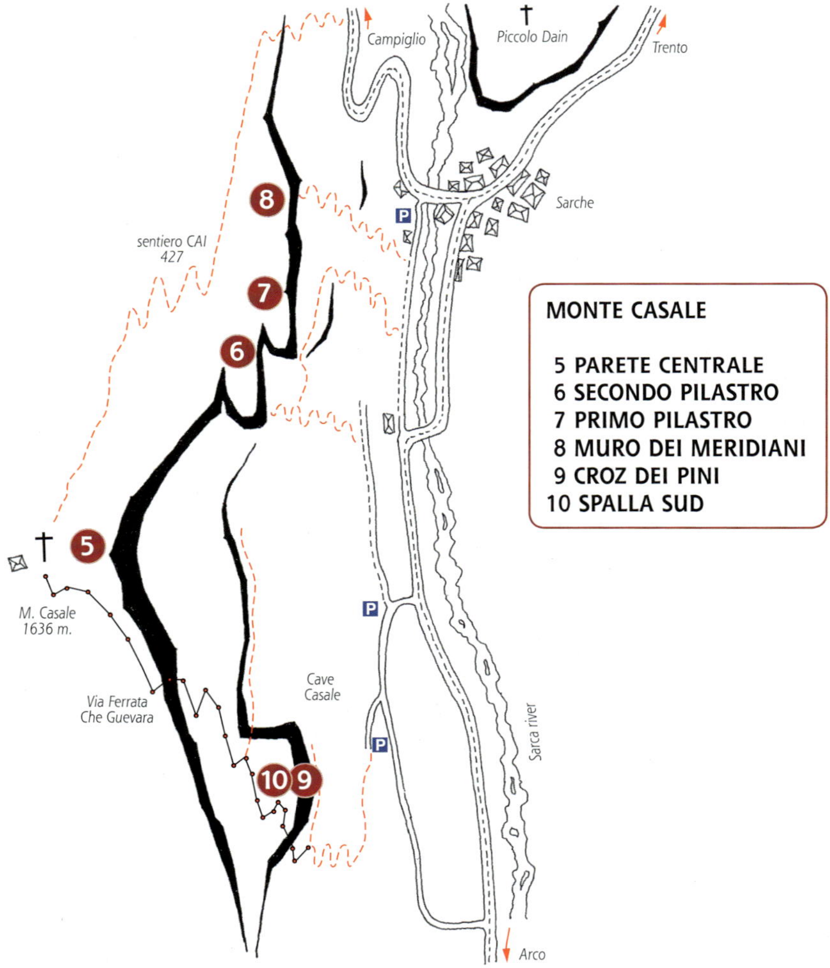

La parete est del Casale, con i suoi 1500 m. di dislivello, rappresenta di certo la struttura rocciosa più imponente dell'intera valle. I grandi itinerari che si sviluppano nell'immenso anfiteatro, pur non offrendo arrampicate piacevoli, rappresentano salite di grande valore storico ed alpinistico.
Le salite migliori, percorrono i verticalissimi pilastri che spalleggiano da entrambi i lati la grande parete. Qui, troviamo molti itinerari sia classici che moderni, entrambi e comunque molto ripetuti.

Luca Galbiati, *Via del Missile*, Monte Casale *(ph. sassbaloss.com)* →

5 Parete Centrale

Monte Casale

1.00 h

2.30 h

1600 m.

E

Questa parete ha la forma di un immenso catino roccioso: all'interno di questo, verticalissimi pilastri, strapiombi impressionanti, profonde e orride gole rappresentano gli unici punti di riferimento per orientarsi quando ci si avventura su quest'enorme parete. Gli itinerari sono lunghi e complessi. Poco o per nulla ripetuti, riservati ad alpinisti dotati di grande resistenza e di senso di orientamento. Chiodi e tracce di passaggio sono pura illusione lungo questi itinerari che quasi mai seguono percorsi obbligati.

Descrivere o capire dove passano questi itinerari è una cosa quanto mai ardua: poche o nulle sono le documentazioni lasciate dai primi salitori, e quelle esistenti sono confuse e poco chiare. Inoltre, nessuna delle guide storiche della valle (vedi i testi di G. Emanuelli, C. Paris e H. Steinkotter) concorda sui tracciati della parete est. Per esempio: la prima via aperta sulla grande parete del Casale è la via Friederichen Miori, un anno dopo la cordata di Detassis ne compì la prima ripetizione. In seguito si scoprì invece che aprirono una via nuova. Poi arrivò il forte alpinista trentino Franco Gadotti che in solitaria aprì una via nuova sulla parete. In seguito si scoprì invece che, a grandi linee, seguì la via di Detassis (vedi guida Emanuelli: via del Gran Diedro). Tutt'ora non è ancora ben chiaro che differenza ci sia tra la via Friederichen-Miori, la via Detassis-Stenico e la via del Gran Diedro di Gadotti, o forse più semplicemente, tutte e tre seguono a grandi linee lo stesso percorso. In seguito, altri alpinisti si sono cimentati su questa parete aprendovi nuovi itinerari, come la via Fiore di melo e la via Steinkotter-Comper, ma a ben guardare anche queste linee presentano abbondanti tratti in comune alle vie già esistenti.
In breve, la parete è molto vasta, le vie hanno uno sviluppo di oltre 1400 metri, le difficoltà sono modeste, scarsi sono i punti di riferimento particolari, il percorso raramente presenta tratti obbligati e praticamente nulle sono le tracce di passaggio. Ecco spiegato forse il perché di tanta confusione sulle linee di questa parete.
In questa guida, la documentazione riportata è limitata alle poche cose chiare esistenti. I tracciati sulla foto e i testi corrispondono a grandi linee alla documentazione trovata, e come tali devono essere considerati. Servono ad ogni modo per dare delle piccole indicazioni a chi è interessato a percorrere uno di questi itinerari. D'altronde per vie cosi lunghe e complesse è pressoché impossibile fornire relazioni precise e dettagliate.

Accesso

Dalle Sarche in direzione di Arco, al primo cartello "Pietramurata" svoltare a destra, subito dopo ad un bivio seguire le indicazioni per la Via ferrata e il Sentiero Croz dei Pini. Parcheggiare all'inizio del sentiero nei pressi del cancello della grande cava (nei giorni festivi la cava è chiusa e non ci sono problemi, durante la settimana parcheggiare in modo da non intralciare il passaggio dei mezzi). Seguire il sentiero per la Via Ferrata e arrivati al masso segnavia con la scritta "quota 550" abbandonare il sentiero e traversare a destra alla base della grande parete.

Discesa

Usciti dalle vie attraversare il bosco in direzione del Piccolo Dain fino ad incontrare il sentiero della Sat che riporta in valle.

1 CHOBIN	200 m.
2 IPERCASALE	1200 m.
3 TRANSCASALE	350 m.
4 TRANSYLVANIA	1200 m.
5 DIRETTISSIMA VIA FOLLIA	1400 m.
6 FRIEDERICHEN-MIORI	1400 m.
7 DEPAOLI-D'ACCORDI	1600 m.
8 VIA DEL GRAN DIEDRO	1400 m.
9 VIA GADOTTI	1400 m.
10 FIORE DI MELO	1400 m.
11 STEINKOTTER COMPER	1400 m.
12 PILASTRO GOBBO	900 m.

14
7a
7
12
4
3
6
8
2
1
5
7

1 CHOBIN ★★★★

S. Bazzanella, D. Filippi 1995
200 m. (7L)
6b (6a+ obb.)/S2/I

Bell'itinerario sportivo lungo le solide placche dello zoccolo centrale del Casale. Il muro bianco del terzo tiro risulta un po' sprotetto mentre in alto sono presenti alcuni tratti erbosi.

Attacco: dal parcheggio, seguire la ferrata fino al masso segnavia con la scritta "quota 550". Proseguire verso destra in direzione di un boschetto alla base delle placconate. A sinistra del boschetto attaccare un diedrino formato da un avancorpo addossato alla parete.

Discesa: in doppia dalla via.

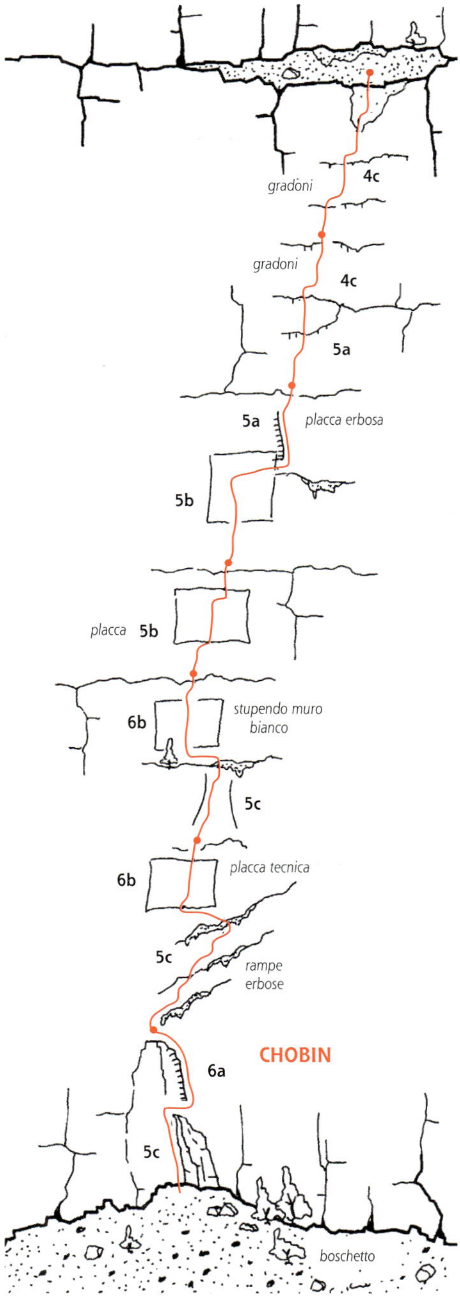

2 IPERCASALE ★★★

A. Toni Zanetti, F. Sartori, G. Bonvecchio 2010
1200 m. (28L)
V+, VI, VII, passi in Ao/RS3/V

Grandioso itinerario che vince nel suo centro l'immensa parete est del Monte Casale. Sebbene sia completamente attrezzato a fix e presenti difficoltà contenute, non è una salita da sottovalutare. Lo sviluppo è decisamente lungo, la roccia presenta molti tratti friabili e le difficoltà sono continue.

La salita può essere suddivisa in tre parti. Le prime 10 lunghezze superano lo zoccolo, dove l'arrampicata si svolge generalmente lungo placconate grigie e appoggiate di solida roccia. La parte centrale, supera la grande muraglia del Pilastro Zambaldi, qui le placche si fanno più ripide e l'arrampicata più atletica. Superato il pilastro, inizia la parte più impegnativa e alpinistica dell'ascensione, dove l'ambiente si fa maestoso, la roccia friabile e la stanchezza inizia a farsi sentire. Per la ripetizione portare una serie di friend.

Attacco: circa al centro dello zoccolo, per un pilastro che forma un bel diedrino sulla destra.

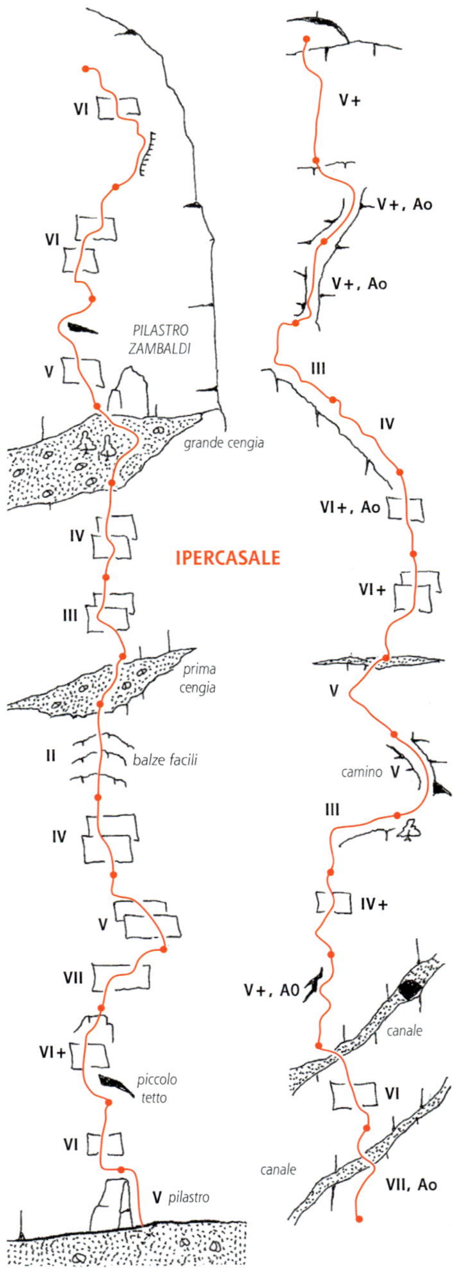

La via è la meta

Roly Galvagni

È difficile sintetizzare tanti anni di attività e di vita vissuta. Ogni via ha rappresentato una piccola avventura, un gioco, un ritorno all'infanzia e con Diego, per non dimenticarcene, abbiamo dedicato una bella falesia al capolavoro di Bergman: "Il giardino delle fragole".

Diego, Florian, Luca, Massimo, Matteo, Michael... ho sempre cercato e fortunatamente trovato, compagni di cordata che sapessero esprimere questo aspetto ludico nell'andare in parete.
Con loro ho trascorso giornate spensierate, alternando l'impegno dell'apertura, con la capacità di prendere con ironia i nostri limiti e le non poche situazioni tragicomiche che si sono venute a creare.

Una delle mie prime arrampicate con Diego risale a più di 12 anni fa. Nel primo pomeriggio di un tiepido giorno di dicembre attaccammo la Tyskyewicz alla Rupe secca, in cordata con Sabrina. Giunti in cima mi venne la brillante idea di proporre una discesa in doppia lungo la parete."Tranquilli, l'ho già fatto altre volte.." Non so come mi sia venuta in mente un'idea così demente, forse volevo darmi le arie da sapientone della Valle e stupire i miei amici... e in un certo senso credo di averli stupiti, ma non per il mio fiuto nel trovare una nuova linea di calata! Dopo alcune ore di corde doppie, pendoli su improbabili e fortunosi ancoraggi, al calare delle tenebre stavamo ancora districando corde aggrovigliate alla ricerca dell'ultimo punto di calata.

Ricordo l'apertura di Transcasale, avevo raggelato Diego e Matteo con grido ridicolo, quando, su un passaggio delicato, (si dice sempre così) mi era caduta una biscia sul piede, rotolata giù da una cengia sovrastante... o un pomeriggio, passato a scavare alla base di Mariposa libre, alla ricerca dei fix nascosti una settimana prima, mai più ritrovati... o quando con Michael, abbiamo portato una sedia sulla sosta di Delta di Venere e, incrociato un gruppo di cacciatori, ci siamo giustificati dicendo che avevamo bisogno di riposarci durante la scalata.

Anni fa Diego si invaghì di una bella insegnante di inglese di Denver. In quel periodo gli proposi un giro a Presles. Avremmo dormito in macchina, in tenda o al rifugio di Ezio, che conoscevo. Diego però mi fece uno strano discorso sugli acciacchi della nostra non più giovane età, sugli effetti deleteri alla schiena dovuti al dormire in tenda a causa dell'umidità del terreno. Insomma, la mia proposta sembrava una cosa indecorosa per la reputazione di due quarantenni. Ma ben presto saltò fuori l'amara verità. Diego era in procinto di prendere un biglietto aereo per il Colorado e per la sua bella insegnante non era disposto a dormire in un campeggio...rischiando gravi conseguenze alla spina dorsale! Quella cosa infine non si concretizzò e Diego ci rimase male. Per tirarlo su di morale insieme a Matteo chiodammo Te lo do io il Colorado all'estrema destra delle Coste dell'Anglone. E tra una scarica di pietre sulla schiena e 20 kg di saccone da portare, Diego è riuscito a digerire anche questa esperienza.

Abbiamo avuto fortuna e un po' bravura, nel trovare linee belle e di soddisfazione.

Penso che Casino royale sia stata in Valle, la nostra linea magica: per lo sviluppo, il genere di arrampicata e la successione di tiri, tutti interessanti e mai banali. Una parete, quella di Cima alle Coste, dove abbiamo trascorso tante e tante giornate.

Tornando al paradigma arrampicata/infanzia, immagino le mie/nostre vie come tanti mattoncini di Lego, con i quali ognuno può costruirsi un proprio gioco, seguire un percorso personale, esprimendosi in una dimensione libera da condizionamenti storici o culturali.
Forse, a volte, queste vie non conducono a una cima vera e propria, ma una cosa abbiamo appreso da questa nostra piccola esperienza personale... la via è la meta!

3 TRANSCASALE ★★★

R. Galvagni, D. Filippi, M. Paoletto 2007
350 m. (9L)
V+, VI+/S3/III

Interessante e piacevole arrampicata che si sviluppa lungo le grandi placconate grigie del vasto zoccolo del Casale. Questo itinerario, anche se completamente attrezzato a fix, è da considerarsi di tipo alpinistico, sia per la qualità della roccia, a tratti friabile, sia per la distanza delle protezioni a volte decisamente lontane. L'arrampicata è generalmente in aderenza, lungo placche appoggiate, ma non mancano diedri e fessure. Per la ripetizione bastano i rinvii e un minimo di esperienza sul friabile, ricordarsi che la via si svolge su una grande parete alpina.

Attacco: circa a metà dello zoccolo, nome alla base.

Discesa: in doppia dalla via, con alcune doppie difficili.

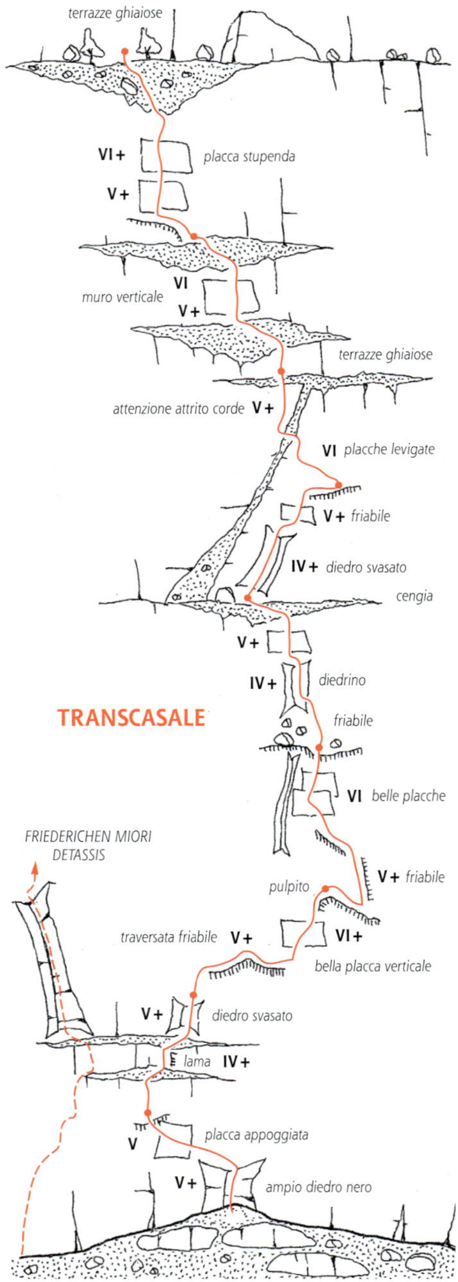

4 TRANSYLVANIA ★★★★★

F. Ularu, S. Waldhausen 2007
1100 m. (22L)
VI+, VII (VII obb.)/S4/IV

Grandioso itinerario in arrampicata libera, di sicuro impegno e soddisfazione. Si tratta certamente della più bella e interessante via sulla grande parete del Casale. Unica per bellezza nella Valle del Sarca, si sviluppa attraverso grandi placconate grigie, solide e leggermente appoggiate. L'ambiente è maestoso e severo, dove il pericolo di caduta sassi non è da sottovalutare. Sebbene sia attrezzata completamente a fix è da considerarsi una salita decisamente alpinistica, attenzione ad alcuni tratti dove la roccia è particolarmente friabile. Data la lunghezza della via, oltre 1000 metri, e dal faticoso accesso e dal lungo rientro, è necessaria una buona preparazione fisica. Le difficoltà non sono particolarmente alte, ma sono richiesti nervi saldi per gestire la lontananza delle protezioni, sopratutto dove non è possibile integrare con stopper o friend. Per la ripetizione bastano 10 rinvii e una serie di friend, martello e alcuni chiodi sottili potrebbero ritornare utili. Obbligatorie sono le corde da 60 metri, quasi tutte le lunghezze raggiungono i 55 o i 60 metri.

Attacco: dall'attacco della via Transcasale (nome in rosso) percorrere verso destra una cengia esposta, per circa 40 m., fino a trovare un ometto e un fix alla base.

Discesa: attraversare verso nord il bosco, in quota o leggera discesa, fino a trovare il sentiero CAI che riporta alle Sarche in circa 2 ore di cammino.

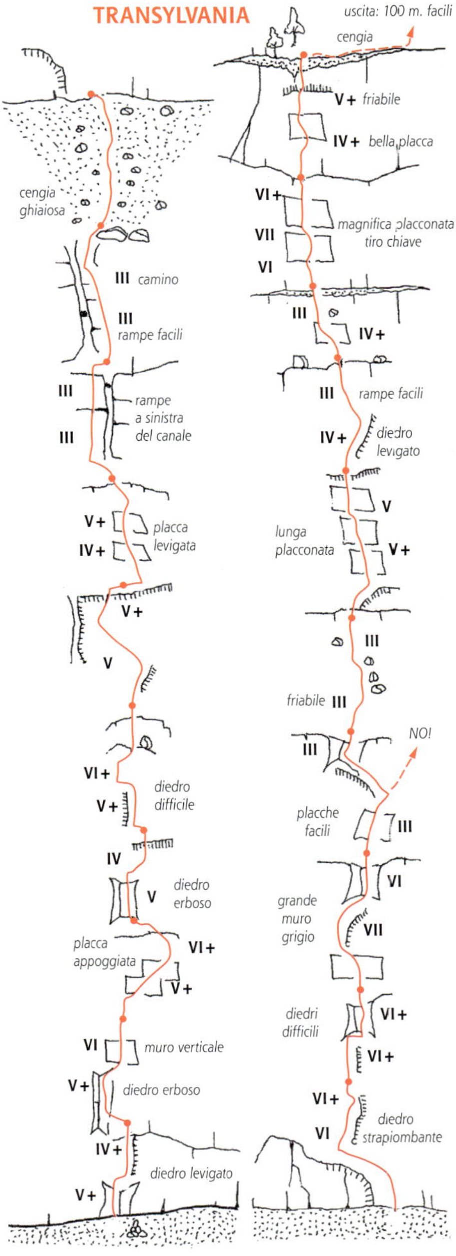

5 DIRETTISSIMA VIA FOLLIA★

G. Stenghel, F. Sartori, F. Nicolini, G. Gerola 1983
1400 m.
V+, VI/R4/V

Dedicata a Grace Kelly. Itinerario severo ed estremo, tutt'ora irripetuto per l'alta friabilità della roccia. Vince nel suo centro e per tutta la sua altezza l'intera parete est del Casale. Itinerario riservato ai veri avventurieri, sicuramente la via più pazza e irripetibile della valle. Dalla via ferrata, molto in alto, è possibile dare una prima occhiata ai tiri chiave della salita, ovvero ai diedri rossi che permettono di superare la fascia strapiombante. È sufficiente dare un'occhiata a questi tiri per abbandonare qualsiasi idea riguardante un possibile tentativo...

6 FRIEDERICHEN-MIORI★★

M. Friederichen, F. Miori 1933
1400 m.
IV+, V/R3/IV

Itinerario di grande importanza storica: oltre ad essere la prima via di salita sulla vasta parete del Casale, è anche il primo itinerario tracciato nell'intera valle del Sarca. Con questa salita l'attenzione degli alpinisti trentini si rivolse un poco verso queste grandi pareti, dando cosi inizio all' esplorazione della valle. Dato che è stata la prima via ad essere tracciata, è probabile che segua la linea di salita più facile della parete.
Attacco: individuare l'evidente e netto diedro grigio che caratterizza la zona centrale dello zoccolo basale. Sotto la verticale di questo, attaccare la parete 50 metri a destra, dove un'evidente diedro-fessura porta una comoda cengia che verso sinistra porta alla base del diedro.

7 DEPAOLI-D'ACCORDI★★

G. Depaoli, C. D'Accordi 1975
1600 m
IV+, V/R3/IV

Anche questa via, come la precedente, si sviluppa lungo il settore più interessante del Casale. Questa via però ne segue i punti più deboli e quindi i più friabili. Stesse caratteristiche delle vie precedenti: grande sviluppo e chiodatura assente. Itinerario per i veri avventurieri.
Attacco: portarsi alla base di quel grande colatoio scavato dall'acqua al centro della parete. Attaccare a sinistra del colatoio per un diedro svasato.

7a VARIANTE BORTOLAMEDI-VANZO

R. Bortolamedi, C. Colpo, M. Furlani, C. Vanzo 1978
300 m.
V+, VI/R3/IV

Variante molto logica. Giunti con la via "Depaoli-Daccordi" alla grande terrazza sotto lo strapiombo bianco, uscire dalla parete verso destra, seguendo un profondo e friabile camino.

8 VIA DEL GRAN DIEDRO★

B. Detassis, M. Stenico, R. Costazza 1935
1400 m.
V+, VI/R3/IV

Salita dall'immenso valore storico ed alpinistico. Nella parte alta segue, a grandi linee, il percorso della via Friederichen-Miori. Roccia in parte friabile e chiodatura praticamente assente. Itinerario alpinistico ed esplorativo, riservato ai veri avventurieri.
Attacco: individuare l'evidente e netto diedro grigio che caratterizza la zona centrale dello zoccolo basale. Sotto la verticale di questo, attaccare la parete 50 metri a destra, dove un'evidente diedro-fessura porta una comoda cengia che verso sinistra porta alla base del diedro.

9 VIA GADOTTI

F. Gadotti in solitaria 1974
1400 m.
V+, VI/R3/IV

Sulla prima guida della valle del Sarca, edita dalla Sat di Arco, viene riportato quanto segue: "La prima salita del Gran Diedro, è stata fino a poco tempo fa erroneamente attribuita al forte arrampicatore trentino Franco Gadotti che nel 1974, in solitaria, compì questa impegnativa salita a tempo di record e con l'uso di un solo chiodo. Anche se Gadotti era stato a sua insaputa preceduto dalla fortissima cordata Detassis-Stenico-Costazza non viene in alcun modo diminuito il valore sportivo della sua impresa. Solo recentemente è stato accertato con documento fotografico che il percorso di Franco Gadotti coincide esattamente con quello seguito da Detassis e compagni ben 39 anni prima." Personalmente dubito che Gadotti non sapesse nulla della via di Detassis, quindi o voleva semplicemente ripetere questa via in solitaria o addirittura voleva provare a seguire una linea propria e indipendente... Nessuno può dire effettivamente, con precisione, dove passò Gadotti. Per questo ritengo giusto considerare la sua salita come una via a sé, e del tutto indipendente dalle altre.

10 FIORE DI MELO★★★

G. Azzoni, V. Amigoni, A. Zanchi, S. Della Longa 1980
1400 m.
V+, VI/R3/IV
Lungo itinerario che sale al centro della grande parete del Casale. Relazionare questa via tiro per tiro è praticamente impossibile: sale lungo immense placconate, per parecchi tiri e senza seguire mai un percorso obbligato. Roccia generalmente buona lungo tutto il percorso, chiodatura praticamente assente. Itinerario alpinistico ed esplorativo, riservato ai veri avventurieri. Assieme alla via Steinkotter-Comper, sono forse le uniche vie che meritano di essere ripetute su questa vasta parete.
Attacco: come per il Gran Diedro, individuare l'evidente e netto diedro grigio che caratterizza la zona centrale dello zoccolo basale. Sotto la verticale di questo, attaccare la parete 50 metri a destra, dove un'evidente diedro-fessura porta una comoda cengia che verso sinistra porta alla base del diedro.

11 STEINKOTTER-COMPER★★

H. Steinkotter, R. Comper 1970
1400 m.
V+, VI/R3/IV
Salita lunga e difficile che corre parallela alla via Fiore di melo incrociandola alcune volte, ne rispecchia quindi le caratteristiche fondamentali. Credo sia impossibile ripetere fedelmente o la "Steinkotter" o la "Fiore di melo", sulle vaste placconate il percorso non è quasi mai obbligato e la chiodatura è praticamente assente. Entrambe le vie si sviluppano comunque lungo il settore più interessante della parete centrale. Sono vie lunghe, per chi ama le grandi avventure sulle vaste pareti.
Attacco: dall'attacco delle vie Gran Diedro-Fiore di melo traversare a destra un centinaio di metri e attaccare per delle facili cenge che entrano in parete puntando ad una evidente nicchia.

12 PILASTRO GOBBO★★

G. Groaz, P. Baldo, R. Bassi, F. Stedile 1981
900 m.
IV+, V/R3/IV
La direttiva della salita, è data da quello spigolo grigio a "gobbe" che fiancheggia a sinistra la profonda gola che separa la parete centrale del Casale dal suo "Secondo Pilastro". Salita decisamente alpinistica, dalla linea molto attraente è però poco o per nulla ripetuta. La roccia è discreta e la chiodatura praticamente assente. I tratti finali, dove l'itinerario attraversa canali di scarico, sono molto friabili e pericolosi. Itinerario riservato ai veri avventurieri, ovvero a chi piace perdersi nelle pareti, chiodare molto ed esprimere tutta la propria esperienza alpinistica.
Attacco: come per la "Steinkotter-Comper".

6 Secondo Pilastro

Monte Casale

1.00 h

2.00 h

700 m.

E

Bellissimo pilastro, verticale e slanciato. È ben delimitato della restante parete del casale da una profonda e orrida gola, mentre un' ampio diedro canale lo separa dal suo fratello minore: il "Primo Pilastro". Sull'ampia parete est, alta 700 m, corrono diversi itinerari, tutti difficili e di grande impegno fisico.

Accesso

Dalle Sarche in direzione di Arco, al primo cartello "Pietramurata" svoltare a destra e parcheggiare alla prima curva vicino ai cartelli con indicazioni "Via Ferrata-Sentiero Croz dei Pini". Salire a destra per una stradina in salita, che entra nel bosco. Dopo 500 metri in piano, ad uno slargo, prendere un sentiero evidente con bolli rossi, che salendo per radure e ghiaioni porta direttamente alla base del Secondo Pilastro del Casale, proprio in prossimità degli attacchi delle vie Alba Chiara e Cristina.

Discesa

Usciti dalle vie attraversare il bosco in direzione del Piccolo Dain fino ad incontrare il sentiero della Sat che riporta in valle.

13 VEDOVELLA	700 m.
14 MANI DI FATA	300 m.
15 VIAGGIO NEL PASSATO	700 m.
16 ALBA CHIARA	700 m.
17 SPIRITO LIBERO	700 m.
18 SUPERGRAFITE	700 m.
19 LE PLACCHE DI UGAND	700 m.

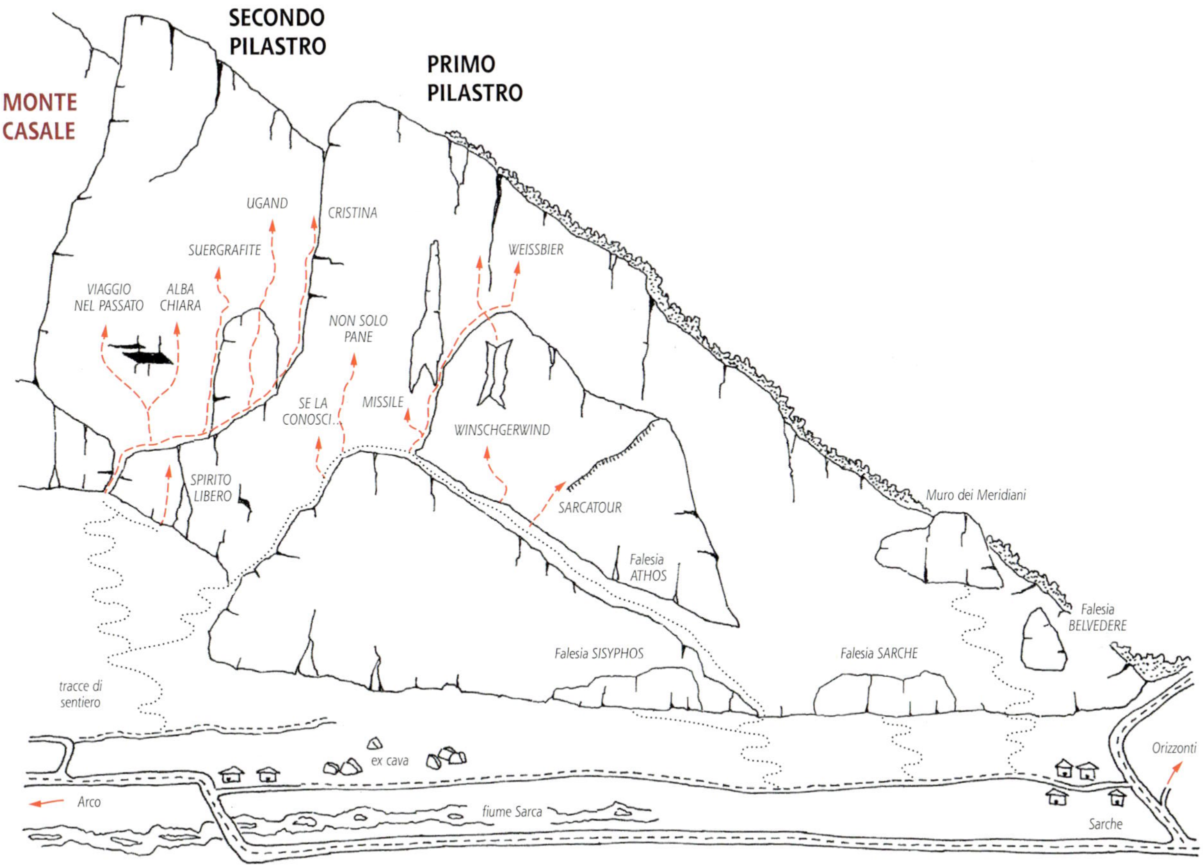
MONTE CASALE
SECONDO PILASTRO
PRIMO PILASTRO
UGAND
CRISTINA
SUERGRAFITE
WEISSBIER
VIAGGIO NEL PASSATO
ALBA CHIARA
NON SOLO PANE
SE LA CONOSCI...
MISSILE
WINSCHGERWIND
SPIRITO LIBERO
SARCATOUR
Muro dei Meridiani
Falesia ATHOS
Falesia BELVEDERE
Falesia SISYPHOS
Falesia SARCHE
tracce di sentiero
ex cava
Orizzonti
Arco
fiume Sarca
Sarche

13 VIA VEDOVELLA★★★

M. Rossi, F. Gadotti 1976
700 m. (23L)
V+, VI/R3/IV

Lungo e difficile itinerario con tratti di roccia incredibilmente friabili. È stato il primo itinerario ad essere tracciato sul pilastro.

Relazione:

L1: Come per le vie "Steinkotter-Comper" e "Pilastro Gobbo", attaccare la parete per facili cenge su placche inclinate. Dopo alcune lunghezze verso sinistra ed un paio verso destra si arriva ad una profonda ed evidente nicchia.

L2: Salire a destra per una rampa, molto friabile, fino alla base di un diedro-camino nero.

L3: Superare il camino, e per delle gole si arriva ad una grande terrazza detritica. Da questa terrazza, direttamente, continua la via del "Pilastro Gobbo".

L4: Dalla terrazza, traversare a destra la grande gola friabile e per un diedrino giungere su una spalla. Si è ora sullo spigolo del II Pilastro.

L5: Dalla spalla, puntare ad una serie di camini che incidono la parete superiore. Superare la serie di camini molto friabili, e al termine traversare a sinistra, nuovamente verso lo spigolo.

L6: Per placche erbose e friabili fino all'uscita della parete.

Attacco: come per la via "Steinkotter-Comper".

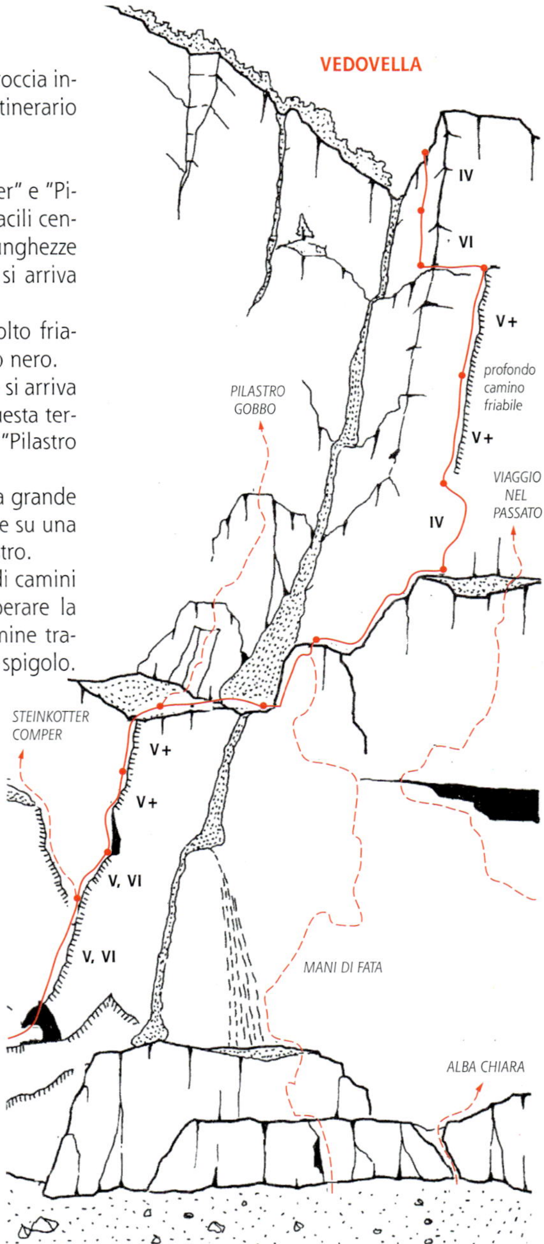

13
14
14a
15
16
17
18
19
20

14 MANI DI FATA ★★★★

D. Filippi, S. Bazzanella 1997
300 m. (12L)
6b+, A0 (5c obb.)/S2/II

Bell'itinerario sportivo, purtroppo però, un po' pericoloso per la caduta di sassi nelle prime lunghezze (portare il casco). Arrampicata generalmente in aderenza lungo solide placche. Alcune cenge detritiche e la discesa in doppia un po' articolata richiedono per questa via un minimo di esperienza alpinistica.

Attacco: poco a sinistra del canale d'attacco delle vie Cristina e Alba chiara, individuare una placca solcata da un diedrino. Visibili alcuni spit neri.

Discesa: in doppia dalla via.

14a VARIANTE DEGLI ELFI

D. Filippi, S. Bazzanella 1997
150 m.
V+, VI/R3

Dopo il primo canale d'attacco delle vie "Alba Chiara", "Cristina" ecc. Obliquare decisamente a sinistra per placche e muri verticali fino alla grande cengia detritica della via "Mani di Fata".

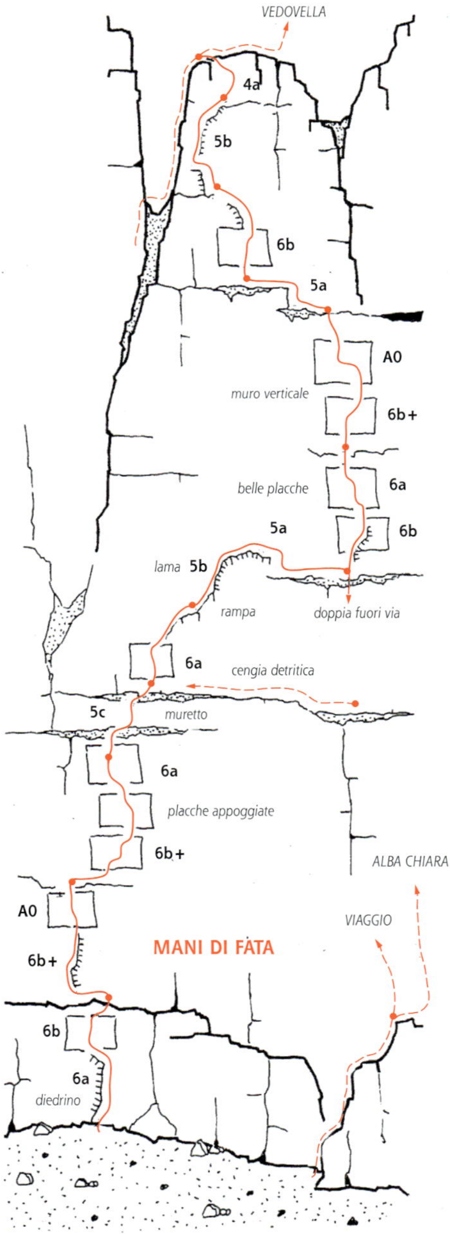

15 VIAGGIO NEL PASSATO★★★★

R. Larcher, D. Sebastiani 1988
700 m. (18L)
VI+, VII/R3/IV

La via è dedicata al ricordo di Andrea Schernia, giovane arrampicatore trentino, perito in una disgrazia avvenuta ritornando dalla Cima Tosa il 1° giugno 1986.

Via alpinistica di elevata difficoltà. Una tra le più impegnative della Valle per la presenza di alcuni passaggi tra il VI+ ed il VII non facilmente proteggibili. Un lungo diedro di circa 70 metri nella parte medio-alta caratterizza questo bell'itinerario. Indispensabili le protezioni veloci come friends e dadi sia grandi che piccoli. La chiodatura offre qualche spit artigianale nelle soste che generalmente vanno rinforzate. Pochi chiodi intermedi caratterizzano questa via che conta meno ripetizioni di quello che meriterebbe. La roccia è a conformazione variabile: generalmente buona ad eccezione di qualche tratto che richiede particolare attenzione. (Commento da una ripetizione di Samuele Scalet).

Relazione:

L1: Si supera il diedro-canale in comune alla via Alba Chiara.

L2-3: Dalla cengia puntare all'evidente colatoio sulla sinistra, che termina sotto gli strapiombi. Sosta su albero.

L4: Superare un delicato muretto sopra la sosta protetto da un chiodo, uscire a sinistra del canale-fessura e, attraversando orizzontalmente placche con erba, si raggiunge la sosta.

L5: Salire dritti sopra la sosta tenendosi in placca a sinistra del diedro, dopo una ventina di metri, entrare nel diedro e risalirlo fino ad un buon chiodo. Qui con un difficile passaggio in traverso a sinistra si arriva alla sosta in placca.

L6: Salire direttamente in direzione di uno spit, aggirare lo spigolo e, con un lungo traverso a sinistra, si arriva alla sosta situata dove terminano i tetti sovrastanti. 40m.

L7: Dritti sopra la sosta, superare il piccolo tettino aiutandosi con una breve lama verticale sovrastante, da lì salire in placca aperta molto esposta. Raggiunto il secondo chiodo attraversare 10 metri a destra e salire alla sosta. Questa

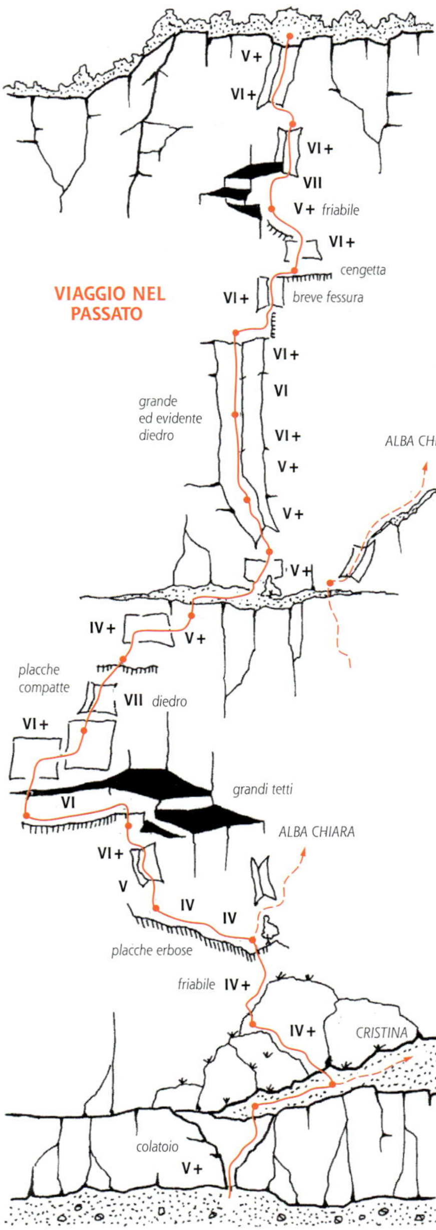

è una lunghezza impegnativa, poco protetta a causa della compattezza della roccia, molto simile alle migliori lunghezze delle vie della Marmolada

L8: Proseguire per un diedro e poi continuare obliqui leggermente a destra su una facile placca fino alla sosta.

L9: Dritti su roccia non molto solida fino ad un chiodo ad anello, avanzare fino al chiodo successivo e superare un delicato passaggio su roccia compatta. Qui traversare 10 metri a destra e salire puntando alla grande cengia superiore. Sosta appena sotto la cengia.

L10: Attraversare tutta la cengia verso destra fino a raggiungere un buon albero, di qui salire obliquamente a destra, prima in un canale e poi per placche discontinue puntando al gran diedro superiore.

L11: Salire in spaccata per il diedro fino a un albero.

L12-13: Ora si affrontano con due tiri impegnativi il fantastico diedro strapiombante, che si nota molto bene dal basso. Lo si supera arrampicando quasi esclusivamente in dulfer, con una buona scorta di friend, in stile americano. Ci si protegge molto bene e sono due lunghezze molto atletiche.

L14: Dalla sosta traversare 5 metri a destra e salire per una breve fessura, proseguire per un diedro fino a raggiungere all'uscita una cengetta, a destra vi è la sosta.

L15: Salire dritti sopra la sosta, a destra di un canale erboso. Su una placca magnifica superare un duro passaggio non protetto. Poi obliquare a sinistra, qui salire direttamente su roccia un po' instabile puntando ad una larga fessura a destra di una serie di tetti. Poco sopra vi è la sosta.

L16: Dritti sotto il tetto, evitarlo a destra e salire per lo spigolo fino a raggiungere una fessura in placca. Superare la fessura e proseguire dritti per un breve diedro fino alla sosta.

L17: Dalla sosta prendere lo spigolo di sinistra, risalirlo fino ad un chiodo, poi raggiungere il diedro terminale ed uscire dalla parete.

Attacco: come per la via "Alba Chiara" fino alla base del diedro giallo, poi a sinistra per placconate grigie.

16 VIA ALBA CHIARA ★★★★

M. Furlani, V. Chini, M. Degasperi, R. Mazzalai
1981
700 m. (22L)
VI+, A1/R3/IV

Grandioso itinerario classico, che vince proprio nel suo centro la verticale parete est del secondo pilastro del Casale. Arrampicata varia lungo placche,fessure e diedri. La roccia è discreta ed occorre esperienza sul friabile. La chiodatura è da rinforzare lungo un po' tutto il percorso.

Attacco: il "Secondo Pilastro", è caratterizzato nella sua parte medio-bassa da una serie di tetti gialli che sovrastano una grande lavagna nera. Sotto la verticale dei grandi tetti, attaccare un colatoio di roccia grigia e levigata che porta alla grande cengia detritica. Attenzione al passaggio difficile in partenza. Raggiunta la cengia, seguirla verso destra per circa 50 metri, poi abbandonarla per puntare alla base di un evidente diedro giallo posto sotto gli strapiombi.

Nota: nel 2012 F.Heiss e F. Kluckner, hanno percorso la via varie volte, attrezzando le soste a fix e integrando la chiodatura. Ora la via risulta più sicura e consigliabile, rimanendo comunque di grande ingaggio.

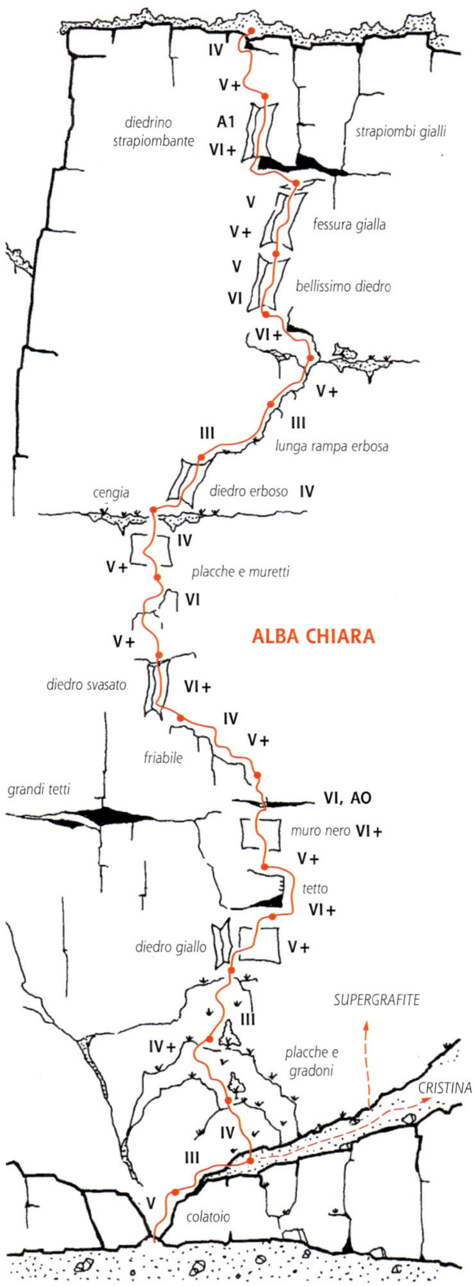

17 SPIRITO LIBERO★★★★★

C. Dalbosco, S. Matassoni e amici 2006
700 m. (17L)
7b, 7c+, A3 (7b obb.)/S3/IV

Via sportivo-alpinistica a spit, aperta dal basso. Salita entusiasmante ma di notevole impegno, sia mentale che fisico. Placche lisce leggermente appoggiate si alternano a muri verticali lavorati a tacche e fessure, qualche strapiombetto conclude l'opera. Data la chiodatura distanziata portare qualche chiodo a lama. Nell'ultimo tiro può essere comodo un friend medio, anche se il resto della parete non accetta molto le protezioni veloci: una bella sfida! È comunque attrezzata per la discesa in corda doppia. (Commento dei primi salitori).

Attacco: appena a destra del colatoio d'attacco della via Alba Chiara.

18 SUPERGRAFITE★★★

M. Pegoretti, E. Covi
700 m. (20L)
VI+, A1/R3/IV

Itinerario estremo, un altro capolavoro della forte cordata Pegoretti-Covi. Vince in arrampicata libera le grandi placconate grige a destra della via "Alba Chiara". Roccia e chiodatura precaria.

Attacco: attaccare il colatoio comune alle vie "Alba Chiara" e "Viaggio nel passato", proseguire lungo la cengia detritica verso destra e portarsi sotto quel diedro erboso che delimita a sinistra una evidente placconata grigia fatta a forma di scudo.

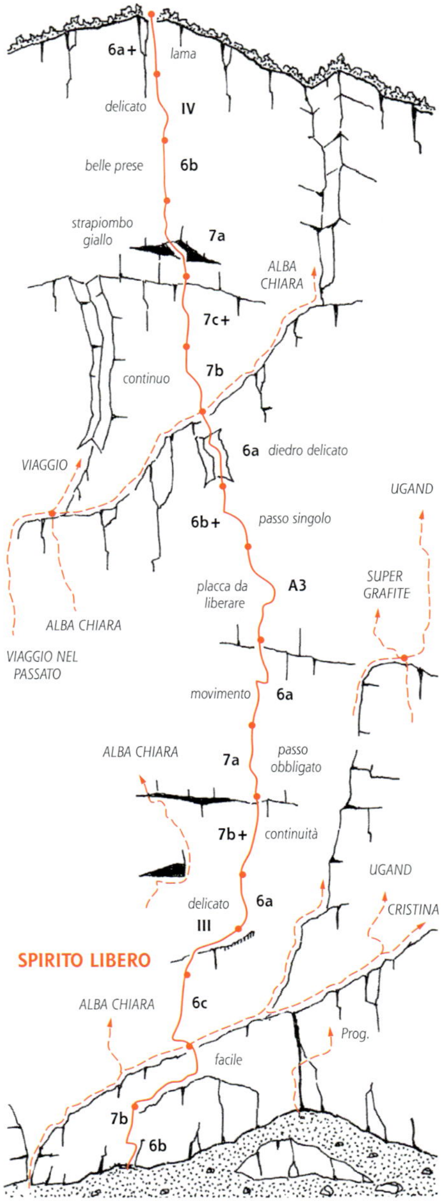

19 LE PLACCHE DI UGAND★★★★

A. Zanetti, U. Elfer 1993

700 m. (18L)

VII, A2/R2/III

Bella e difficile via che supera una lunga serie di placche, arrampicata divertente e di soddisfazione. Anche se la chiodatura e la roccia è buona lungo tutto il percorso, l' itinerario non è da sottovalutare. Attenzione agli ultimi tiri dove la roccia è molto friabile.

Attacco: superare il colatoio in comune alle altre vie e percorrere la cengia fin sotto la verticale di quella gran placconata fatta a forma di scudo.

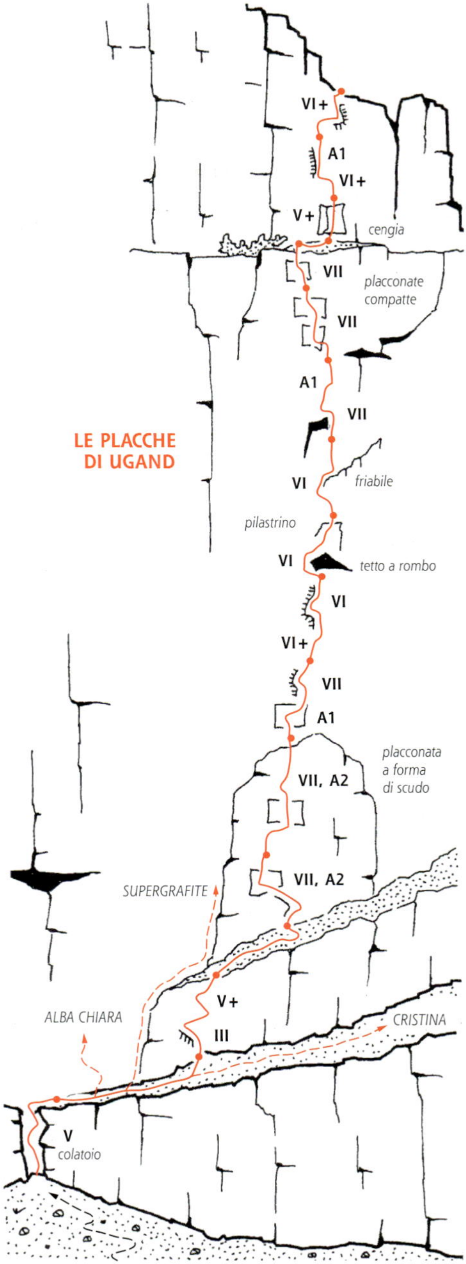

7 Primo Pilastro

Monte Casale

1.00 h

2.00 h

450 m.

E

Dalle dimensioni più modeste, rispetto al Secondo Pilastro, il Primo Pilastro del Casale è formato da un pilastro principale: il Pilastro Cristina, e da un suo spallone: un'alta e verticalissima parete chiamata "Pilastro Giusti". Le salite più belle e interessanti si svolgono sulla bella muraglia del Pilastro Giusti, dove la roccia è sempre solida e l'arrampicata molto divertente. Qui, la via del Missile rappresenta uno dei capolavori della valle. Poche vie, invece, si sviluppano lungo il Pilastro Cristina vero e proprio, dove le linee seguono fessure e diedri molto friabili, anche se malgrado tutto, la via Cristina rimane ancora una bella via da ripetere.

Accesso
Esistono due percorsi per accedere alle vie del Primo Pilastro. Per le Vie al Pilastro Cristina (dalla Via Cristina alla via Se la Conosci la Eviti) conviene salire come per andare al Secondo Pilastro del Casale (vedi accesso Secondo Pilastro) per poi in alto traversare in quota e portarsi alla base del Primo Pilastro. Per le vie al Pilastro Giusti (da Non solo Pane alla Via Gormiti) dal paese delle Sarche, prendere la strada per Campiglio e appena attraversato il ponte sul Sarca svoltare a sinistra e parcheggiare. Seguire la lunga stradina attraverso le abitazioni e campagne fino ad una vecchia cava abbandonata. Poco prima prendere una ripida traccia, molto evidente e con bolli rossi. Questa traccia porta prima alla falesia Sisiphos, che va lasciata sulla sinistra e poi, per tracce ripide e corde fisse, alla falesia Athos. Continuando ancora per tracce, ora meno evidenti, si arriva alla base del Pilastro Giusti

Discesa
Usciti dalle vie, attraversare il bosco, in direzione del Piccolo Dain fino ad incontrare il sentiero della Sat che riporta in valle.

20 VIA CRISTINA	**400 m.**	
21 UGO MERZ	**450 m.**	
22 POLENTA E CAVALETE	**400 m.**	
23 SE LA CONOSCI LA EVITI	**400 m.**	
24 NON SOLO PANE	**400 m.**	
25 GIUMA	**400 m.**	
26 VIA DEL TRICE	**350 m.**	
27 VIA DEL MISSILE	**400 m.**	
28 WEISSBIER	**400 m.**	
29 VINSCHGERWIND	**350 m.**	
30 SARCATOUR	**350 m.**	
31 NAPPULE	**180 m.**	
32 GORMITI	**440 m.**	

A
20
21
B
C
22
23

Via del Missile

Giuliano Stenghel

Il mio alpinismo è del tutto impulsivo, ho sempre seguito l'istinto senza calcolare, ma quante volte ho subito cocenti delusioni e quante altre ho "Toccato il cielo con un dito". Se non provassi a raggiungere i miei sogni, probabilmente non sarei qui ad assaporato le piccole e grandi cose che ogni volta riesco a conquistare. Non sono un Santo, ho troppi difetti e debolezze, però in ciò che faccio mi sento un protagonista e ne ho il carisma.
Quando corro lungo una grande parete Dolomitica mi sento libero, ma l'espressione massima di tutto ciò che ho dentro la esprimo al limite in una creazione: l'apertura di una via nuova ha un valore infinitamente superiore di una ripetizione di una via precedentemente aperta, il salire diventa come per uno scultore scolpire una statua o per un pittore dipingere un quadro. Il mio alpinismo mi piace chiamarlo semplicemente "arte". Sì, un modo artistico di affrontare e percorrere la mia via, l'arte di capire, di scoprire metro dopo metro, di esternare le mie idee, i miei principi, i valori più profondi, di dare forma ad un sogno, insomma lasciarmi trasportare dal cuore.

"Conosco le difficoltà delle tue vie, quasi tutte scovate di corsa, ma la tua idea di dedicare la nuova avventura al ricordo dell'amico Massimo, da poco scomparso, mi stimola, obbligandomi ad accompagnarti anche sulla luna". Questa frase di Alessandro Baldessarini, mio compagno di corda, mi passa in continuazione nella mente. Mi sono inventato un pendolo e oscillo sulla corda da una parte all'altra, nel tentativo di raggiungere un terrazzino di roccia dove attrezzare la sosta.
E' una radiosa giornata di sole, sul finire dell'autunno. L'aria è limpidissima, nel cielo, senza una nuvola, splende un sole che riscalda ancora. Finalmente in sosta: "Che cosa facciamo?". Aggiungo con una certa preoccupazione: "È tardi, siamo in canottiera con una felpa legata alla vita e non abbiamo nessuna vivanda, nemmeno una borraccia di acqua; inoltre non siamo equipaggiati per sopportare una notte all'aperto".
Guardo in alto e considero: "Mi sembra fattibile".
"Se insistiamo dovremo per forza salire fino in vetta!", mi ribatte combattuto il mio compagno di corda.

Chiudo gli occhi e la mia mente riprende: provo a riflettere sul mio alpinismo sempre al limite, all'entusiasmo e alla determinazione con cui ho sempre affrontato le prove più difficili. Sono qui, attratto violentemente dalla mia voglia di scalare, senza aver studiato precedentemente l'itinerario e soprattutto verso l'ignoto; insomma mi lascio condurre dalla montagna con l'unico scopo di raggiungere la sommità del "Missile": un pilastro di roccia talmente ardito e assomigliante ad un razzo.
Il mio modo di vivere la montagna è estremo, sempre alla ricerca dell'avventura, e questo spirito, ancora ben radicato in me, mi spinge a essere un errante anche su montagne senza nomi altisonanti, sovente dimenticate.
A quel punto, guardo le rocce sovrastanti e considero la possibilità di salire in giornata. Con tono incerto: "Va bene, tentiamo!".
La parete continua nella sua verticalità quasi ossessiva, le difficoltà sopra non sono inferiori e il vuoto impressiona ed esalta la nostra arrampicata, nonostante ciò non do segni di preoccupazione, anzi; continuo deciso e veloce. Un tratto difficile mi costringe a piantare nella roccia qualche chiodo. Tiro dopo tiro ci alziamo. Do un'occhiata all'orologio: è già tardi. Il mattino si è trascinato lentamente, il pomeriggio sta volando. Devo trovare una soluzione: dobbiamo muoverci alla svelta. Mi guardo attorno: il sole sta declinando e le cime trattengono l'ultima luce del giorno. La nostra parete, in penombra, rivela un tratto verticale, e poi la fine del nostro "Missile".
"Credo di aver sbagliato i calcoli", pronuncio, rivolgendomi al mio compagno e ammetto, forse per giustificarmi, "non sono abituato a studiare nei dettagli le mie vie, arrampico d'impulso, spesso trasportato dal mio istinto".
"Ho capito, vuoi ricordarmi che siamo nella m.... fino al collo?".
"Ma... non so...", gli balbetto confuso.
Alessandro mi guarda con il viso alterato: "Se non usciamo di qui, saremo bloccati e..."
"Congeleremo!?".
Di solito eravamo sempre riusciti a conservare un

atteggiamento entusiasta ma, questa volta, il grigiore della sera rende tutto tremendamente difficile. La stanchezza e la mancanza di qualsiasi vettovaglia si fanno sentire come un macigno sulle spalle.

"Sei un po'... anzi, sei matto da legare", taglia Alessandro con un forzato sorriso.

Per fortuna che il bianco del calcare della roccia riflette un minimo di luce e ne approfitto: mi alzo e comincio ad arrampicare con vigore, impegnato in una vera e propria corsa contro il tempo che passa inesorabile e che oggi non sembra bastare. Le mie mani e i piedi "volano" sulla roccia, il cuore mi martella, i polmoni scoppiano: è come se mi fossi infilato in una trappola; è giunto il momento di accogliere una nuova sfida senza precedenti. Il vuoto è impressionante!

In sosta su un comodo terrazzino, tento di riprendere fiato. Anche Alessandro mi raggiunge ansimante. Ci guardiamo, non mi esce neanche una parola, niente di niente, soltanto silenzio. Non voglio perdere la concentrazione e ricomincio a scalare. Sguardi, frasi, spesso anche silenzi... insomma, ci troviamo in una brutta situazione dalla quale bisogna uscire al più presto. Intanto il tempo passa implacabile!

Con gli ultimi bagliori dietro le montagne cala l'oscurità e in lontananza si vedono accendere le prime luci delle case. Il silenzio domina e si sente l'aria fresca della sera.

Faccio un rapido calcolo e mi butto deciso sulla fessura, comincio a salirla nel buio pesto nonostante la stanchezza si faccia sentire sempre di più.

La mia miopia, nonostante le lenti a contatto, si fa pesare: nel buio non vedo più nulla e procedo a tastoni, arrampico conscio della mia fragilità e della stanchezza. Anche il cuore mi si arrampica in gola, quando, sotto un marcato strapiombo, mi butto sul passaggio per poi ritornare sfinito al punto di partenza. Con i piedi su minuscoli appoggi, provo e riprovo a piantare un chiodo, ma senza esito. Mi tremano le gambe per lo sforzo, il tremito è talmente forte che devo chiudere gli occhi per rilassarmi; addosso la testa sulla roccia mentre i dubbi cominciano a minarmi il morale e brutti pensieri passano per la mia mente. Attorno solo silenzio che viene interrotto soltanto dalla voce di Alessandro: "Dai Giuliano, dai che ce la fai!". Non vedendo la corda scorrere, intuisce la difficoltà e la pericolosità del momento.

Cercando le forze per rimettermi in azione: "Devo reagire!".

Comincio a parlare fra me, ripeto ogni mossa, poi chiudo gli occhi un istante e mi concentro al massimo.

Le mie mani ingaggiano una battaglia furiosa con la roccia, mi alzo fino al punto critico tirando come un forsennato. Dallo sforzo respiro a fatica, ansimo e sbuffo. Nonostante il fresco della notte, gocce di sudore m'invadono e percorrono la schiena, mentre, tento in continuazione di aggrapparmi a qualcosa. Sono sul punto di non ritorno e una caduta sarebbe catastrofica.

"In tanti anni, ho imparato a mantenere la calma nelle situazioni più estreme e in questo frangente devo scalare con la stessa calma di quando sono a pochi metri da terra". M'incastro con una gamba e mi tiro su a forza di braccia, mi distendo e finalmente trovo un appiglio che mi permette di passare oltre. Per la prima volta, ho la sensazione di una forza misteriosa che mi trascina su.

Il primo pilastro del Casale si arrende, capitola e s'inchina alla mia determinazione, al coraggio e alla passione. Sopra il mio casco solo il cielo, le prime stelle e una luna fantastica: sono in vetta!

Il mio compagno mi abbraccia in una stretta talmente forte dal togliermi il fiato. "Giuliano, eri stanco morto e stavi lottando sotto l'ultimo strapiombo, eri lassù, solo e senza protezioni, ti sentivo parlare con te stesso o forse con la roccia, poi, nel buio della notte, ho avvertito la corda che si muoveva... saliva lenta... lenta". Continua: "Dopo un po' ha ricominciato a scorrere velocemente per poi arrestarsi e la tua voce mi ha rassicurato e galvanizzato: 'Sono fuori! sono in cima...!!'".

Si alza una brezza fresca e leggera. Dopo una breve pausa: "Giuliano, ho avuto la sensazione che il pulpito dove mi trovavo si frantumasse lasciandomi solo nel baratro, ma all'improvviso le due corde alle quali ero legato mi hanno tirato su".

La luna che splende piena nel cielo con la sua luce tenue che diffonde dappertutto, attraversa la boscaglia e ci sta dando una grande sensazione di pace e libertà; finalmente l'oscurità non è più sinonimo di paura. La pausa in vetta è di quelle brevi, abbiamo tanto cammino per ritornare sotto la nostra parete, ma non importa perché siamo felici. Non sono più solingo ad arrancare nel buio più pesto e con la morte accanto.

Le stelle, la luna, qualche nuvola... ci sono persino delle lucciole e tra poco ci sarà una birra fresca, piacevole e dissetante e una pizza con salamino piccante, prosciutto e mozzarella.

20 VIA CRISTINA ★★★★

M. Furlani, L. Puiatti 1980
400 m. (12L)
V+, VI/R3/III

Arrampicata lungo diedri e fessure generalmente solide. Un solo tratto friabile, ma decisamente pericoloso si trova lungo le prime lunghezze. Salita nel complesso bella e consigliata che può rappresentare un significativo esempio di arrampicata classica in Valle del Sarca.

Attacco: attaccare il diedro-colatoio sotto la verticale dei grandi tetti del 2° Pilastro e percorrere tutta la cengia detritica verso destra in direzione di un camino erboso.

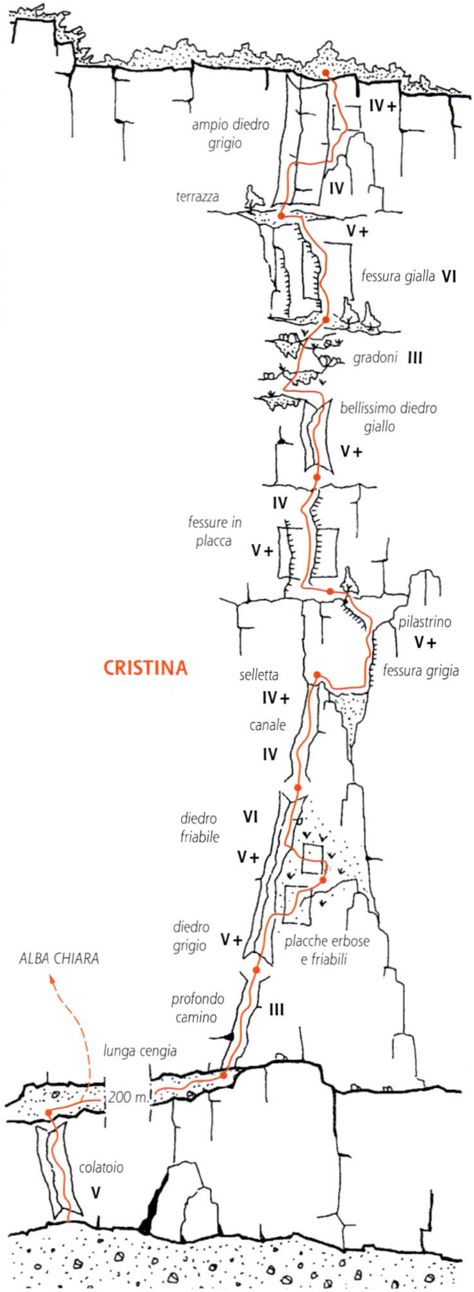

21 UGO MERZ★★

R. Larcher, S. Ventura 1983
450 m. (15L)
V+, VI/R3/III

Itinerario dedicato a Ugo Merz, morto giovane nel gruppo dei Monzoni. È sicuramente la linea più diretta al Pilastro Cristina. Arrampicata classica lungo diedri, camini e fessure. La roccia è buona nella prima parte, discreta e friabile nella seconda, cioè dopo l'incrocio con la via "Cristina". Lungo la via sono stati lasciati pochissimi chiodi e quasi tutte le soste sono su arbusti. Itinerario alpinisticamente molto interessante, forse non ancora ripetuto, un vero viaggio alla scoperta dell'arrampicata tradizionale pura in Valle del Sarca.

Attacco: individuare la caratteristica macchia gialla, incisa da un diedro, sotto la grande cengia erbosa. Portarsi sotto la verticale di questa e attaccare una rampa che da sinistra a destra porta al diedro giallo dove sale la via.

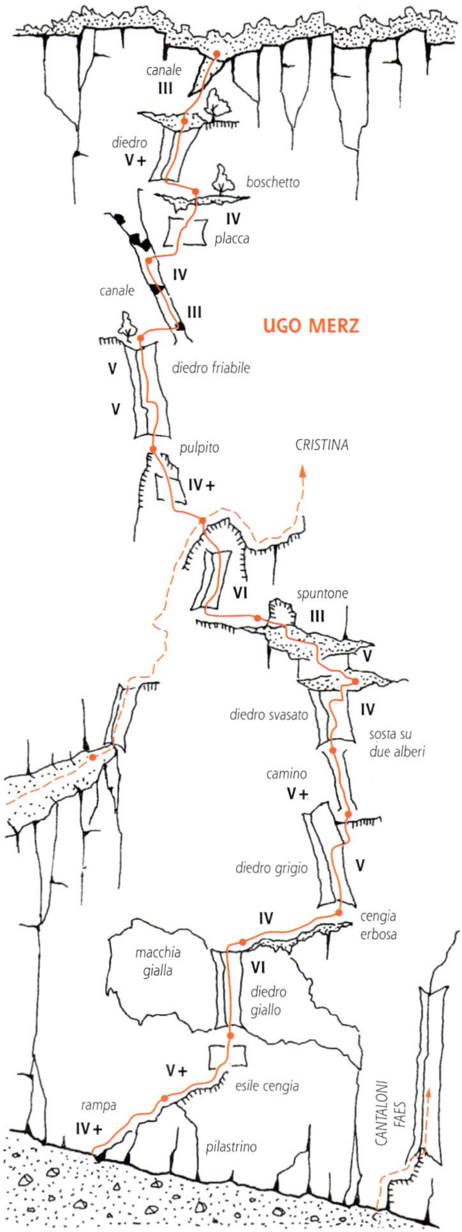

22 POLENTA E CAVALETE★★★

I. Feller, C. Masera 2010

400 m. (12L)

6c, 7b (6c obb.)/S3/IV

Bell'itinerario, atletico e sportivo, di grande impegno fisico e morale, che sale a grandi linee, il margine sinistro del Pilastro Giusti. La prima parte della via, si sviluppa lungo una grande e caratteristica placconata rossa. Arrampicata sempre continua e sostenuta, su roccia ottima e con chiodatura a fix. Portare 12 rinvii e alcuni friend medi.

Attacco: nel punto più basso del Primo Pilastro, 100 metri a sinistra della via "Se la conosci la eviti". Nei pressi di un albero, targa all'attacco.

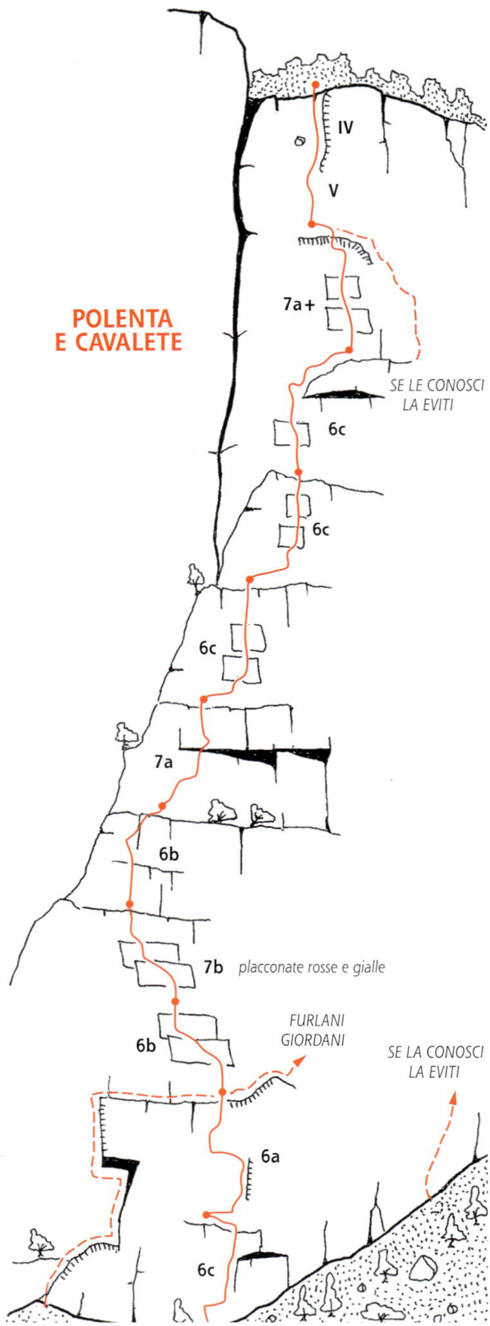

23 SE LA CONOSCI LA EVITI ★★★★

E. Boldrin, G. Damian, M. Peretto 1994
400 m. (16L)
VI, A0/R2/III

Via alpinistica, ma molto ben protetta. Offre una bellissima arrampicata, tra le più interessanti della valle. La chiodatura tradizionale è molto curata e completa. Portarsi qualche chiodo è comunque consigliabile. La roccia è molto solida e pulita.(Commento da una ripetizione di Samuele Scalet).

Attacco: rimontare lo zoccolo boscoso per gradoni e tracce di sentiero. Attaccare la parete, poco sotto un salto roccioso nel bosco.

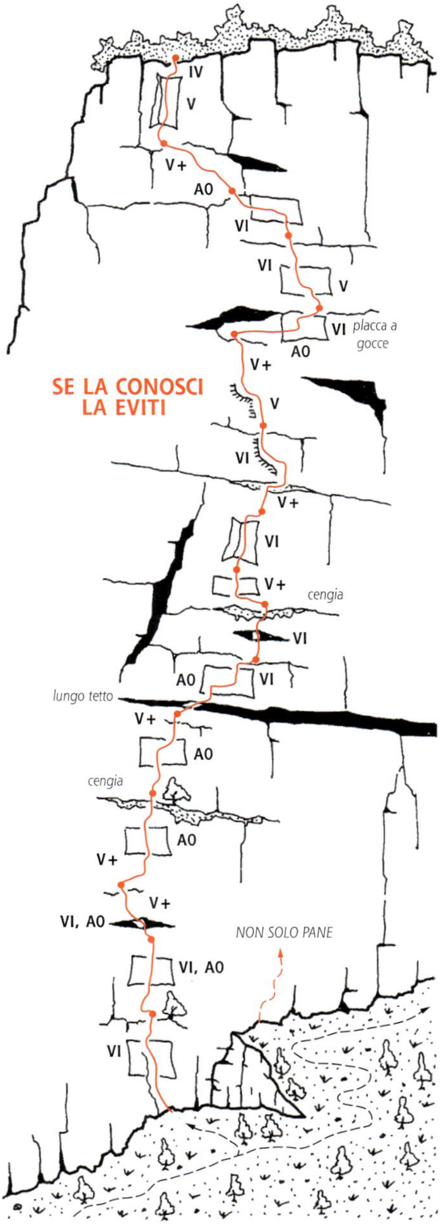

24 NON SOLO PANE★★★★★

E. Boldrin, G. Damian 1992
400 m. (14L)
IX-/R2/III

La qualità della roccia, l'ottima chiodatura e la particolare eleganza dell'arrampicata, sempre in placca, fanno di questa via, una delle salite più belle dell'intera valle. Il 4° tiro supera un pronunciato tetto, sono consigliate 2 staffe. Questo tetto è stato superato in libera con difficoltà fino al IX-.

Attacco: rimontare lo zoccolo boscoso per gradoni e tracce di sentiero fin sotto il caratteristico e lungo tetto giallo. Qui, traversare a sinistra fin dove termina il sentiero e attaccare una placca grigia per delle fessure erbose.

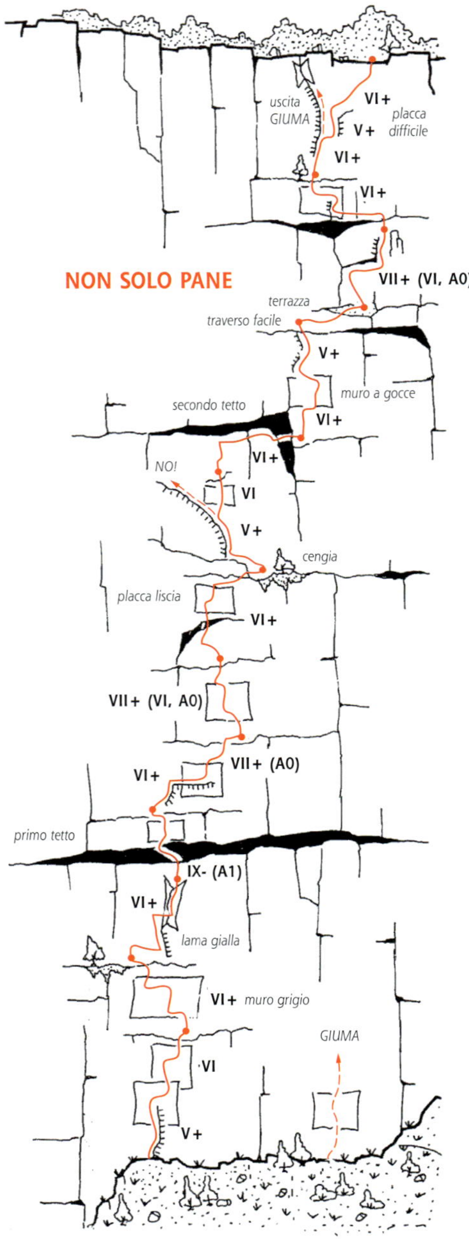

23
24
25
26
27
28

25 GIUMA ★★★★

A. Andreotti, F. Bertoni 1998
400 m. (11L)
VII+, A1 un tratto di A2/R3/III

Via nel complesso bella, molto atletica e faticosa. Roccia ottima e chiodatura buona ma che risente ormai dell'età, molti spit sono ormai vecchi e inaffidabili. Meriterebbe una completa richiodatura.

Attacco: circa 20 m. a destra di "Non solo pane" si nota in placca grigia un vecchio spit in alto.

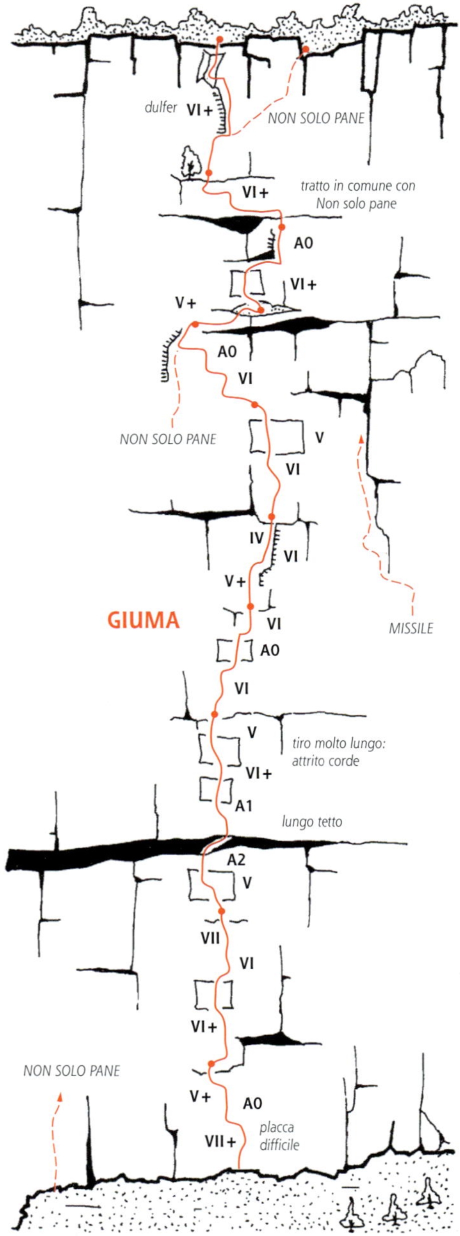

26 VIA DEL TRICE ★★★

I. Feller, C. Masera 2010
350 m. (12L)
6b, 7a (6b + obb.), passi in A1/S2/III

Itinerario difficile e impegnativo. Seppure chiodato a fix, risulta essere decisamente alpinistico: per la roccia friabile nella prima parte della via e per alcuni tratti impegnativi poco proteggibili.

Nella parte alta la roccia e la via migliora decisamente, regalando un'arrampicata entusiasmante e meritevole. Portare una serie di friend.

Attacco: targhetta con nome alla base, appena a destra della via Giuma.

27 VIA DEL MISSILE ★★★★★

G. Stenghel, A. Baldessarini 1981
400 m. (11L)
V+, VI+, passi in A0/R3/III

Grande capolavoro di intuito e logica. La roccia ottima e la linea esemplare rendono la salita spettacolare e di grande soddisfazione.

Attacco: dalla cengia dove attaccano "Non solo pane" e "Giuma", rimontare di poco la rampa boscosa e appena possibile spostarsi a sinistra per trovare delle cengiette che portano al primo camino.

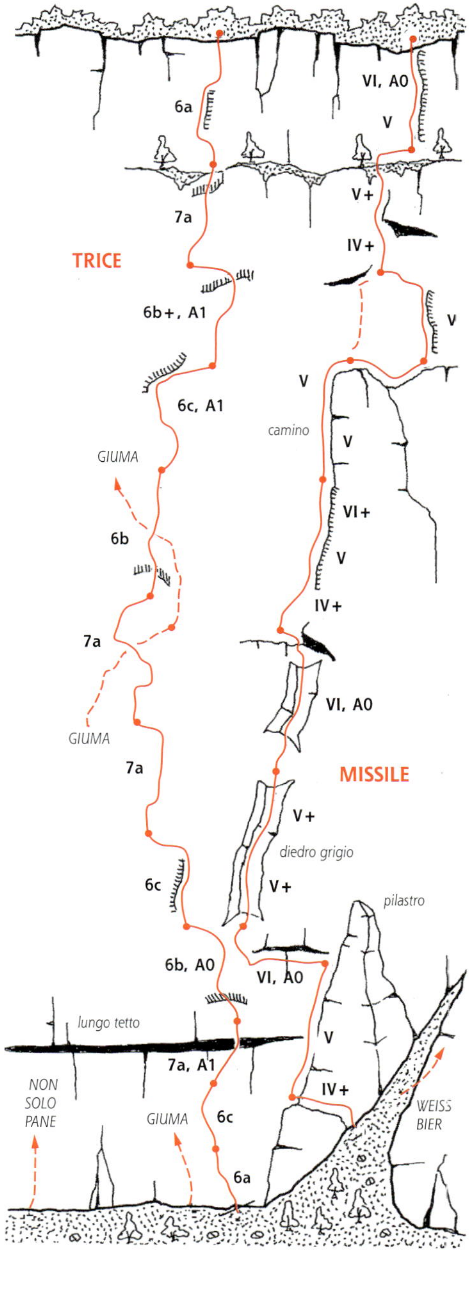

28 WEISSBIER ★★

C. Baratto, D. Filippi 1994
400 m. (10L)
V+, VI/R3/III

Itinerario a carattere puramente esplorativo. Lungo i primi tiri, nel canale, l'arrampicata è disturbata dalla fitta vegetazione, mentre le lunghezze finali superano placche e diedrini solidi e divertenti. Attenzione al primo tiro: friabile e pericoloso.

Attacco: dall'attacco della via del Missile, proseguire direttamente per il canalone boscoso.

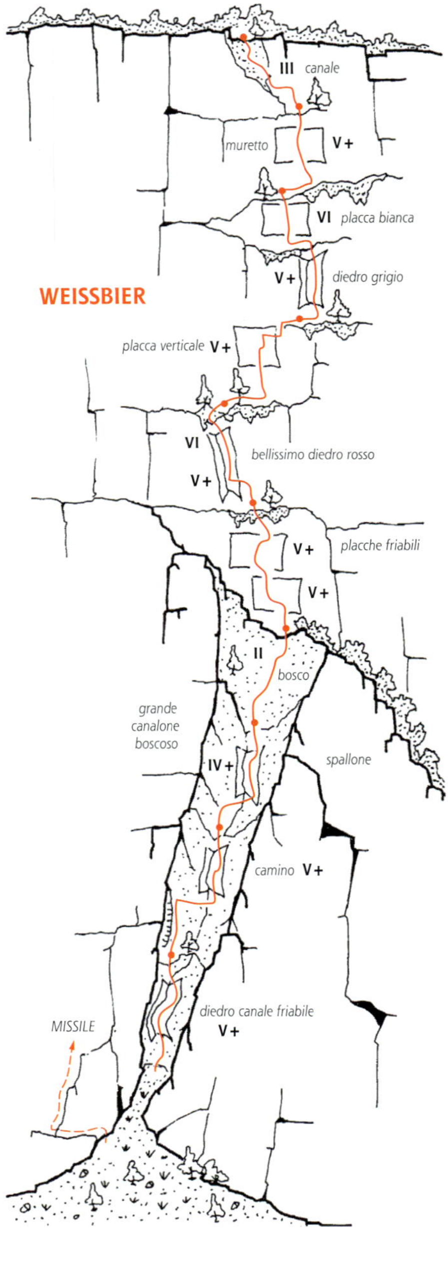

Luca Galbiati, *Via del Missile*, Monte Casale *(ph. sassbaloss.com)* →

29 VINSCHGERWIND★★★★

H. Schnitzer, M. Abler, W. Mairosl, M. Huber
2005
350 m. (14L)
V, VI, VII+/R3/III

Itinerario bello, sostenuto e divertente. La linea è molto logica: segue un'evidente diedro e il successivo grande pilastro a destra della via del Missile. L'arrampicata è molto varia: placche, diedri e fessure. La chiodatura è mista a chiodi e fix ed è sufficiente lungo tutto il percorso. Occorre però, di tanto in tanto, integrare con friend e stopper. Attenzione al grande diedro centrale, dove la larga fessura non permette di proteggersi adeguatamente. La roccia è generalmente buona salvo alcuni brevi tratti.

Attacco: dalla cava abbandonata di Pietramurata, prendere il sentiero per la falesia Sisiphos. Lasciata la falesia sulla sinistra, seguire il sentiero con bolli rossi e corde fisse fino alla falesia Athos. Continuare a salire per tracce di sentiero fino sotto la verticale di un evidentissimo tetto giallo. Attaccare per un diedro rampa che sale verso destra.

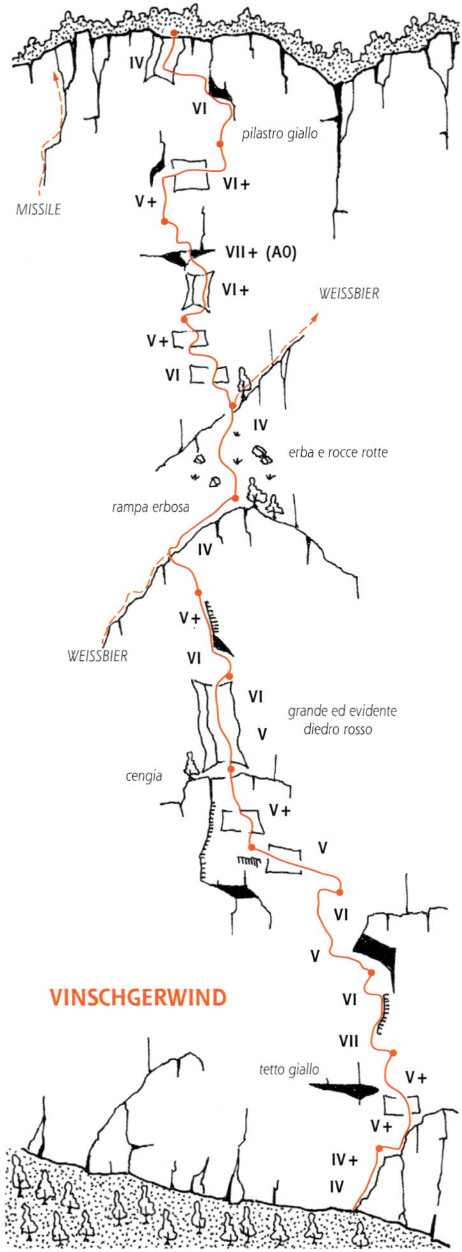

32
31
30
29
28
27

30 SARCATOUR ★★★

R. Iacopelli, A. Zanetti, C. Gianola 1994
350 m. (12L)
VI, A1/R3/III

Fondamentalmente un itinerario esplorativo, aperto con ottica alpinistica ricorrendo, ove necessario, all'uso di mezzi moderni di protezione. È una via in cui si trova un po' di tutto, dalla libera all'artificiale, dagli spit ai manici di scopa, dalla roccia compatta alle rampe erbose... insomma, non ci si annoia. La logica di salita è abbastanza evidente e segue i punti deboli della parete. L'avvicinamento non troppo agevole ed il lungo rientro la appaiono come impegno complessivo alle vie del "Primo Pilastro", anche se le difficoltà sono più discontinue. Nel complesso una bella arrampicata, panoramica ed un po' appartata, dove difficilmente si fa la fila per salire. (Commento da una ripetizione di Franco Milani)

Attacco: dalla cava abbandonata di Pietramurata, prendere il sentiero per la falesia Sisiphos. Lasciata la falesia sulla sinistra, seguire il sentiero con bolli rossi e corde fisse fino alla falesia Athos. Oltrepassare tutta la falesia e salire fino ad un' evidente avancorpo grigio addossato alla parete, alla base di una rampa che sale verso destra. Attaccare per questa.

31 NAPPULE ★★★★

D. Bonvecchio, R. Pedrotti 1999
180 m. (4L)
7c+ (7b obb.)/S2/II

Stupenda e difficile arrampicata dove prevale tecnica e movimento. Tutte le lunghezze sono molto lunghe e continue e richiedono una grande resistenza sul grado. Chiodatura ottima a fix ma mai abbondante. Roccia solida.

Attacco: dalla cava abbandonata di Pietramurata, prendere il sentiero per la falesia Sisiphos. Lasciata la falesia sulla sinistra, seguire il sentiero con bolli rossi e corde fisse fino alla falesia Athos. Circa al centro della falesia, per un bellissimo muro giallo, ed esattamente tra i monotiri "ultimo volo" e "rancoroso" attacca la via (è l'unica via senza nome all'attacco).

Discesa: in doppia dalla via.

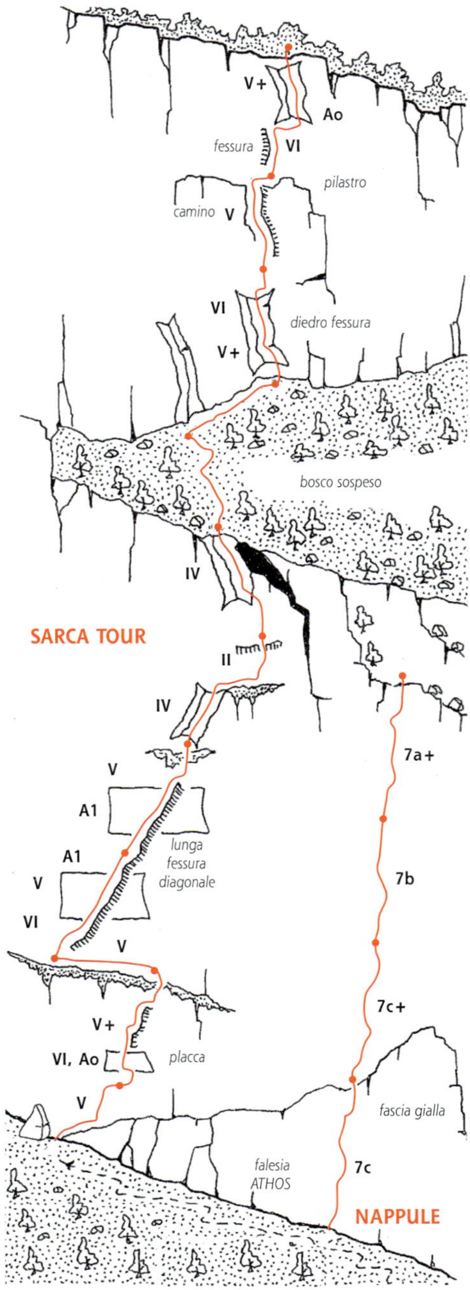

32 GORMITI ★★★

I. Feller, C. Masera 2009

440 m. (13L)

6b, 7a (6b+ obb.)/S2/III

Itinerario logico e ricercato, lungo e impegnativo, che sale un settore di parete isolato e selvaggio.

Arrampicata molto varia lungo placche, diedri e strapiombi. Roccia generalmente solida, con brevissimi tratti friabili. Chiodatura a fix e chiodi normali, per la ripetizione bastano rinvii e alcuni friend medi.

Attacco: dalla cava abbandonata di Pietramurata, prendere il sentiero per la falesia Sisiphos. Lasciata la falesia sulla sinistra, seguire il sentiero con bolli rossi e corde fisse fino alla falesia Athos. A destra di questa, alla base di un diedro-rampa, si trova la targa dell'attacco.

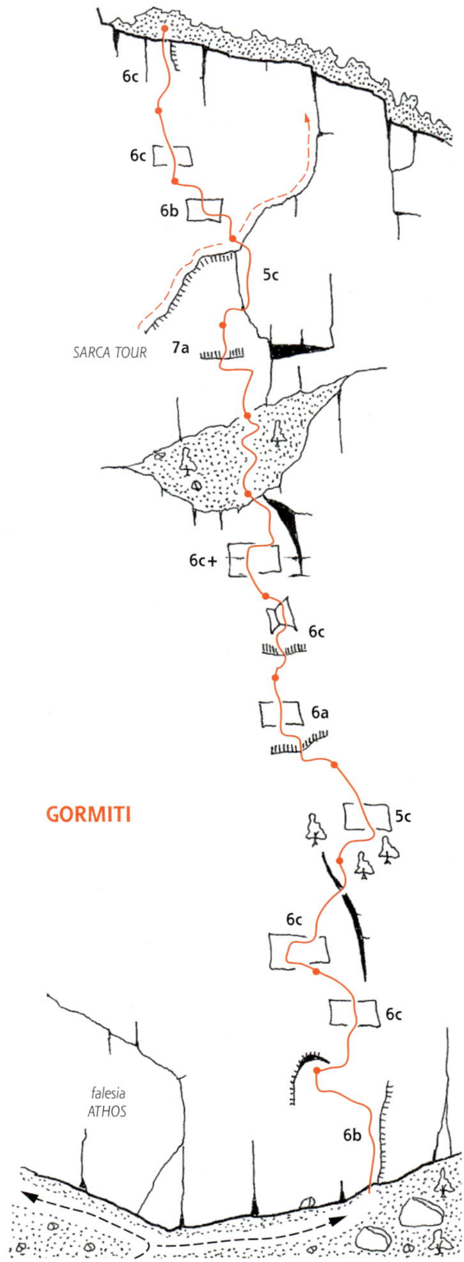

Altre vie:

A – VIA DELLA DISPERAZIONE: di M.Giordani e R. Manfrini 1982. Il "Primo Pilastro" del Casale è separato dal "Secondo Pilastro"da un ampio diedro-canale friabile ed erboso. Dalla lunga cengia della via Cristina, la "Via della disperazione",punta al fondo del diedro per poi rimontarlo interamente. Itinerario esplorativo e di scarso interesse alpinistico. 500 m. V+

B – CANTALONI - FAES: di M.Cantaloni, C.Faes, S.Fruet, F.Toldo 1981. A destra dell'attacco della via "Cristina",e a sinistra di un grande lavagnone rosso, la parete è solcata da un lungo e regolarissimo diedro. Per questo e per le successive fessure si sviluppa la via. Roccia friabile. 450 m. V+,VI

C – FURLANI – GIORDANI: di M. Furlani e M. Giordani, 1988. Itinerario esplorativo che in alto si collega alle altre via. Roccia e chiodatura precaria. 300 m. V+, VI.

8 Muro dei Meridiani

Monte Casale

0.40 h

0.30 h

140 m.

E

Il Primo Pilastro del Casale, degradando verso il paese delle Sarche (oltre la parete dove corre la via Sarcatour) forma alcune interessanti strutture. Proprio sopra la falesia Panoramica, si trova una modesta ma bellissima parete, solcata da fessure traversali, che ricordano dei meridiani. Su questa si svolgono alcuni itinerari piacevoli e divertenti. La roccia è stupenda e la chiodatura ottima e ravvicinata a fix.

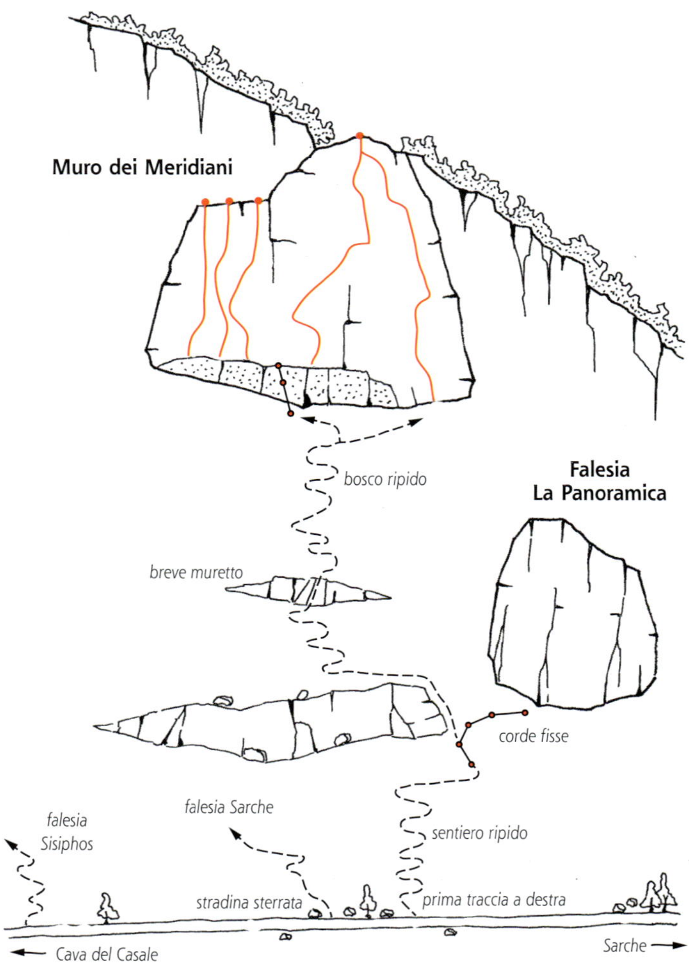

Accesso

Dalle Sarche verso Campiglio, oltrepassato il ponte sul Sarca, svoltare a sinistra e parcheggiare. Seguire la stradina che porta sotto le pareti e prendere la prima traccia che sale ripida nel bosco (accesso alla falesia Panoramica). Poi, alle prime corde fisse, anziché seguire il sentiero a destra per la falesia, proseguire a sinistra e tra gradoni e bosco ripido si arriva sotto la parete. Per Equinozio delle banane, portarsi alla destra della parete, mentre per tutte le altre, seguire a sinistra una breve corda fissa che permette di superare un breve zoccolo di rocce rotte.

Discesa

Per Le fate ignoranti e Equinozio delle banane, traversare a destra ed entrare nel bosco rado, scendere in direzione della strada. Incrociato il sentiero segnato SAT seguirlo verso destra fino al paese delle Sarche e quindi al punto di partenza. Per tutte le altre, in doppia dalla via.

33 NEW ENTRY	**90 m.**	
34 POPOL WUH	**80 m.**	
34a VAR. HOMO SAPIENS	**35 m.**	
35 EUPHORYA	**90 m.**	
36 LE FATE IGNORANTI	**140 m.**	
37 EQUINOZIO DELLE BANANE	**140 m.**	

33 NEW ENTRY ★★★★
R. Galvagni, D. Filippi 2004
90 m. (3L)
5c, 6a+ (6a obb.)/S1/I
Bellissima arrampicata su roccia magnifica, peccato che sia così breve. Placche a gocce e diedrini caratterizzano la via. Solo un po' di attenzione alla partenza e all'uscita per la roccia un po' delicata.

34 POPOL WUH ★★★★★
R. Galvagni 2004
80 m. (3L)
6b+ (6a obb.)/S1/I
Tre lunghezze straordinarie su roccia da sogno. Arrampicata tecnica di equilibrio e di movimento.

34a VARIANTE HOMO SAPIENS ★★★★★
R. Galvagni 2005
35 m. 6c
Variante alla già bellissima Popol Wuh che permette di evitarne i primi due tiri. Monotiro tecnico ed elegante con molti passaggi di equilibrio e di movimento. Abbinata al terzo tiro di Popol Wuh costituisce, senza dubbio, la linea più estetica e spettacolare della parete.

35 EUPHORYA ★★★★★
R. Galvagni 2004
90 m. (3L)
6c (6a obb.)/S1/I
Dopo il primo breve tiro, si parte per un viaggio su un bellissimo muro appigliato, a cui segue una sezione su liste e fessurine taglienti. Molto aereo.

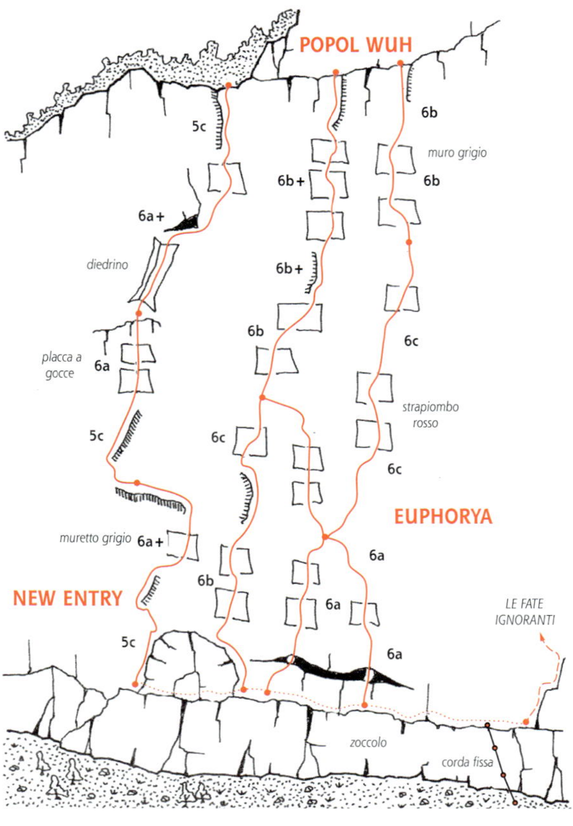

36 LE FATE IGNORANTI ★★★★
R. Galvagni, D. Filippi 2004
140 m. (5L)
6c (6a obb.)/S1/I

È l'itinerario che sale al centro della struttura. Bello, articolato e su roccia fantastica. Il primo tiro risulta un po' atletico mentre il secondo supera una placca molto tecnica. Il facile terzo tiro porta ad un bel terrazzino sospeso. Il quarto tiro supera uno strapiombino e una difficile traversata in placca di puro movimento ed equilibrio. Con un ultimo facile tiro si esce dalla parete.

37 EQUINOZIO DELLE BANANE ★★★★
R. Galvagni, D. Filippi 2005
140 m. (5L)
6c (6a obb.)/S1/I

Bellissima via che corre lungo il margine destro della parete. Arrampicata prevalentemente in placca su roccia magnifica. Spettacolare il 4° tiro che aggira a destra un muro rosso strapiombante. Prestare solo un po' di attenzione nei brevi tratti dove la roccia è un po' delicata.

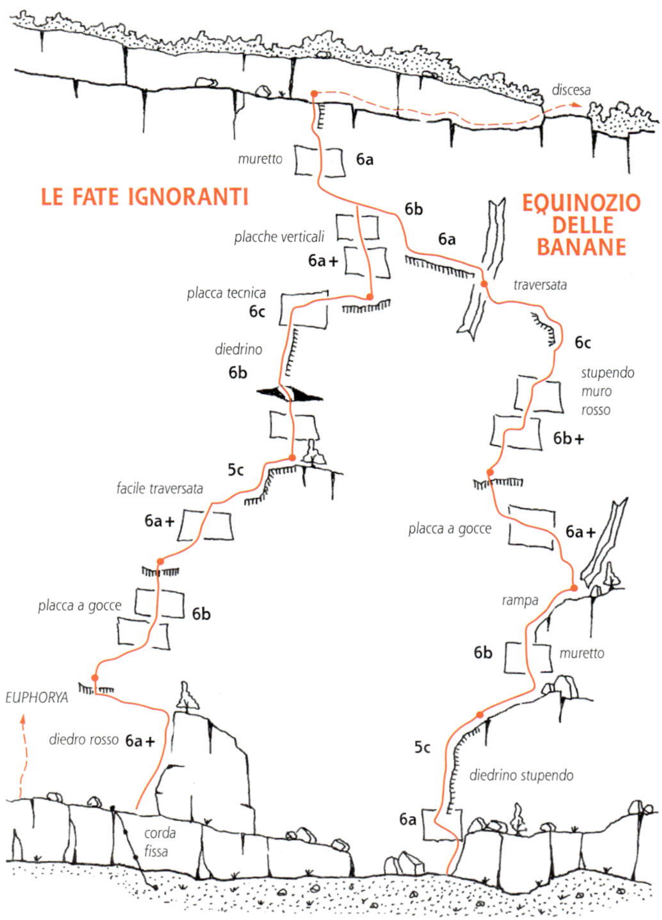

9 Croz dei Pini

Monte Casale

0.30 h

1.00 h

400 m.

E

La grande dorsale meridionale del Monte Casale, degradando verso valle, forma alcuni interessantissimi settori chiamati comunemente "avancorpi". Verso est, troviamo l'inconfondibile "Croz dei Pini", a sinistra e sopra questo, si stendono le lunghissime placconate della "Spalla Sud".

Al confronto della grande parete centrale o dei verticalissimi pilastri, questo modesto settore quasi scompare. Offre invece salite tutt'altro che corte o facili. Ambiente non eccezionale a causa della vicinanza con la cava, ma la splendida roccia e le magnifiche vie alpinistiche e sportive rendono questo posto veramente meritevole di una visita.

Accesso
Dalle Sarche in direzione di Arco, al primo cartello "Pietramurata" svoltare a destra, subito dopo ad un bivio seguire le indicazioni per la Via ferrata e il Sentiero Croz dei Pini. Parcheggiare all'inizio del sentiero nei pressi del cancello della grande cava (nei giorni festivi la cava è chiusa e non ci sono problemi, durante la settimana parcheggiare in modo da non intralciare il passaggio dei mezzi). Seguire il sentiero per la Via Ferrata e alle prime attrezzature, traversare a destra alla base della parete e ai vari attacchi delle vie.

Discesa
Usciti dalle vie seguire verso destra il sentiero attrezzato.

38 PUSSY POWER	240 m.
39 PEACE ON EARTH	240 m.
40 STENGHEL MANIA	240 m.
41 IL PARADISO PUO' ATTENDERE	350 m.
42 L'IMPERO DEI SENSI	400 m.
43 HASTA SIEMPRE COMANDANTE	400 m.
44 VIA EINSTEIN	350 m.
45 TUTTO RELATIVO	350 m.

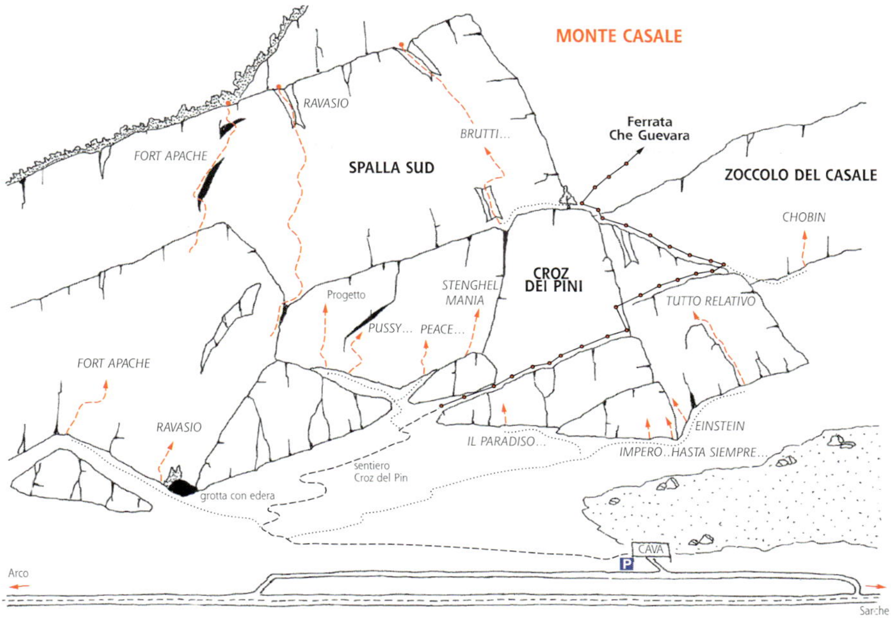
MONTE CASALE
RAVASIO
FORT APACHE
BRUTTI...
SPALLA SUD
Ferrata
Che Guevara
ZOCCOLO DEL CASALE
CHOBIN
Progetto
STENGHEL
MANIA
CROZ
DEI PINI
TUTTO RELATIVO
PUSSY...
PEACE...
FORT APACHE
RAVASIO
IL PARADISO...
EINSTEIN
IMPERO...HASTA SIEMPRE...
sentiero
Croz del Pin
grotta con edera
CAVA
P
Arco
Sarche

Via ferrata
Via ferrata
39
40
41
42
43
44
45

38 PUSSY POWER★★★

D. Filippi, A. Zanetti, M. Paoletto 2005

240 m. (8L)

V+, VI+, A0/R2/II

Itinerario dalla linea alpinistica logica ed interessante. Sconsigliato però a chi è troppo esigente sulla qualità della roccia. Supera la parete gialla e strapiombante seguendo diedri e cenge naturali. Arrampicata molto esposta nei tiri centrali, dove un' acrobatico pendolo permette di guadagnare le facili rampe finali. Itinerario breve, ideale d'inverno nelle mezze giornate, è completamente attrezzato a fix e per la ripetizione bastano solamente dei rinvii. Roccia generalmente solida e pulita lungo tutto il percorso, solo alcuni arbusti negli ultimi tiri. Prestare molta attenzione al termine del secondo e all'inizio del terzo tiro: roccia delicata e friabile con grossi blocchi instabili.

Attacco: dal parcheggio seguire il Sentiero Croz dei Pini, poco prima che inizi la ferrata, si stacca sulla sinistra una traccia segnata con bolli e ometti. Dopo una corda fissa in un canale si è alla base della parete.

Discesa: dalla via ferrata.

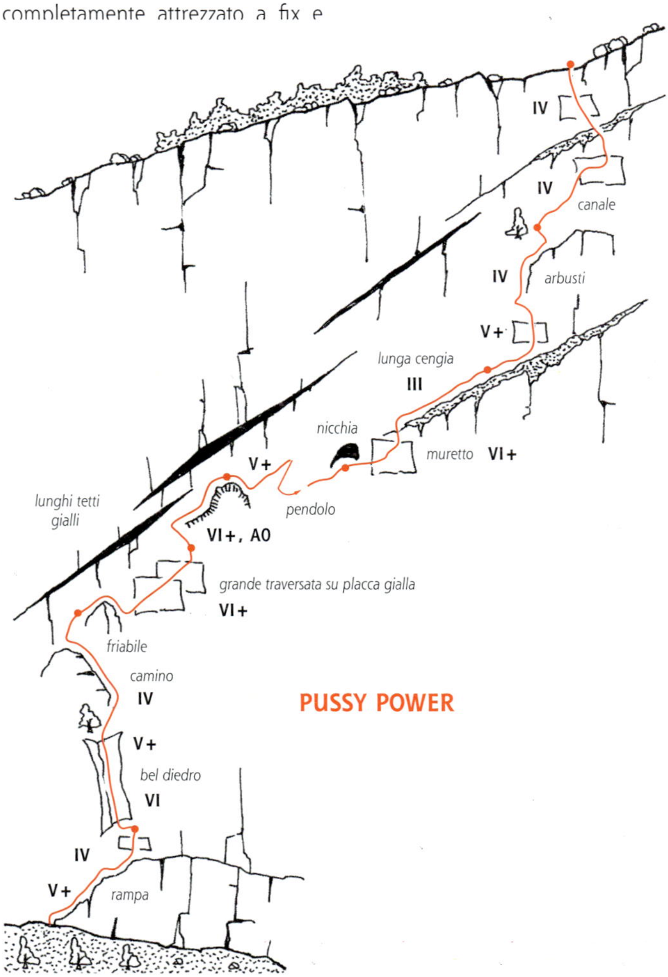

39 PEACE ON EARTH ★★★
S. Bailoni, A. Tizzoli, P. Bailoni 2002
240 m. (6L)
VI+, A1/R3/II
Salita bella e impegnativa, alpinisticamente interessante. Segue con logica una serie di diedri e fessure che tagliano la parete. Caratteristico è il traverso del terzo tiro lungo placche fessurate.

La roccia è generalmente buona ma la chiodatura un po' scarsa: portare una scelta di chiodi, friend e stopper.

Attacco: come per Pussy Power, ma al termine delle corde fisse, anziché traversare a sinistra, rimontare ancora di poco il bosco verso destra fin sotto un'evidente diedro fessura.

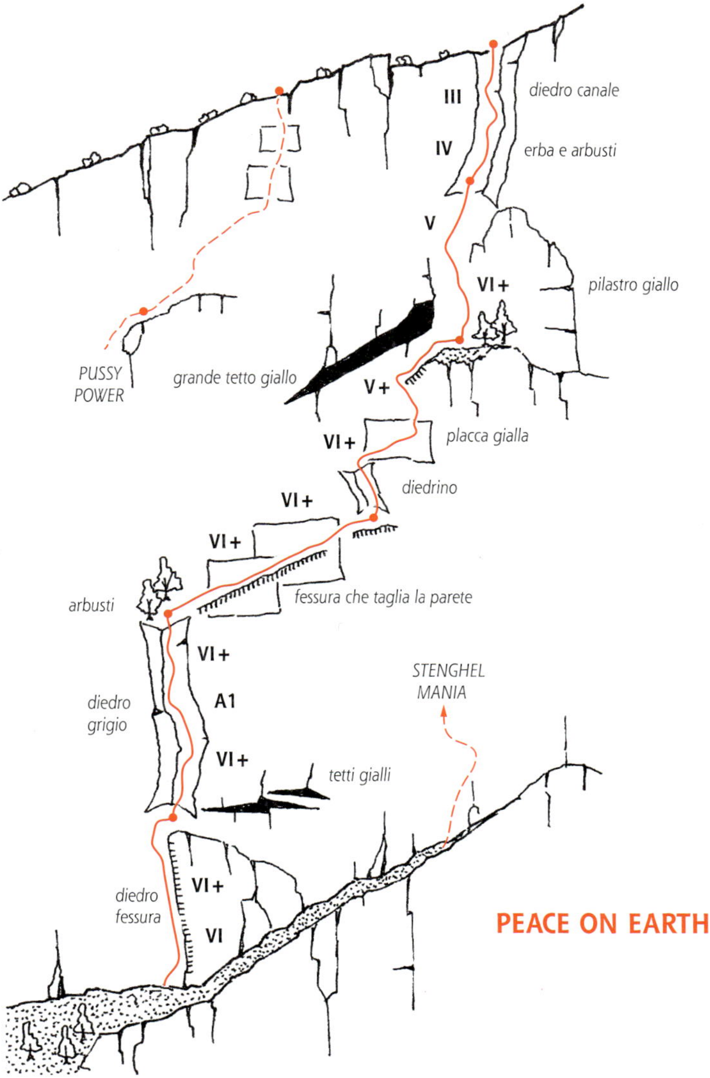

40 STENGHEL MANIA★★
D. Filippi, L. Pilati 2009
240 m. (6L)
V+, VI+, un passo in A1/R3/II
Salita dalle caratteristiche esplorative ed alpinistiche, molto sostenuta e di sicura soddisfazione. Sale una logica sequenza di diedri e fessure lungo il margine sinistro del Pilastro Einstein. La roccia è generalmente buona, ma con alcuni brevi tratti decisamente friabili e pericolosi. Le lunghezze centrali, il diedro rosso e il diedro camino strapiombante, sono belle e divertenti. Le lunghezze rimanenti sono erbose e friabili. La chiodatura è scarsa: portare stopper e friend, principalmente misure grandi, e una scelta di chiodi.

Attacco: dal parcheggio seguire il Sentiero Croz dei Pini, poco prima che inizi la ferrata, si stacca sulla sinistra una traccia segnata con bolli rossi e ometti. Dopo una corda fissa in un canale si è alla base della parete (a sinistra si va a Pussy Power), continuare a destra fino al termine della cengia. Attaccare per un diedro friabile.

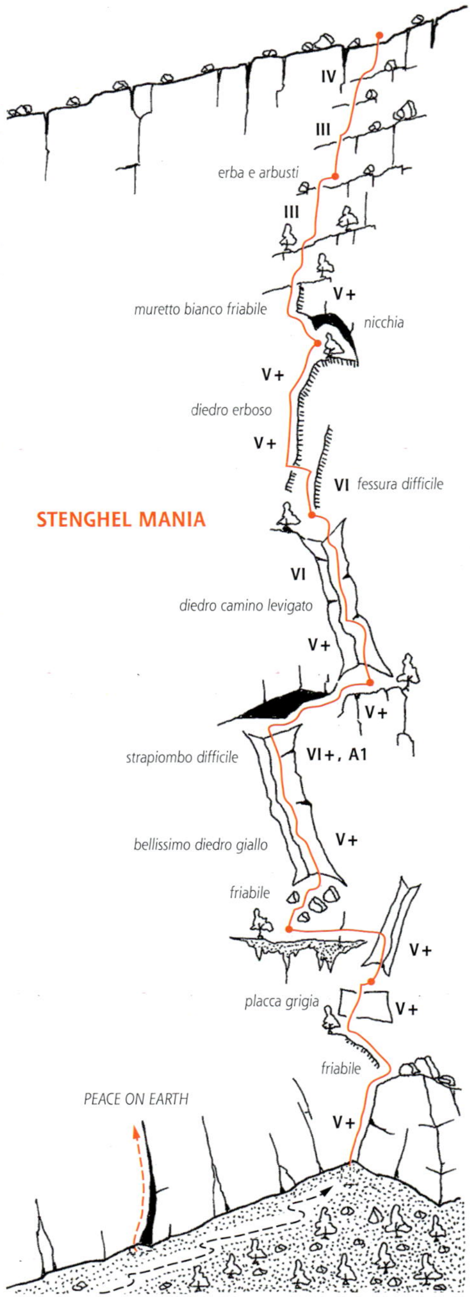

41 IL PARADISO PUO' ATTENDERE ★★★★

M. Maceri, R. Comis 1999

350 m. (11L)

VI+, A1/R2/II

Bell'itinerario, logico e alpinistico, attrezzato con molti chiodi normali. Arrampicata sempre bella e divertente. Supera il settore sinistro dell'avancorpo dove la roccia è ancora bella e verticale.

Attacco: è la prima via che si incontra arrivando dal sentiero.

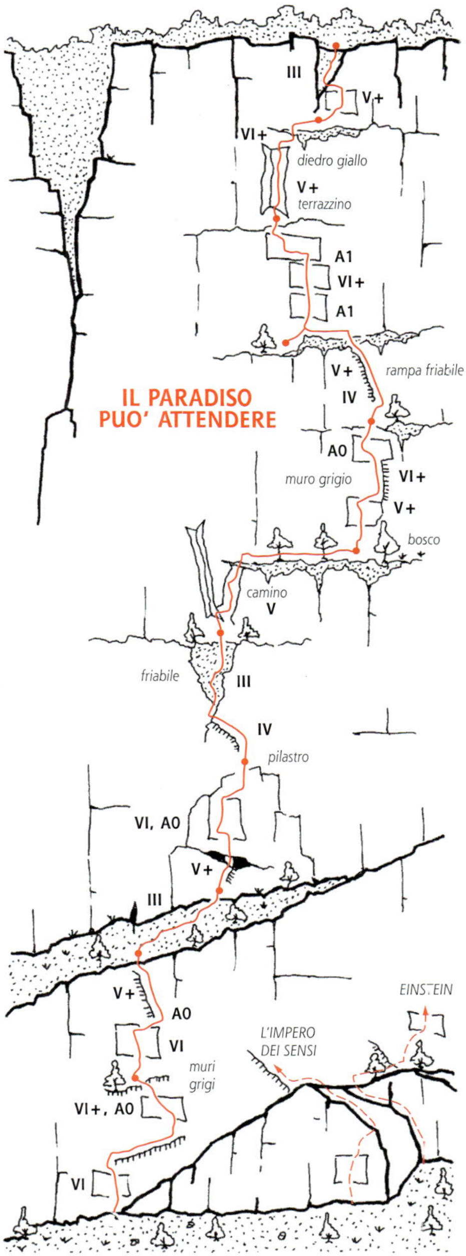

42 L' IMPERO DEI SENSI ★★★★★

R. Galvagni, M. Pfitscher 1996

400 m. (12L)

6a, 6b+, con un tratto di 7a (6b+ obb.)/S2/II

Bellissimo itinerario sportivo lungo solidissime placche lavorate a buchi e tacche. L'arrampicata è sempre piacevole e divertente, su difficoltà contenute, salvo che nella prima lunghezza. La chiodatura è ottima a fix da 10mm. Attenzione, via risulta più faticosa di quello che potrebbe sembrare, è lunga e le difficoltà sempre continue.

Attacco: per una bellissima e compatta placca grigia, nome alla base.

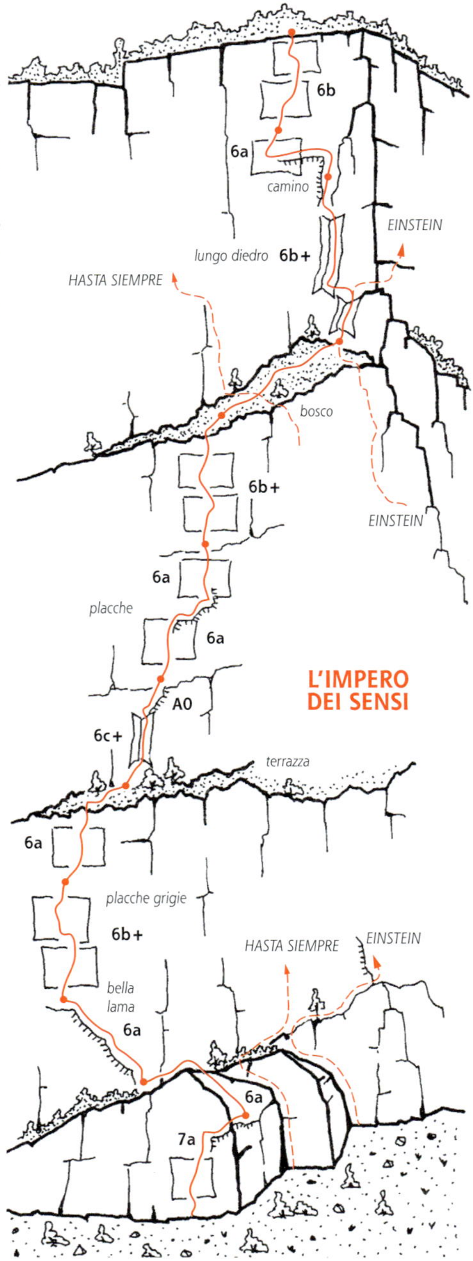

43 HASTA SIEMPRE COMANDANTE★★★★

R. Galvagni, D. Filippi 2005
400 m. (13L)
6b (6a obb.)/S2/II

Bella salita lungo placche, diedri e fessure. Risulta essere un po' meno impegnativa della vicina Impero dei sensi. La caratteristica principale di questa salita è rappresentata dalla particolare arrampicata che alterna placche verticali di tecnica e forza, a diedri svasati in aderenza pura. L'arrampicata non è mai faticosa, anzi è molto divertente per la grande varietà dei passaggi. Particolarmente belli sono alcuni tiri, come la lama del 4° tiro, il diedro svasato del 6° o l'ultima lunghezza. Attenzione al camino del penultimo tiro: un po' friabile con alcuni massi instabili. La chiodatura è sempre ottima e abbondante a fix e la roccia, salvo brevissimi tratti, è solida e compatta.

Attacco: appena a destra dell'Impero dei Sensi, per un diedro verticale con arbusto alla partenza.

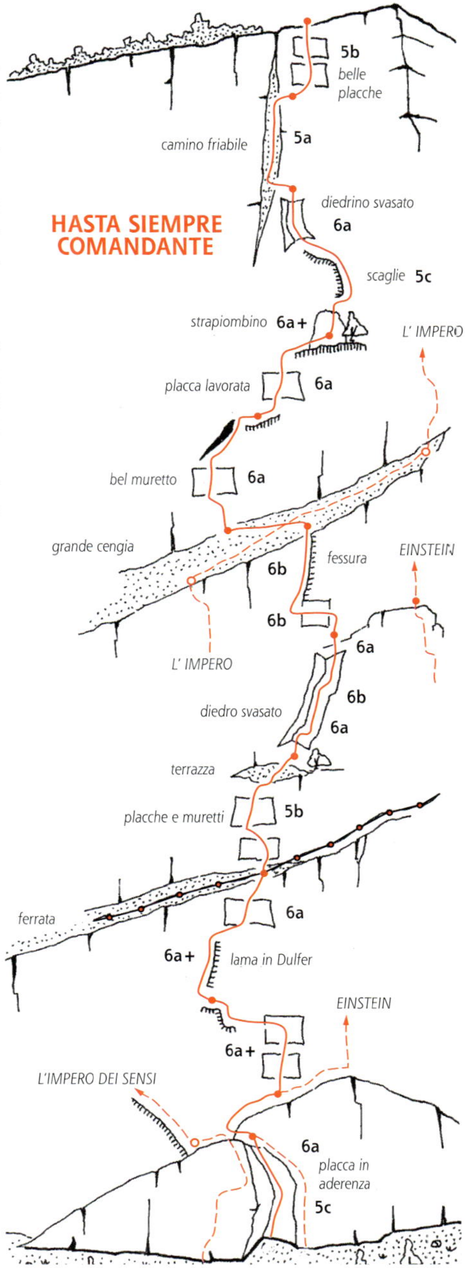

44 VIA EINSTEIN ★★★★★

G. Stenghel, F. Sartori 1982
350 m. (10L)
V+, VI+, A0/R3/II

Magnifico itinerario dalla logica sorprendente. Sicuramente tra le più belle vie dell'intera valle. Roccia ottima e chiodatura sufficiente. La direttiva della salita è data dallo spigolone centrale dell'avancorpo, e la via si sviluppa seguendone sempre i punti più deboli. Bellissima è la placca del quarto tiro e le fessure finali sono entusiasmanti. Peccato che questo capolavoro sia stato rovinato dalla recente ferrata, che si sovrappone per l'intera lunghezza del quarto tiro.

Attacco: superato l'attacco della via "L'Impero dei Sensi" e "Hasta Siempre", salire per un diedro camino evidente.

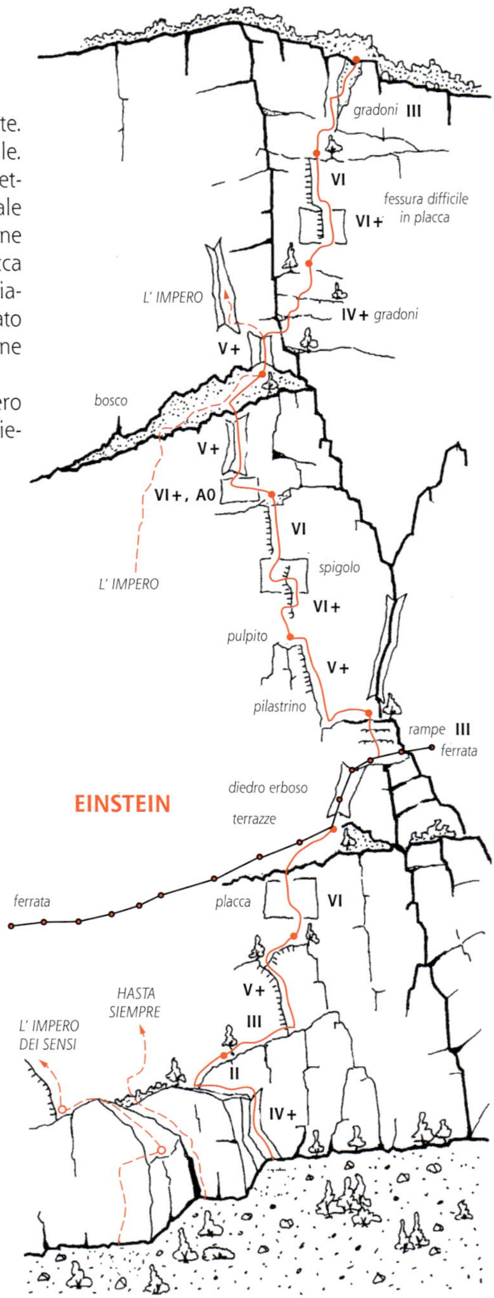

45 TUTTO RELATIVO ★★★★

S. Bazzanella, D. Filippi 1999
350 m. (10L)
VI+, VII un tratto di A1/R3/II

Salita divertente, arrampicata classica lungo diedri e fessure. Il tiro chiave, è quel lungo e regolare diedro che caratterizza la parte alta della parete. Per questo tiro occorrono friend piccoli.

Attacco: dagli attacchi delle vie "L'Impero dei Sensi " e "Einstein", traversare verso destra fino ad un diedro evidente e regolare. Attaccare per questo.

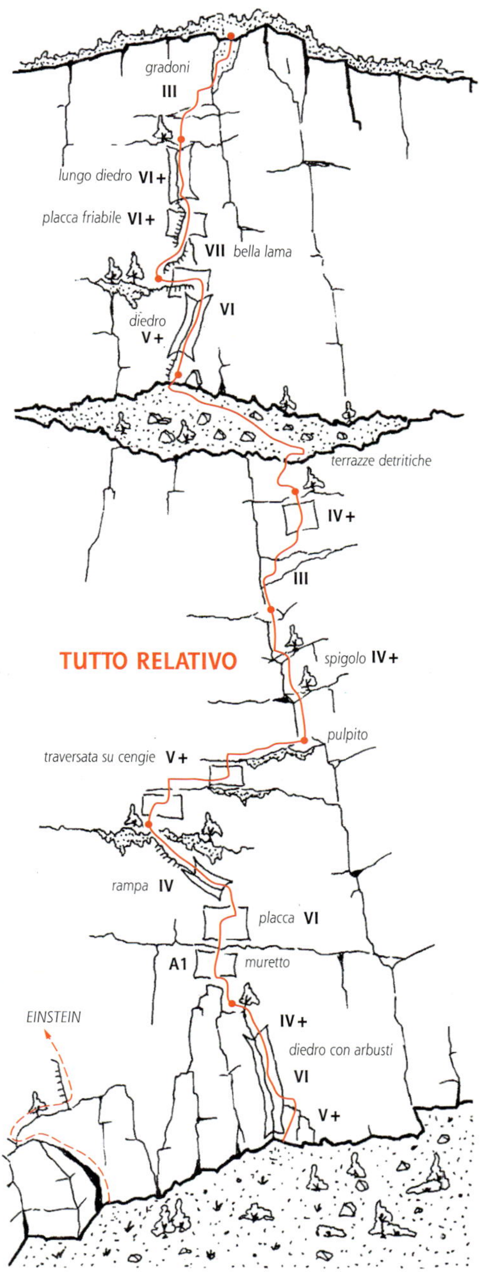

10 Spalla Sud

Monte Casale

0.30 h
1.00 h

1.30 h

600 m.

E

La grande dorsale meridionale del Monte Casale, degradando verso valle, forma alcuni interessantissimi settori chiamati comunemente "avancorpi". Verso est, troviamo l'inconfondibile "Croz dei Pini", a sinistra e sopra questo, si stendono le lunghissime placconate della "Spalla Sud".

È quella lunga e inconfondibile fascia di placche grigie che si sviluppa sopra e a sinistra dell'avancorpo Croz dei Pini.

Accesso

Dalle Sarche in direzione di Arco, al primo cartello "Pietramurata" svoltare a destra, subito dopo ad un bivio seguire le indicazioni per la Via ferrata e il Sentiero Croz dei Pini. Parcheggiare all'inizio del sentiero nei pressi del cancello della grande cava (nei giorni festivi la cava è chiusa e non ci sono problemi, durante la settimana parcheggiare in modo da non intralciare il passaggio dei mezzi). Seguire il sentiero per la Via Ferrata e in breve ci si trova sotto la caratteristica grotta con edera. Per le vie Fort Apache e Gianpaolo Ravasio, abbandonare ora il sentiero e portarsi sotto la parete. Per la via Brutti sporchi e cattivi, continuare lungo il sentiero attrezzato fino alla sommità del Croz dei Pini.

Discesa

La discesa da queste vie avviene lungo un ripido e tormentato canalone roccioso. Scendendo conviene tenersi sulla sinistra, attraverso boschetti e salti rocciosi. Attenzione a non farsi ingannare restando nel fondo del canalone: tratti molto levigati obbligano a delle corde doppie.

46 FORT APACHE	**500 m.**
47 GIANPAOLO RAVASIO	**600 m.**
48 BRUTTI SPORCHI E CATTIVI	**300 m.**

48
48a
48
38
39
46
47

46 FORT APACHE ★★★

E. Morandi, R. Cavicchioli 1997
500 m. (16L)
VII +, VIII, A2/R1/III

Bell'itinerario, molto lungo e su roccia buona. Offre un' arrampicata mista tra l'alpinistico e lo sportivo: alterna lunghezze in fessura protette con chiodi normali a tiri lungo solidissime placche protette a spit. In alto, vince quell'evidente e marcato tetto triangolare, ben visibile anche dal basso.

Attacco: dal parcheggio, seguire le indicazioni per il Sentiero Croz dei Pini. In breve ci si trova sotto la caratteristica grotta con edera. Lasciare sulla destra la grotta, e salire a sinistra una lunga rampa erbosa, al termine attaccare una placca nera protetta con chiodi normali.

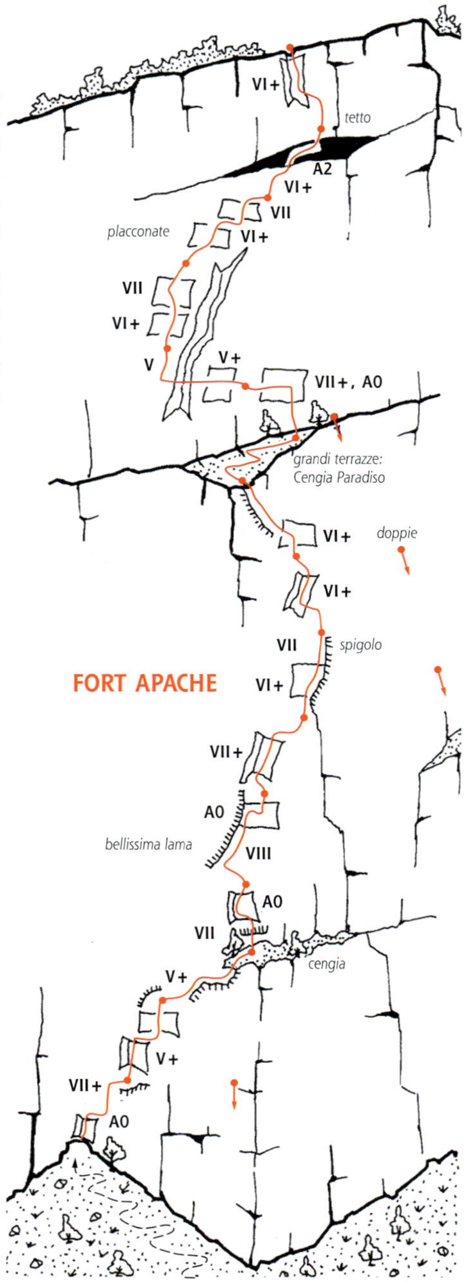

47 GIANPAOLO RAVASIO ★★★

I. Maghella, D. Bonaglia 2000
600 m. (15L)
7b+ (6b obb.)/S2/III

Questa via corre parallela a "Fort Apache" lungo una serie di placconate grigie. Si sviluppa lungo un settore tutto sommato bello e compatto, anche se a prima vista non sembrerebbe. Arrampicata bella e divertente lungo tutto il percorso, grazie anche al gran lavoro di chiodatura e pulizia che è stato fatto. Ambiente particolarmente selvaggio e suggestivo nelle lunghezze centrali della via.

Attacco: dal parcheggio, seguire le indicazioni per il Sentiero Croz dei Pini. In breve ci si trova alla caratteristica grotta con edera. Qui una targa indica l'attacco della via.

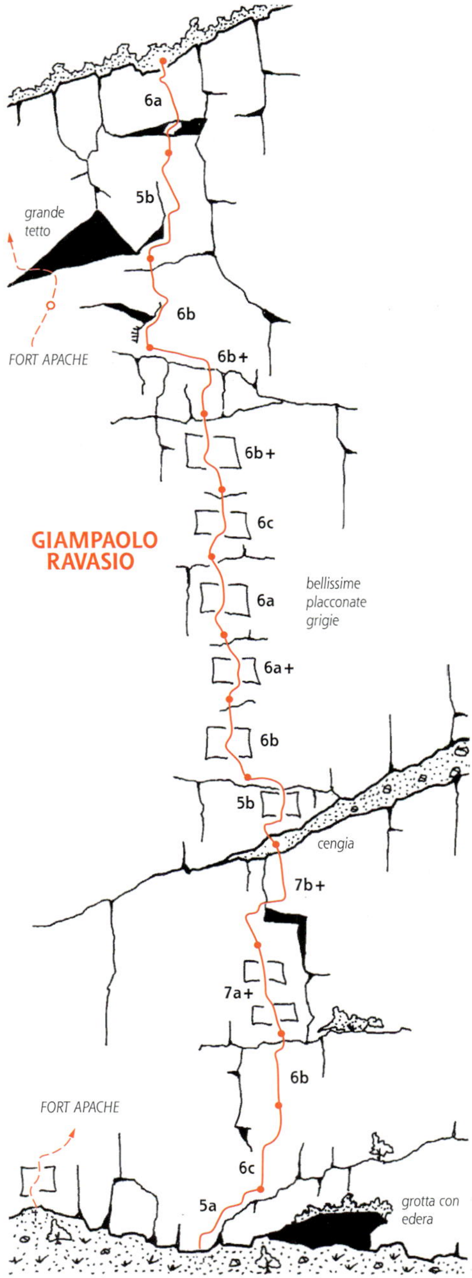

48 VIA DEI BRUTTI, SPORCHI E CATTIVI

★★★

M. Cantaloni, S. Fruet 1981

300 m. (10L)

V+, VI /R3/III

Itinerario nel complesso bello e logico. Nella prima parte supera un diedro che a prima vista potrebbe impressionare un po' per la sua friabilità. Il resto della via supera placconate molto più solide rendendo la salita divertente e piacevole.

Quella che normalmente viene ripetuta, è solo la parte alta della via. In realtà, la via originale sale tra le vie Ravasio e Pussy Power e, raggiunta la grande cengia, traversa a destra fino al la base del lungo diedro. Negli anni, dato lo scarsissimo interesse dell'arrampicata, questo attacco è stato abbandonato.

Attacco: dal parcheggio della cava, seguire le indicazioni per la Ferrata Sentiero Croz dei Pini. Rimontare tutto l'avancorpo e raggiungere la sommità del Croz dei Pini (piccola tettoia) in circa un'ora di cammino. Da qui è ben riconoscibile il lungo diedro. Scendere nel canale e attaccare un canale erboso sotto la verticale del diedro.

48a VARIANTE ALDO E LISA ★★

D. Bonvecchio, M. Fronza 1990

200 m. (5L)

VII, A3/R4/III

Breve itinerario di stampo decisamente alpinistico, molto impegnativo per le difficoltà tecniche elevate in arrampicata libera e artificiale. Rappresenta una difficile variante alla via Brutti Sporchi e Cattivi. Dedicata rispettivamente ai figli di Danilo Bonvecchio e Mauro Fronza.

Attacco: dalla grande cengia, dove inizia la parte alta della via Brutti sporchi e cattivi, scendere circa un centinaio di metri e attaccare per un canale erboso sotto la verticale di una fascia di rocce nere e strapiombanti.

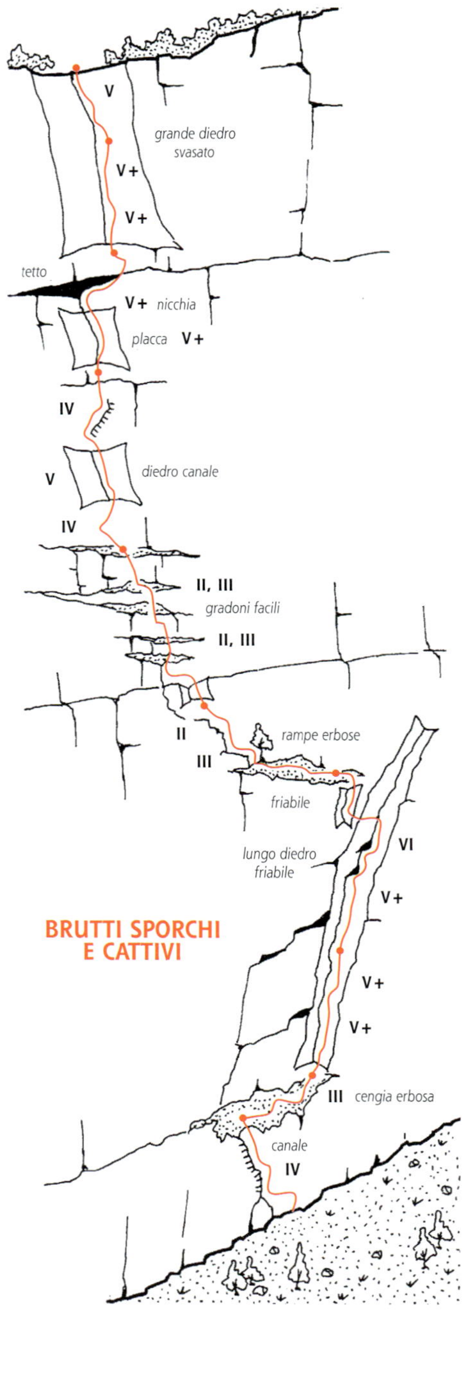

Altre vie:

A – PARETE SUD EST: di G.Groaz, P.Baldo e H.Steinkotter 1980. Sale la parete a sinistra del grande crestone che chiude a nord la parete principale del Casale. Sale all'inizio il gran canalone, quello che scende dalla "Spalla sud", per poi abbandonarlo nel punto più logico per affrontare la parete superiore. Itinerario di interesse puramente esplorativo su rocce rotte ed erbose. 800 m. IV.

B – CRESTA SUD EST: di H.Steinkotter in solitaria 1981. Sale quel lungo crestone erboso che chiude a sud la parete principale del Casale. Come per l'itinerario precedente, si sale tutto il canalone che porta alla "Spalla sud", (questo è anche il canalone di discesa della via "Fort Apache" e delle altre). Al termine del canalone si attacca il vero e proprio spigolo, tratto più impegnativo, e si prosegue lungo questo, tra boschi e roccette fino ai prati della vetta. 1200 m. III, V.

Pian dela Paia

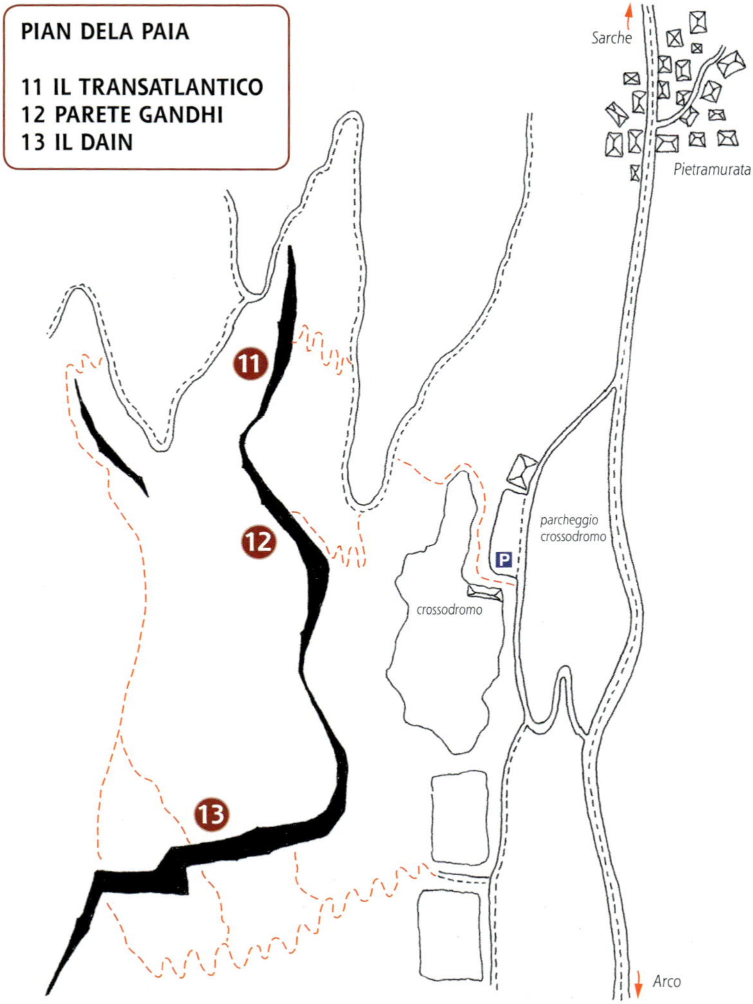

Piccolo altopiano boscoso, sostenuto da piccole ma interessantissime pareti rocciose. Dalle belle vie in placca della parete Gandhi, alle splendide linee in diedri e fessure del Dain, fino alle estreme salite sportive del Transatlantico; questo settore offre veramente una varietà incredibile di itinerari.

Luca Pilati, Impronte digitali, *Il Dain (ph. Diego Filippi)* →

11 Il Transatlantico

Pian dela Paia

0.30 h

0.45 h

100 m.

E

Piccola parete con muri verticali e strapiombanti. Vie sportive estreme di grande estetica e su roccia straordinaria. Parete da sempre trascurata, è stata scoperta e valorizzata nel da Roly Galvagni: attento e scrupoloso chiodatore delle più belle vie della valle. Tutti gli itinerari sono attrezzati ottimamente con fix da 10 mm.

Accesso

Dal parcheggio del crossodromo di Pietramurata, prendere una stradina a sinistra che raggira il crossodromo. Al termine, seguire un ripido sentiero che sale nel fitto bosco e raggiungere una strada forestale. Cento metri dopo il primo tornante, una ripida traccia a sinistra porta alla base della parete.

Discesa

Generalmente in doppia dalle vie. Oppure attraversare il bosco in direzione del Casale fino ad incontrare una forestale che riporta in valle.

1 FRUIT & VEGETABLE	100 m.	
2 ONANATOR	100 m.	
3 MURUROA	100 m.	
4 IL DELTA DI VENERE	100 m.	
5 VOLO FELICE	80 m.	
6 LA FATTORIA DEGLI ANIMALI	80 m.	
7 LAND ART	80 m.	
8 CONTROVENTO	80 m.	
9 NIBBIO	90 m.	
10 QUARTO POTERE	60 m.	
11 PANGEA	60 m.	

1 FRUIT & VEGETABLE★★★★★
R. Galvagni 1994
100 m. (5L)
7a (6b obb.)/S1/I
Bella e divertente via in placca. Molto tecnico il muro grigio del 3° tiro.

2 ONANATOR★★★★
F. Gerwald, C. Danker 2003
100 m. (5L)
7b, 7c (7a obb.)/S1/I
Questa via corre tra le vie Mururoa e Fruit & Vegetable. Attacca in comune con il primo tiro di Mururoa. Poco prima della prima sosta piega a sinistra. Scritta all'attacco e Libro via all'ultima sosta. La via è interamente attrezzata a fix, servono solamente 14 rinvii.

Discesa: possibile dalla via con corde doppie.

3 MURUROA★★★
B. Malfatti, A. Nobile 1995
100 m. (5L)
7b (6b obb.)/S1/I
Molto divertenti le prime due lunghezze, poi un tiro molto sostenuto su placca strapiombante.

4 IL DELTA DI VENERE★★★★★
R. Galvagni, M. Pfitscher 1995
100 m. (5L)
6c (6b obb.)/S1/I
È sicuramente la più bella via al Transatlantico. Muri tecnici e una bella dulfer in uscita.

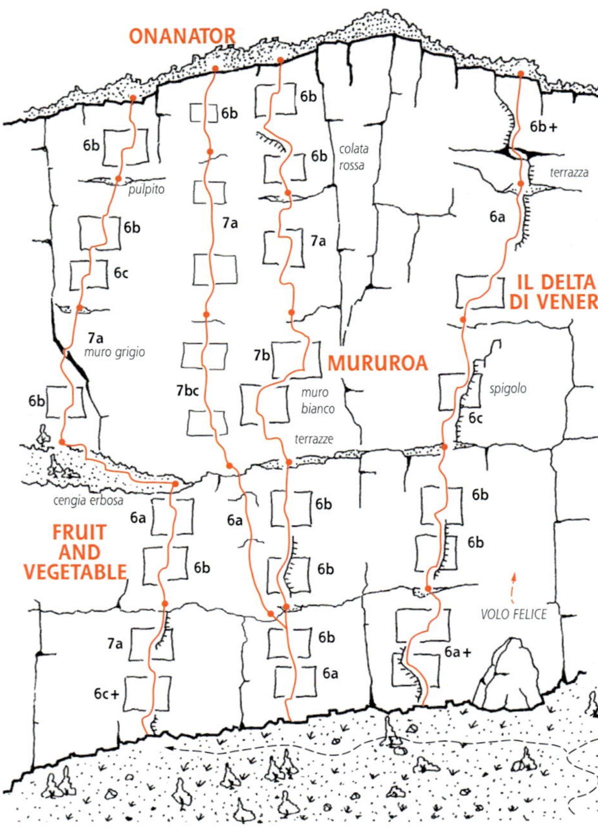

5 VOLO FELICE ★★

B. Malfatti, M. Concini 1996

80 m. (3L)

7b+ (6c obb.)/S1/I

Placche verticali e molto tecniche.

6 LA FATTORIA DEGLI ANIMALI ★★★★★

R. Galvagni 1995

80 m. (4L)

7a (6c obb.)/S1/I

Stupenda arrampicata lungo placche e fessure.

7 LAND ART ★★★★★

D. Bonvecchio 1995

80 m. (4L)

7c (7b obb.)/S2/I

Commento di R. Larcher: "Via impegnativa, ma forzata in un passaggio molto duro nel primo tiro, passaggio che ben difficilmente sarebbe stato superato aprendo dal basso. Calarsi dall'alto nell'aprire è uno stile che purtroppo segue più le ambizioni di chi agisce, che la linea logica e naturale della parete. Chiodare dal basso rispecchia molto di più le capacità dell'alpinista."

8 CONTROVENTO ★★★★★

R. Larcher, R. Galvagni, M. Cagol 1996

80 m. (3L)

7c+ (7c obb.)/S2/I

Commento di R. Larcher: "Via aperta di proposito in controtendenza alla dilagante abitudine di chiodare dall'alto pareti sempre più alte. È una via dura ed impegnativa, in particolare nell'obbligatorio. La roccia è superlativa."

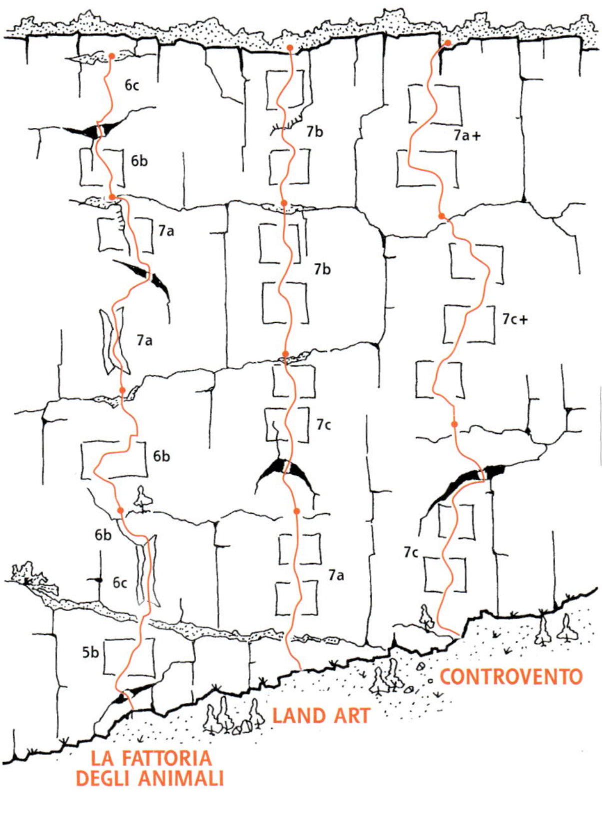

9 NIBBIO ★★★
K. Vinatzer, O. Renzler 1986
90 m. (3L)
VI+, VII/R4/III
È la prima via ad essere stata aperta su questo piccolo settore, e naturalmente ne segue la linea più logica, ovvero quel diedro rovescio che incide il lato destro della parete. La chiodatura tradizionale con chiodi distanti e malsicuri e la difficoltà decisamente elevata, fanno di questa salita un piccolo capolavoro alpinistico. Necessari per una eventuale ripetizione stopper, friend, qualche chiodo normale e soprattutto nervi saldi.

10 QUARTO POTERE ★★★★
R. Galvagni, M. Pfitscher 1995
60 m. (3L)
6b+ (5c obb.)/S1/I
Due splendide lunghezze in placca per poi concludere lungo un bellissimo diedro.

11 PANGEA *****
R. Galvagni. 1996
60 m. (2L)
6c+ (6a obb.)/S1/I
Un difficile passaggio in partenza, poi bella e divertente arrampicata.

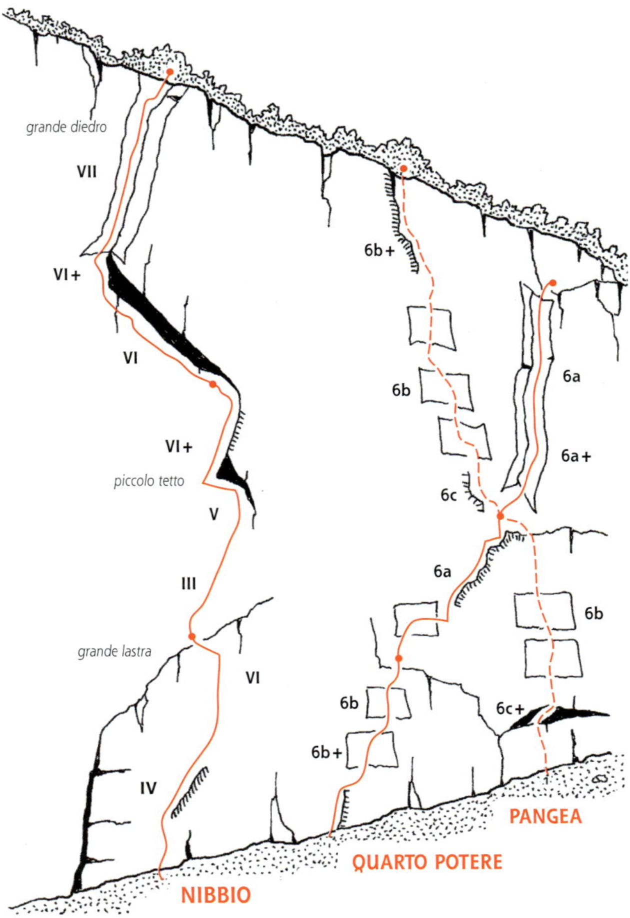

KONG ITALY
TECHNICAL NATURE
VICTOR
ARGON MIX
NEW CHUY
CHALK BAG
FREE ROPE BAG

12 Parete Gandhi

Pian dela Paia

0.30 h

0.45 h

350 m.

NE

Bella parete di roccia grigia. Itinerari brevi e divertenti. Le placconate compatte dove salgono le vie sportive, sono incise da fessure e diedri erbosi, lungo i quali si sviluppano magnifici itinerari tradizionali. Il merito di aver scoperto e valorizzato questa parete va a Giuliano Stenghel, che a saputo tracciare su questo piccolo lenzuolo grigio, entusiasmanti arrampicate classiche.

Accesso

Dal parcheggio del crossodromo di Pietramurata, prendere una stradina a sinistra che raggira il crossodromo. Al termine, seguire un ripido sentiero che sale nel fitto bosco e raggiungere una strada forestale. Al primo tornante entrare nel bosco e seguire una comoda traccia che porta alla base della parete.

Discesa

Traversare il bosco in direzione del Casale fino a raggiungere la forestale che riporta in valle.

12 VIA DELLA FORBICE	**350 m.**
13 VIA IL CASINO DAL CICLAMINO	**250 m.**
14 ASTRONOMY	**200 m.**
15 ANDREA CALLIARI	**250 m.**
16 NIKOTINA	**200 m.**
17 DIANA	**200 m.**
18 VIA IL MAGNESIO DALLA ROCCIA	**200 m.**
19 RAFFAELLLA	**200 m.**
20 VIA DEL CANALE	**150 m.**
21 ALESSANDRO AVANCINI	**150 m.**

15
13
12
12
13

12 VIA DELLA FORBICE ★★★
F. Milani, D. Lunel 2001
350 m. (10L)
V, VI/R3/II
Itinerario che sale parallelo e a sinistra della "Via il casino dal Ciclamino" nella parte bassa, e a destra della stessa, nella parte alta. Sulla grande cengia infatti, si scende per 60-70 metri fino ad un diedro nero al margine di una placconata. Superatolo si obliqua a destra per circa 100 metri fin sullo spigolo dell'avancorpo della via "Calliari" e quindi verso sinistra in cima. Un po' più lunga ed impegnativa della "Via il casino del Ciclamino", ed ora anche più sgombra dalle "ciasche".
Attacco: indipendentemente da dove lasciate l'auto, punto di riferimento è un piccolo laghetto-palude situato tra il parcheggio interno del crossodromo Ciclamino a nord, e un meleto recintato a sud. Da qui, salire sotto la parete verso la verticale di un pilastro delimitato a sinistra da un camino alberato. L'avancorpo della "Calliari" è molto più a destra, oltre lo spigolo della parete. L'attacco è posto in corrispondenza del margine sinistro di un sassone appoggiato, ottimo riparo per il secondo di cordata. Cordino rosso in clessidra a tre metri da terra.
Relazione:
L1: Salire sopra il sassone, traversare a destra e prendere un diedrino che porta ad una zona di risalti. Salire verso destra e sostare ai primi grandi alberi. Tiro parzialmente in comune con la "Via il casino dal Ciclamino". 50m./V,V+/1ch. + 1cless.
L2: Traversare a sinistra ed aggirando gli alberi portarsi sotto una placca. Tenendosi a sinistra salire verso un diedrino e la successiva fessura. Ritornando a destra si sosta su un albero.
40m./V,V+/2ch
L3: Traversare a destra e salire sotto ad un tetto, aggirarlo sulla destra per una fessura, quindi direttamente fino ad un diedro fessurato. Salirlo per qualche metro ed attraversare poi sulle placche di destra, che con impegnativo passaggio portano sulla cengia boscosa. 35m./V,VI/2ch
L4: Scendere per la boscaglia ed un ghiaione per 60 – 70 metri e portarsi al margine destro della grande placconata, in corrispondenza di un diedro nero fessurato. 70m./facile
L5: Salire ad una pianta e superare il diedrino fino ad una cengia. Sosta a sinistra. In questo tratto sono stati trovati uno stopper ed una clessidra di qualche precedente salita che probabilmente prosegue anche per il diedro soprastante. 25m./VI/1stopper
L6: Attraversare a destra su cengia e prendere una lunga fessura diagonale verso destra. Superando un'ultima paretina si raggiunge una cengia alberata. 50m./IV/1cless.
L7: Ancora a destra per un'altra fessura diagonale fin sullo spigolo dell'avancorpo della via "Andrea Calliari". Per placche fessurate alla sua sinistra si sale direttamente alla sosta su pianta. 50m./V
L8: Salire una paretina ed un pilastrino sopra la sosta, quindi facilmente a sinistra verso delle grosse piante. Sosta in comune con la via "Andrea Calliari". 25m./IV/1cless.
L9: Direttamente per la via "Calliari" per circa 15 metri –2 chiodi- , quindi a sinistra a delle piante. Superarle e attraversare orizzontalmente a sinistra fino ad un intaglio sullo spigolo. All'inizio della traversata trovati due chiodi di un uscita più diretta... forse quelli del diedro nero? 40m./V,V+/1ch.
L10: A sinistra sopra la sosta, per ritornare poi a destra su parete articolata. Per un'ultima placchetta sulla sinistra ad una cengia con alberi. 25m./V
L11: A destra sulla cengia, superare gli alberi ed una paretina di rocce rotte fino al bosco sommitale. 50m./facile (Relazione di Franco Milani)

13 VIA IL CASINO DAL CICLAMINO ***
F. Milani, R. Ribiani 2001
250 m. (7L)
IV, V/R3/II
La via sale la parete che sta a sinistra della via "Calliari" ed è divisa in due parti da una grande cengia alberata che scende verso destra fino al bosco basale. Nella prima parte, si sale direttamente fino a prendere lo spigolo di un pilastro che verso destra porta alla suddetta cengia. La seconda parte attacca un po' più in alto sulla cengia e segue una fessura diagonale a sinistra che porta fuori dalle difficoltà verso i gradoni della

cima.

Attacco: come per la "Via della Forbice". L'attacco è posto 15 metri a destra di un sassone appoggiato, sotto la verticale di un bell'albero, tra voi ed il quale si trova il primo sbifido passaggio. Cordino giallo in fessura a 3 metri da terra.

Relazione:

L1: Per placchette fino ad un diedrino strapiombante, superarlo e per fessura alla sosta su albero. 25m./V,V+

L2: A sinistra fino ad una cengia, quindi salire verso destra seguendo un canalino e delle paretine fino alla sosta su albero sotto una placca nera in prossimità dello spigolo. 50m./III,IV

L3: Salire la placca e portarsi a destra dello spigolo, seguirlo fin sotto una placca che si supera a destra fino ad una cengetta. Ritornare a sinistra e riprendere lo spigolo dall'interno per seguirlo fino in cima al pilastro. 50m./V,V+/1ch

L4: Salire per la boscaglia verso sinistra, puntando una fessura diagonale alla sinistra di una grande placconata.

L5: Salire una breve placca ed un diedrino che permette di saltare a sinistra nella fessura principale, per la quale alla sosta su pianta. 25m./V

L6: Prendere a sinistra un diedro che con bel passaggio strapiombante porta su parete inclinata. Salire verso sinistra sotto ad una placchetta nera. 25m./V

L7: Salire la placca per una fessura ed attraversare lungamente a destra fino ad una zona di risalti. In alto verso destra fino ad una piantina su comoda cengia in centro parete. 50m./ V poi III

L8: Salire i facili e divertenti gradoni terminali fino ad un canale boscoso che porta fuori dalla parete. 50m./III,IV. (Relazione di Franco Milani)

14 ASTRONOMY ★

Primi salitori ignoti

200 m. (8L)

6b, 6c, con un tratto di 7c+, A0 (6b obb.)/S1/II

Via troppo forzata, discontinua e su roccia non sempre bella. Le ultime due lunghezze ripercorrono l'uscita originale della via Andrea Calliari.

Attacco: dalla rampa alberata della via "Calliari" scendere verso sinistra di circa 30 m. e individuare i primi spit.

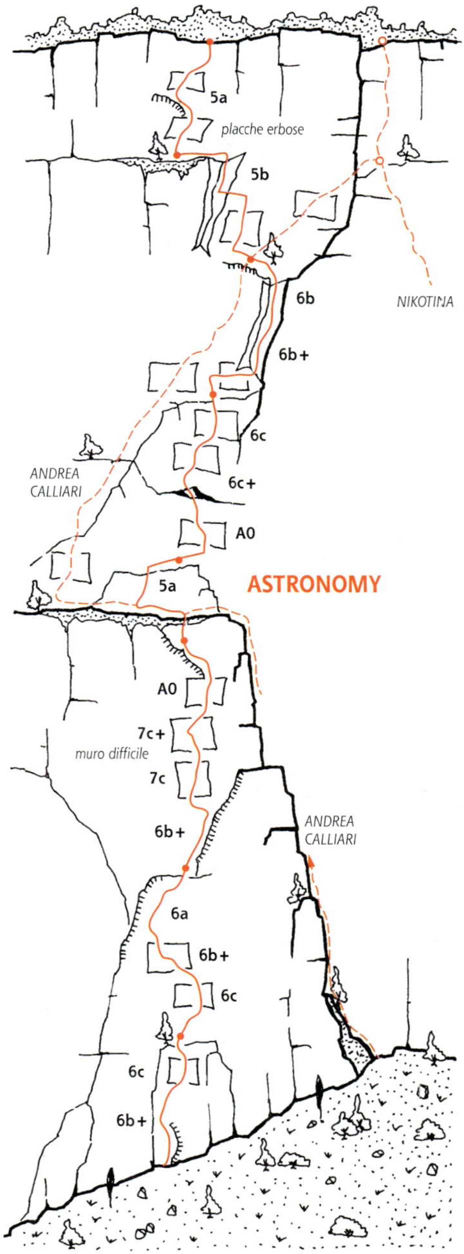

15 ANDREA CALLIARI ★★★★

G. Stenghel, F. Sartori, A. Baldessari 1981
250 m. (8L)
V+, VI+/R3/II

Bella via, molto logica. Dopo la prima parte in faticosi camini, la via prosegue su placche solide e divertenti. Nel 3° tiro, la via originale segue il fondo del camino: stretto e spesso bagnato. Visibili dei vecchi chiodi. Attenzione all'uscita del camino: tratti friabili.

Attacco: la parete Gandhi, è caratterizzata a sinistra, da una spalla che forma una serie di evidenti camini e diedri. Attaccare quella rampa erbosa e alberata che porta alla base del primo profondo camino.

15a VARIANTE DI PRIMAVERA ★★★

S. Bazzanella, D. Filippi 2000
200 m.
V+/R3/II

Bella variante che evita i camini della via originale lungo belle e solide placche. Dall'attacco della via "Calliari", scendere a sinistra fino agli spit della via "Astronomy" e attaccare la fessura che sale verso sinistra.

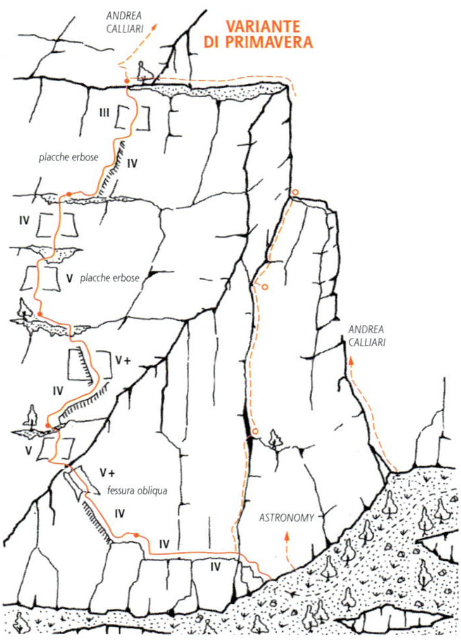

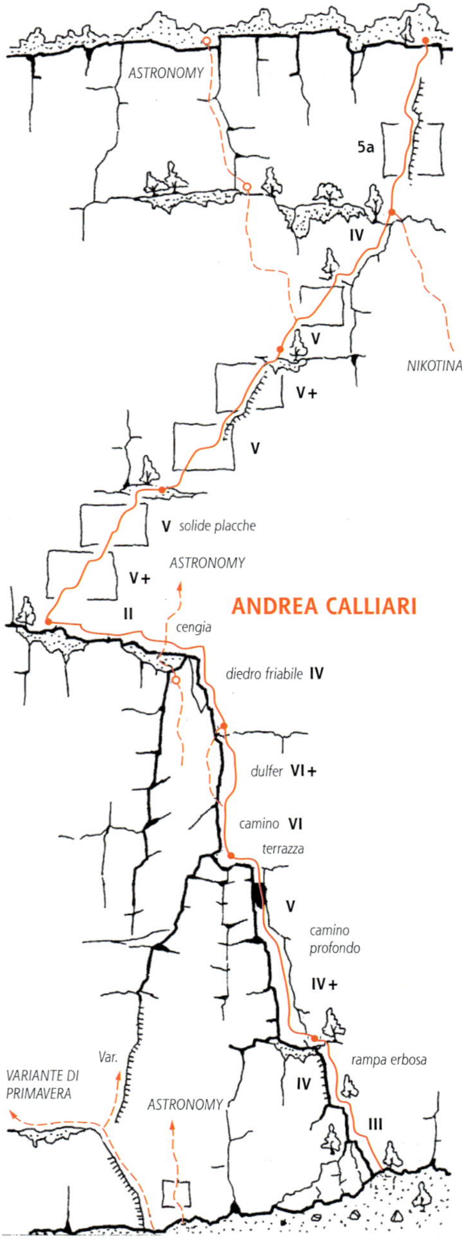

21
20
19
18
18a
17
16
15
14
15a
15

16 NIKOTINA★★★★

M. Maceri, E. Filippi, G. Damian 1994

200 m. (7L)

6c+ (6a obb.)/S2/II

Bellissimo itinerario lungo placche, fessure e diedri. Roccia solida e chiodatura ottima. Nel diedro del 2° tiro potrebbe ritornare utile qualche friend di misura media.

Attacco: a destra della via "Calliari", sotto la verticale di un lungo tetto. Attaccare una fessura chiusa da un tettino.

17 DIANA★★★

E. Meirginter, L.Breitenberger 1998

200 m. (7L)

7a+, A0 (6b obb.)/S2/II

Bella via con delle stupende sezioni in placca: arrampicata tecnica e divertente.

Attacco: poco a destra di "Nikotina": nei pressi di alcuni blocchi addossati alla parete.

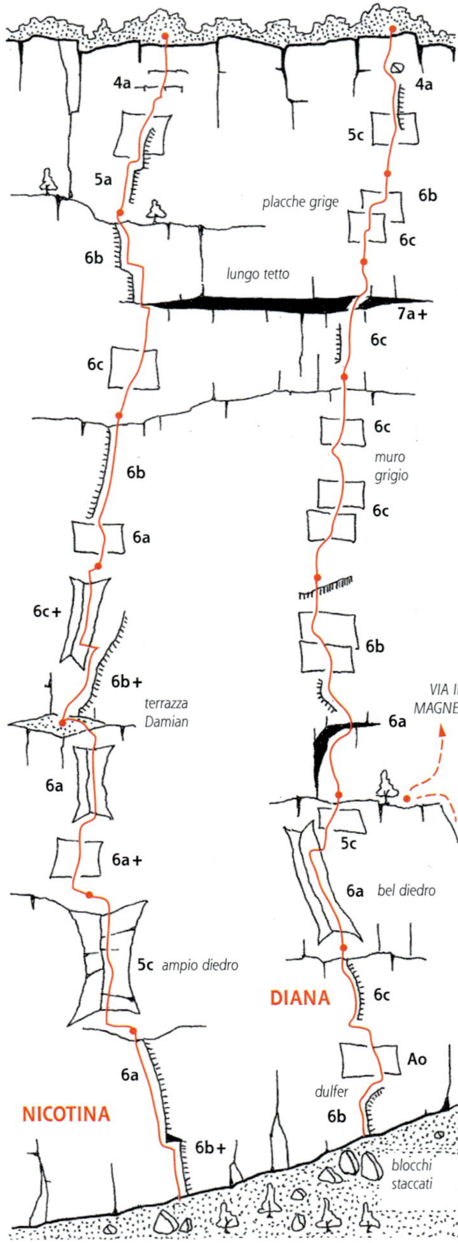

18 VIA IL MAGNESIO DALLA ROCCIA

★★★★★

G. Stenghel, F. Sartori, F. Nicolini 1983
200 m. (6L)
V+, VI+/R3/II

Conosciuta anche con il nome "Via Tenente Torretta", questa via è un capolavoro di logica e bellezza. Arrampicata tradizionale di grande soddisfazione lungo diedri, placche e fessure. Stupenda è la dulfer del 4° tiro.

Attacco: giunti alla base della parete, traversare verso destra fino ad un canale di arbusti e foglie. Risalire di poco il canale e attaccare a sinistra una rampa alberata.

18a VARIANTE DELL' ERBA ★★★★★

Primi salitori: ?
200 m.
VI+/R3/II

La parete Gandhi, verso destra, è caratterizzata da due evidenti costole grigie. Lungo il diedro che forma quella di sinistra, corre questa bellissima via. Arrampicata classica: divertente e su roccia solida. Dopo il primo tiro della via "Torretta" e la difficile placchetta, traversare a destra a delle cengie erbose e portarsi sotto il diedro.

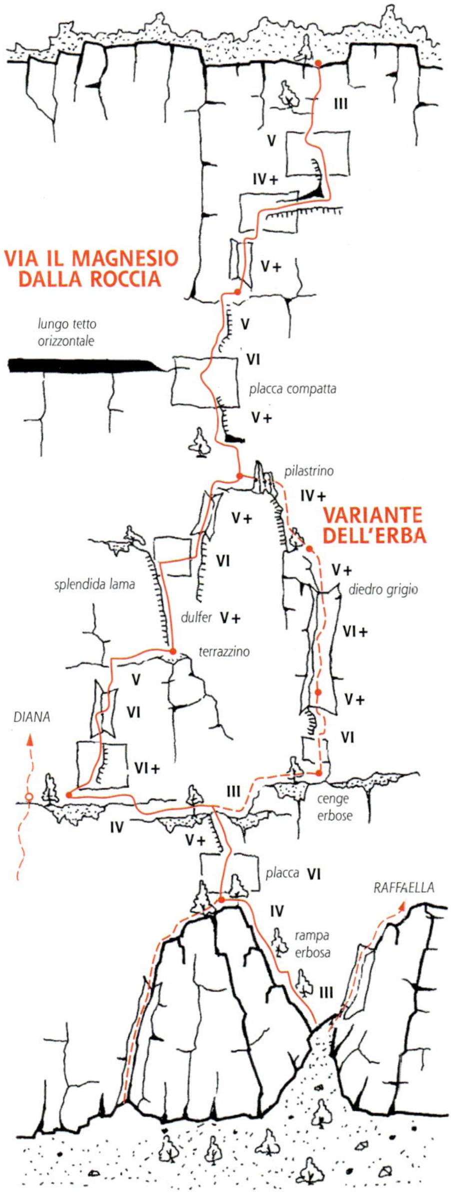

19 RAFFAELLA★★★★★

G. Stenghel, W. Gobbi 1983
200 m. (6L)
V+, VI+/R3/II

Salita logica e divertente. Segue quella di destra, di quelle due costole grigie che caratterizzane la parete. Alterna tratti molto erbosi a fantastiche lunghezze: come l'ultima placca. Dopo la prima rampa, un difficile passaggio a pendolo, rappresenta il tiro chiave della salita.

Attacco: come per la via "Torretta": salito il canale, attaccare a destra uno stretto camino.

20 VIA DEL CANALE★

G. Stenghel, G. Emanuelli 1983
150 m. (3L)
IV+/R3/II

Questa via percorre quell'ampio diedro canale a destra della via "Raffaella". Salita puramente esplorativa su roccia friabile ed erbosa. Può comunque rappresentare una salita breve e divertente, intesa come allenamento sul friabile in vista di salite più impegnative.

Attacco: a destra della parete, attaccare per un camino formato da un grosso pilastro staccato dalla parete, all'interno cordino su arbusto.

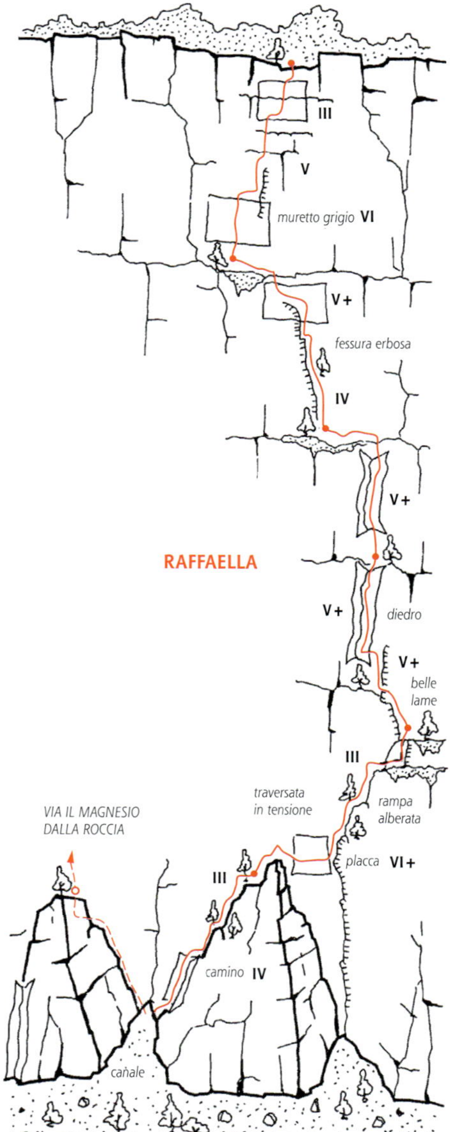

21 ALESSANDRO AVANCINI ★★★★

L. Pilati 2011

160 m. (5L)

5c, 6a (5c obb.)/S1/I

Bellissima arrampicata, varia e divertente. La prima parte della via supera una serie di pilastri verticali e articolati, mentre con la seconda parte, si esce dalla parete con delle entusiasmanti traversate lungo solide placconate. Chiodatura ottima a fix, portare solo rinvii.

Attacco: raggiunta la base della parete dal sentiero, traversare a destra per circa un centinaio di metri, abbassandosi portarsi alla base del primo pilastro, nome alla base.

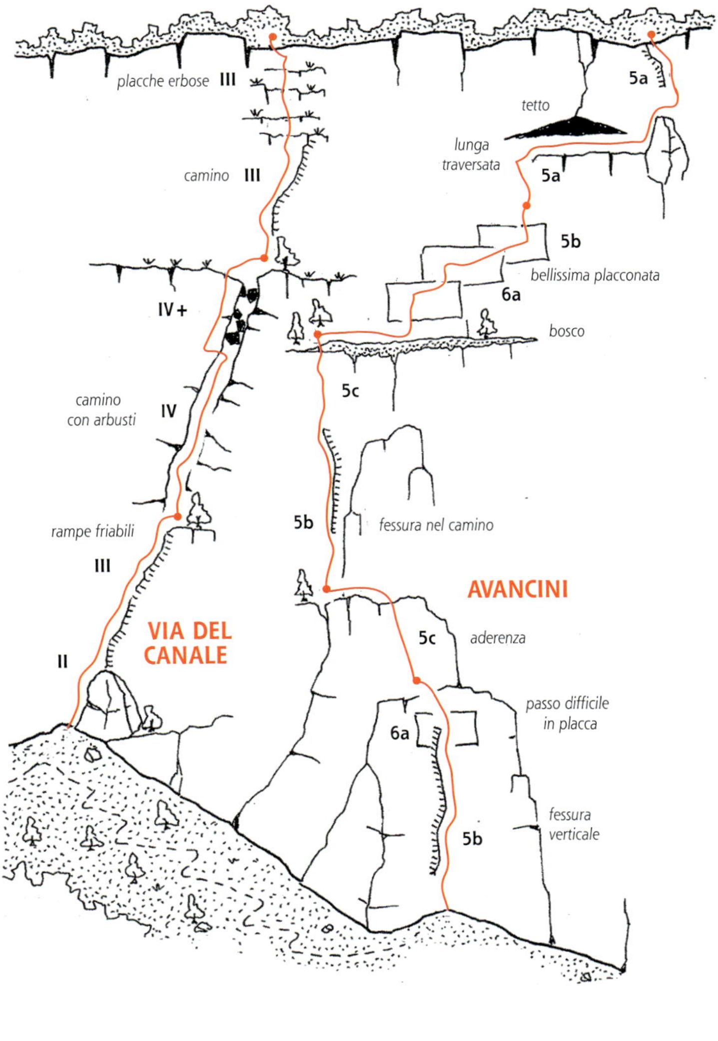

13 Il Dain

Pian dela Paia

0.45 h

1.00 h

350 m.

S

Tra le più belle e suggestive pareti della valle. Profondi camini e spigoli affilati incidono e slanciano formidabili pilastri. Un grande ed evidente diedro grigio separa la parete principale dall'elegante Pilastro sud. Heini Holzer e Renato Reali furono i primi esploratori della parete che nel lontano 1967 tracciarono diversi itinerari: tutt'ora severi e difficili da ripetere.

Accesso

Dal parcheggio del crossodromo di Pietramurata, seguire la strada asfaltata in direzione sud (Arco). Al bivio prendere a destra per la strada sterrata, poi dopo un campo coltivato, di nuovo a destra per tracce di sentiero con bolli rossi. Risalire il ripido sentiero per poi traversare in quota alla base della parete.

Discesa

Attraversare il bosco in direzione del Casale fino a trovare una evidente traccia di sentiero che raggirando un salto verticale porta alla strada forestale. Per questa, comodamente si ritorna al parcheggio. I tornanti della strada sono tagliati in più punti dal sentiero CAI, scegliere questo sentiero per abbreviare il percorso.

Luca Galbiati, *Via dell'Angelo*, Il Dain *(sassbaloss.com)*

22 HOLZER-REALI	250 m.
23 VEGETABLE	300 m.
24 VIA DEI NONNI	300 m.
25 GRAN DIEDRO	300 m.
26 CHARLIE BROWN	300 m.
27 VIA DELLA FESSURA	300 m.
28 23 SETTEMBRE	300 m.
29 TRAUDI	300 m.
30 VIA DELL'ANGELO	300 m.
31 BIG BANG	300 m.
32 IL VOLO DELL'AIRONE CENERINO	350 m.
33 CESARE LEVIS	300 m.
34 LUNA DI MIELE	300 m.
35 KEROUAC	300 m.
36 FACTOTUM	300 m.
37 EMANUELE ZENATTI	300 m.
38 BALDO-GROAZ	300 m.
39 VIA LUISA	300 m.
40 PAR CONDICIO	300 m.
41 SIEBENSCHLAFER	300 m.
42 IMPRONTE DIGITALI	350 m.
43 GENOMA	350 m.
44 VIA DELLO SPIGOLO	350 m.

IL DAIN

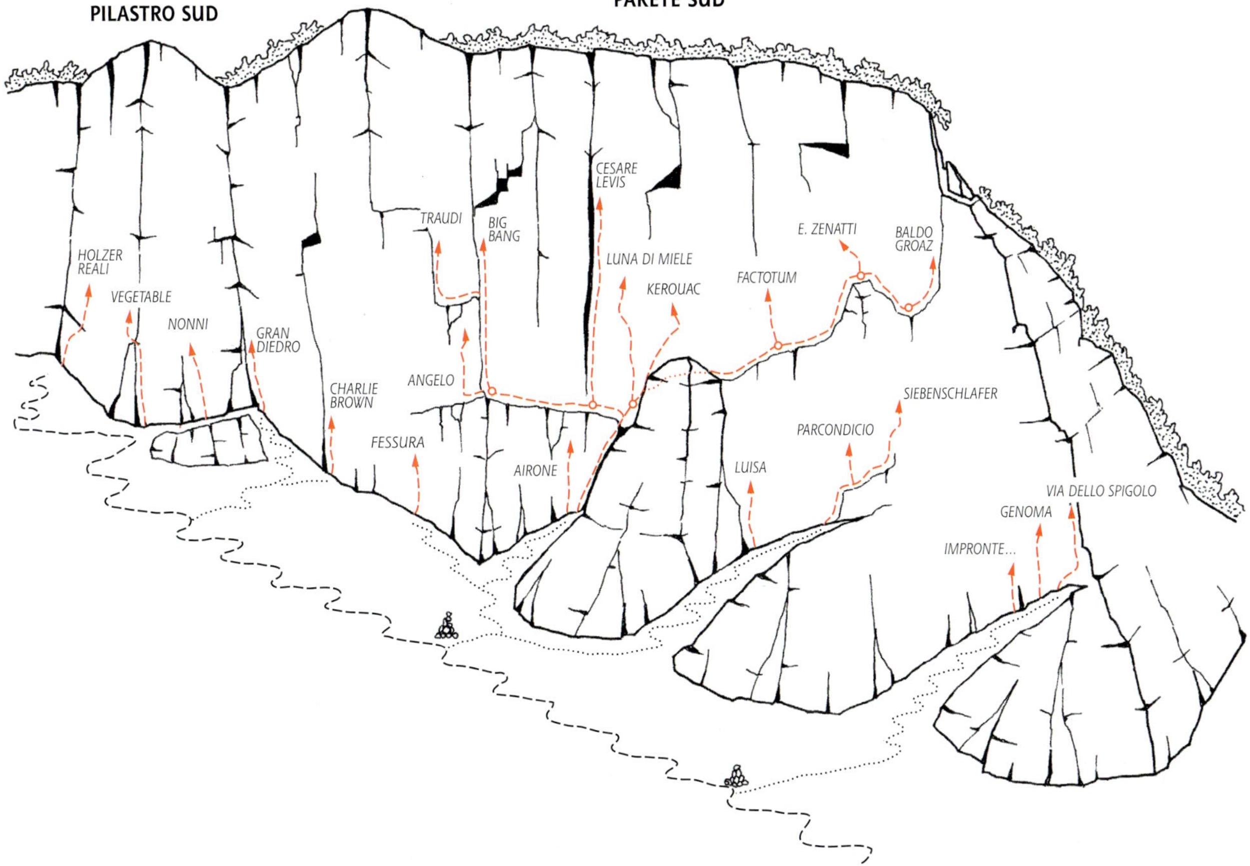
PILASTRO SUD
PARETE SUD
HOLZER REALI
VEGETABLE
NONNI
GRAN DIEDRO
CHARLIE BROWN
FESSURA
ANGELO
TRAUDI
BIG BANG
AIRONE
CESARE LEVIS
LUNA DI MIELE
KEROUAC
FACTOTUM
E. ZENATTI
BALDO GROAZ
LUISA
PARCONDICIO
SIEBENSCHLAFER
IMPRONTE...
GENOMA
VIA DELLO SPIGOLO

22 HOLZER-REALI ★★★

H. Holzer, R. Reali 1967
250 m. (7L)
IV+, V+/R3/II

Storico itinerario, tra i primi aperti in valle. Segue una logica teoria di diedri e rampe erbose a sinistra dello slanciato Pilastro Sud. La prima parte della salita, le prime cinque lunghezze, si svolgono su terreno piuttosto insidioso: invaso dalla vegetazione e a tratti friabile. Mentre le ultime due, su roccia decisamente più solida, ridonano alla salita interesse e un po' di bellezza. Nel complesso non è una salita che offre un'arrampicata divertente, ma piuttosto una gradevole esperienza alpinistica; dopotutto il penultimo tiro è davvero bello. La chiodatura è sufficiente nei passaggi più impegnativi e tutte le soste sono su solidi arbusti, tranne nella grande grotta: su masso incastrato.

Attacco: raggiunto l'attacco di Vegetable, risalire ancora di poco il bosco e attaccare la parete per una rampa erbosa, cordone su pianta alla base.

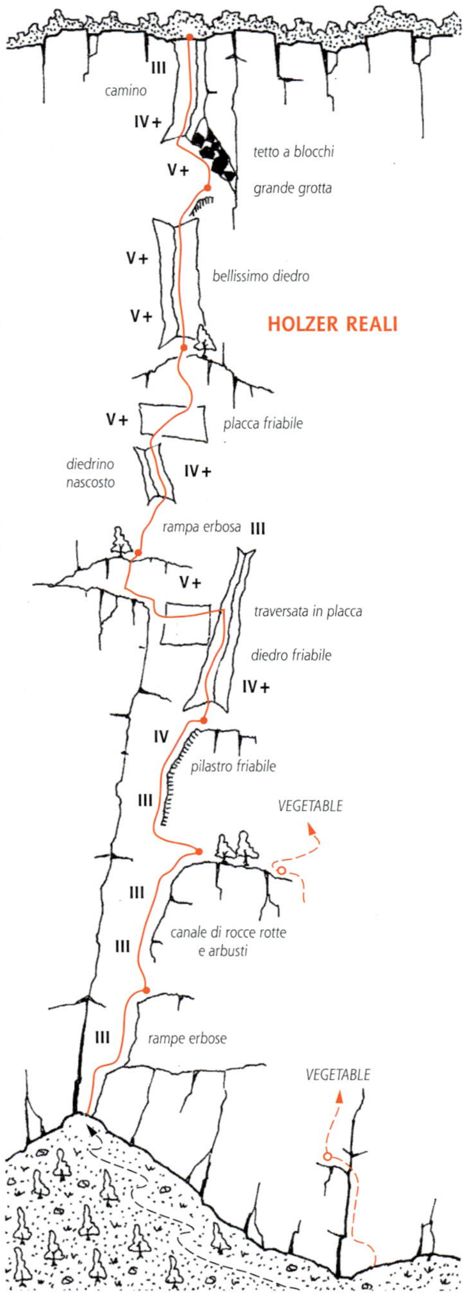

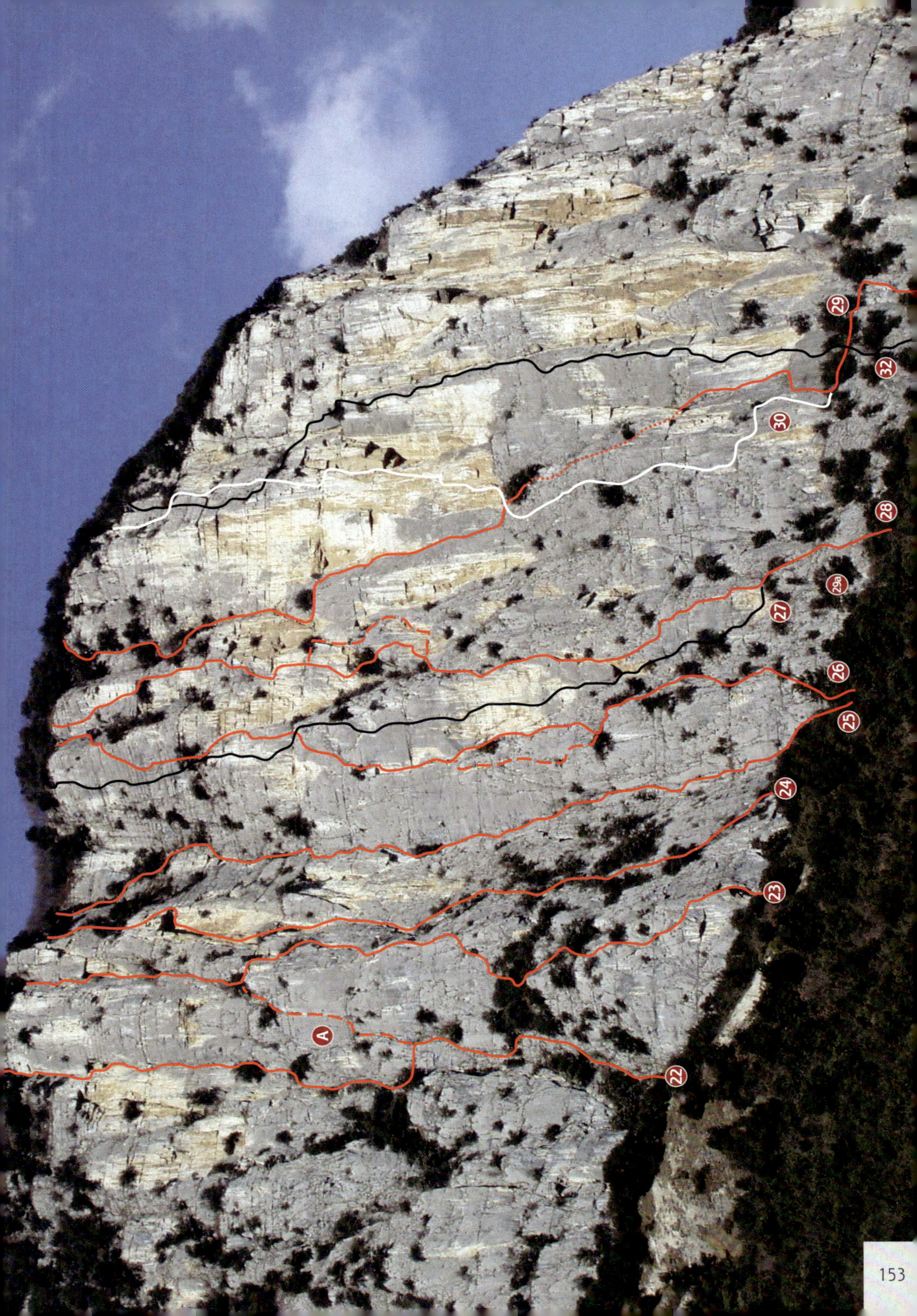
29
32
30
28
29a
27
26
25
24
23
A
22

23 VEGETABLE ★★★★

G. Groaz, P. Baldo, L. Massarotto 1981
300 m. (10L)
V+, VI/R3/II

Questa salita vince il "Pilastro Sud" nella sua parte più slanciata ed attraente, ovvero lungo il suo aereo spigolo. Divertente arrampicata classica: tipica della Valle del Sarca. Itinerario sostenuto lungo placche, diedri e fessure. La roccia è generalmente solida lungo tutto il percorso e la chiodatura è sufficiente nei tratti più impegnativi. Le prime due difficili lunghezze seguono una variante che evita un tratto di rocce erbose e friabili rendendo la salita più continua e sostenuta. Questa variante, porta ad una zona di rocce rotte, terrazze ghiaiose ed arbusti alla base dell'evidente spigolo grigio. Qui riprende la via originale. Attenzione: lo spigolo va attaccato ora per delle placche ripide a sinistra, per poi rientrare verso destra seguendo una linea logica ed evidente. La via continua poi con una serie di lunghezze belle e sostenute. Anche l'ultimo camino, apparentemente repulsivo e friabile, risulta facile e divertente.

Attacco: seguendo il sentiero principale a bolli rossi, portarsi sotto la verticale del pilastro. A sinistra di un' ampio zoccolo di rocce rotte ed arbusti, in prossimità dell'evidente spigolo, attacca la via. Scritta alla base, visibile il primo chiodo.

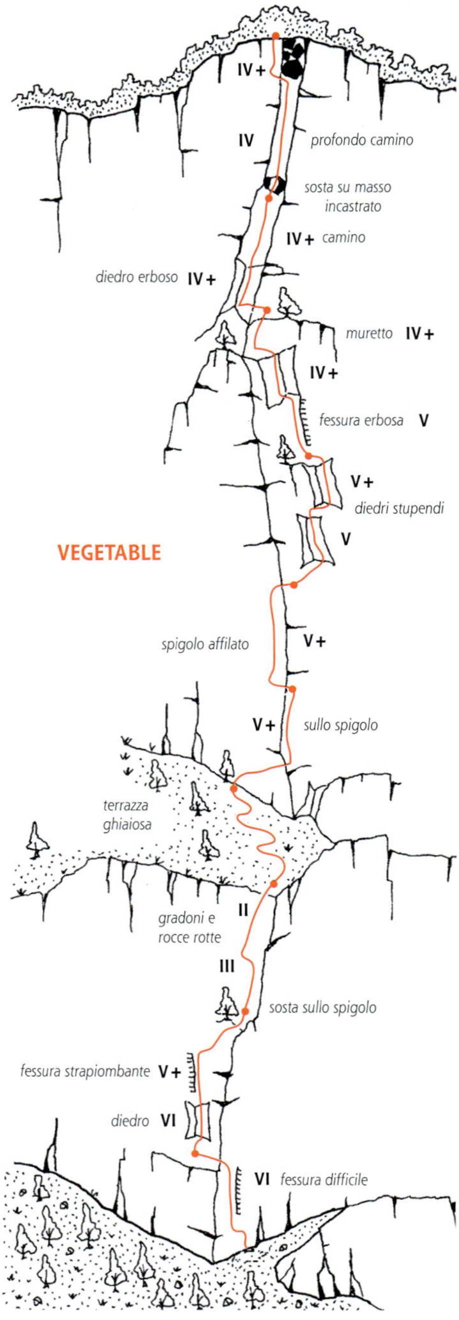

24 VIA DEI NONNI ★★★

F. Salvaterra, S. Bianchi 2011
300 m. (9L)
VI+, VII/R4/III

Itinerario alpinistico severo e molto impegnativo, dalla linea ricercata ma logica. Tra lo spigolo della via Vegetable e il Gran Diedro, la parete è incisa da un netto e regolare diedro giallo chiuso in alto da un tetto: questo da la direttiva della salita. Le prime lunghezze sono decisamente impegnative e salgono per placche grigie molto compatte. Superata una zona più facile, con erba e arbusti, la via prosegue per fessure e diedri gialli. La roccia è generalmente buona ma con alcuni tratti friabili, la chiodatura è scarsa ed occorre integrare con stopper o friend. Martello e chiodi potrebbero ritornare utili.

Attacco: appena a sinistra del canale di attacco della via del Gran Diedro per delle solide placconate

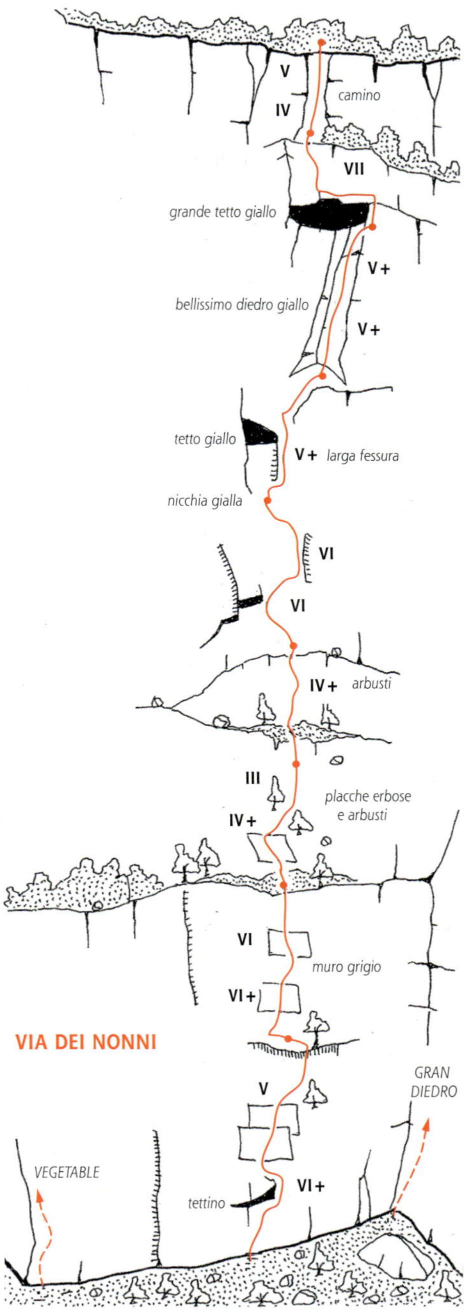

25 GRAN DIEDRO★★

H. Holzer, A. Tscholl, R. Reali 1967
Variante Stenghel 1983
300 m. (10L)
V+, VI+, 2 passi A1/R3/III

Storico itinerario, tra i primi aperti in valle del Sarca. Segue le linea più evidente e logica dell'intera parete, ovvero quel lineare e perfetto diedro grigio che caratterizza il versante sud del Pian dela Paia. L'arrampicata è decisamente alpinistica, lungo diedri e camini, spesso friabili e ingombri di vegetazione. Offre comunque diverse lunghezze molto interessanti e sostenute: come la variante Stenghel, nella parte bassa della via, o l'ultimo diedro difficile in alto. La variante Stenghel (che da più continuità e logica alla salita) si presenta come uno stretto camino liscio, chiuso da un breve strapiombo fessurato. La via originale evita questo difficilissimo tratto salendo delle fessure sulla destra. Nel complesso è una salita difficile e a volte pericolosa, ma che sa anche dare una bella soddisfazione una volta portata a termine. Nota: la variante Stenghel si può anche superare in artificiale con alcuni passi su dadi e friend medi, ma difficili da posizionare.

Attacco: sotto la verticale dell'ampio diedro, salire una prima facile lunghezza tra boschi e gradoni, mantenersi poi sempre nel fondo del diedro-canale.

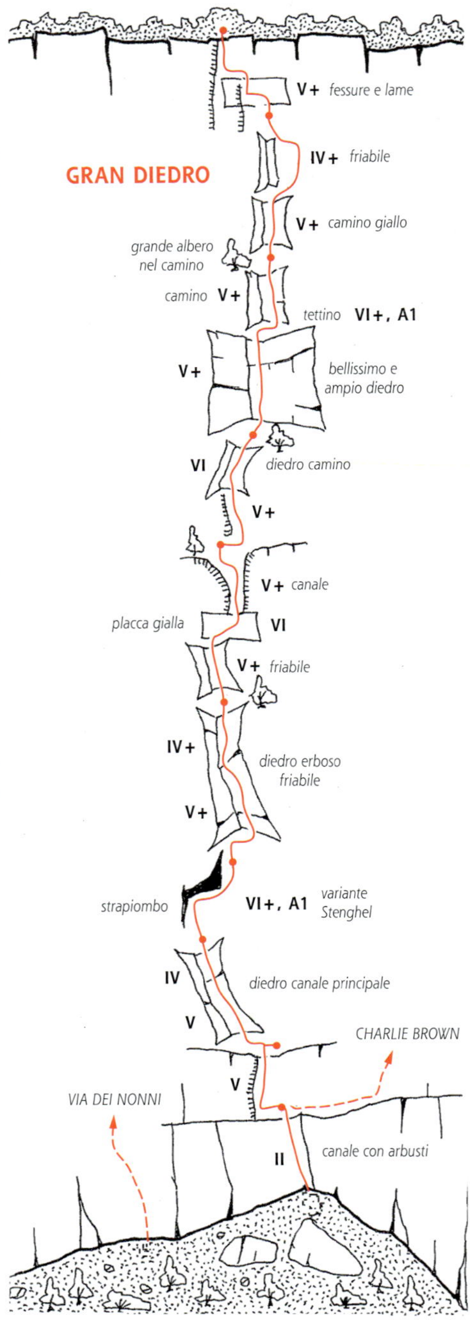

26 CHARLIE BROWN ★★★★

M. Pegoretti e compagno 1978
Varianti di: H. Grill, J. Blummel 2001
300 m. (10L)
VI+, A0/R3/III

Bell'itinerario, decisamente alpinistico, molto impegnativo e severo. Dalla linea logica e diretta, offre un'arrampicata classica, tipica della valle del Sarca, lungo diedri e fessure. La direttiva di salita è data da quel bellissimo e regolare diedro giallo che incide le placconate grige a destra della via del Gran Diedro. La prima parte della salita si sviluppa lungo muretti, fessure e gradoni, invasi dalla vegetazione, dove il percorso risulta poco evidente. Fantastica è la lunghezza del diedro giallo al centro della parete. Infine, con le ultime lunghezze, si superano placconate grigie incise da sottili fessure. In questa ultima parte si trovano i passaggi più difficili dell'itinerario. La roccia è generalmente buona lungo tutto il percorso, ma la chiodatura scarseggia. Portare stopper, friend e una scelta di chiodi. Tutte le soste sono su grossi alberi. Nel 2001, H. Grill tracciò alcune varianti rendendo la via più varia e difficile.

Attacco: in comune con la via del Gran Diedro. Superata la prima facile lunghezza tra boschi e gradoni, piegare decisamente a destra e puntare all'evidentissimo diedro giallo al centro della placconata grigia.

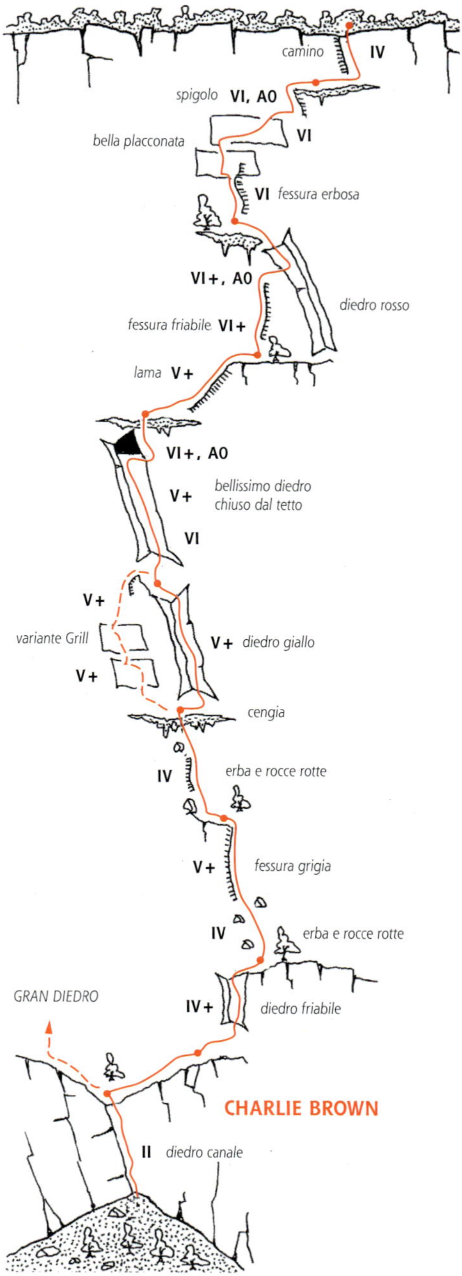

27 VIA DELLA FESSURA ★★★★

H. Grill, F. Heiss, F. Kluckner, I. Rabanser, P. Himmel, B. Holzer 2011
350 m. (14L)
VI+, VII, passi in A0/R4/III

La prima parte della via ad eccezione del secondo tiro, dice poco. Al contrario, dopo un sesto tiro non facile e un po' forzato, per evitare un diedro rosso friabile, la via diventa sicuramente interessante e meritevole. Supera un meraviglioso muro rosso, placche, diedri e fessure dove il sapersi proteggere diventa un must. La chicca rimane il nono tiro, una larga fessura di 12 metri, difficilmente proteggibile (friend BD n.4) dove la decisione e il saper gettare il cuore oltre l'ostacolo sono la chiave di volta per superare le difficoltà. Infine un'ultima lunghezza, su placca grigia entusiasmante, rappresenta il suggello ad una via che va trattata in tutto e per tutto come una difficile via alpinistica. (commento da una ripetizione di Mauro Loss)

Attacco: a destra del canale che porta al Gran Diedro, nome all'attacco.

28 23 SETTEMBRE ★★★★

I. Rabanser, H. Grill, F. Heiss 2011
350 m. (12L)
VI+, VII, passi in A0/R3/III

Bellissimo itinerario, elegante ed impegnativo che propone un'arrampicata classica lungo diedri e fessure. La chiodatura è piuttosto scarsa ed occorre integrare con stopper e friend, martello e alcuni chiodi potranno ritornare utili. Le soste sono attrezzate a fix o su solidi alberi. In alcune lunghezze è richiesta una padronanza assoluta del grado e nervi saldi: si possono trovare passi di VII obbligatori con chiodatura non troppo vicina. La roccia è sempre da buona a ottima e ripulita da detriti e terra. Molto impegnativa è la quarta lunghezza che supera un' esposto spigolo, con roccia delicata e protezioni lontane. Nel tiro della strozzatura servono un paio di microfriend. Attenzione all'ultima lunghezza: non prendere il bel diedro a sinistra (uscita via Charlie Brown) ma salire per la sottile lama che incide la placconata grigia di destra.

Attacco: a destra del canale che porta al Gran

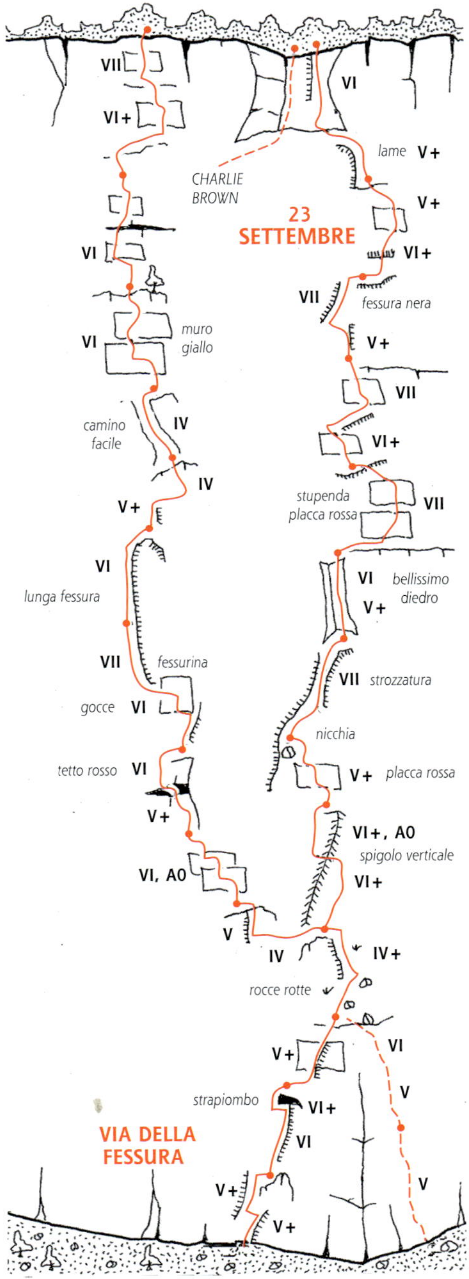

Diedro, si nota la scritta di attacco della Via della Fessura, ancora a destra salire su un pulpito di rocce grigie e quindi per placche fessurate ed erbose.

29 TRAUDI ★★★

H. Holzer, R. Reali 1967
300 m. (9L)
V+, VI+, A0/R3/III

Grandioso itinerario storico ed alpinistico, di sicura soddisfazione. Tra i primi itinerari aperti in valle del Sarca, dalla logica impeccabile, supera una serie ininterrotta di diedri e fessure dall'attacco alla cima. Propone un'arrampicata sempre severa, su roccia perlopiù friabile ed erbosa, con chiodatura insufficiente e precaria. Bellissime invece sono le lunghezze centrali, che salgono un bellissimo diedro giallo e verticale con roccia straordinariamente compatta. Molto particolare è il passaggio del pendolo per entrare nel profondo camino che porta alla cengia mediana. Attenzione alla penultima lunghezza, particolarmente friabile, dove risulta difficile piazzare buone protezioni. Necessari per la ripetizione, oltre ad un minimo di esperienza sul friabile, stopper, friend e una scelta di chiodi normali.

Attacco: la parete del Dain, è sostenuta da un ampio zoccolo di placche erbose. Individuare quella rampa che, attraverso lo zoccolo, porta alla base di un camino formato da un pilastro staccato. Qui, una cengia verso sinistra porta sotto un ampio diedro chiuso in alto da una serie di tetti a scala.

Attaccare per una fessura erbosa che porta nel diedro.

29a VARIANTE LILLI ★★

M. Pegoretti, E. Covi, M. Cagol, S. Zenatti 1985
150 m.
V+, VI/R3

Questa variante attacca sotto la verticale dell'ampio diedro e salendo per placche e fessure erbose se ne guadagna la base. Si evita cosi quell' ampio giro verso destra, rendendo la salita più diretta e difficile.

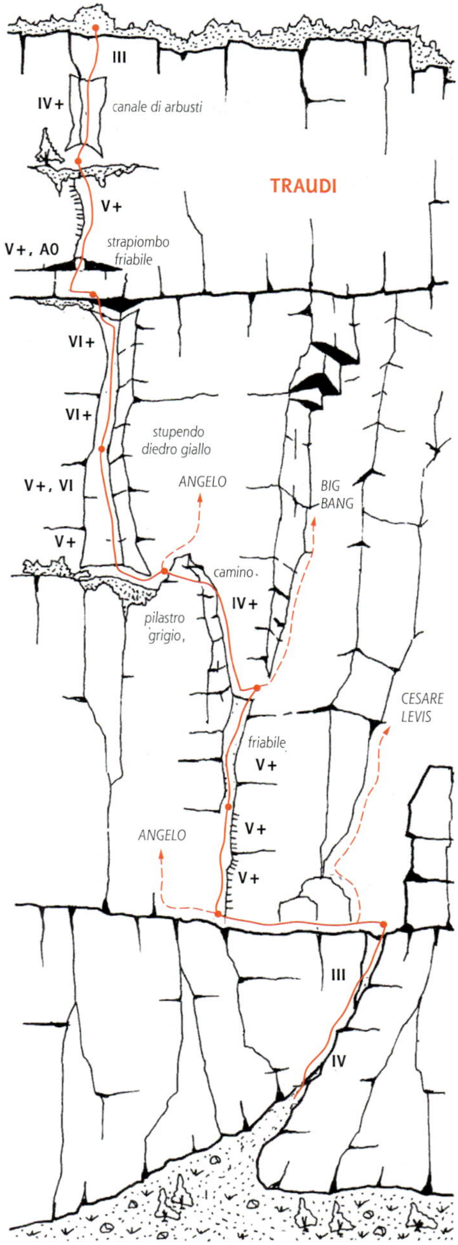

30 VIA DELL'ANGELO★★★★

H. Grill, J. Blummel 2000
300 m. (11L)
VI+, A1/R3/III

Bellissimo itinerario, decisamente classico, lungo una linea logica, attraente ed ardita. Segue come direttiva principale lo spigolo formato dall'incontro della parete dove sale la via Traudi ed il diedro canale della via Big Bang. Le prime lunghezze possono risultare un po' friabili ma la roccia tende a migliorare man mano che si sale. Molto suggestivo il tratto all'altezza dei tetti della via Big Bang. Bellissime sono le placconate superiori. La chiodatura è generalmente buona e molti arbusti e clessidre sono attrezzati con cordoni. Portare comunque una scelta di chiodi, stopper e friend.

Attacco: dalla cengia dove sale la fessura di attacco della via Big Bang, appena a sinistra di questa, sono visibili degli arbusti attrezzati con cordoni.

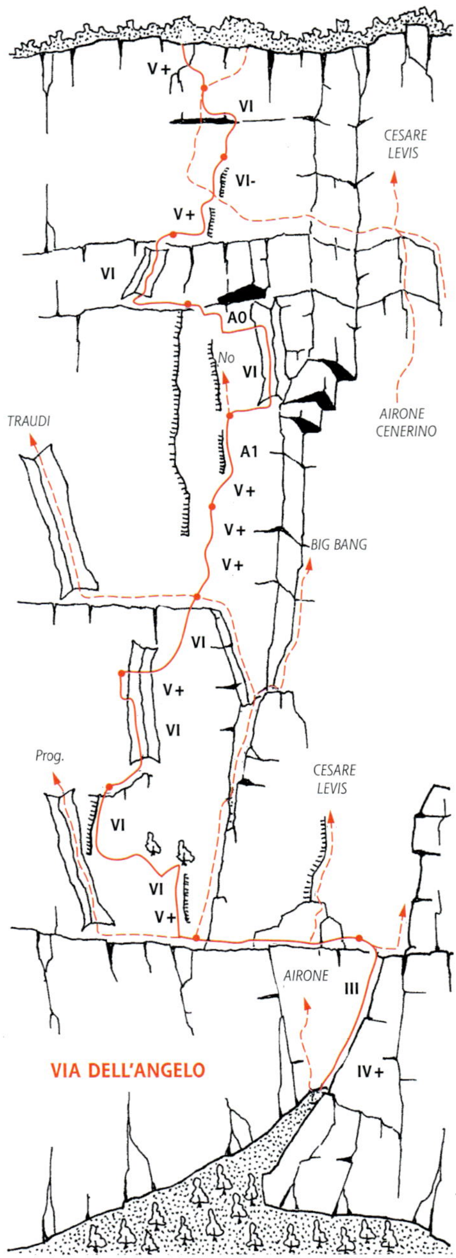

37a
39
40
37
31
41
36a
38
29
35
36
34
33
41
30
40
39
32
29

31 BIG BANG★★★

G. Stenghel, A. Baldessarini 1980
Prima libera: Mirco Corn 2013
300 m. (7L)
VI+, VII, A0 (7a)/R4/III

Itinerario severo ed estremo. Roccia friabile e protezioni insicure. Ambiente selvaggio ed opprimente. È uno dei grandi capolavori di Giuliano Stenghel: aperto con pochissimi chiodi rappresenta tutt'ora una delle salite più difficili della valle. La direttiva della salita è data da quel diedro canale chiuso in alto da una serie di tetti a scala.

Attacco: come per la via "Traudi". La fessura erbosa che parte dalla cengia e il tiro seguente sono in comune alla via Traudi: ma mentre questa piega a sinistra lungo un friabile camino, la via "Big Bang" prosegue con logica lungo il diedro.

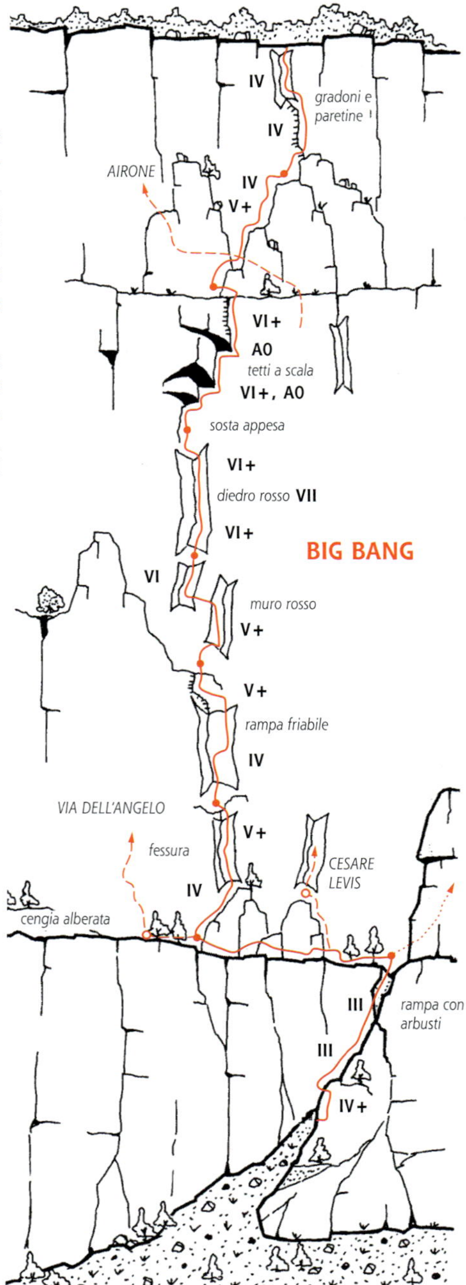

32 IL VOLO DELL'AIRONE CENERINO★★★★

A. Zanetti, D. Filippi 2006
350 m. (11L)
6b, 7a+, (6b obb.)/S2/II

Questa via si svolge lungo quell'elegante ed affilato spigolo grigio compreso tra i diedri della Big Bang e Manolo. Arrampicata sempre elegante e di soddisfazione. Chiodatura ottima a fix, roccia da solida a fantastica lungo tutto l'itinerario. I passaggi più difficili sono superabili con i ganci. Itinerario dedicato agli splendidi Aironi che volteggiano sopra la pescicoltura.

Un po' di storia: questo itinerario è stato iniziato negli anni '90, da A. Zanetti e D. Sebastiani, i quali superarono gran parte dello spigolo. In seguito, non so da chi, sono state chiodate le prime 2 lunghezze che superano lo zoccolo e portano direttamente alla base dello spigolo. Infine noi, dopo aver ripercorso e sistemato il primo tentativo, sostituendo i vecchi spit, abbiamo completato la parte alta dell'itinerario. È quindi una via aperta in tre tempi, e dove si troveranno diversi tipi di chiodatura.

Attacco: salire l'evidente rampa che da accesso alle principali vie della parete (Cesare Levis, Kerouac, ecc.) e prima del muretto verticale dove solitamente ci si lega, attaccare a sinistra una placca verticale protetta a fix.

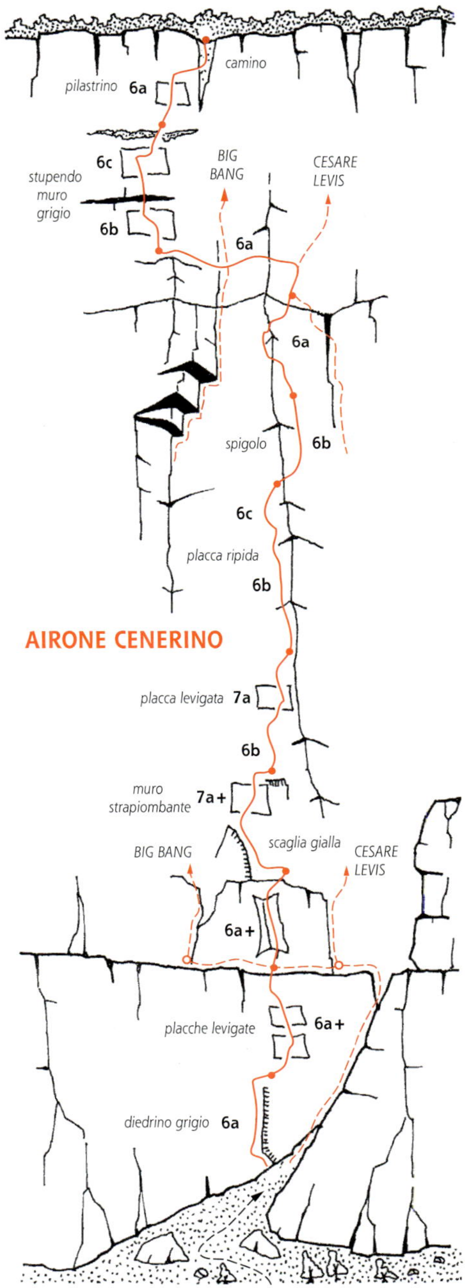

33 CESARE LEVIS★★★★★

M. Zanolla, G. Groaz, M. Furlani 1978
300 m. (8L)
V+, VII+, un passo A0/R3/III

Conosciuta anche con il nome "Diedro Manolo", questa fantastica via si sviluppa lungo una serie incredibile di fessure e diedri. Roccia solida, protezioni buone e arrampicata divertente rendono la salita davvero consigliata.

Attacco: come per la via "Traudi" fino alla cengia. Traversare a sinistra, rimontare un piastrino e attaccare l'evidente fessurone che separa una zona di rossi strapiombi da uno slanciato pilastro grigio.

33a VARIANTE DI USCITA★★

G. Stenghel, R. Vettori, A. Baldessarini 1981
100 m.
V+/R3

Arrivati sotto il tetto, al termine del 5° tiro, anziché traversare verso sinistra, uscire verso destra e per placche erbose si guadagna il bosco sommitale.

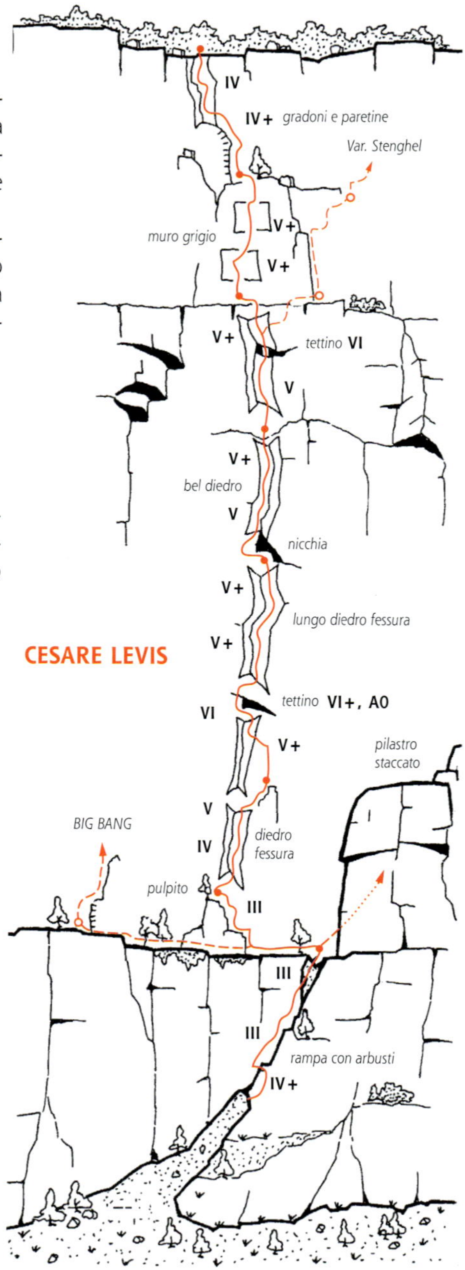

34 LUNA DI MIELE ★★★

M. Pegoretti, E. Covi 1980
300 m. (7L)
VI, VII, A1/R3/III

Bellissimo itinerario, breve ma decisamente sostenuto e continuo nelle difficoltà. La roccia è generalmente solida, ma con alcuni tratti friabili che richiedono calma e determinazione nel proseguire. La via presenta anche alcuni passi atletici in arrampicata libera che si risolvono con forza e decisione. La chiodatura è scarsa ed occorre continuamente integrare con stopper e friend. Martello e chiodi sono obbligatori: nel tiro in artificiale molti sono i chiodi di dubbia tenuta. Nel complesso risulta essere una via intensa e di grande soddisfazione.

La via, di carattere alpinistico tipico della valle del Sarca, si sviluppa tra la via Cesare Levis e la via Kerouac, lungo una evidente e logica serie di fessure e diedri.

Attacco: come per la via "Traudi" fino alla cengia erbosa, poi verso destra in direzione della base del camino formato da un pilastro staccato. Qui sosta in comune con la via Kerouac e la via Baldo Groaz. Traversare a sinistra per una placca grigia che porta ad una fessura rossa friabile.

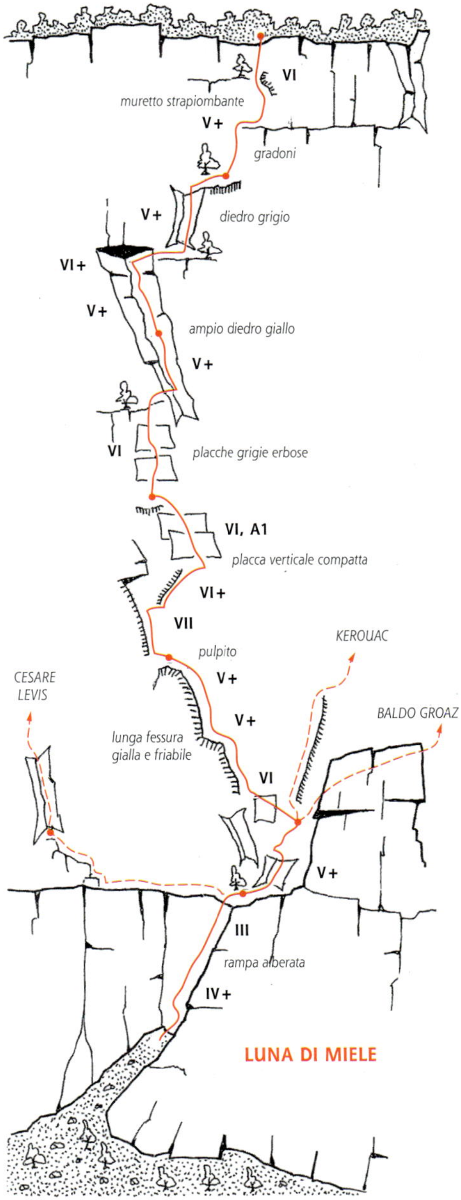

35 KEROUAC★★★★

G. Groaz, P. Baldo, L. Massarotto 1981

300 m. (7L)

VI+, A0/R3/III

Bella e difficile salita con arrampicata prevalentemente in fessura. Suggestiva la partenza, lungo lame rosse staccate dove occorre prestare la massima attenzione. Molto divertente è il 4° tiro: una bella lunghezza con arrampicata mista libera e artificiale.

Attacco: come per la via "Traudi" fino alla cengia erbosa, poi verso destra fino alla base del camino formato da un pilastro staccato. Entrare nel camino e attaccare a sinistra una evidente lama-fessura rossa.

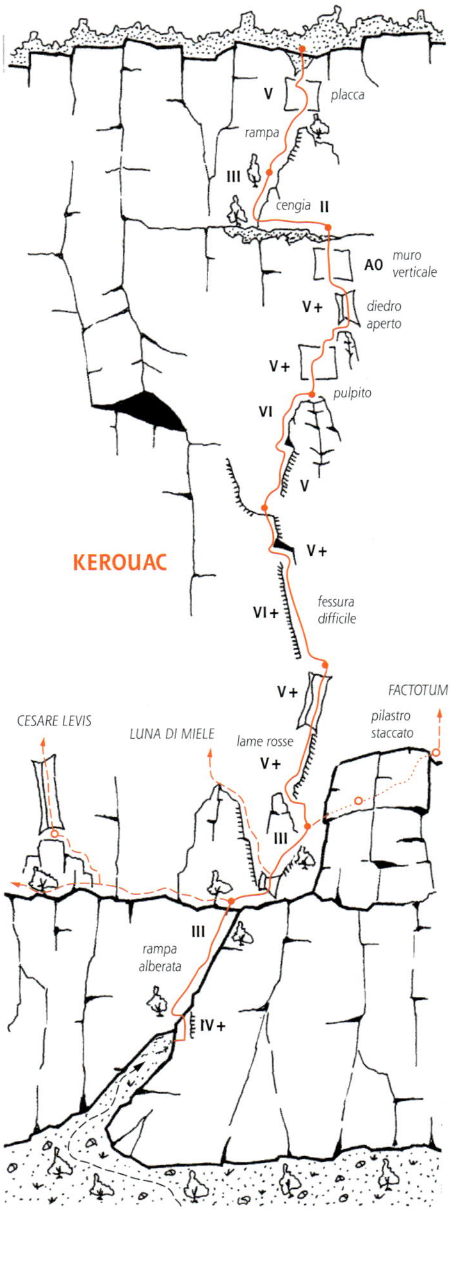

41
40
39
42
43
44

36 FACTOTUM ★★★

M. Zanolla, A. Leviti 1978
300 m. (8L)
V+, VI/R3/III

La bellezza di questa salita è data dall'ambiente, particolarmente selvaggio e suggestivo. Arrampicata lungo diedri e fessure, talvolta friabili, talvolta incredibilmente compatti. Attenzione dopo la prima lunghezza, belle placche invitano a traversare a destra (var. FB).

Attacco: come per la via "Traudi": salire con due lunghezze il camino formato dal pilastro staccato e sbucati su una terrazza, attaccare direttamente la parete per delle fessure grigie e friabili.

36a VARIANTE F.B. ★★

D. Filippi, C. Baratto. 1994
40 m.
V+, VI/R3

Variante aperta per errore nel tentativo di ripetere la via Factotum. Dopo il primo tiro delle lame friabili, è possibile raccordarsi con la via di Stenghel con questa bella e difficile traversata.

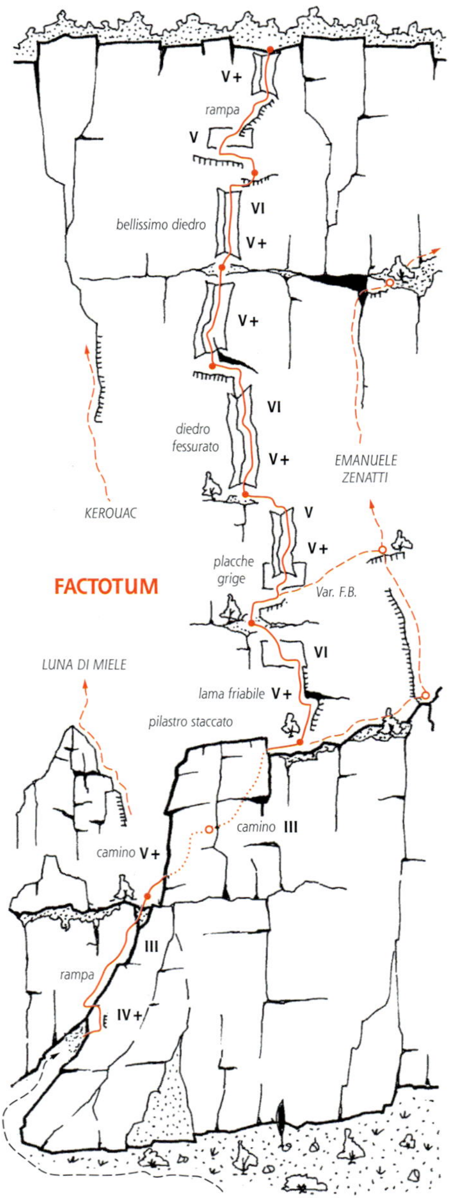

37 EMANUELE ZENATTI ★★★

G. Stenghel, F. Zenatti 1981
300 m. (8L)
V+,VI/R3/III

Stupenda salita lungo bellissimi diedri rossi. L'arrampicata è atletica e su roccia solida ma le protezioni sono un po' precarie.

Attacco: come per la via "Traudi" e la via "Factotum": dalla terrazza dove attacca la via Factotum, traversare ancora a destra seguendo la cengia e la seguente rampa. Rimontato un pulpito, attaccare direttamente una fessura rossa che obliqua a sinistra.

37a VARIANTE DI USCITA ★★★★

D. Filippi, S. Bazzanella 1999
40 m.
VI/R3

Arrivati sotto il tetto finale, invece di uscire a destra, traversare a sinistra per tutta la lunghezza del tetto e sbucare su un terrazzino. Sosta da attrezzare in un diedrino. Con un'altra breve traversata si raggiungono i diedri della via Factotum.

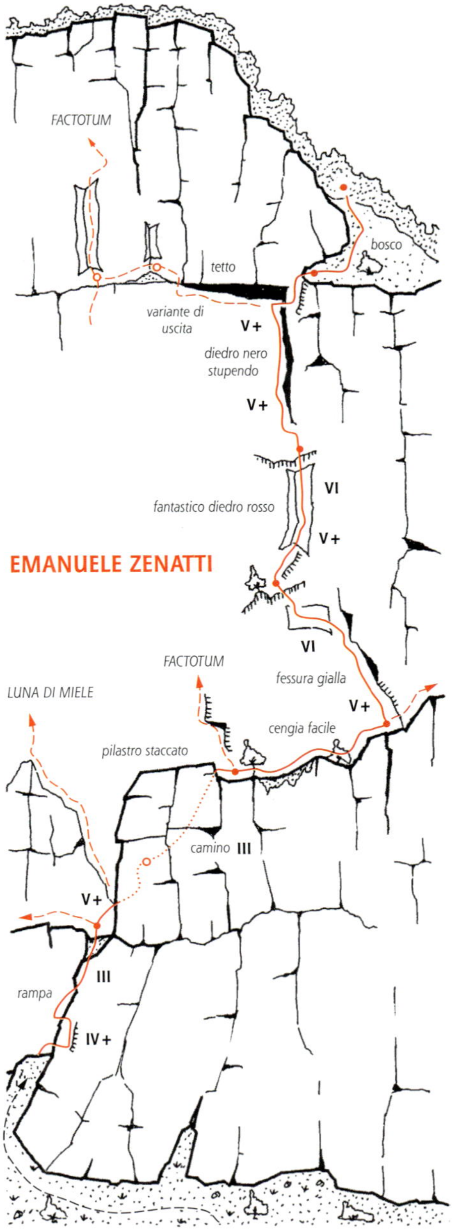

38 BALDO GROAZ★★★

G. Groaz, P. Baldo 1978
350 m. (9L)
IV+, V+/R3/III

Arrampicata facile, divertente e di soddisfazione ma non da sottovalutare. Itinerario tipicamente classico lungo camini, diedri e fessure. È la via più facile della parete: ottima come primo approccio alle vie classiche della valle. Prestare solo un po' di attenzione alle lunghezze nei camini, dove si arrampica vicino a dei grossi blocchi dall'aspetto poco rassicurante.

Attacco: come per la via "Traudi" e la via "Emanuele Zenatti", continuare la traversata verso destra e attaccare un diedro-camino grigio con blocchi instabili. Durante la traversata si incrocia la via "Par Condicio".

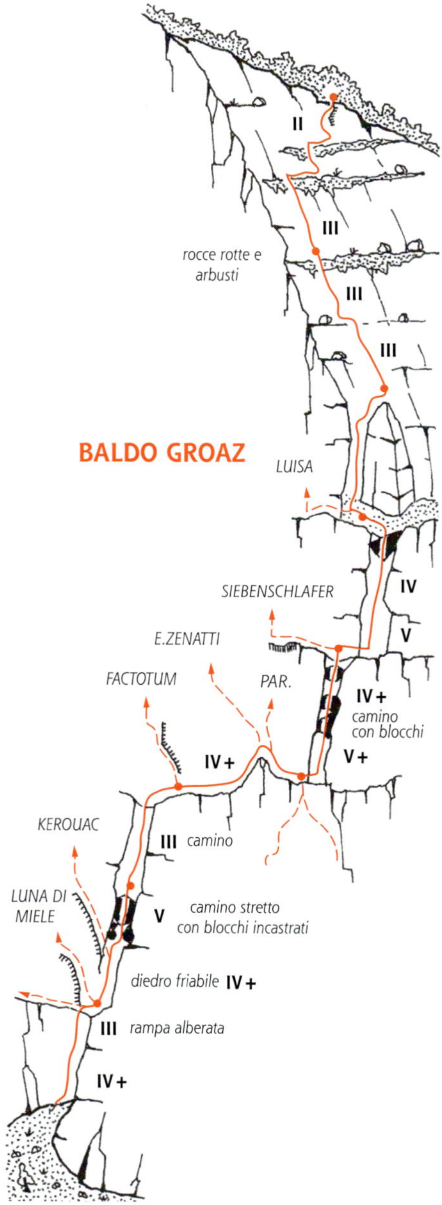

39 VIA LUISA ★★

F. Miori e D. Zampiccoli 1982
300 m. (9L)
V+, VI/R3/III

Itinerario classico e tradizionale. Le difficoltà sono generalmente contenute, tranne che nel 1° e nel 6° tiro. Il primo tiro presenta un'arrampicata delicata su rocce molto friabili, ma dove si possono rinviare solidi arbusti. Il sesto tiro invece, offre una lunghezza stupenda ma sostenuta, lungo un bellissimo diedro rosso di roccia solida e compatta. Al termine di questo diedro, l'uscita dal tettino rappresenta il passaggio più difficile della salita. La via Luisa, dopo le prime lunghezze completamente indipendenti, ripercorre il camino grigio della via Baldo Groaz, per poi seguire il bellissimo diedro rosso che porta all'uscita in comune con la via Siebenschlafer. Rimane nel complesso una via dal solo interesse alpinistico ed esplorativo ma che può anche donare piccole soddisfazioni. Purtroppo però, l'arrampicata raramente risulta bella e divertente.

Attacco: salire per quella rampa alberata che inizia pochi metri sotto la rampa principale (quella che porta alla via Cesare Levis e alle altre vie) fino alla base di un'evidente diedro canale, friabile e ingombro di arbusti. Per identificare meglio questo canale, è quello che separa nettamente il grande Pilastro Staccato dalle placconate della via Parcondicio.

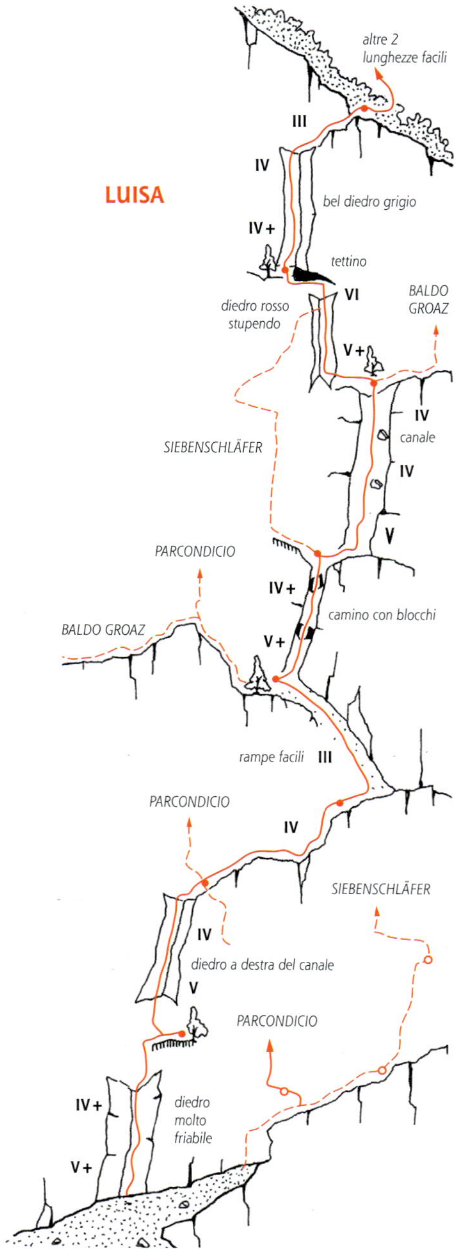

40 PAR CONDICIO ★★★★

M. Maceri, R. Cosmis 2000
300 m. (8L)
VI+, A0/R1/III

Arrampicata interessante e divertente, tra l'alpinistico e lo sportivo. Nella parte bassa, la via offre una entusiasmante arrampicata lungo bellissime fessure, mentre la parte alta supera lavagne strapiombanti con difficoltà molto elevate e chiodatura ravvicinata. La roccia è generalmente solida lungo tutto il percorso e la chiodatura ottima a fix. Portare una serie friend per le fessure iniziali.

Attacco: dalla rampa della via "Traudi" abbassarsi e risalire la rampa successiva. Attaccare la parete a destra di un canale erboso sotto la verticale di due piccoli e caratteristici tetti. Scritta "Par" all'attacco.

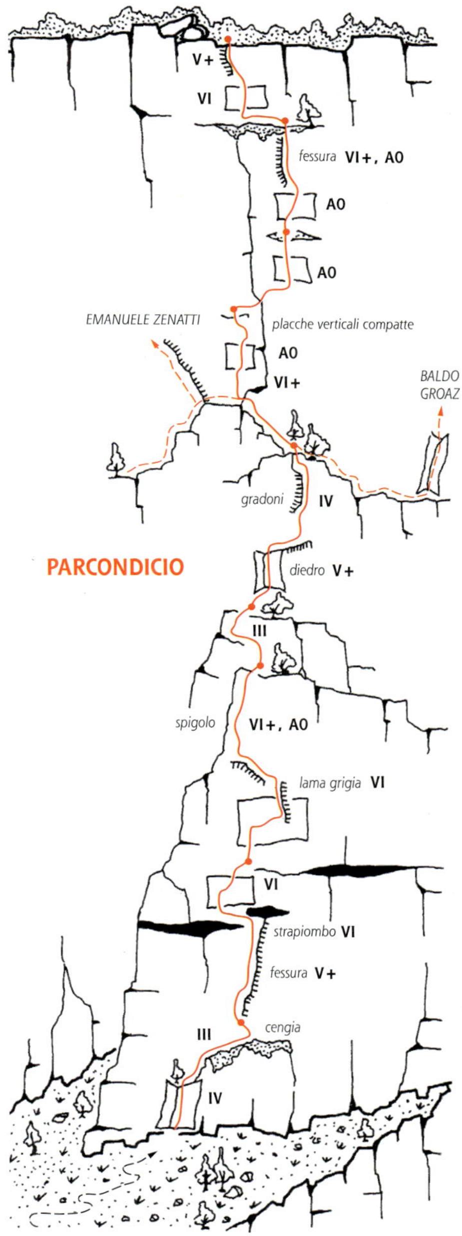

41 SIEBENSCHLÄFER ★★★★

T. Zuech, M. Camper 1983
300 m. (9L)
V+, VI/R3/III

Spettacolare salita, sicuramente una delle più belle del settore. Arrampicata fantastica lungo diedri e fessure d'ottima roccia. Pochi i chiodi in parete, ma è molto facile proteggersi con stopper e friend.
Alcuni tratti in larghe fessure, come nel 4° e 8° tiro, presentano un'arrampicata davvero faticosa dove sono richiesti inconsueti incastri di corpo. Questa via corre parallela alla "Parcondicio" ed alcune soste sono in comune.

Attacco: per i primi 10 metri, la via è in comune alla via Parcondicio, poi continuare lungo la cengia fino alla base di un netto diedro. Sosta alla pianta.

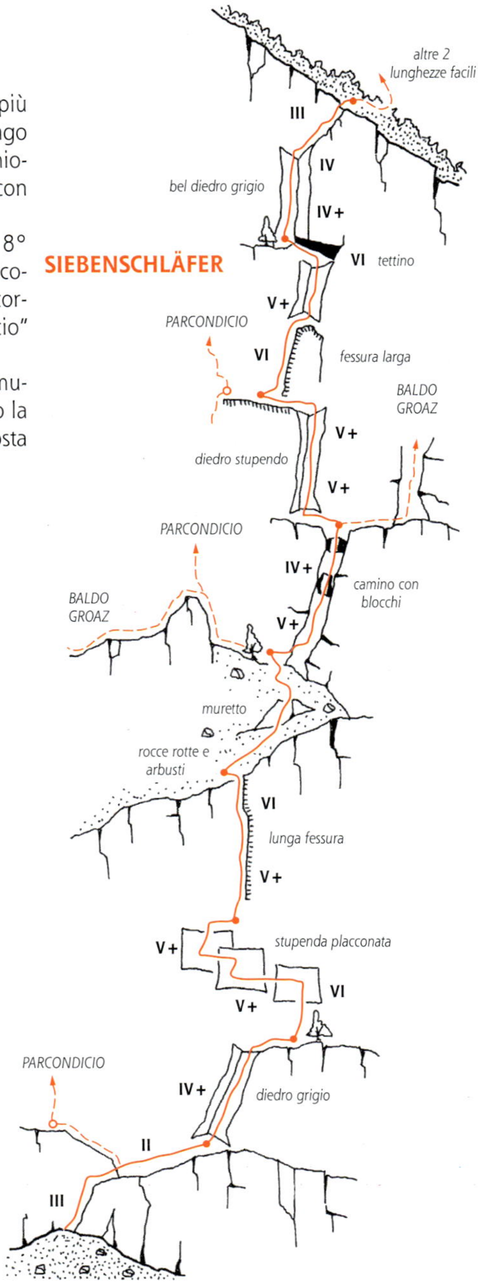

42 IMPRONTE DIGITALI ★★★★

M. Maceri, R. Cosmis, M. Zadra 2001
350 m. (11L)
VI+, A0, passi di A1/R1/II

Bella salita di stampo sportivo lungo placche molto compatte, alcuni tratti erbosi danno però all' itinerario un sapore alpinistico. La lunghezza di questa salita, è data considerando anche gli ultimi 4 tiri della via "Par condicio".

Attacco: dopo aver imboccato il ripido sentiero nel bosco, fare attenzione a non alzarsi troppo, ma attraversare il ghiaione seguendo dei bolli gialli e alcuni ometti. Questi bolli portano, attraverso lo zoccolo di arbusti e rocce rotte, direttamente all'attacco della via.

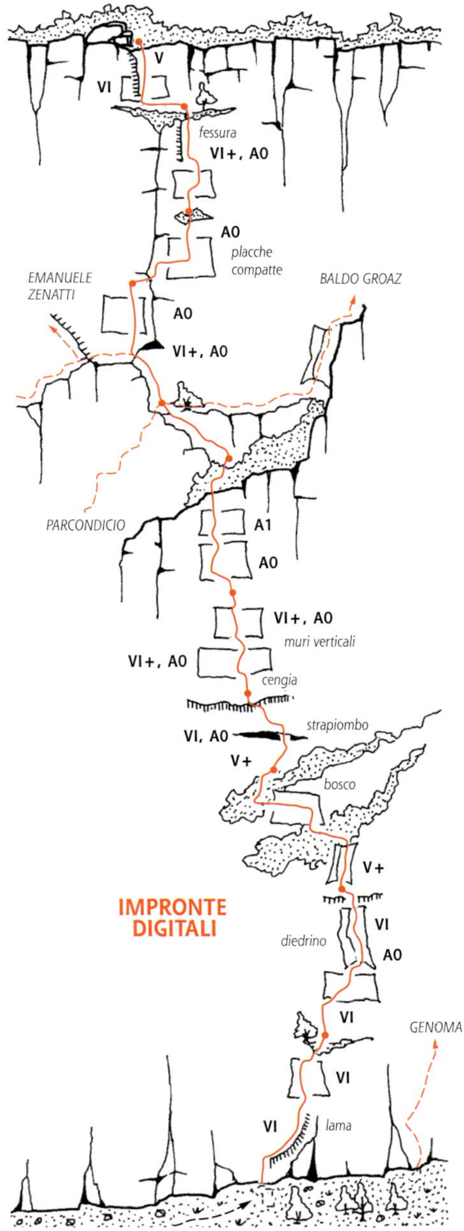

43 GENOMA★★★★★

M. Maceri, C. Zadra, A. Todesco, R. Lisciotto
2000
350 m. (11L)
6b, A0 (6a obb)/S2/II

Bellissimo itinerario. Nei primi tiri, si sviluppa lungo solidissime placconate a gocce per poi continuare, con evidente logica, lungo una teoria di diedri e fessure. Stupenda è la lunghezza del "diedro rosso". Arrampicate divertente, ben protetta a fix e chiodi normali, talvolta però un po' distanti. Utili alcuni friend di misura media. La via termina alla base del diedro-camino della via Baldo Groaz, lungo il quale con altre tre lunghezze facili si esce dalla parete. Attenzione a queste lunghezze finali: arrampicata delicata con arbusti e massi instabili.

Attacco: poco a destra di Impronte Digitali.

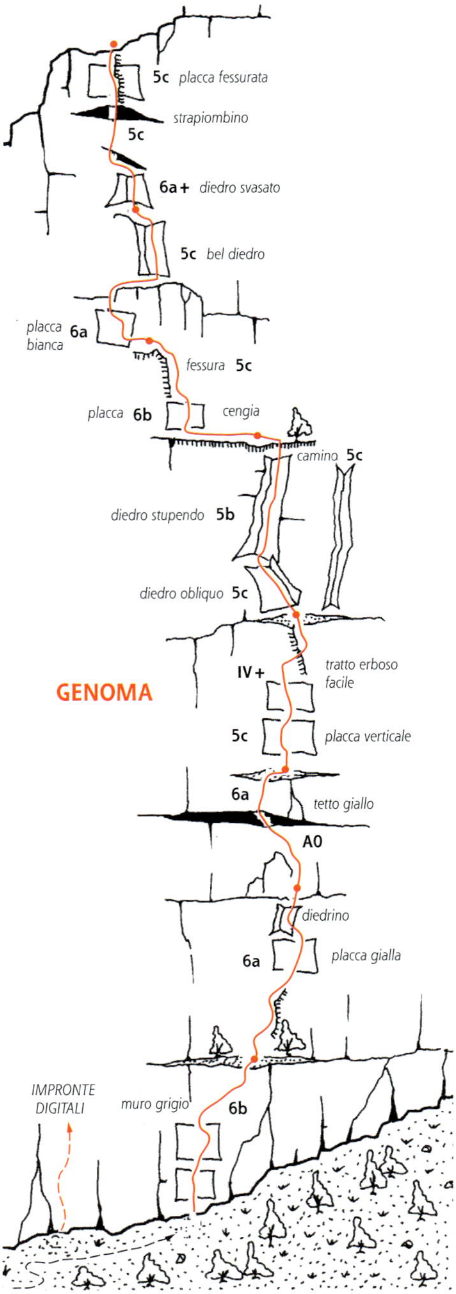

44 VIA DELLO SPIGOLO★★★★

H. Grill, F. Kluckner, F. Heiss, L. Heiss 2005

350 m. (14L)

V+, VI, A0/R3/III

Bellissimo itinerario alpinistico, logico ed elegante. Molto consigliato. Offre una stupenda arrampicata classica lungo diedri, placche e fessure. La via è generalmente ben protetta con chiodi normali e fix. Attenzione solo alla placca compatta del quarto tiro dove i chiodi sono un po' distanti e non è possibile aggiungere altre protezioni. Le soste sono buone su alberi e spuntoni, alcune però sono da rinforzare. Prestare attenzione ad alcuni blocchi instabili lungo la via.

Attacco: appena a destra di Genoma

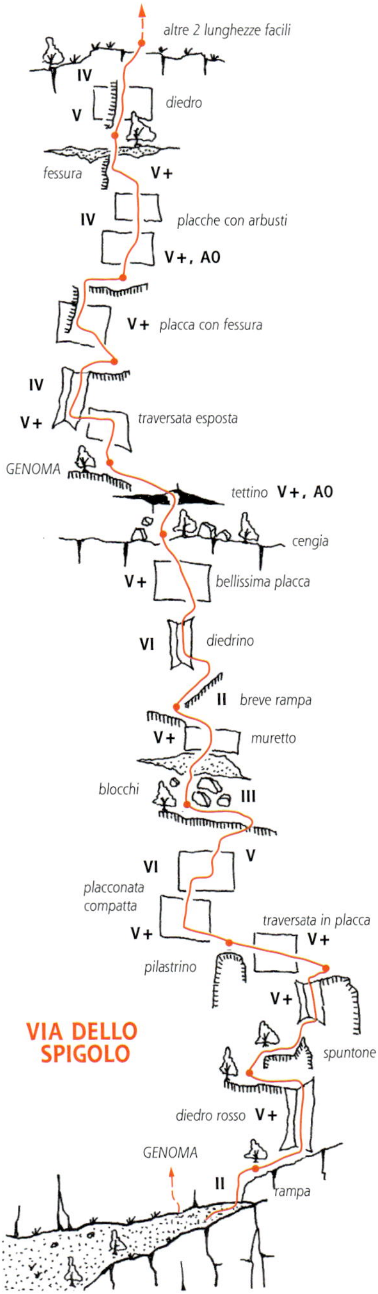

Altre vie:

A – MONICA GASPERINI: di G.Stenghel e F.Sartori 1982. Tra la via Holzer e la via Vegetable questa via segue una linea logica di fessure e diedrini erbosi. 200 m. IV+,V.

B – DONNA DEL MISTERO: di D.Mabboni e Compagno. Attacca subito a destra della via "Parcondicio" per un facile diedro obliquo a destra e seguendo delle fessure superficiali si porta nella parte alta della parete presso una zona boscosa. Continuare lungo i diedri tra la "Baldo-Groaz" e la via "Luisa", alcuni tiri sono in comune a queste vie. 250 m.V+,VI

Parete Zebrata

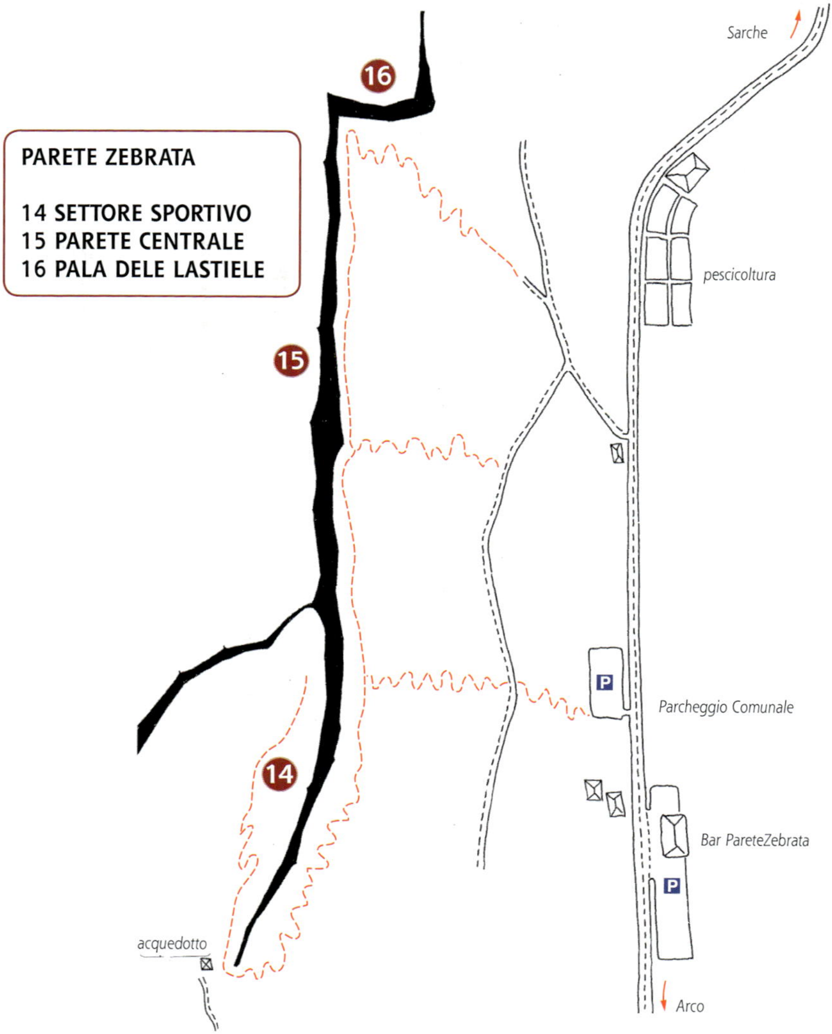

Chiamata cosi per le striature grigie e nere che caratterizzano le vaste placconate calcaree, questa incredibile parete, la cui pendenza media è intorno ai 60°, offre molti itinerari, di ogni lunghezza e difficoltà. L'arrampicata è la tipica in aderenza.

Matteo Bertolotti, *Perla bianca*, Parete Zebrata, Settore Centrale *(sassbaloss.com)* →

14 Settore Sportivo

Parete Zebrata

0.20 h

0.40 h

400 m.

E

Ex parete alpinistica trasformata in palestra sportiva con le logiche e pericolose conseguenze. La parete inizia con un ghiaione e termina con un ghiaione: sotto e sopra corrono i sentieri di accesso e rientro. Le vie superchiodate e super-comode procurano un naturale affollamento. Inevitabili risultano allora le scariche di pietre, procurate dagli alpinisti durante i rientri, che dal ghiaione sommitale, finiscono nella parete sottostante. Fondamentale quindi, su questi itinerari, attaccare presto al mattino, possibilmente per primi, ed altrettanto fondamentale è prestare la massima attenzione quando si esce dalla parete. Richiodando a spit questi itinerari, è stato veramente "cancellare una pagina" di quel libro che è la storia alpinistica della valle del Sarca. Basti solo pensare a quello che era il 4° tiro della via "Gabri-Camilla" prima che venisse richiodato. Per la cronaca, quel tiro è stato vinto da A. Giovanetti con un solo chiodo a pressione: ora ce ne sono almeno 10 ! Parete storica, il primo esploratore fu Heinz Steinkotter che nel 1969 aprì la via del "46° Parallelo", poi Andrea Andreotti e Marcello Rossi con la via "Rita" diedero inizio all'esplorazione dell'intera parete. Tutti gli itinerari sono belli, eleganti e divertenti.

Accesso
Dall'ampio parcheggio comunale alla base della Parete Zebrata (comodo parcheggio anche nei pressi del vicino Bar Parete Zebrata) un evidente e ben tracciato sentiero porta alla base della parete e ai vari attacchi delle vie.

Discesa
Usciti dalle vie prendere verso sinistra un sentiero che attraverso i ghiaioni porta ad un acquedotto, da qui non seguire la strada forestale ma il sentiero che piega decisamente a sinistra. Ripidi ghiaioni riportano in valle.

1 MARA	70 m.	☐
2 RIGOLA PRECOCE	70 m.	☐
3 OPERA PRIMA	100 m.	☐
4 VIA DELLE MIMOSE	120 m.	☐
5 DONNE IN CERCA DI GUAI	120 m.	☐
6 ZO LE MAN	120 m.	☐
7 GINO GIANNA	150 m.	☐
8 GIUSY	150 m.	☐
9 TRENTO	180 m.	☐
10 46° PARALLELO	180 m.	☐
11 MAN ILIA	200 m.	☐
12 OLOCAUSTO	180 m.	☐
13 D.C.P.E	180 m.	☐
14 ARRIVEDERCI MARCO	200 m.	☐
15 CANE TRIPPA	200 m.	☐
16 SOUTH PARK	240 m.	☐
17 VIA DEL 2 AGOSTO	250 m.	☐
18 MON CHERY	300 m.	☐
19 ULTIMO TANGO	300 m.	☐
20 VIA DELL'AMICIZIA	350 m.	☐
21 GABRI-CAMILLA	300 m.	☐
22 SOLARIS	300 m.	☐
23 GIOCHI DI SILVIA	350 m.	☐
24 SIMILAUN	350 m.	☐
25 RITA	400 m.	☐
26 TERESA	400 m.	☐
27 LUNA 85	400 m.	☐
28 CLAUDIA	400 m.	☐

1 MARA★★★
R. Galvagni, D. Filippi 2009
70 m. (2L)
6b/S2/I
Belle placconate nella prima lunghezza. Il secondo tiro è facile e con qualche tratto erboso.
Attacco: nome alla base.

2 RIGOLA PRECOCE★★★
R. Galvagni, D. Filippi 2009
70 m. (2L)
6b/S3/I
Il primo tiro supera una placca solcata da una bellissima rigola. Passo lungo e sprotetto per arrivare alla prima sosta. Il secondo tiro è bello e divertente.
Attacco: r

3 OPERA PRIMA★★★
100 m. (3L)
5b/S3/I
Arrampicata facile e molto breve, ottima come prima esperienza sulla Parete Zebrata. Per l'attacco, rimontare per intero il ghiaione,fin quasi dove la parete sembra terminare. Prima di grossi cespugli si vedono i chiodi resinati.

4 VIA DELLE MIMOSE★★★
120 m. (3L)
5b/S3/I
La via inizia con un bellissimo diedro svasato per poi continuare lungo placconate più facili. Attaccare poco a destra della via "Opera Prima"

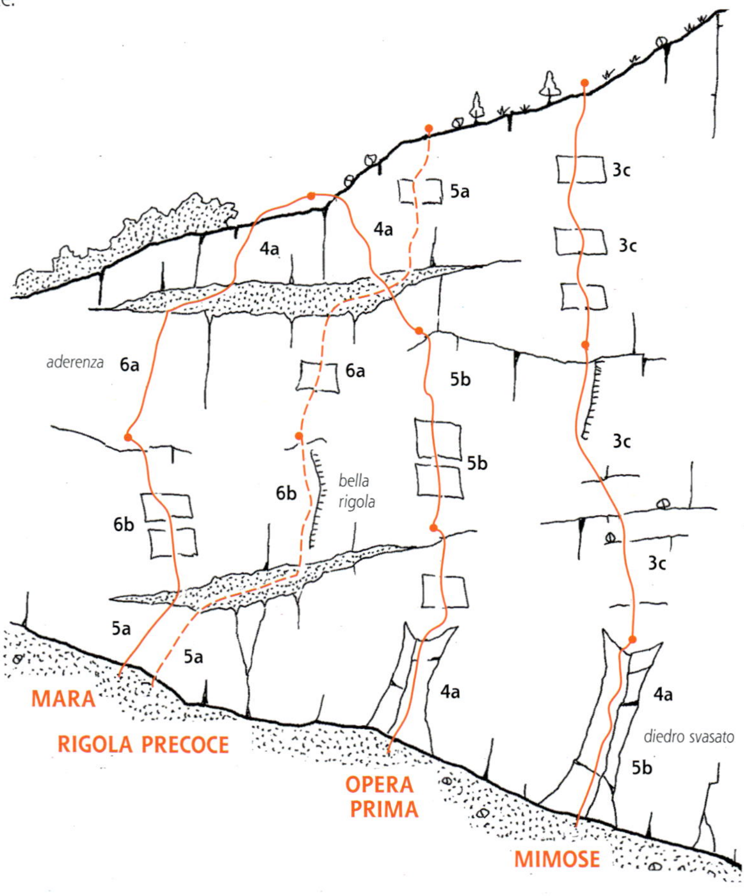

1
2
3
4
5
6
7
8
9
10
11
12
13
14
15
16
17

5 DONNE IN CERCA DI GUAI ★★★
O. Piazza, I. Mascivecchio 1990
120 m. (3L)
5b/S3/I
Bella arrampicata in placca, facile e divertente, ma con chiodatura a volte lontana. Molto bella la prima lunghezza con un passaggio in placca molto estetico. Attenzione all'ultimo tiro con chiodatura molto lunga: uscire per un 'evidente camino colatoio. Utili friend piccoli nell'ultimo tiro.
Attacco: nome alla base.

6 ZO LE MAN ★★★
D. Pinamonti, V. Degasperi 2011
120 m. (3L)
5b/S1/I
Bella linea che sale lo stretto corridoio compreso tra le vie "Donne in cerca di guai" e "Gino Gianna". Arrampicata in placca, facile e divertente, su roccia stupenda e lavorata. Impegnativo un passo in placca a metà del primo tiro.
Attacco: nome alla base.

7 GINO GIANNA ★★★
O. Piazza, G. Modena 1981
150 m. (4L)
5b/S3/I
Bella via che inizia con un caratteristico traverso sopra una placca levigata. Attacca poco più in basso di "Donne in cerca di guai" e a circa 50 m. a sinistra della via del "46° Parallelo".

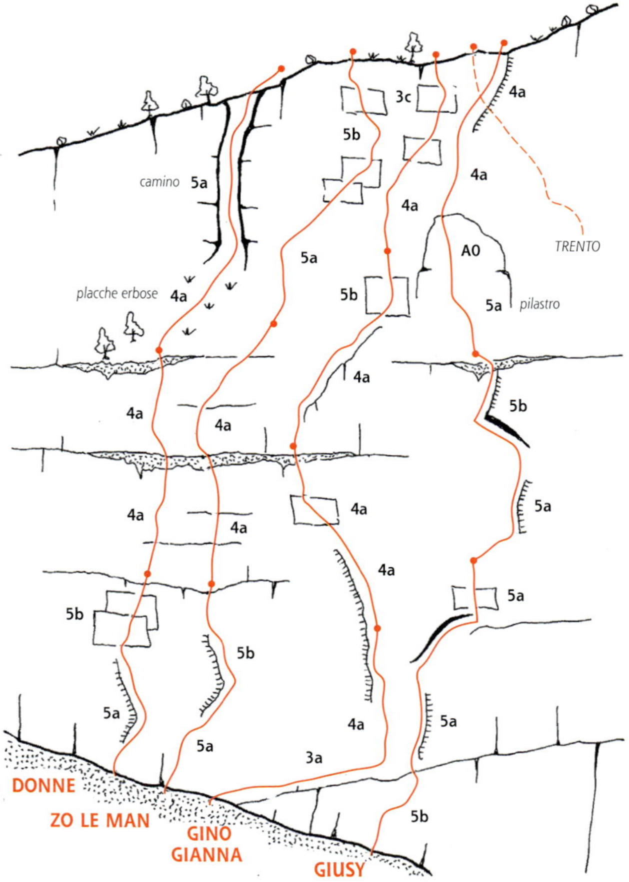

8 GIUSY ★★★
D. Filippi 2012
150 m. (3L)
5b, un passo A0/S1/I
Bell'itinerario che si sviluppa lungo il corridoio compreso tra le vie Gina Gianna e Trento. Roccia ottima e molto lavorata a clessidre. Arrampicata sempre omogenea e divertente, con un unico passo in A0 nel terzo tiro.
Attacco: nome alla base.

9 VIA TRENTO ★★★
180 m. (5L)
5b/S3/II
Due belle lunghezze in placca, vera e propria aderenza. Segue le placconate a sinistra dell'evidente e ben marcato canale erboso della "Via del 46° Parallelo".
Attacco: nome alla base.

10 VIA DEL 46° PARALLELO ★★★
H. Steinkotter 1969
180 m. (6L)
4a/S3/II
Oltre ad essere la prima via aperta sulla Parete Zebrata, è anche una delle vie più vecchie della valle. Segue l'inconfondibile ed evidente canale erboso che caratterizza il settore alto della parete.
Attacco: nome alla base.

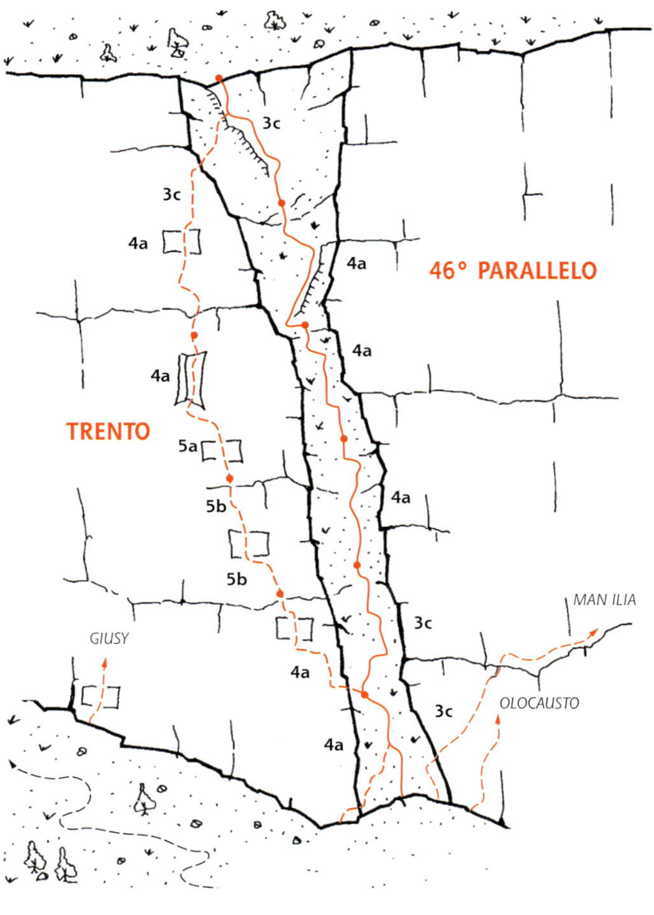

11 MAN ILIA ★★★
200 m. (6L)
5a/S3/II
Lunghe traversate caratterizzano questa salita. Attenzione nei tiri finali dove incrocia altre vie.
Attacco: alla base e a destra del canale della Via del 46° Parallelo. Nome alla base.

12 OLOCAUSTO ★★★★★
180 m. (6L)
7a (6b obb.)/S2/II
Offre delle lunghezze tra le più difficili della parete. Aderenza estrema e spietata. Supera quella levigatissima lavagna a destra del canale della Via del 46° Parallelo.
Attacco: appena a destra della via "Man Ilia".

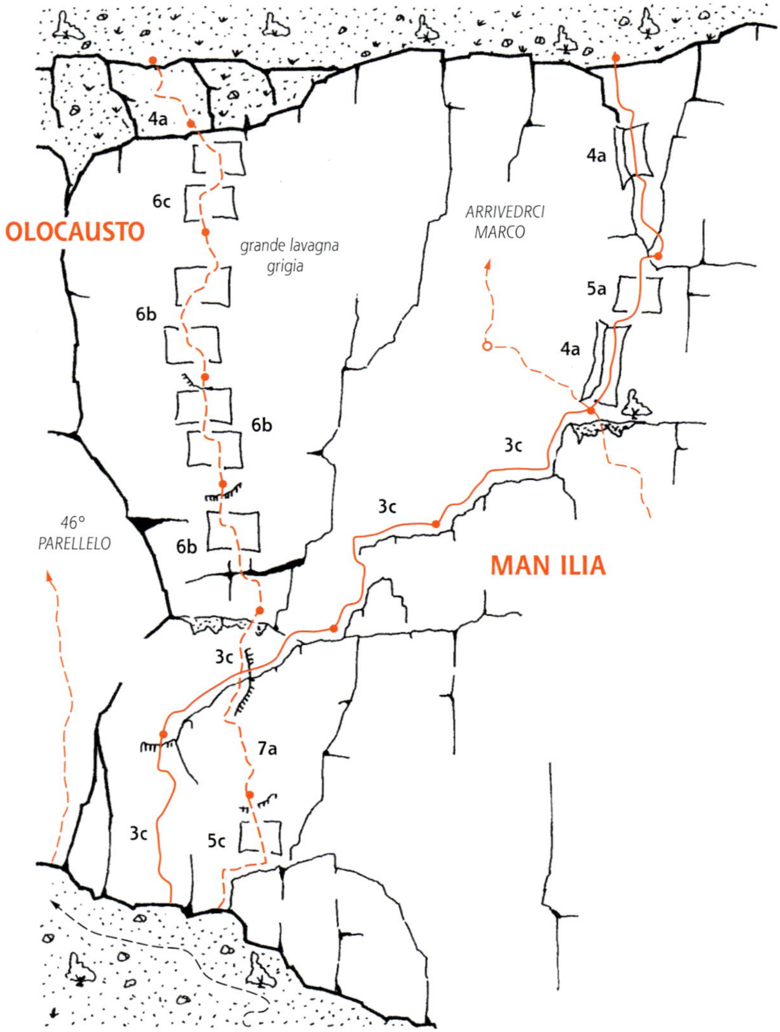

13 D.C.P.E. ★★★★★

Federico e Tommy 2006

180 m. (6L)

6c+, A0 (6b+ obb.)/S2/II

Bellissima salita, sostenuta e continua. Molto consigliata. Alcuni tiri, come il terzo e il quarto, sono veramente spettacolari per l'estetica dell'arrampicata. Caratteristica principale di questa via, sono i molti passaggi difficili resi obbligatori per la chiodatura distanziata. L'arrampicata non è strettamente in aderenza: le placche sono molto lavorate a buchi e svasi e occorre anche una buona forza nelle dita. Alcuni passaggi, difficilmente liberabili, si superano in A0. Nota: D.C.P.E. significa DuodenoCefaloPancreasEctomia.

Attacco: appena a destra di Olocausto. Nome alla base.

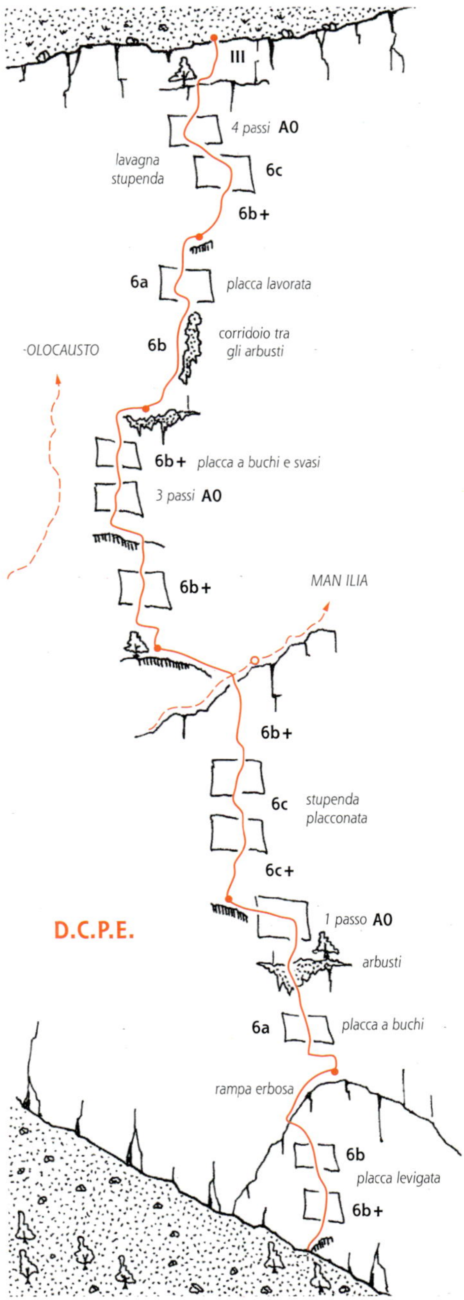

14 ARRIVEDERCI MARCO★★★★
200 m. (8L)
6c, A0 (6a obb.)/S2/II
Bellissimo itinerario con arrampicata divertente. Il primo tiro è un po' forzato con alcuni passi in A0, mentre le lunghezze finali sono davvero fantastiche.
Attacco: nome alla base.

15 CANE TRIPPA★★★
200 m. (7L)
5c/S3/II
Dopo un primo tiro in placca, con un difficile passaggio in aderenza, la via continua con lunghezze facili e divertenti.
Attacco: poco a destra di Arrivederci Marco.

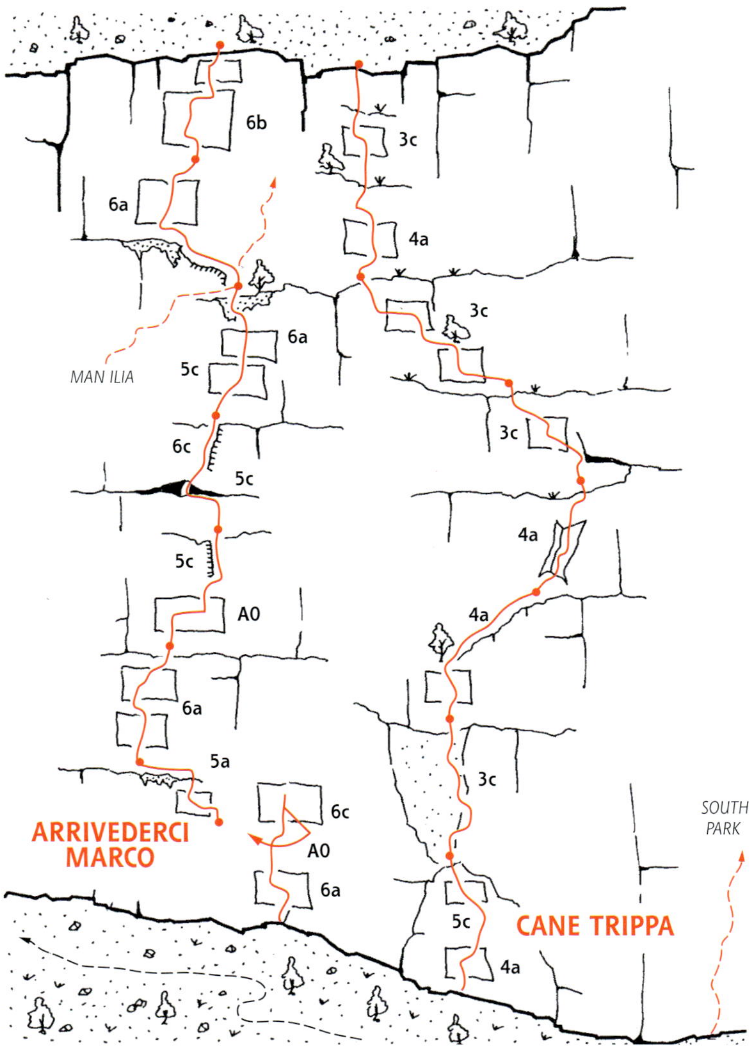

16 SOUTH PARK ★★★

R. Galvagni, D. Filippi 2003

240 m. (8L)

6b, 6c+ (6b obb.)/S2/II

Bella salita lungo solide placconate. Questo itinerario, si sviluppa lungo una fascia di placche prive di vegetazione, tra le vie Cane Trippa e Due Agosto e ne rispecchia quindi le caratteristiche principali. Il primo tiro propone alcuni passi molto difficili, superabili anche in A0. La parte centrale è facile e divertente, mentre le ultime tre lunghezze sono veramente entusiasmanti.

Attacco: pochi metri a sinistra dall'attacco della via Due Agosto. Nome alla base.

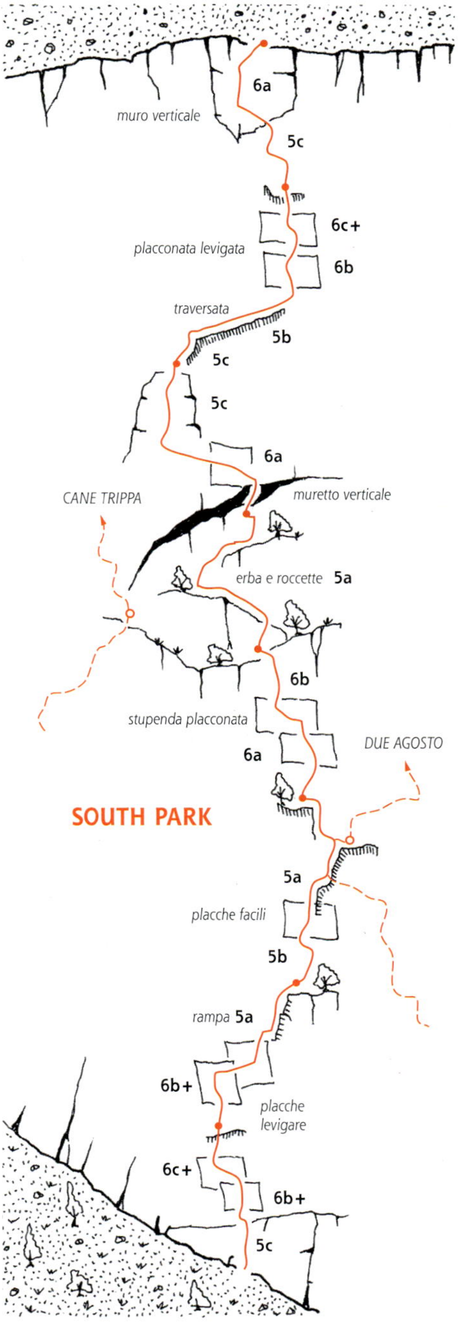

17 DUE AGOSTO★★★

250 m. (8L)

6b (5c obb.)/S3/II

Bella e divertente arrampicata. Il penultimo tiro supera una placca molto levigata dove sembra impossibile passare in libera. Con grande sorpresa invece, la particolare rugosità della roccia, consente un'arrampicata libera incredibilmente entusiasmante e molto più facile di quello che poteva sembrare.

Attacco: nome alla base.

17a VARIANTE INFERNO★★★

U. Lombardo 2000

80 m. (2L)

6c

Difficile variante di attacco alla via Due Agosto. La seconda lunghezza supera un marcato strapiombo.

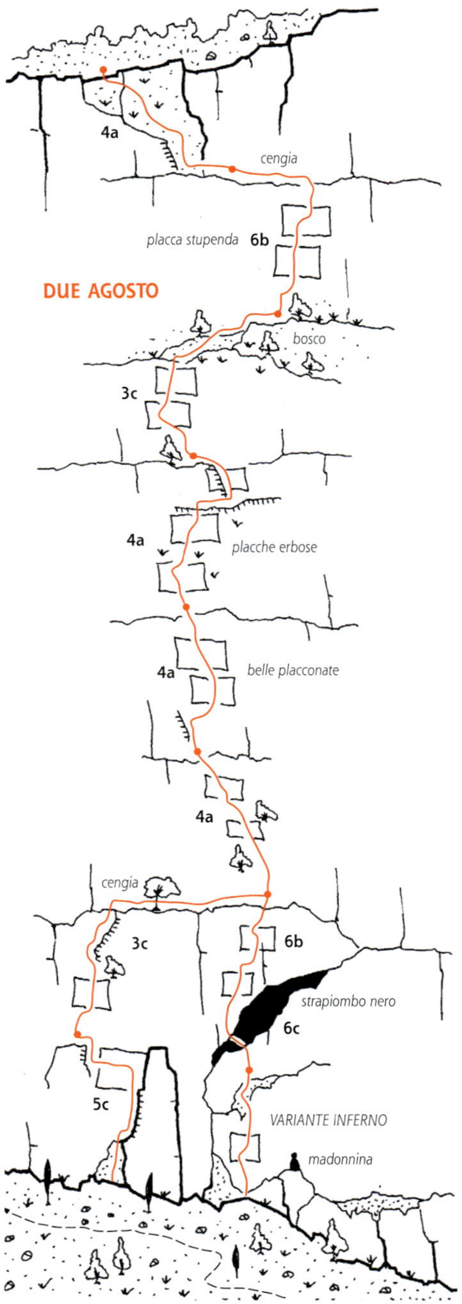

28
27
26
25
24
23
20
22
21
20
19
18

18 MON CHERI ★★★★★

Primi salitori ignoti
300 m. (8L)
6b+ (6a obb.)/S3/II

Salita entusiasmante e spettacolare. Supera una fascia di placconate lineari e compatte. L'ultima lunghezza difficile è tra le più belle della parete: una ripida placca nera tutta lavorata a piccoli buchi e tacche.

Attacco: individuare un caratteristico diedro nero a circa 50 m. da terra. Sotto la verticale di questo attacca la via. Nome alla base.

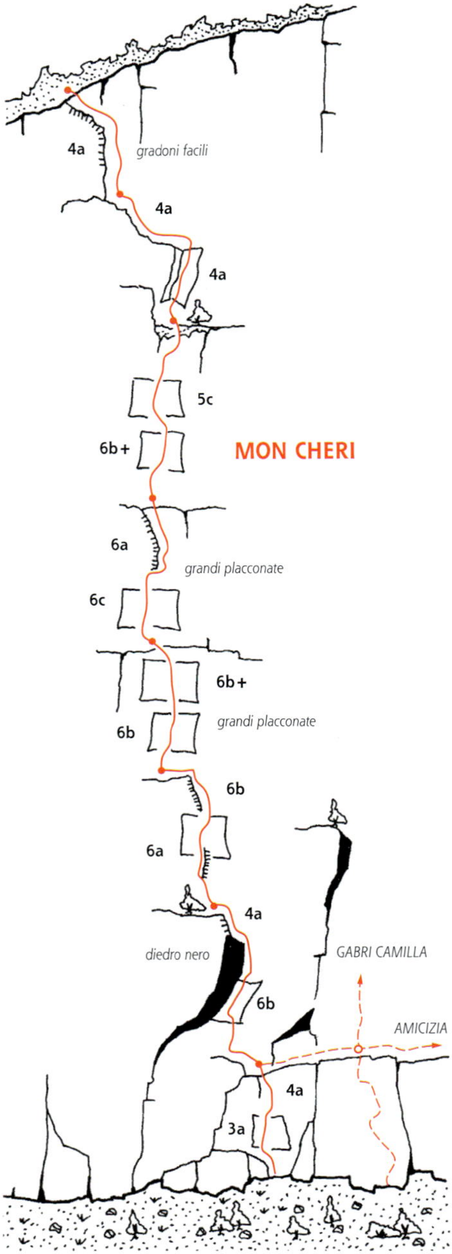

19 ULTIMO TANGO★★★★★

M. Rivadossi, R. Steinhilber, M. Reboldi, C. Tonini 2003

300 m. (9L)

6b+, 6c+ (6b obb.)/S2/II

Bellissima arrampicata, tra le più belle ed interessanti del settore. Linea logica ed estetica, mai forzata, supera con eleganza lo stretto corridoio compreso tra le vie Mon Cheri e Gabri-Camilla "Una danza d'aderenza alla ricerca dell'arrampicabilità sulla placconata più compatta della Parete Zebrata. Si può considerare una difficile variante della già bellissima ed impegnativa Mon Cheri, con cui condivide le prime due e l'ultima delle sue lunghezze. Aperta dal basso con il trapano, è attrezzata a fix inox da 8 mm distanziati quanto basta per poter arrampicare... Bastano 11 rinvii e buon ballo!" (commento M. Rivadossi)

Attacco: salire le prime due lunghezze di Mon Cheri e continuare a destra di questa.

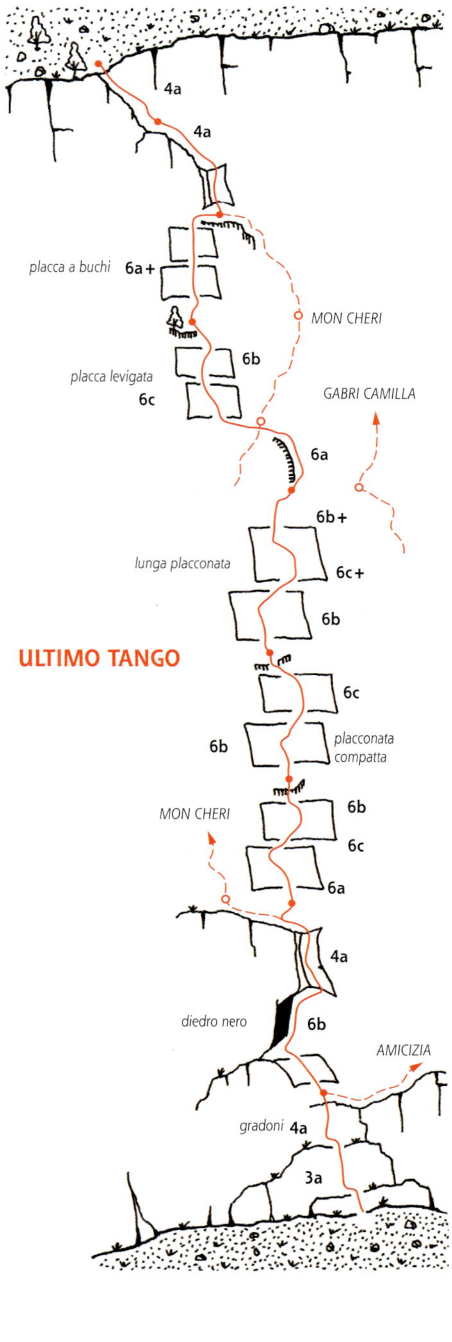

20 VIA DELL'AMICIZIA★★★

M. Furlani, T. Weiss 1978
350 m. (12L)
6b, A0 (5c obb.)/S3/II

Bella via, logica e ricercata. Dopo il primo tiro in comune con "Mon Cheri" e una lunga traversata a destra, la via continua lungo placconate sempre più compatte. Al 7° tiro, per continuare e guadagnare placche più facili, si è costretti a ricorrere a un divertente pendolo verso sinistra.
Attacco: nome alla base.

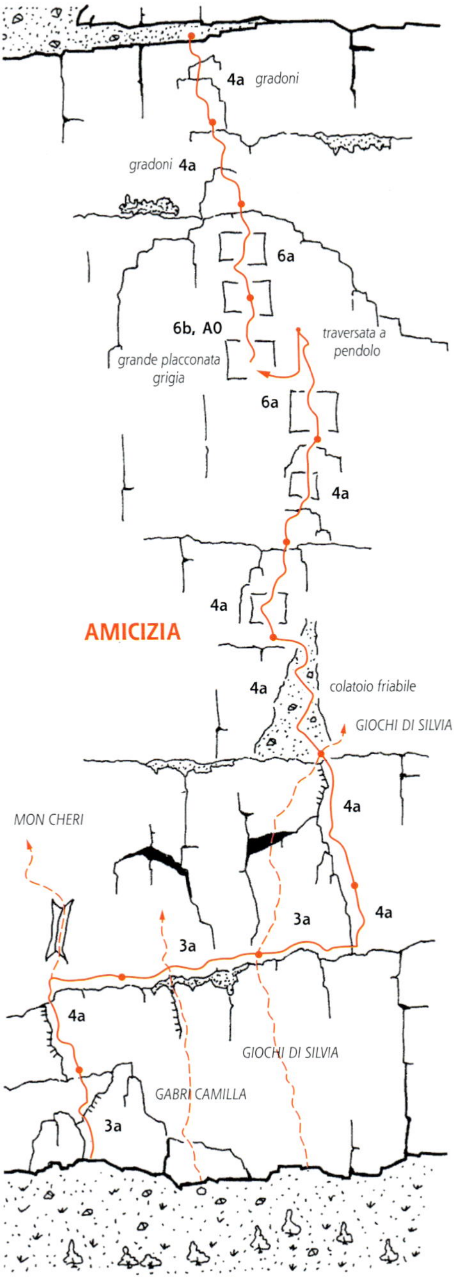

Claudia Farruggia, *Gabri Camilla (sassbaloss.com)* →

21 GABRI CAMILLA★★★★★

A. Giovanetti, M. Cagol 1979
300 m. (9L)
6b (5c obb.)/S3/II

Prima della richiodatura, questa via ha rappresentato per anni, un valido banco di prova per gli alpinisti che volevano cimentarsi con l'arrampicata in aderenza. Il 4° tiro, la placca bianca, era stato superato infatti con un solo chiodo a pressione! Ancora oggi sono visibili i resti a circa 3/4 della lunghezza. Ora su questo tiro si può salire quasi in A0, e un altro bell'esempio di tecnica e audacia è andato perso...

Attacco: nome alla base.

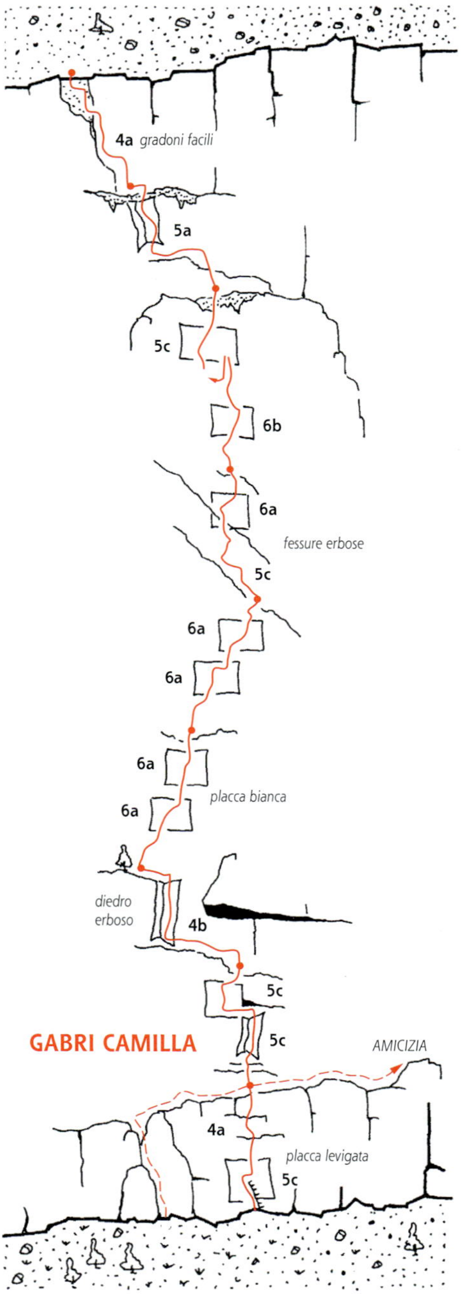

22 SOLARIS ★★★★★

R. Galvagni, D. Filippi 2003

300 m. (9L)

6b, 6c (6b obb.)/S2/II

Questo itinerario, tra i più belli della parete, corre parallelo e a sinistra della via Amicizia. Dopo le prime tre lunghezze, molto articolate a muretti verticali e traversi, la via continua con una sequenza ininterrotta di solidissime placconate. L'arrampicata è sempre sostenuta, bella e divertente. I passaggi più difficili non sono mai obbligatori. La chiodatura è ottima lungo tutta la via. L'ultima sosta è in comune alla via Amicizia.

Attacco: Tra la via Gabri Camilla e la via Giochi di Silvia. Nome alla base.

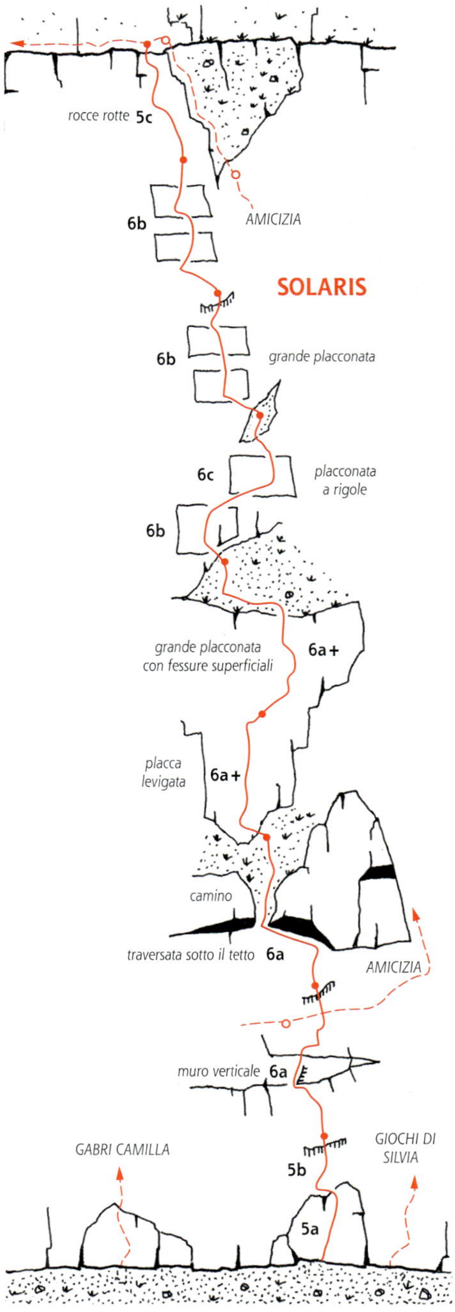

23 GIOCHI DI SILVIA ★★★★★

Primi salitori sconosciuti
350 m. (12L)
6b+, 6c+ (6a obb.)/S3/II

Lungo e difficile itinerario, tra i più belli della parete. Arrampicata in aderenza spietata e a volte anche con chiodatura lunga. Il terzo tiro supera un pronunciato tetto con passaggi molto atletici. Attenzione dopo il quarto tiro a non proseguire dritti per la Via dell'Amicizia, ma traversare a destra e salire per un' arrotondato spigolo.

Attacco: poco a sinistra della via Similaun. Nome alla base.

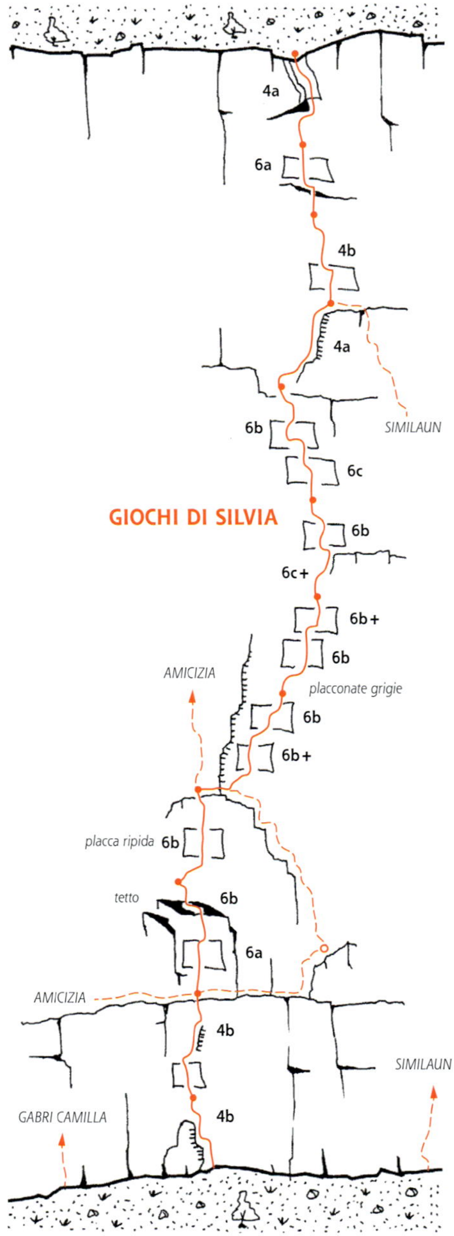

24 SIMILAUN★★★

A. Giovanetti, F. Stedile 1981

350 m. (10L)

6a (5c obb.)/S3/II

La zona centrale dell'intera Parete Zebrate è caratterizzata da una grande ed estesa placconata. Qui è dove corrono le vie più interessanti, come la "Mon Cheri" e la "Gabri Camilla". La via "Similaun" percorre il bordo destro di questa grande placconata con arrampicata divertente e difficoltà modeste. Individuare sotto la verticale di questo bordo, e a circa 40 m. da terra, una placca triangolare bianca, ben delimitata e a forma di "ferro da stiro". Alla base di questa, attaccare una fessurina. Nota: la via originale "Similaun" vinceva direttamente anche questa placca, battezzata "Ferro da stiro", mentre ora la si evita salendo i diedri di sinistra.

Attacco: nome alla base.

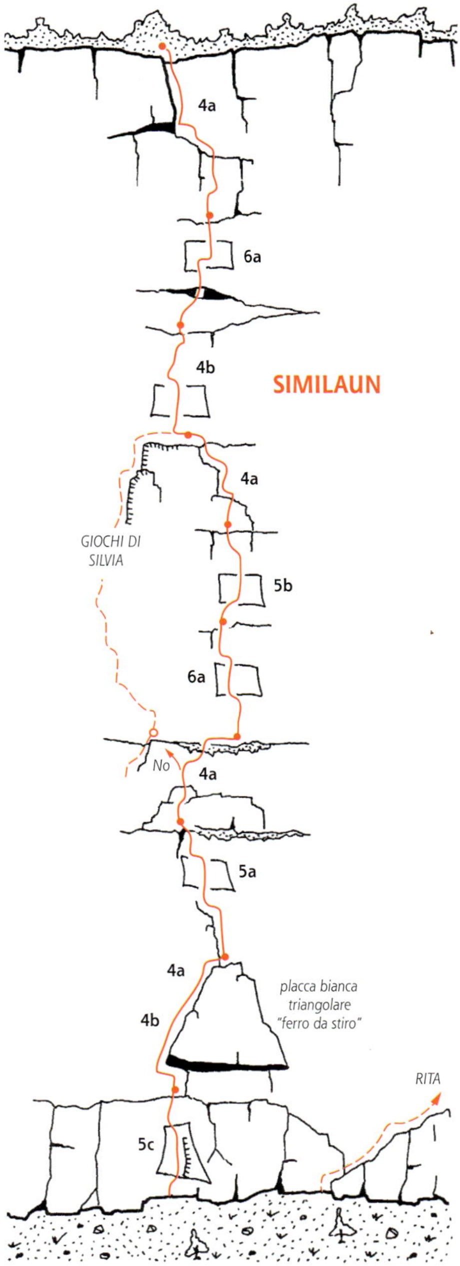

25 RITA ★★★★

A. Andreotti, M. Rossi 1971
400 m. (16L)
5c/S3/II

Dopo la via del "46° Parallelo", è stata la seconda via ad essere stata tracciata sulla parete. Itinerario molto logico, dal basso punta direttamente a quel lungo e marcato camino che incide la parte alta della parete. Arrampicata facile e divertente. Le lunghezze nel camino sono davvero stupende.

Attacco: poco a destra della via Similaun. Nome alla base.

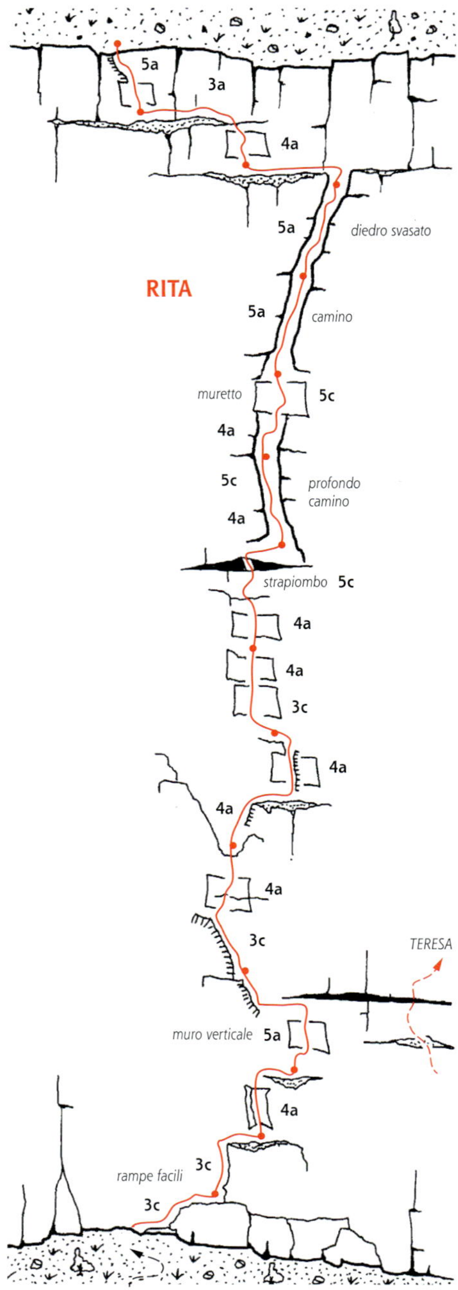

26 TERESA ★★★★

M. Furlani, R. Bassi 1979

400 m. (15L)

5c/S3/II

Bellissimo itinerario, molto lungo vario e articolato. La caratteristica principale è l'aggiramento delle placche più compatte con spettacolari traversi.

Attacco: a destra della via Rita, in fondo a un gran canalone ghiaioso scavato dall'acqua.

26a VARIANTE FG ★★★★

F. Leoni e G. Bagattoli 1981

80 m. (2L)

5a/S3/I

Bella e interessante variante che supera delle placche molto compatte, evitando cosi i primi facili tiri della via Teresa

Attacco: appena a destra dell'attacco della via Teresa

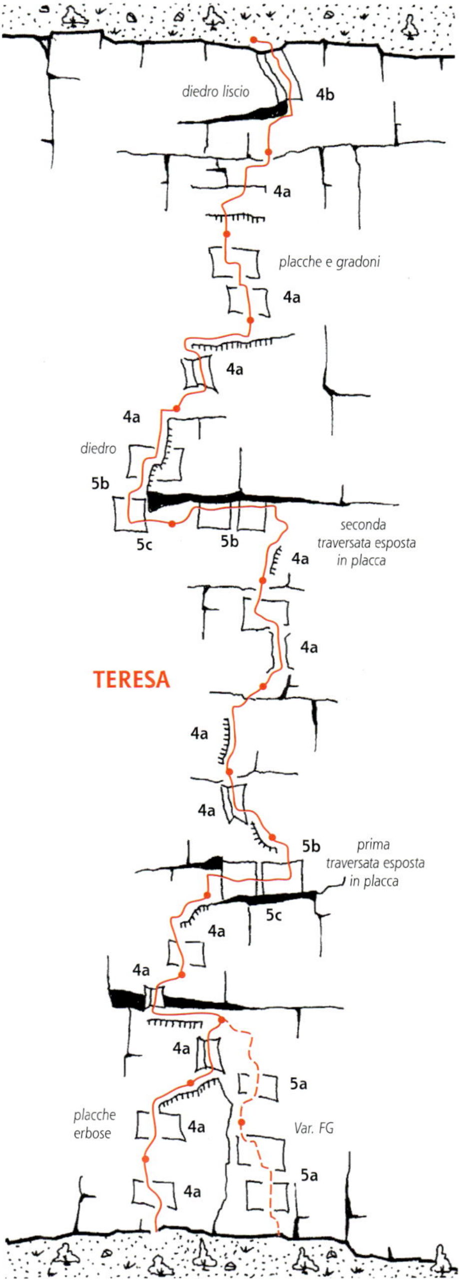

27 LUNA 85 ★★★★★

M. Pegoretti, E. Covi 1985
400 m. (13L)
5c, 6a, un tratto di 6c (5c obb.)/S3/II

Tra le più belle linee della parete: si arrampica sempre lungo grandi placconate grigie e molto compatte. Il tiro chiave, una breve placca di 10 metri estremamente levigata, è facilmente superabile in A0.

Nota: la variante che raddrizza il primo tiro, è la "Variante Full" , ed è stata chiodata dal basso da A. Tamanini nel 1986, con difficoltà fino al 6c+.

Attacco: nome alla base.

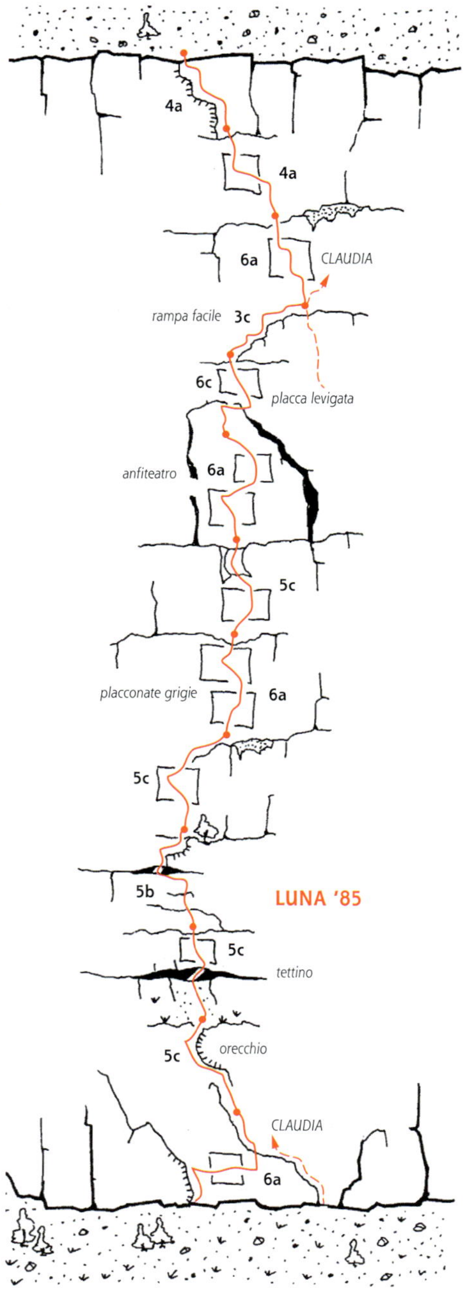

28 CLAUDIA ★★★★

R. Bertoldi, A. Bertoldi, R. Zeni, C. Colpo 1978
400 m. (14L)
5a/S3/II

Altra grande classica della parete, difficoltà contenute e un grande sviluppo sono le caratteristiche principali di questa salita. Attacca a destra della via "Luna 85" per una placca molto levigata dalle infinite ripetizioni. È l'ultima delle vie, all'estrema destra della parete,ad essere stata richiodata con chiodi resinati.

Nota: in realtà, quella che si segue tutt'ora, dopo il 9°, tiro è la variante "Superclaudia" aperta da A. Andreotti e M. Rossi nel 1979 durante una delle prime ripetizioni. La via originale invece, uscirebbe verso destra lungo delle placche erbose, per questo è stata presto abbandonata. Un'altra variante, la "Oceano Sahariano" ad opera di R. Bassi e S. Fruet attacca circa 30 m. a destra della via "Claudia" per ricollegarsi verso il 4° tiro. Si stacca poi nuovamente a sinistra dopo il 7°tiro, ovvero quello della "placca fessurata"per allacciarsi poi, in alto, alla variante "Superclaudia".

Attacco: nome alla base.

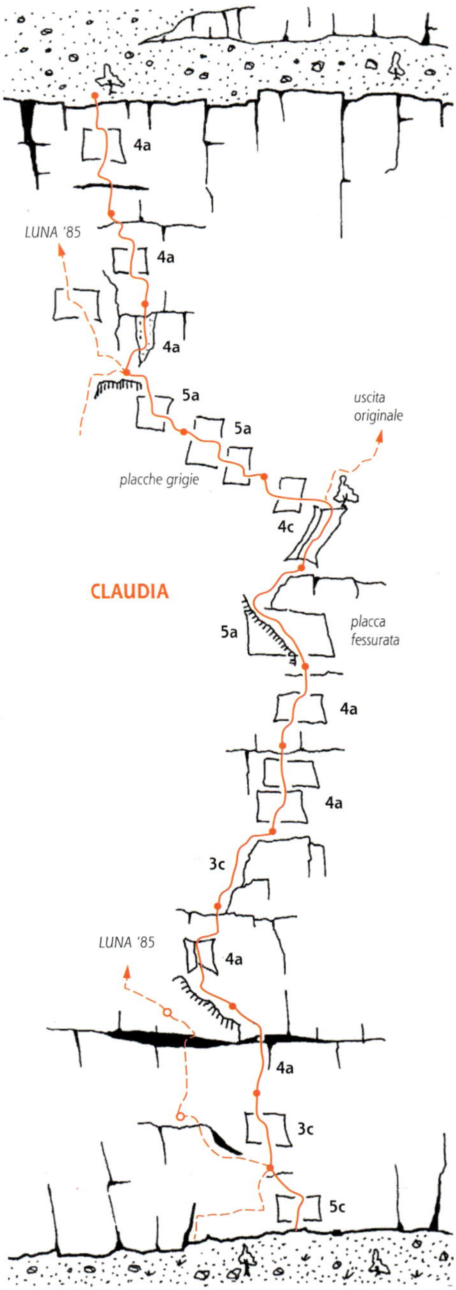

Altre vie:

A - ABBRACADAVERE: di R. Bassi 1982. Monotiro chiodato dal basso, con soli 4 spit, dal mitico Roberto Bassi negli anni d'oro dell'arrampicata sportiva in valle. 40 m. VII.
Supera la grande placconata triangolare a sinistra della via "Trento". Monotiro schiodato dopo la richiodatura sistematica della parete.

B - RIBALTONI: Dopo il primo tiro della via "Olocausto", si stacca sulla destra quest'altro itinerario estremo dove la caratteristica principale è l'aderenza spietata. 150 m. 7a.

C - CARNEVALADA: di M. Furlani e E. Piffer 1979. Questa via sale più o meno parallela alla via "Similaun"incrociandola alcune volte. 350 m. V+.

15 Parete Centrale

Parete Zebrata

0.30 h

0.30 h

500 m.

E

È quel settore di parete compreso tra la via "Claudia", ultima via con chiodi a resina del "Settore Sportivo", e la "Pala dele Lastiele", quell' avancorpo verticale che chiude a nord il lungo scivolo della Parete Zebrata. Alta e vastissima parete caratterizzata da grandi lavagne e isolati boschetti sospesi. Gli itinerari alpinistici sono lunghi e impegnativi, mentre quelli sportivi sono facili e divertenti. Dopo le prime esplorazioni, con la via delle "Miralde", la via "Pus" e la via "Gigliola"questo settore è stato per molti anni trascurato. È solo negli ultimi anni, con l'apertura di numerose e fantastiche vie che si è ripreso a frequentare queste pareti rimaste ancora un po' selvagge.

Accesso

Dall'ampio parcheggio comunale alla base della Parete Zebrata (comodo parcheggio anche nei pressi del vicino Bar Parete Zebrata) un evidente, comodo e ben tracciato sentiero porta alla base della parete. Seguire ora una traccia di sentiero verso destra che costeggia tutta la base della Parete Centrale. Quasi tutte le via hanno il nome all'attacco.

Discesa

In doppia dalle vie di salita.

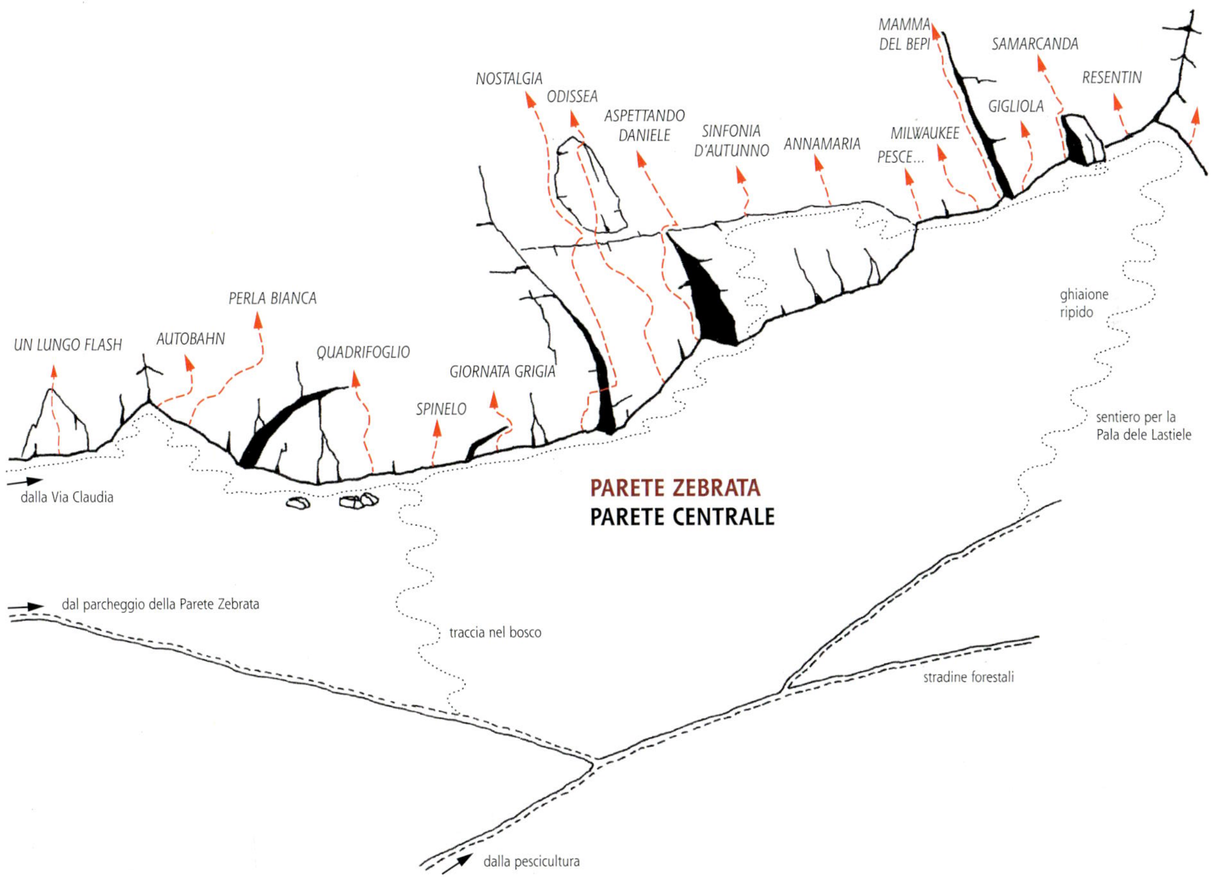
PARETE ZEBRATA
PARETE CENTRALE
UN LUNGO FLASH
AUTOBAHN
PERLA BIANCA
QUADRIFOGLIO
SPINELO
GIORNATA GRIGIA
NOSTALGIA
ODISSEA
ASPETTANDO DANIELE
SINFONIA D'AUTUNNO
ANNAMARIA
PESCE...
MILWAUKEE
MAMMA DEL BEPI
GIGLIOLA
SAMARCANDA
RESENTIN
ghiaione ripido
sentiero per la Pala dele Lastiele
dalla Via Claudia
dal parcheggio della Parete Zebrata
traccia nel bosco
stradine forestali
dalla pescicultura

29 MIRALDE	500 m.
30 OCEANO	500 m.
31 UN LUNGO FLASH	500 m.
32 NANE LINO	350 m.
33 SILWIOSKY	130 m.
34 FANTATITOLI	200 m.
35 NADIA E PATTY	300 m.
36 AUTOBAHN	400 m.
37 PERLA BIANCA	400 m.
38 QUADRIFOGLIO	350 m.
39 SPINELO	220 m.
40 GIORNATA GRIGIA	100 m.
41 NOZZE D'ARGENTO	200 m.
42 EL ZUGO	350 m.
43 NOSTALGIA	500 m.
44 ODISSEA	500 m.
45 VIA DELLE ROSE	250 m.
46 ASPETTANDO DANIELE	450 m.
47 SINFONIA D'AUTUNNO	260 m.
48 ANNAMARIA	260 m.
49 UN PESCE D'ACQUA DOLCE	180 m.
50 VIA DELLE GROSTE	140 m.
51 MILWAUKEE	280 m.
52 MAMMA DEL BEPI	400 m.
53 GIGLIOLA	400 m.
54 SAMARCANDA	300 m.
55 X FACTOR	330 m.
56 RESENTIN	300 m.

29
30
31
32
33
34

29 VIA DELLE MIRALDE★★

A. Andreotti, M. Rossi, G. Cantaloni 1972
500 m. (14L)
IV+, V/R3/II

Itinerario tradizionale: dal puro interesse storico ed esplorativo. Roccia mediocre e chiodatura assente. Supera la parete lungo il corridoio compreso tra la via Claudia e la via Oceano. Si tratta di un' itinerario da ricercare metro dopo metro: il percorso non è evidente e le placconate sono infestate dalla vegetazione. I pochi i punti di riferimento, non permettono di seguire sempre una linea ideale, e si sale un po' dove si vuole. L'unico tratto obbligato, è il superamento del friabile diedro-colatoio a metà parete. Oltre il bosco, la roccia migliora notevolmente, e la salita offre alcune lunghezze belle e divertenti. Nel complesso è una salita discreta, ma che può regalare belle soddisfazioni a chi ha un'indole decisamente esplorativa.

Attacco: circa 100 m. a destra della via Claudia e appena a sinistra della via Oceano.

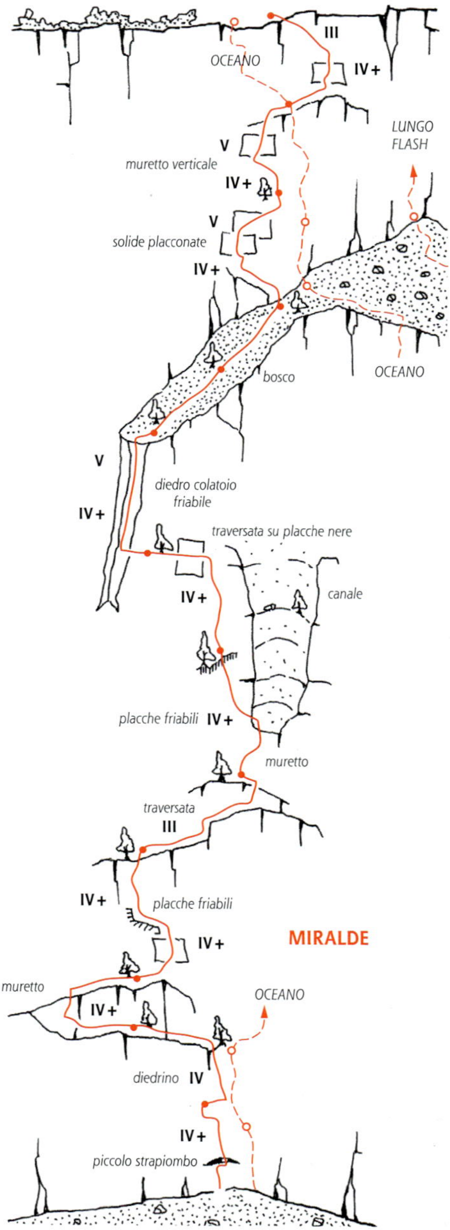

34
35
36
37
38a
38

30 VIA OCEANO★★★

U. Lombardo, M. Miori, M. Franceschini, G. Pisoni 2000

500 m. (19L)

6b, 6c (5c obb.)/S2/II

Lungo itinerario con sezioni in placca belle e difficili e con altre un po' meno interessanti. Alcuni tratti facili ed erbosi e una cengia boscosa danno alla salita un po' di sapore alpinistico. L'orientamento in parete è aiutato da alcuni segni rossi, e le soste sono attrezzate per un'eventuale discesa a corda doppia.

Attacco: a destra della via "Claudia", evidente scritta all'attacco.

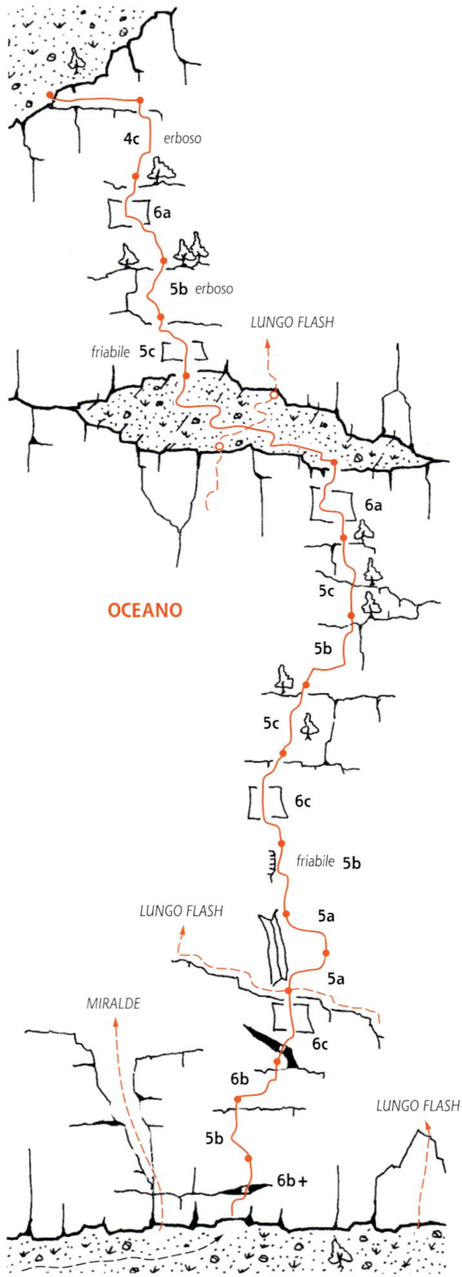

31 UN LUNGO FLASH ★★★★★

A. Tamanini e Compagni 1989
500 m. (12L)
VI+,VII+/R2/II

Magnifico itinerario, semi-sportivo, attrezzato con spit e chiodi. Linea ricercata ma logica ed elegante. Ambiente particolarmente suggestivo e bello nella parte alta della salita. La bravura di Arturo Tamanini è stata quella di riuscire a chiodare questa via dal basso e senza trapano, chiodando con il perforatore a mano stando solo sulle punte dei piedi su placche incredibilmente levigate.

Attacco: circa 100 metri a destra della via "Claudia". Oltrepassare l'attacco della via "Oceano" e portarsi sotto una evidente placconata triangolare. Nome alla base.

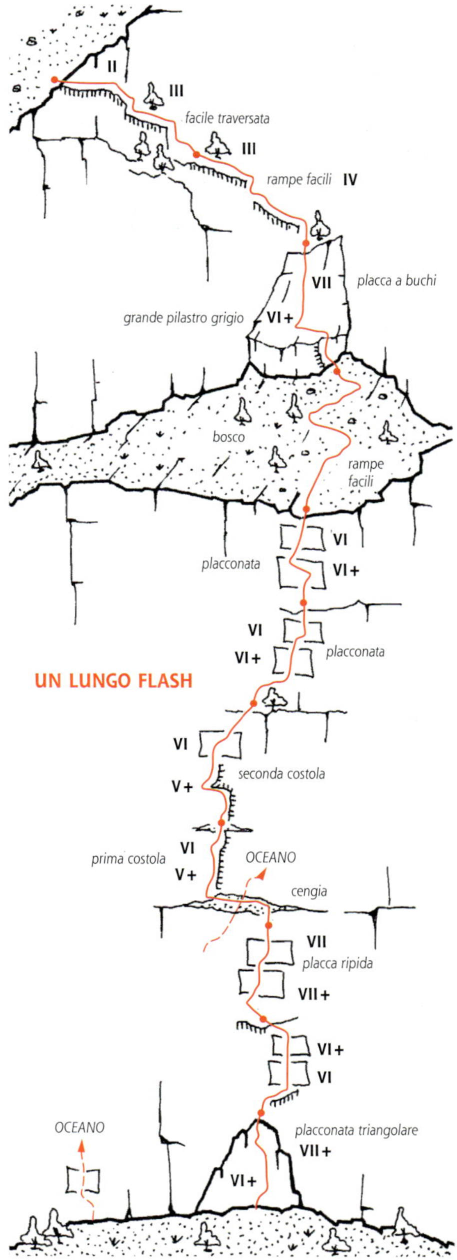

32 NANE LINO★★

A. Toni Zanetti, M. Brighente 2011
350 m. (10L)
5b, 6a (5b obb.)/S2/II

Itinerario ricercato e originale, dal sapore alpinistico. Supera nella prima parte un settore erboso e poco interessante, mentre la parte alta si riscatta per qualità della roccia e bellezza dei tiri. A volte può risultare difficile l'orientamento e la ricerca dell'itinerario. Molto belle sono le ultime due lunghezze.

Attacco: nome alla base.
Discesa: in doppia dalla via.

33 SILWIOSKY★★★

A. Toni Zanetti 2012
130 m. (5L)
6b+, passi in A0 (6a obb.)/S1/I

Breve itinerario, ma che presenta belle lunghezze in placca. Aderenza estrema nelle placconate centrali, stupendi gli ultimi due tiri. Può essere considerata anche un'ottima variante di attacco alla via Nane Lino, per evitare cosi le prime lunghezze poco interessanti. Chiodatura ottima e ravvicinata a fix.

Attacco: appena a destra di Nane Lino.

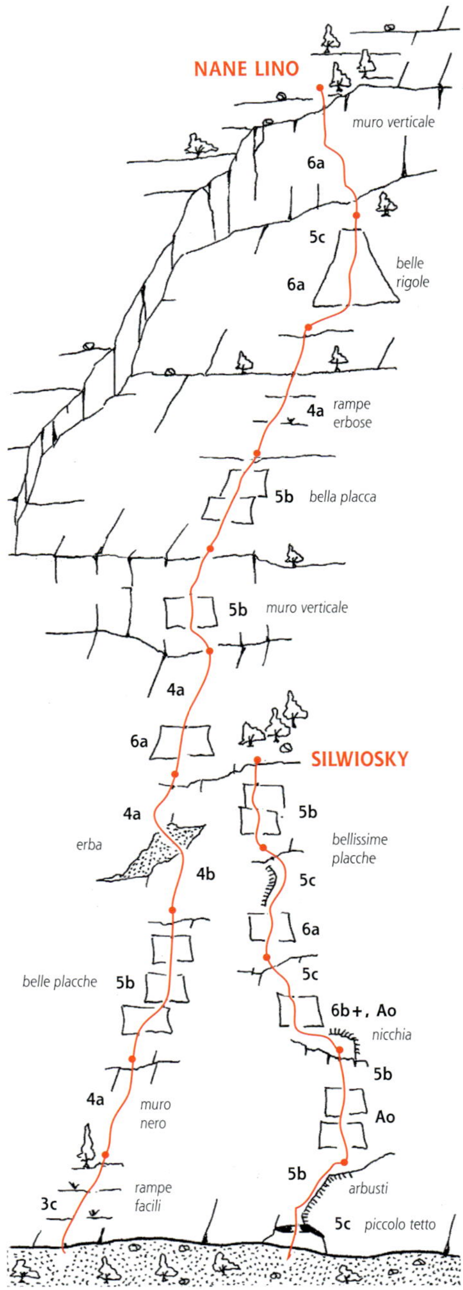

34 FANTATITOLI ★★★★

L. Pilati, F. Demetri, E. Presutti 2011
200 m. (6L)
5b, 6a, 2 passi in A0 (5c obb.)/S2/I

Bellissima arrampicata in placca, molto divertente e decisamente consigliata. Supera una serie di placconate molto lavorate con difficoltà contenute, e per i più esigenti, non mancano passaggi in aderenza spietata. Bellissima la placca nera del secondo tiro e il muretto verticale finale.

Discesa: in doppia dalla via.

35 NADIA E PATTY ★★★

M. Brighente, A. Toni Zanetti 2008
300 m. (6L)
6b+, 6c+ (6b obb.)/S2/II

Bell'itinerario in placca, vario e divertente. Alcune lunghezze sono stupende come la "placca a buchi" del terzo tiro o la lunga "rigola" del quarto tiro. Arrampicata generalmente in aderenza su roccia levigata e molto compatta. Alcuni tratti erbosi non disturbano troppo l'arrampicata. La chiodatura è sempre ottima e abbondante a fix e per la ripetizione bastano solamente i rinvii. Attenzione, per questa via servono corde da 60 metri.

Attacco: appena a sinistra di Autobahn, nome alla base.

Discesa: in doppia dalla via.

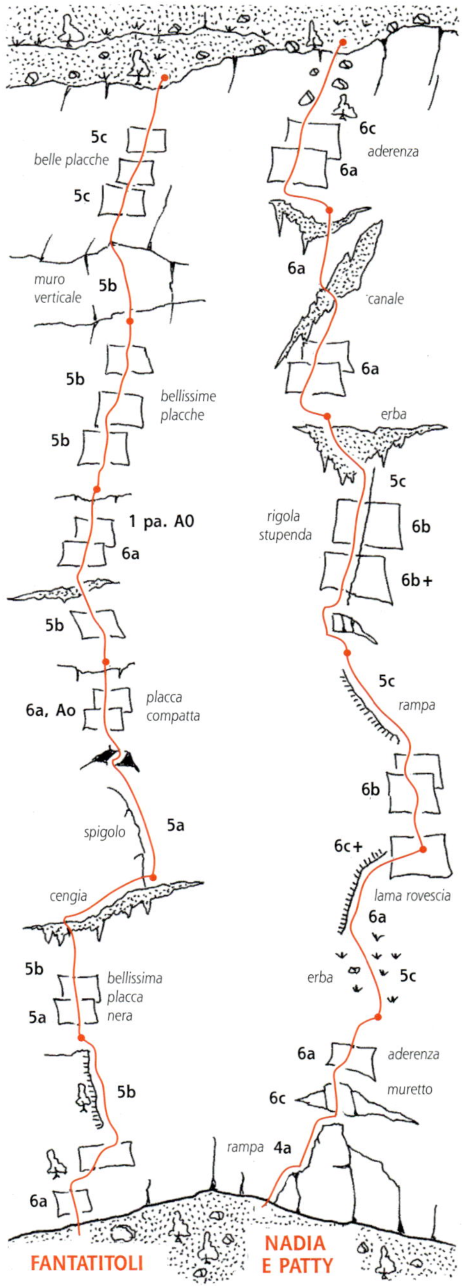

36 AUTOBAHN ★★★★
R. Galvagni, D. Filippi 2002
400 m. (12L)
6b, 6c, passi in A0 (6b obb.)/S2/II

Al centro della parete, un grande settore dalla forma triangolare, ha come vertice una caratteristica macchia bianca (grande scaglia franata) e come base una larga e ripida muraglia nera incisa da una sottile linea bianca. Questo primo tratto ricorda un'autostrada, un'autobahn appunto, e lungo queste placconate si sviluppa la via.

Spettacolare itinerario lungo solidissime placconate. La caratteristica principale di questa salita è data dall'eccezionale continuità delle difficoltà: l'arrampicata in aderenza spietata è quasi costante lungo tutto l'itinerario. Portare almeno 16 rinvii.

Attacco: dall'attacco della via Claudia, traversare a destra seguendo tracce di sentiero e superati gli attacchi di "Oceano" e "Un lungo Flash", si arriva all'evidente simbolo verde dell'autostrada.

Discesa: in doppia dalla via. Attenzione alla seconda calata: non verso sinistra ma scendere direttamente lungo il grande scivolo, alla base del quale si trova la sosta fuori via.

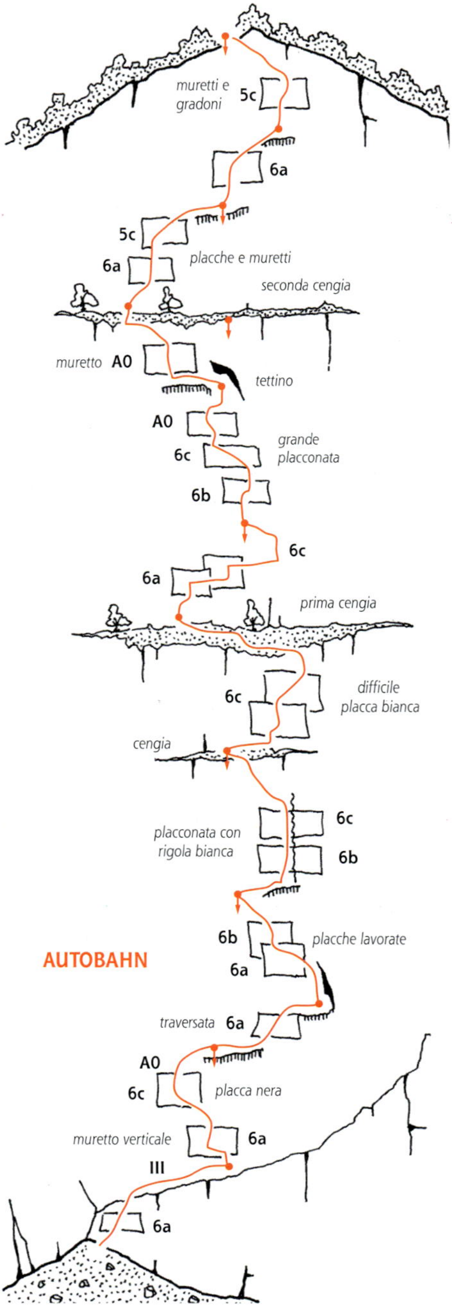

37 PERLA BIANCA★★★★

M. Brighente, G. Bogoni, D. Dal Cere 2003
400 m. (11L)
6a, 6b, passi in A0 (6a obb.)/S1/II

Bellissima salita, tra le più belle della parete. Dopo le prime due lunghezze, poco piacevoli, lungo placche e rampe erbose, la via prosegue con un'incredibile sequenza di placconate stupende e compatte. Arrampicata in aderenza sempre divertente ed entusiasmante: con roccia ruvida su svasi e rigole. Le difficoltà sono sempre sostenute e continue. La chiodatura è ottima e ravvicinata a fix.

Attacco: poco a destra di Autobahn, scritta alla base.

Discesa: in doppia dalla via.

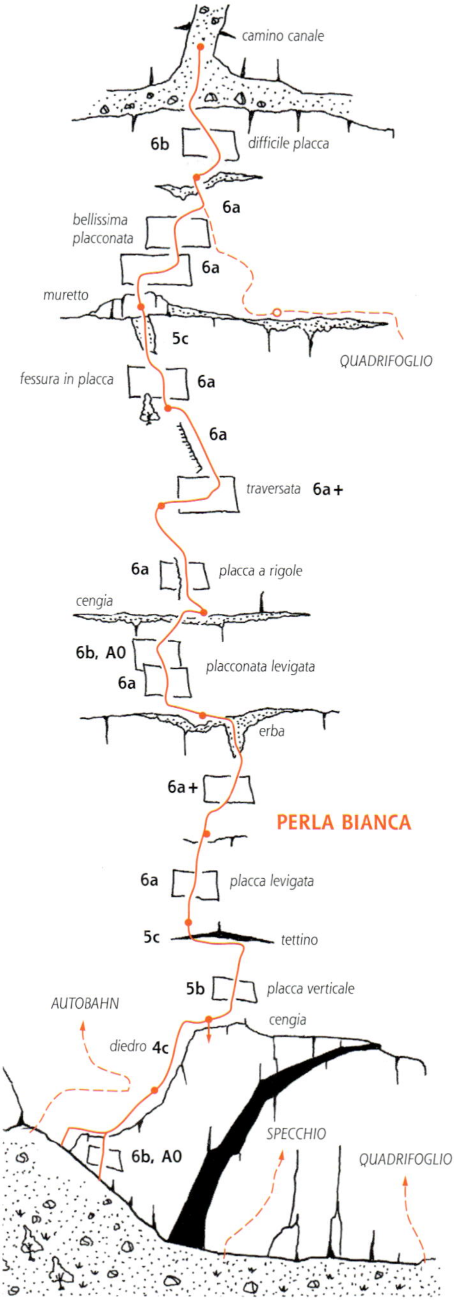

38 QUADRIFOGLIO★★★★★

M. Brighente, P. Bottegal, G. Bogoni, D. Dal Cere 2004
350 m. (12L)
6b, 6c, passi in A0 (6a obb.)/S1/II

Lungo itinerario, bello e divertente. Sicuramente tra i più interessanti e piacevoli delle Parete Zebrata. Arrampicata generalmente continua, solo in alcuni tratti è interrotta da gradoni con arbusti e roccette. La roccia solida e l'ottima chiodatura rendono la via molto consigliabile.

Attacco: dall'attacco di Autobahn e Perla Bianca, continuare in discesa a seguire la parete per altri 80 metri, scritta alla base e fix visibili.

Discesa: in doppia dalla via Perla Bianca.

38a VARIANTE SPECCHIO★★★

M. Brighente, G. Bogoni 2006
200 m. (7L)
6b, A0 (6a obb)/S1/II

Questa via può essere considerata una interessante variante d'attacco alla via Quadrifoglio. Alcuni tiri sono molto belli e divertenti, soprattutto l'ultimo, ma i tratti i A0 sono difficilmente liberabili. La roccia è solida e la chiodatura ottima. Al termine della via, se non si prosegue per Quadrifoglio, si può rientrare facilmente in corda doppia su ottime soste attrezzate.

Attacco: tra le vie Perla Bianca e Quadrifoglio.

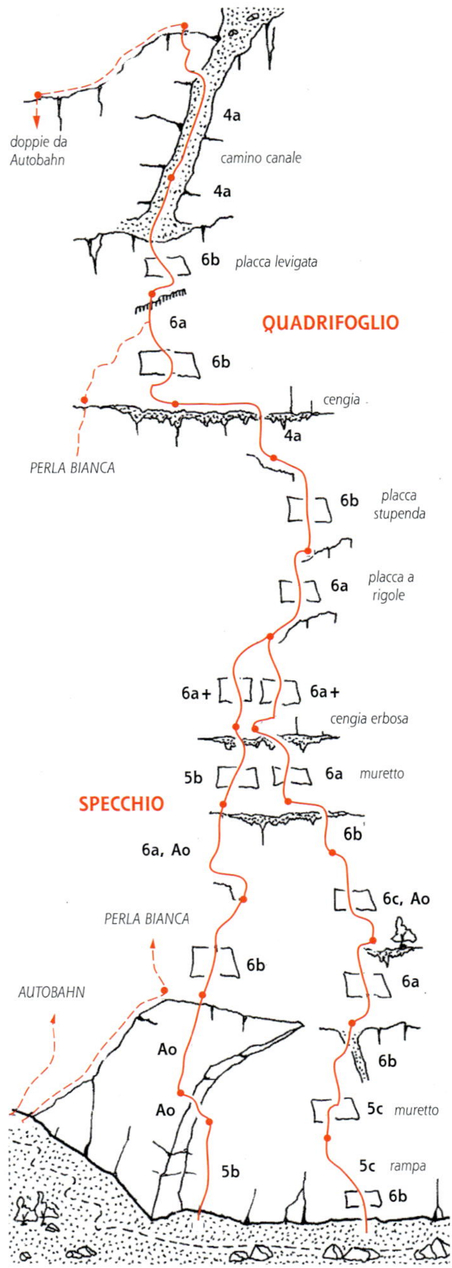

Alessandro Spinelli, *Perla bianca (sassbaloss.com)* →

39 SPINELO★★★★

M. Brighente, G. Bogoni, D. Dal Cere 2003
220 m. (7L)
5c, 6a (6a obb.)/S1/II

Bella via ricercata e originale. Segue con bella logica, una serie di placconate che spuntano dalla vegetazione. Arrampicata varia e interessante, alterna tratti in canali infestati dalla vegetazione a placche stupende, come l'ultimo tiro. Nel complesso è una via divertente e molto consigliata. Roccia solida lungo tutto il percorso e chiodatura ottima a fix.

Attacco: da Quadrifoglio, continuare a seguire la parete per altri 50 metri, scritta all'attacco.

Discesa: in doppia dalla via con 5 calate su soste a catena. L'ultima calata è fuori via.

39a VAR. PICCOLA GIULIA★★★

M. Brighente, P. Bottegal 2005
90 m. (3L)
6b, A0 (6a obb.)/S1/II

Breve variante di tre lunghezze che raddrizza la via Spinelo. Arrampicata in aderenza spietata e difficile con alcuni passi in A0.

Attacco: 30 m. destra di Spinelo.

39b VAR. VIA DEL TOPO★★★

M. Brighente, G. Bogoni 2005
120 m. (3L)
6c (6a obb.)/S1/II

Bella variante, interessante e meritevole. Il secondo tiro, inizia con un difficile passo di equilibrio e movimento, e continua poi lungo una bella placconata lavorata. Al termine della via anziché calarsi in doppia, è consigliabile con una breve traversata, guadagnare la quarta sosta di Spinelo, e proseguire per questa.

Attacco: 50 m. destra di Spinelo.

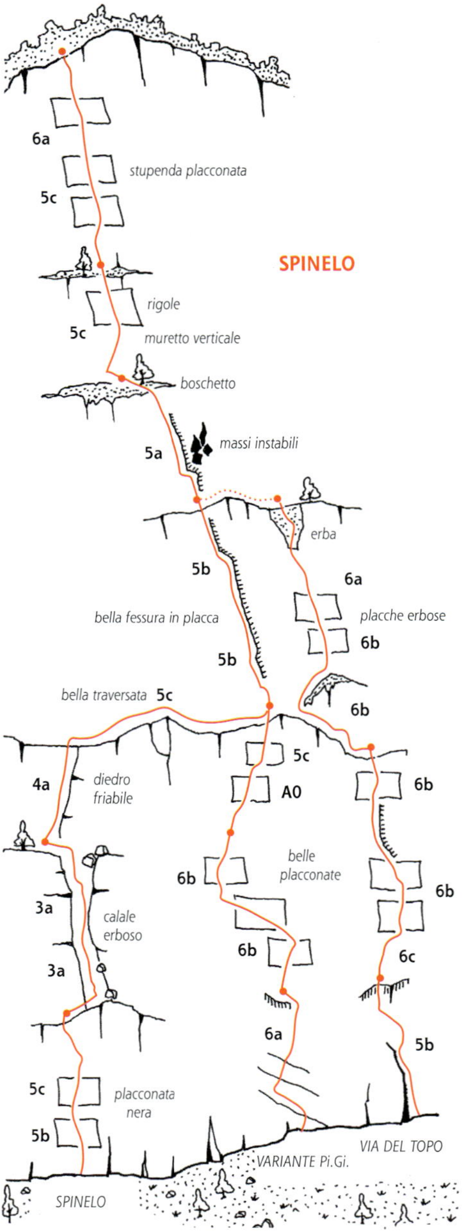

39
39a
39b
40
41

40 GIORNATA GRIGIA ★★★★★

D. Filippi, S. Bazzanella 1998.
100 m. (3L)
6a, 6b+ (6b+ obb.)/S3/I

Breve ma intensa salita lungo placconate stupende e compatte. Arrampicata in aderenza estrema, con passaggi obbligatori, anche con protezioni lontane. Molto impegnativo un tratto nel secondo tiro. Chiodatura ottima a fix inox 10 mm.

Attacco: dove la parete forma un tettino che parte da terra e sale a formando un caratteristico arco. Nome alla base.

Discesa: in doppia.

41 NOZZE D'ARGENTO ★★★★

M. Brighente, G. Barchiesi, S. Gianesini 2010
200 m. (6L)
6a+, un passo A0 (5c obb.)/S1/II

Bella e divertente arrampicata in placca su roccia magnifica, decisamente consigliata. Tutte le lunghezze, ottimamente attrezzate a fix, mantengono difficoltà omogenee, intorno al 5c, 6a. Solo il primo tiro presenta un breve passo in A0, difficilmente liberabile.

Attacco: nome alla base.

Discesa: in doppia dalla via, meglio con corde da 60 metri.

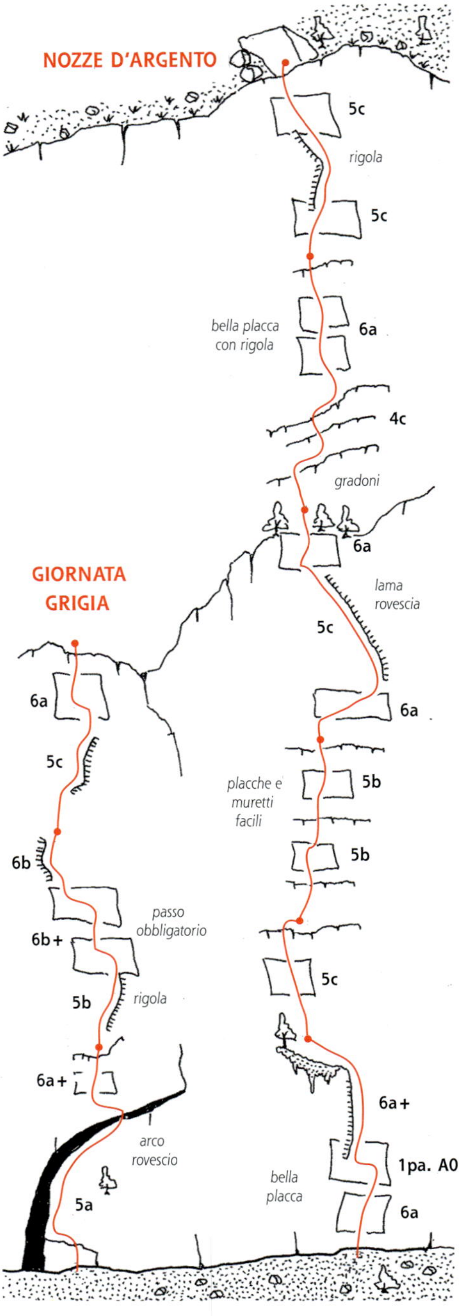

40
41
42
43
44
45
46
47
48

42 EL ZUGO ★★★

M. Brighente, G. Bogoni 2007
350 m. (9L)
6a, un passo 6b (6a obb.)/S1/II

Nel complesso una bella salita, soprattutto le lunghezze finali, caratterizzate da una divertente arrampicata in placca lungo bellissime rigole scavate. Entusiasmanti alcuni tratti, come il muretto a rigole verticali del settimo tiro o la lunga placconata finale. Roccia ottima e chiodatura sicura e abbondante a fix.

Attacco: a sinistra di Nostalgia, nome alla base.
Discesa: in doppia dalla via.

43 NOSTALGIA ★★★★

D. Filippi 1994
500 m. (14L)
VI+, A2/R2/III

Dopo la richiodatura a resina delle vie classiche, ecco che nasce nel cuore una profonda "Nostalgia" delle placche di un tempo... Lungo itinerario, decisamente alpinistico, attraverso un settore di parete alto e compatto. La roccia bella e la chiodatura sufficiente rendono l'arrampicata sempre divertente. Tratti di arrampicata libera su roccia erbosa si alternano a placche compattissime chiodate in artificiale dove si può provare anche qualche passaggio in libera.

Attacco: dal parcheggio è ben visibile all'estrema destra della parete, una inconfondibile placca bianca. Portarsi sotto la verticale di questa, nei pressi di un grande strapiombo ad arco rovescio, circa a 50 m. a sinistra di un diedrone formato da una spalla appoggiata alla parete. Sotto lo strapiombo, attaccare la parete per una bella placca grigia, attrezzata con una clessidra, poi sono visibili 2 chiodini a pressione. Nome alla base.

Discesa: in corda doppia dalla via su soste parzialmente attrezzate: portare dei cordini per eventuali sostituzioni.

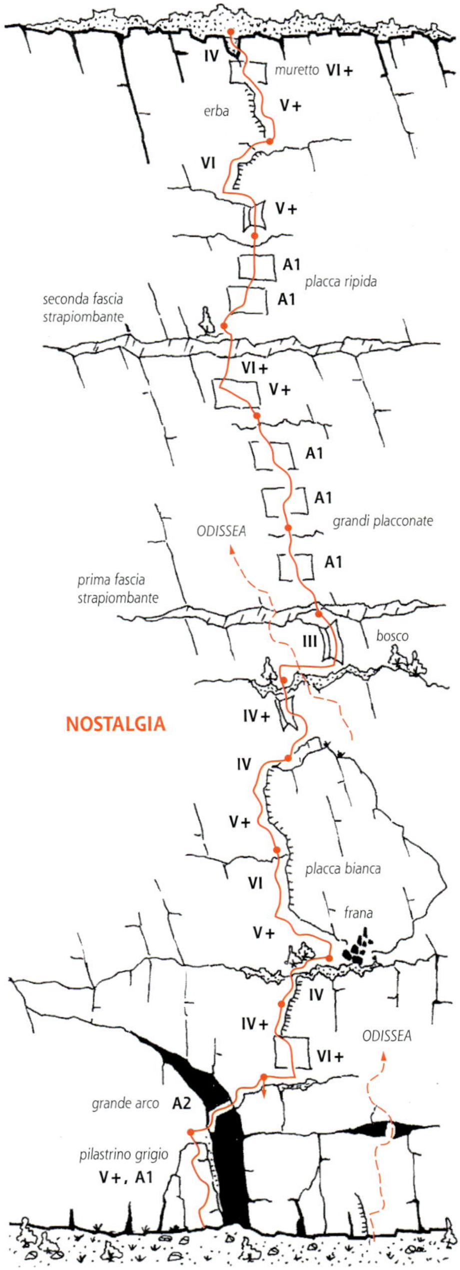

44 ODISSEA★★★★★

T. Quecchia, M. Rivadossi, A. Tonoli 1997
Prima ripetizione D. Filippi e S. Scalet
500 m. (15L)
VII+, A3/R2/III

Grandioso itinerario in placca: è sicuramente la salita più complessa dell'intera Parete Zebrata. Arrampicata libera estrema. Sezioni in aderenza spietata, ma ben protette a fix, si alternano a tratti in arrampicata classica con protezioni tradizionali molto più lontane. Inoltre il 13° tiro presenta un' arrampicata artificiale molto particolare. Inizia con alcuni passaggi estremi in libera, per poi continuare con una progressione alternata su fix e cliff. Ovvero, tra un fix e l'altro, sono obbligatori due passi su cliff in buchetti appena accennati, ne risulta cosi un' arrampicata non pericolosa, ma incredibilmente precaria. Obbligatorie due staffe a testa e cliff di varie dimensioni, consigliati per questo tiro due ganci tipo "Talon".

Attacco: come per "Nostalgia" portarsi sotto l'inconfondibile placca bianca. Qui è ben visibile uno strapiombo nero con appesi dei cordini. Attaccare sotto questo per un diedrino erboso. Nome alla base.

Discesa: in doppia dalla via, portare materiale per eventuali rinforzi.

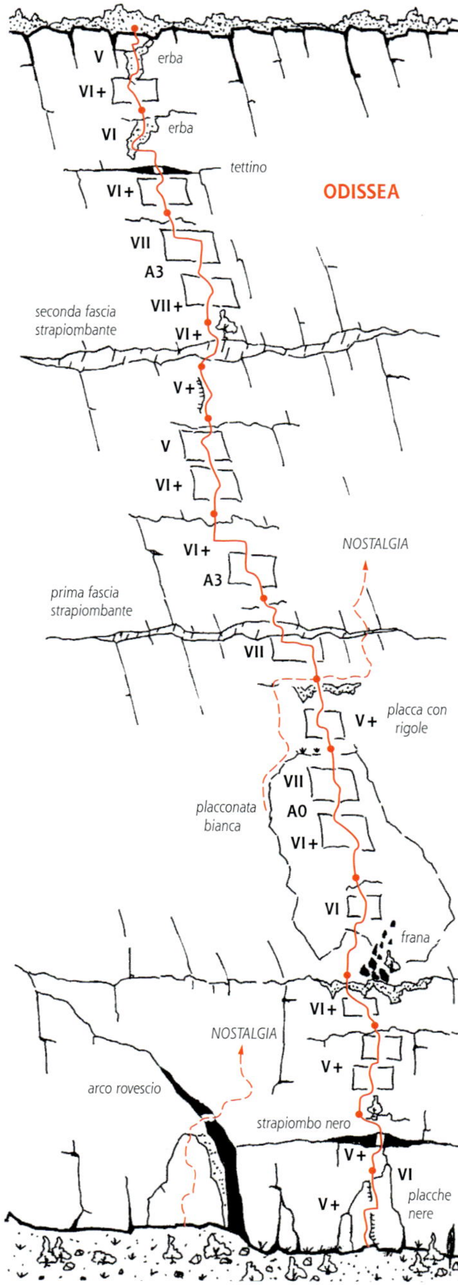

45 VIA DELLE ROSE ★★★

M. Brighente, G. Bogoni 2009
250 m. (8L)
5b, 6a+ (5c obb.)/S1/II

Breve e divertente itinerario che va alla ricerca di placconate compatte e levigate in un settore decisamente erboso. Le prime lunghezze risultano poco interessanti, su roccia mediocre ed erbosa, mentre la parte alta offre un'arrampicata in aderenza su roccia ottima e lavorata. Bellissima la penultima lunghezza. Chiodatura ottima e abbondante a fix da 10.

Attacco: tra le vie Odissea e Aspettando Daniele, nome alla base.

Discesa: in doppia dalla via.

46 ASPETTANDO DANIELE ★★

M. Brighente, G. Bogoni, D. Dal Cere 2006
450 m. (14L)
6a, 6b, passi in A0 (5c obb.)/S1/II

Salita dalle caratteristiche esplorative dove l'arrampicata è spesso disturbata dalla abbondante vegetazione. La via alterna tratti con rocce rotte ed erbose a placche molto compatte solcate da stupende rigole. Le ultime lunghezze si sviluppano in un ambiente veramente unico e meritevole. Molto bella la fessura strapiombante nella parte alta della via. Nel complesso è una salita divertente e varia, dove si trova un po' di tutto: libera obbligatoria, placche friabili, passaggi in A0 e rampe erbose. La roccia è generalmente buona e la chiodatura abbondante a fix.

Attacco: a destra di Odissea, alla base del diedro formato da un grande avancorpo appoggiato alla parete. Nome alla base.

Discesa: in doppia dalla via.

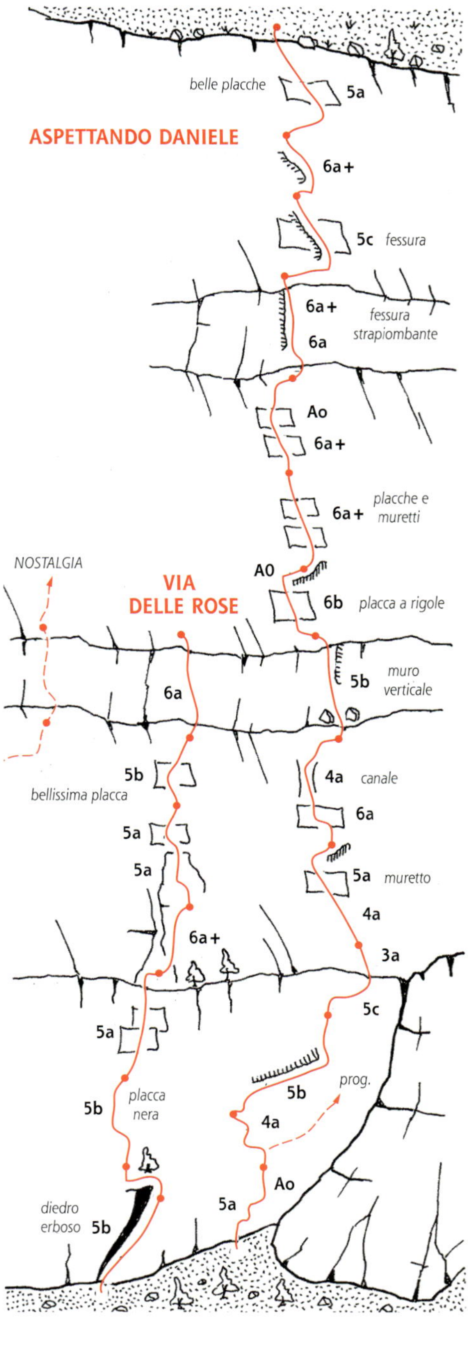

47 SINFONIA D'AUTUNNO★★★★★

D. Ballerini, G. Castellini, C. Stefani 1996
260 m. (7L)
6b+ (5c obb.)/S2/II

Magnifica via, non estrema e molto divertente. La seconda lunghezza è di un estetica incredibile.

Attacco: la base della "Parete Centrale" è caratterizzata da un avancorpo boscoso situato a circa 150 m. a sinistra della "Pala dele Lastiele", ovvero quello spallone che chiude a nord la Parete Zebrata. Sopra e a sinistra di questo attacca la via. Dal parcheggio è consigliabile portarsi alla base della "Pala dele Lastiele" per poi ritornare verso sinistra rimontando il ripido avancorpo. La prima via che si incontra è "Annamaria" mentre la seconda è "Sinfonia d'Autunno".

Discesa: in doppia dalla via, un po' difficile è la penultima doppia, tutta in obliquo, dove è consigliabile rinviare gli spit.

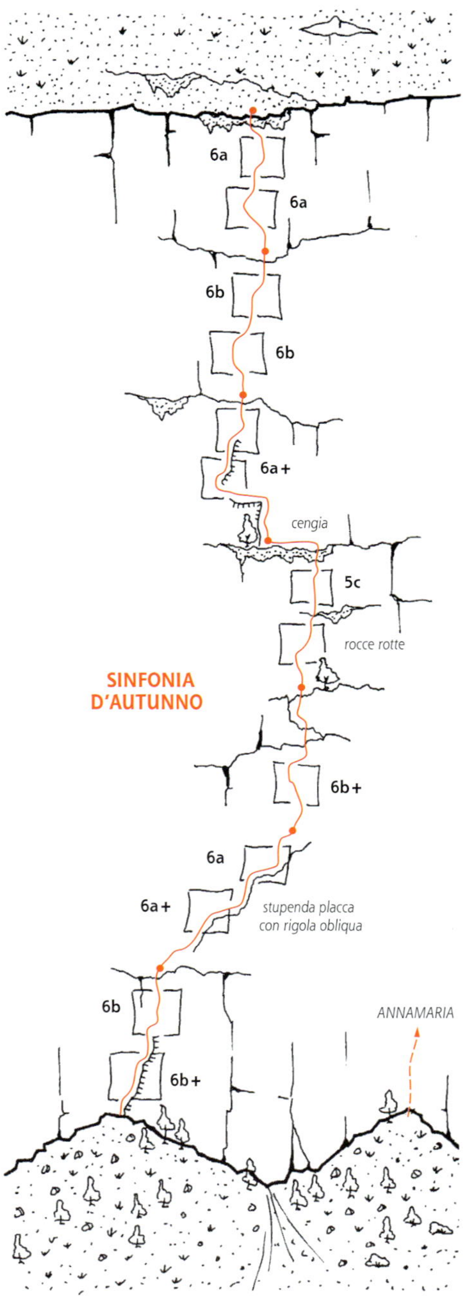

48 ANNAMARIA ★★★

T. Quecchia, D. Ballerini, C. Stefani 1996
260 m. (6L)
VII+, A0/R2/II

Difficile itinerario, alterna tratti sportivi a tratti decisamente alpinistici. Dopo un paio di lunghezze con chiodatura sportiva e un tiro decisamente erboso, la via affronta un muro nero verticale protetto con chiodi tradizionali. Qui possono ritornare utili alcuni stopper. Il resto della via supera placche straordinarie con magnifica arrampicata in aderenza.

Attacco: come per "Sinfonia d'Autunno", circa 30 m. a destra. Attaccare una difficile placca protetta a fix, il primo grosso cespuglio si evita sulla sinistra.

Discesa: in doppia dalla via, portare cordini per rinforzare le soste.

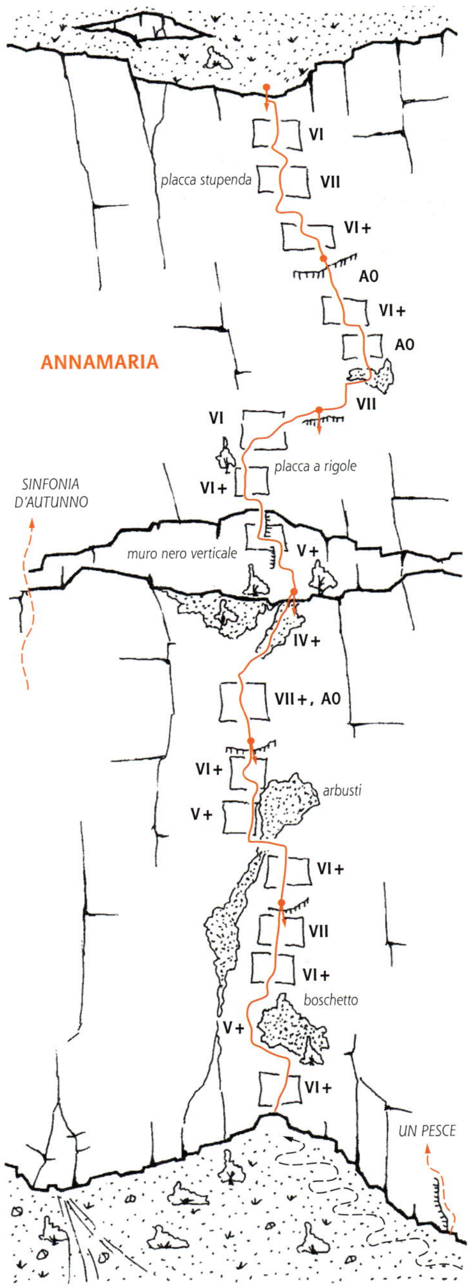

49 UN PESCE D'ACQUA DOLCE★★
A. Damioli 1997
180 m. (6L)
6b (5c obb.)/S2/I

Breve e facile itinerario. Molto bello e divertente. Con il secondo e il terzo tiro si supera una placca molto ripida e compatta.

Attacco: portarsi sotto lo spallone della "Pala dele Lastiele" e ritornare verso sinistra in direzione dell'avancorpo boscoso, (sopra il quale attaccano le vie Sinfonia e Annamaria) La via attacca una fessurina in placca proprio all'inizio della rampa che porta sopra l'avancorpo.

49a VARIANTE LEON★
A. Damioli 1997
100 m. (3L)
6b (5c obb.)/S2/I

Breve variante alla via "Un pesce d'acqua dolce", nella quale ha in comune solo il primo tiro. Segue all'inizio uno spigolo arrotondato di una placconata per poi continuare su una zona di placche più facili ed erbose.

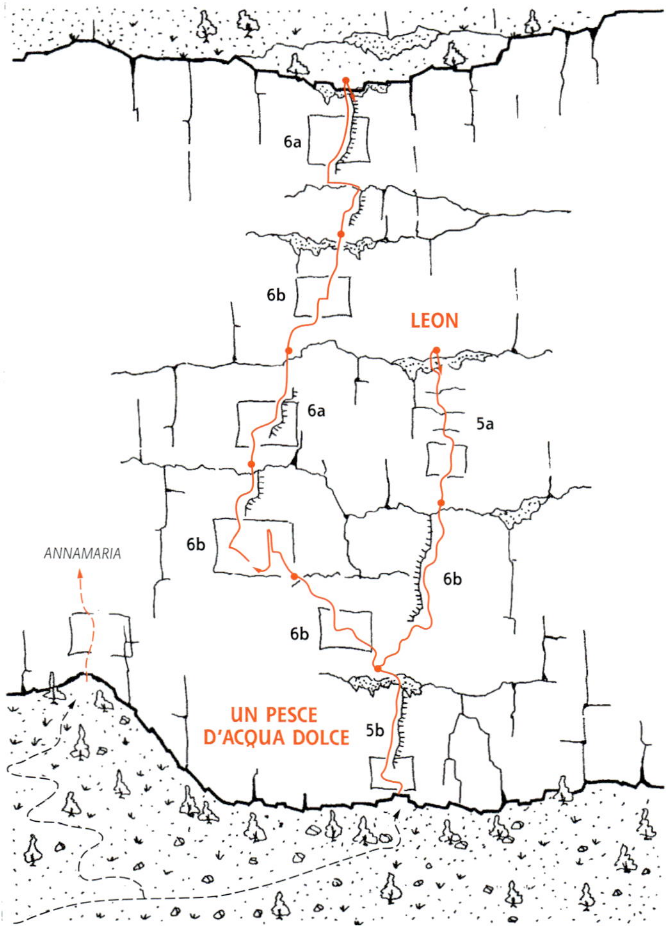

48
49a
49
50
51
52
53
54
55
56
57

50 VIA DELLE GROSTE ★★★

M. Brighente, G. Bogoni 2006
140 m. (5L)
6b, 6c (6a obb)/S1/II
Bella via, molto breve, ma con passaggi di aderenza molto tecnici. Ideale nelle mezze giornate. Roccia ottima e chiodatura ravvicinata.
Attacco: appena a sinistra di Milwaukee.

51 MILWAUKEE ★★★

A. Toni Zanetti e G. Bonvecchio 2004
280 m. (6L)
6b+ (6b obb.)/S3/II
Bella e divertente salita in placca, consigliata. Le prime tre lunghezze corrono lungo placche levigate solcate da splendide rigole. Mentre le ultime tre, meno divertenti, salgono placche poco difficili e ingombre dalla vegetazione. Roccia solida e chiodatura ottima a fix lungo tutto il percorso. Attenzione agli ultimi tiri dove la chiodatura risulta distanziata.
Attacco: appena a sinistra del grande diedro-canale della via Mamma del Bepi.
Discesa: in corda doppia dalla via.

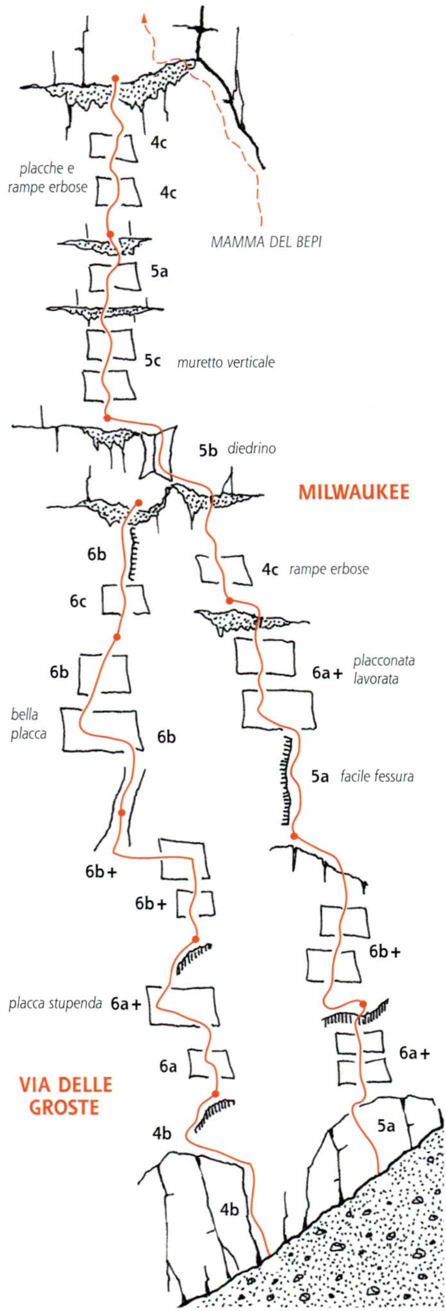

52 VIA MAMMA DEL BEPI ★★★

G. Stenghel, W. Gobbi 1983
400 m. (10L)
V+, VI, A1/R3/II

La Parete Zebrata prima di chiudersi a nord contro lo spallone della "Pala dele Lastiele" è incisa per tutta la sua altezza la una lineare ed evidentissima fessura-camino. Questo itinerario si presenta all'inizio con una serie di rampe e diedri erbosi, appoggiati ed obliqui verso sinistra, per poi continuare in profondi camini sempre più ripidi e verticali. È questo il tratto più interessante della salita dove i diedri finali appaiono repulsivi ed opprimenti. Si tratta di una salita di stampo decisamente classico, dove l'arrampicata è spesso disturbata dalla vegetazione e la chiodatura è scarsa e precaria. Non mancano tratti interessanti e divertenti, come il suggestivo superamento della grande grotta dell'ottavo tiro. Le ultime due lunghezze sono le più difficili, ma si svolgono su roccia pulita e solida.

Attacco: evidente, alla base del grande diedro canale.

Discesa: dall'ultima sosta, con 3 doppie attrezzate su alberi si guadagna l'ultima sosta di Milwaukee. Da qui, con altre 6 doppie su soste a fix, si arriva alla base della parete.

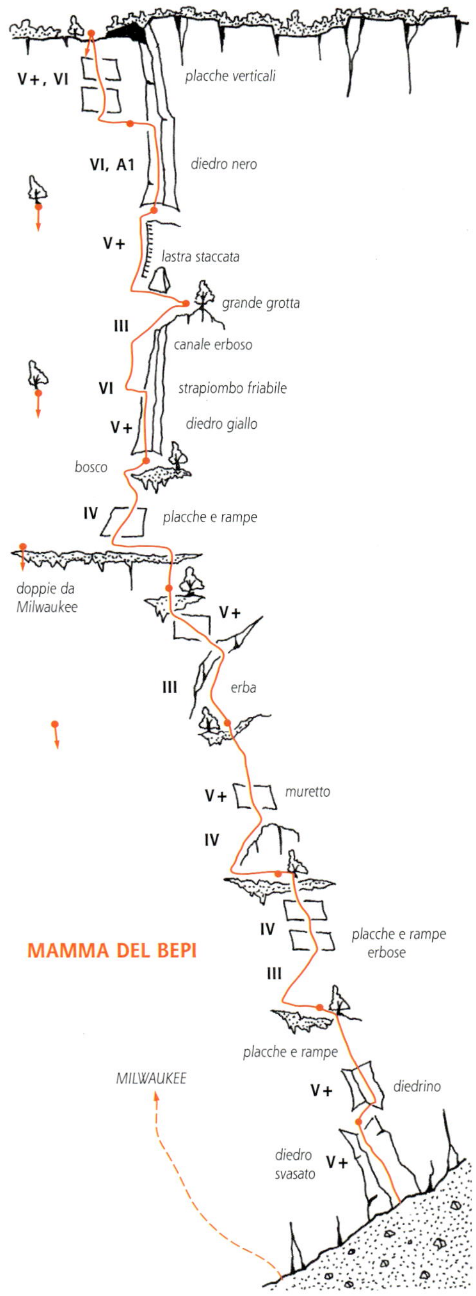

53 GIGLIOLA ★★★

M. Giordani, F. Zenatti 1983
400 m. (12L)
VI+, A2/R3/II

Lunga e difficile salita, poco o per nulla ripetuta. Roccia a tratti friabile e chiodatura precaria. Supera il settore di parete compreso tra lo spallone della "Pala dele Lastiele" e la via "Mamma del Bepi del Colodri", ovvero quel evidentissimo fessurone che incide per tutta la sua altezza la parete.

Attacco: poco a destra dell'attacco della via "Mamma del Bepi del Colodri", salire per un diedrino grigio proprio sullo spigolo, che più sopra porta a delle placconate difficili e friabili.

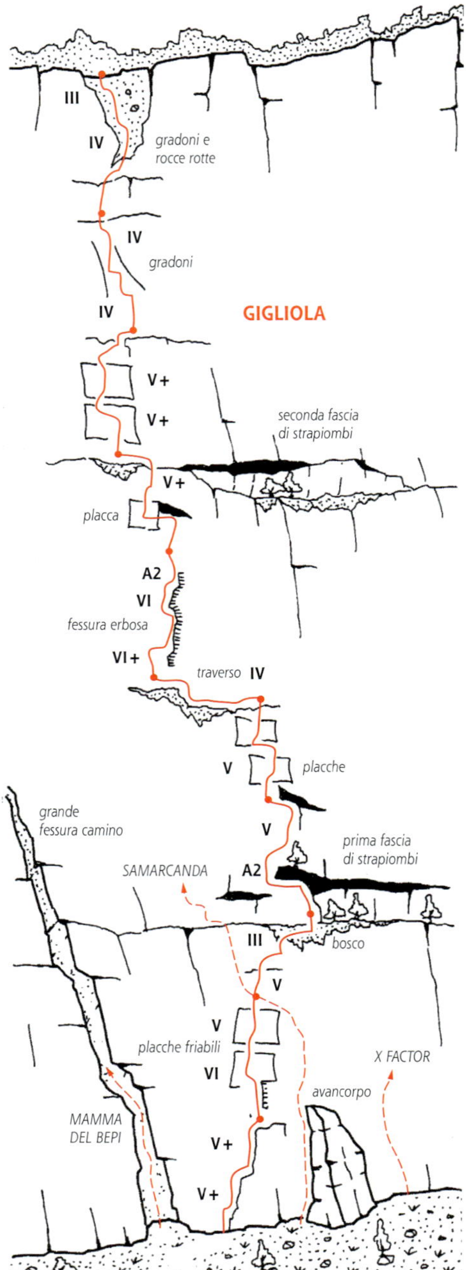

54 SAMARCANDA ★★★★

A. Toni Zanetti e G. Bonvecchio 2006

300 m. (8L)

6c, A0 (6a obb.)/S2/II

Samarcanda segue il settore più ripido della parete zebrata, offre un'arrampicata bella e sostenuta lungo placche ripide e muretti verticali. La roccia è stupenda: levigata sulle placche appoggiate e a tacche sui muri verticali. Molto bello il diedro iniziale e il muro verticale del penultimo tiro. La chiodatura è ottima e abbondante a fix. Arrampicata generalmente in libera, salvo alcuni brevissimi passaggi, difficilmente liberabili. Potrebbero ritornare utili alcuni friend piccoli.

Attacco: a destra del grande solco della via Mamma del Bepi, attaccare il fondo del grande diedro.

Discesa: in corda doppia lungo la via.

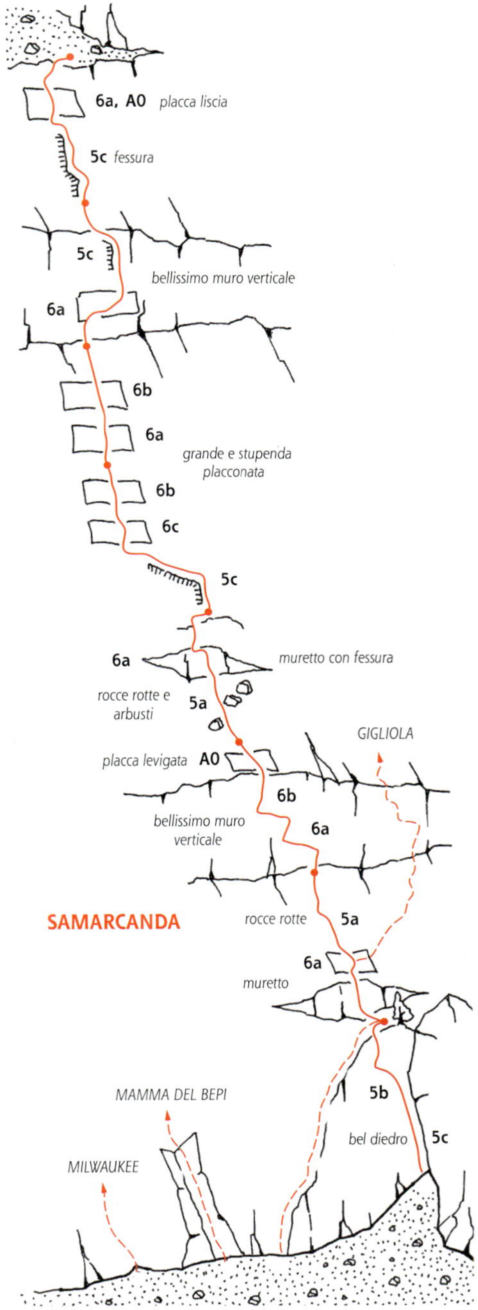

55 X FACTOR ★★★

A. Toni Zanetti, G. Bonvecchio 2009
330 m. (8L)
6a, 6b+, A1 (6b obb.)/S2/II

L'itinerario su sviluppa lungo un corridoio di placche decisamente compatte e levigate. Le sezioni più difficili si superano in A1, dove può ritornare utile una staffa. L'arrampicata rimane comunque sempre divertente ed è molto varia: tra placche in aderenza e muri strapiombanti. La seconda lunghezza si supera seguendo una spaccatura erbosa, oppure seguendo una variante in placca a destra con difficoltà leggermente maggiori. Attenzione ad alcuni passaggi su roccia delicata nel terzo e quinto tiro. Chiodatura ottima e abbondante a fix da 10.

Attacco: a destra della via Gigliola, oltre l'avancorpo.

Discesa: in doppia dalla via.

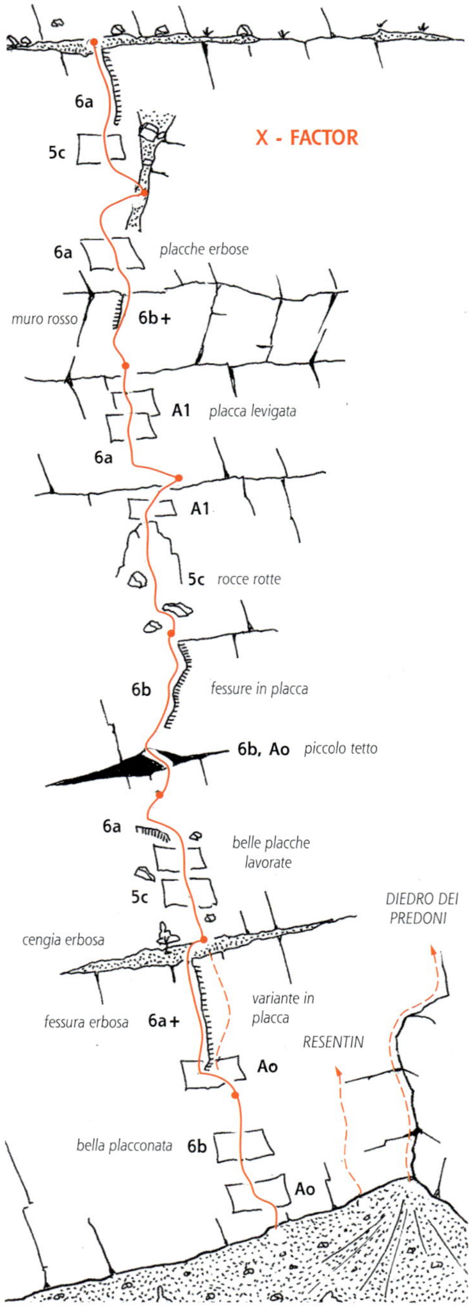

56 RESENTIN ★★

A. Toni Zanetti e G. Bonvecchio 2004
300 m. (6L)
6b+, A1 cliff (6b, A1 cliff obb.)/S3/II

Questa via che si sviluppa a destra della via Gigliola, corre lungo una fascia di placche molto discontinue e articolate. Questo itinerario dalle caratteristiche esplorative, offre un'arrampicata difficile e sostenuta. Le lisce placconate si superano con estremi passaggi in libera e con precari passi su cliff. A queste, si alternano diedri e fessure infestate dalla vegetazione dove bisogna procedere con cautela. Nel complesso risulta una via di un certo interesse e valore, (soprattutto date le difficoltà in libera e in artificiale) che supera un settore di parete decisamente repulsivo. La roccia è generalmente buona e la chiodatura è ottima a fix, anche se spesso distanziata. Per una ripetizione, possono ritornare utili alcuni friend di misura media, obbligatori invece, sono un paio di cliff (per fori artificiali da 6 mm) e una staffa.

Attacco: a destra della via Gigliola, oltre l'avancorpo, scritta alla base.

Discesa: in corda doppia dalla via. I primi salitori dedicano questa via all'amico Arturo Tamanini, alpinista e grande amante della Parete Zebrata.

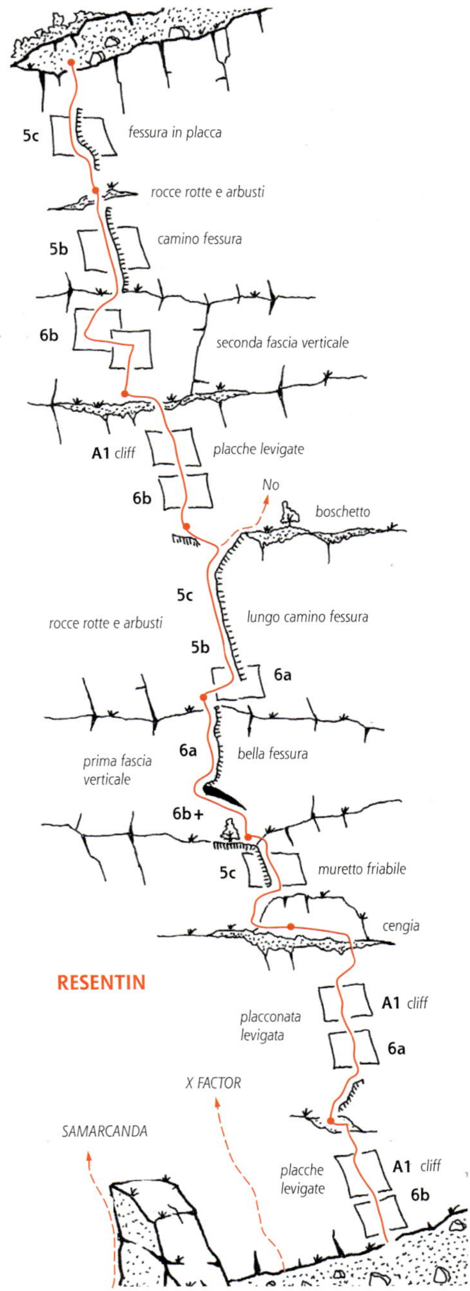

Altre vie:

A – GRANO SARACENO: di R. Bassi e compagno. Attacca a destra della via "Claudia", per un diedro evidente ed erboso. Itinerario di quattro lunghezze. Discesa in doppia dalla via. 150 m. V+,VI

B – VIA PUS: di G. Groaz e P. Baldo. Itinerario lungo, difficile da individuare e di stampo decisamente esplorativo.

16 Pala dele Lastiele

Parete Zebrata

0.45 h

1.00 h

350 m.

S

La Pala dele Lastiele, è quello spallone di modeste proporzioni che chiude a nord il lungo scivolo della "Parete Zebrata". Offre un'unica parete: la sud. Alta circa 250 metri, ha un aspetto poco attraente dove corre però un verticalissimo ed esposto pilastro. Su questo si sviluppano le vie più belle e interessanti del settore.

Accesso

Dall'ampio parcheggio comunale alla base della Parete Zebrata (comodo parcheggio anche nei pressi del vicino Bar Parete Zebrata) un evidente e ben tracciato sentiero porta alla base della parete. Seguire ora una traccia di sentiero verso destra che costeggia tutta la base della Parete Centrale. Un' ultimo ripido ghiaione porta alla base della parete.

Discesa

La via normale di discesa prevede di raggiungere, con una lunga camminata, il Pian dela Paia e da questo in valle in circa 2 ore di cammino. Da questa parete conviene quindi scendere in doppia dalle vie, e le discesa migliore è dalla via Emodialisi, calate veloci e con soste a fix. Un'altra discesa consigliata è dalla via Baci di carta, ottima discesa per le vie Olimpos e Nagual.

57 DIEDRO DEI PREDONI	**450 m.**
58 EMODIALISI	**350 m.**
59 BACI DI CARTA	**200 m.**
60 PILASTRO OLIMPOS	**250 m.**
61 ISOLA DI NAGUAL	**250 m.**
62 IL GATTO HERO	**200 m.**
63 ROBERTO TONSORI	**300 m.**

57
58
59
60
61
62
63

57 DIEDRO DEI PREDONI★

D. Filippi, L. Pilati 2008
450 m. (11L)
V+, VI+, A1/S2/R2

Questo itinerario sale l'evidente diedro canale formato dall'incontro della Parete Zebrata con la Pala delle Lastiele. Sebbene la linea sia logica e l'ambiente davvero bello, questa salita non offre mai un'arrampicata divertente. La roccia è spesso friabile e ingombra di terra e vegetazione, inoltre è molto pericolosa per la caduta di sassi nelle prime lunghezze. Rimane un itinerario di interesse puramente esplorativo. La via è interamente attrezzata a fix. Per la ripetizione servono almeno 20 rinvii (per il tiro in A1) e una grande passione per il friabile, gli arbusti e la terra nelle scarpette. Resta comunque una valida salita di allenamento per vie alpinistiche più impegnative. La grotta che si trova alla sosta della seconda lunghezza è profonda circa 60 metri! Prima ripetizione A. Toni Zanetti e G. Bonvecchio.

Attacco: evidente per il diedro canale.

Discesa: scendere verso destra tenendosi vicini alla parete, dopo una scarpata ripida cercare poco sotto il bordo della parete il primo ancoraggio di Emodialisi, cinque o sei facili corde doppie portano alla base.

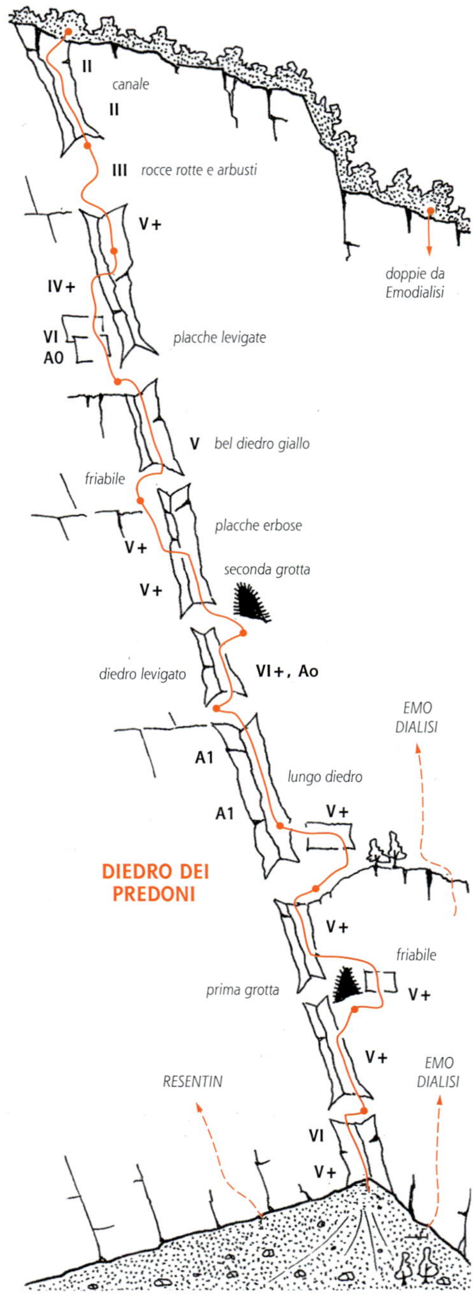

58 EMODIALISI ★★★

A. Toni Zanetti e G. Bonvecchio 2005
350 m. (9L)
6b, 6c (6a obb.)/S3/II

Bella e divertente arrampicata libera, soprattutto nella parte alta della via. Consigliata. Itinerario misto tra lo sportivo e l'alpinistico, alterna solide placconate a brevi tratti erbosi e un po'friabili. Purtroppo la chiodatura non è ottima: generalmente a fix da 8, con qualche chiodo, e in alcuni tratti occorre anche integrare con qualche piccolo stopper. Nel complesso è una salita che propone sempre un'arrampicata libera tecnica e di soddisfazione.

Attacco: come per "Baci di carta". Pochi metri a destra del grande diedro formato dall'incontro della Parete Zebrata con la Pala delle Lastiele, visibili i primi fix.

Discesa: in doppia dalla via, con 5 calate da 55 m. facili e veloci.

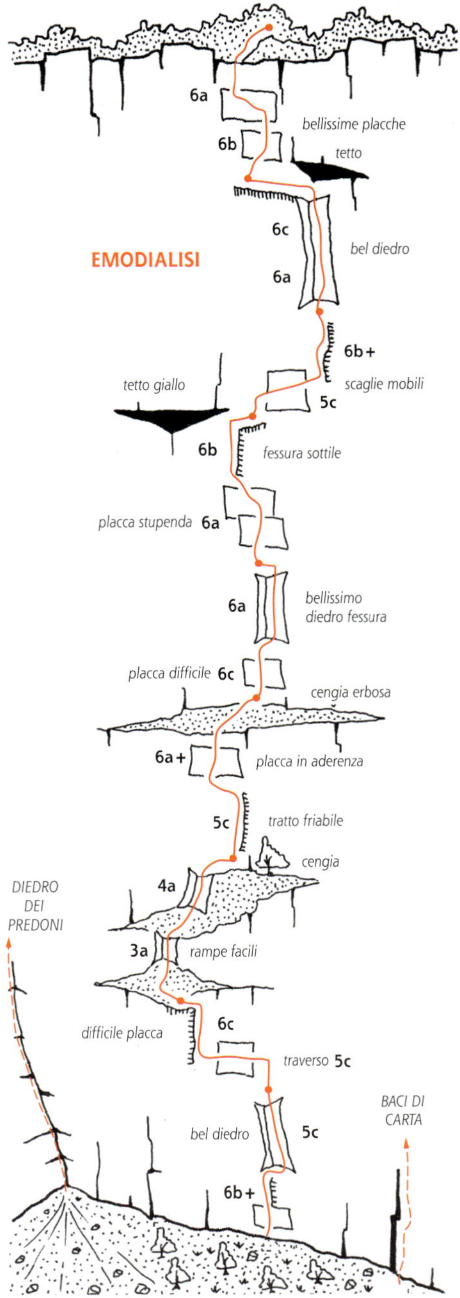

59 BACI DI CARTA ★★★★★

M. Maceri, R. Comis, M. Zadra 1999
200 m. (6L)
VI+, VII, A0/R2/III

Bella via che supera il settore più ripido e compatto della parete. La roccia buona e la chiodatura ottima rendono la via davvero piacevole da ripetere. Arrampicata di tipo alpinistico, molto varia, lungo placche, fessure, camini e con gli immancabili tratti erbosi.

Attacco: man mano che ci si avvicina alla parete, ci si trova a risalire per un canale ghiaioso che termina proprio alla base del diedrone formato dall'incontro della "Pala dele Lastiele" con lo scivolo della "Parete Zebrata". Conviene risalire tutto il ghiaione per poi abbassarsi costeggiando la parete. Lungo la prima fessura che si incontra scendendo, attacca la via. Questa fessura è chiusa in alto da un tettino e sono visibili dei chiodi.

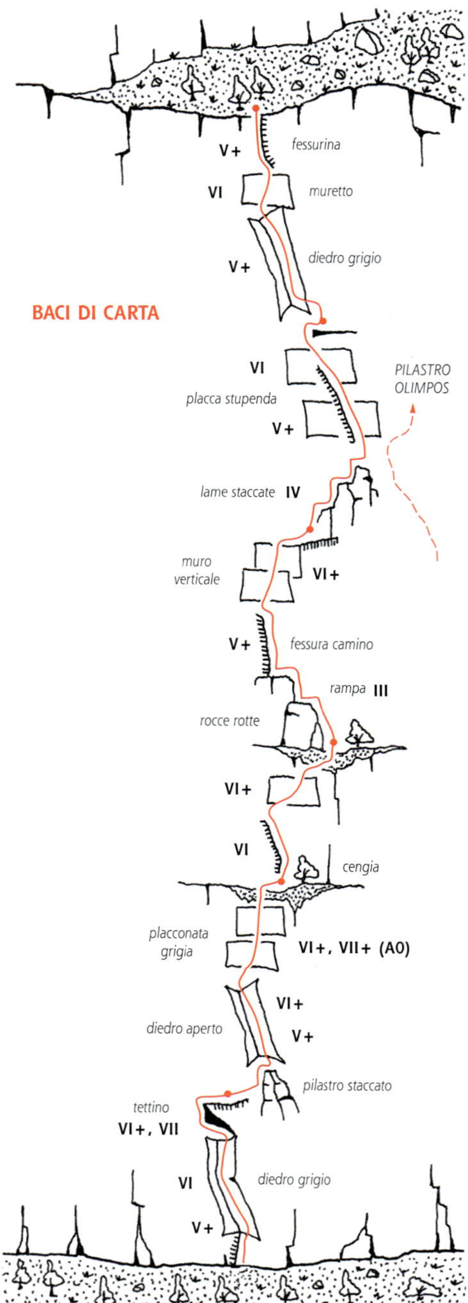

60 PILASTRO OLIMPOS ★★★★★

G. Stenghel, G. Groaz, A. Baldessarini 1984
250 m. (8L)
V+, VI+/R3/III

Chiamato anche "Pilastro Maledetto" per i numerosi tentativi richiesti ai primi salitori per vincere il pilastro, che in seguito la dedicarono alla Dea Fortuna. Arrampicata alpinistica molto varia ed interessante nella parte mediana. Di scarsa soddisfazione la parte iniziale e finale per la qualità della roccia: erbosa e friabile. La chiodatura è insufficiente sia nelle soste che nelle protezioni intermedie. Indispensabili chiodi e protezioni veloci. La roccia è generalmente buona. (Commento da una ripetizione di Samuele Scalet)

Attacco: come per "Baci di carta", scendere ancora costeggiando la parete fino ad un marcato e ampio diedro. Qui attacca la via "Isola di Nagual", alcuni metri a sinistra attaccare per dei gradoni che portano a un diedrino fessurato ripido ed erboso.

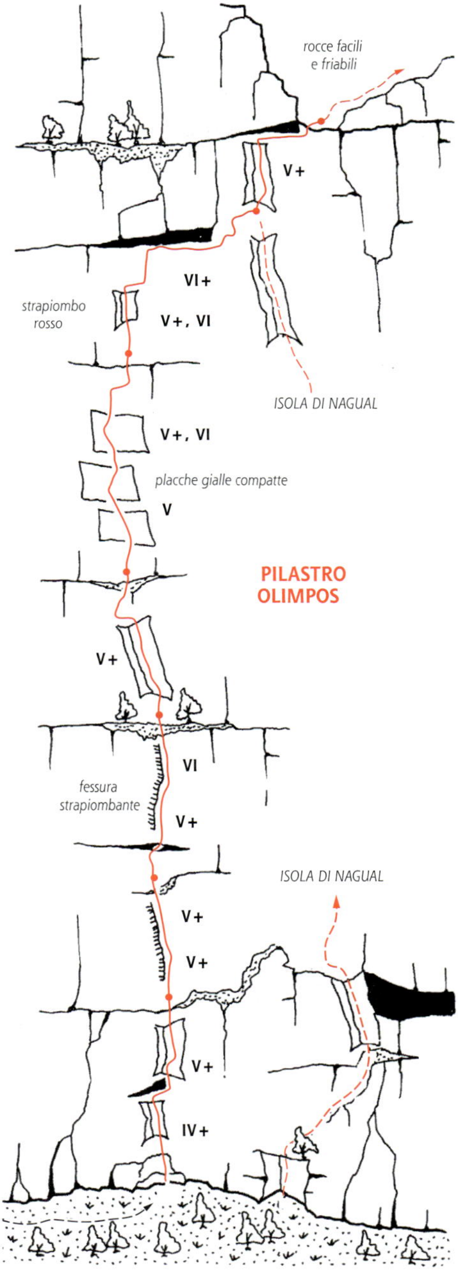

61 ISOLA DI NAGUAL ★★★★★

F. Stedile, F. Giacomelli 1982
250 m. (10L)
V+, VI/2 tratti in A0/R3/III

Meraviglioso itinerario, di grande soddisfazione, esposto ed elegante, una vera perla della Valle. Arrampicata classica lungo fantastici diedri solidi e verticali. La chiodatura è scarsa ma i diedri fessurati accolgono sicurissimi stopper. Il 5° tiro supera una placca molto compatta dove occorre tecnica e decisione.

Attacco: come per "Baci di carta", scendere ancora costeggiando la parete fino ad un marcato e ampio diedro. Qui attacca la via, è visibile anche la scritta "Nagual". Superare il breve diedro e continuare su rocce gialle e friabili in direzione di una nicchia sotto uno strapiombo dove sono visibili dei cordini.

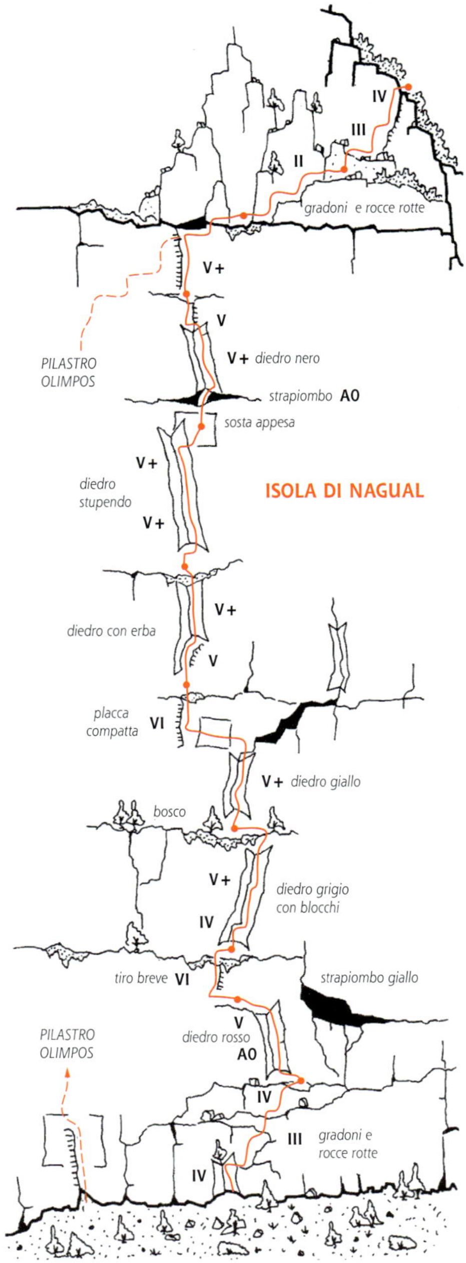

62 IL GATTO HERO ★★★

I. Kovacs, G. Babcsan 2005
200 m. (7L)
7a, 7b (7a obb.)/S4/III

Itinerario che sale le ultime placconate a destra della parete. Salita difficile con passaggi obbligatori e chiodatura lontana. Roccia generalmente buona e chiodatura mista a chiodi e fix. Poche sono le informazioni trovate riguardo a questa salita.

Attacco: circa a 30 metri a destra della via Nagual, salire uno spigolo con arbusti.

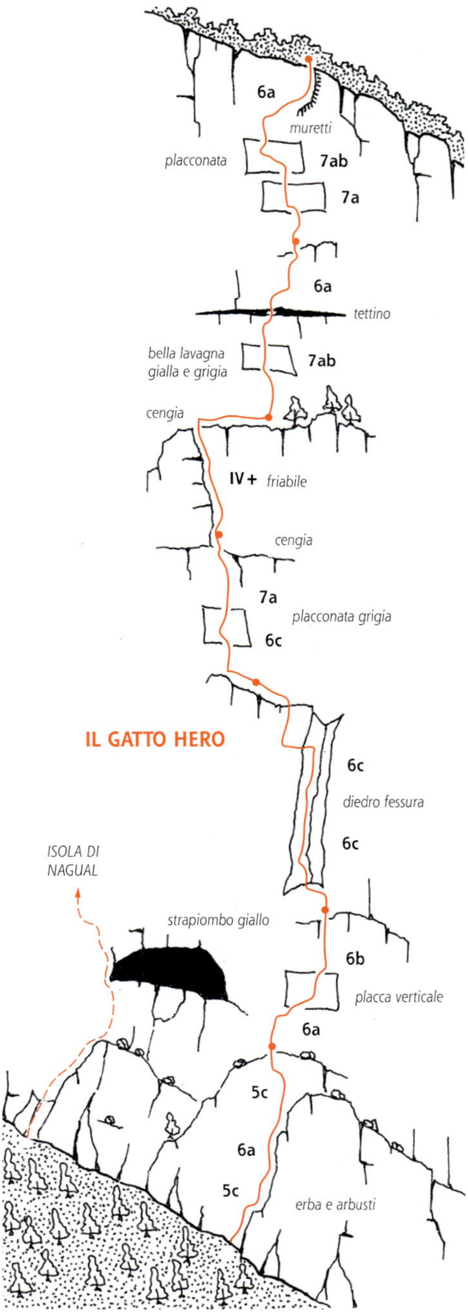

63 ROBERTO TONSORI★★
G. Stenghel, G. Groaz 1983.
300 m. (7L)
IV+, V+/R3/III

Itinerario decisamente esplorativo, dove l'arrampicata e spesso disturbata dalla vegetazione e dalla friabilità della roccia. L'itinerario, non privo di logica, supera la parete nel suo punto più debole seguendo un sistema di fessure e diedri. È nel complesso una salita che può risultare anche piacevole per l'esperienza alpinistica che se ne guadagna.

Attacco: a destra del pilastro principale, dove corrono le vie più interessanti, la parete degrada ma prima di terminare contro il contrafforte giallo che sta alla base dello spigolo est, forma un ampio e ripido canale. Portarsi sotto la verticale di questo e attaccare una rampa. Puntare ad una grossa pianta sopra un evidente diedro aperto.

Discesa: in doppia da Emodialisi. Guadagnato il bosco, salire tenendosi vicini al bordo della parete, fino ad un pianoro con rada vegetazione. Qui, appena sotto il bordo, facilmente si trova l'albero con la prima calata.

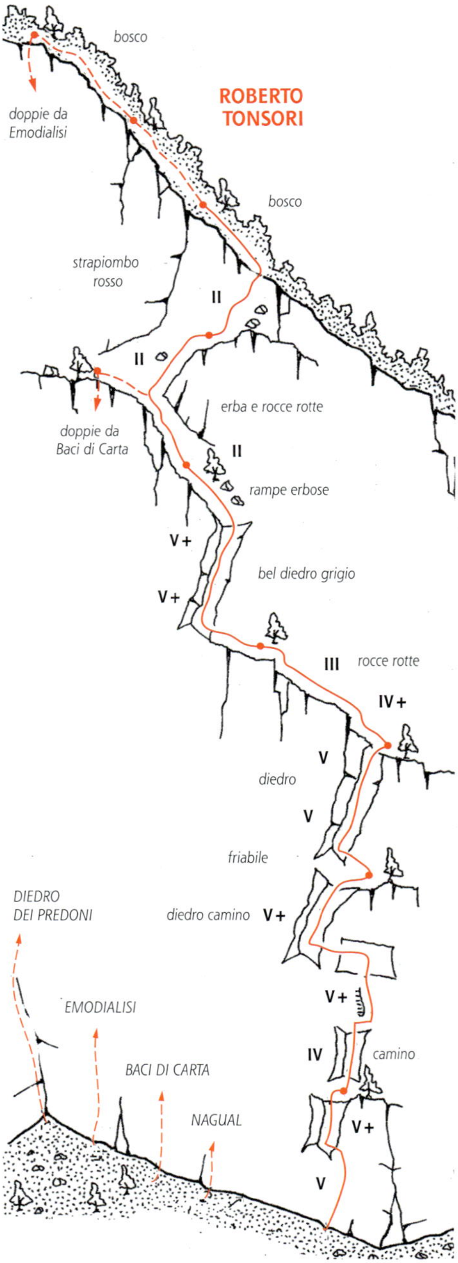

Matteo Bertolotti, *Isola di Nagual*, Pala dele Lastiele *(sassbaloss.com)* ↗

Altre vie:

A – VIA TE-HENUA: di G. Stenghel e G. Groaz 1983. Questo itinerario segue l'evidente spigolo sud est della "Pala dele Lastiele", con un arrampicata facile e di tipo esplorativo su roccia friabile ed erbosa. Nei pressi della base dello spigolo, è evidente un salto giallo e verticale. Attaccare a destra di questo per rocce rotte ed erbose. Rimontare un facile avancorpo fino a guadagnare una lunga cengia che verso sinistra porta alla base di un camino. Superare il camino e traversare ancora a sinistra fino allo spigolo vero e proprio. Seguire lo spigolo per salti rocciosi e boschetti fino alla sommità della Pala. 250 m. IV+,V

B – VIA CHIARA: di G. Emanuelli e A.Vecchi 1983. A destra dello spigolo sud est della Pala, scende tra boschetti e salti rocciosi un'evidente e ampio canale. La via "Chiara", segue questo canale con un'arrampicata poco interessante, di tipo decisamente esplorativo su roccia friabile ed erbosa. 250 m. IV

Monte Brento

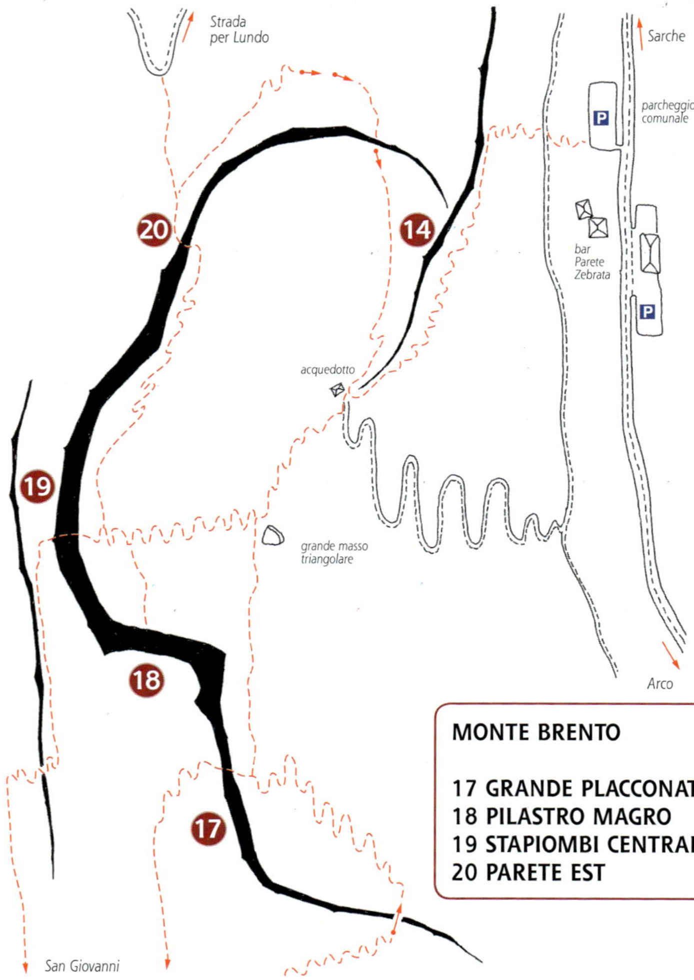

MONTE BRENTO

17 GRANDE PLACCONATA
18 PILASTRO MAGRO
19 STAPIOMBI CENTRALI
20 PARETE EST

Con il monte Casale, forma quella lunga dorsale montuosa che separa la valle del Sarca dalla val Lomasona: una laterale delle valli Giudicarie. Verso est precipita con una parete impressionante, vasta e complessa. Selvaggia in ogni suo angolo. Un lungo scivolo roccioso è sostenuto da un verticalissimo pilastro, mentre gli straordinari strapiombi centrali sono spalleggiati da un'alta ed immensa parete. Parete alpinisticamente molto severa e pericolosa per le scariche di pietre, ma altrettanto bella e attraente per la varietà di forme e di colori.

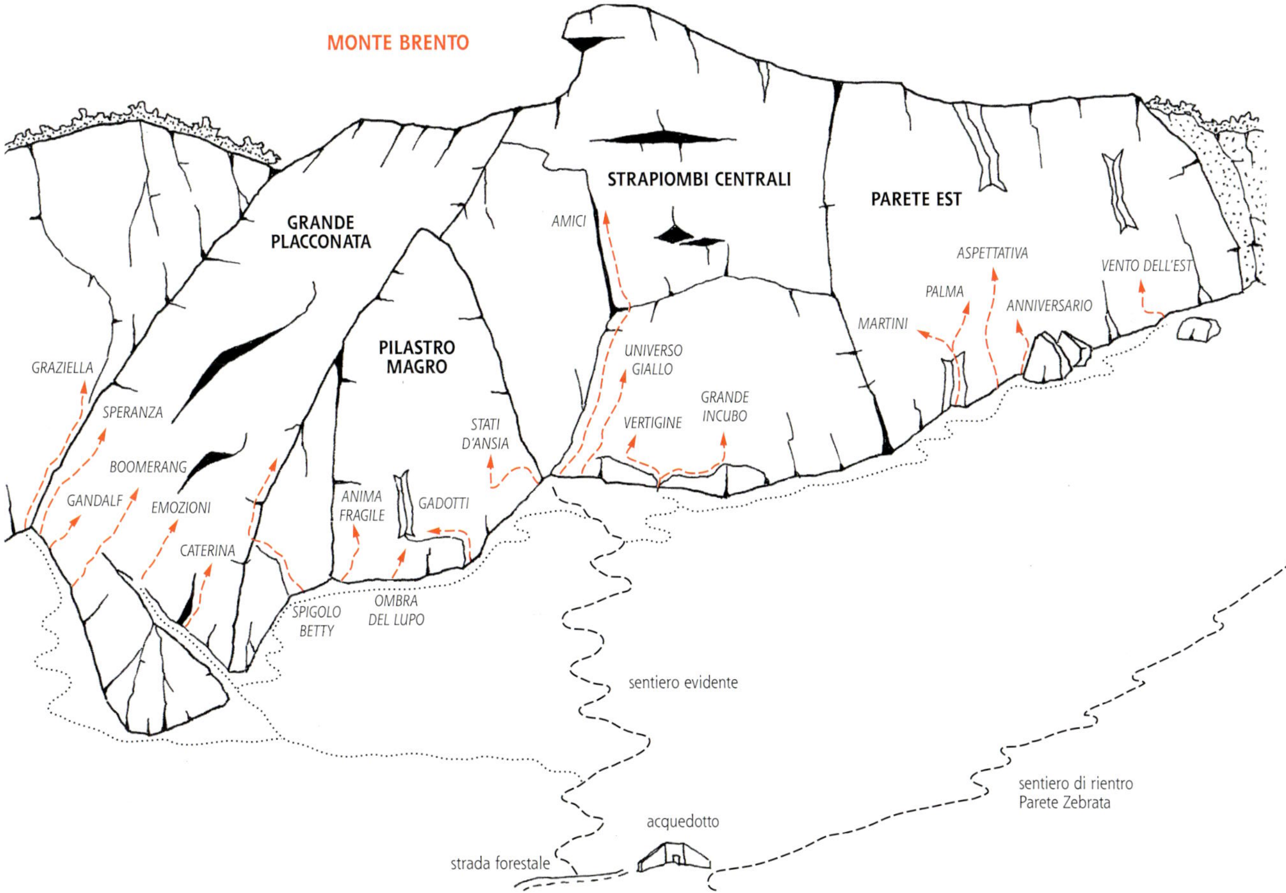
MONTE BRENTO
GRANDE PLACCONATA
PILASTRO MAGRO
STRAPIOMBI CENTRALI
PARETE EST
GRAZIELLA
SPERANZA
BOOMERANG
GANDALF
EMOZIONI
CATERINA
SPIGOLO BETTY
ANIMA FRAGILE
GADOTTI
OMBRA DEL LUPO
STATI D'ANSIA
AMICI
UNIVERSO GIALLO
VERTIGINE
GRANDE INCUBO
MARTINI
PALMA
ASPETTATIVA
ANNIVERSARIO
VENTO DELL'EST
sentiero evidente
sentiero di rientro Parete Zebrata
acquedotto
strada forestale

17 Grande Placconata

Monte Brento

1.30 h

1.00 h
2.30 h

1300 m.

E

Vasto ed infinito scivolo di calcare grigio, lungo oltre 1000 metri! Percorso da diverse vie, tutte severe e di grande respiro. L'arrampicata è la tipica in aderenza, molto simile alla "Parete Zebrata". La prima via tracciata, ad opera di Andrea Andreotti e Marcello Rossi, è la via "Graziella". Supera il settore sinistro della parete e richiese ai primi salitori ben due giorni di arrampicata lungo diedri e fessure talvolta estremamente friabili. Questa via, tutt'ora, non conta che pochissime ripetizioni. Questo settore, come tutti gli altri della parete, presenta vie con caratteristiche decisamente alpinistiche: un lungo avvicinamento, un itinerario complesso, e un altrettanto lungo e faticoso rientro.

Accesso

La Grande Placconata del Brento è uno dei settori più isolati della Valle del Sarca. Lo si può raggiungere in due modi: dal basso o dall'alto. In entrambi i casi è richiesta comunque una buona ora di cammino: l'accesso dall'alto rimane un po' più complesso, ma meno faticoso e più comodo.
Accesso dall'alto: lasciata la macchina in località San Giovanni, al cartello "San Giovanni" prendere una forestale sulla destra fino a trovare il sentiero CAI 425 per Dro. Seguire questo per 10 minuti per poi prendere una forestale con bolli rossi. Seguire la forestale fino ad un'evidente curva con ometto e freccia rossa, ora la traccia porta ad un ripido canale erboso, sceso il quale, non resta che rimontare i ghiaioni fino alla base della Grande Placconata. Ore 1.00.
Accesso dal basso: come per il "Settore sportivo" della Parete Zebrata, poi rimontare tutto il ghiaione fino all'acquedotto. Scendere di pochi metri lungo la stradina e prendere subito una traccia che sale verso destra. Rimontare i faticosi ghiaioni in direzione del Pilastro Magro. Guadagnata una certa quota, fin quasi sotto le pareti, traversare orizzontalmente fin sotto la Grande Placconata. Ore 1.30.

Discesa

- Rientro a San Giovanni: salire nel bosco e traversare a sinistra fino ad intercettare una traccia con bolli rossi che, con andamento in leggera salita, porta prima ad un sentiero poi ad una forestale ed infine a San Giovanni. Ore 1.00.
- Discesa verso Valle: usciti dalle vie, per boschi traversare in direzione sud, e pian piano perdere quota, fin quasi alla zona pianeggiante della Cima alle Coste. Fin qui circa un'ora di cammino. Ora, o si cerca di raggiungere il sentiero degli Scaloni traversando ancora verso sud fino ad incrociarlo, e quindi da questo in valle, oppure ci si porta verso nord, fino al bordo di un alto salto roccioso. Questo salto non è altro che la continuazione della

Claudia Farruggia, *Via della speranza*, Monte Brento *(sassbaloss. com)* →

"Grande Placconata", che degradando verso est, si collega alla Cima alle Coste. Individuare e calarsi per l'unico canale ripido ed erboso (accesso dall'alto) che scende fino ai ghiaioni basali della Grande Placconata. Ore 2.30

1 VIA GRAZIELLA	**1000 m.**	
2 VIA DELLA SPERANZA	**900 m.**	
3 GANDALF IL MAGO	**900 m.**	
4 DREAMS OF INFINITY	**800 m.**	
5 VIA DEL BOOMERANG	**1000 m.**	
6 EMOZIONI	**600 m.**	
7 SPIGOLO BETTY	**1300 m.**	

1 VIA GRAZIELLA★★★

A. Andreotti, M. Rossi 1971
1000 m. (35L)
VI + ,A2/R4/V

Salita lunga, difficile conta solo due ripetizioni. Sale l'immenso anfiteatro a sinistra della vera e propria placconata. Ambiente selvaggio, grandioso e opprimente. Itinerario riservato ai veri avventurieri.

Relazione:

1: Dritti per fessure e diedrini superficiali, per 3 o 4 lunghezze, fino ad una lunga cengia.

2: Traversare a sinistra tutta la cengia, fino ad un albero.

3: Per placche e diedrini portarsi verso destra in direzione di un canale-corridoio. Circa 6 lunghezze.

4: Salire il canale-corridoio, poi traversare a sinistra ad una terrazza.

5: Salire verso sinistra, per altre 4 lunghezze, lungo cenge e canali, fino ad un'altra terrazza alla base di un diedro giallo.

6: Superare il friabilissimo diedro giallo, poi a destra per 4 o 5 tiri lungo diedri lisci e placche levigate fino ad una terrazza sotto uno strapiombo. Bivacco primi salitori.

7: Dalla terrazza traversare a destra per un paio di tiri, fino alla base di una lunga rampa che sale obliqua a sinistra.

8: Seguire tutta la rampa che con 6 lunghezze porta fuori dalla parete.

Attacco: il margine sinistro della parete è chiuso da un tetto ad "arco rovescio". Tra la verticale di questo, e le colatine nere dell'acqua più a destra, la parete è incisa da un diedrino sottile. Attaccare per questo.

12
7
A
6
4
5
3
2
1

2 VIA DELLA SPERANZA ★★★

H. Grill, F. Kluckner 2002
900 m. (18L)
V+, VI, passi in A0/R3/IV

Grandiosa salita che vince il settore sinistro della Grande Placconata del Brento. L'ampio corridoio compreso tra la via Graziella e la via del Boomerang, è formato da ampie e solide placconate, lungo queste si sviluppa la via. L'arrampicata è divertente ed elegante. La roccia è nel complesso buona e pochi sono i passaggi friabili. La chiodatura è mista a fix e chiodi, per la ripetizione servono corde da 60 metri, rinvii e alcuni friend medi. (info. da H. Grill)
Attacco: nome alla base.

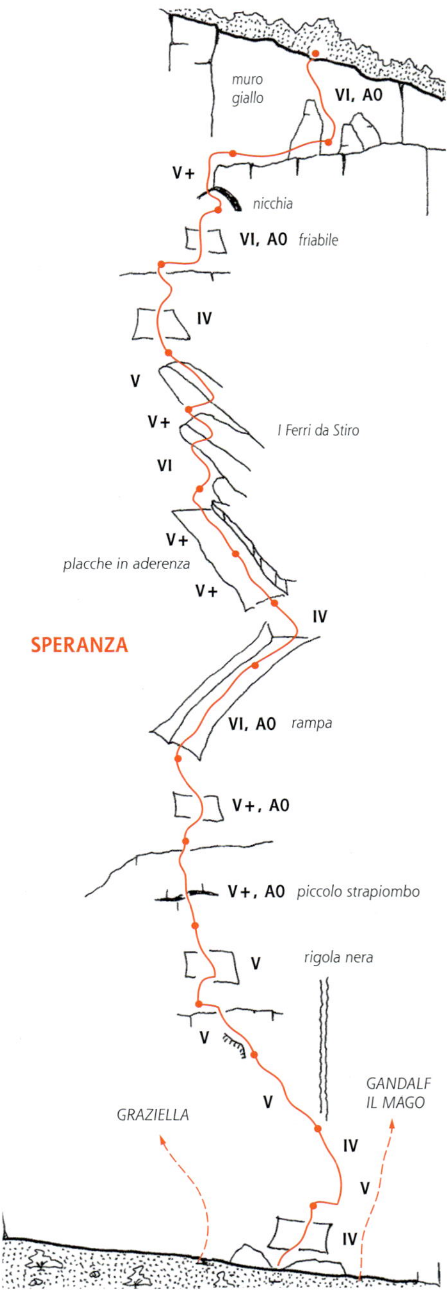

Luca Galbiati, *Via della speranza*, Monte Brento *(sassbaloss.com)* →

3 GANDALF IL MAGO ★★★

D. Sebastiani, V. Chini, F. Leoni, M. Cagol
900 m. (20L)
V+, A1/R3/IV

Ardita arrampicata, che con mezzi tradizionali, vince il settore più ripido e compatto della parete. La roccia è generalmente buona un po' lungo tutto il percorso. La scarsa chiodatura, la difficoltà di orientamento e la lunghezza della via danno a questa salita uno stampo decisamente alpinistico.

Attacco: appena a destra della via Speranza.

Nota: recentementa la via è stata attrezzata con fix alle soste e alcuni lungo i tiri.

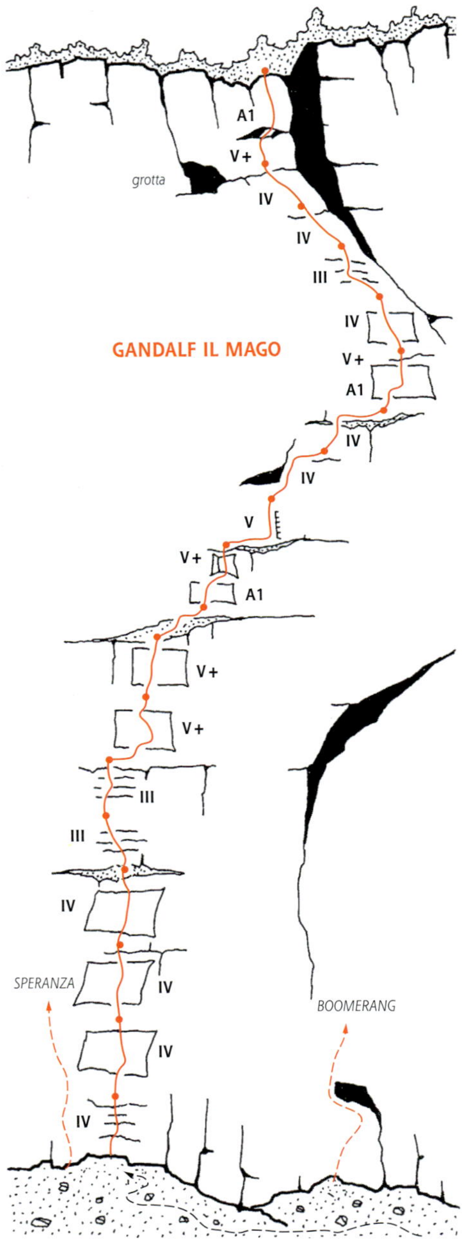

4 DREAMS OF INFINITY ★★★★★

P. Geipel, F. Heiss, P. Moll 2010
800 m. (20L)
VI+, VII/S2/IV

Bellissimo itinerario lungo la grande Placconata del Brento. Grazie alle difficoltà contenute e all' ottima chiodatura a fix, risulta essere uno degli itinerari più interessanti del settore. Attacca a destra della via del Boomerang, ma dopo due lunghezze lo incrocia e si mantiene a sinistra e parallelo fino all'uscita. L'itinerario è logico e facile da trovare e per la ripetizione bastano solamente i rinvii ed eventualmente alcuni friend piccoli.

Attacco: a destra della via del Boomerang.

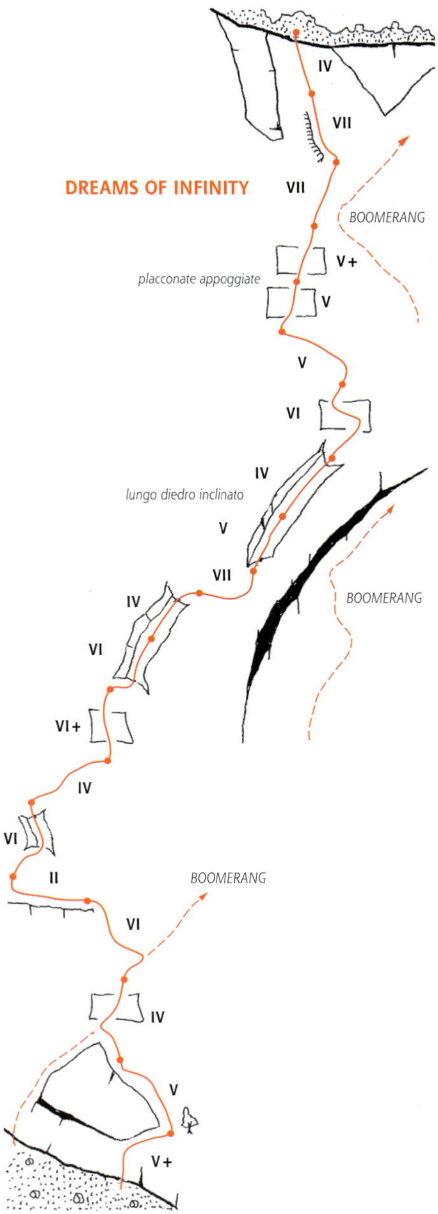

5 VIA DEL BOOMERANG★★★★

M. Furlani, V. Chini, M. Degasperi, R. Mazzalai
1979
1000 m. (20L)
V+ un passo di VI/R3/IV

Conosciuta anche come "Via della nuova generazione", è tra le più famose e classiche salite della valle del Sarca. Segue la linea, attraverso le grandi placconate, più logica e di minor resistenza.

Salita divertente su roccia solida e la chiodatura è buona per quasi tutta la salita. Uscire da questa via, invece è tutt'altro che facile: ci sono varie possibilità e il percorso da seguire non è evidente. Inoltre sbagliare l'uscita significa trovarsi in zone incredibilmente friabili. È opportuno quindi, prestare la massima attenzione nel procedere durante le lunghezze finali della salita.

Attacco: individuare al centro della grande placconata quel caratteristico e grande tetto fatto a forma di boomerang e portarsi sotto la verticale di questo. Individuare ora un secondo strapiombino, questa volta più piccolo, a forma di orecchio e a circa un paio di lunghezze da terra. Attaccare le levigate placche in direzione dello strapiombino.

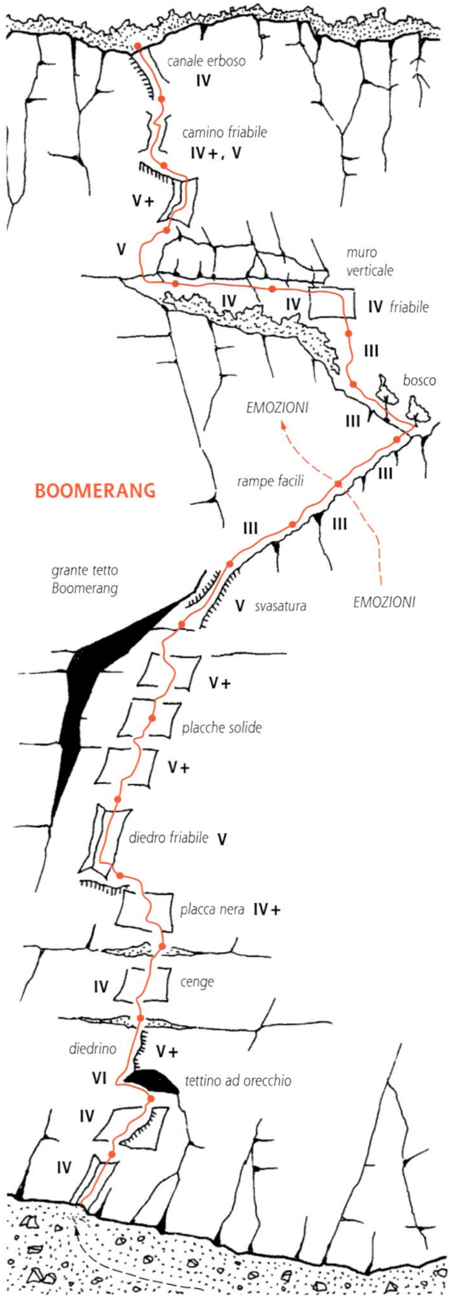

6 EMOZIONI ★★★★★

A. Tamanini e compagni 1994
600 m. (16L)
VII+,VIII/R1/IV

Bella ed elegante salita lungo una serie di placche molto levigate e compatte. L'arrampicata è la tipica in aderenza, a volte estrema e spietata che richiede molta tecnica ed esperienza. La roccia ottima e la chiodatura buona a spit, danno a questa salita un sapore sportivo. Ma il lungo avvicinamento, l'impegno globale della salita, l'ambiente sempre severo e selvaggio e la discesa in doppia non sempre facile danno a questa salita un'impronta decisamente alpinistica. Portare una serie di stopper, un paio di friend grandi e alcuni chiodi.

Attacco: è poco evidente, dall'attacco della via "Boomerang", traversare a destra e rimontare per delle cenette un primo zoccoletto. Nei pressi di un piccolo arbusto, in alto, sono visibili i primi spit.

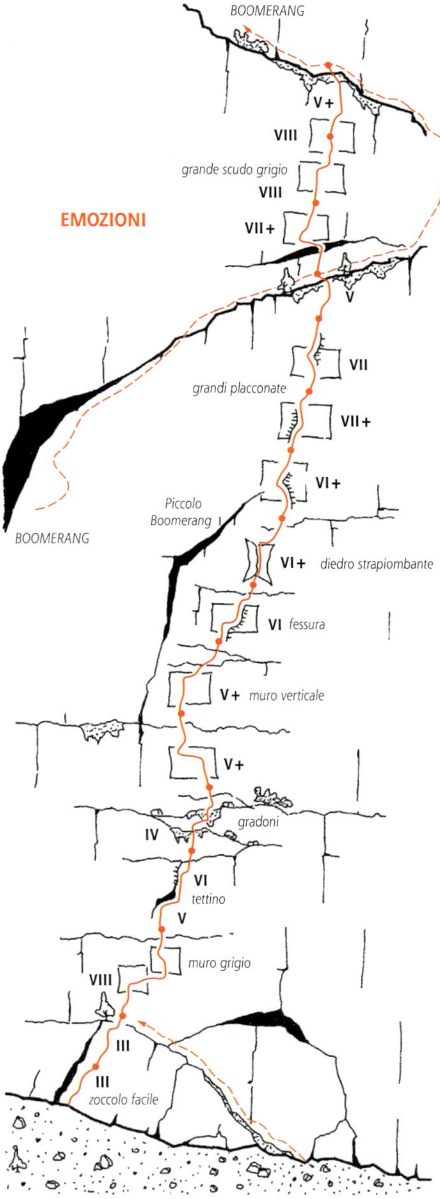

7 SPIGOLO BETTY ★★★★

M. Rossi, G. Cantaloni 1975
1300 m. (35L)
V+, A1/R3/IV

Una via infinita che sale il lungo spigolo del Brento, divisoria naturale tra la zona delle placche a sinistra e quella degli strapiombi a destra. È un itinerario che richiede capacità di orientamento, esperienza alpinistica ed una buona dose d'acqua al seguito. Il primo terzo della parete è rappresentato dallo zoccolo, dove già l'identificazione dell'attacco risulta problematico e la qualità della roccia lascia un po' a desiderare. Nella parte mediana l'arrampicata è piacevole, le soste sono su alberi e si prosegue rapidamente fino al posto da bivacco dei primi salitori. Da qui è possibile deviare sulla via del Boomerang traversando a sinistra. L' ultimo terzo di parete, dove la progressione è a volte delicata, è sicuramente il più panoramico ed appagante. Qui la via tiene sempre la prossimità dello spigolo, passa per il "Pilastro Magro", le "Grandi Nicchie", voragini varie e finalmente porta sotto agli ultimi due tiri in artificiale, che conducono nel bosco. Nel complesso una grande galoppata dove l'importante è andare, magari piano, ma continuare e continuare, per trenta tiri circa. Non è de escludersi un bivacco, magari nel bosco, soprattutto se le giornate non sono lunghe. (Commento da una ripetizione di Franco Milani)

Relazione:

1: Salire per diedri e terrazze detritiche, per 3 o 4 lunghezze, fino ad una lunga cengia sotto la grande colata nera fatta a forma di cuspide.

2: Guadagnare alla meglio il vero e proprio spigolo. Tratto molto insidioso per la friabilità del percorso. Qui occorre tutta l'abilità dell'alpinista per trovare il percorso migliore.

3: Seguire lo spigolo lungo i tratti più deboli per 6 o 7 lunghezze fino ad una comoda terrazza vicina allo spigolo. Bivacco dei primi salitori.

4: Salire il camino, poi a destra lungo lo spigolo per 3 o 4 lunghezze fino ad un intaglio. Cuspide del Pilastro Magro.

5: Dall'intaglio a sinistra , lungo lo spigolo friabile per 3 tiri fino all'imbocco di un canale.

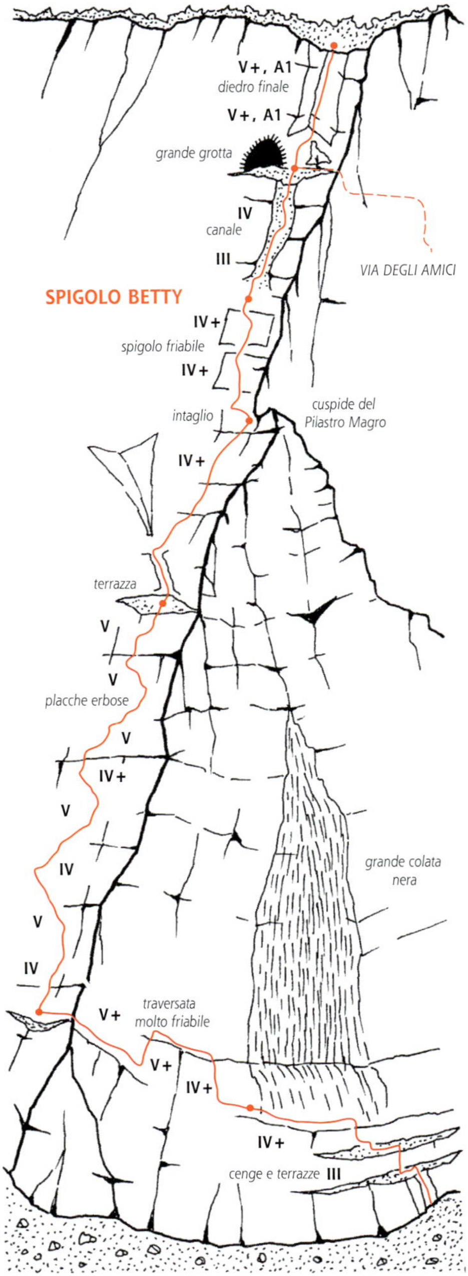

6: Superare il canale con 3 lunghezze, fino ad una grande nicchia boscosa.

7: Dalla nicchia salire il difficile diedro finale di 70 metri

Attacco: lo spigolo Betty, alla base si apre a ventaglio, attaccare molto a destra di questo per un diedrino che porta ad una prima grande terrazza ghiaiosa. Poi, con logica si guadagna un' altra cengia detritica proprio sotto quella grande macchia nera d'acqua fatta a forma di cuspide.

Altre vie:

A – VIA CATERINA: di A. Tazzoli in solitaria 1989. La via sale e si mantiene quasi costantemente a sinistra dello Spigolo Betti. Sviluppo di 1000 m. circa. Difficoltà generalmente di IV e V, ma anche con passi di VI e VII, e con un tratto di A1 da attrezzare.

B – VIA VIPÉRIDE: di G. Groaz e P. Baldo, 1981. La via sale parallela e a sinistra dello Spigolo Betti ed esce dal diedro finale della Via degli amici. Difficoltà di IV+ e V con passi di V+. Sviluppo circa 1000 metri.

18 Pilastro Magro

Monte Brento

1.30 h

3.00 h

600 m.

NE

Dal mio punto di vista è l'angolo più bello e selvaggio dell'intera valle del Sarca. Da sotto, il pilastro appare tozzo e poco slanciato, ma visto dalla grande cengia della Vertigine, o "cengia Steinkotter", appare in tutta la sua verticalità e bellezza. E' ben delimitato sia a destra che a sinistra da due grandi fascioni neri, che non sono altro che la parte terminale di due lunghi e profondi canali di scarico di acqua e pietre dalle pareti soprastanti. La particolarità di questo pilastro, è quella di avere un aspetto terribilmente attraente, malgrado quando lo si osservi, non si nota altro che fessure friabili, diedri erbosi e strapiombi repulsivi. Questa è la sua magia, peraltro comune alla vicina parete strapiombante. D'inverno, magari con un po' di neve alla base e le rocce bagnate, assume un aspetto alpinistico davvero meraviglioso. Arrampicare in questa stagione quassù è forse la più bella esperienza che può regalare la Valle. Tutte le vie sono impegnative per la lunghezza, la qualità della roccia, e per un rientro spesso complicato. Restano comunque itinerari di grande soddisfazione e assolutamente consigliati.

Acesso

Come per il Settore sportivo della Parete Zebrata, poi rimontare tutto il ghiaione fino all'acquedotto. Scendere di pochi metri lungo la stradina e prendere a destra una traccia di sentiero che risale lungo i ghiaioni. Scegliere le tracce che pian piano si avvicinano al pilastro, conviene poi alzarsi il più possibile verso il gran canalone della "Via degli Amici", per poi attraversare in quota in direzione del Pilastro.

Discesa

Lungo lo spigolo Betty con 4-5 corde doppie su arbusti o soste da rinforzare, poi sempre lungo lo Spigolo Betty ma seguendo le calate, su soste a fix, della via Anima Fragile. Se si vuole uscire verso l'alto calcolare altre 2 ore di arrampicata e 5-6 lunghezze.

8 VIA ANIMA FRAGILE	**400 m.**
9 VIA GADOTTI	**600 m.**
10 L'OMBRA DEL LUPO	**600 m.**
11 STATI D'ANSIA	**600 m.**

11
8
10
9

8 VIA ANIMA FRAGILE★★★

S. Banal, D. Filippi 2002
400 m. (13L)
6b, 6c, A0 (6a obb.)/S2/III

Osservando il Pilastro Magro, è facile notare che è sostenuto alla sua sinistra, da un piccolo spallone. Questo spallone, battezzato "Pilastro Anoressico", è solcato nella sua meta inferiore da un' evidente serie di fessure oblique: ed è lungo queste che si sviluppa la via. Itinerario dalla linea e dalle difficoltà classiche, ma dalla chiodatura moderna. Tutto l'itinerario è stato chiodato abbondantemente con fix da 10. Tuttavia non è una via da sottovalutare: l'ambiente è aspro e selvaggio, la roccia lascia spesso a desiderare e la discesa è piuttosto lunga.

Nel complesso è una salita esplorativa, che può risultare anche piacevole per essere immersa in uno degli ambienti più belli e suggestivi della valle del Sarca.

Attacco: Raggiunta la base del Pilastro Magro, traversare a sinistra e quando la parete inizia a scendere si è in prossimità di un diedrino: attaccare per questo.

Discesa: Questa via termina sullo Spigolo Betti, e lungo questo ci si cala con sette lunghe corde doppie su soste attrezzate a fix. La prima doppia è una lunga diagonale verso sinistra (sud), mentre tutte le altre sono molto dirette. Esiste anche una possibilità di fuga: dalla Sosta 8, con 5 corde doppie, su soste attrezzate fuori via, ci si cala velocemente a terra.

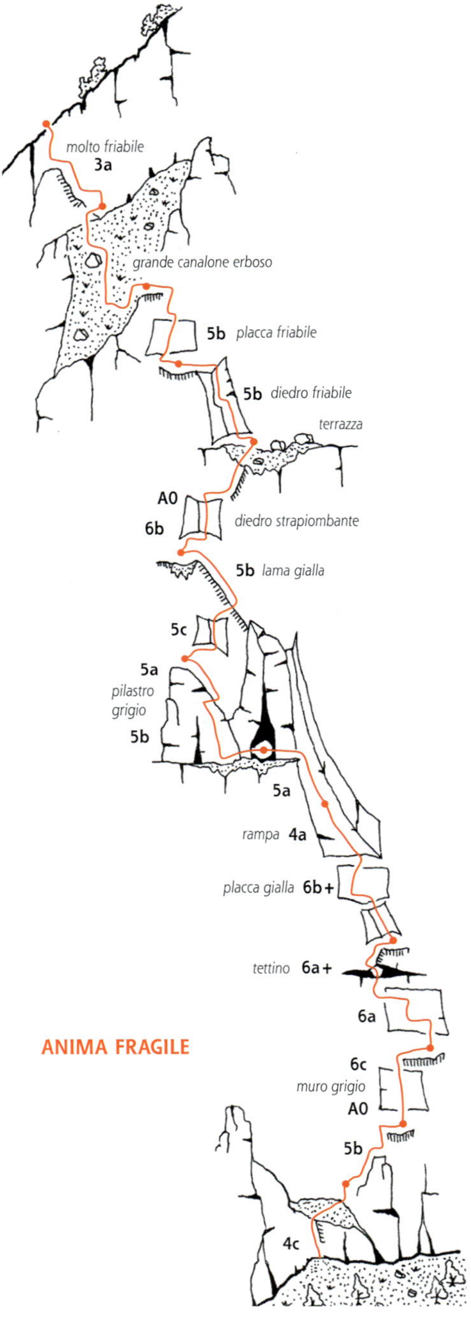

9 VIA GADOTTI ★★★★

M. Zanolla, G. Groaz 1978
600 m. (18L)
V+,VI+/R4/IV

Itinerario dal grande valore alpinistico, storico ed esplorativo. Rappresenta la via logica della parete, lungo una serie di diedri e fessure. Salita impegnativa, poco attrezzata, caratterizzata da difficoltà sostenute e protezioni molto precarie. La roccia alterna tratti molto belli a tratti decisamente friabili. Ambiente, difficoltà e isolamento lo rendono uno dei grandi itinerari classici della Valle. Via abbastanza ripetuta, portare molti chiodi.

Attacco: al centro della parete, circa 30 metri da terra, una zona di cenge erbose porta al primo evidente e netto diedro. Queste cenge si raggiungono da destra, proprio dove, costeggiando la parete, questa forma un netto spigolo. Visibili dei vecchi chiodi. Attaccare scomodamente, dietro una grossa pianta, uno spigolo friabilissimo di roccia gialla, alzarsi e traversare delicatamente a sinistra su lastroni grigi verso le cenge erbose.

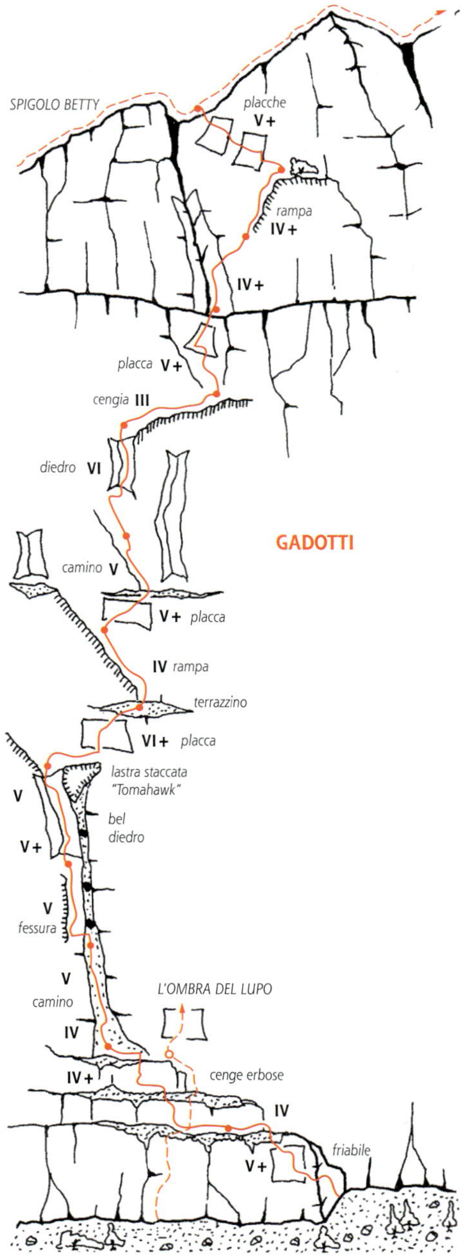

10 L'OMBRA DEL LUPO ★★★★

D. Filippi 1996
600 m. (20L)
VI+, A3/R3/IV

Lunga ascensione, molto esposta, prevalentemente in artificiale, lungo la linea più diretta alla vetta. Ricorda un po' le direttissime degli anni '60 sulle grandi pareti dolomitiche. Il tracciato, sempre estetico, va comunque alla ricerca dei punti più deboli ma più solidi della parete. Molti chiodi e molti spit sono stati lasciati lungo la via, anche se per ripeterla, alcuni tratti dovranno essere richiodati. La progressione è di tipo misto, alterna passaggi in libera a tratti in artificiale. Quando la roccia non consente una chiodatura classica, specialmente attraverso il grande strapiombo centrale, si procede su cliff in piccoli buchi scavati artificialmente. Questi tratti non sono mai comunque troppo lunghi, anzi, i molti spit presenti, permettono una progressione veloce e sicura. E' una via per chi ama il verticale, la lunga permanenza in parete, l'artificiale, ma soprattutto è una via per chi ama il Monte Brento, la sua atmosfera, e le sue pareti. Il superamento dello strapiombo centrale, rinchiuso tra due fasce di roccia grigia levigata e compattissima, rappresenta il bello di questa salita, dove l'arrampicata è un artificiale esposta, sicura e divertente. Portare molti chiodi, alcuni friend grandi e tre ganci tipo "Grappling Hook" della BD. Preventivare un eventuale bivacco.

Attacco: costeggiare la parete verso sinistra fin quando termina contro uno zoccolo erboso, un po' prima sono visibili degli spit su una placca grigia. Attaccare per questi. Attenzione a non seguire l'attacco di un progetto che c'è ancora più a destra dove sono visibili dei fix con placchette nere.

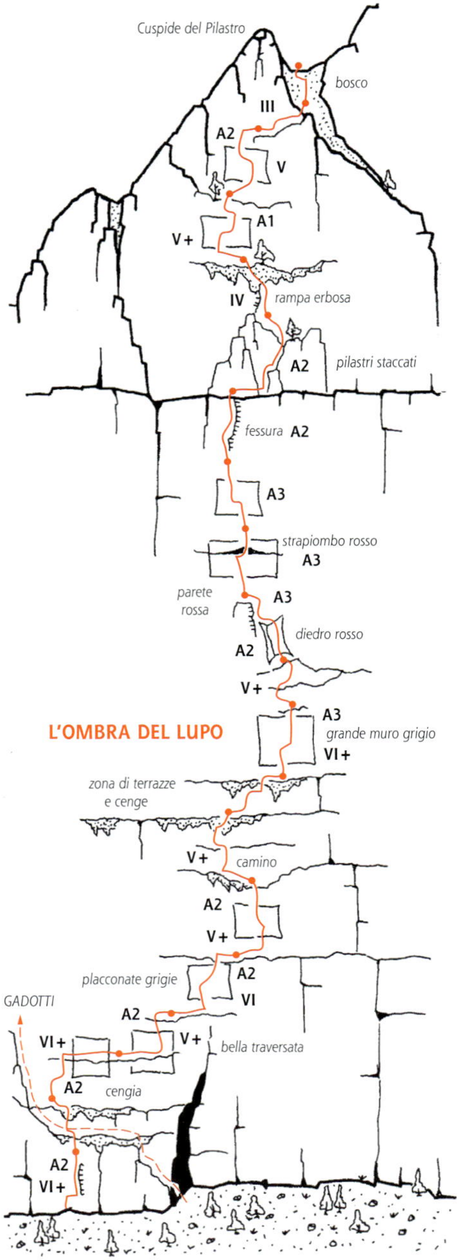

11 STATI D'ANSIA ★★★★★

D. Filippi, A. Zanetti 1994
600 m. (18L)
VI+,A2/R3/IV

Magnifica salita, incredibilmente estetica, dalla linea logica e sorprendente. Un lungo traverso, molto bello e divertente, permette di entrare in parete evitando cosi uno zoccolone assolutamente impraticabile per la sua friabilità. Al termine del traverso, si punta a un bel pilastro delimitato alla sua destra da una teoria di diedri e fessure solide e compatte. L'ultima fascia strapiombante si vince prima lungo una netta fessura e poi per un tiro in artificiale molto esposto e spettacolare. Il resto della via segue camini, rampe e boschetti fino al colletto tra la cuspide del pilastro e lo spigolo Betty. La roccia e generalmente buona e la chiodatura sufficiente, portare comunque una scelta di chiodi.

Attacco: portarsi alla base del gran diedro-canale della "Via degli Amici". Qui, verso sinistra parte una evidente e netta fessura erbosa. Attenzione al difficile passaggio in partenza.

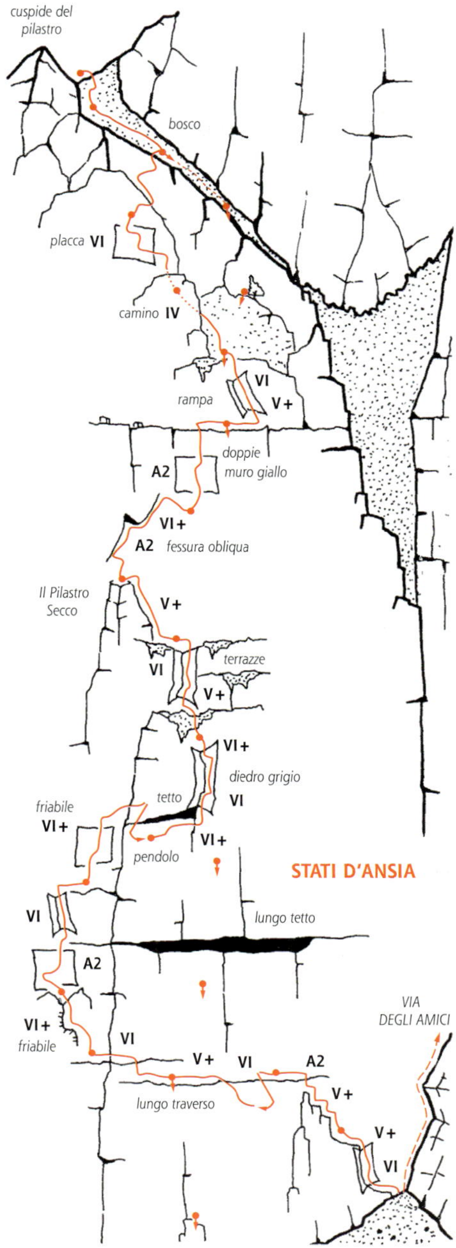

19 Strapiombi Centrali

Monte Brento

1.30 h

1.30 h

1200 m.

E

Di certo è la parete più bella della valle del Sarca. Incredibilmente spettacolare ed attraente quando è baciata dal sole, selvaggia e opprimente quando è avvolta dalle nebbie invernali. Uno zoccolo di lavagne grige sostiene una pronunciata ed enorme parete strapiombante. Incalcolabili, su questa parete sono gli strapiombi, di ogni forma, dimensione e colore. Nei primi anni '70, alcune cordate trentine "capeggiate" da Heinz Steinkotter, esplorarono la parete con l'intenzione di valutare la possibilità di tracciare una nuova via attraverso gli enormi strapiombi. Raggiunta la grande cengia centrale, dove organizzarono dei campi da bivacco, iniziarono a chiodare un lungo e marcato fessurone, ovvero, quello che è il punto di minor resistenza per l'accesso ai grandi strapiombi. Questa spaccatura, è quella che si nota tra il lungo diedro della via degli Amici e i primi grandi tetti della via Vertigine. Si procedeva lentamente, forando la roccia con perforatori manuali, salendo e scendendo parecchie volte dalla parete attrezzate con corde fisse. L'unica progressione possibile era con chiodi a pressione, ore e ore sulle staffe, e alla fine della giornata magari, si erano conquistati solo una trentina di metri. L'assalto durò una stagione intera prima della resa definitiva. Oltre alla progressione lenta ed estremamente faticosa si era aggiunta poi la friabilità della roccia. Inoltre, un'ascensione a "riprese" come quella, comportava un continuo sali-scendi dal canalone dello zoccolo, e questo, essendo costantemente soggetto alle scariche di pietre non incoraggiava di certo gli animi. Si rinunciò cosi, come lo battezzò Steinkotter, all' "Universo giallo". Nel frattempo però, si notò sulla sinistra della parete un profondo camino che dava accesso alla parte alta della parete e ben presto erano alle prese anche con questo problema. Ne risultò una via fantastica e spettacolare, lunga e difficile, in un ambiente particolarmente suggestivo. Era nata la via degli Amici. In questi ultimi anni, il monte Brento oltre ad essere preso d'assalto dagli alpinisti viene anche sfruttato dal movimento dei "Base Jumpers", che ogni week end si danno appuntamento sulla cima per poi tuffarsi nell'ignoto... Mi hanno raccontato che questo salto è uno dei più belli e sicuri al mondo, sicuro perché raramente si possono trovare pareti cosi alte e fortemente strapiombanti, e questa, è un'altra prova dell'effettiva sporgenza della parete.

Accesso

Come per il Settore Sportivo della Parete Zebrata, poi risalire tutto il ghiaione fino all'acquedotto. Scendere di poco lungo la stradina e prendere subito a destra delle tracce che salgono lungo i ghiaioni. Scegliere le tracce migliori che pian piano portano sotto lo zoccolone grigio.

Franco Milani, *Via degli amici*, Strapiombi centrali Monte Brento *(ph. Diego Filippi)* →

Discesa

Risalire il ripido bosco fino ad incontrare un sentiero alla base di un lunga fascia rocciosa. Seguire il sentiero in quota e verso sinistra (sud), scavalcare una ripida forcella e attraverso prati e boschi si arriva al sentiero CAI che porta alla località di S.Giovanni dove è opportuno, preventivamente, aver lasciato una macchina. Questo sentiero di rientro è molto evidente e frequentato, sopratutto dai "base jumper" che vanno a saltare dalla parete del Brento.

12 VIA DEGLI AMICI	**1000 m.**	
13 UNIVERSO GIALLO	**1000 m.**	
14 VIA VERTIGINE	**1000 m.**	
15 IL GRANDE INCUBO	**1200 m.**	
16 BRENTO CENTRO	**500 m.**	

12 VIA DEGLI AMICI★★★★★

G. Groaz, F. Gadotti, G. Cantaloni, H. Steinkotter 1974
1000 m. (28L)
VI+, A1/R3/IV

Grande classica lungo la linea più logica dell'intera parete. Inizia superando il gran canalone a sinistra dello zoccolo basale. Prosegue poi in un profondo e orrido camino per diverse lunghezze. Infine, forse questo è il tratto più bello della salita, con lunghe traversate su solidissime placconate sospese esce in direzione dello spigolo Betty. Itinerario complesso e difficile, riservato a chi già conosce profondamente la Valle. La roccia a tratti delicata e la chiodatura spesso precaria, rendono la progressione molto lenta. Conviene quindi, vista la lunghezza e l'impegno complessivo richiesto, partire molto presto al mattino, magari ancora di notte e con le frontali.

Attacco: molto evidente. Dalla cima del conoide di ghiaia, alla base del canalone, traversare orizzontalmente a destra per alcuni metri, fino ad una zona più facile. Poi direttamente lungo il diedro, scegliendo sempre la linea più solida e sicura.

"Questa via, benché non raggiunga le alte difficoltà degli itinerari moderni aperti su queste pareti (mantenendosi infatti su difficoltà classiche di VI, A1), per l'elevata lunghezza (circa 22 tiri), per l'ambiente solitario e per la chiodatura precaria, (che è quella dei primi salitori), è da considerarsi, nel complesso, una salita molto impegnativa. Se questa ascensione è affrontata con una buona preparazione atletica e buona capacità di orientamento, saprà restituire, a chi la percorre, sensazioni e ricordi come le più belle ed impegnative vie classiche delle dolomiti," (Commento di P. Piacini)

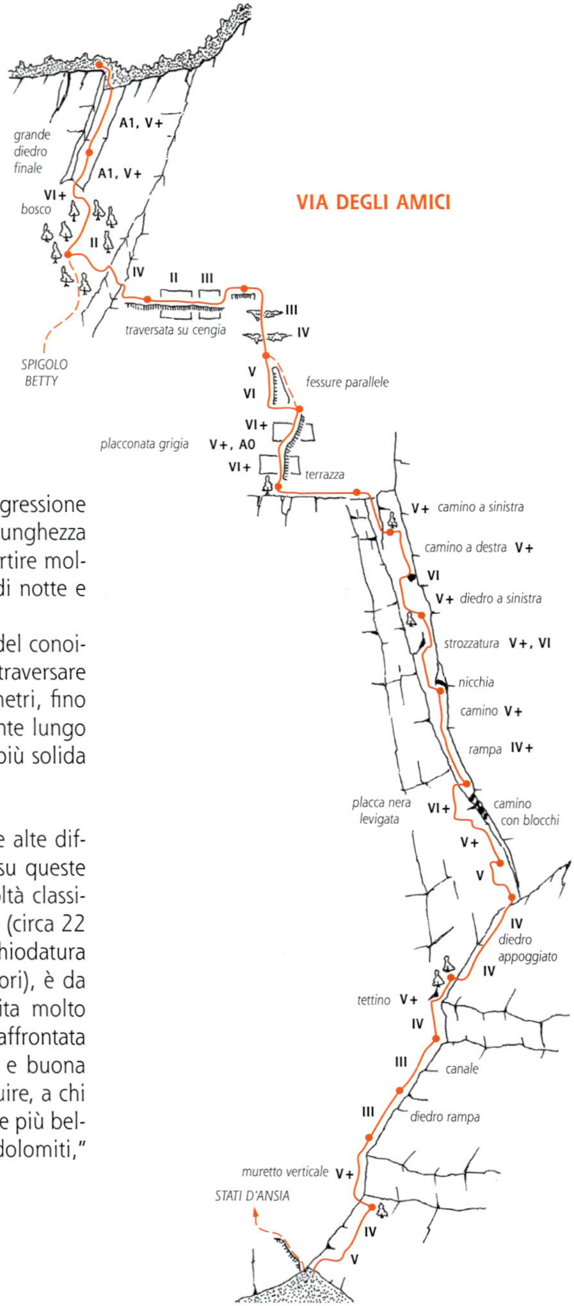

16
13
14
16
13
15
12
14
13
12
13
14
15

13 UNIVERSO GIALLO★★★★★

D. Filippi e F. Sartori 2007
1000 m. (27L)
VI+, VII, A1, A2/R2/IV

Questa itinerario supera la grande parete est del Monte Brento. Come le vicine vie Vertigine e Grande Incubo, supera lo zoccolo basale di rocce grigie e appoggiate e continua poi per la grande parete gialla e strapiombante. Attacca a sinistra di Vertigine, incrocia questa a circa metà strapiombo ed esce parallela e vicina alla via del Grande Incubo. Le prime sette lunghezze sullo strapiombo ripercorrono il vecchio tentativo di H. Steinkotter del 1975.

H. Steinkotter battezzò questa parete col nome "Universo Giallo", ci è sembrato quindi doveroso mantenere tale nome. Questo tentativo ha inoltre dato lo spunto per tracciare il nuovo itinerario.

La via è completamente attrezzata a fix: da 8 mm per la progressione e da 10 mm nelle soste. Per la ripetizione portare staffe e almeno 20 rinvii. Lungo le prime sette lunghezze sugli strapiombi, la chiodatura è rimasta principalmente quella originale, ovvero con chiodi a pressione e chiodi normali. È consigliabile quindi portare anche martello, alcuni chiodi normali, il perforatore manuale e alcuni spit. I chiodi a pressione lungo questi tiri sono davvero precari ed inaffidabili.

Lo zoccolo di 10 lunghezze, si supera in completa arrampicata libera con difficoltà media di IV e V, salvo i due muri verticali che impongono un'arrampicata atletica di VI+ e VII. In questi tratti la difficoltà obbligatoria non supera comunque il VI e i passi difficili si superano facilmente in A0. Sullo zoccolo la roccia è ottima. La chiodatura è sempre sicura e ravvicinata nelle lunghezze più difficili. A metà del penultimo tiro, si trova una cengia alberata dove si trovano un paio di piazzole ottime per bivaccare.

Lo strapiombo di 17 lunghezze, si supera in completa arrampicata artificiale con difficoltà media di A1 e A2. Le prime 7 lunghezze sono rimaste attrezzate prevalentemente con i vecchi chiodi a pressione. In questi tiri sono stati aggiunti fix in tutte le soste e lungo i tiri, per ren-

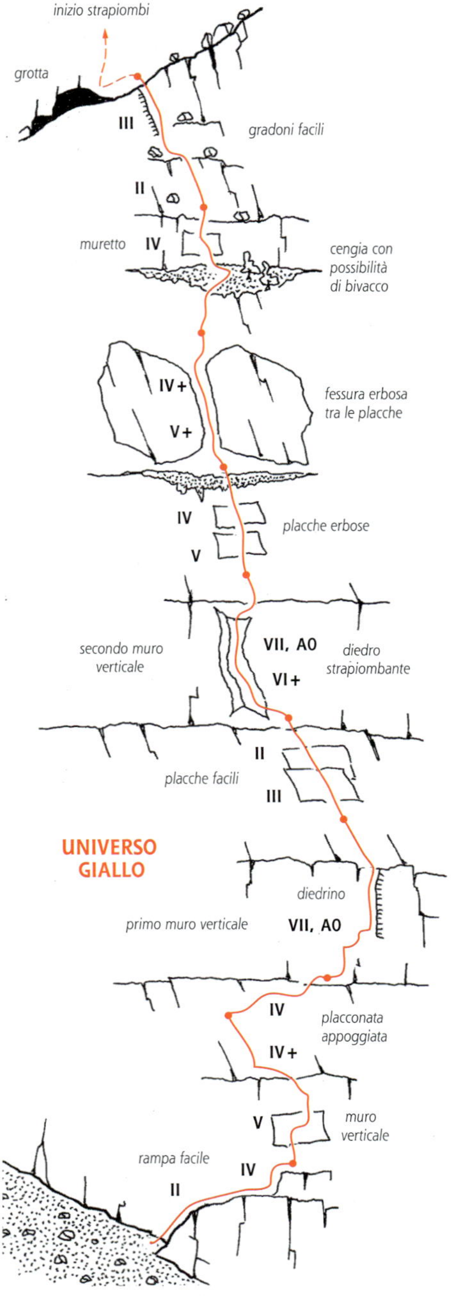

dere la progressione più sicura. Le rimanenti 10 lunghezze sono tutte attrezzate a fix da 8 mm. Data la chiodatura ravvicinata ed affidabile, questa via risulta essere più facile di Vertigine, anche se ne rimane molto simile per l'impegno globale. Le prime 10 lunghezze sullo strapiombo superano muri verticali, addirittura dopo i primi sette tiri è possibile scendere ancora in corda doppia. Ma dal grande tetto centrale all'uscita, la parete strapiomba in maniera davvero impressionante! È richiesta quindi una buona resistenza fisica e un'ottima tecnica sulle staffe.

È nel complesso una via atletica e spettacolare, con un vuoto e un'esposizione incredibile, immersa in ambiente unico e raro.

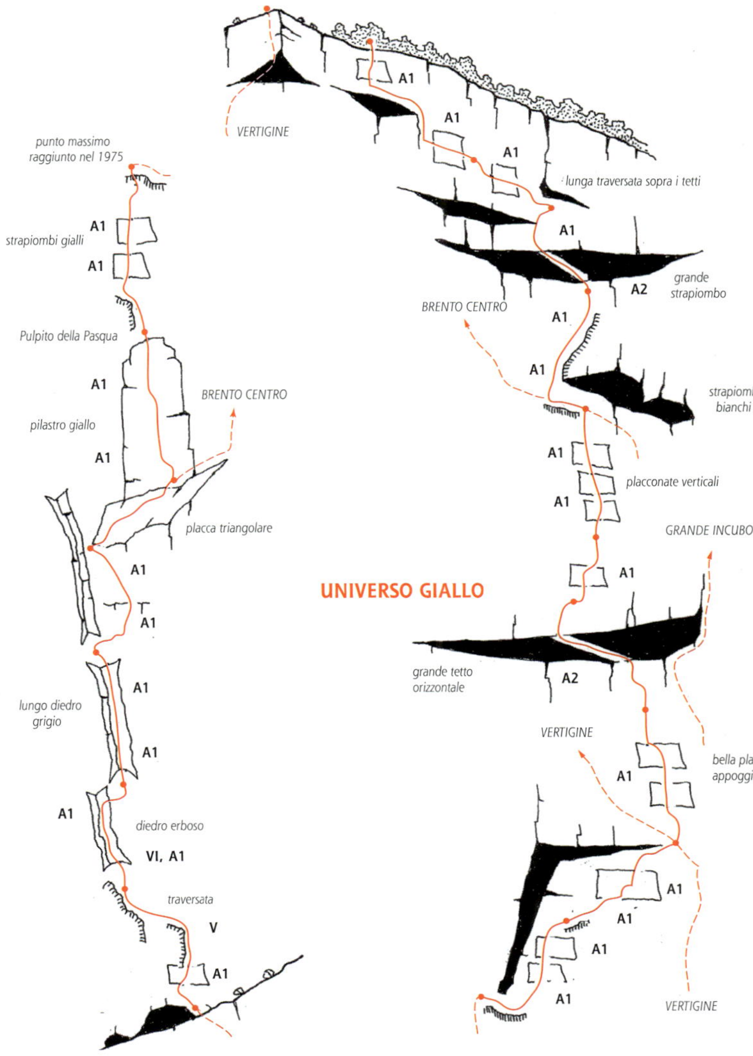

14 VIA VERTIGINE ★★★★★

M. Furlani, D. Filippi, A. Andreotti
H. Steinkotter, F. Bertoni, G. Gottardi 1992
Prima rip. F. Leoni, D. Zampiccoli 1992
1000 m. (30L)
VI+, A1, A2/R1/V

Salita assolutamente spettacolare per il vuoto e l'esposizione. Vivamente consigliata per la sua linea logica ed elegante. Pur attraversando il cuore degli strapiombi, evita il superamento di questi in modo diretto, seguendo sempre il punto di minor resistenza. Itinerario che richiede grande tecnica e resistenza sulle staffe, altrimenti un bivacco sugli strapiombi risulterà inevitabile, pur essendo tutta la via attrezzata. È una via per gli amanti di quel gioco che si fa con le staffe e il vuoto assoluto. La roccia solida e la chiodatura ottima, consentono una progressione tranquilla e sempre in serenità. Si ha cosi la possibilità di godersi uno splendido panorama e un meraviglioso ambiente, che da questo punto di vista, appare veramente come unico e raro. Per una ripetizione è consigliabile dormire alla cengia, ottimi posti da bivacco, per poi ripartire ancora molto presto al mattino. Portare molta acqua e alcuni spit con perforatore manuale, per sostituire eventuali chiodi a pressione rotti o insicuri. Alcuni chiodi angolari potrebbero ritornare utili, superflui invece friends e stopper. Tutte le soste sono a prova di bomba, attrezzate con 2 o 3 fix. Per i tempi, calcolare 3 ore per lo zoccolo, 12 ore per lo strapiombo e 2 ore per la discesa. Conviene lasciare una macchina in località S. Giovanni.

Attacco: al centro e alla base dello zoccolone grigio, individuare una evidente rampa obliqua verso sinistra. Risalire questa rampa fino a un comodo terrazzo dove una catena di sosta indica l'attacco della via.

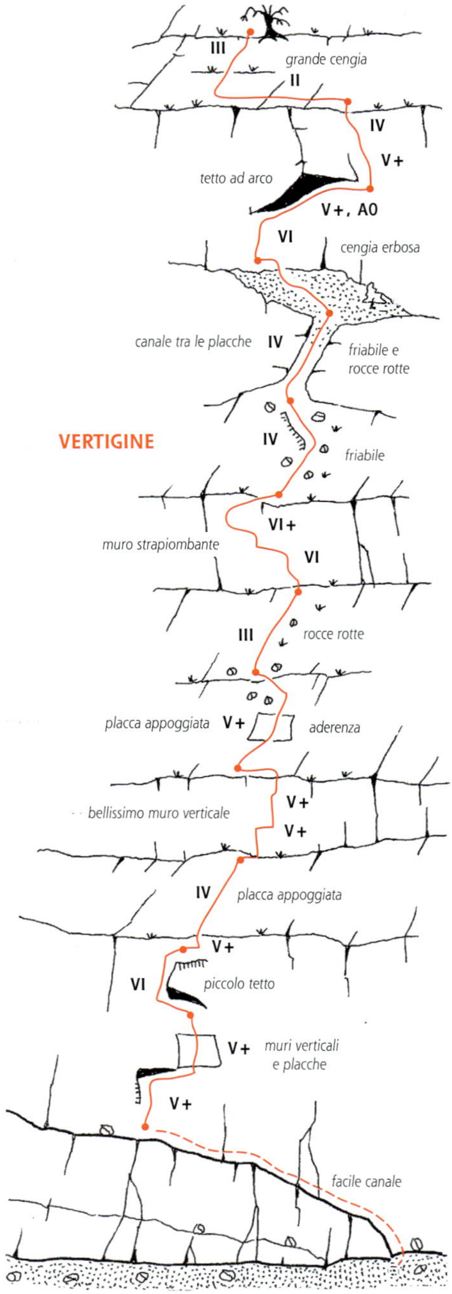

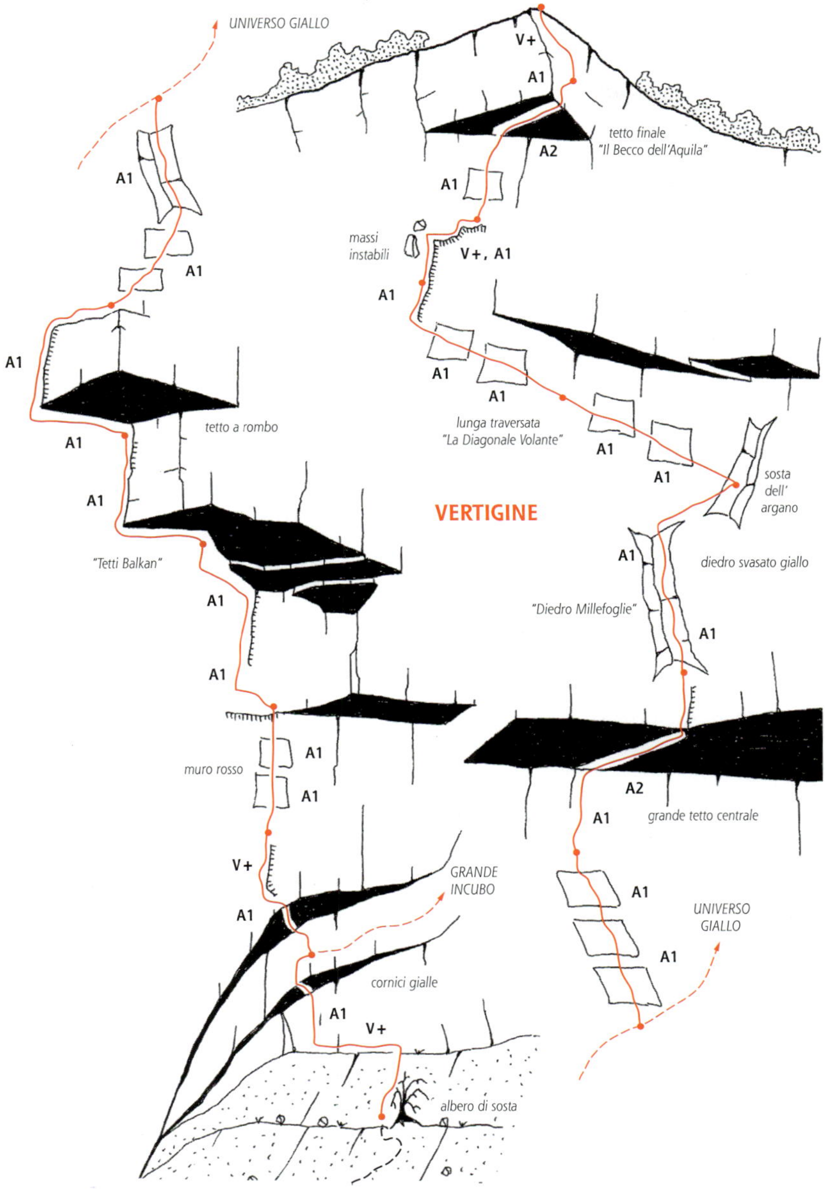

UNIVERSO GIALLO
V+
A1
tetto finale
"Il Becco dell'Aquila"
A2
A1
A1
A1
massi
instabili
V+, A1
A1
A1
A1
A1
tetto a rombo
lunga traversata
"La Diagonale Volante"
A1
A1
A1
sosta
dell'
argano
VERTIGINE
A1
"Tetti Balkan"
A1
diedro svasato giallo
A1
"Diedro Millefoglie"
A1
A1
muro rosso
A1
A1
A2
A1
grande tetto centrale
V+
GRANDE
INCUBO
A1
A1
UNIVERSO
GIALLO
A1
cornici gialle
A1
V+
albero di sosta

15 IL GRANDE INCUBO★★★★★

D. Filippi, A. Zanetti 1997
Prima rip. F. Leoni, M. Girardi 2000
1200 m. (32L)
VI+,VII, A2, A3/R3/V

Grandiosa scalata artificiale. Segue quella linea logica di fessure e diedri a destra dei grandi tetti della via Vertigine. Salita molto esposta e difficile. Dopo il primo tiro in comune alla Vertigine, traversa verso destra su delle cornici sospese. Procede poi direttamente fino ad una grossa nicchia sotto un grosso tetto. Qui, un tiro friabile e pericoloso porta ad una bella serie di diedri. Si procede ora su solidissime placconate, tetti pronunciati e fessure strapiombanti fino a quelle due caratteristiche ed enormi grotte bianche poste proprio sotto l'ultimo grande tetto. È sicuramente questo il tratto più bello, esposto e remunerativo della salita. La via procede ora lungo diedri e strapiombi, e sempre con esposizione assoluta guadagna il bosco sommitale. Tutta la via è stata chiodata con mezzi tradizionali, chiodi e spit a mano, e questo ha richiesto ben 35 giornate di lavoro e 17 bivacchi in parete. Gran parte del lavoro, lo ha richiesto la particolare progressione adottata e cioè quella di forare il meno possibile. Si procedeva allora alla estenuante ricerca di fessure e buchi che accettassero una chiodatura normale, e questo comportava un grande lavoro di disgaggio e pulizia. Gran parte del materiale è stato lasciato in parete. Per una ripetizione è consigliabile attrezzare un campo alla cengia e delle corde fisse nei primi 200 metri per poi, in un secondo tempo, attaccare ed essere cosi sicuri di uscire dalla parete in giornata o al massimo, con un altro bivacco sugli strapiombi.

Attacco: come per la via Vertigine, ma anziché seguire la rampa di sinistra, salire per quella di destra fino a una cengia erbosa orizzontale. Qui, una sosta a chiodi indica l'attacco della via.

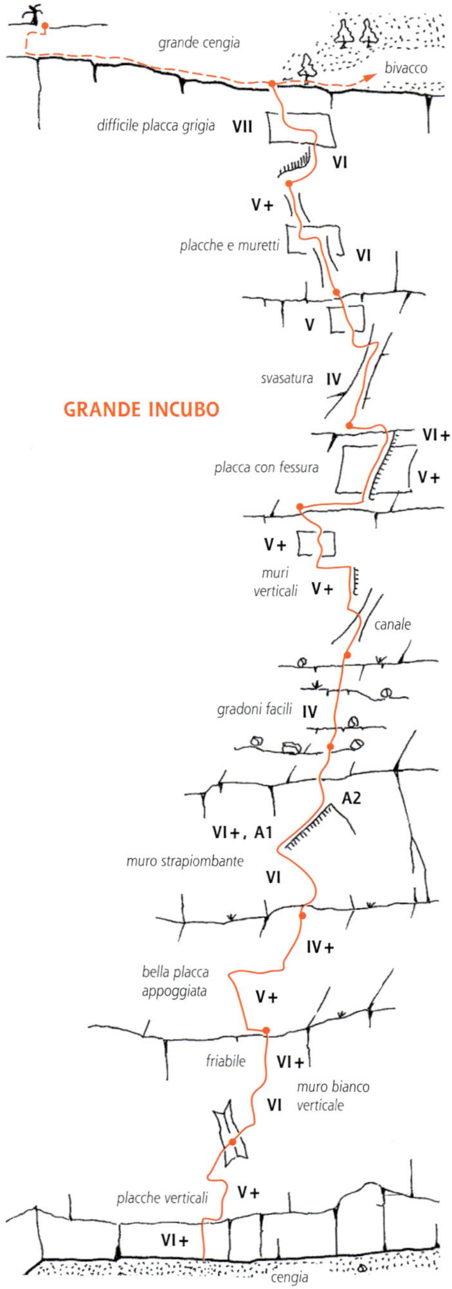

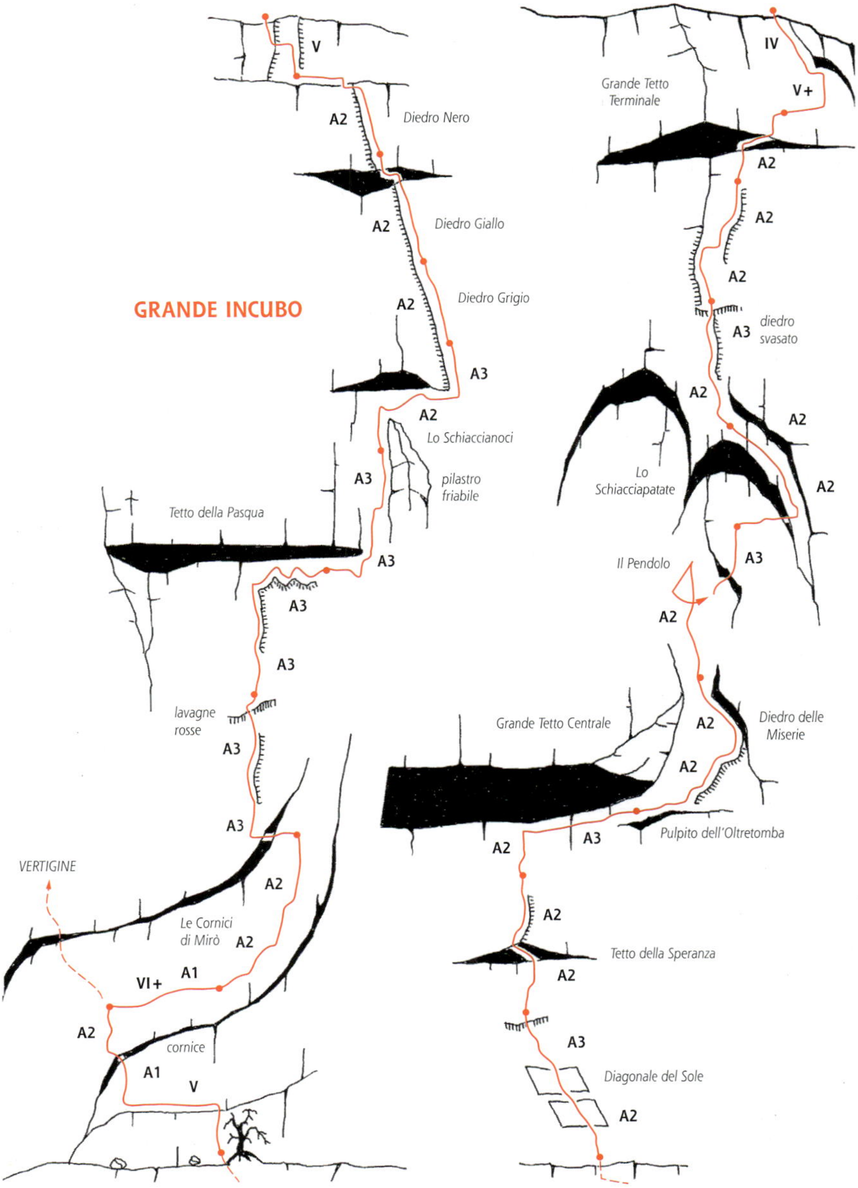
GRANDE INCUBO
V
A2
Diedro Nero
A2
Diedro Giallo
A2
Diedro Grigio
A3
A2
Lo Schiaccianoci
A3
pilastro
friabile
Tetto della Pasqua
A3
A3
A3
lavagne
rosse
A3
A3
VERTIGINE
A2
Le Cornici
di Mirò
A2
VI+
A1
A2
cornice
A1
V
IV
Grande Tetto
Terminale
V+
A2
A2
A2
A3
diedro
svasato
A2
A2
Lo
Schiacciapatate
A2
Il Pendolo
A3
A2
Grande Tetto Centrale
A2
Diedro delle
Miserie
A2
A2
A3
Pulpito dell'Oltretomba
A2
Tetto della Speranza
A2
A3
Diagonale del Sole
A2

16 BRENTO CENTRO ★★★★★

J. Verhoeven, D. Lama 2010
500 m. (20L)
8a, 8b (7b obb.)/RS3/VI

Itinerario dal grandioso e indiscusso valore alpinistico atletico e sportivo. Vivi complimenti ai primi salitori per la grande audacia, coraggio e determinazione dimostrata e per aver portato a termine un progetto cosi ambizioso. Una via totalmente in libera attraverso questa grande parete sembrava una cosa davvero irrealizzabile, soprattutto per chi conosceva già la parete. Questa via, segue una straordinaria linea attraverso i grandi strapiombi, dove il vuoto assoluto e la discreta qualità della roccia la fanno da padroni. La lunghezza della via unita all'altissima difficoltà dell'arrampicata impone una permanenza in parete di più giorni, è quindi richiesta anche una notevole esperienza di Big Wall. L'itinerario sfrutta, in linea di massima, i punti deboli della parete. Le prime 5 lunghezze seguono la via Universo Giallo dove l'arrampicata si svolge perlopiù lungo diedri grigi verticali. Questo tratto permette di raggirare i primi grandi strapiombi. Nella parte centrale, la via si porta nel cuore della parete, e per grandi lavagne gialle e strapiombanti vince sulla destra il grande tetto orizzontale. Qui, dopo aver seguito alcune lunghezze della via Il Grande Incubo, ritorna a sinistra per superare gli ultimi strapiombi e sbucare direttamente vicino al Becco dell'Aquila. È decisamente un' itinerario impegnativo, per qualità della roccia, chiodatura e logistica, che sale una grandiosa parete, dove un'eventuale ritirata si presenta sempre e comunque problematica se non addirittura impossibile. Occorre dunque avere le idee veramente chiare prima di affrontare una tale salita.

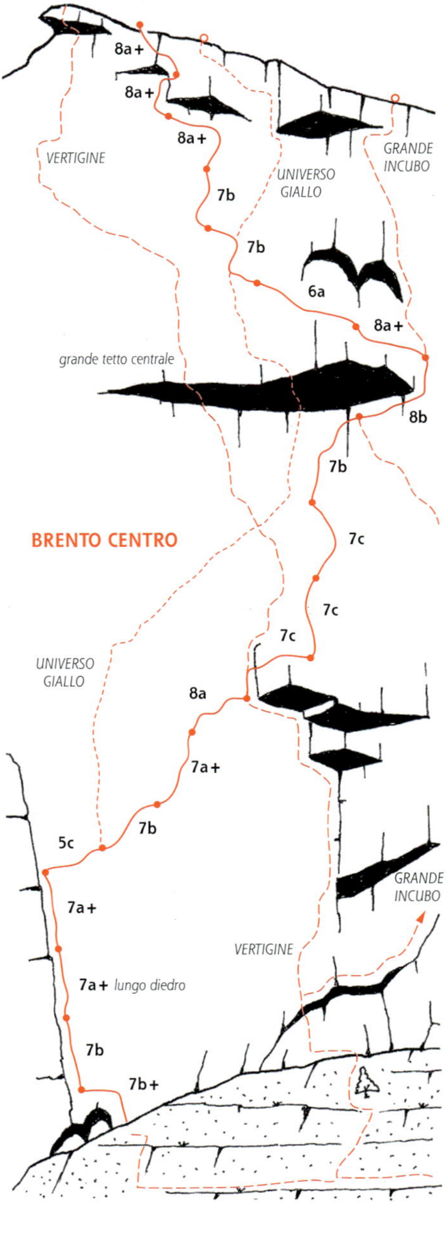

David Lama, *Brento Centro*, Monte Brento *(ph. Heiko Wilhelm)* →

20 Parete Est

Monte Brento

1.30 h

2.00 h

900 m.

E

È quella vasta parete che dalla grande conca degli strapiombi, corre verso nord, e degrada rapidamente fino a cadere proprio sopra la Parete Zebrata. Una marcata, profonda ed evidente spaccatura la separa dalla restante parete strapiombante. Settore estremamente severo e friabile. Poche vie sono state tracciate su questa parete, la friabilità della roccia ha già bloccato parecchi tentativi e le vie esistenti contano pochissime ripetizioni. Fa eccezione la via dell'Anniversario, che malgrado alcuni tratti, segue una linea di rocce abbastanza solide. Restano comunque salite di grande impegno fisico e tecnico, dove occorre molta esperienza sul friabile.

Accesso

Come per il Settore Sportivo della Parete Zebrata, poi risalire tutto il ghiaione fino all'acquedotto.
Ora, non conviene puntare direttamente alla parete, ripidi ghiaioni renderebbero l'avvicinamento troppo faticoso, ma è consigliabile portarsi prima alla base dello zoccolo grigio per poi costeggiare la parete verso destra in direzione dei vari attacchi.

Discesa

- Verso Lundo: traversare in quota, o in leggera salita, verso nord seguendo ometti e tracce di sentiero fino a raggiungere una belle forcelletta sul crinale nord del monte Brento. Scendendo sul versante opposto in breve si raggiunge la strada forestale che in circa 2 ore, di comodo cammino, porta al paese di Lundo dove conviene aver lasciato un'auto.
- Verso valle: avviene a grandi linee lungo lo spigolo nord est, e si ritorna alla base della parete. Dall'uscita delle vie, per roccette e arbusti, perdere quota, seguendo ometti e tracce di passaggio. Nell'ultima parte della discesa, si supera una parete, di rocce rosse, con un paio di corde doppie. Dopo queste, dirigersi verso il bordo della parete e con altre tre calate si arriva sui ghiaioni basali. Eventualmente portare alcuni cordini da lascio per rinforzare alcune soste.

17 MARTINI STEDILE	**900 m.**
18 VIA PALMA	**800 m.**
19 L'ASPETTATIVA DEI MONDI SUPERIORI	**800 m.**
20 VIA DELL'ANNIVERSARIO	**800 m.**
21 VENTO DELL'EST	**450 m.**

19a
17
18
19
20
21

17 MARTINI STEDILE ★

S. Martini, F. Stedile 1982
900 m. (25L)
V+,VI/R4/IV

Grandiosa salita dalle mille incognite. Conta solo una ripetizione certa e vari tentativi, anche finiti in modo drammatico. Vince la parete nel suo punto più debole, e quindi nel suo punto più friabile ed erboso. Anche se, vista da sotto, la sua linea appare logica ed attraente, è un' itinerario lungo e complesso, difficile da individuare, dove non conviene assolutamente sbagliare percorso.

Resta un' itinerario riservato ai veri avventuri, capaci di muoversi su grandi pareti friabili, con poche o nulle tracce di passaggio.

Relazione:

1: Superare il primo diedro e continuare per placche appoggiate, puntando ad un diedro aperto che si trasforma poi in un canale.

2: Continuare per placche erbose in direzione della grande grotta visibile anche dal basso. Fin qui, circa 10 lunghezze.

3: A destra della grotta salire direttamente per fessure e diedri friabili per 4 o 5 lunghezze, fino ad un difficile diedro chiuso da uno strapiombo.

4: Superare il diedro e la successiva strozzatura, poi continuare per facili rampe, 3 o 4 tiri, verso destra , e alla fine superare un diedro compatto.

5: Continuare per alcune lunghezze lungo canaletti e fessure, ed uscire sul lato sinistro di un bianchissimo diedro.

Attacco: alla base della parete, individuare una grande macchia gialla e strapiombante. A destra di questa, un netto e regolare diedro grigio porta alle placconate superiori. Alla base del diedro c'è anche una targa-ricordo.

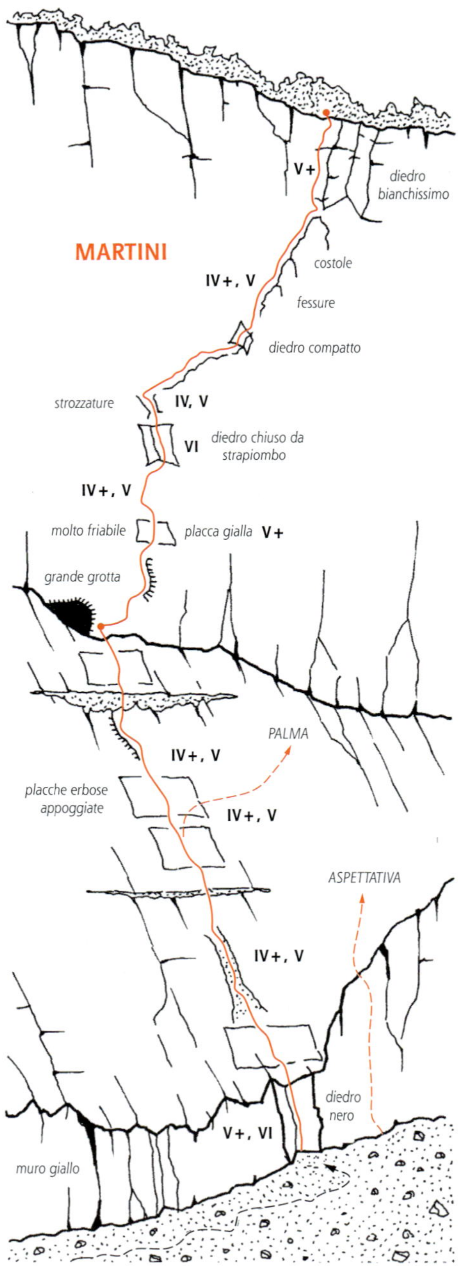

18 VIA PALMA★

G. Groaz, M. Zanolla, P. Baldo 1978
800 m. (20L)
V+,VI/R4/IV

Questa via segue la linea logica della parete est, il suo punto più debole, lungo una serie di camini, fessure e diedri. Anche questo itinerario, come per la "Martini-Stedile", è riservato ai veri avventurieri.

Relazione:

1: Superare il primo diedro, e continuare per 300 metri per placche erbose e gradoni, puntando ad un boschetto sotto la verticale della parete superiore.

2: Dal boschetto seguire una serie di camini fino ad una terrazza alla base di un grande diedro giallo strapiombante (via dell'Anniversario).

3: Traversare a destra e riprendere la sequenza di camini e diedri fino ad un terrazzo sotto un tetto.

Evitare il tetto sulla destra e continuare per un camini fino ad uscire dalla parete

Attacco: come per la via "Martini", si attacca per lo stesso diedro e si guadagnano le placconate superiori. Ma mentre la via "Martini" prosegue direttamente, la via "Palma" inizia subito ad obliquare verso destra in direzione dei primi camini.

"Questa via , poco ripetuta, richiede più doti alpinistiche che d'arrampicata poiché le difficoltà maggiori, di V° grado, si trovano soltanto nel diedro iniziale. Diventa invece molto importante il saper progredire su roccia non sempre buona ed evitare la caduta di sassi, il saper organizzare le soste, piazzare le protezioni e i punti di progressione. Non può mancare un buon allenamento fisico data la lunghezza della via, circa 800 metri di sviluppo per 500 di dislivello. Ricordarsi infine che, terminata la via, il rientro, qualunque sia la scelta fatta, è lungo e faticoso". Commento di P. Piacini, probabile primo ripetitore con C. Sommadossi.

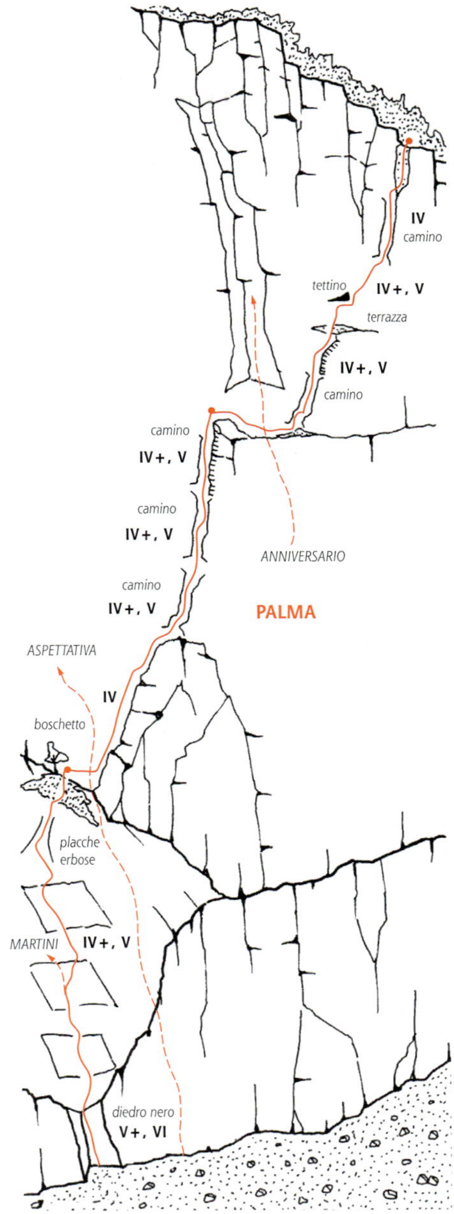

19 L'ASPETTATIVA DEI MONDI SUPERIORI

★★★★★

H. Grill, F. Kluckner 2009
800 m. (20L)
VI+, A1/RS3/IV

Bellissima via, ormai molto ripetuta, che vince la parete est del Monte Brento lungo una linea di placconate grigie solide e compatte. È sicuramente la più bella via della parte, ed offre un'arrampicata molto varia lungo placche diedri e fessure. La roccia è generalmente solida e la chiodatura è sufficiente e molto varia a chiodi, fix e clessidre. Necessari comunque per la ripetizione una serie di friend e stopper. Dopo una partenza decisa e intensa, la via prosegue lungo placche facili e appoggiate fino alla base del grandioso diedro della variante "Sole Caldissimo". Superati una serie di camini, la salita si fa avvincente ed entusiasmante, e con difficoltà sempre continue e sostenute vince la parte alta della parete.

Attacco: 10 metri a destra della via Martini Stedile.

19a VARIANTE SOLE CALDISSIMO★

H. Grill, J. Blummel, F. Kluckner, F. Heiss 1998
600 m. (14L)
VI, A1/R4/IV

Questo itinerario, un tempo rappresentava una valida e difficile variante alla via dell'Anniversario.

Ma, data la pessima qualità della roccia e le altissime difficoltà non ha mai avuto molte ripetizioni se non quelle degli apritori. In seguito, con l'apertura della bellissima via L'aspettativa dei mondi superiori, che ne ricalca in parte alcuni tratti, questa variante ha perso del tutto ogni interesse. Rimane comunque un'importante itinerario, dal grande valore storico e alpinistico, che vince l'evidentissimo diedro giallo al centro della parete, con altissime difficoltà in libera, chiodatura assente e roccia estremamente friabile.

20 VIA DELL' ANNIVERSARIO★★★★

M. Furlani, V. Chini, F. Corn 1983
800 m. (20L)
VI+, A2/R3/IV

La direttiva della salita, è data da quel spettacolare e slanciato diedro giallo che incide, nella sua metà superiore, la parete est del Brento. Stupenda salita, logica ed elegante, che vince forse il settore più solido della parete.

Attacco: costeggiando la parete, oltrepassato l'attacco delle vie "Martini" e "Palma", ovvero il diedro nero con la targa, si sale in un canale ghiaioso tra la parete e alcuni pilastri staccati. Attaccare qui per delle costole grigie friabili.

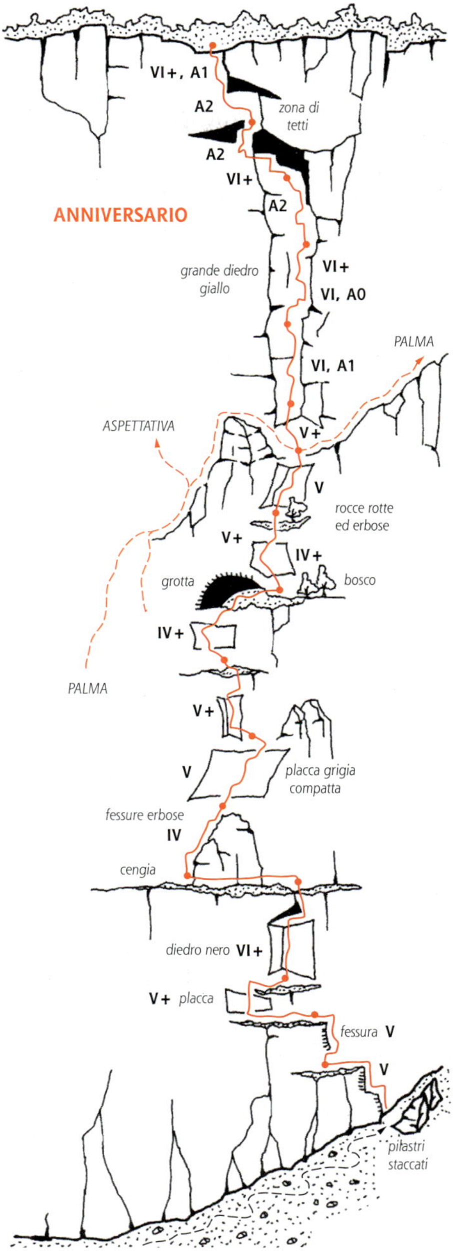

21 VENTO DELL'EST★★★★

F. Giacomelli, F. Stedile 1994
450 m. (12L)
VI+, VII+, A1/R4/IV

Itinerario estremo ed ardito che vince quella elegante e logica teoria di fessure e diedri che solcano la parete a destra della via dell'Anniversario. La salita propone diversi passaggi difficili e obbligati con chiodatura normale. La roccia è generalmente solida, e in via sono presenti circa 50 chiodi. Per la ripetizione sono necessari stopper e friend (info. da F. Giacomelli).

Attacco: oltrepassare l'attacco della via dell'Anniversario e portarsi sotto la verticale degli evidenti diedri: attaccare per una solida placconata grigia.

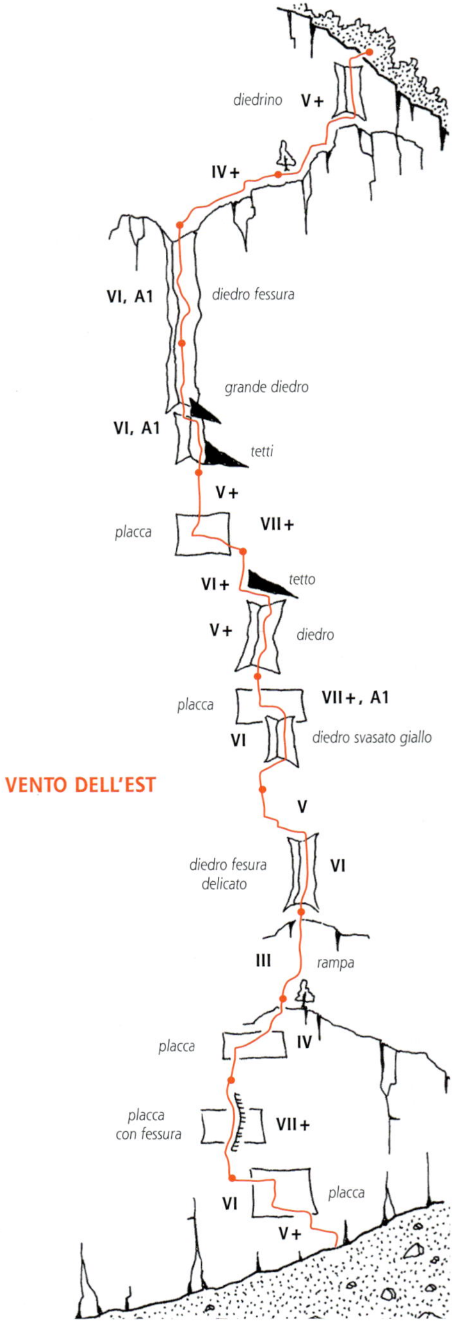

quotidiano online di
arrampicata e alpinismo
www.up-climbing.com
news
video
interviste
allenamento
gare

Cima alle Coste

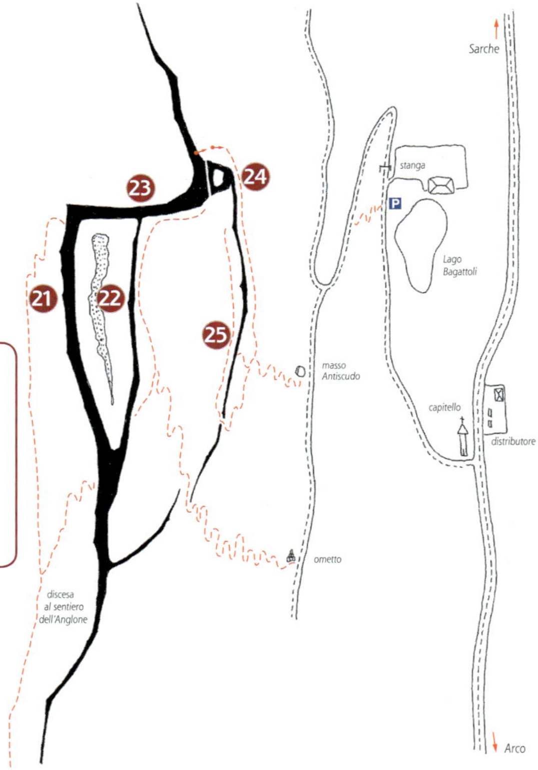

CIMA ALLE COSTE

21 PARETE CENTRALE
22 LO SCUDO
23 PARETE SUD
24 GUGLIA SOLIDARNOSC
25 L'ANTISCUDO

Chiamata anche "Gran diedro di Dro", questa parete appare veramente come un grande ed immenso diedro. Nasce dall'incontro di due formidabili pareti: la Sud, alta e verticale, friabile e temibile dove corrono alcuni itinerari tra i più estremi della Valle, e la Est, o parete centrale, molto più mansueta e accessibile. La buona qualità della roccia, su questa parete, a reso possibile, in questi ultimi anni, l'apertura di molte vie nuove, addirittura lungo il suo zoccolo basale sono sorte molte vie sportive. Questo zoccolo, chiamato anche "Lo Scudo", data la sua importanza per la quantità di vie che comprende viene considerato un settore a sé stante. La parete Sud, a est, forma un lungo ed affilato spigolo che termina alla base con un bel pilastro staccato, ben visibile quando ci si avvicina alla parete. È la Guglia Solidarnosc, e sul versante che guarda la valle sono state tracciate alcune interessanti vie. Lungo il gran diedro, nato dall'incontro delle due grandi pareti, corre una delle più antiche e storiche vie della valle. Era il lontano 1966 quando Heinz Steinkotter e compagni scalarono il lungo diedro. Ora, questa via, ripetuta solo nella sua parte bassa, è ormai dimenticata soprattutto per le sue rocce friabili de erbose.

Claudia Farruggia, *Diedro Martini*, Cima alle Coste *(sassbaloss.com)* →

21 Parete Centrale

Cima alle Coste

0.40 h

2.00 h

750 m.

E

Parete molto caratteristica, è spaccata in due, orizzontalmente, da una zona di cenge erbose. La parte bassa, lo "Scudo", è una liscia lavagna appoggiata di 250 metri, dove l'arrampicata è la tipica in aderenza. La parete superiore, alta 200 metri, molto più verticale e articolata, offre invece una progressione più atletica lungo diedri e fessure. Cosi, gli itinerari di questa parete, presentano un po' tutti le stesse caratteristiche, ovvero una prima parte su placche appoggiate, ed una seconda su diedri e fessure verticali.

Accesso

Sulla strada forestale per il Lago Bagattoli, parcheggiare poco prima della stanga (meglio ancora lasciare l'auto presso il distributore sulla strada, chiedendo al proprietario). Seguire la strada forestale e al secondo tornante prendere la stradina di sinistra. Dopo un tratto ripido, delle tracce si staccano sulla destra, e per queste, faticosamente, si arriva alla base di un lungo scivolo roccioso. Ora, per delle cenge traversali superare lo scivolo e raggiungere la base della parete.

Discesa

Attraversare il bosco in direzione ovest, fino ad incontrare un sentiero pianeggiante che si percorre verso sud fino ad un cippo con divisioni forestali. Per una forestale, per 600 m. verso sud-ovest ad un bivio su un dosso. A sinistra in discesa all'indicazione per Dro del sentiero 425 che riporta in fondovalle.

1 OASI DI PACE	**650 m.**
2 SPECCHIO DI OSIRIDE	**600 m.**
3 SOLE NASCENTE	**600 m.**
4 DESTINAZIONE PARADISO	**600 m.**
5 LA LUNA E I FALO'	**750 m.**
6 DIEDRO MARTINI	**500 m.**
7 CLESSIDRA	**500 m.**

5
4
B
7
6
4
1
A
2a
B
3
2
17
18
24 6
5
4
23
19
20
16

1 OASI DI PACE ★★★★★

M. Bozzetta, M. Furlani 1994
650 m. (23L)
VII, A1/R3/III

Lunga e bella salita. Difficili placche in aderenza nella parte bassa e arrampicata atletica nella parte alta. In alto punta ad una zona di rocce gialle per poi, con logica, evitarle sulla sinistra. Roccia e chiodatura buona lungo tutto il percorso.

Attacco: alla base della parete, si appoggia un ampio zoccolone, alto una cinquantina di metri. A sinistra, contro la parete, lo zoccolo forma delle facili rampe erbose. Salire per queste ed attaccare poi a sinistra, una evidente scaglia in placca.

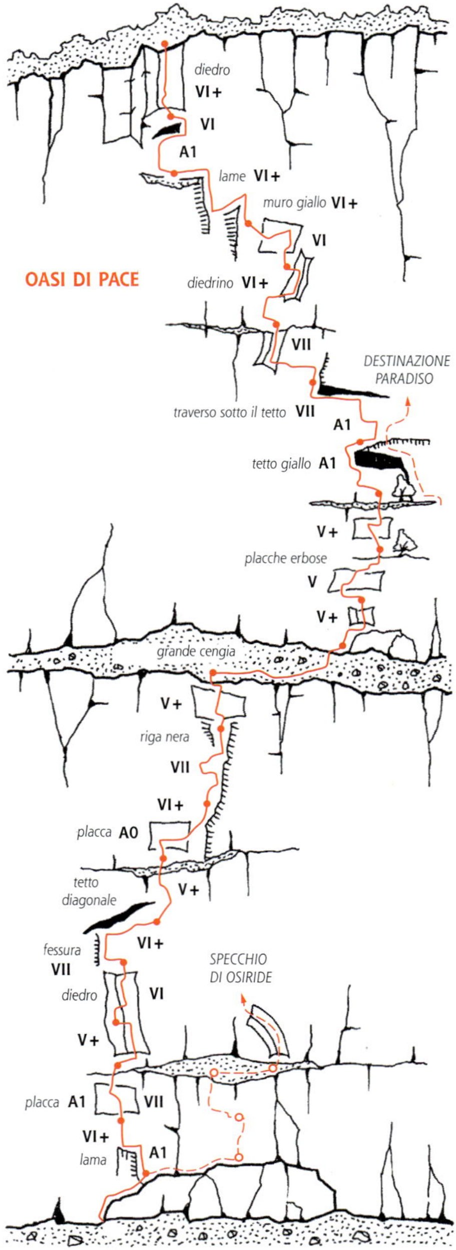

2 SPECCHIO DI OSIRIDE★★★

A. Zanetti, G. Dalfovo, C. Baratto 1993
600 m. (17L)
VII, A2/R3/III

Interessante salita che vince il settore sinistro della parete. Il primo tiro supera una difficile placca verticale. Il secondo tiro e la traversata sulla cengia sono in comune con "Sole Nascente". Dalla terrazza erbosa, "Specchio di Osiride" segue un diedrino nero appena accennato e strapiombante mentre "Sole Nascente" raggira lo spigolo a destra e continua per delle placche rotte.

Attacco: come per "Oasi di pace", salire ancora lungo le rampe fino proprio alla sommità dell'avancorpo. Attaccare una difficile fessurina in placca. Uno spit ad anello indica l'attacco.

2a VARIANTE GIOLEO★★★★

M. Giordani, F. Leoni 1993
100 m. (3L)
VI+

Dopo il diedro strapiombante sopra la cengia, questa variante vince il difficile corridoio, di placconate levigate, compreso tra la via Specchio di Osiride e la via Sole Nascente.

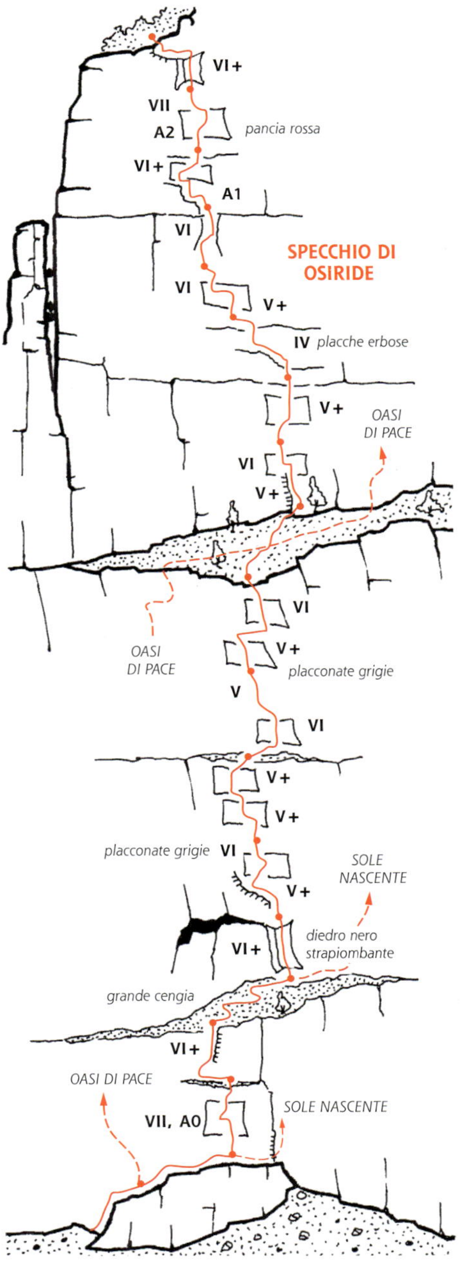

3 SOLE NASCENTE ★★★★

E. Salvaterra, A. Leviti 1980
600 m. (17L)
VI+, passi in A0/R4/III

Itinerario storico, di grande interesse alpinistico, raramente ripetuto. Dopo le prime lunghezze sulle placche, solide ma con scarsissime protezioni, la via punta a quella bella serie di tetti a scala gialli e al centro della parete. Alcuni tratti molto friabili nella parte alta, richiedono preparazione ed esperienza su questo terreno.

Attacco: come per le vie precedenti. Dall'attacco di "Specchio di Osiride" attraversare ancora alcuni metri a destra. Attaccare un diedrino fessurato verticale e difficile.

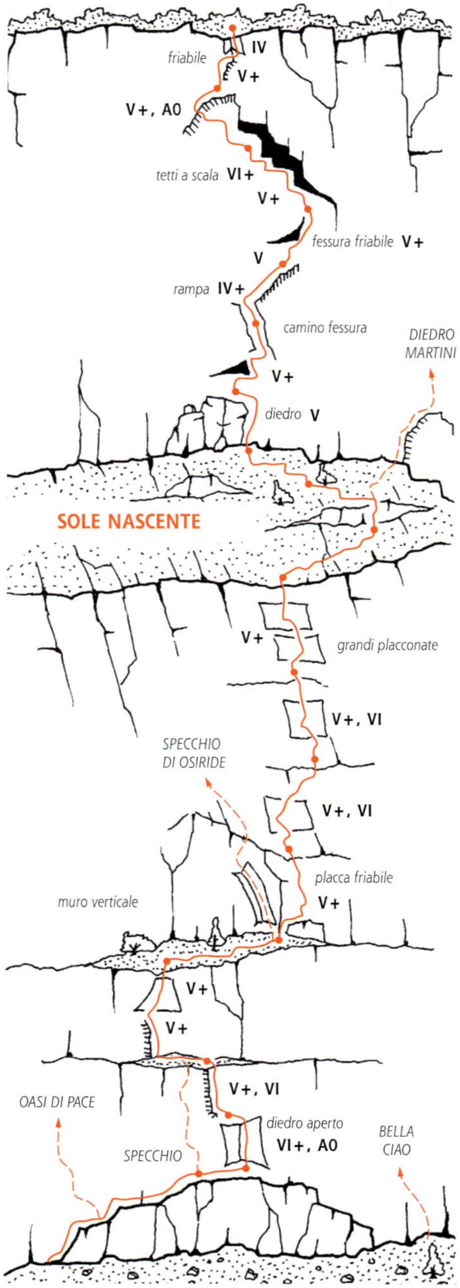

4 DESTINAZIONE PARADISO★★★★★

T. Quecchia, D. Ballerini, C. Stefani, F. Prati, F. Culazzu 1995
600 m. (16L)
VI+, VII+, passi in A1/RS2/III

Fra le vie moderne, è sicuramente la più bella dell'intera parete. Le placche dello zoccolo sono attrezzate in modo sportivo, con molti spit e con soste attrezzate per la discesa a corda doppia. Cosi, solo la parte bassa può rappresentare una salita a sé, dove per ripeterla bastano solo dei rivii. La parte alta invece presenta tratti in fessura da proteggere con stopper e friend. Ma l'ottima roccia e le soste sempre a spit fanno mantenere alla via , anche in questa parte, caratteristiche sportive. Non è comunque una via da sottovalutare, è lunga, per superare la zona centrale delle cenge erbose richiede esperienza alpinistica e presenta tratti friabili in uscita.

Attacco: a circa 50 metri a sinistra del diedro-canale principale, si appoggia alla parete un piccolo avancorpo che forma a sinistra un ampio diedro, qui c'è la sosta del primo tiro. Sotto la verticale di questo, leggermente a destra attacca la via. Targa con nome all'attacco.

Nota: la parte bassa è stata completamente richiodata a fix inox 10 mm.

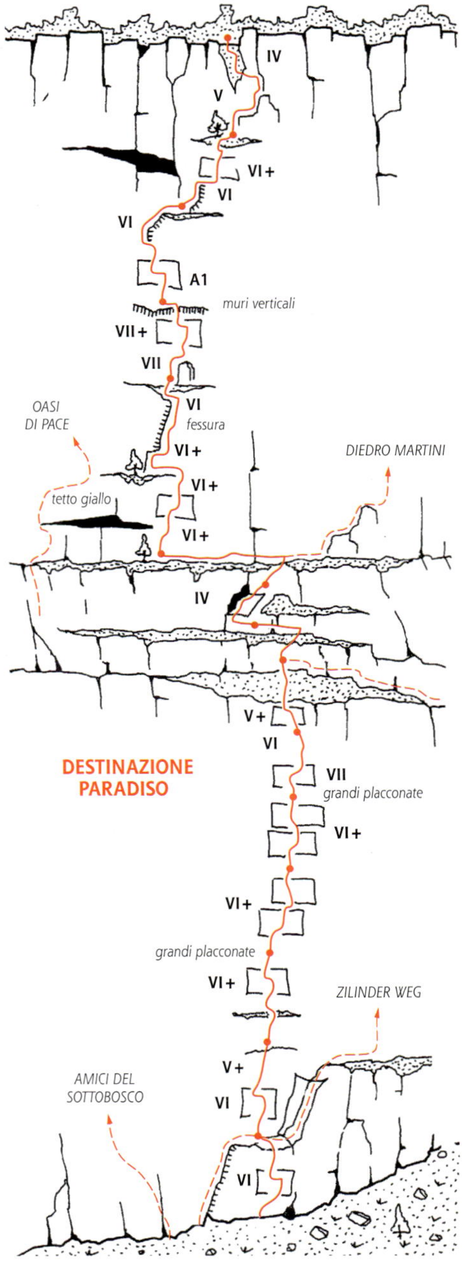

5 LA LUNA E I FALO' ★★★★★

S. Scalet, M. Pegoretti, L.Turato, E. Covi 1998
750 m. (20L)
VII+, A2/R2/III

Itinerario misto: sportivo sulle placche nella prima parte (La luna) e di tipo alpinistico nel tratto di raccordo e nella parte alta (i falò). Ben protetta, offre un'arrampicata varia e di grande soddisfazione con l'impegno che va crescendo man mano che si sale. La chiodatura è a spit nella prima parte, mista e completa nella parte alta. Indispensabili tuttavia friend medio-piccoli, stopper e un piccolo set di chiodi. La roccia è ottima nella parte bassa, molto buona nella parte alta ad eccezione di un breve tratto verso il decimo tiro. (Commento di Samuele Scalet).

Attacco: come per "Destinazione Paradiso", un po' più a destra.

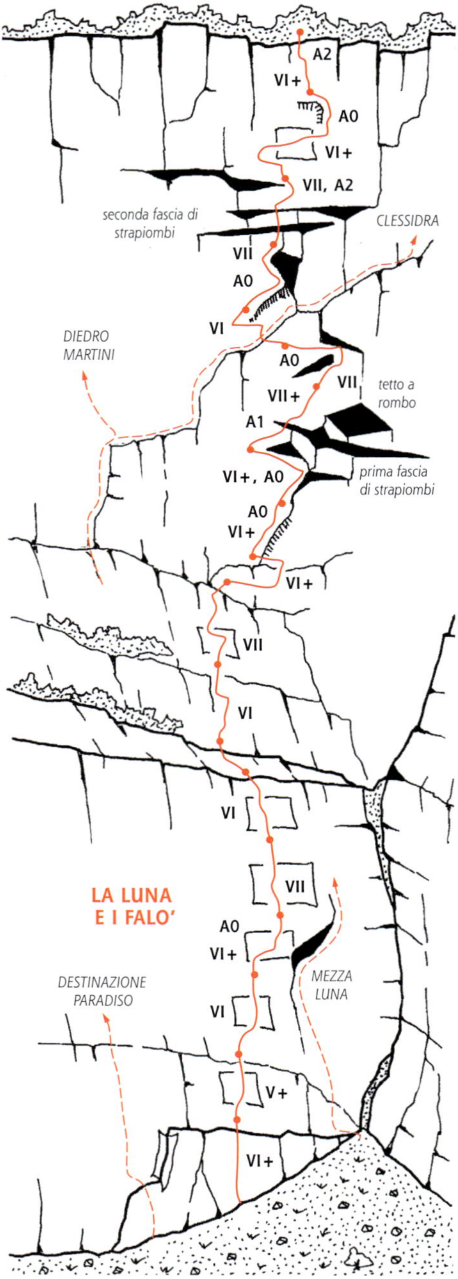

6 DIEDRO MARTINI ★★★★★

S. Martini, M. Tranquillini, M. Protoni 1972
500 m. (16L)
V+, VI+/R3/III

È la grande classica della "Cima alle Coste", segue una linea logica ed ideale di diedri e fessure che incidono le placconate superiori della parete. Sembra quasi il naturale proseguimento del grande diedrone iniziale della via "Steinkotter". In realtà è una variante diretta a questa via. Ma dato che la parte alta della via "Steinkotter" è stata praticamente abbandonata, la parte bassa, il diedrone, ne è diventato il suo più comodo e logico accesso. Salita alpinistica entusiasmante e di grande soddisfazione. Roccia generalmente solida lungo tutto il percorso. La chiodatura è precaria ma le belle e solide fessure accettano molti stopper.

Attacco: alla base del grande diedro-canale principale. Attenzione alla caduta sassi dopo forti temporali.

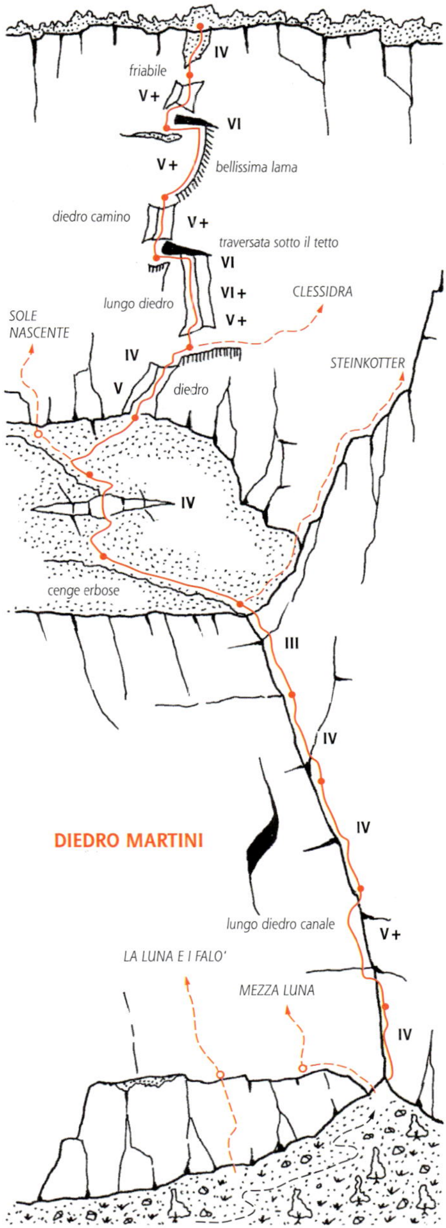

7 VIA DELLA CLESSIDRA★★★★★

M. Giordani, R. Manfrini 1985
500 m. (16L)
V+, VI+/R4/III

Grande salita dalla logica impeccabile. Dal cuore della parete taglia verso destra su cenge orizzontali, sale in obliquo attraverso due fasce strapiombanti, e con un ultima difficile lunghezza esce nel bosco sommitale. Roccia mediocre nelle prime lunghezze e stupenda nel resto della salita.

La scarsa chiodatura e l'improteggibilità in alcuni tratti, richiedono una buona preparazione alpinistica.

Attacco: percorrere tutto il diedro-canale principale, attaccare per il "Martini" e superata la prima lunghezza prendere delle cenge erbose verso destra.

Altre vie:

A – GIU' LE ZAMPE: di M. Giordani, M.e D. Mabboni 1995. Variante alla via "Oasi di Pace". Alla cengia centrale si stacca e segue, come direttiva, un marcato camino alla estrema sinistra della parete. 300 m. VI+,VII

B – MUCCA PAZZA: di D. Mabboni e M. Girardi 1996. Attacca per una lama grigia, tra la via "Nuvole Bianche" e la via "Direttissima Giordani". Sale la placconata con forti difficoltà e scarse protezioni e in alto corre parallela e a sinistra di "Sole Nascente". 600 m. VI+,VII.

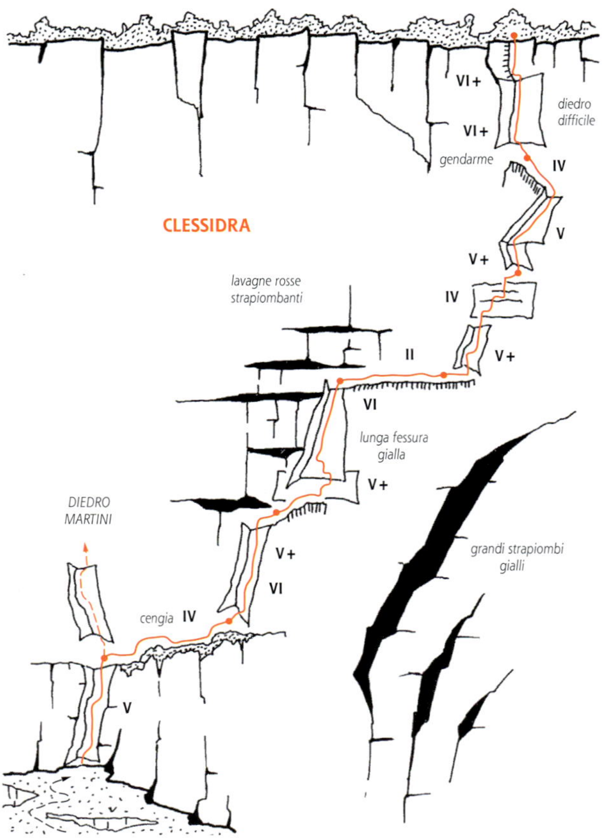

Via della Clessidra, nata per caso...

Maurizio Giordani

Raramente preparo a tavolino un'esperienza alpinistica. Se non sono davanti ad impegnative problematiche logistiche che necessitano programmazione, preferisco lasciare al caso, l'opportunità di regalarmi, di volta in volta, l'avventura del momento. Forse grazie proprio a questo, la salita si rivela spesso una sorpresa, per lo più gradevole.

Alle Coste, quel giorno primaverile del lontano 1985, non eravamo andati per aprire una via nuova.

Qualche giorno prima ero stato lì da solo, ripetendo slegato in velocità la "Martini". Mi ero talmente divertito che subito ho pensato di tornarvi con Rosanna, con la quale in quel periodo condividevo la maggior parte della mia attività in parete.

Era un buon periodo per le scalate. Eravamo entusiasti, allenati, veloci, determinati...

Forse c'era già, nella mia mente, l'idea di salire a destra, fra gli strapiombi. Non dimentico mai di scrutare oltre le linee esistenti per catturare la possibilità di un nuovo progetto e quella linea non mi era certo sfuggita. Forse per questo, oltre il primo tiro della "Martini", senza meditare più di tanto sul fatto di avere con noi solo alcuni chiodi e un paio di Friends, ho lasciato la fessura per traversare a destra.

La roccia, su questa parete, a tratti è friabile e insicura. Dove però è solida, s'incontrano tiri di corda entusiasmanti, di rara bellezza.

Dopo una prima parte delicata e pericolosa, raggiunta una successione di superficiali fessure, ci inoltriamo fra i due grandi strapiombi a forma di clessidra, in obliquo proprio nel mezzo. L'arrampicata scorre piacevole, veloce, mai troppo difficile. La via è li, basta solo seguirla...

Sulla destra, il profilo della parete è segnato dal grande "becco", il tetto sullo spigolo della via "Rinascita", salita da me e Franco un paio di anni prima. Sotto l'immensa placca grigia. Anche lì ritrovo ricordi di bella scalata, sulla via "Direttissima" ad esempio, aperta con i miei primi "Colorado" rossi a suola rigida, prima di passare alle più agili scarpette d'aderenza. Ricordi di fessure verticali, affrontate in faticosa tecnica "Dulfer" e di lisce placche di roccia compatta, inchiodabile, dove la progressione era il risultato di una scommessa con se stessi, passo dopo passo.

In alto, l'ultimo tiro non è certo banale. Un difficile diedro ci accompagna nel bosco sommitale, da dove proviamo a trovare la via di discesa verso valle, nell'imminente oscurità.

Sono passati quasi trent'anni, e non ho mai più ripercorso quella via. La curiosità mi spinge ad andare alla ricerca di altro, di quello che ancora non conosco. E la Valle del Sarca offre possibilità infinite al riguardo.

Non mi sono mai fermato, in fondo. Arrampico ancora con entusiasmo e non manco di tornare in parete appena ho tempo libero. Credo sia arrivato il momento di tornare sui miei passi, di affrontare la nostalgia del passato con la consapevolezza del presente, e di tornare su "Clessidra", su "Fiore di Corallo", su "Ombre Rosse", su "Rinascita", su "Genghiz Kan", su "Direttissima", su "Rosmau", su "Charlie Chaplin", su "Black Hole" e su molte altre vie che meritano di essere riscoperte, di tanto in tanto.

Non ho dimenticato ma i ricordi, col tempo, sbiadiscono. È ora di rinvigorirli...

22 Lo Scudo

Cima alle Coste

0.40 h

1.00 h

450 m.

E

È praticamente lo zoccolo che sostiene la grande parete est. Questa lavagna di roccia grigia compattissima, offre arrampicate sportive straordinarie ottimamente attrezzate e salite alpinistiche interessanti e decisamente consigliate.
L'arrampicata è la tipica in aderenza. L'ambiente magnifico, l'avvicinamento e la discesa comodi hanno fatto di questo settore quasi una palestra. Attenzione però a non sottovalutare la caduta di sassi dalle cenge mediane, resta comunque una parete alpina.

Accesso
Sulla strada forestale per il Lago Bagattoli, parcheggiare poco prima della stanga. Seguire la strada forestale e al secondo tornante prendere la stradina di sinistra. Dopo una ripida rampa, delle tracce si staccano sulla destra, e per queste, faticosamente, si arriva alla base di un lungo scivolo roccioso. Ora, per delle cenge traversali superare lo scivolo e raggiungere la base della parete.

8 DIEDRO MASSIMILIANO	**150 m.**
9 PASSEGGIATA DI PASQUA	**300 m.**
10 DINOSAURI	**450 m.**
11 MAS QUE NADA	**350 m.**
12 PROFONDO BUSH	**350 m.**
13 CASINO' ROYALE	**450 m.**
14 DINO SOTTOVIA	**300 m.**
15 BELLA CIAO	**280 m.**
16 UMMAGUMMA	**280 m.**
17 DIRETTISSIMA	**300 m.**
18 NUVOLE BIANCHE	**300 m.**
19 TRANSEAMUS	**300 m.**
20 SESTO GRADO	**300 m.**
21 MARIPOSA LIBRE	**280 m.**
22 AMICI DEL SOTTOBOSCO	**280 m.**
23 ZILINDER WEG	**280 m.**
24 VIA DELLA MEZZA LUNA	**250 m.**

Discesa

Per gli itinerari del settore sinistro, (dalla Via dei Dinosauri alla Via Casinò Royale) traversare verso sinistra l'ampia zona di radure e lastroni rocciosi, al termine dei quali una traccia con bolli rossi porta al sentiero della Sat (sentiero degli Scaloni) e da questo in valle.

Per tutti gli altri itinerari, (dalla via Bella Ciao alla via Mezzaluna) in doppia dalla via. Per le vie tradizionali, sempre in doppia, ma lungo gli itinerari sportivi che corrono a fianco di queste. Altrimenti percorrere tutta la cengia mediana verso destra e calarsi dal grande diedro-canale.

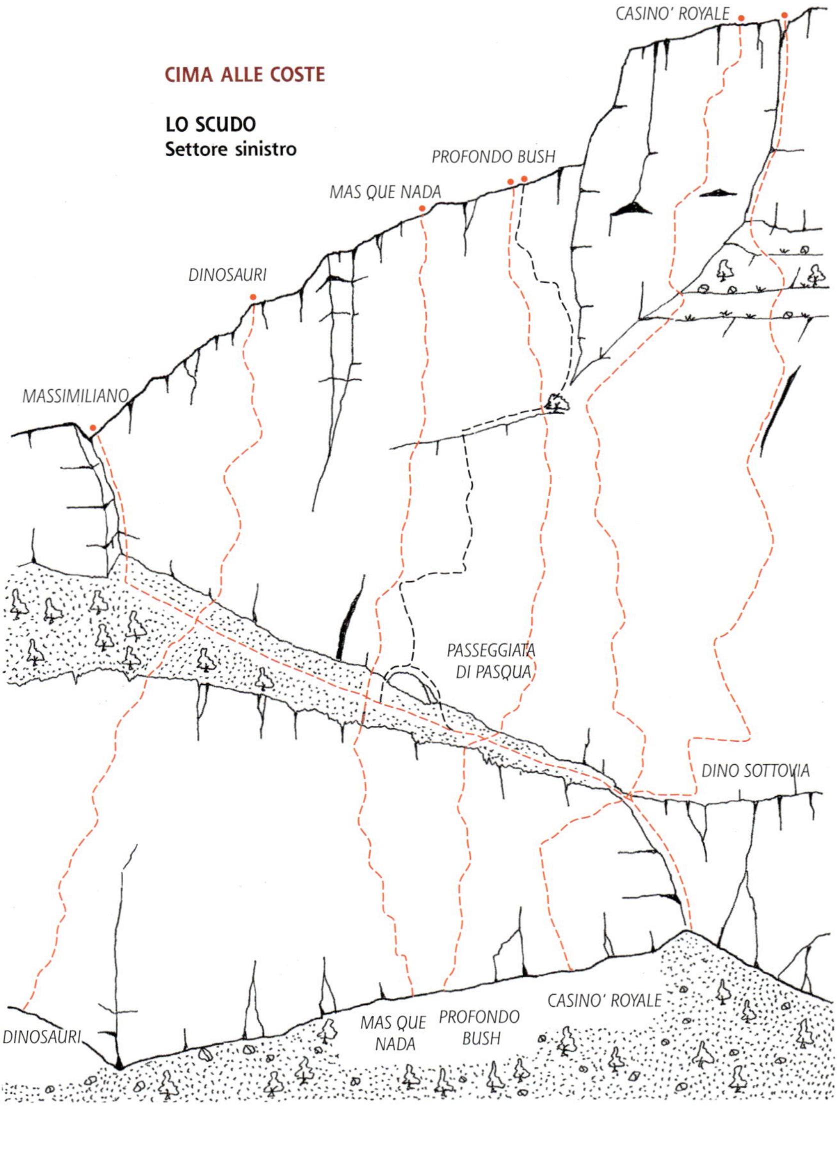

8
10
11
9
9
12
14
8
13
14
8
65 Anglone
10
11
12
13

8 DIEDRO MASSIMILIANO★★

G. Stenghel, A. Baldessari 1982
150 m. + 200 metri di zoccolo (7L)
V, VI+/R3/II

Salita tradizionale dalle caratteristiche esplorative. Sale con difficile arrampicata, quel breve ma evidente diedro che incide il margine sinistro della parete. Arrampicata classica, con roccia a tratti friabile ed ingombra di vegetazione, ma anche con molti passaggi interessanti ed impegnativi. Superato il primo tiro, senza percorso obbligato tra arbusti e blocchi instabili, la via continua con logica lungo fessure, diedri e camini. Molto bello e caratteristico l'ultimo tiro, dove si supera un profondo ed articolato camino.

Attacco: la base dello "Scudo", verso sinistra si chiude contro un avancorpo di rocce rotte ed erbose. Attaccare questo nel punto più accessibile, appena a sinistra di un diedro nero a forma di prua. Rimontarlo per circa 60 metri, fino ad una pianta con cordino. Seguire la lunga cengia fin dove termina alla base dell'evidente e grande diedro.

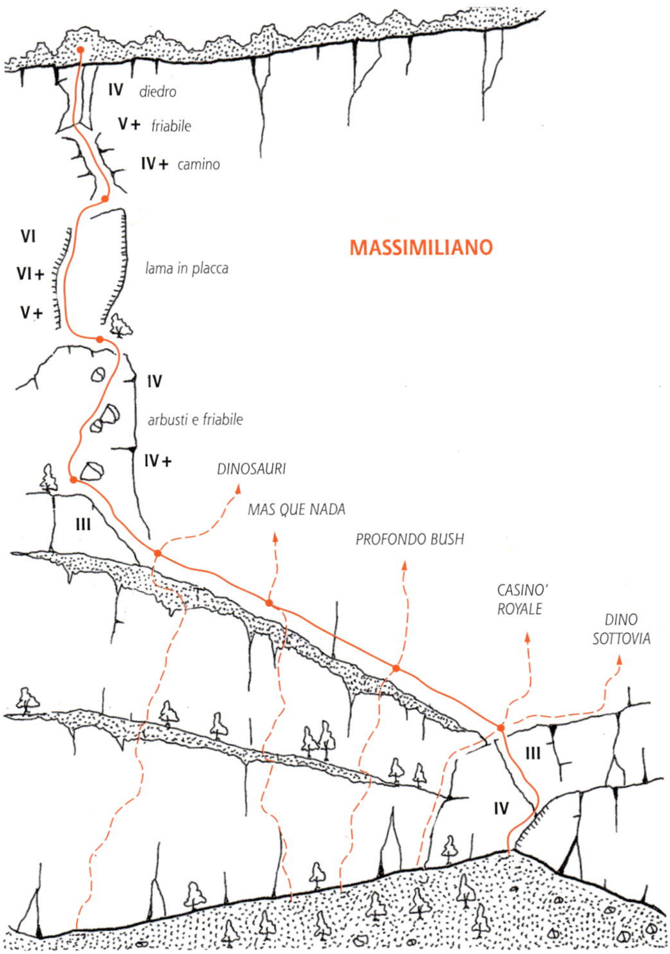

9 PASSEGGIATA DI PASQUA★★★
R. Goedeke, S. Hor 1985
300 m. (10L)
V+, VI/R3/II

Itinerario alpinisticamente bello e interessante, dalla linea logica e dalla difficoltà sostenuta. La roccia è generalmente solida nella prima parte ma più friabile negli ultimi tiri. Purtroppo molti passaggi sono disturbati dalla vegetazione, ma gli stessi arbusti rappresentano comunque ottimi ancoraggi. La chiodatura anche se scarsa, è presente nei passaggi più difficili. Il tiro chiave è rappresentato da una fessura-diedro, con roccia difficile e friabile, ma dove è possibile sistemare molte protezioni. Ai lati dell'itinerario corrono alcune vie sportive, dove è possibile collegarsi per eventuali ritirate.

Attacco: la base dello "Scudo", verso sinistra si chiude contro un avancorpo di rocce rotte ed erbose. Attaccare questo nel punto più accessibile, appena a sinistra di un diedro nero a forma di prua. Rimontarlo per circa 60 metri, fino ad una pianta con cordino. Seguire la lunga cengia fino a un caratteristico camino sulla destra. Il primo tiro del camino, è facilmente evitabile raggirandolo sulla sinistra.

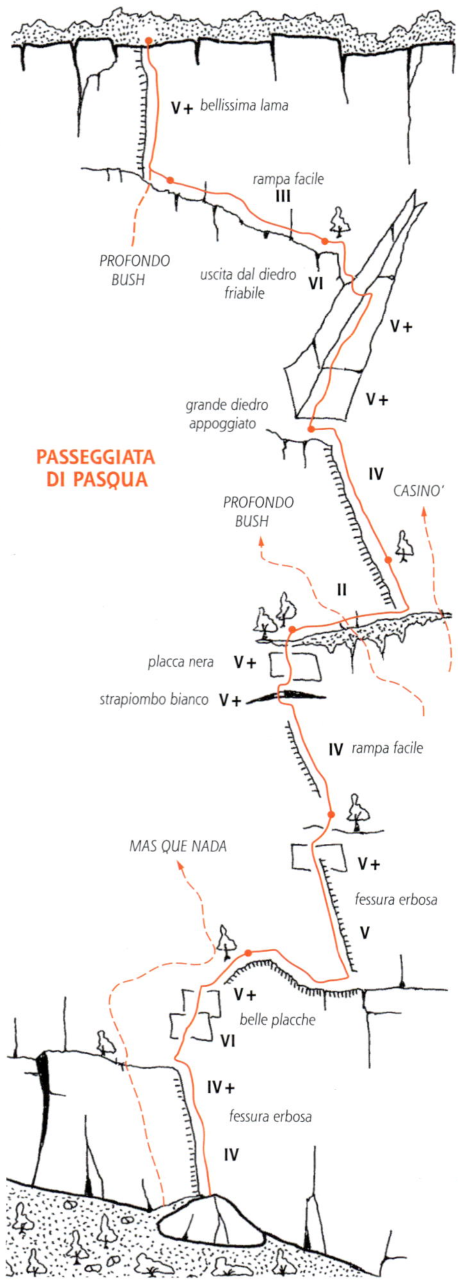

10 DINOSAURI ★★★

L. Pilati, A. Michelotti 2012
450 m. (14L)
5c, 6a, un tratto di 6b,A0 (5c obb.)/S2/II

Bella salita che vince il settore sinistro dello Scudo. La prima parte dell'itinerario, si svolge attraverso un lungo zoccolo di rocce facili ed erbose, ma caratterizzato da alcune belle lunghezze in placca. La seconda parte della via migliora decisamente, e si sale seguendo una bellissima sequenza di fessure verticali ed esposte, con arrampicata entusiasmante su roccia fantastica. Spettacolare è l'ultima lunghezza. Chiodatura ottima a fix, portare solo rinvii.

Attacco: la base dello "Scudo", verso sinistra si chiude contro un' avancorpo di rocce rotte ed erbose. Portarsi alla base di questo, oltrepassare l'attacco di Mas que Nada ed abbassarsi lungo la parete fino a trovare l'attacco.

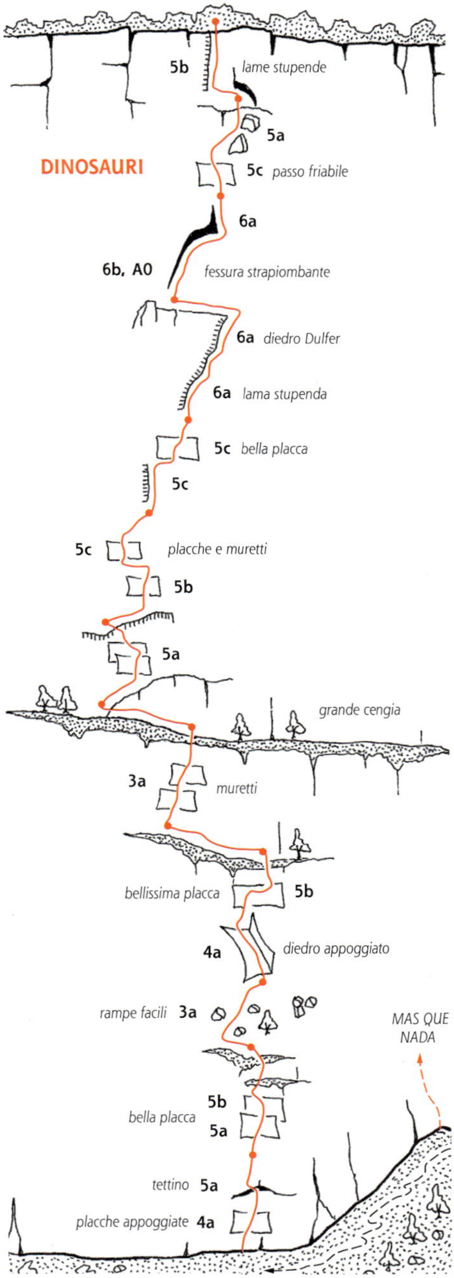

11 MAS QUE NADA ★★★★

R. Galvagni in autosicura 2006
350 m. (10L)
6b, 6c+ (6b obb.)/S2/II

Splendida arrampicata in placca, sostenuta e continua. Con le prime lunghezze, si supera uno zoccolo di rocce facili e gradoni alberati, ma dopo la grande cengia l'itinerario propone una sequenza incredibile di tiri magnifici e di grande eleganza. Arrampicata entusiasmante di tecnica e di movimento su roccia ruvida e articolata, ma anche con molti passaggi in aderenza. Chiodatura ottima a fix.

Attacco: la base dello "Scudo", verso sinistra si chiude contro un' avancorpo di rocce rotte ed erbose. Portarsi alla base di questo ed abbassarsi lungo la parete. Nome alla base.

Discesa: in doppia dalla via. Usciti dalla via traversare a destra 10 metri fino alla prima sosta di calata. Da questa calarsi lungo la via fino alla grande cengia. Dalla grande cengia, costeggiando la parete, scendere il più possibile per gradoni e rocce facili fino ad una sosta di calata (sosta Casinò Royale). Da questa, con un'ultima corda doppia si è alla base.

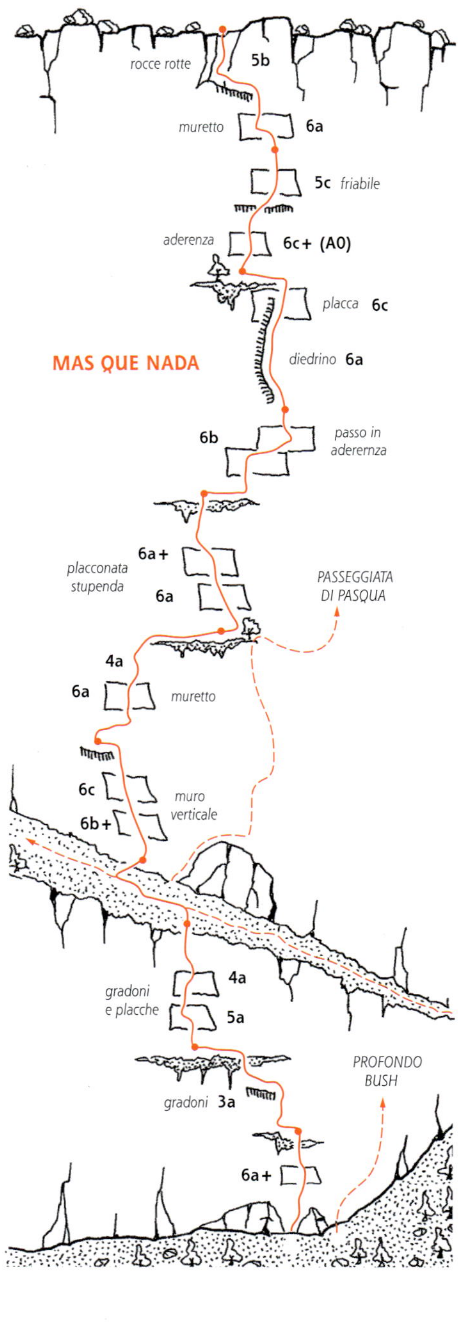

12 PROFONDO BUSH ★★★★★

A. Zanetti, C. Groaz 2004

350 m. (12L)

6b, 6c (6b obb.)/S2/II

Bellissima arrampicata: tecnica e di soddisfazione. La roccia è stupenda e la chiodatura ottima lungo tutto il percorso. I primo tiro, bello e verticale, porta ad una zona più facile di rocce adagiate, ghiaie ed arbusti. Superate queste, si sale la bella placca del 5° tiro. Atletico il tiro successivo, dove si vince un breve tetto orizzontale con movimenti decisi ed eleganti su ottime prese. Seguono alcuni tiri in placca con un'arrampicata molto tecnica e su piccole liste. Al termine del 9° tiro, una sequenza di movimenti in aderenza spietata, rappresenta il tratto più difficile della via. Nelle ultime lunghezze le difficoltà diminuiscono e la via continua lungo lame e fessure belle e divertenti. Nel complesso una gran bella salita dove il divertimento è garantito. Assolutamente da non perdere.

Attacco: la base dello "Scudo", verso sinistra si chiude contro un' avancorpo di rocce rotte ed erbose. Portarsi alla base di questo ed abbassarsi lungo la parete. Nome alla base.

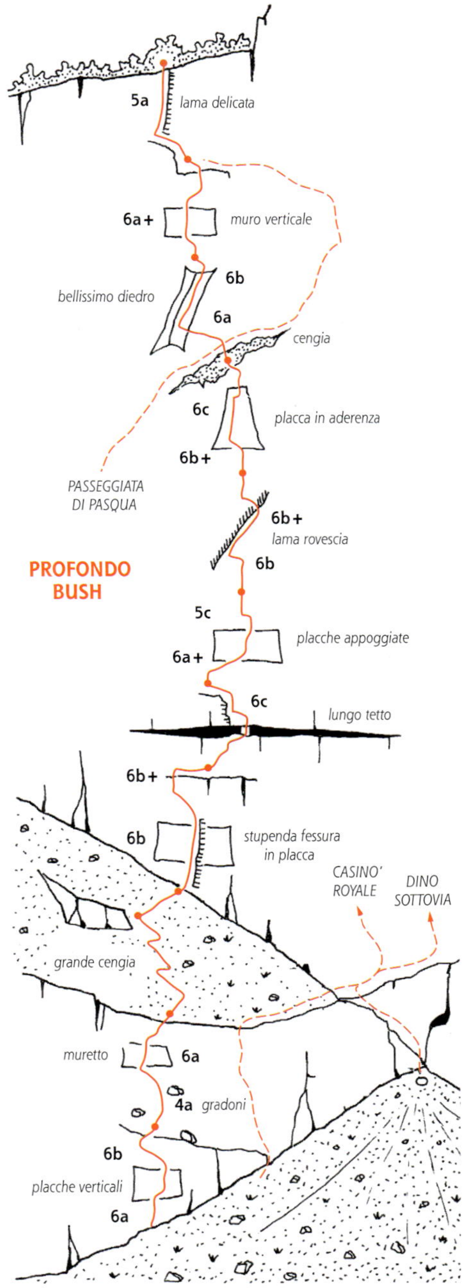

13 CASINO' ROYALE ★★★★

D. Filippi, R. Galvagni 2007
450 m. (14L)
6a, 6b+ (6b obb.)/S2/II

Questa via sale il corridoio di placche, compreso tra la via Profondo Bush e la via Dino Sottovia. Al termine della placconata, l'itinerario prosegue per altre tre lunghezze, lungo diedri e fessure verticali. Itinerario stupendo, molto vario e articolato nella linea e nei passaggi. Offre un' arrampicata generalmente in aderenza ma talvolta sono richiesti difficili passi di dita. La roccia è sempre magnifica: solida e porosa. Attenzione però ad alcuni brevi tratti friabili in uscita. La chiodatura è ottima a fix, ma nei diedri finali occorre integrare con friend o stopper (portare n.1 e n.2 Camalot).

Attacco: la base dello "Scudo", verso sinistra si chiude contro un' avancorpo di rocce rotte ed erbose. Portarsi alla base di questo ed abbassarsi lungo la parete. Nome alla base.

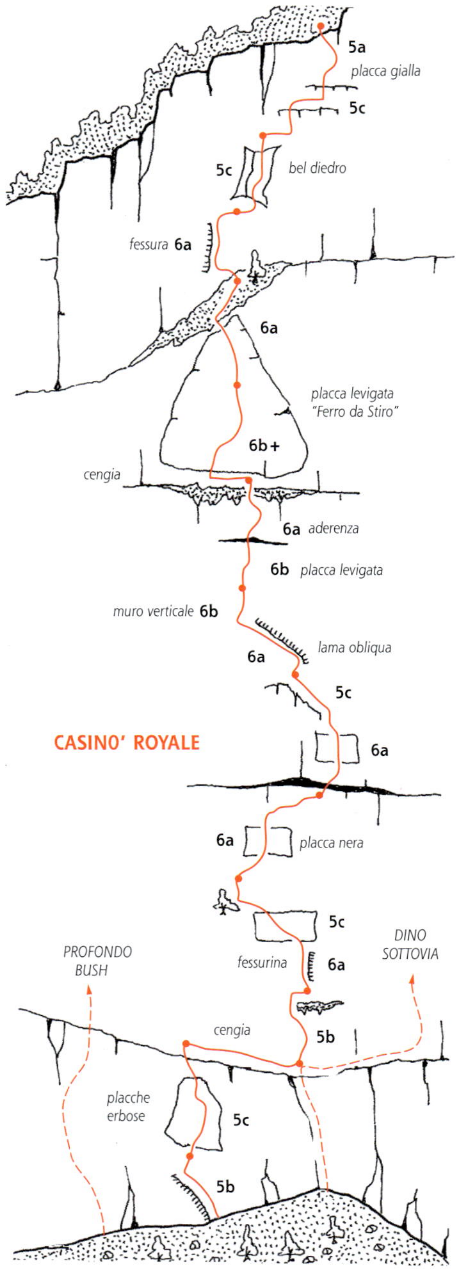

14 DINO SOTTOVIA★★★★★

C. Paris, M. Pegoretti, E. Degasperi 1981
300 m. (10L)
V+, VI, A0/R3/II

Bella via, logica ed elegante. Molto consigliata per la stupenda arrampicata su roccia ottima e con protezioni buone. Sorprendente è la placca del 4° tiro, superata dai primi salitori senza chiodi a pressione. Dopo la grande cengia mediana, la via originale prosegue lungo un repulsivo e friabile camino. Questa uscita però, data la sua pericolosità, è stata da tempo abbandonata. Per la discesa, raggiunta la cengia, conviene percorrerla verso destra e scendere dalle doppie di "La luna e i falò". La prima sosta si trova su una cengia un po' prima di raggiungere il diedro-canale.

Attacco: la base dello "Scudo", verso sinistra si chiude contro un avancorpo di rocce rotte ed erbose. Attaccare questo nel punto più accessibile, appena a sinistra di un diedro nero a forma di prua. Rimontarlo per circa 60 metri, fino ad una pianta con cordino. A destra sono visibili dei chiodi in una sottile fessura.

14a VARIANTE ZENGIO★★★★

M. Giordani, F. Zenatti 1984
240 m. (5L)
V+

Dopo la bellissima fessura in placca del terzo tiro, anziché compiere il lungo traverso a destra, proseguire direttamente lungo le placconate seguendo fessure e diedri superficiali. Alla cengia, questa variante si ricollega alla via originale ed esce in comune dal grande camino.

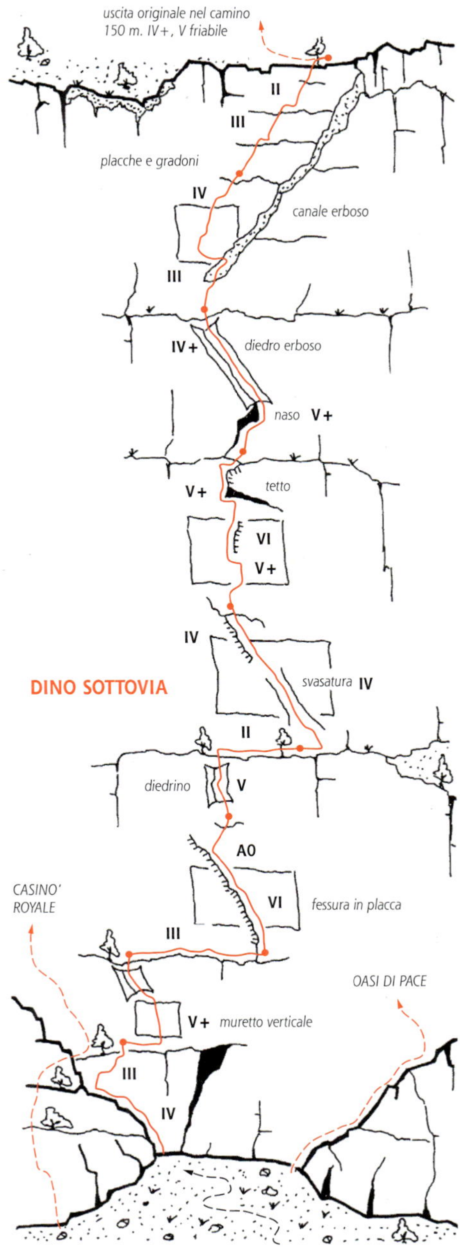

15 BELLA CIAO ★★★★

R. Galvagni, D. Filippi 2008
280 m. (10L)
6a, 6b, un tratto di 6c (6b obb.)/S2/II

Questo itinerario sale il corridoio compreso tra la via Sole Nascente e la via Ummagumma. Arrampicata straordinaria in placca, generalmente di aderenza, su roccia ottima e lavorata. Bellissimi sono il secondo e il terzo tiro, che offrono un'arrampicata decisamente tecnica di equilibrio e aderenza. La chiodatura è ottima a fix lungo tutto il percorso, ma distanziata, cosi molti passi difficili rimangono obbligatori.

Attacco: a sinistra di Ummagumma, visibili i primi fix.

Discesa: in doppia dalla via, la settima sosta è fuori via. Dopo le prime sei calate, non andare in diagonale verso sinistra ma calarsi direttamente: alla cengia si trova la sosta di calata.

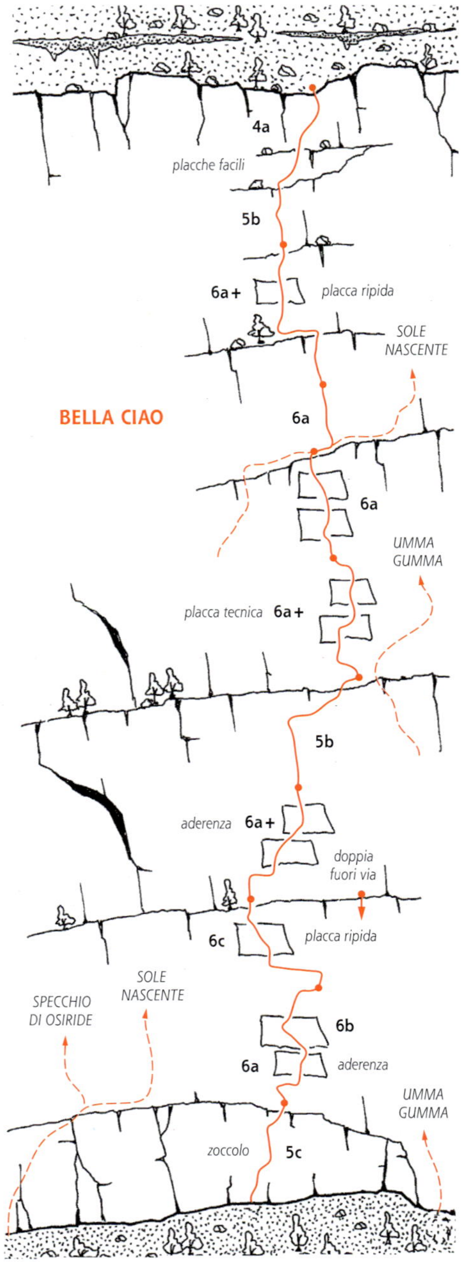

16 UMMAGUMMA ★★★★

G. Dalfovo, A. Conz 1996
280 m. (7L)
7a (6a obb.)/S2/II

Bell'itinerario sportivo su roccia stupenda. Chiodatura ottima lungo tutta la via, in alcuni tratti, gli spit, sono un po' lontani. Il 7a del 2° tiro non è obbligatorio.

Attacco: alla base della parete, si appoggia un ampio zoccolone alto una cinquantina di metri. Subito a destra di questo, rimontare un piastrino con roccia rotta ed erbosa. Nome alla base.

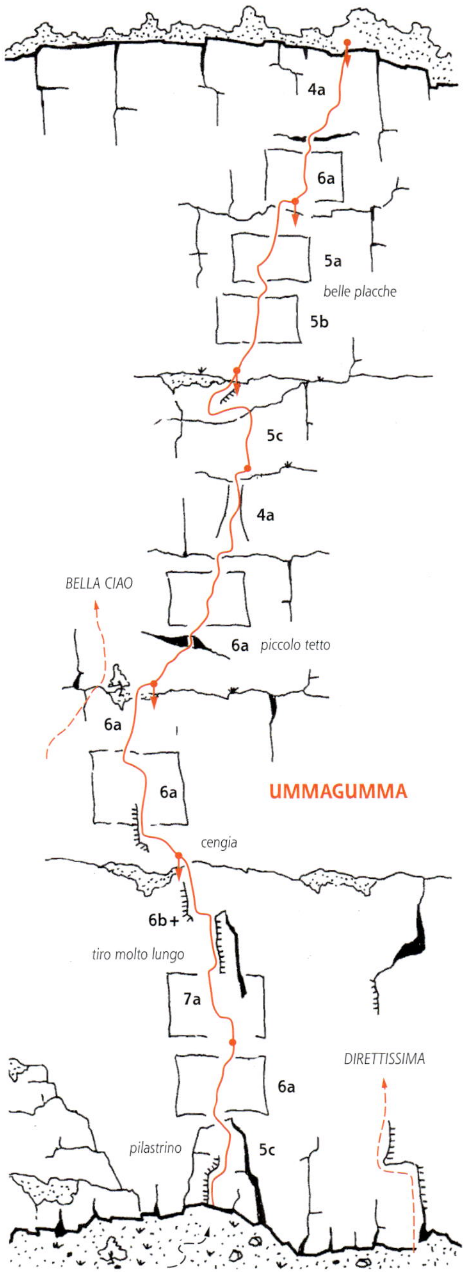

17 DIRETTISSIMA ★★★★★

M. Giordani, F. Zenatti 1982
300 m. (11L)
VI+, VII, A1/R3/II

Grande salita di immensa soddisfazione. Vince l'intera placconata, con mezzi tradizionali, superando forti difficoltà. Il passaggio chiave, nel 3° tiro, è una dura sequenza di movimenti in aderenza, eventualmente questo tratto è superabile con un precario passo su cliff. È l'itinerario più bello e difficile della placconata e mi auguro che qualcuno dal trapano facile non ne alteri le caratteristiche. Per la discesa, usciti dalla via, con una doppia su un albero si guadagna facilmente la prima catena di "Nuvole Bianche".

Attacco: come per la via "Ummagumma". Subito a destra dell'ampio zoccolone, attaccare una fessurina erbosa sotto la verticale di un piccolo tettino a forma di naso

17a VARIANTE ORIGINALE ★★★★★

M. Giordani, F. Zenatti 1982
100 m. (3L)
VI+

Dopo il settimo tiro, anziché tenersi sulla fessura di sinistra, i primi salitori affrontarono direttamente le ben più difficili placconate di destra. Arrampicata sostenuta con protezioni lontane.

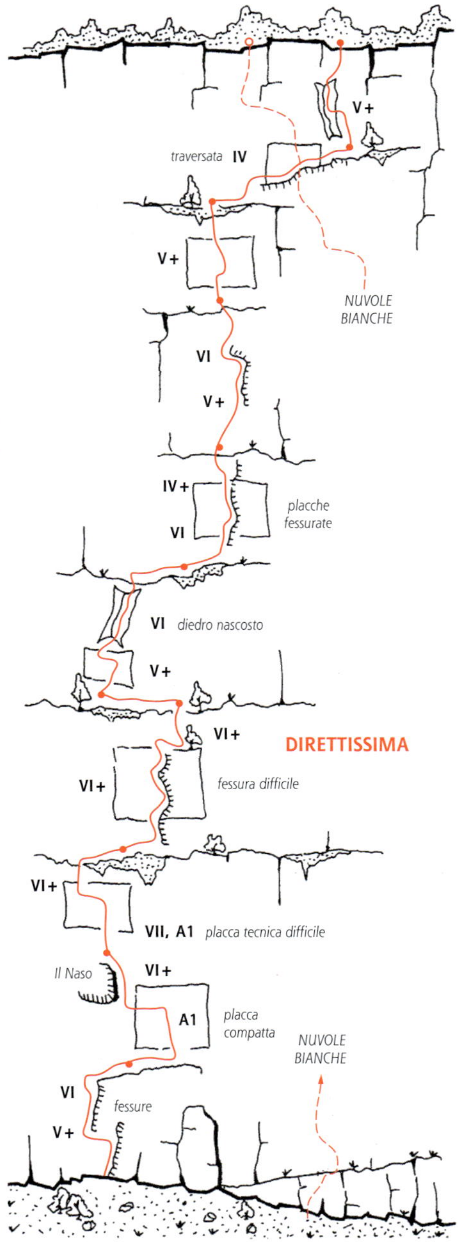

6
24
5
4
23
22
21
20
19
18
B
17
16
15
2
3
2
1
14a
14
12
12
9
12

18 NUVOLE BIANCHE ★★★★★

S. Bazzanella, D. Filippi, G. Francomanno 1994
300 m. (10L)
6c (5c obb.)/S2/II

È il primo itinerario sportivo della parete, e forse, è per questo che è il più bello. Le prime lunghezze sfruttano con logica elegante i punti deboli della ripida placconata iniziale. La roccia è ottima e la chiodatura sicura. Recentemente è stata richiodata completamente a fix da 10 mm.

Attacco: targa con nome alla base.

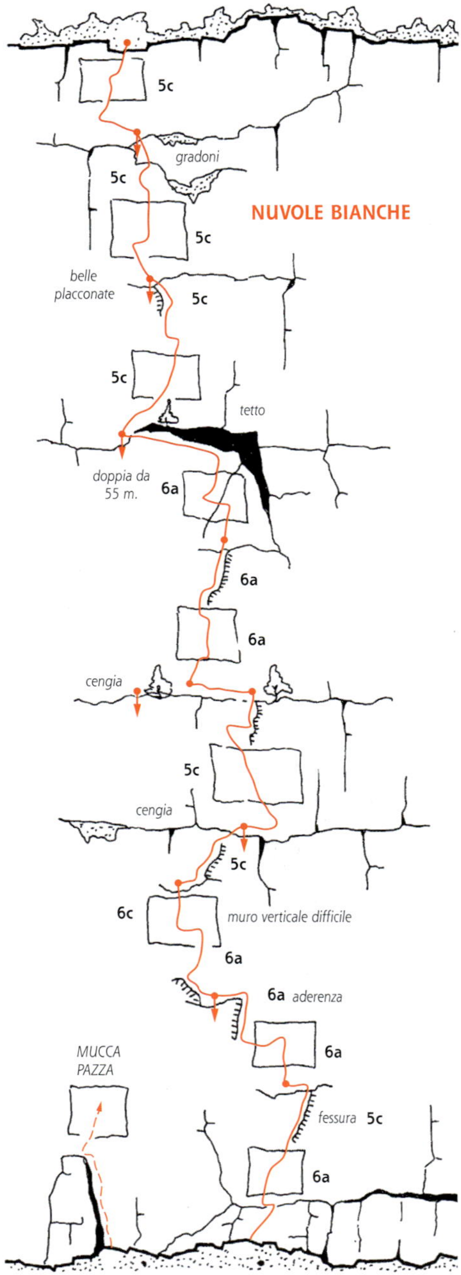

19 TRANSEAMUS★★★★★

R. Galvagni, M. Maceri 2001
280 m. (9L)
6a, 6b (6a obb.)/S2/II

Tra le più belle e interessanti salite sportive del settore, questo itinerario offre una arrampicata sempre sostenuta ma piacevole e divertente. Molto elegante e tecnica è la placca del secondo tiro. La roccia e la chiodatura sono ottimi lungo tutto il percorso.

Attacco: tra la via Nuvole Bianche e la via Sesto Grado, attaccare in direzione di uno spit azzurro posto molto in alto. Targa con nome alla base.

Discesa: in doppia dalla via.

20 SESTO GRADO★★★★★

W. Schonauer, H. Long, K. Zehedner 1994
300 m. (7L)
V+, VI/S4/II

Straordinario itinerario lungo placconate levigate e compatte di roccia fantastica ma dalla chiodatura decisamente lunga. Questo itinerario, malgrado le difficoltà tecniche molto contenute, richiede grande saldezza di nervi per poter affrontare lunghi tratti sprotetti ed improteggibili. È di certo una salita molto divertente e decisamente consigliata. La seconda lunghezza supera una placconata con dei fantastici traversi. Nella penultima lunghezza occorre coraggio e decisione, le difficoltà non sono alte ma i fix non si vedono.

Attacco: circa 30 metri a destra di "Nuvole Bianche". Una prima placca di 10 metri, porta ad una cengia obliqua, visibile appena sopra uno spit arancione. Targa con nome alla base.

Discesa: in doppia dalla via su nuove soste richiodate a fix inox.

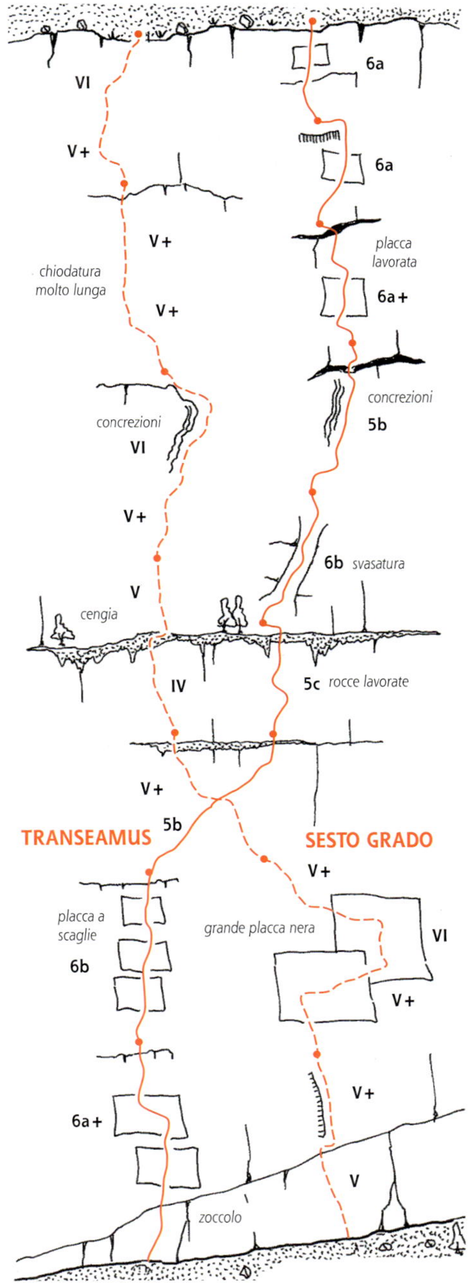

21 MARIPOSA LIBRE ★★★★

R. Galvagni, D. Filippi 2007
280 m. (8L)
5c, 6a, passi di 6b (6a obb.)/S3/II

Bella arrampicata in placca su roccia fantastica. Molto consigliata. Sale il bellissimo corridoio compreso tra le vie Transeamus e Destinazione Paradiso. Le caratteristiche principali di questa salita sono le difficoltà contenute e la chiodatura lontana. L'itinerario è completamente attrezzato a fix e non è possibile integrare ulteriormente, tuttavia l'ottima roccia permette una progressione tranquilla anche lontano dalle protezioni. Fantastiche sono le lunghezze centrali.

Attacco: a destra di Sesto Grado, targa con nome alla base.

Discesa: rapida e veloce in doppia dalla via.

22 AMICI DEL SOTTOBOSCO ★★★★

R. Galvagni, D. Filippi 2010
280 m. (9L)
5c, 6a (5c obb.)/S2/II

Sorella gemella della vicina Mariposa Libre, ma con chiodatura più ravvicinata. L'arrampicata è sempre entusiasmante, di tecnica e aderenza, lungo solidissime placconate grigie. Straordinarie le ultime tre lunghezze. Chiodatura ottima fix, portare solo rinvii.

Attacco: appena a destra della via Mariposa Libre, targa con nome alla base.

Discesa: in doppia dalla via.

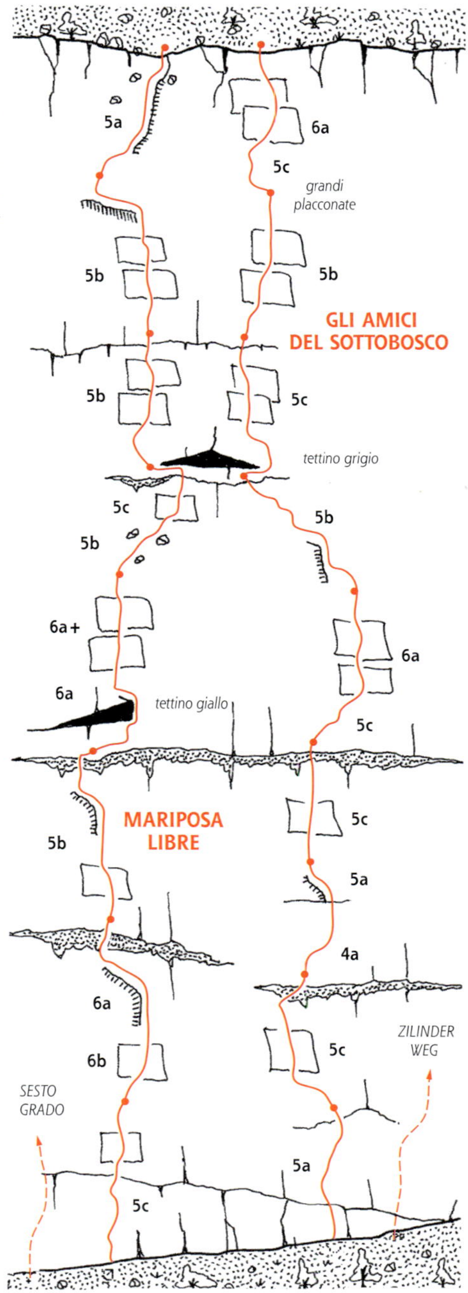

23 ZILINDER WEG★★★★★

L. Reiser, H. Enthofer 1981
280 m. (8L)
V+, VI/R3/II

Grande e bella via tradizionale. La linea è logica ma difficile da intuire. La soddisfazione in questa salita, stà proprio nel trovare, metro dopo metro, la naturale sequenza dei tratti deboli che permettono la progressione. Durante le prime ripetizioni sono stati aggiunti, lungo il tiro chiave, dei chiodi a pressione rovinando cosi questo piccolo capolavoro alpinistico. Per la discesa, dall'ultima sosta traversare a destra fino alla sosta di "La luna e i falò"

Attacco: a circa cinquanta metri a sinistra del diedro-canale principale, si appoggia alla parete un piccolo avancorpo che forma alla sua sinistra un ampio e regolare diedro. Questo diedro si collega a terra con una sottile fessura, attaccare per questa. Scritta Z.W. all'attacco.

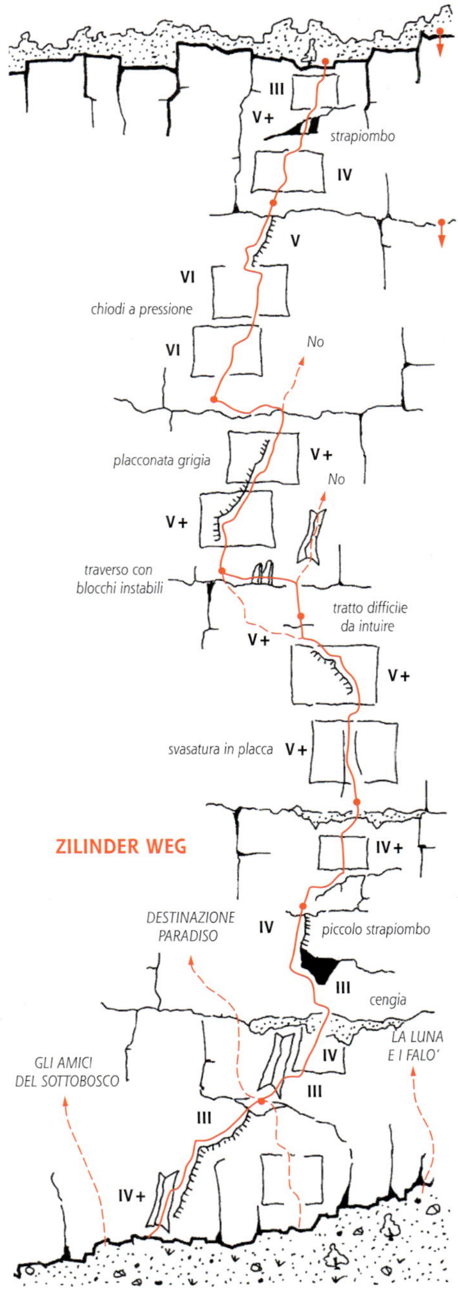

24 VIA DELLA MEZZA LUNA★★★★★

D. Filippi 1993
250 m. (7L)
VI+, A2/R3/II

Interessante salita alpinistica che punta direttamente a quello strapiombo fatto a forma di mezza luna al centro della placconata e a pochi metri dal diedro-canale principale. La mezza luna si vince con un bellissimo tiro in artificiale, mentre il resto della salita è caratterizzata da difficili passaggi in aderenza. Itinerario nel complesso breve ma di grande soddisfazione. Per la discesa, dall'ultima sosta traversare a sinistra fino alla sosta di "La luna e i falò".

Attacco: sotto la verticale dello strapiombo a forma di mezza luna, per una svasatura in placca circa a 20 metri a sinistra del diedro-canale.

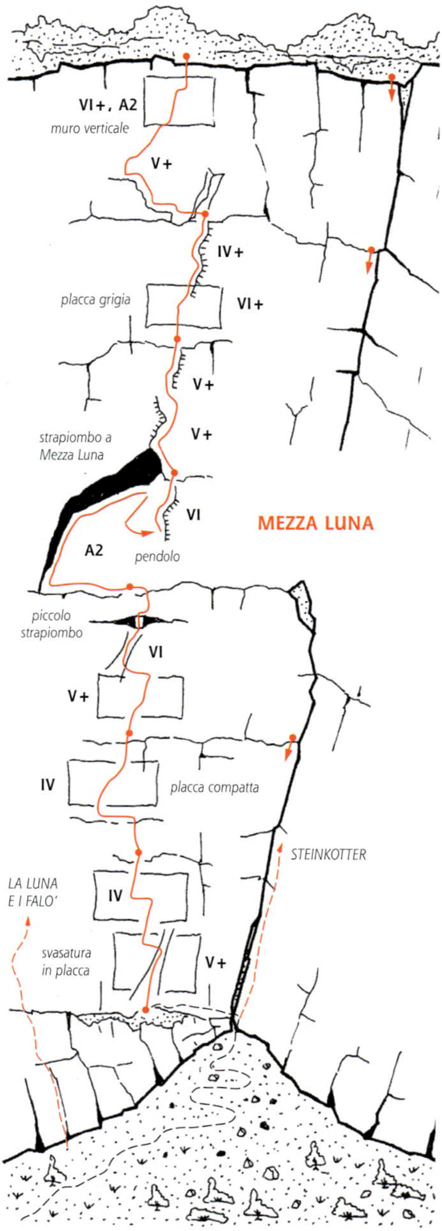

Altre vie:

A - VIA DEL VENTO: di I.Rabanser e S.Comploi 1987. Itinerario chiodato con mezzi tradizionali, sormontato ora, e quindi cancellato, dalla via sportiva "Sesto Grado". 250 m. VI+.

Luca Galbiati, *Diedro Martini (sassbaloss.com)* →

23 Parete Sud

Cima alle Coste

0.40 h

2.00 h

700 m.

S

Alta, verticale e repulsiva parete. Riservata esclusivamente ad alpinisti avventurieri. L'unico punto debole, nella sua meta superiore, è stato sfruttato dalla cordata Steinkotter-Holzer-Messner, che nel lontano 1966 esplorarono per primi la "Cima alle Coste". Su questa friabile parete corrono due tra i più difficili e temuti itinerari della valle: la via della "Rinascita" e la via "Sodoma e Gomorrah". A destra di questi, ben chiodata ma comunque sempre impegnativa, la via Pipistrei rappresenta la via più facile alla parete.

Accesso

Sulla strada forestale per il Lago Bagattoli, parcheggiare poco prima della stanga. Seguire la strada forestale e al secondo tornante prendere la stradina di sinistra. Dopo una ripida rampa, delle tracce si staccano sulla destra, e per queste, faticosamente, si arriva alla base di un lungo scivolo roccioso. Ora, per delle cenge traversali superare lo scivolo e raggiungere la base della parete.

Discesa

Attraversare il bosco in direzione ovest, fino ad incontrare un sentiero pianeggiante che si percorre verso sud fino ad un cippo con divisioni forestali. Per una forestale, per 600m. verso sud-ovest ad un bivio su un dosso. A sinistra in discesa all'indicazione per Dro del sentiero 425 che riporta in fondovalle.

25 VIA STEINKOTTER	**700 m.**
26 VIA DELLA RINASCITA	**650 m.**
27 SODOMA E GOMORRAH	**650 m.**
28 PIPISTREI	**650 m.**

7
5
25
26a
25
6
26
5
28
29
27

25 VIA STEINKOTTER ★

H. Steinkotter, H. Holzer, R. Messner 1966
700 m. (20L)
V+/R3/IV

Salita esplorativa, dal grande valore storico. È stata la prima via ad essere tracciata su questa parete e come logico sfrutta i suoi punti più deboli. Attacca e supera il lungo diedro-canale principale poi obliqua a destra andando a prendere una rampa friabile e alberata. Questa rampa porta verso lo spigolo est, dove con un provvidenziale traverso su cengia si guadagna il versante nord. Qua, un'ultima paretina di rocce rotte porta al bosco sommitale. Itinerario di scarso interesse alpinistico su roccia generalmente friabile e con chiodatura praticamente inesistente.

Attacco: molto evidente: alla base del diedro-canale principale.

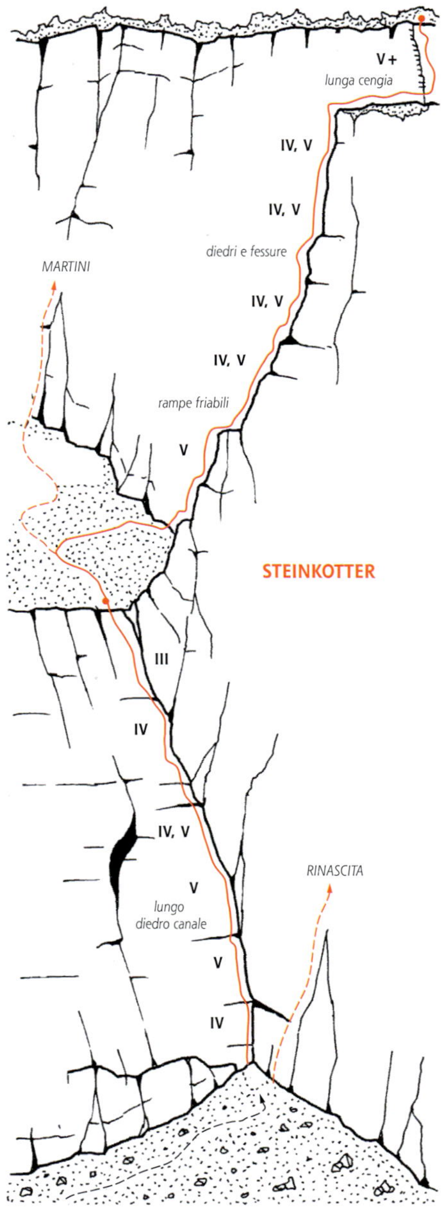

26 VIA DELLA RINASCITA ★★★★

M. Giordani, F. Zenatti 1983
650 m. (16L)
VI+/R4/IV

Arrampicata severa e sostenuta, tra le più difficili ed impegnative salite della valle. A circa metà parete, un verticale e netto diedro separa due caratteristici tetti gialli, questo diedro da la direttiva di salita della prima parte. Poi, punta a quel grosso tetto orizzontale sospeso sullo spigolo est. Lo evita sulla sinistra e quindi sale direttamente fino all'uscita della parete. La roccia è molto varia, alterna placche appoggiate a fessure strapiombanti, tratti molto friabili a zone incredibilmente compatte dove risulta difficile posizionare buone protezioni. La chiodatura è precaria lungo tutto il percorso. Itinerario riservato ad alpinisti avventurieri, e che hanno maturato una grande esperienza su questo tipo di terreno.

Attacco: alla base del diedro-canale principale. Per cenge e gradoni, ci si sposta verso il centro della parete, proprio sotto un primo salto verticale.

26a VARIANTE DEI 5

M. Giordani, F. Zenatti 1983
100 m. (3L)
V, VI+

Variante di attacco alla via Rinascita. Si stacca a metà del diedro-canale della via Steinkotter, per collegarsi alla via Rinascita all'altezza del caratteristico diedro che separa due tetti gialli.

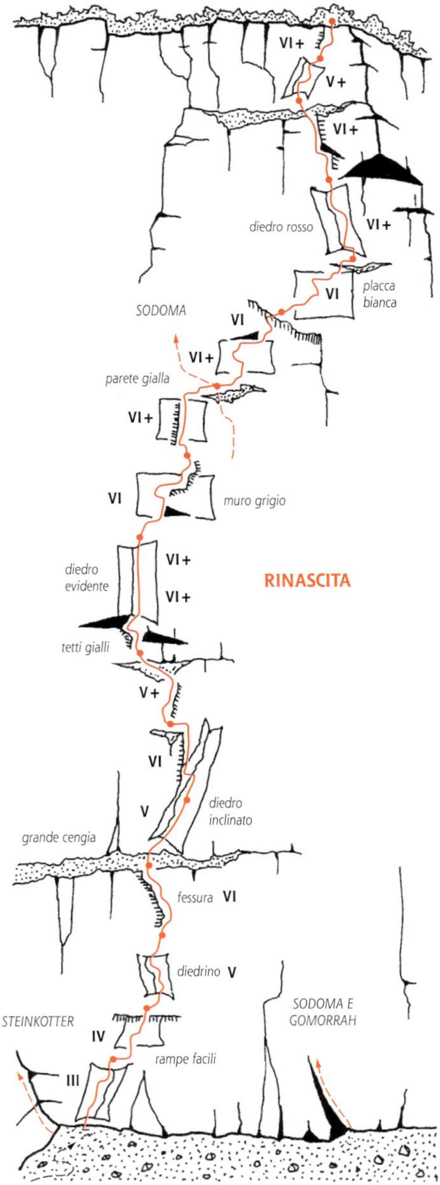

27 SODOMA E GOMORRAH★★

L. Reiser, R. Sulzenbacher 1982
650 m. (16L)
VI+,VII/R4/IV

Corre parallela alla via della Rinascita, ne rispecchia quindi le caratteristiche principali. Sotto la verticale del tetto sospeso sullo spigolo est, la parete è incisa da una serie di fessure e diedri sottili. Questi danno la direttiva di salita. Questo itinerario offre un'arrampicata durissima, su roccia generalmente friabile e con protezioni assolutamente precarie.

Attacco: sotto la verticale del tetto sospeso sullo spigolo est. Attaccare la parete nel suo punto più debole, ovvero per una facile rampa a destra di un'evidente spigolo.

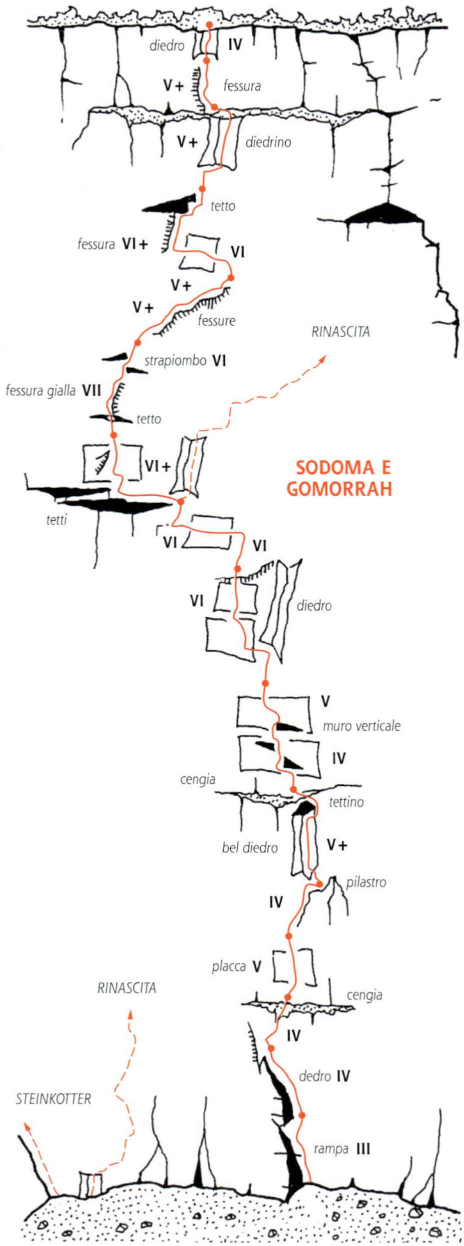

28 PIPISTREI ★★★

A. Toni Zanetti, F. Sartori, G. Bonvecchio 2011
650 m. (15L)
VI+, VII, passi in A0/S2/III

La Cima alle Coste, è conosciuta sopratutto per il suo grande Scudo, mentre la parete sud che la chiude ad angolo retto sulla destra, rimane misteriosa e repulsiva. Anche se baciata dal sole, le due vie che la percorro non hanno certo una bella nomea; anzi la roccia è poco più che sufficiente, e la chiodatura scarsa o inesistente. La via Pipistrei, che sale all'estrema destra della parete, puntando al grande tetto triangolare posto sullo spigolo, offre, perchè chiodata a fix, la possibilità di avventurarsi su questa vasta parete con un buon margine di sicurezza. La roccia rimane per lo più discreta, ma sempre da valutare. Nonostante la chiodatura sportiva a fix, rimane una salita decisamente alpinistica, dove occorre talvolta integrare con protezioni veloci. È inoltre una via, che può aiutare a capire cosa può essere stato per Giordani e Riegler, avventurarsi a quei tempi, in quel mare tempestoso. (commento da una ripetizione di M. Loss).

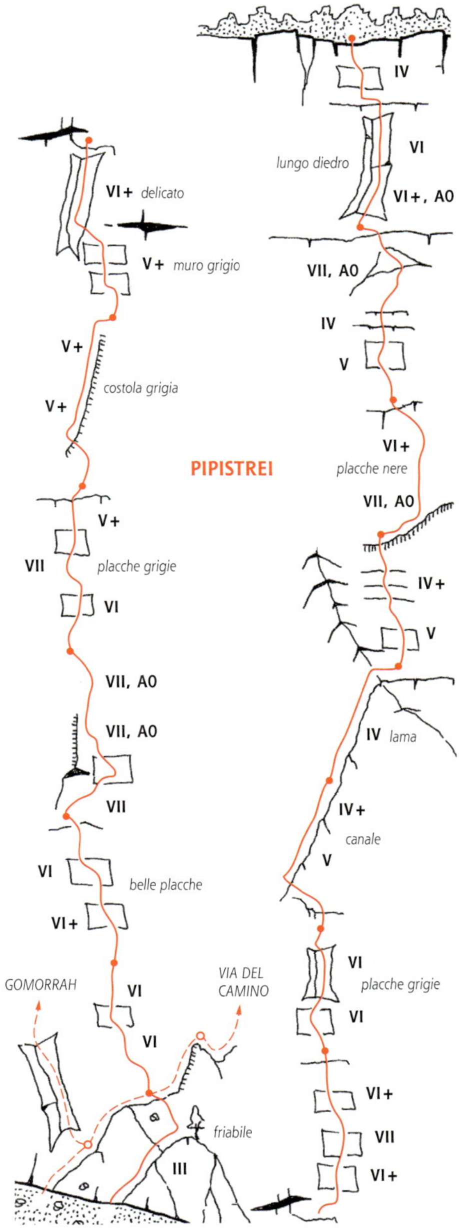

24 Guglia Solidarnosc

Cima alle Coste

0.45 h

1.00 h

400 m.

E

Alla base dello spigolo est della cima alle Coste, si stacca un bellissimo e slanciato pilastro grigio. Questo pilastro, battezzato da G. Stenghel "Guglia Solidarnosc", offre diverse salite sia sportive che alpinistiche. Verso sud si presenta con una parete non molto alta, di rocce rotte e friabili, dove lungo un profondo camino corre la via normale. Verso est invece, precipita con una parete di 300 metri, verticale e compatta, e su questa si sviluppano alcuni interessanti itinerari sportivi.

Accesso

Sulla strada forestale per il Lago Bagattoli, parcheggiare poco prima della stanga. Seguire la strada forestale e al secondo tornante prendere la stradina di sinistra. Dopo un tratto in piano, prendere una traccia a destra (grande masso con scritta Antiscudo) che entra nel bosco e porta alla base della parete (settore Antiscudo). Salire ora verso destra, lungo la base della parete, fino a trovare i vari attacchi delle vie.

Discesa

Dalla vetta della Guglia, salire a destra (verso nord), e per rocce facili e friabili raggiungere un boschetto sospeso. Scendere per il ripido bosco, tenendosi vicino alla parete, rimanendo legati, fino a trovare il primo ancoraggio nascosto dietro ad uno spigolo. Ora con tre calate (15m. – 55m. – 55m.) su ottime soste a fix, si arriva velocemente alla base della parete.

29 VIA DEL CAMINO	**200 m.**
30 VIA DEI TIPOGRAFI	**200 m.**
31 TINTO BRASS	**400 m.**
32 BUON NATALE 2008	**350 m.**
33 MARINA	**250 m.**

29
31
29a
32
33
29
29a
50
31
32

29 VIA DEL CAMINO★★

Primi salitori ignoti
200 m. (5L)
IV, V+/R3/I

La via del Camino alla Guglia Solidarnosc offre una breve e piacevole salita classica lungo un bellissimo e suggestivo canale-camino. Peccato per la qualità della roccia che molto spesso risulta insicura e pericolosa. Le prime lunghezze si sviluppano lungo gradoni facili ed erbosi, mentre con le ultime due si vince il profondo camino che va a sbucare direttamente sulla vetta della Guglia. Tutte le soste sono ottime a fix o alberi. Questa salita, unita alla spettacolare discesa, può regalare una bella giornata alpinistica tipica della valle del Sarca.

Attacco: a differenza di tutte le altre vie alla Guglia, questa via attacca immediatamente a destra della grande parete sud di Cima alle Coste (vedi attacco alla Parete Sud). Attaccare per un canale erboso e facile, in direzione dell'evidentissimo camino.

29a VARIANTE DEL PASCOLO★

D. Filippi, D. Pinamonti 2010
200 m. (7L)
V+, VI/R3/II

Variante poco attraente e difficile per la qualità della roccia e la scarsa chiodatura ma che risulta essere interessante perchè permette di raggiungere l'attacco della via Normale partendo direttamente dalla base della parete est della Guglia. Con questa variante, la via Normale, diventa più lunga ed impegnativa, rimanendo omogenea nella difficoltà e nella qualità della roccia.

Attacco: al centro e alla base della parete est, attaccare per una placca erbosa e una cengia orizzontale e sinistra. Nome alla base e cordino su arbusto.

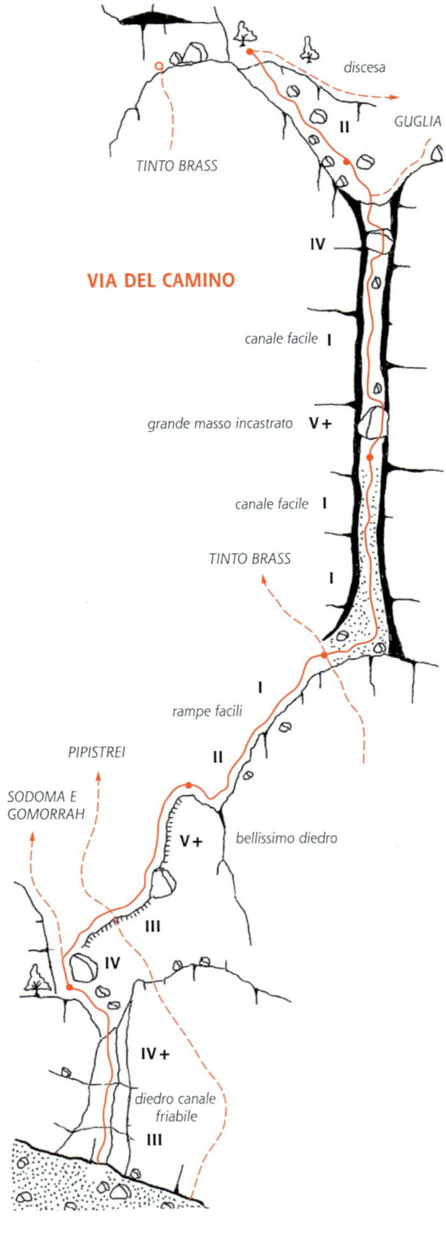

30 VIA DEI TIPOGRAFI ★★★

A. Andreotti, D. Zenatti, G. Stenghel 1980
200 m. (5L)
V+, VI/R3/II

Questa salita vince l'affilato e verticale spigolo sud-est della Guglia. Arrampicata breve e difficile, lungo fessure friabili, poco o per nulla ripetuta.

Attacco: come per la Via Normale, salire le prime lunghezze di rocce rotte e friabili. Arrivati alla base del grande camino salire lo spigolo di destra.

31 TINTO BRASS ★★★

R. Galvagni, M. Maceri 2007
400 m. (12L)
5a, 6a, un passo 6b (6a obb.)/S2/II

Itinerario ricercato e originale ma con una bella linea: logica ed elegante. Completamente attrezzato a fix, si sviluppa principalmente lungo le linee naturali della parete come fessure, camini e diedri. La prima parte supera belle placconate, solide e compatte. Segue una parte decisamente alpinistica, su roccia friabile e pericolosa, dove a volte può anche risultare faticoso trovare l'itinerario. Infine, questa e la parte più bella della via, con tre fantastiche lunghezze vince uno splendido pilastro: il Pilastro Tinto. Nel complesso è una via da non sottovalutare, anche se le difficoltà sono modeste e la chiodatura è a fix, presenta infatti tratti che richiedono esperienza alpinistica.

Attacco: la Guglia Solidarnosh verso la valle del Sarca forma una bella e verticale parete. Portarsi alla base di questa e individuare una grande placconata grigia. Attaccare la fessura a destra della grande placconata grigia. Nome alla base.

Discesa: dall'ultima sosta, traversare a destra e abbassarsi il più possibile lungo un boschetto sospeso. Al termine, su cengia esposta, iniziano le calate. Con tre doppie si è alla base.

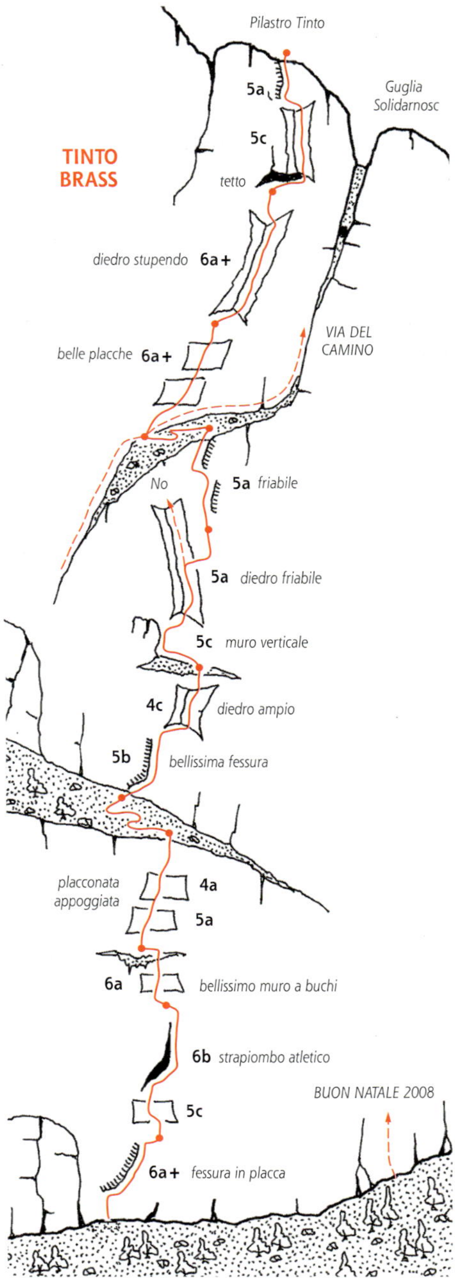

32 BUON NATALE 2008 ★★★

I. Feller, C. Masera 2008
350 m. (12L)
6b, 7a (6b obb.)/S2/II

Bellissima salita che si sviluppa lungo la parete est della Guglia. Arrampicata generalmente lungo placconate grigie, verticali e compatte. La roccia è generalmente buona, fantastica nelle prime tre lunghezze di corda, ma alcuni tiri richiedono un minimo di attenzione. La chiodatura è ottima a fix, ma distanti nelle lunghezze facili.

Attacco: poco dopo l'attacco della via Tinto Brass, nome alla base.

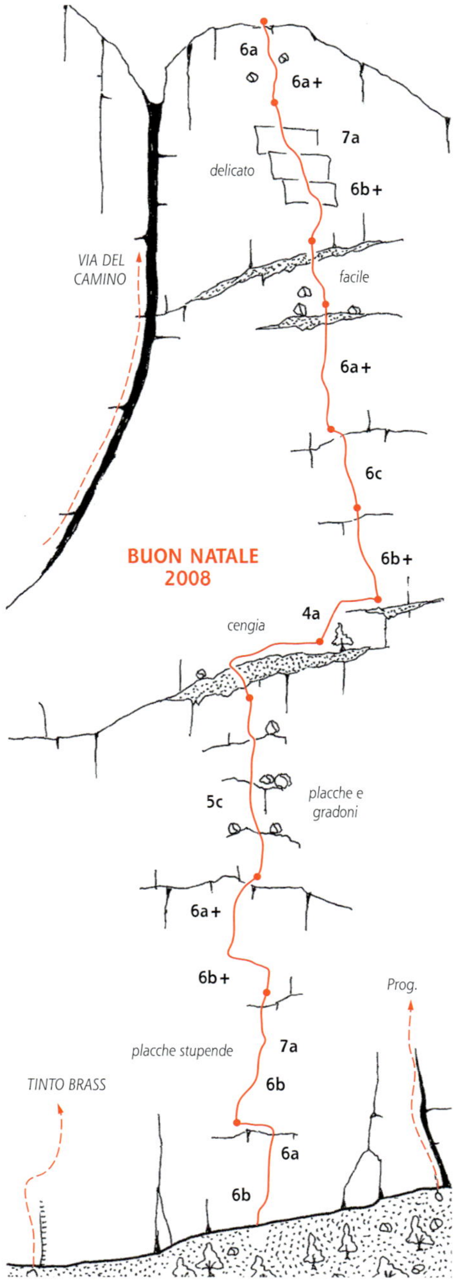

33 MARINA ★★★

G. Stenghel, A. Baldessari 1981
250 m. (6L)
IV, V+, un tratto di VII/R3/II

Itinerario bello e di soddisfazione, decisamente alpinistico, con roccia generalmente buona ma dalla scarsa chiodatura. L'arrampicata nelle prime lunghezze risulta disturbata dalla vegetazione, mentre è molto faticosa ed atletica lungo il difficile tiro della fessura strapiombante. Verso nord, la Guglia Solidarnosh, forma uno spigolo arrotondato, inciso da due evidenti fessure: questa via vince quella di destra.

Attacco: dal settore Antiscudo, seguire la base della parete verso destra, superati gli attacchi delle vie Tinto Brass e Buon Natale 2008, continuare a seguire la base della parete fin quando termina in una zona di terrazze erbose sotto la verticale di un diedro-fessura giallo e grigio. Attaccare lo zoccolo per un sistema di cenge con alberi. Nome alla base.

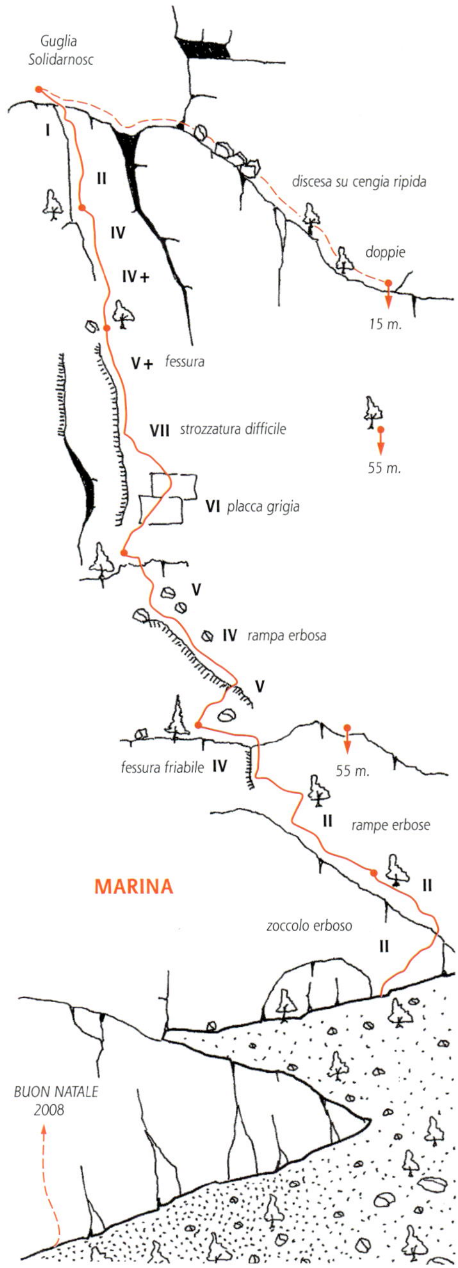

25 L'Antiscudo

Cima alle Coste

0.30 h

0.40 h

130 m.

E

Scoperta e valorizzata da Roly Galvagni e Massimo Maceri, per "Antiscudo" si intende quella poco appariscente ma caratteristica fascia rocciosa che si raggira per arrivare alle vie di Cima alle Coste. Questa fascia di solide placconate grigie offre una serie di itinerari belli e meritevoli, consigliati soprattutto nel tardo autunno o nelle soleggiate giornate invernali. L'arrampicata è generalmente in placca, non mancano però passaggi in diedri e fessure. La chiodatura è generalmente ottima e abbondante a fix.

Accesso

Sulla strada forestale per il Lago Bagattoli, parcheggiare poco prima della stanga. Seguire la strada forestale e al secondo tornante prendere la stradina di sinistra (accesso comune a Cima alle Coste). Dopo un tratto in piano, prendere una traccia a destra (masso con scritta Antiscudo) che entra nel bosco e porta alla base della parete.

Discesa

Generalmente in doppia dalle vie. Oppure a piedi: seguire, verso sinistra, una traccia di sentiero tenendosi vicini al margine della parete fino a trovare degli ometti che portano ad un ripido canale. Questo canale è attrezzato con corde fisse e velocemente riporta alla base della parete.

34 OTRA VEZ	**80 m.**
35 AGUAS DE MARZO	**120 m.**
36 TEMPESTA ORMONALE	**120 m.**
37 DIEDRO BEPI FLOR	**120 m.**
38 L'INVERNO DEI MOICANI	**90 m.**
39 PROGETTO DHARMA	**120 m.**
40 OVER THE RAINBOW	**120 m.**
41 INVISIBILE TOUCH	**120 m.**
42 JEAN JEAN	**120 m.**
43 BARBIE GIRL	**120 m.**
44 PREMIATA FORNERIA	**120 m.**
45 FONDAZIONE LEBOWSKI	**120 m.**
46 POPOLARE NETWORK	**120 m.**
47 CANE CICO	**120 m.**
48 LO STAFFODROMO	**130 m.**
49 SHANGAI	**120 m.**
50 CARLO MAGNO	**120 m.**

34
35
36
37
38
39
40
41
42
43
44
45
46
47
48

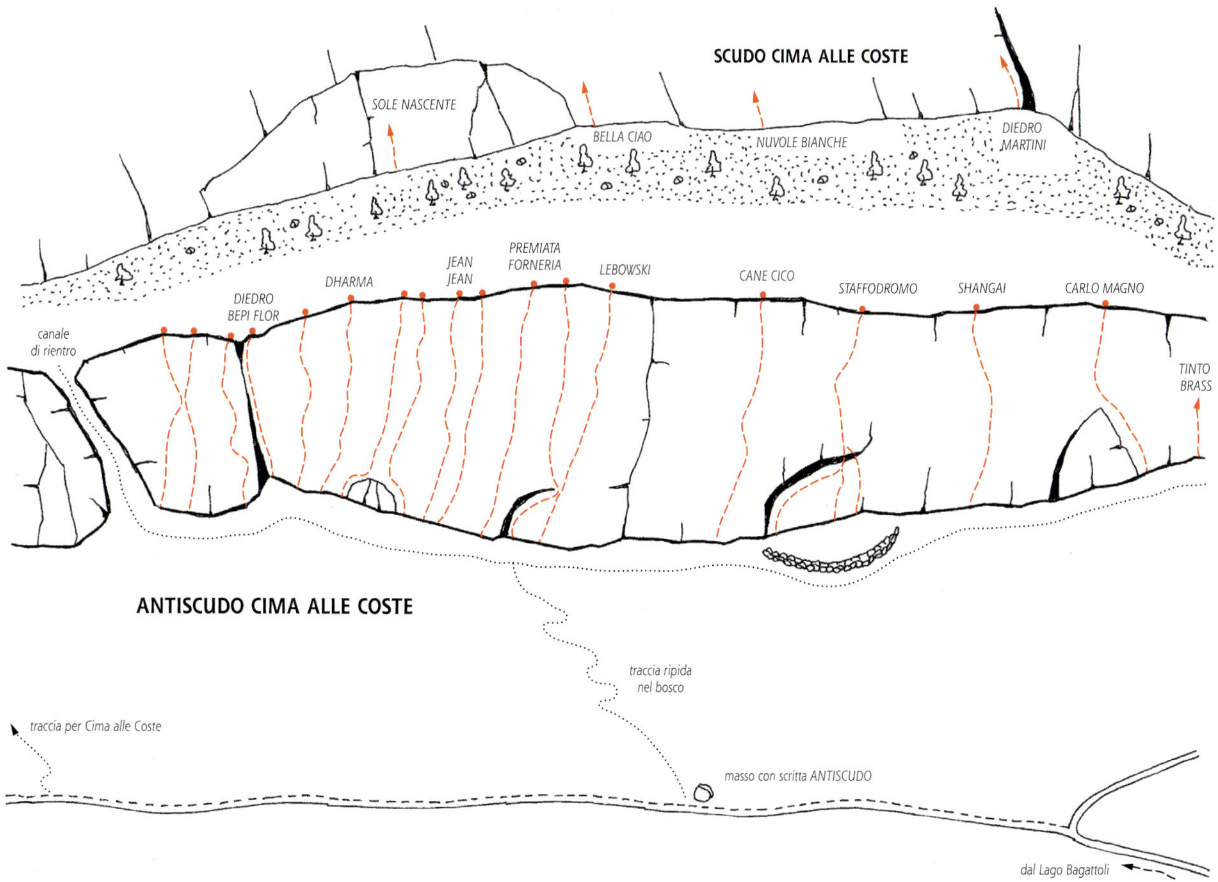
SCUDO CIMA ALLE COSTE
SOLE NASCENTE
BELLA CIAO
NUVOLE BIANCHE
DIEDRO MARTINI
canale di rientro
DIEDRO BEPI FLOR
DHARMA
JEAN JEAN
PREMIATA FORNERIA
LEBOWSKI
CANE CICO
STAFFODROMO
SHANGAI
CARLO MAGNO
TINTO BRASS
ANTISCUDO CIMA ALLE COSTE
traccia ripida nel bosco
traccia per Cima alle Coste
masso con scritta ANTISCUDO
dal Lago Bagattoli

34 OTRA VEZ★★★★

R. Galvagni 2008
80 m. (3L)
6c, 7a/S1/I

Arrampicata atipica su buchi e tacche. Ultimo tiro di tecnica e di equilibrio.

Attacco: è la prima via a sinistra della parete.

35 AGUA DE MARZO★★★★

R. Galvagni 2008
120 m. (4L)
6b+/S1/I

Arrampicata molto varia e divertente, molto logica lungo lame e scaglie. Spostamenti di equilibrio lungo fessure superficiali.

36 TEMPESTA ORMONALE★★★★

R. Galvagni 2007
120 m. (5L)
6c+/S1/I

La più bella arrampicata del settore, magnifica la prima lunghezza. Arrampicata molto aerea lungo diedri strapiombanti, molto esposta e verticale.

Attacco: nome alla base.

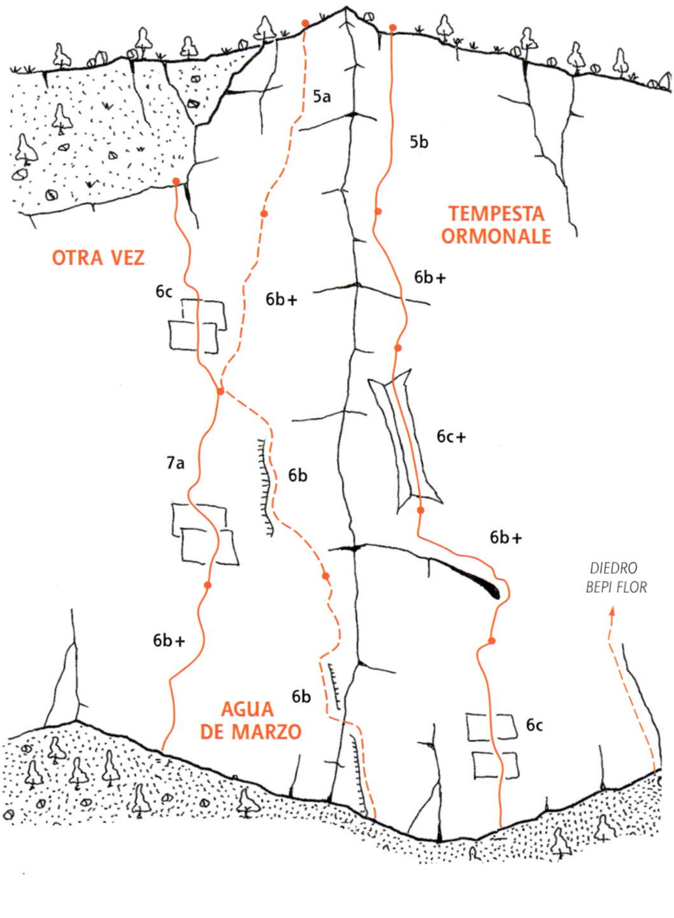

37 DIEDRO BEPI FLOR★★★
R. Galvagni, M. Maceri 2007
120 m. (3L)
6a+/S2/I
L'arrampicata tipica in diedro, a volte faticosa ma sempre divertente, è la caratteristica principale di questa salita. Spettacolare l'uscita dal diedro dell'ultima lunghezza. Portare eventualmente alcuni friend medio-piccoli.
Attacco: nome alla base.

38 L'INVERNO DEI MOICANI★★★
R. Galvagni 2008
90 m. (3L)
6b+/S2/I
La prima parte segue placche appoggiate con alcuni passaggi singoli in aderenza molto difficili.
Segue la bellissima terza lunghezza lungo una placconata verticale, con movimenti tecnici ed eleganti.
Attacco: nome alla base.

39 PROGETTO DHARMA★★★★
R. Galvagni 2011
120 m. (3L)
6b/S2/I
La seconda lunghezza offre una straordinaria arrampicata lungo una placca lavorata a tacche e buchi. Tra le più belle vie del settore.

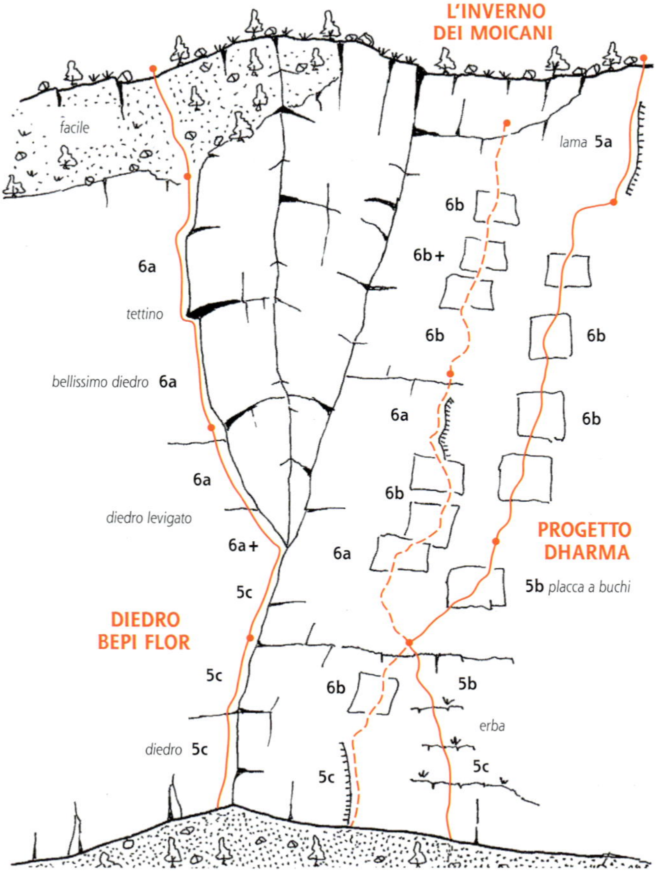

40 OVER THE RAINBOW★★★

M. Maceri 2007
120 m. (4L)
6b+/S1/I

La bellissima placca del terzo tiro, impone movimenti tecnici di equilibrio e di aderenza. La prima parte della via sale lungo placconate facili e molto divertenti mentre un diedrino fessura porta fuori dalla parete.
Attacco: nome alla base.

41 INVISIBILE TOUCH★★★

M. Maceri 2007
120 m. (4L)
6b+/S1/I

Arrampicata in generalmente in placca, facile e divertente ma con difficili sezioni di aderenza nel terzo e quarto tiro.
Attacco: nome alla base.

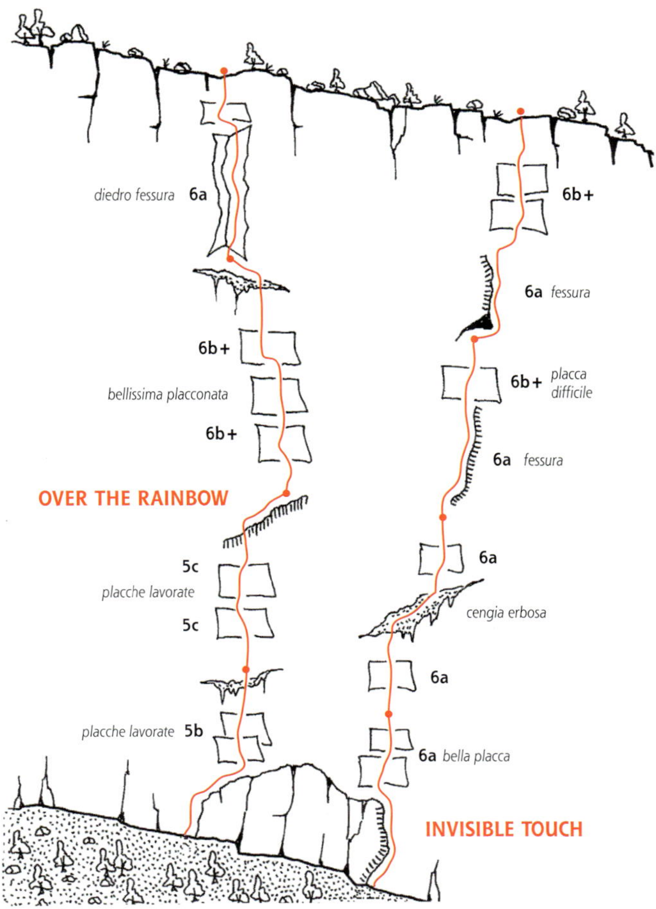

42 JEAN JEAN ★★★
M. Maceri 2007
120 m. (5L)
6b, 6c+/S1/I
Arrampicata divertente su roccia molto lavorata. Molto bello il secondo e il terzo tiro, lungo un bellissimo diedro fessurato. La difficile placca finale si supera facilmente in A0.
Attacco: nome alla base.

43 BARBIE GIRL ★★★
M. Maceri 2007
120 m. (5L)
6c, A0/S1/I
Bella arrampicata con sezioni in placca molto tecniche e difficili. Molto bella la lunga fessura del secondo tiro.
Attacco: nome alla base.

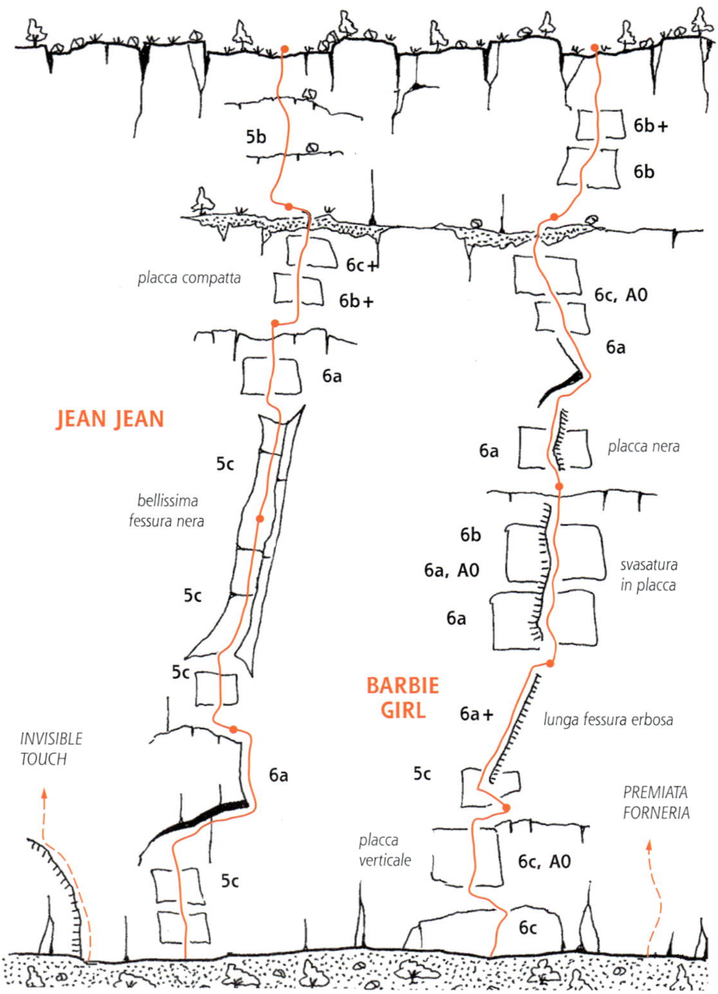

44 PREMIATA FORNERIA PFITSCHER ★★★

R. Galvagni 2008
120 m. (4L)
6b/S1/I
Bella arrampicata, divertente e varia, lungo solide placconate solcate da fessure. Movimenti di aderenza nella seconda lunghezza.
Attacco: nome alla base.

45 FONDAZIONE LEBOWSKI ★★★

R. Galvagni 2008
120 m. (4L)
6b+/S1/I
La caratteristica partenza sotto il tetto e la splendida lama del secondo tiro, sono i tratti più belli della via. Bella arrampicata in placca nelle ultime due lunghezze.
Attacco: nome alla base.

46 POPOLARE NETWORK ★★★

R. Galvagni 2008
120 m. (5L)
6b+/S1/I
Bellissimo itinerario su roccia fantastica, forse la più bella via del settore. Molto atletico e vario il terzo tiro. Stupenda la placca finale.
Attacco: nome alla base.

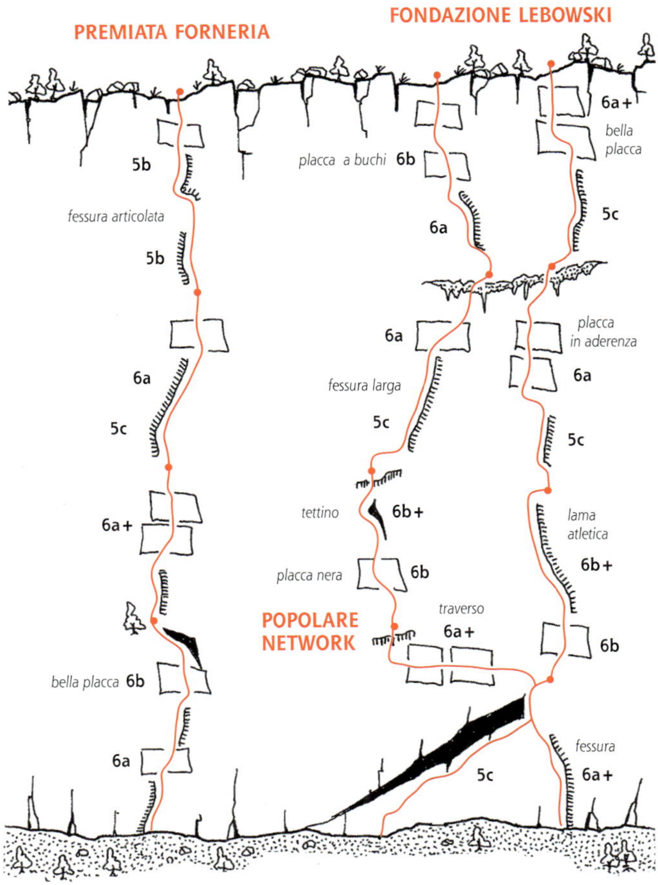

47 CANE CICO ★★★★
R. Galvagni 2009
120 m. (4L)
6a+/S1/I
Itinerario bello, vario e divertente, con tratti atletici in fessura e tratti molto tecnici su placche di aderenza. Bella la placconata finale. Tra le più belle vie del settore.
Attacco: nome alla base.

48 LO STAFFODROMO ★★★
D. Filippi 2012
130 m. (4L)
A1, A2, IV+/S1/1
Lo Staffodromo è la palestra delle staffe. Questo itinerario, aperto esclusivamente per scopi didattici, supera all'inizio un lungo ed impegnativo strapiombo obliquo per poi continuare lungo placconate verticali e appoggiate.
Attacco: nome alla base. La difficile prima lunghezza può essere evitata salendo la Variante Facile, che attacca 10 metri a destra. Appena a destra della **Variante Facile**, lungo la fessurina

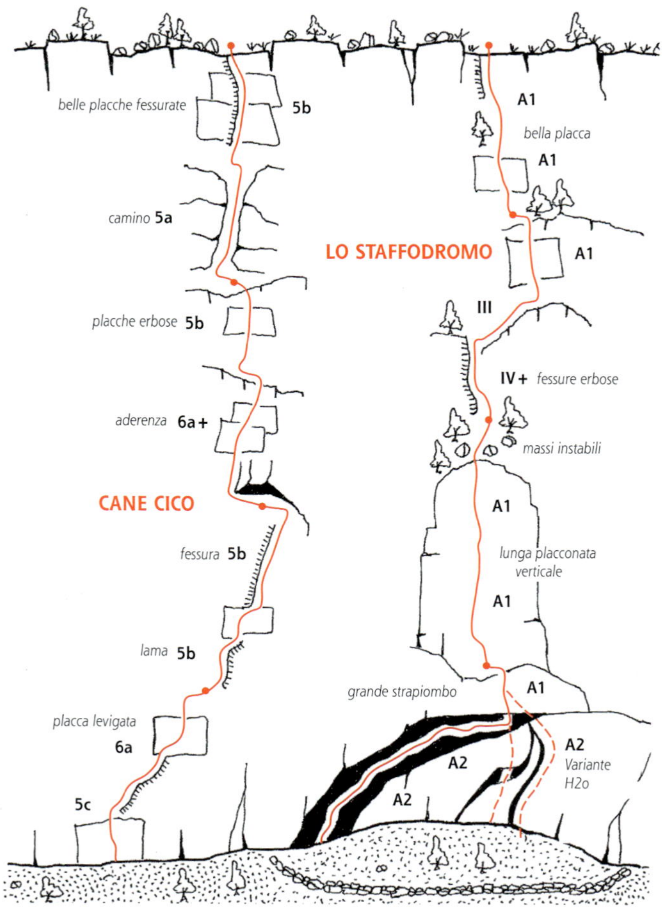

strapiombante, sale la **Variante H2O**, (F. Devigili, F. Demetri 2012). Bel monotiro in artificiale su stopper e friend: 25 m. A2

49 SHANGAI ★★★

M. Maceri 2007

120 m. (6L)

V+, VI/S2/I

È la via più facile dell'antiscudo. Nella prima parte segue una linea logica di fessure superficiali per poi continuare lungo placche e gradoni facili ed erbosi.

50 CARLO MAGNO ★★

Primi salitori ignoti

120 m. (4L)

VI, un tratto di VII, A0/R3/I

Questo itinerario, alpinisticamente molto interessante, inizia con un fantastico camino di roccia fantastica e levigata, ma poco proteggibile. Prosegue poi, lungo la difficilissima variante dei "Microamici" (F. Devigili, D. Filippi 2012) una ostica fessura in placca da proteggere a friend. Le ultime due lunghezze, prive di difficoltà, si svolgono lungo placche erbose con tratti friabili.

Attacco: nome alla base dell'evidentissimo camino.

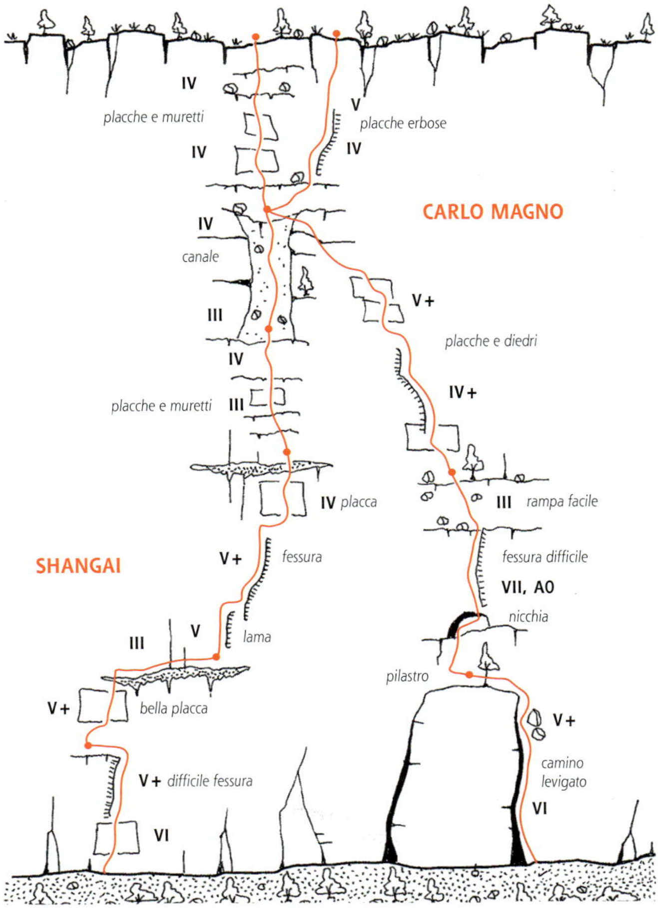

Coste dell'Anglone

COSTE DELL'ANGLONE

26 SASS DELA VECIA
27 ANGLONE SUD
28 ANGLONE NORD
29 CA' DEL LISCIO
30 PIRAMIDE LAKSHMI

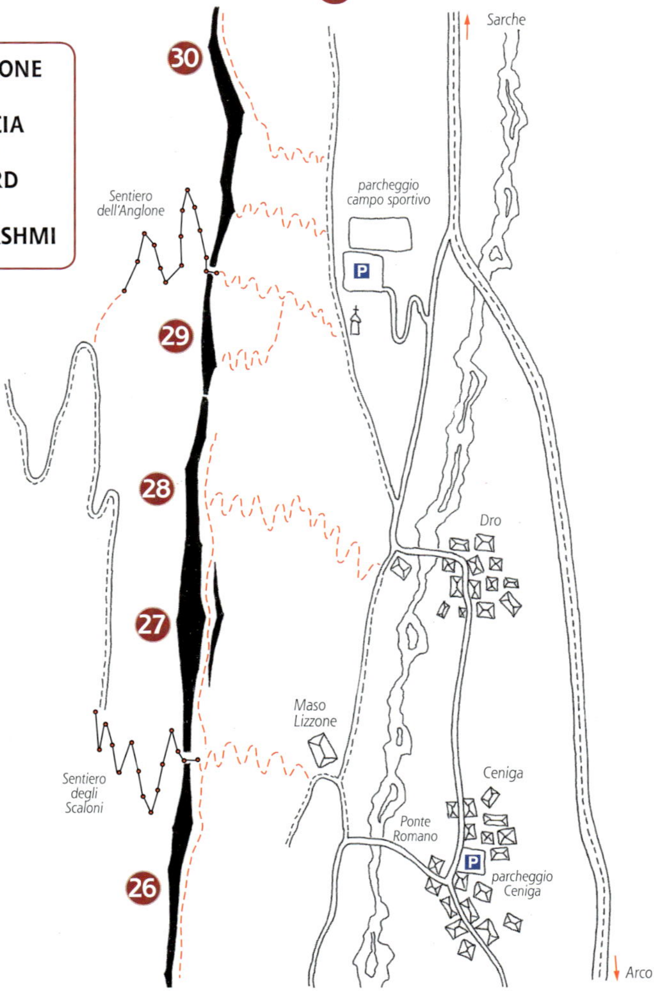

È quella lunga fascia rocciosa che dalla Cima alle Coste, correndo verso sud, termina sopra gli abitati di Dro e Cengia, unendosi poi alla parete di Mandrea. Parete non molto alta, spesso rotta e frastagliata, ingombra di vegetazione, sembra non offrire arrampicate interessanti. Invece, grazie al grande lavoro di alcuni alpinisti, primo fra tutti Heinz Grill, e complice l'ottima qualità della roccia, su queste pareti sono nate negli ultimi anni moltissimi itinerari, decisamente interessanti e meritevoli di una ripetizione.

COSTE DELL'ANGLONE

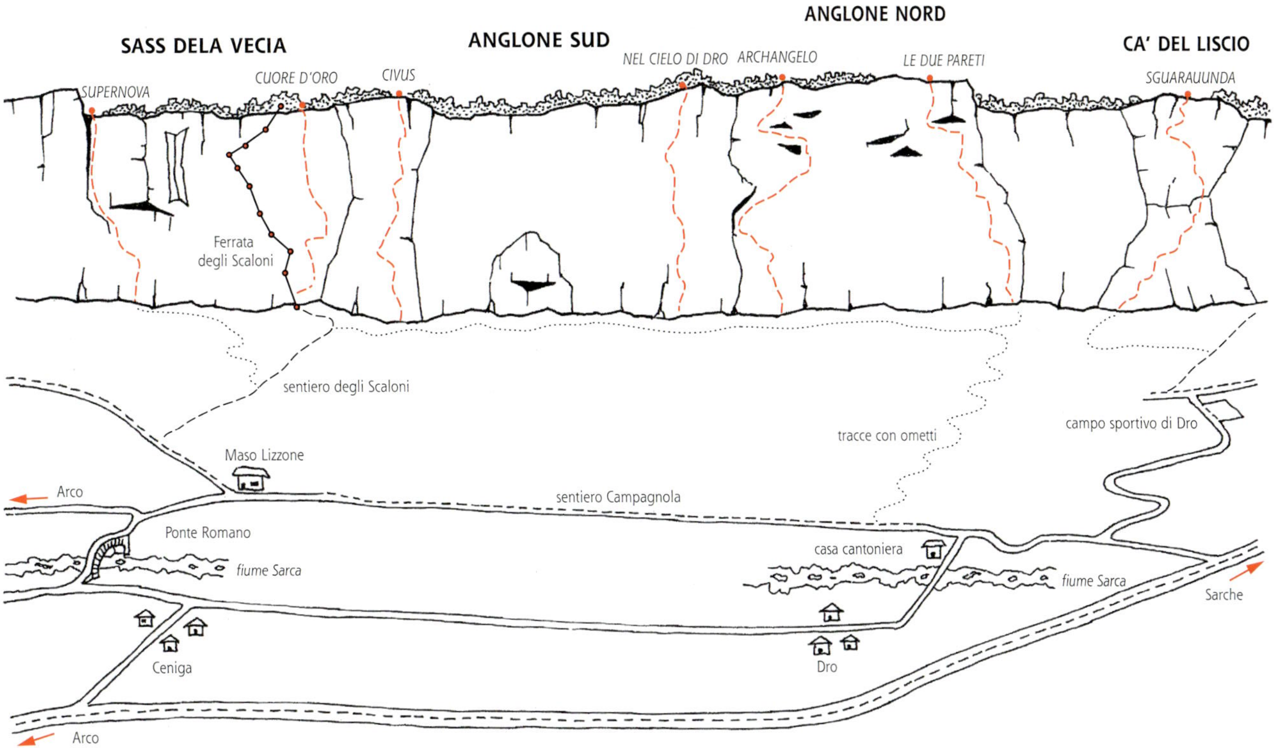

26 Sass dela Vecia

Coste dell'Anglone

0.30 h

1.00 h
2.00 h

450 m.

E

Giuliano Stenghel, il primo esploratore di questa parete, saliva già negli anni '80 le linee più logiche ed evidenti: come la via Supernova o la via Mario Centi. Poi, visto che questa parete non offriva più linee classiche evidenti è stata abbandonata. È solo negli ultimi anni, con la scoperta del suo potenziale sportivo, che sono nate moltissime vie nuove, tutte interessanti e di grande soddisfazione. L'ambiente molto tranquillo e la natura di questo posto lo rendono di certo meritevole di una visita.

Accesso

Lasciare l'auto all'ampio e comodo parcheggio in centro al paese di Ceniga, nei pressi del bivio per l'antico Ponte Romano e Maso Lizzone. Seguire poi tra le case, le indicazioni per Maso Lizzone. Raggiunto il maso, seguire le indicazioni per il Sentiero degli Scaloni (segnavia CAI bianco-rossi), poco dopo prendere una traccia che si stacca a sinistra e porta alla base della parete nei pressi della falesia "La fattoria degli Struzzi". Ora seguire verso sinistra la base della parete ai vari attacchi delle vie.

Discesa

Per tracce di sentiero, attraversare il bosco fino a raggiungere il Sentiero degli Scaloni e da questo in valle. In alcuni casi la discesa avviene in doppia dalle vie. Per le vie Sass dela Vecia e Libertà, usciti dalle vie, salire per tracce di sentiero fino a raggiungere la strada asfaltata per San Giovanni. Seguirla per 15 minuti fino a trovare sulla destra il sentiero con indicazioni "Ceniga-Sentiero degli Scaloni". Per questo in un'ora e mezzo si ritorna in valle.

Luca Galbiati, *Cuore d'oro*, Sass dela Vecia *(sassbaloss.com)* →

Coste dell'Anglone – Sass dela Vecia

1 SUSPIRIA	200 m.
2 SUPERNOVA	200 m.
3 EL SASS DELA VECIA	300 m.
4 VIA DELLA LIBERTA'	300 m.
5 THE BASTARD	540 m.
6 MARIO CENTI	200 m.
7 LA SELVAGGIA	200 m.
8 MASTRO BIRRAIO	450 m.
9 DIEDRO BALDESSARINI	230 m.
10 ANCHE LE DONNE VOGLIONO ARRAMPICARE	250 m.
11 LA VIA DEGLI ESSERI BRUTTI	280 m.
12 OKSANA	200 m.
13 TRAVERSI PERVERSI	160 m.
14 SCALONI REVERSI	140 m.
15 NONNA EVELINA	100 m.
16 CUORE D'ORO	300 m.

1
2
3
4
5
6
7
8
8
9
10

1 SUSPIRIA ★

S. Bailoni, G. Cretti, L. Gelmini 1995
200 m. (6L)
VI +, VII, passi in A0/R2/II

Via molto particolare, un vero mix tra l'alpinistico e lo sportivo. Placche compatte spittate e diedri fessurati interamente da proteggere si alternano a tratti friabili ed erbosi. Peccato che poi, si vada a finire su una vecchia via di Stenghel. Nel complesso una via discreta, dove l'unico tiro interessante è il 3°. Qui, un bel diedro fessurato offre una difficile arrampicata in Dulfer, dove bisogna proteggersi con stopper e friend. Attenzione, alcuni difficili passaggi con protezioni molto lontane, lasciano perplessi...

Attacco: sotto la verticale del gran diedro della via "Supernova". A sinistra di uno strapiombo ad arco attaccare una placca spittata.

Discesa: in doppia dalla via.

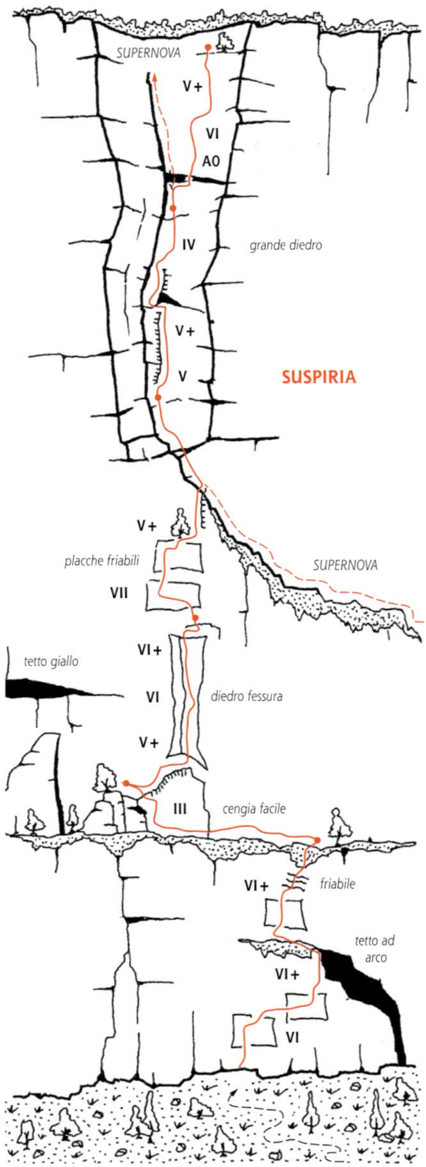

2 SUPERNOVA★★★
G. Stenghel, R. Vettori 1980
200 m. (6L)
V+, VI/R3/II

È la via più logica ed elegante del settore. Punta al superamento di quel grande ed evidente diedro grigio che incide la meta superiore della parete. Dopo alcune lunghezze su roccia erbosa, la via entra e supera, con bella arrampicata, il profondo diedro. Al termine, il diedro si trasforma in un canale, ora ostruito da arbusti e spinosi roveti che non consentono ulteriormente la progressione.
Da qui, scendere in doppia.

Attacco: sotto la verticale del gran diedro, costeggiare la parete verso destra e attaccare la prima fessura erbosa che sale alla cengia superiore. Proseguire per quelle fessure oblique che portano alla base del diedro.

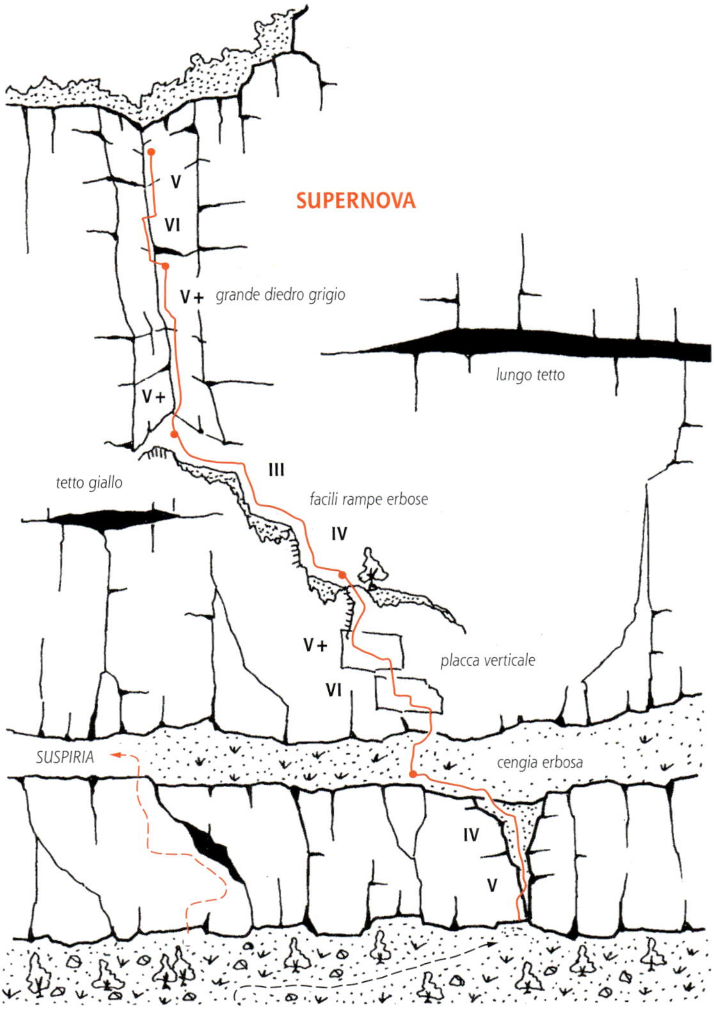

3 EL SASS DELA VECIA★★★

A. Tony Zanetti, F. Sartori 2011
300 m. (13L)
6a, 6c, A1 (6a obb.)/S2/II

Itinerario bello e impegnativo, molto sostenuto per la continuità delle difficoltà. Sale attraverso una serie di solidissime placconate raggirando i vari strapiombi che caratterizzano questo settore di parete. La prima parte della via, si svolge lungo lavagne gialle verticali, con splendida arrampicata libera ma con una lunghezza in A1 molto faticosa (una staffa potrebbe ritornare utile). Nella seconda parte della via, le placche si adagiano e le difficoltà diminuiscono, l'arrampicata rimane però di tecnica e di equilibrio. La roccia è sempre ottima e la chiodatura ravvicinata a fix. Portare solo rinvii.

Attacco: sotto la verticale del grande tetto, grande targa all'attacco.

Discesa: conviene scendere in doppia dalla via, anche se un po' laboriosa: la discesa a piedi è molto lunga e richiede almeno 2 ore di cammino. Usciti dalla via, salire per il ripido bosco tenendo un salto roccioso sulla destra. Tracce di sentiero, ometti e alcune corde fisse portano in mezz'ora alla strada per San Giovanni. Seguire la strada per San Giovanni per 15 minuti fino a trovare sulla destra il sentiero con indicazioni "Ceniga-Sentiero degli Scaloni". Per questo in un'ora e mezzo si ritorna in valle.

4 VIA DELLA LIBERTÀ★★★

F. Sartori 2011
300 m. (10L)
6a, 6b+, A1, A2 (6a obb.)/S2/II

Questo itinerario corre parallelo al precedente, e ne rispecchia quindi le caratteristiche principali: arrampicata molto atletica, roccia generalmente solida e ottima chiodatura a fix. Caratteristico è il superamento del grande tetto centrale, dove occorre un minimo di disinvoltura sulle staffe. Per la ripetizione bastano i rinvii, almeno 15.

Attacco: dalla targa del Sass dela Vecia, traversare 50 metri a destra e attaccare per un diedrino.

Discesa: come per il Sass dela Vecia.

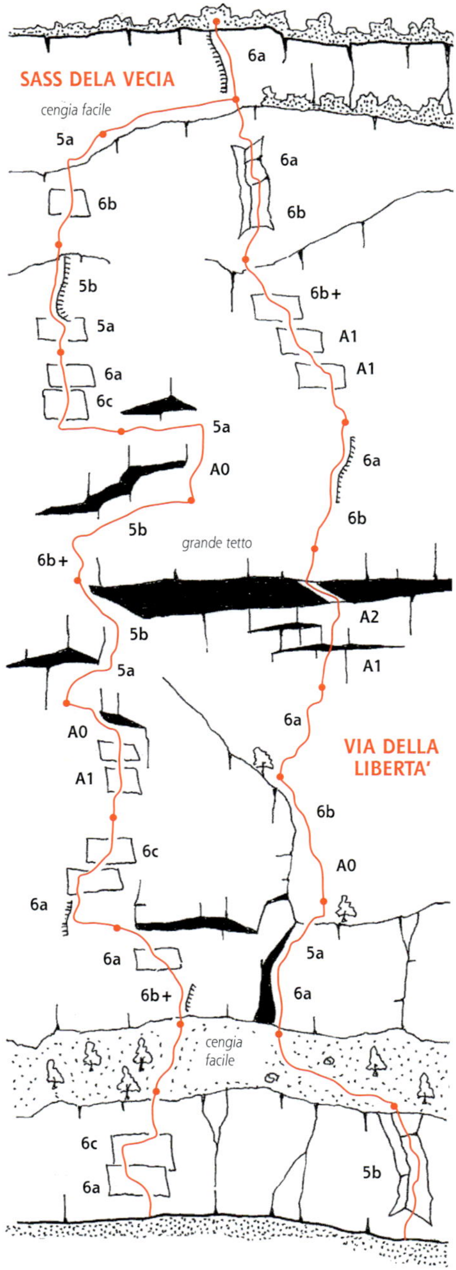

5 THE BASTARD

I. Feller, D. Feller 2009
540 m. (15L)
6b, 7a+ (6b+ obb.)/S2/II

Bella arrampicata prevalentemente in placca e strapiombo, che supera il settore più repulsivo della parete. Stupende le lunghezze centrali che serpeggiano tra gli strapiombi. Data la lunghezza dell'itinerario e le difficoltà sostenute l'impegno richiesto è notevole. Roccia ottima lungo tutto il percorso, salvo alcun brevi tratti nell'attraversamento delle cenge boscose. Chiodatura ottima a fix, ma a volte lontani. Per la ripetizione portare rinvii e alcuni friend medio piccoli.
Attacco: poco evidente, per un pilastro grigio fessurato, poco a destra del diedro di attacco della Via della Libertà.

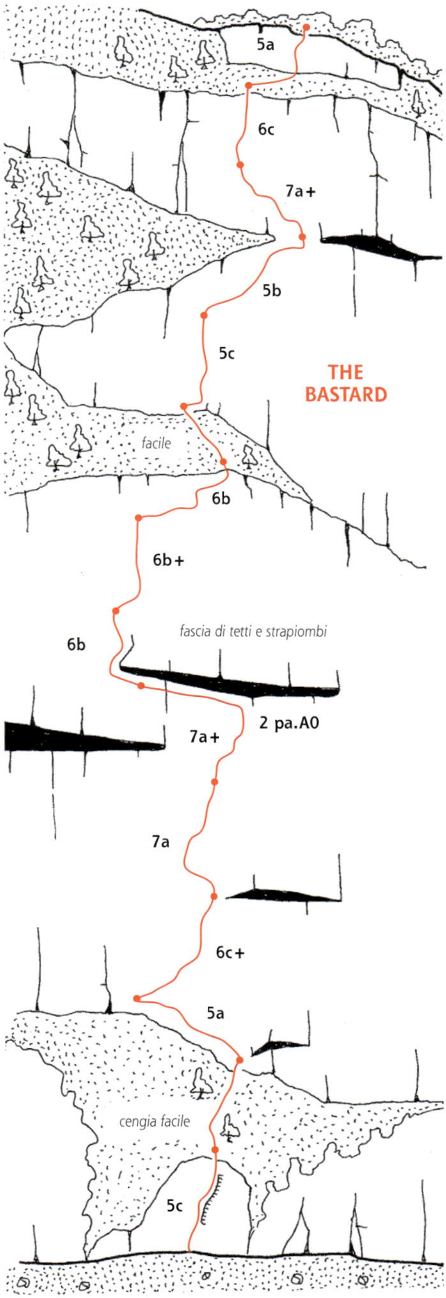

6 MARIO CENTI ★★★

G. Stenghel, A. Baldessarini, F. Sartori 1982
200 m. (5L)
VI+, VII/R3/II

Salita breve ma estrema. Arrampicata atletica in diedro, con alte difficoltà e su roccia ottima ma con protezioni praticamente assenti. Indispensabili per la ripetizione una serie di friend e qualche chiodo. Questo splendido diedro è però raggiungibile solo dopo aver superato uno zoccolone di erbe e rocce rotte.

Attacco: dalla partenza del Diedro Baldessarini, salire una rampa verso sinistra e per gradoni raggiungere la base della parete fino all' attacco delle vie Mastro Birraio e Selvaggia. Salire ancora sinistra per rampe erbose fino alla placca di partenza (clessidra con cordino).

Discesa: percorrere una traccia verso destra che, prima in leggera discesa poi in salita, porta velocemente al Sentiero degli Scaloni e quindi in valle.

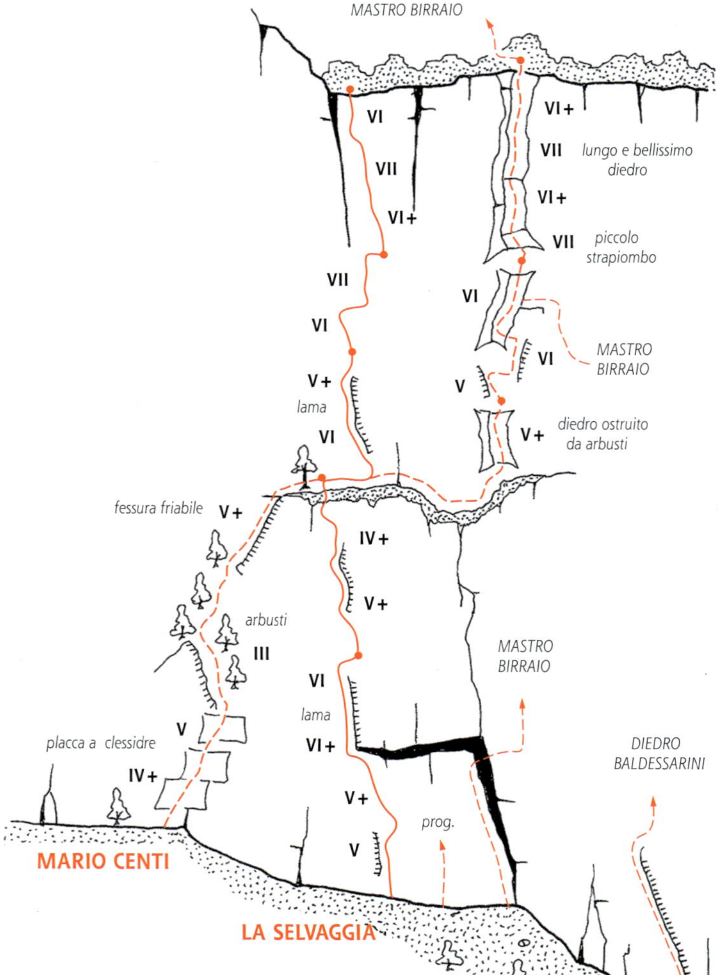

7 LA SELVAGGIA ★★★★

S. Michelazzi, E. Lavo, A. Gogna 2012
200 m. (5L)
VI+, VII/R4/II

Itinerario decisamente alpinistico, breve ma intenso, su roccia generalmente buona, con alte difficoltà ma dalla scarsa chiodatura. Necessari per la ripetizione stopper e friend e sopratutto nervi saldi per superare l'ultima lunghezza, stupenda ma poco proteggibile.

Attacco: dalla partenza del Diedro Baldessarini, salire una rampa sulla sinistra e per gradoni raggiungere la base della parete. Qui si trovano le partenze di Mastro Birraio e di un vecchio progetto a fix. A sinistra di queste, un chiodo con cordino rosso indica l'attacco della via.

Discesa: percorrere una traccia verso destra che, prima in leggera discesa poi in salita, porta velocemente al Sentiero degli Scaloni e quindi in valle.

8 MASTRO BIRRAIO

L. Gaspari, M. Vedovelli, S. Giarola, E. Perolo 2010
450 m. (15L)
VI+, VII, A1/R3/II

Lunga e impegnativa arrampicata, decisamente alpinistica. Non bisogna farsi ingannare dal facile e superchiodato primo tiro: le lunghezze seguenti sono più impegnative e meno protette. Di serio impegno è la quarta lunghezza che ripercorre la via Mario Centi. L'itinerario presenta roccia generalmente solida e chiodatura sufficiente, ma mai abbondante. Indispensabili una serie di friend, ed eventualmente qualche chiodo.

Attacco: dalla partenza del Diedro Baldessarini, salire una rampa sulla sinistra e per gradoni raggiungere la base della parete. Nome alla base.

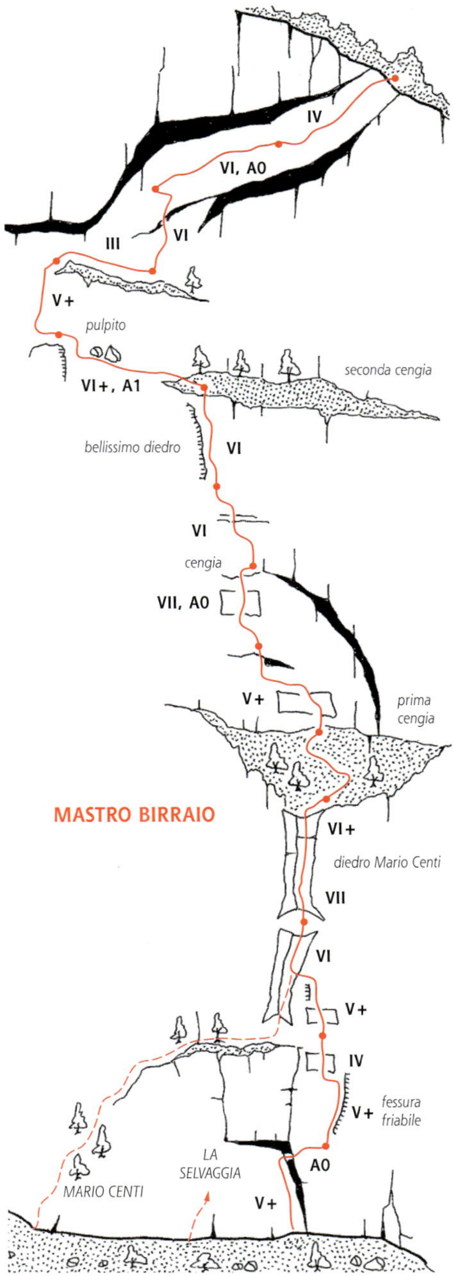

9 DIEDRO BALDESSARINI

A. Baldessarini e compagno 1982
Varianti di F. Heiss e D. Pinamonte 2011
230 m. (7L)
VI, VI+/R3/II

Bell'itinerario, alpinisticamente molto interessante, che sale il diedro più evidente e marcato della parete. Questa via, per molti anni è rimasta sconosciuta, ma dopo la pulizia e l'apertura di alcune belle varianti più dirette, ha ripreso ad essere frequentata. Nel grande diedro l'arrampicata è molto sostenuta ed atletica. Portare una serie di friend ed eventualmente alcuni chiodi.
Attacco: da Maso Lizzone seguire il Sentiero degli Scaloni, ad un bivio prendere una traccia a sinistra che porta ad una falesia "La fattoria degli Struzzi". Continuare a seguire la parete verso sinistra fino a trovare il nome alla base.
Discesa: percorrere una traccia verso destra che, prima in leggera discesa poi in salita, porta velocemente al Sentiero degli Scaloni e quindi in valle.

10 ANCHE LE DONNE VOGLIONO ARRAMPICARE ★★★

H. Grill, F. Kluckner 2011
250 m. (8L)
6a, 6b (6a obb.)/S2/II

Bella ed interessante arrampicata, varia e articolata, spesso atletica. Bellissimo il traverso del terzo tiro e il lungo diedro grigio a gocce del quinto tiro. La roccia è ottima e ripulita lungo tutto il percorso. È ottimamente attrezzata a fix e clessidre, portare solo alcuni friend medi e piccoli.
Attacco: da Maso Lizzone seguire il Sentiero degli Scaloni, ad un bivio prendere una traccia a sinistra che porta ad una falesia "La fattoria degli Struzzi". Continuare a seguire la parete verso sinistra fino a trovare il nome alla base.
Discesa: percorrere una traccia verso destra che, prima in leggera discesa poi in salita, porta velocemente al Sentiero degli Scaloni e quindi in valle.

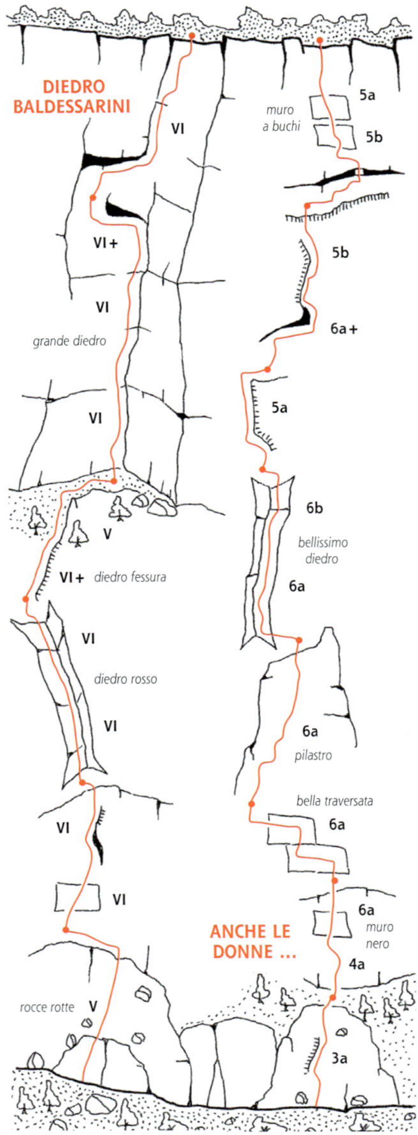

Luca Galbiati, *Anche le donne vogliono arrampicare*, Sass dela vecia (*sassbaloss.com*) →

11 LA VIA DEGLI ESSERI BRUTTI★★★

H. Grill, F. Heiss, B. Holzer, P. Himmel 2011
280 m. (9L)
V+, VI+, un passo in A0/R4/II

Itinerario decisamente alpinistico, arrampicata generalmente atletica lungo diedri e fessure e con diversi passaggi strapiombanti. Attenzione ad alcuni passaggi di VI obbligatori poco proteggibili. Molto impegnativo il lungo diedro del quarto tiro che propone un'arrampicata faticosa e con scarse protezioni. Le soste sono attrezzate con un solo fix e lungo i tiri si trovano solo pochi chiodi. Per una ripetizione portare un'intera serie di friend, anche misure piccole. **Attacco:** da Maso Lizzone seguire il Sentiero degli Scaloni, ad un bivio prendere una traccia a sinistra che porta ad una falesia "La fattoria degli Struzzi". Continuare a seguire la parete verso sinistra fino a trovare il nome alla base. **Discesa:** percorrere una traccia verso destra che porta velocemente al Sentiero degli Scaloni e quindi in valle.

12 OKSANA★★★★

G. Mantovani 2012
200 m. (8L)
6a, 6b (6a obb.)/S1/I

Bella e divertente arrampicata, generalmente lungo placche lavorate ma con una lunghezza che supera un favoloso diedro. Solo per questa lunghezza l'itinerario merita una ripetizione. La roccia è da buona a ottima e la chiodatura sicura e ravvicinata a fix. Portare solo rinvii. Nelle ultime lunghezze si superano due piccoli strapiombi, atletici ma con ottime prese. **Attacco:** da Maso Lizzone seguire il Sentiero degli Scaloni, ad un bivio prendere una traccia a sinistra che porta ad una falesia "La fattoria degli Struzzi". Continuare a seguire la parete verso sinistra fino a trovare la targhetta con nome alla base. **Discesa:** salire brevemente nel bosco fino al comodo sentiero.

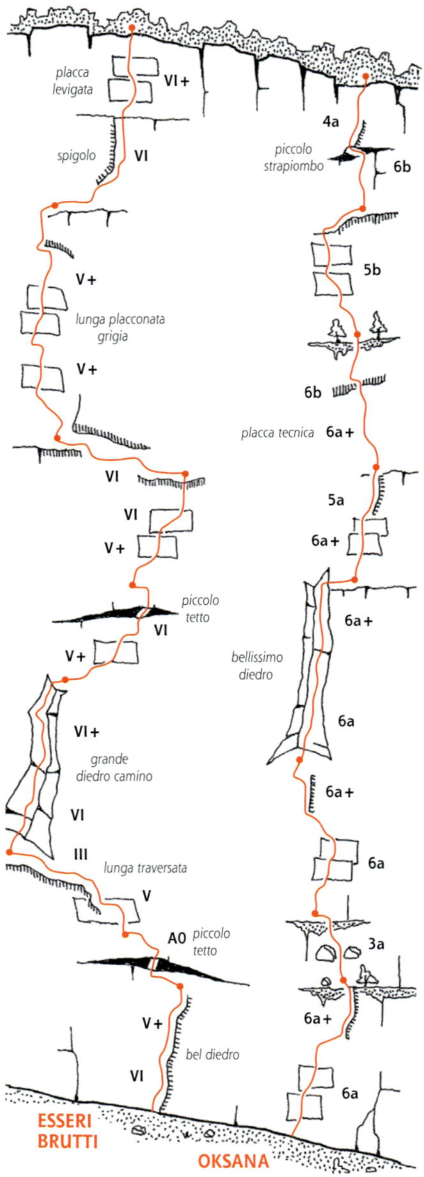

9
10
11
12
13
14
15
16

13 TRAVERSI PERVERSI ★★★★
D. Filippi, L. Pilati 2012
160 m. (5L)
5c, 6a+/S1/I
Bellissimo itinerario su roccia fantastica lavorata a gocce. Salita caratterizzata da lunghi traversi e da un bellissimo diedro strapiombante. Chiodatura ottima a fix, portare solo rinvii.
Attacco: nome alla base.
Discesa: salire brevemente nel bosco fino al comodo sentiero.

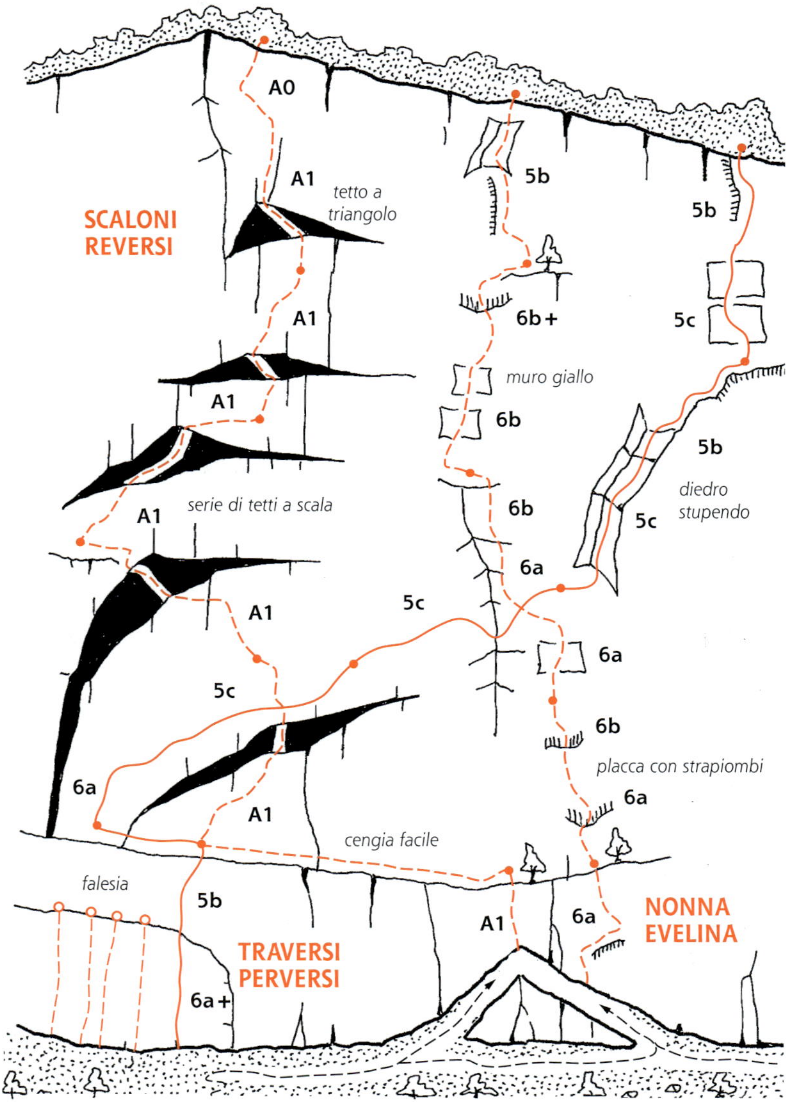

14 SCALONI REVERSI ★★★

D. Filippi 2012
140 m. (6L)
A1/S1/I

Itinerario in completa arrampicata artificiale, facile e divertente. La chiodatura è ottima e ravvicinata a fix da 8 mm. Supera una fascia di strapiombi gialli di roccia fantastica. Le soste sono comode su terrazzini sospesi e le ultime due lunghezze possono essere collegate.

Attacco: a destra della falesia salire un canale di arbusti con corda fissa.

Discesa: salire brevemente nel bosco fino al comodo sentiero.

15 NONNA EVELINA ★★★★

N. Mantovani 2012
100 m. (5L)
6a, 6b+ (5c obb.)/S1/I

Bella e divertente arrampicata in placca lungo ripidi muri lavorati a gocce. Chiodatura ottima e ravvicinata a fix, portare solo rinvii.

Attacco: a destra della falesia, targa con nome all'attacco.

Discesa: salire brevemente nel bosco fino al comodo sentiero.

16 CUORE D'ORO ★★★★

H. Grill, S. Königseder, F. Kluckner
300 m. (11L)
V+, VI, un passo di VI+/R2/II

Itinerario logico ed elegante che nella prima parte serpeggia tra gialli strapiombi. La seconda parte, invece, si svolge perlopiù lungo placconate grige. Arrampicata sempre divertente e di soddisfazione su roccia fantastica. L'ottima chiodatura è mista a chiodi e fix, ma talvolta un po' distanziati, sono consigliati alcuni friends medio piccoli.

Attacco: da Maso Lizzone seguire la stradina a sinistra e il seguente sentierino che porta all'attacco della ferrata. Seguire la ferrata per circa 100 metri fino all'evidente attacco sulla destra. Nome alla base.

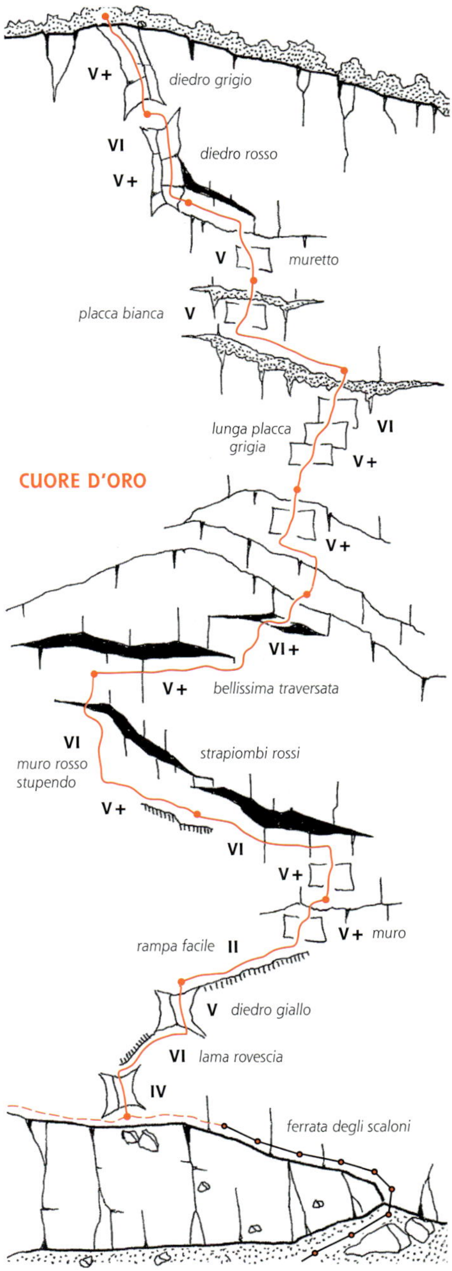

27 Anglone Sud

Coste dell'Anglone

0.30 h

1.00 h

350 m.

E

È la parete compresa tra il Sentiero attrezzato degli Scaloni e i gialli strapiombi della Via dell'Arcangelo. Tutte le vie sono belle di grande soddisfazione, con roccia stupenda, linee logiche e ottime chiodature. La caratteristica di questa parete è che poggia su un grande zoccolo di rocce rotte, inclinate ed erbose. Una cengia esposta, e in parte attrezzata con corde fisse, permette di evitarlo e di raggiungere così facilmente gli attacchi delle vie.

Accesso

Lasciare l'auto all'ampio e comodo parcheggio in centro al paese di Ceniga, nei pressi del bivio per l'antico Ponte Romano e Maso Lizzone. Seguire poi tra le case, le indicazioni per Maso Lizzone. Raggiunto il maso, seguire il Sentiero degli Scaloni (segnavia CAI bianco-rossi) e arrivati sotto la parete dove inizia la via ferrata, abbandonare il sentiero e seguire la traccia a destra che corre alla base di tutta la parete. Attenzione ad alcuni tratti esposti attrezzati con corde fisse.

Discesa

Usciti dalle vie, salire nel bosco seguendo evidenti tracce fino alla strada forestale. Seguire la strada verso sinistra fin dove termina. Ora un'evidente sentiero in parte attrezzato, il Sentiero degli Scaloni, riporta a Maso Lizzone e quindi al parcheggio. In alcuni casi la discesa avviene in doppia lungo la via.

17 CLIVUS	**350 m.**
18 LUNA CALANTE	**300 m.**
19 MINUETTO A CENIGA	**300 m.**
20 CODICE KAPPA	**200 m.**
21 LA VIA DEGLI IGNORANTI	**180 m.**
22 STELLE DI POLVERE	**300 m.**
23 LA PICCOLA VERTICALITA'	**300 m.**
24 DALL'ANTISTORIA ALLA STORIA	**250 m.**
25 LUCE E COLORI	**250 m.**
26 IL GIGANTE	**200 m.**
27 VECCHI TEMPI	**250 m.**
28 SINTESI	**250 m.**
29 NEL CIELO DI DRO	**350 m.**
30 IL FUOCO E L'ALCHIMIA DELLO SPIRITO	**300 m.**

17
18
19
20
21
22

17 CLIVUS★★

M. Brighente, G. Bogoni, D. Dal Cere 2005
350 m. (10L)
5c, 6a+, con passi in A0 (5c obb.)/S1/II

Questa via, a carattere alpinistico ed esplorativo, vince un settore di placche poco ripide e invase dalla vegetazione. L'arrampicata alterna tratti belli e divertenti a zone di rocce rotte e vegetate. Purtroppo non offre un'arrampicata divertente per la qualità della roccia, ma l'ottima chiodatura e l'ambiente in cui si svolge la rendono meritevole di una visita. Belli sono gli ultimi tre tiri, lungo diedri e camini articolati.

Attacco: nome alla base.

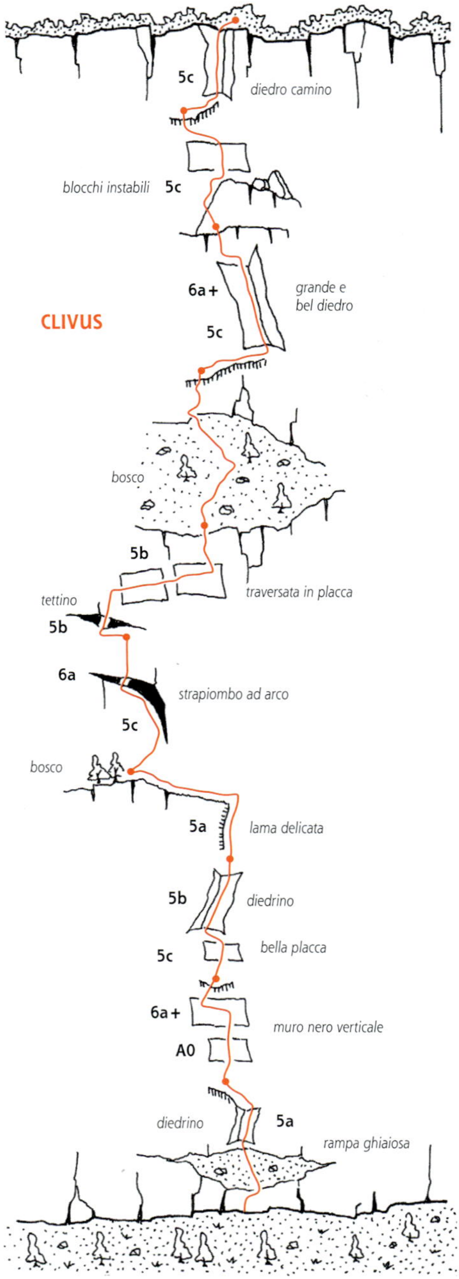

18 LUNA CALANTE★★

D. Cabas, P. Masera, S. Martini 2009

300 m. (11L)

VI, VII, A1/R2/II

Itinerario alpinistico molto impegnativo. Alterna sezioni molto impegnative attrezzate a fix con lunghezze intere a protezioni tradizionali. Allo stato attuale, per via della chiodatura varia ed esigua e della roccia friabile, risulta poco ripetuto. Meriterebbe una chiodatura migliore. Per la ripetizione portare una serie di friend ed eventualmente qualche chiodo.

Attacco: a destra di Clivus

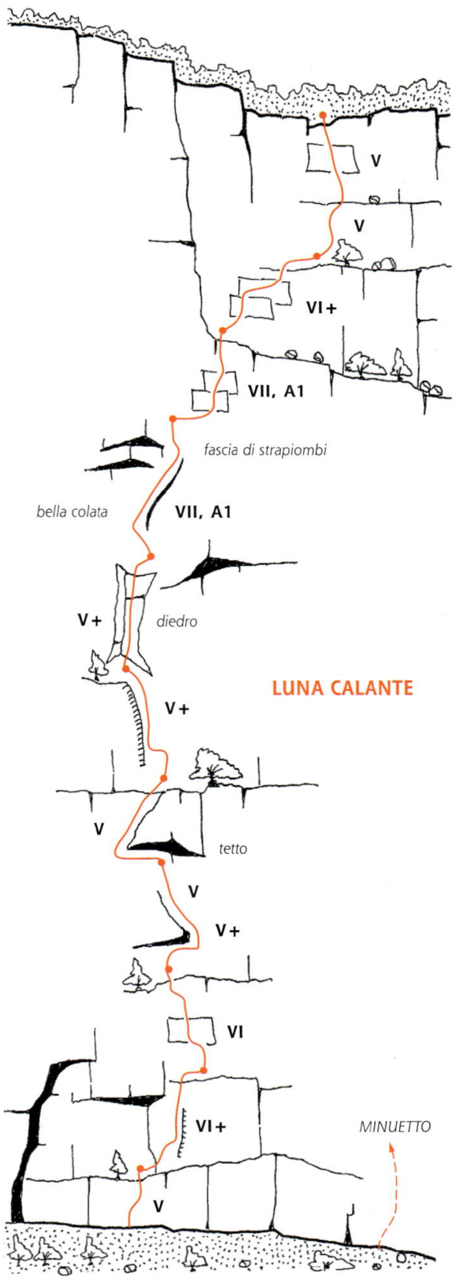

19 MINUETTO A CENIGA★★★★★

M. Brighente, A. Zanetti, S. Gianesini, C. Castagnedi 2010
300 m. (11L)
5a, 6a, un passo di 6b+ (6a obb.)/S2/II

Data la qualità della roccia e l'ottima e abbondante chiodatura, risulta essere una delle più belle e divertenti vie della lunga parete dell'Anglone. Assolutamente consigliata e da non perdere. L'itinerario si sviluppa generalmente lungo solide placconate, ma non mancano diedri e fessure. L'arrampicata è sempre divertente, nella parte alta è molto atletica e il tratto chiave è un breve traverso in aderenza e equilibrio. Per la ripetizione portare solo rinvii, eventualmente, ma non necessari, alcuni friend medi per l'ultima lunghezza.

Attacco: nome alla base.

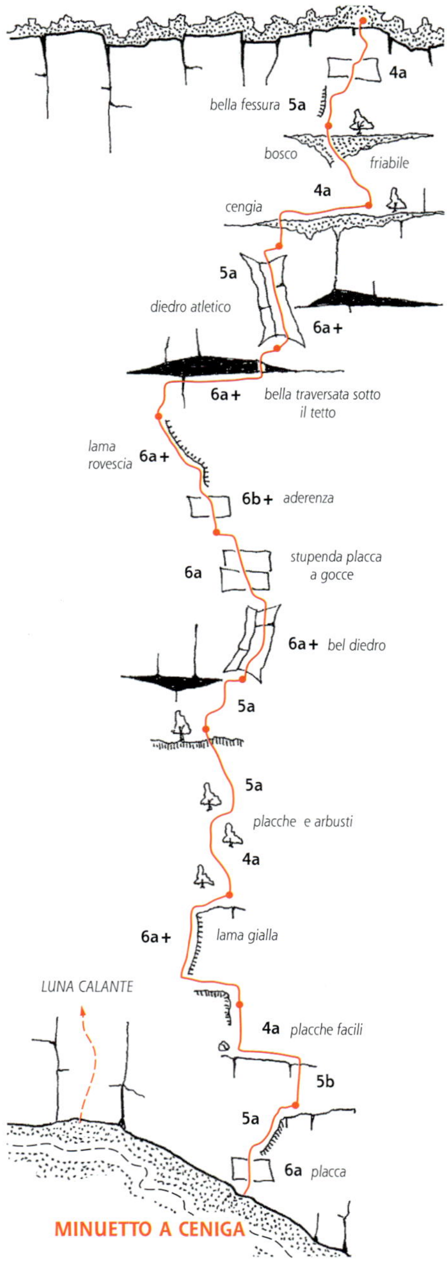

20 CODICE KAPPA ★★★

M. Maceri, C. Zadra 2004
180 m. (8L)
6b, 6c, A0 (6b obb.)/S1/II

Arrampicata molto bella e divertente lungo placche, diedri, fessure e strapiombi. L'ambiente tranquillo, la roccia solida e l'ottima chiodatura rendono davvero consigliata questa salita. Per la discesa conviene, dopo la prima doppia, traversare a destra lungo la cengia fino alla Via degli Ignoranti, e calarsi lungo questa.

Attacco: alla base del grande strapiombo rosso, per una placconata grigia, ometto alla base.

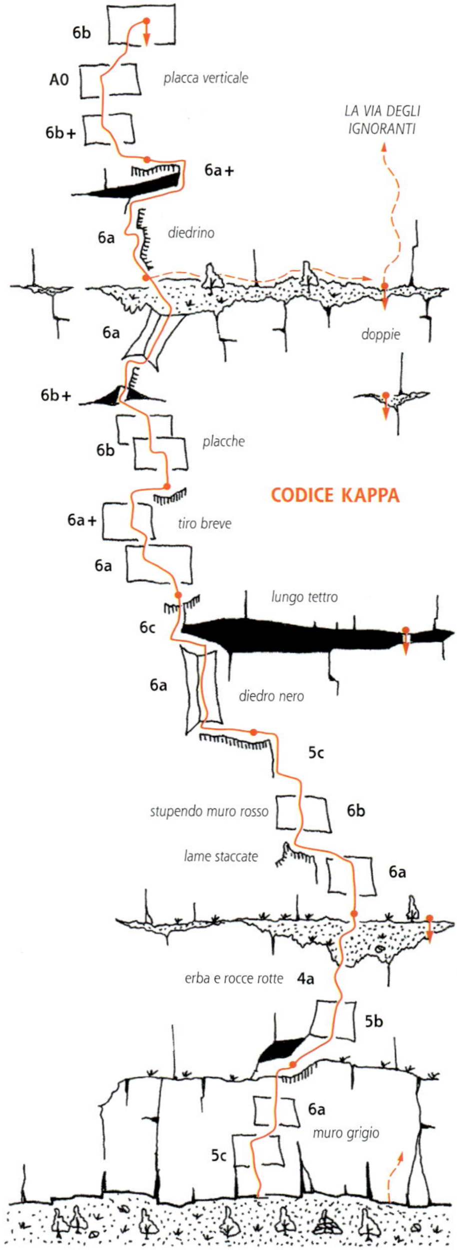

21 LA VIA DEGLI IGNORANTI ★★★★

M. Maceri, C. Zadra 2004
200 m. (8L)
6b, 6c, passi in A0 (6b obb.)/S1/II
Stupenda arrampicata, divertente e di soddisfazione. Alterna placche, strapiombi, diedri e fessure. Bellissimo il muro rosso strapiombante del terzo tiro e il diedro articolato del quinto. Roccia solida e chiodatura ottima lungo tutto il percorso. La discesa avviene in doppia lungo la via, saltando qualche sosta.

Attacco: appena a destra della via Codice Kappa.

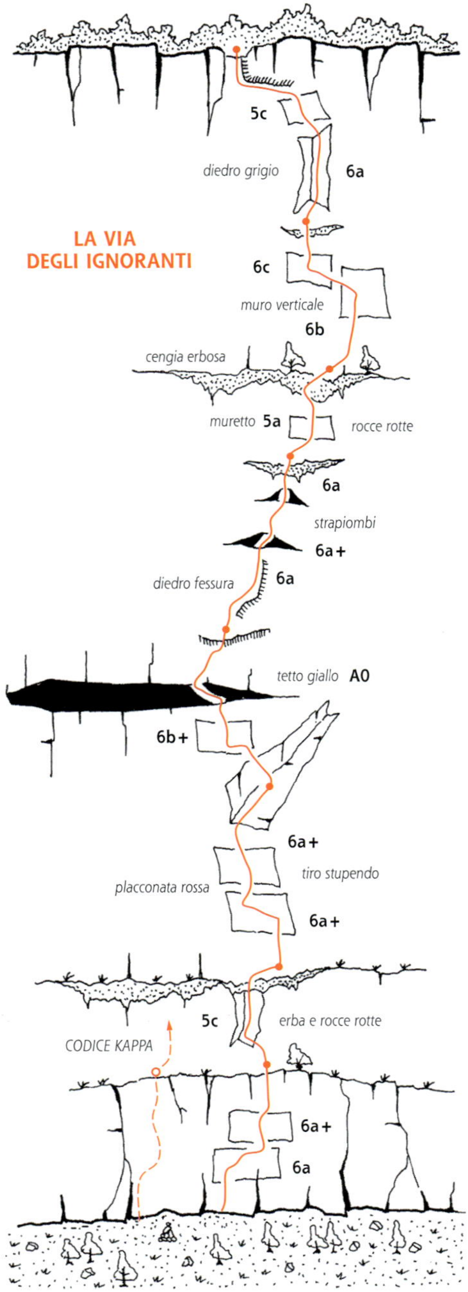

22 STELLE DI POLVERE ★★★★

G. Mantovani 2009

300 m. (9L)

6a, 6b+, passi in A0 (6b obb.)/S2/II

Bella salita varia e molto divertente, su roccia generalmente solida e pulita. Chiodatura ottima a fix ma a volte distanziata, portare eventualmente alcuni friend da integrare. La prima parte, sale lungo belle placconate grigie incise da fessure. Poi, dopo uno spettacolare traverso, si prosegue per entusiasmanti muri rossi e strapiombanti. L'ultima lunghezza vince un esposto spigolo, con arrampicata magnifica e molto esposta. Itinerario meritevole e consigliato.

Attacco: targhetta alla base. Nota: dopo aver salito le prime sei lunghezze, è possibile uscire dalla parete seguendo una facile variante sulla destra, evitando cosi gli ultimi ostici tiri.

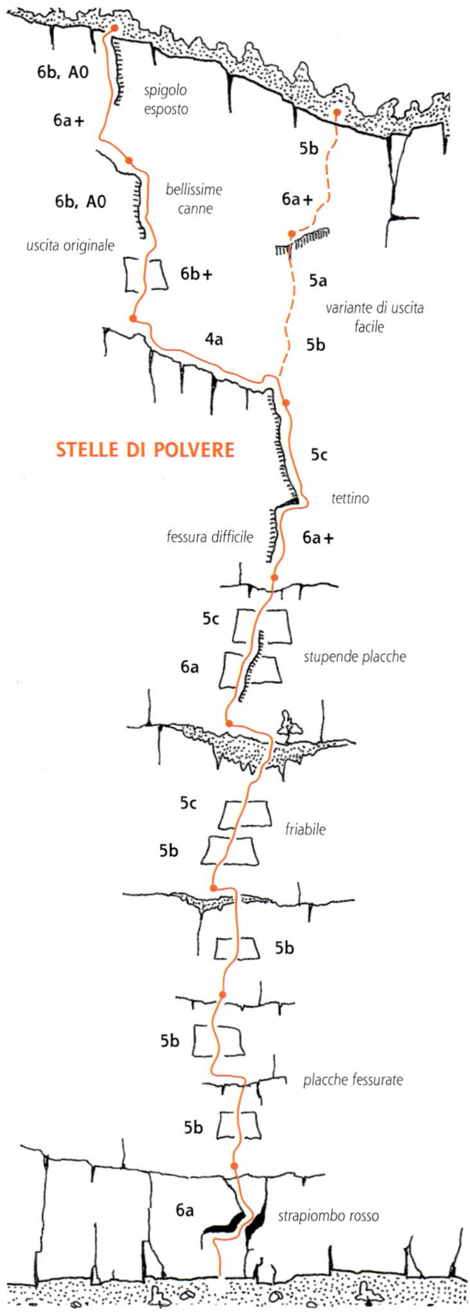

23 LA PICCOLA VERTICALITA' ★★★★

H. Grill, F. Kluckner, S. Schieder 2012
300 m. (9L)
V+, VI, 2 passi A0/R2/II

Bellissima arrampicata, facile e divertente, molto varia e su roccia fantastica. La chiodatura è ottima a fix, chiodi normali e clessidre, ma potrebbero ritornare utili alcuni friend medi e piccoli. Nella prima parte, la via segue placconate appoggiate, grigie e fessurate, mentre nella parte alta serpeggia tra strapiombi gialli con delle lunghezze veramente entusiasmanti.

Attacco: nome alla base.

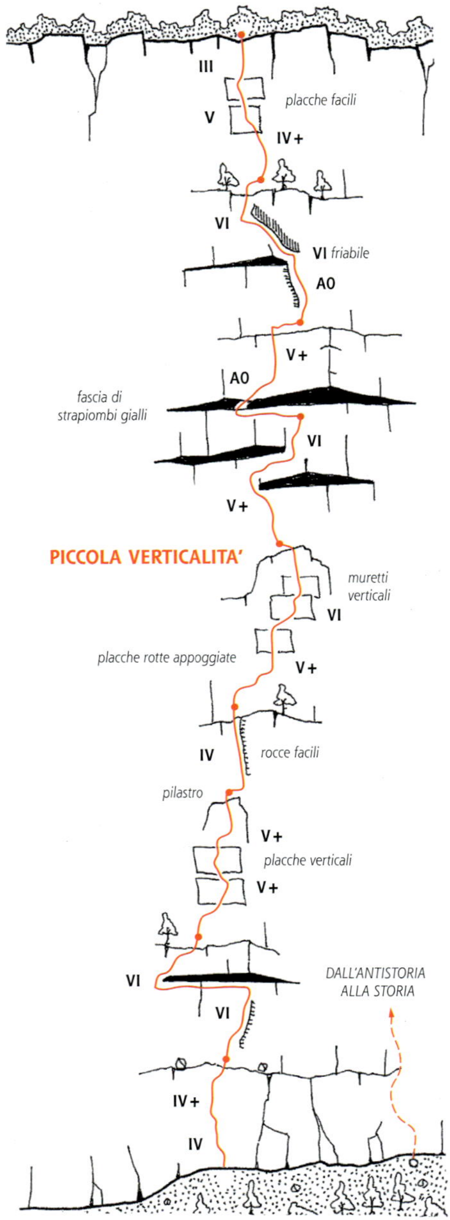

31
30
29
28
27
26
25
24
23
22

24 DALL'ANTISTORIA ALLA STORIA★★★★

H. Grill, A. Gogna, F. Kluckner, S. Königseder
2010
250 m. (9L)
VI+, VII, 2 passi in A0/R3/II

Bellissimo itinerario in arrampicata libera dalla linea logica e sorprendente. Straordinarie sono le lunghezze centrali, lungo placconate di fantastica roccia rossa lavorata a gocce e canne. Faticoso e scorbutico risolta invece il famoso passaggio nel buco nell'ultima lunghezza. Si tratta di superare un camino con una strozzatura, breve ma davvero stretta, dove qualsiasi cosa appesa all'imbrago risulterà d'impaccio. Per la ripetizione bastano rinvii e alcuni friend.

Attacco: nome alla base.

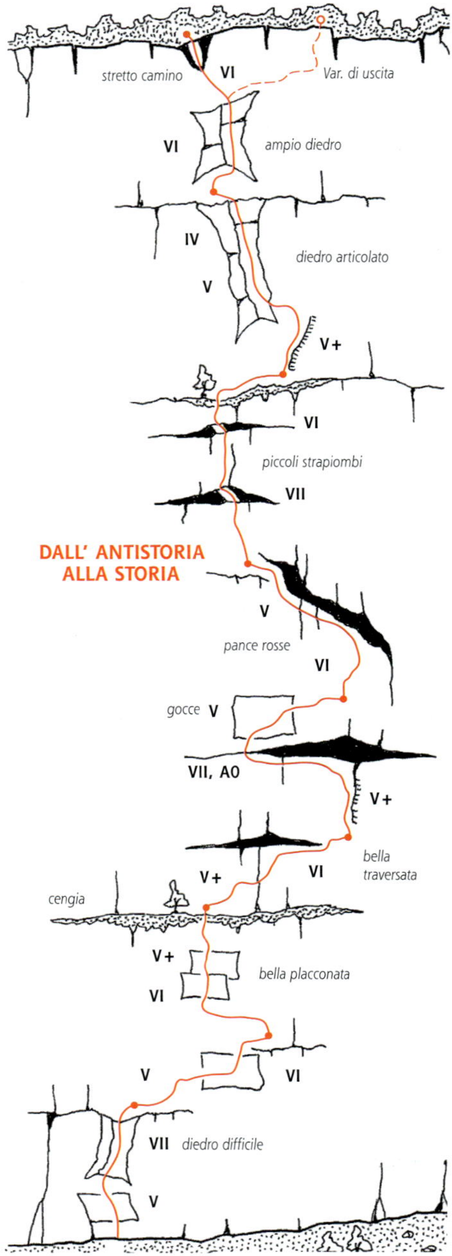

Luca Galbiati e Claudia Farruggia, *Dall'antistoria alla storia*, Coste dell'Anglone *(sassbaloss.com)* →

25 LUCE E COLORI

H. Grill, F. Kluckner, S. Königseder, M. Staufer
2009
250 m. (8L)
VI+, VII, A0/R/II

Tra le più belle ed entusiasmanti salite del settore, sale quasi costantemente attraverso muri gialli e strapiombanti, con superba arrampicata libera. La roccia è sempre ottima, lavorata a gocce e coralli. La chiodatura mai abbondante rende l'itinerario decisamente alpinistico, portare una serie di friend.

Attacco: nome alla base.

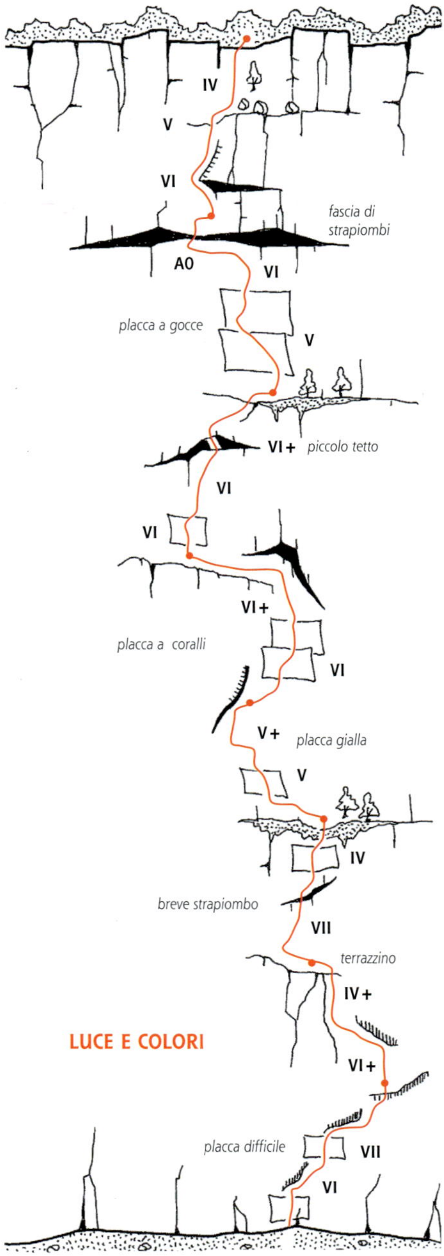

26 IL GIGANTE★★★★

C. Masera, I. Feller 2009

200 m. (7L)

6c, 7a, passi in A0 (6b obb.)/S2/II

Itinerario sportivo molto bello e divertente, decisamente consigliato. Se le prime lunghezze risultano poco divertenti, la parte alta offre invece una salita di straordinaria bellezza, lungo muri verticali di roccia rossa lavorata a gocce. L'arrampicata è generalmente in placca, sostenuta e molto tecnica lungo tutto il percorso. Nei tratti più impegnativi la chiodatura è ravvicinata, e i passaggi facilmente azzerabili, ma comunque rimangono obbligatori molti tratti difficili. Per la ripetizione servono solamente dei rinvii, ed eventualmente alcuni friend piccoli. La roccia è fantastica e dai più svariati colori.

Attacco: nome alla base.

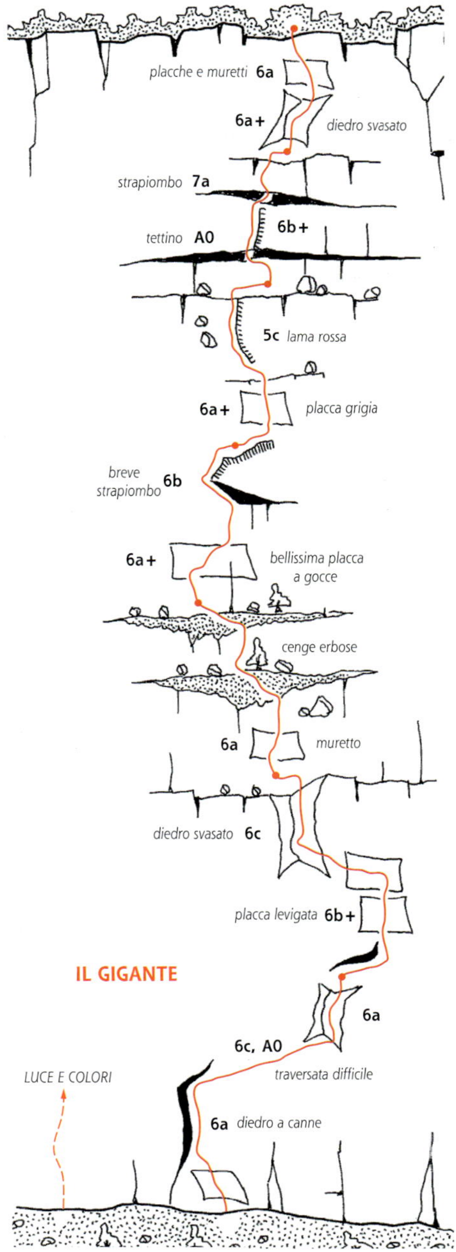

27 VECCHI TEMPI

H. Grill, I. Rabanser, F. Kluckner, S. Königseder
2011
250 m. (9L)
V+, VI+, A1/R3/II

Itinerario in arrampicata mista, libera e artificiale, su roccia ottima ma con scarse protezioni. Nella prima parte prevale l'arrampicata libera, con lunghezze molto impegnative data la scarsa possibilità di proteggersi adeguatamente. La parte alta, invece, serpeggia tra gli strapiombi con tratti in artificiale esposti e spettacolari. Per la ripetizione portare una serie completa di friend.

Attacco: nome alla base.

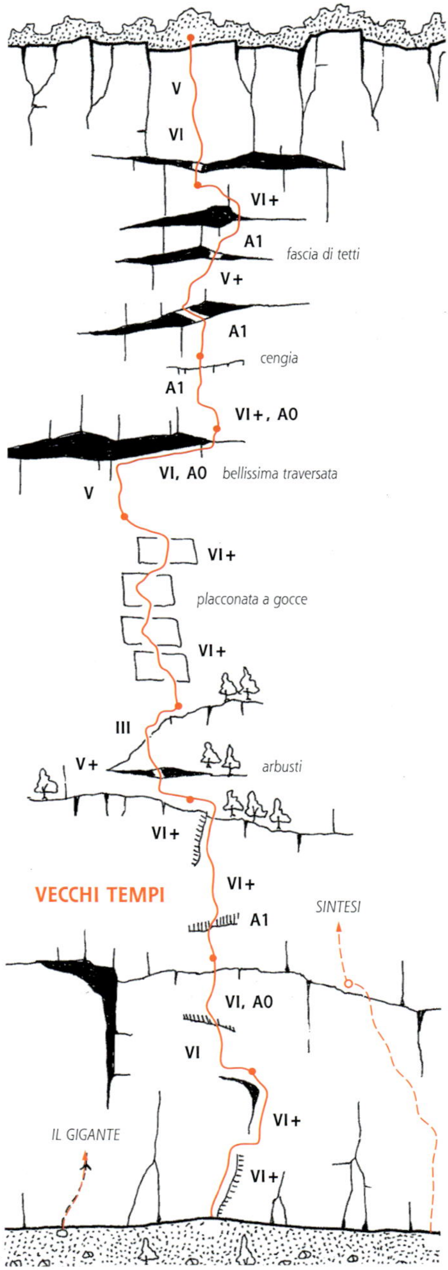

28 SINTESI ★★★★

I. Rabanser, H. Grill, S. Königseder 2010
250 m. (10L)
V+, VI+, A0/R3/II

Itinerario decisamente bello e divertente, che propone un'arrampicata sempre entusiasmante e su roccia ottima. Fantastico il quinto tiro, dove si trova della roccia incredibilmente lavorata. La linea è logica lungo tutto il percorso, caratterizzato da lame, diedri e fessure. La chiodatura è piuttosto scarsa, sopratutto nelle prime lunghezze dove si trovano ancora dei vecchi chiodi a pressione. Portare una serie completa. di friend.

Attacco: nome alla base.

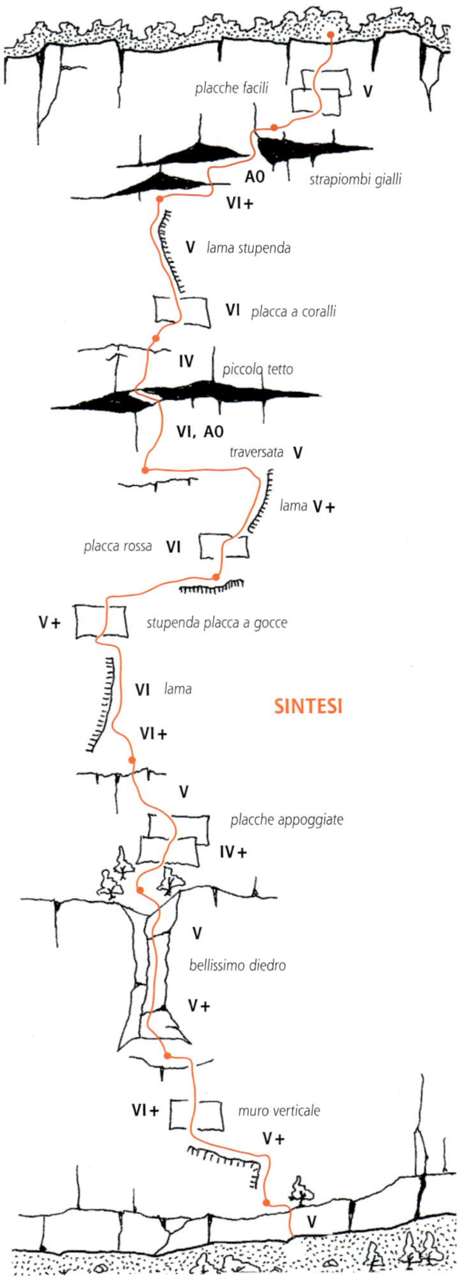

29 NEL CIELO DI DRO★★★

M. Brighente, G. Bogoni, D. Dal Cere, D. Passetto 2010
350 m. (13L)
5b, 5c, 2 passi in A0/R1/II

Questo itinerario, segue quell'unica fascia di rocce grigie che solca per intero questo settore di parete. La linea risulta bella e articolata, la roccia generalmente solida e la chiodatura ottima e abbondante a fix. Malgrado però tutti questi fattori positivi, occorre prestare sempre la massima attenzione ad alcuni blocchi instabili: grossi e pericolosi. Sopratutto nella quinta e settima lunghezza. Le difficoltà sono sempre molto contenute, spesso di IV e V. Il tratto più impegnativo si trova nella parte alte della via dove si supera una lunga e bellissima lama rovescia, con alcuni passaggi di VI, anche obbligatori. Rimane comunque un itinerario dal carattere esplorativo e alpinistico.

Attacco: per una bella placconata grigia, visibili i primi fix.

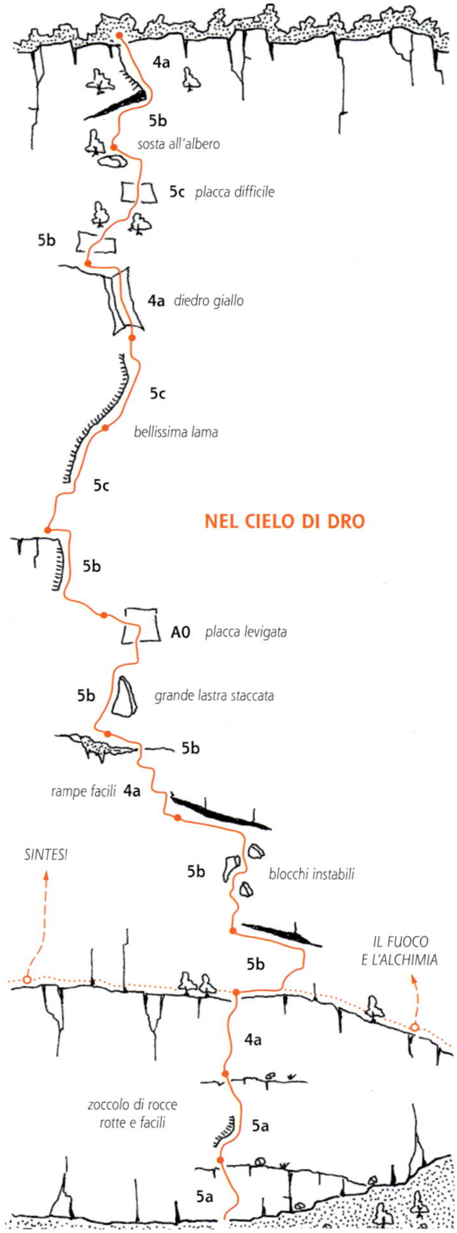

30 IL FUOCO E L'ALCHIMIA DELLO SPIRITO

★★★★

H. Grill, F. Heiss, M. Heiss 2009

300 m. (10L)

VI+, VII, passi in A0/R3/II

Questo itinerario che serpeggia nella parete alla ricerca dei punti deboli, propone una bellissima arrampicata, prevalentemente in placca e su roccia magnifica. Entusiasmanti sono le placconate della terza e della quinta lunghezza dove la progressione è decisamente tecnica, con difficoltà sostenute e protezioni distanti. Nella parte alta, per uscire dalla parete, si superano alcuni tratti strapiombanti e molto faticosi. Per la ripetizione bastano solamente i rinvii e alcuni friend medi e piccoli.

Attacco: nome alla base.

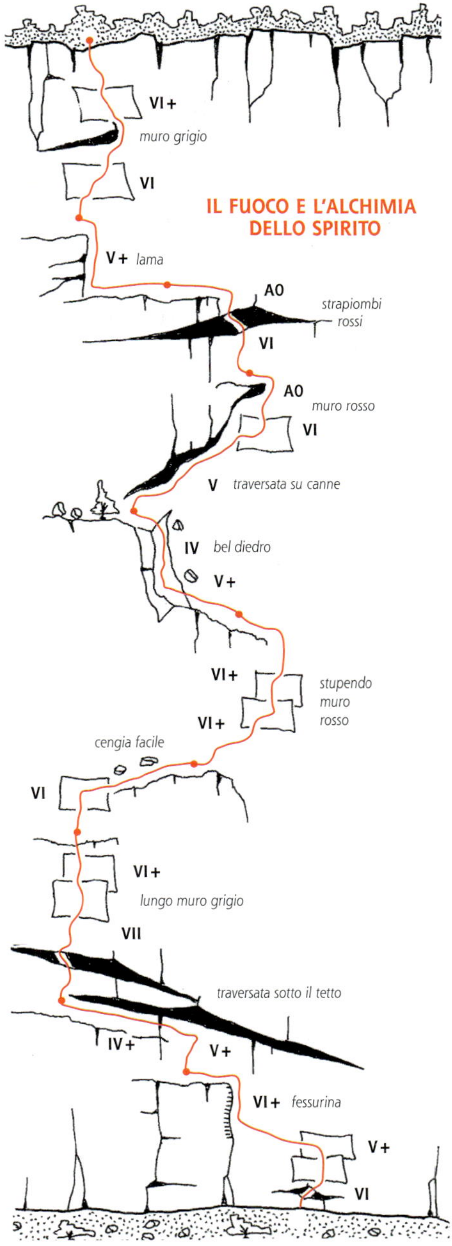

28 Anglone Nord

Coste dell'Anglone

0.30 h

1.00 h

350 m.

E

È il settore più importante e bello di tutta la lunga costiera dell'Anglone. Questo settore è ben riconoscibile perché è caratterizzato da grandi lavagne gialle strapiombanti, dove corre la via Arcangelo, e da un poderoso ed evidentissimo pilastro grigio, dove sale il Canto dell'Indria. Tutte le vie che salgono questo settore, aperte da Heinz Grill e dal suo gruppo, sono logiche, entusiasmanti e decisamente consigliate.

Accesso

Lasciare l'auto all'ampio e comodo parcheggio del campo sportivo di Dro. Seguire verso sud, la stradina sterrata negli ulivi fino a sbucare sulla strada nei pressi del ponte sul torrente Sarca con ex Casa Cantoniera. Seguire ancora la stradina che entra nell'uliveto e poco dopo una traccia sulla destra porta alla base della parete e ai vari attacchi delle vie.

Discesa

Usciti dalle vie, salire nel bosco seguendo evidenti tracce fino alla strada forestale. Seguire la strada verso destra e ad un bivio prendere l'evidente Sentiero dell'Anglone, in parte attrezzato, che riporta al parcheggio.

31 L'OMBRA E L'APPARIZIONE DEL MONDO	**280 m.**
32 ARCHANGELO	**350 m.**
33 ECSUSIAI	**350 m.**
34 ARCHAI	**350 m.**
35 LA PICCOLA PIRAMIDE	**350 m.**
36 LE SCALETTE DELL'INDRIA	**350 m.**
37 IL PROFONDO RISPETTO DELL' L'INDRIA	**350 m.**
38 IL CANTO DELL'INDRIA	**350 m.**
39 VIA PER MARCO SIMONI	**350 m.**
40 LE DUE PARETI	**350 m.**
41 LA VIA DELLA POLEMICA	**350 m.**
42 EQUINOZIO D'AUTUNNO	**350 m.**

27
28
29
30
31
32
33
34

31 L'OMBRA E L'APPARIZIONE DEL MONDO★★★★

H. Grill, F. Heiss, M. Heiss, S. Königseder 2008
280 m. (7L)
VI+, VII/R3/II

Itinerario molto bello, dalla linea molto logica ed elegante. Le placconate del secondo e del quarto tiro, propongono un'arrampicata difficile e molto tecnica, con protezioni scarse e passaggi obbligatori. Molto caratteristico il lungo camino del terzo tiro, spettacolare e decisamente logica l'uscita dalla parete attraverso i rossi strapiombi. La roccia è sempre ottima e ripulita. La chiodatura è sufficiente a chiodi e fix ma mai abbondante, portare una serie completa di friend.

Attacco: nome alla base.

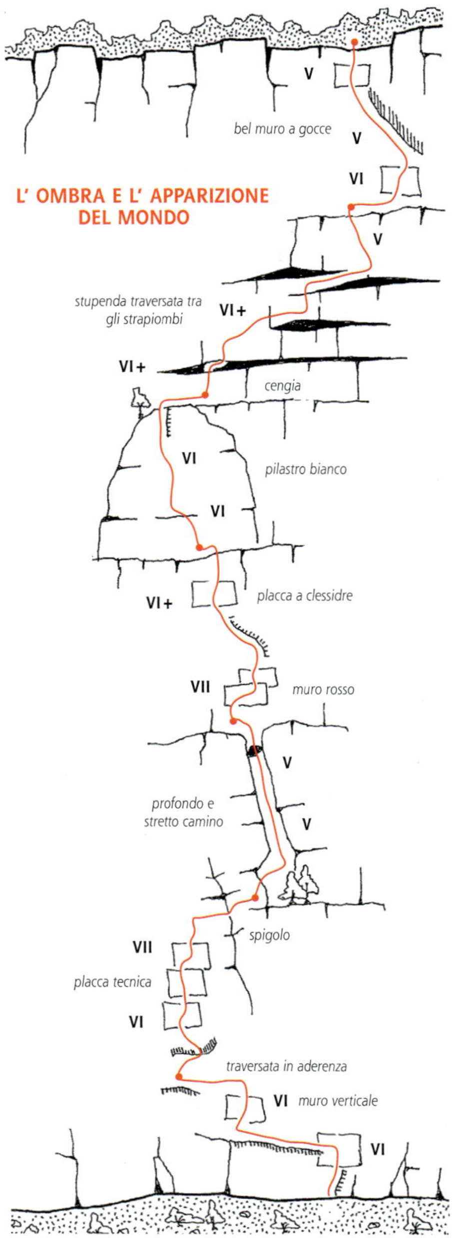

32 ARCHANGELO ★★★★★

H. Grill, F. Kluckner, F. Heiss 2006

350 m. (11L)

VI+, VII, A0/R2/II

Tra le più belle ed entusiasmanti arrampicate nei dintorni di Arco! Molto consigliata. Questa via, dalla logica incredibile offre una sequenza di tiri spettacolari. La roccia nelle prime lunghezze è un po' sporca, ma quando la via si insinua lungo gli strapiombi gialli si arrampica solo su canne, clessidre e gocce da sogno. La chiodatura è ottima a chiodi e fix, ma mai abbondante, anzi diversi passaggi difficili sono obbligatori. Per la ripetizione bastano dei rinvii e una serie di friend. Attenzione a gestire bene gli attriti delle corde lungo i tiri più articolati.

Attacco: sotto un'evidente diedro, scritta alla base.

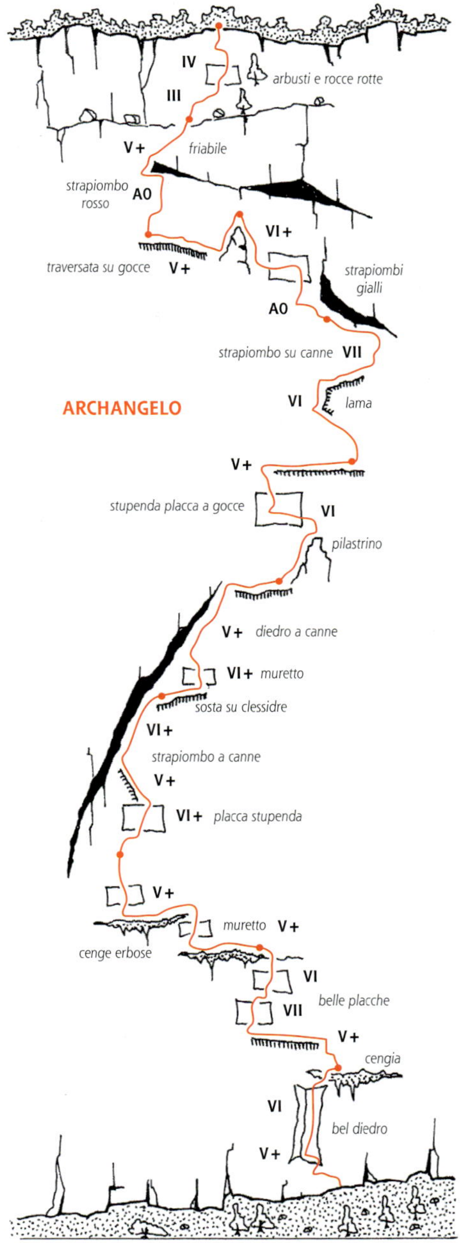

33 ECSUSIAI ★★★★

H. Grill, F. Heiss, S. Königseder 2006

350 m. (12L)

VI+, VII/R2/II

Bella arrampicata, molto articolata e logica. Una prima parte, lungo placche grigie e boschetti, porta alla fascia gialla centrale, costituita da piccoli tetti e lavagne strapiombanti. Qui, la via con splendide lunghezze, serpeggia attraverso gli strapiombi per uscire poi lungo le levigate e verticali placche finali. La roccia è buona ma un po' sporca nella parte bassa, ottima sui gialli. La chiodatura è sufficiente: mista a chiodi e fix, portare comunque una serie di friend.

Attacco: nome alla base.

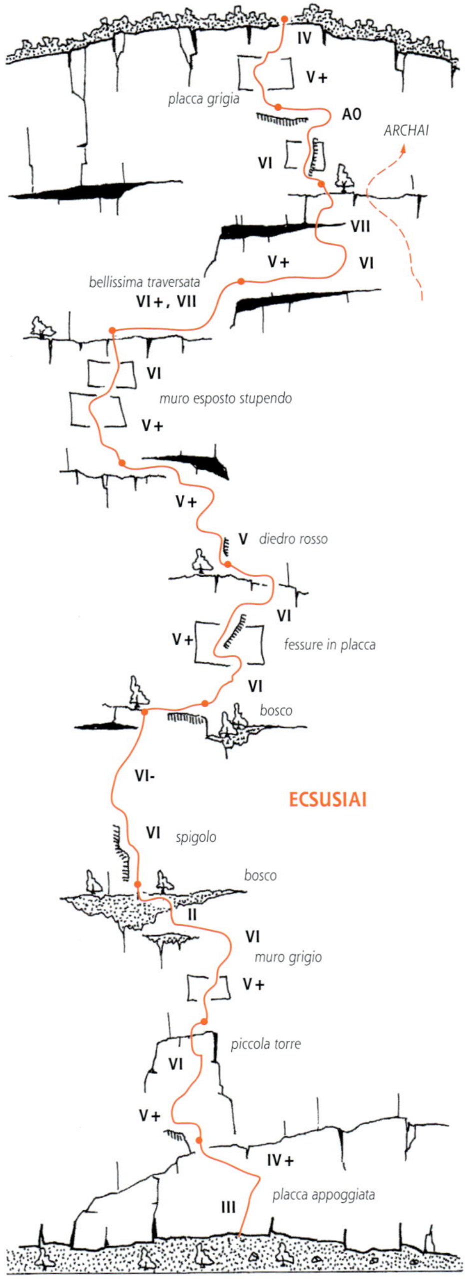

34 ARCHAI ★★★

H. Grill, F. Heiss, S. Königseder 2006
350 m. (11L)
VI+, A0/R2/II

Bella salita, interessante e divertente. Arrampicata generalmente su placca grigia verticale, ma con molti tratti lungo fessure e splendide lame. Nella parte alta, un difficile diedro rosso e un'audace traversata sotto un tetto permettono di vincere una fascia di gialli strapiombi. Bellissima è anche la placca finale. La chiodatura è mista a chiodi e fix, ma lungo le fessure occorre proteggersi con friend. La roccia è generalmente buona, ma attenzione ad alcuni tratti un po' friabili ed insidiosi.

Attacco: nome alla base.

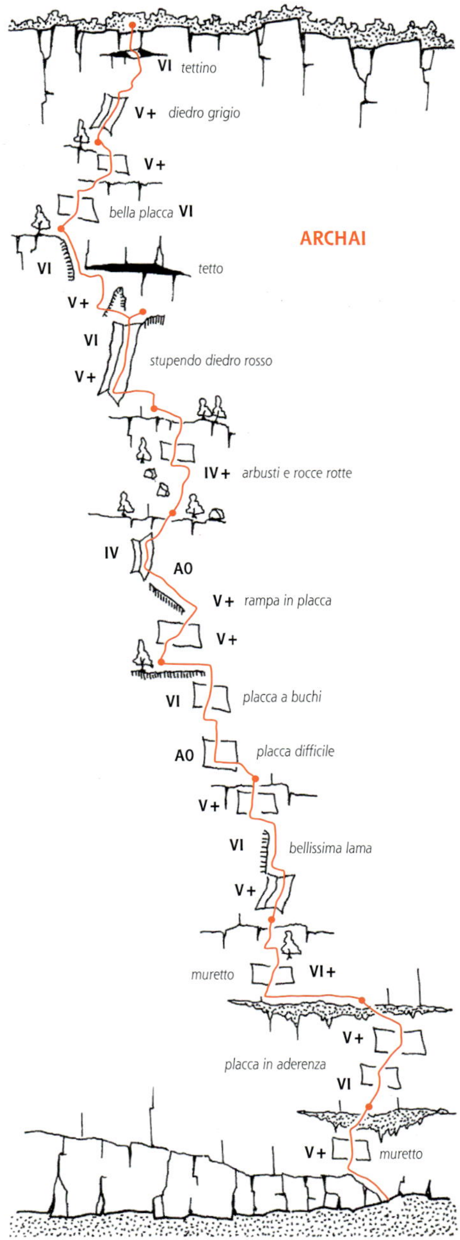

35 LA PICCOLA PIRAMIDE ★★★

H. Grill, A. Kluckner 2007
350 m. (11L)
V+, VI/R2/II

Itinerario non troppo impegnativo che propone un'arrampicata molto divertente e varia tra placche, diedri, fessure e camini. Stupendo è il lungo diedro rosso del sesto tiro, su roccia magnifica lavorata a gocce. Belle ed entusiasmanti anche le ultime tre lunghezze che superano l'ultima parte della parete chiamata "la piccola piramide". Roccia generalmente solida e chiodatura sufficiente a fix e clessidre, portare eventualmente alcuni friend medi e piccoli.

Attacco: nome alla base.

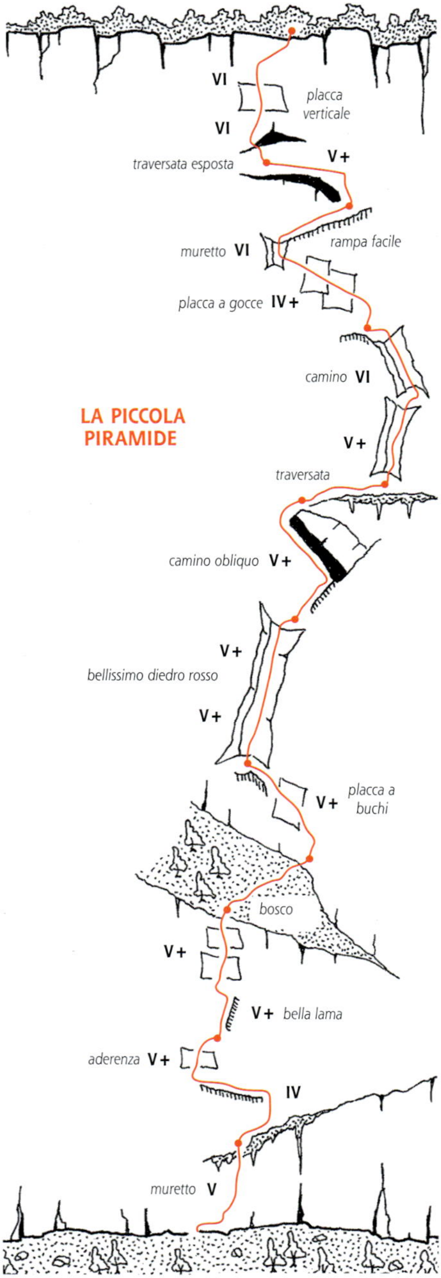

36 LE SCALETTE DELL'INDRIA ★★★

H. Grill, F. Kluckner, M. Staufer 2007
350 m. (11L)
V+, VI/R2/II

Facile e divertente salita che segue con logica i punti deboli della parete. Arrampicata generalmente in placca, ma con alcune splendide sezioni lungo diedri e fessure: fantastica la lama del terzo tiro ed entusiasmante il grande diedro finale. Roccia generalmente solida e chiodatura sufficiente a fix, chiodi e clessidre. Portare eventualmente qualche friend medio o piccolo.

Attacco: nome alla base.

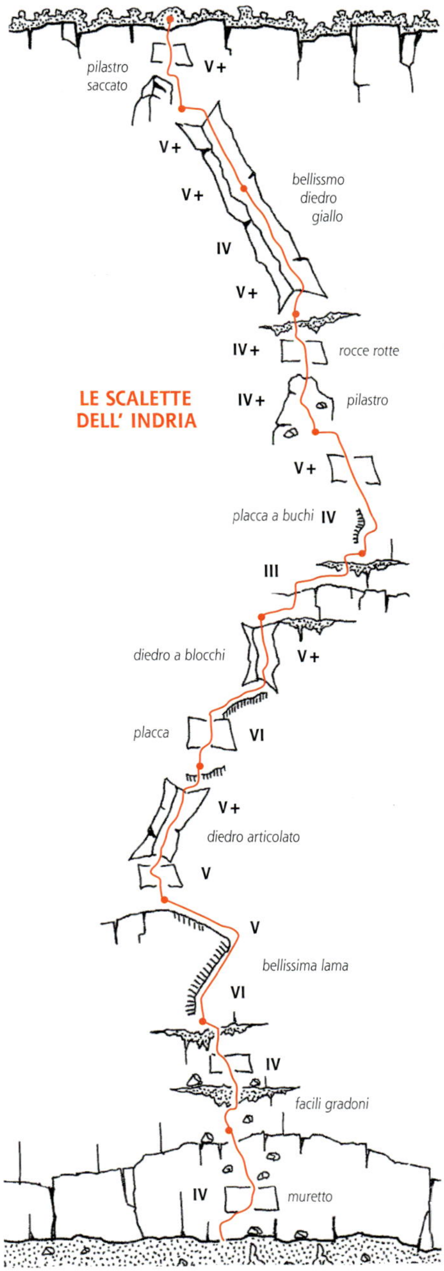

37 IL PROFONDO RISPETTO DELL'INDRIA

★★★

H. Grill, S. Königseder 2007
350 m. (13L)
V+, VI/R2/II

Arrampicata molto divertente e varia. Placche grigie tecniche si alternano a diedri di forza e resistenza. Linea logica e scorrevole, segue i punti di minor resistenza della parete. La roccia è sempre buona e talvolta ottima, tranne un breve tratto nella parte centrale della via. Chiodatura sufficiente a fix e clessidre. Portare anche una serie completa di friend, per le lunghezze nei diedri dove la chiodatura scarseggia.

Attacco: nome alla base.

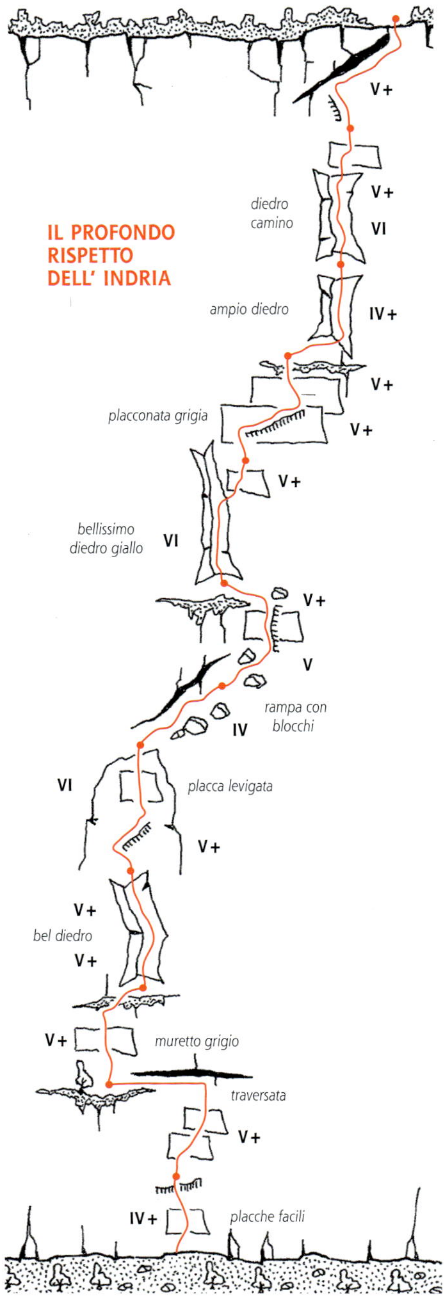

42
41
40
39
38
39
38
37
36
35

38 IL CANTO DELL'INDRIA ★★★★

H. Grill, F. Heiss, F. Kluckner 2007
350 m. (15L)
V+, VI+/R2/II

Bellissima salita, molto sostenuta e continua nelle difficoltà. Linea logica ed elegante segue le zone di minor resistenza della parete sfruttando diedri e fessure. La prima parte della via si svolge lungo placche verticali stupende lavorate a gocce. La parte centrale sfrutta un fantastico diedro rosso e bellissime fessure gialle. Infine l'itinerario serpeggia lungo lo slanciato e squadrato pilastro finale. Roccia generalmente buona e a tratti ottima. Chiodatura mista a fix, chiodi e clessidre. Per una ripetizione portare una serie completa di friend.

Attacco: nome alla base.

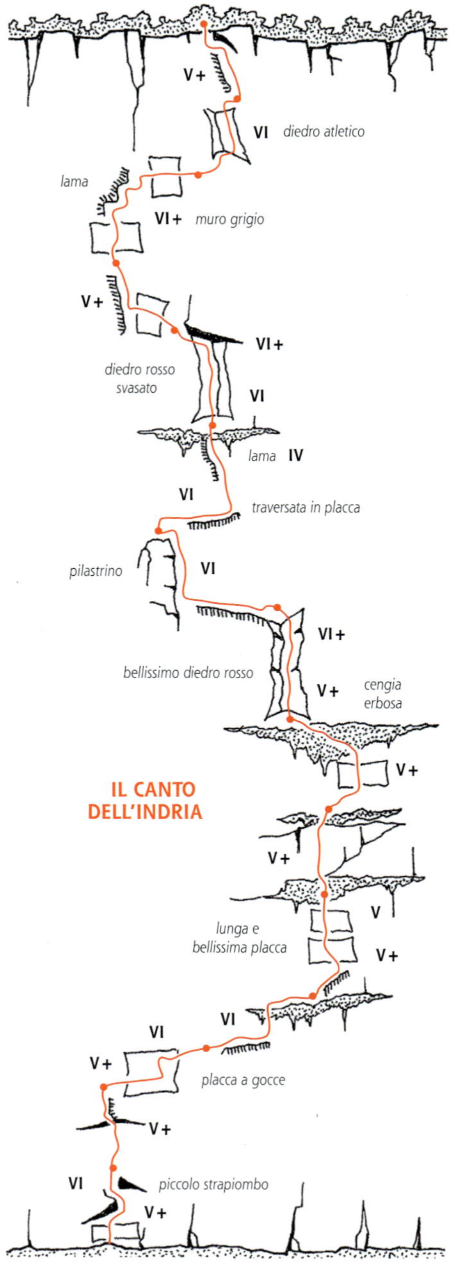

39 VIA PER MARCO SIMONI ★★★

H. Grill, F. Kluckner, S. Schieder 2011
350 m. (11L)
V+, VI+, passi in A1/R3/II

Questo itinerario rispecchia un po' le caratteristiche delle vie vicine, ovvero una prima parte lungo placconate grigie verticali, ed una seconda parte attraverso gialli strapiombi. L'arrampicata è tecnica ed impegnativa lungo tutto il percorso. Veramente belle ed entusiasmanti alcune lunghezze come il settimo tiro attraverso gialli strapiombi articolati. La roccia è sempre ottima e ripulita ma le protezioni sono spesso distanti. Portare per la ripetizione una serie di friend raddoppiando le misure medie per la fessura di uscita. Eventualmente anche 2 staffe per essere più comodi nel superamento del tetto.

Attacco: nome alla base.

Nota: itinerario dedicato a Marco Simoni, perito tragicamente, colpito da un masso, all'attacco della via Piccola Piramide

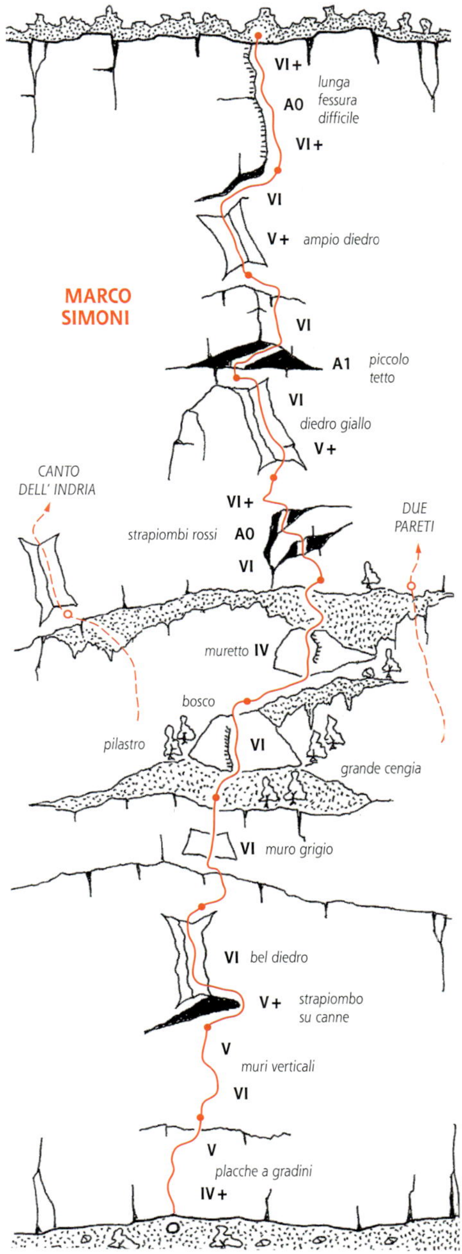

40 LE DUE PARETI ★★★★★

H. Grill, F. Kluckner, F. Heiss, L. Franken 2008
350 m. (12L)
VI+, 2 pass VII/R3/II

Straordinaria arrampicata libera, di sicura soddisfazione, tra le più belle e interessanti del settore. Da non perdere assolutamente. Indimenticabili sono il muro grigio del sesto tiro e la placconata obliqua dell'ultimo tiro. L'arrampicata è generalmente in placca, a volte su magnifiche gocce, di rado lungo fessure o diedri. Alcuni passaggi in strapiombo richiedono forza pura e decisione. Alcuni tratti con chiodatura lunga, obbligano alla calma e al sangue freddo. La roccia è sempre ottima e molto lavorata. La chiodatura è sufficiente a fix, chiodi normali e clessidre. Alcuni friend medio-piccoli potrebbero ritornare utili.
Attacco: nome alla base.

41 VIA DELLA POLEMICA

H. Grill, F. Heiss, S. Königseder 2010
350 m. (14L)
VI+, VII+/R4/III

Il Clan di Grill ha aperto in Valle del Sarca circa 60 vie nuove, tutte belle e logiche. Queste aperture hanno richiesto un grandissimo lavoro di chiodatura, pulizia e disgaggio. Alcuni alpinisti hanno criticato duramente questo stile, con vari documenti e articoli, su siti internet e riviste alpinistiche dando il via a una grossa polemica. La loro opinione è che una via deve rimanere il più possibile al "naturale", senza intaccare o rovinare la roccia. A questi alpinisti è dedicata questa via, rimasta, in tutto e per tutto, originale. Senza pulizia, senza disgaggio e con chiodatura originale. Ma naturalmente, questa difficilissima via, non conta ancora ripetizioni. Per la relazione vedi sito o il libro di H. Grill.

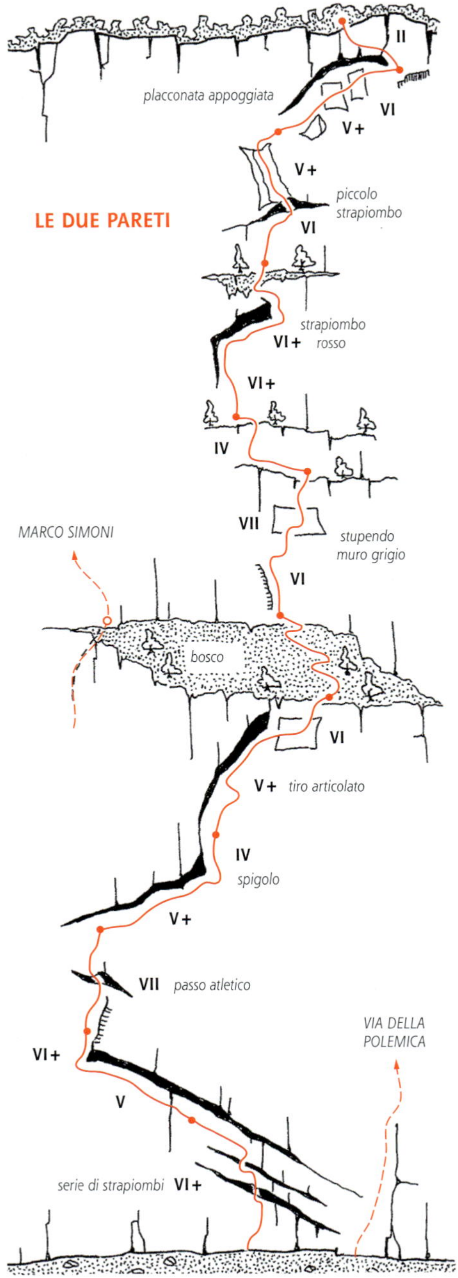

42 EQUINOZIO D'AUTUNNO ★★★

A. Toni Zanetti, M. Brighente 2008
350 m. (12L)
5c, 6b con 3 passi in A0/6a obb./II

Itinerario nel complesso facile, divertente e dal sapore tipicamente alpinistico. Dopo le prime due belle e difficili lunghezze, le difficoltà calano e si mantengono costantemente intorno al 5c,6a. L'arrampicata è stupenda nella placconata centrale e nel lungo diedro finale. Prestare attenzione nelle rimanenti lunghezze dove la roccia presenta tratti friabili ed erbosi. Tutto l'itinerario risulta comunque ben chiodato e per la ripetizione bastano solamente dei rinvii.

Attacco: nome alla base.

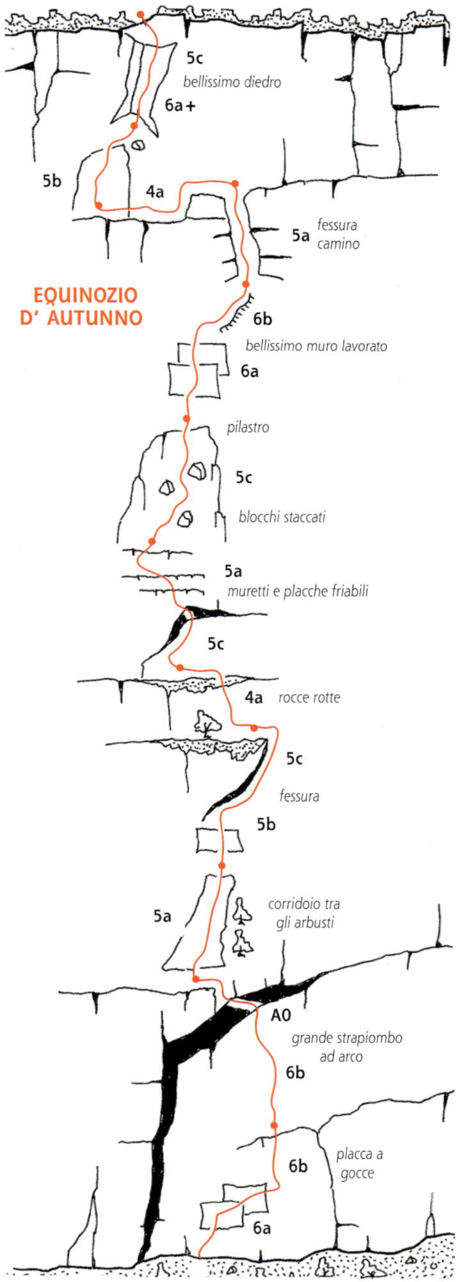

29 Ca' del Liscio

Coste dell'Anglone

0.30 h

1.00 h

300 m.

E

Bella struttura con una curiosa caratteristica: ricorda una Cima alle Coste in miniatura. Con una larga base di placche grigie, lisce e appoggiate e una fascia di gialli strapiombi che chiude in alto la parete. Questo settore, isolato nella lunga bastionata dell'Anglone, è ben riconoscibile alle spalle del paese di Dro.

Accesso

Dal parcheggio del campo sportivo di Dro, prendere la stradina forestale e seguirla verso Arco. Al capitello, prendere a destra il Sentiero dell'Anglone e poco dopo abbandonarlo per un'evidente traccia verso sinistra (avvicinamento in comune alla falesia "Pizzeria"). Traversare lungamente in quota fin sotto la parete seguendo evidenti tracce, risalire poi un ripido zoccolo di rocce e arbusti attrezzati anche con qualche corda fissa.

Discesa

Usciti dalle vie, salire nel bosco seguendo evidenti tracce fino alla strada forestale. Seguire la strada verso destra e ad un bivio prendere l'evidente Sentiero dell'Anglone, in parte attrezzato, che riporta al parcheggio.

43 DI TUTTO UN PO'	**300 m.**
44 SGUARAUUNDA	**300 m.**
45 HELI	**170 m.**
46 RUDANIA	**150 m.**
47 BAMBOUENI	**300 m.**

43
44
45
46
47

43 DI TUTTO UN PO' ★★★

M. Brighente, G. Bogoni, D. Pasetto 2007
300 m. (11L)
6a, passi di 6b (5c obb.)/S1/II

Itinerario esplorativo, dalle difficoltà contenute, che sale il margine sinistro della parete. Simile a Sguarauunda, la parte bassa si sviluppa su placche appoggiate e la parte alta supera con logica muri strapiombanti. L'itinerario è molto vario e offre appunto di tutto un poco: placche in aderenza, roccia friabile, fantastici muri a gocce, boschetti sospesi, aeree traversate. È nel complesso una via interessante e meritevole da ripetere, e se all'inizio l'arrampicata è spesso disturbata dalla vegetazione, i tiri finali offrono una bella e ripagante arrampicata. Roccia generalmente solida e chiodatura ottima a fix, per la ripetizione servono solo rinvii.

Attacco: poco a sinistra di Sguarauunda, scritta alla base.

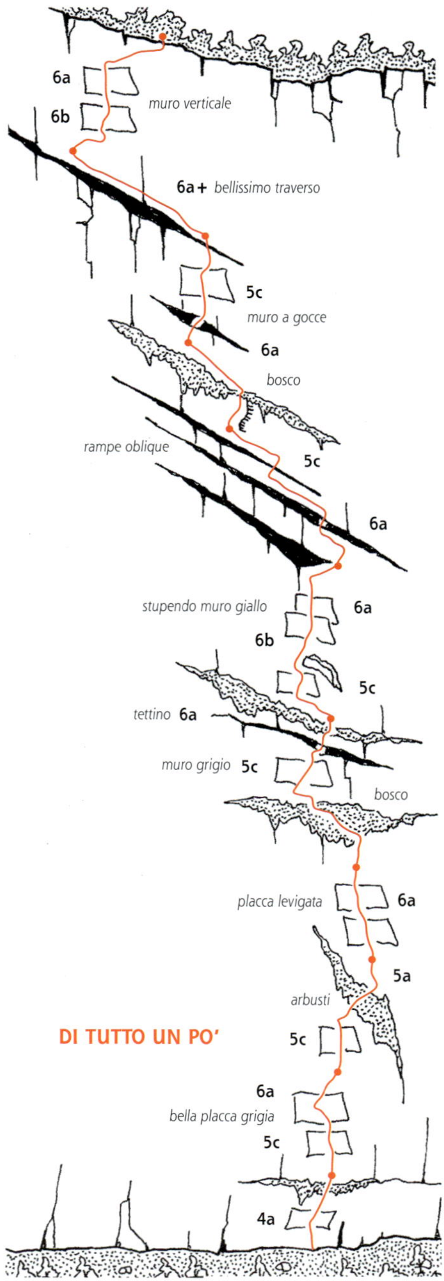

44 SGUARAUUNDA ★★★★★

R. Galvagni, D. Filippi 2006
300 m. (10L)
6a, 6c (6a obb.)/S2/II

Bellissima salita, molto divertente e varia nei passaggi. Dopo le prime lunghezze lungo placche appoggiate, la via si insinua, con bella logica, attraverso una zona di gialli strapiombi. L'arrampicata non è mai difficile, sulle placche è generalmente di aderenza e nella parte alta è atletica su buone prese. La roccia è sempre ottima e la chiodatura abbondante a fix, salvo nel quarto tiro, un po' distanziata.

Attacco: circa al centro della parete, nome alla base.

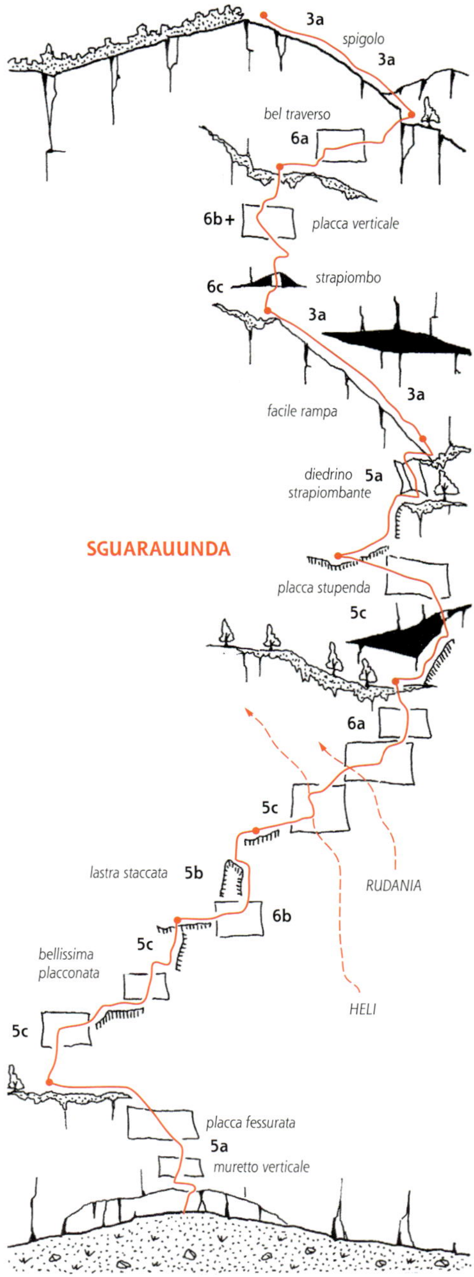

45 HELI ★★★★★

A. Aspert, B. Konig, A. Scheutz 2011
170 m. (6L)
6a, 6c, passi in A0 (6a obb.)/S1/I
Stupenda e piacevolissima arrampicata libera lungo solide placconate, leggermente appoggiate e molto lavorate. Bellissime le lunghezze centrali. Chiodatura ottima e ravvicinata a fix, portare solo rinvii.
Attacco: nome alla base.

46 RUDANIA ★★★

M. Brighente, G. Bogoni, D. Dal Cerè, P. Bottegal 2007
150 m. (6L)
6a, 6b (5c obb.)/S1/I
Questa breve ma piacevolissima via supera solamente la parte inferiore della parete, caratterizzata da bellissime placconate appoggiate. L'arrampicata è generalmente in aderenza, ma spesso con buoni buchi per le mani. Roccia stupenda e molto lavorata, chiodatura ottima e ravvicinata a fix. Discesa in doppia dalla via. Attenzione nel ripetere questa via se ci sono cordate su Sguarauunda: pericolo caduta sassi!
Attacco: nome alla base.

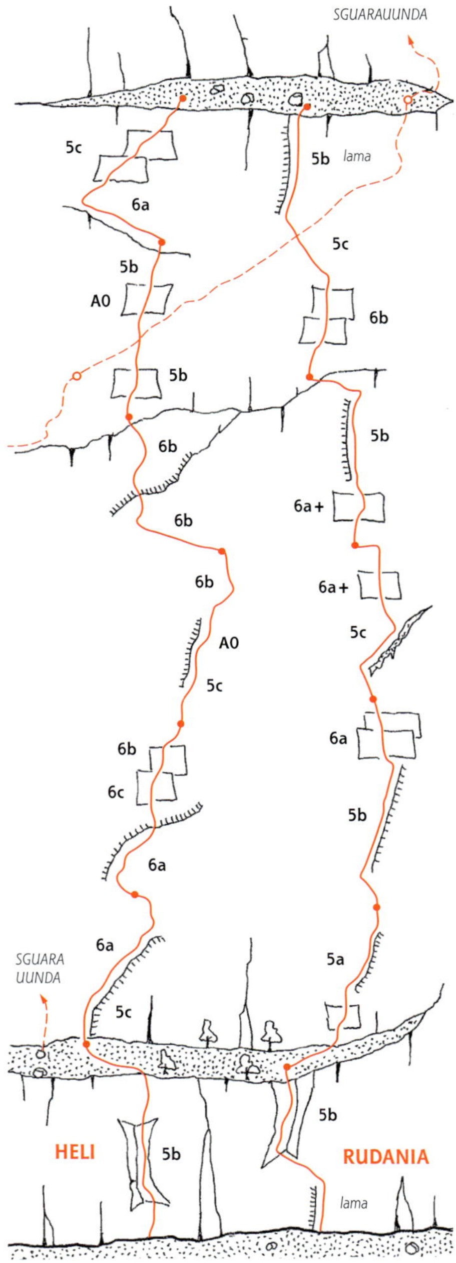

47 BAMBOUENI ★★★

Leonardo e Antonietta 2007

300 m. (9L)

6b, 6c, passi in A0 (6c obb.)/S2/II

Itinerario difficile e sostenuto, dalla linea ricercata ma logica ed elegante. L'itinerario segue un pilastro, poco marcato, a destra della grande placconata grigia appoggiata. L'arrampicata, sempre divertente, si svolge generalmente in placca, su roccia sempre solida, ma con protezioni distanti. Nelle prime lunghezze i passi più difficili sono superabili in A0, come lo strapiombino del quarto tiro. Ma nel sesto e soprattutto nel settimo tiro la difficoltà obbligatoria è molto elevata e le protezioni a fix distanti Alcuni friend medi e alcuni microfriend potrebbero ritornare utili.

Attacco: nome alla base.

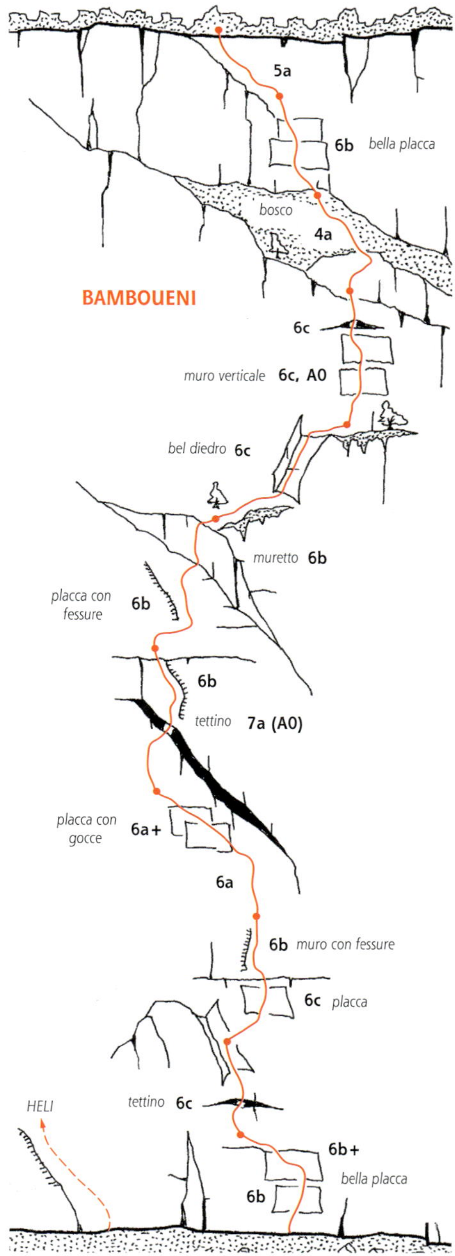

30 Piramide Lakshmi

Coste dell'Anglone

0.20 h
0.40 h

1.00 h

400 m.

E

Le Coste dell'Anglone, si uniscono alla Cima Alle Coste con una struttura rocciosa ben definita ma a prima vista, poco appariscente. In realtà, la Piramide Lakshmi, è un settore che offre salite molto interessanti e meritevoli. Questo settore comprende la vera e propria Piramide Lakshmi, dove si svolgono le vie più lunghe e impegnative, e altre pareti minori, come il Pilastro Matertera e la Parete di Sherwood.

Accesso

Dal parcheggio del campo sportivo di Dro, prendere la stradina forestale e seguirla verso nord. Poco dopo, in vista della parete e prossimità di un bivio con stanga, prendere una evidente traccia (ometti) che si stacca sulla sinistra e porta alla base della parete.

Discesa

Uscite dalle vie, seguire una esposta traccia di sentiero segnata con ometti in direzione di Arco. In breve questa traccia porta al Sentiero dell'Anglone e quindi al parcheggio.

48 MATERTERA	**140 m.**
49 FIABA NEL BOSCO	**300 m.**
50 NONNI SPRINT	**230 m.**
51 SOFIA	**230 m.**
52 DIEDRO ROSSO	**230 m.**
53 SUMMER RAIN	**400 m.**
54 VERSO IL CIELO	**400 m.**
55 LA LUNA ARGENTEA	**300 m.**
56 MICHELE FAIT	**300 m.**
57 IL MERCURIO SERPEGGIANTE	**300 m.**
58 LA BELLEZZA DELLA VENERE	**300 m.**
59 TE LO DO IO IL COLORADO	**300 m.**
60 VIA DEL DOTTORE	**350 m.**
61 SHERIFFO DI NOTTINGHAM	**100 m.**
62 ROBIN HOOD	**100 m.**
63 FRA TAC	**100 m.**
64 LITTLE JOHN	**100 m.**
65 ESCLUSIVAMENTE PER TUTTI	**380 m.**

50
51
52
53
54
55

8 Cima alle Coste
55
56
57
58
59
60
61
62
63
64
65

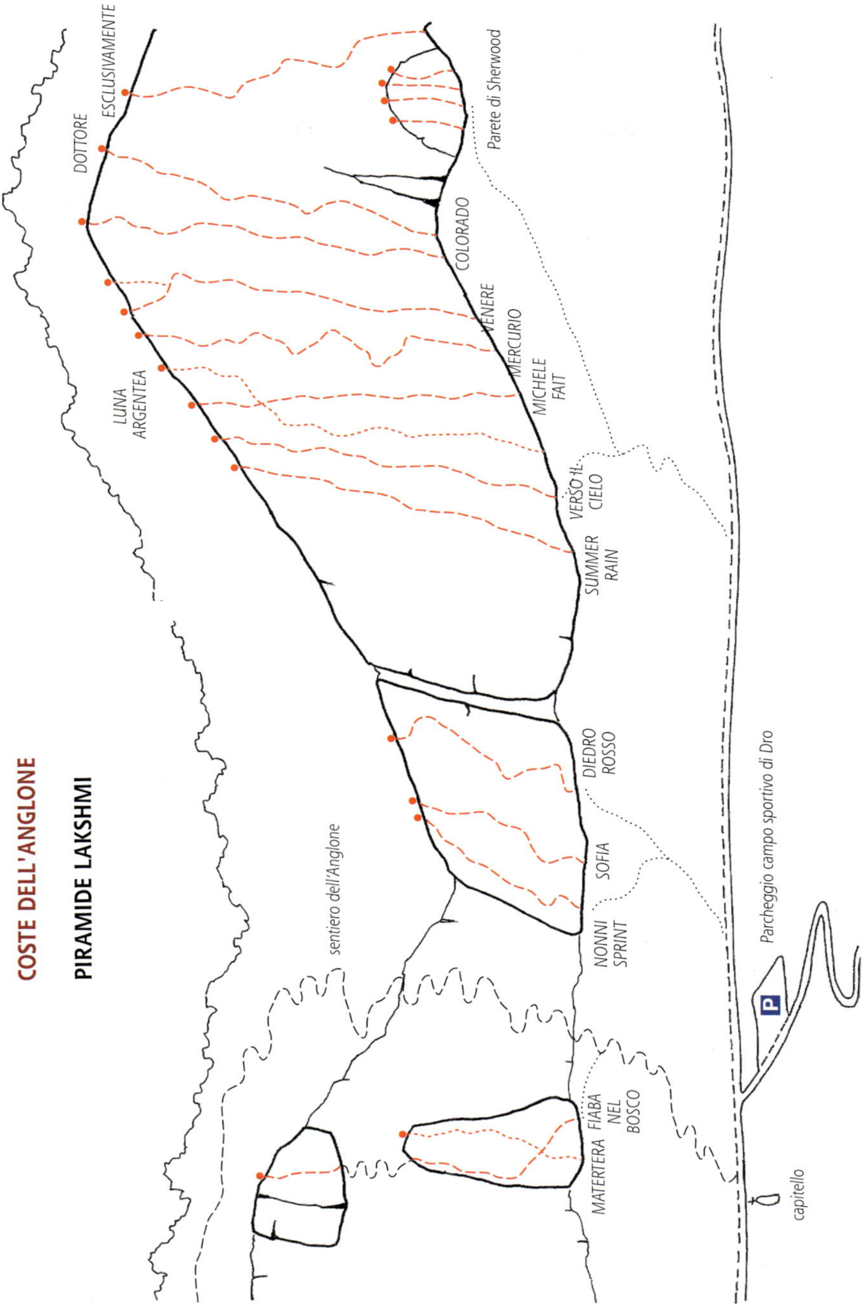

← Luca Galbiati, *La luna argeneta*, Piramide Lakshmi *(sassbaloss.com)*

48 MATERTERA ★★★

F. Sartori, A. Toni Zanetti 2009
140 m. (6L)
6b+ con passi in A0 (6b obb.)/S2/I

Itinerario breve ma sicuramente bello e di soddisfazione. Offre un'arrampicata molto atletica su roccia fantastica e molto lavorata. Stupende sono le lunghezze centrali. L'itinerario è completamente attrezzato a fix da 10mm. e per la ripetizione bastano solamente i rinvii. Discesa in doppia dalla via.

Attacco: dal parcheggio si prende la stradina verso sud. Al capitello, seguire a destra il sentiero degli Scaloni fin quasi sotto la parete dove una traccia si stacca a sinistra e porta all'attacco.

49 FIABA NEL BOSCO ★★★

M. Brighente, G. Bogoni, P. Bottegal, D. Pasetto 2011
300 m. (10L)
5c, 6a/S1/II

Via molto bella e meritevole, facile e molto consigliata. Arrampicata sempre divertente lungo fessure, placche e diedri di roccia solida e molto lavorata. Chiodatura ottima e ravvicinata a fix da 10 mm. Nella parte alta della via, dove la chiodatura è un po' più lunga, possono ritornare utili alcuni friend medio-piccoli. Il terzo e il penultimo tiro, sono davvero stupendi.

Attacco: dal parcheggio si prende la stradina verso sud. Al capitello, seguire a destra il sentiero degli Scaloni fin quasi sotto la parete dove una traccia si stacca a sinistra e porta all'attacco. Nome alla base.

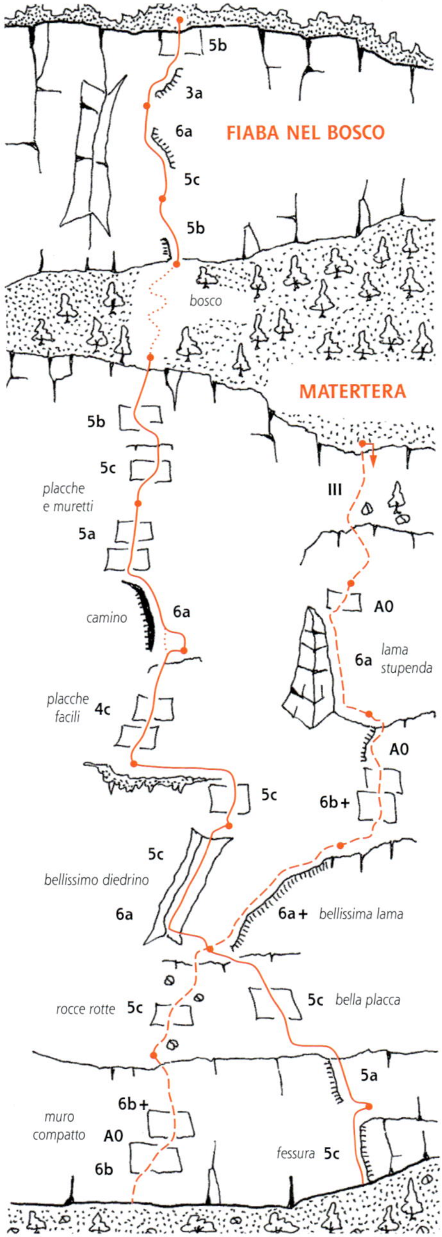

50 NONNI SPRINT ★★★

D. Cabas, P. Masera 2009
230 m. (6L)
V+, VI/R2/II

Salita nel complesso bella e divertente, con alcune lunghezze decisamente interessanti come il primo e il terzo tiro. Buona la chiodatura, con numerosi chiodi normali, portare eventualmente alcuni friend. Bello anche il pilastro finale. Alcuni tratti erbosi e friabili richiedono attenzione, ma la roccia è generalmente solida e compatta. Usciti dalla via, evidenti tracce sulla sinistra portano al sentiero principale e quindi in valle.

Attacco: dal parcheggio si prende la stradina verso nord, e poco dopo aver superato una panchina sulla sinistra, salire per una traccia nel bosco con ometti e bolli blu, nome alla base.

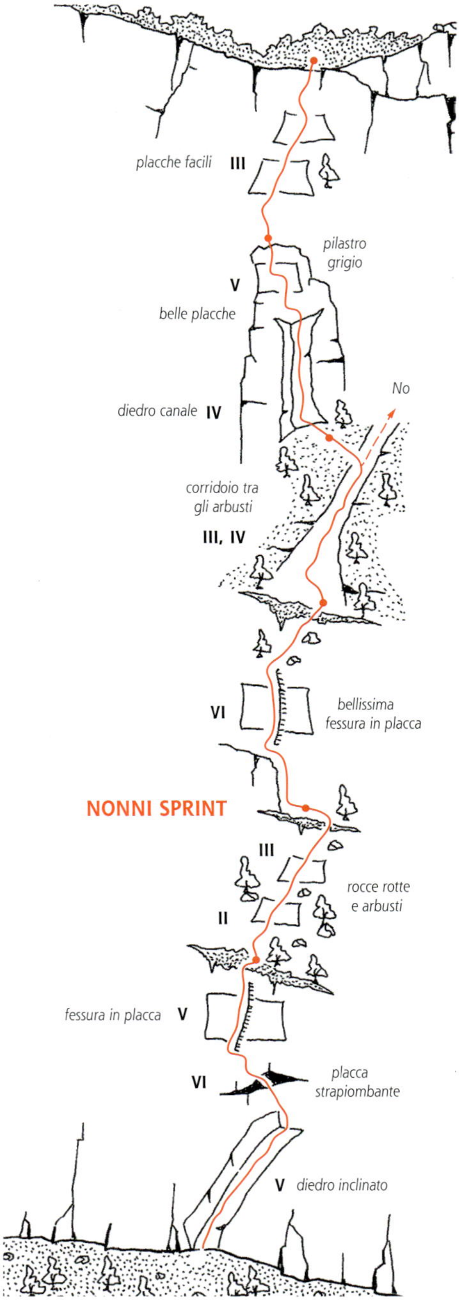

51 SOFIA ★★★

D, Cabas, P. Masera 2009

230 m. (6L)

V+, un passo di VI/R2/II

Bell'itinerario alpinistico, dalla linea logica e dall'arrampicata generalmente divertente. Molto belle sono le lunghezze centrali, lungo placconate solide e ben lavorate. Buona la chiodatura, con numerosi chiodi normali artigianali, portare eventualmente alcuni friend per il tiro della lama gialla. Anche se in alcuni tratti la roccia è friabile, l'itinerario risulta meritevole e consigliato. Usciti dalla via, evidenti tracce sulla sinistra portano al sentiero principale e quindi in valle.

Attacco: dal parcheggio si prende la stradina verso nord, e poco dopo aver superato una panchina sulla sinistra, salire per una traccia nel bosco con ometti e bolli blu, nome alla base.

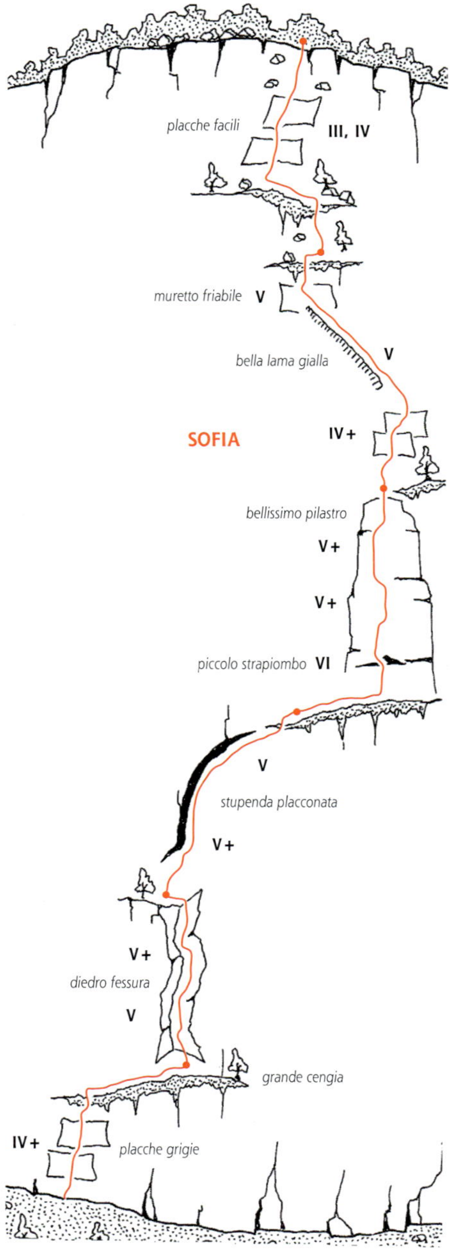

52 DIEDRO ROSSO ★★★

M. Brighente, A. Toni Zanetti, D. Pasetto 2009
230 m. (8L)
V+, VI, un tratto VI+/R3/II

Itinerario nel complesso bello e divertente. Decisamente alpinistico nella prima parte, dove segue placche friabili e rampe erbose. Sicura, divertente e con chiodatura sportiva la parte centrale, lungo il magnifico diedro rosso. La roccia è generalmente buona o ottima e la chiodatura è mista a chiodi, fix e molte clessidre. Per la ripetizione bastano i rinvii e alcuni friend.

Attacco: dal parcheggio si prende la stradina verso nord e appena inizia a salire, entrare nel bosco e salire alla base della parete. Grossa clessidra attrezzata all'attacco.

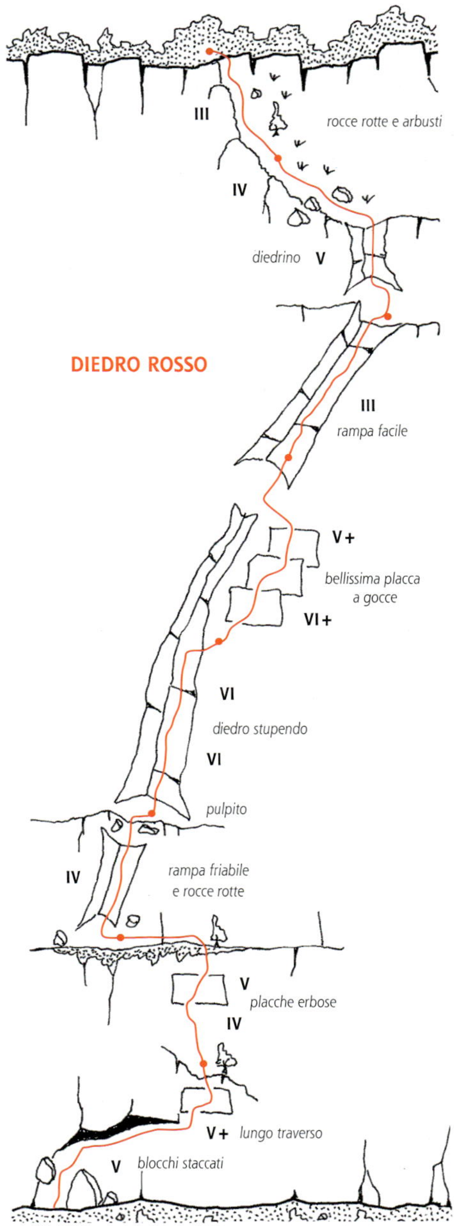

53 SUMMER RAIN ★

D. Cabas, P. Masera 2009
400 m. (10L)
V+, VI, passi in A0/R3/II

Interessante itinerario alpinistico, generalmente lungo gradoni e rampe erbose, ma con alcune lunghezze abbastanza belle e divertenti. Faticoso ma ben chiodato, è il tiro in artificiale nella parte bassa della via. Attenzione alla lunghezza delle fessure parallele, chiodatura esigua e difficoltà da non sottovalutare, in questo tiro potrebbero ritornare utili alcuni friend medio piccoli. Nel complesso la via è sufficientemente chiodata e la roccia è tutto sommato solida, solo alcuni brevi tratti friabili richiedono attenzione e cautela.

Attacco: nome alla base.

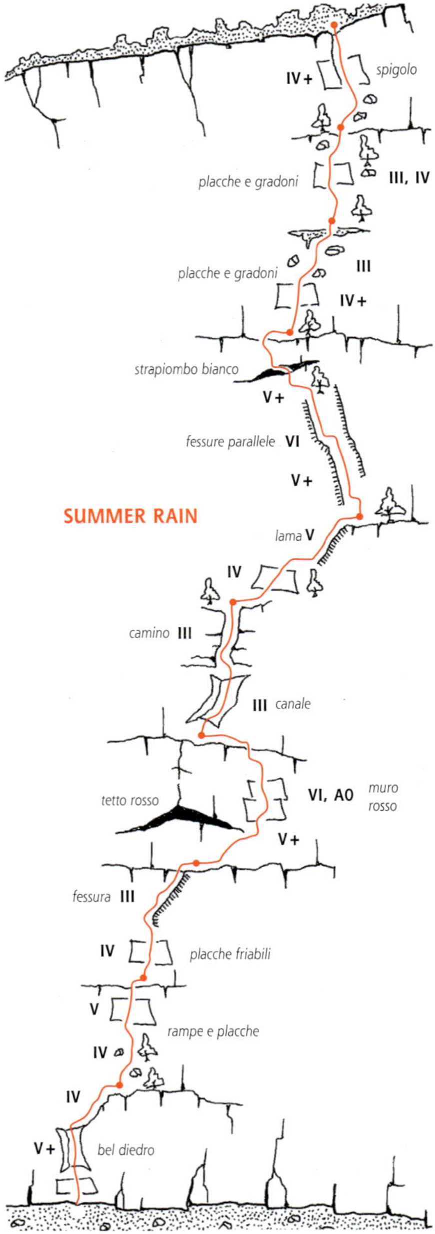

54 VERSO IL CIELO ★

D. Cabas, P. Masera 2008
400 m. (11L)
IV, V+/R3/II

Itinerario esplorativo lungo una fascia di parete ingombra di vegetazione e rocce rotte. L'itinerario, alpinisticamente interessante, non offre mai una bella arrampicata salvo che su un paio di lunghezze. Bello il muro grigio del quinto tiro e il diedro canale finale. È una via un po' da ricercare, con andamento piuttosto tortuoso, ma sufficientemente chiodata nei tratti difficili. Portare alcuni friend medi e qualche chiodo normale. Attenzione ai vari tratti friabili lungo la via, e ad alcuni grossi blocchi instabili.

Attacco: nome alla base.

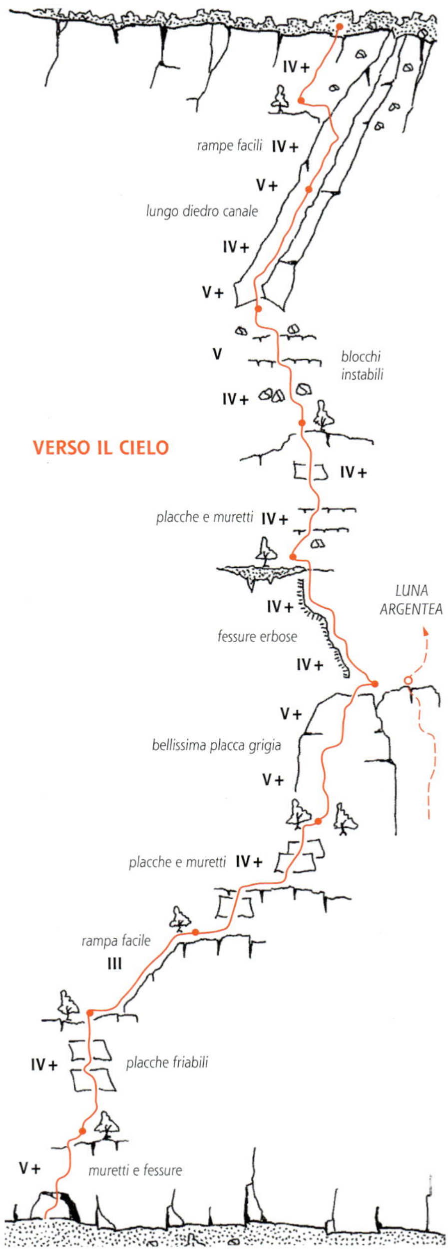

55 LA LUNA ARGENTEA ★★★★

H.Grill, F. Heiss, F. Kluckner, I. Noldin, S. Königseder 2008
300 m. (11L)
V+, VI+, un passo A0 (6c)/R2/II

Entusiasmante salita, sicuramente la più interessante di tutto il settore. Arrampicata sempre divertente lungo solidissime placconate grigie. Bellissime le lunghezze centrali su roccia ottima e molto lavorata. Nel penultimo tiro, una difficile placca rappresenta il passo chiave della salita. L'itinerario è ottimamente attrezzato con fix, chiodi e clessidre, ma alcuni friend medio piccoli potrebbero ritornare utili.

Attacco: a sinistra di Mercurio Serpeggiante, nome alla base.

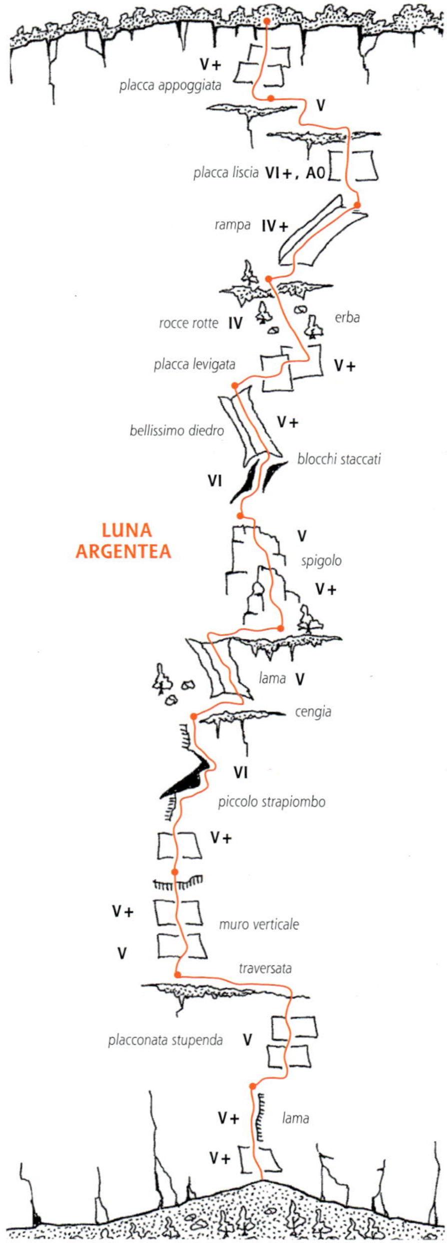

56 MICHELE FAIT★★★

D. Cabas, P. Masera 2009

300 m. (10L)

IV, V/R3/II

Itinerario alpinistico interessante e divertente, con alcune lunghezze belle e meritevoli. Nel complesso è una salita esplorativa, con rocce spesso erbose e con chiodatura esigua. Il tratto centrale, supera una bella serie di diedri articolati con solida roccia e arrampicata atletica. Attenzione ai vari tratti friabili lungo la via, e ad alcuni grossi blocchi instabili.

Attacco: nome alla base.

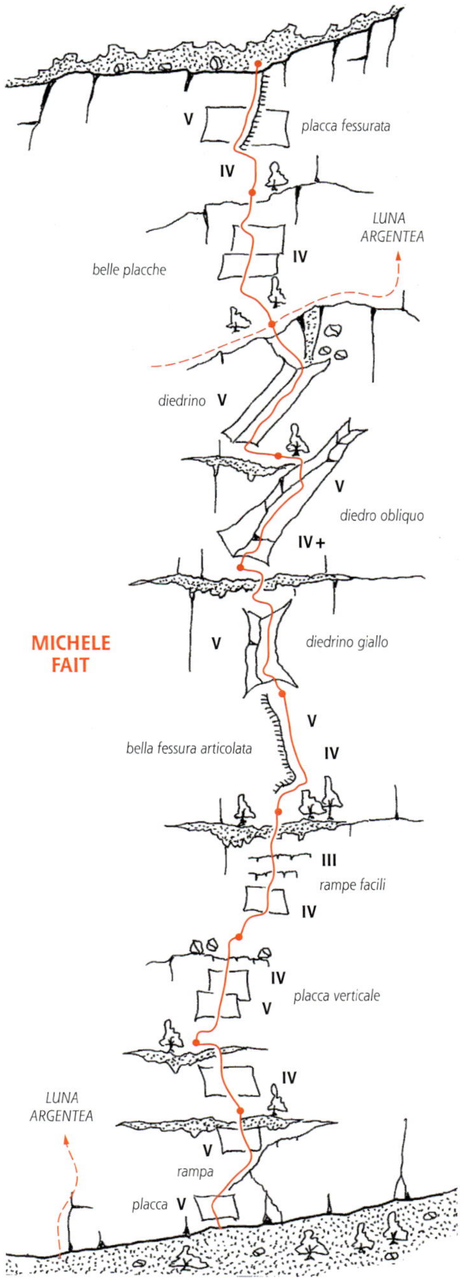

57 MERCURIO SERPEGGIANTE★★★

H.Grill, F. Kluckner, G. Maichel, S. Königseder 2008
300 m. (13L)
IV+,V+, un passo di VI/R2/II

Questo itinerario serpeggia nella parete alla costante ricerca della linea più logica e bella. L'arrampicata è sempre divertente su roccia solida e articolata. La chiodatura è sufficiente a fix e clessidre, non servono friend o stopper. Belli i tiri centrali che si sviluppano su fantastica roccia rossastra.

Attacco: salendo dal sentiero, è la prima via che si trova, nome alla base.

58 LA BELLEZZA DELLA VENERE★★★

H.Grill, S. Königseder 2008
300 m. (9L)
IV+/R2/II

Bell' itinerario, facile e divertente, che mantiene per tutto il suo sviluppo le difficoltà classiche di III e IV. Dopo le prime facili lunghezze, la via segue una linea logica, elegante e ricercata. Le ultime lunghezze sono molto belle e su roccia eccellente. La roccia è sempre solida e la chiodatura è più che sufficiente a fix e clessidre.

Attacco: a destra di Mercurio Serpeggiante, nome alla base.

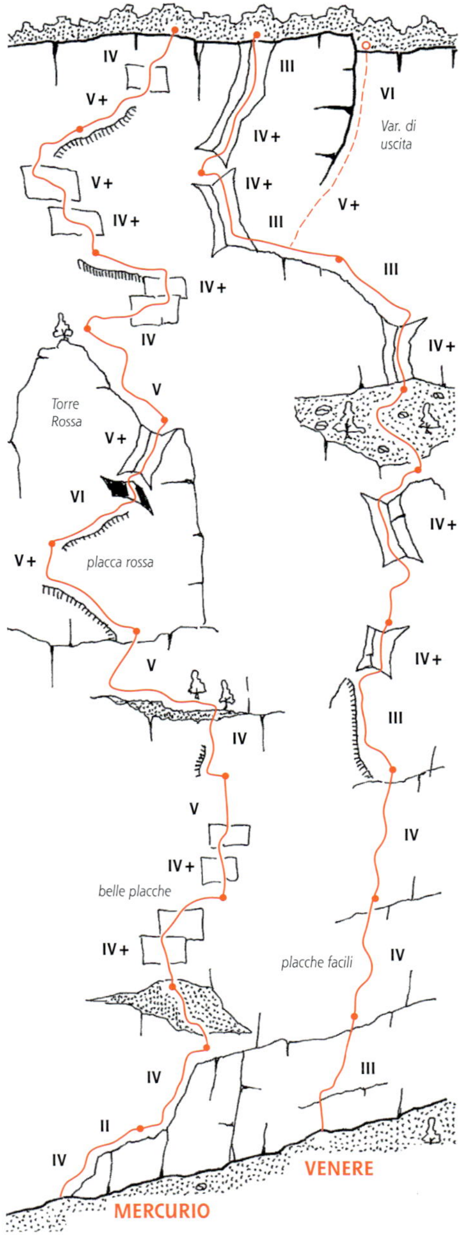

59 TE LO DO IO IL COLORADO★★

R. Galvagni, D. Filippi, M. Paoletto 2008
300 m. (10L)
V+, VI+/S2/II

Divertente e facile arrampicata, segue un poco individuato sperone al centro della parete. Purtroppo la via è un po' discontinua, alterna tratti facili a gradoni con splendide lunghezze tecniche su placche verticali. Le ultime quattro lunghezze sono davvero belle ed entusiasmanti. La chiodatura è ottima a fix e la roccia sempre solida e compatta. Attenzione agli attriti di corda nelle lunghezze più articolate.

Attacco: a destra di Venere, targhetta alla base.

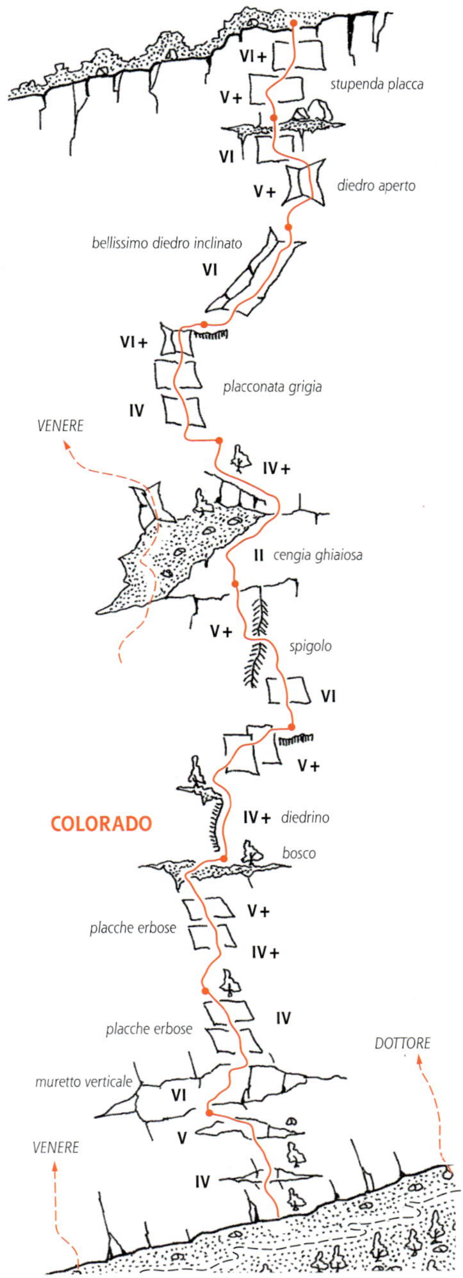

60 VIA DEL DOTTORE ★

A. Toni Zanetti, M. Brighente, D. Pasetto 2008
350 m. (10L)
V+, VI/R3/II

Data la qualità della roccia, spesso friabile e la chiodatura abbastanza precaria, questo itinerario è da considerarsi di tipo decisamente alpinistico ed esplorativo. Segue una linea alla ricerca dei punti più deboli della parete e spesso finisce in tratti boscosi o friabili. Non offre un'arrampicata divertente, ma non mancano nemmeno tratti belli e interessanti come il diedro rosso del quarto tiro o bel il diedro grigio finale. Resta comunque una valida salita di allenamento per vie alpinistiche più impegnative.

Attacco: pochi metri a destra di Colorado, salire per gradoni facili fino ad un muretto con chiodo alla base.

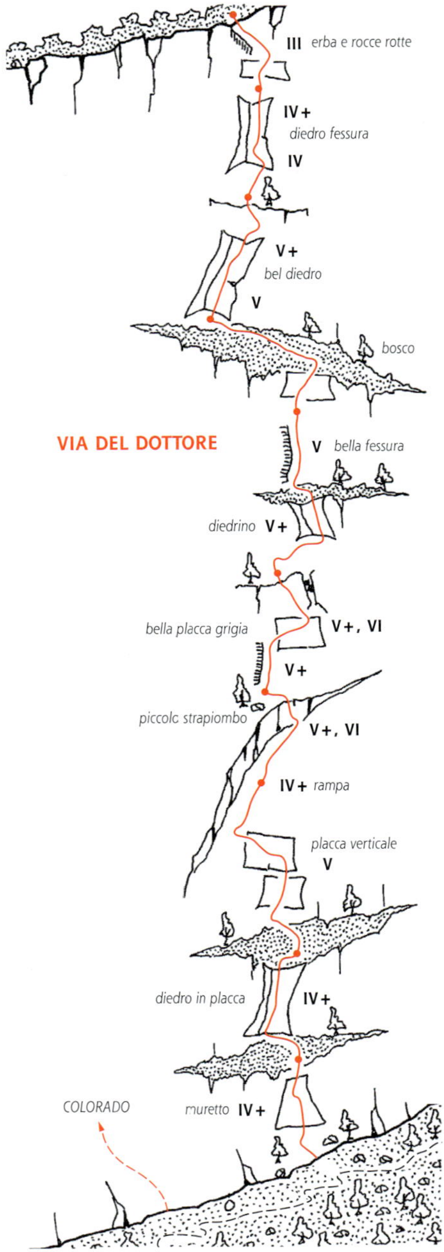

PARETE DI SHERWOOD

Piccola ma interessante struttura rocciosa, sulla quale Luca Pilati ha tracciato quattro divertenti itinerari, ottimamente attrezzati e su roccia fantastica.

Accesso: dalle partenze delle vie Colorado e Dottore, continuare a salire il ghiaione e costeggiare la parete verso destra seguendo delle tracce di sentiero fino alla base delle evidenti placconate grigie verticali.

Discesa: usciti dalle vie, seguire una evidente traccia a destra che riporta alla base della parete.

61 SCERIFFO DI NOTTINGHAM ★★★

L. Pilati 2009

100 m. (4L)

5c/S1/I

Arrampicata varia e divertente lungo placche e muretti. Alcuni tratti erbosi non disturbano troppo l'arrampicata. Roccia generalmente buona e chiodatura abbondante a fix. **Attacco:** nome alla base.

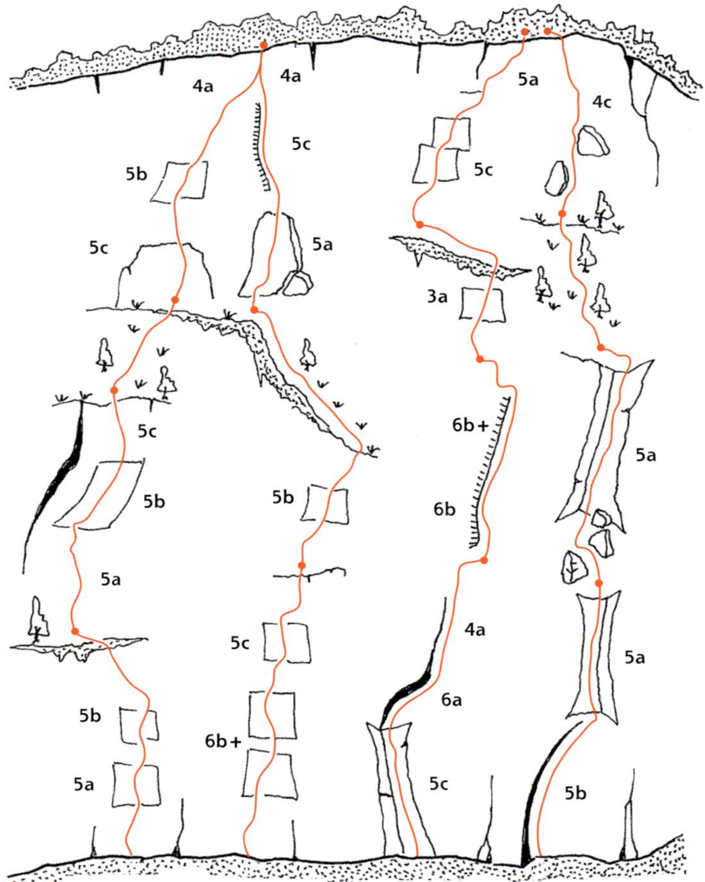

62 ROBIN HOOD★★★★

L. Pilati 2009
100 m. (3L)
6b+ (obb. 5c)/S1/I

Bellissima la placca del primo tiro, con un passaggio di tecnica e aderenza di difficile intuizione. Divertente anche l'ultima lunghezza lungo una fessura obliqua. Roccia ottima e chiodatura abbondante a fix. **Attacco:** nome alla base.

63 FRA TAC★★★

L. Pilati 2009
100 m. (4L)
6b+ (obb.5c)/S1/I

Bella arrampicata con difficili sezioni in Dulfer nelle prime due lunghezze. Arrampicata delicata e tecnica nell'ultima lunghezza. Roccia ottima e chiodatura abbondante a fix.
Attacco: nome alla base.

64 LITTLE JOHN★★★

L. Pilati 2009
100 m. (4L)
5b/S1/I

Breve facile e divertente arrampicata. Dopo i primi due tiri lungo diedri e fessure, la via prosegue con una caratteristica lunghezza su pilastri staccati. Roccia ottima e chiodatura abbondante a fix.
Attacco: nome alla base.

65 ESCLUSIVAMENTE PER TUTTI★★★

L. Pilati 2009
380 m. (11L)
6a, un tratto di 6b (5c obb.)/S1/II

Questo itinerario sale una fascia rocciosa all'estrema sinistra della Cima alle Coste. Qui la parete è ingombra dalla vegetazione e interrotta da varie cenge erbose. Malgrado questo però, sulla via si trovano numerosi tratti interessanti e divertenti, soprattutto lo stupendo diedro finale: verticale e molto atletico. È una salita dalle difficoltà contenute, sempre alla ricerca delle rocce migliori, attrezzata abbondantemente a fix e ottima come primo approccio alle vie della valle del Sarca.
Attacco: dalle partenze delle vie Colorado e

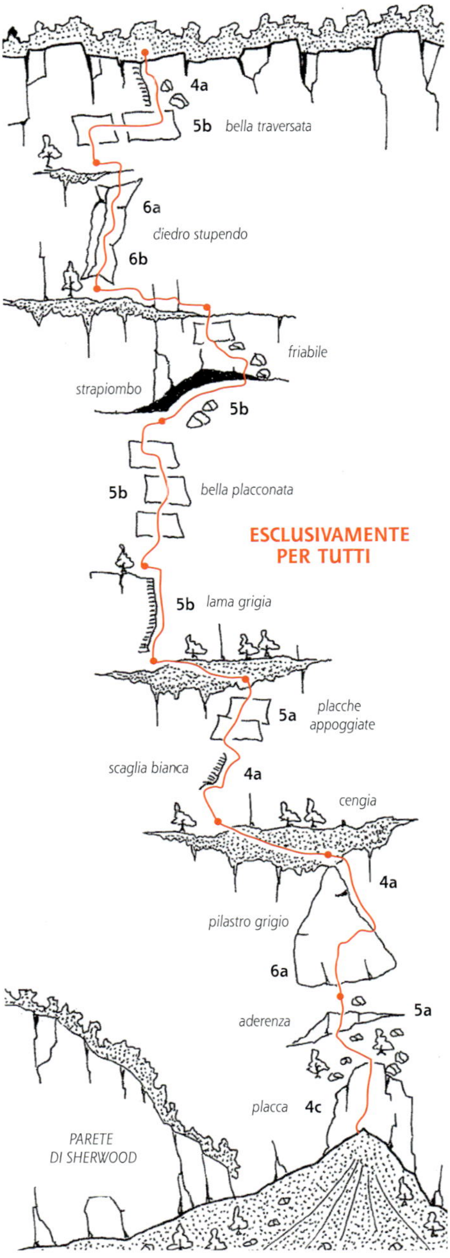

Dottore continuare a salire il ghiaione, costeggiare la parete verso destra, superare la Parete di Sherwood, e salire per un canalone. Nome alla base.

Altre vie:

A - VIA DELLA LUCERTOLA: di M. Pegoretti e C. Paris. Itinerario alpinistico ormai dimenticato che però potrebbe riservare ancora qualche bella soddisfazione. Supera quel bel tratto di parete a sinistra della via "Supernova".
Attacco: dalla verticale del gran diedro della "Supernova", spostarsi a sinistra un centinaio di metri. Attaccare un'evidente fessura con strapiombo in uscita.
Relazione:
L1: Superare una evidente fessura. V+
L2: A destra in un bel diedro fessurato. IV+,V+
L3: 4 metri a destra, dritti per uno strapiombo, poi a sinistra ad uno strapiombo ed a un successiva lama e per questa a un terrazzo. V+,A1
L4: 8 metri a sinistra, poi dritti e di nuovo a sinistra ad un albero. II,III
L5-6-7: Dritti per paretine erbose e rocce rotte. IV,V

B - IL TAO E LA FISICA: di S. Bailoni, G. Turco, M. Morelli 1995. Circa 500 metri a destra delle vie "Supernova" e "Mario Centi", una grande fascia di placche nere e appoggiate solca, attraverso due fasce di gialli strapiombi, l'intera parete. L'itinerario supera questa fascia, con un'arrampicata su roccia buona ma con scarse protezioni.
Attacco: dal paese di Ceniga, dove conviene parcheggiare, seguire la "Strada delle Marocche", in direzione della parete e del maso Lizzone. Oltrepassato il ponte sul Sarca svoltare a destra e seguire la strada fino a maso Lizzone. Continuare per la stradina per altri 500 metri, poi abbandonarla e salire a sinistra attraverso oliveti. Infine un ripido ghiaione porta alla base della parete. Freccia scolpita all'attaccco.
Relazione:
L1: Dall'attacco in direzione di una pianta di fico. Oltre lo strapiombo a sinistra.
L2: Dritti ad una paretina gialla, evitarla a sinistra e ritornare a destra.
L3: A destra su rocce facili, poi dritti a superare uno strapiombo.
L4: Dritti su roccia rossa e continuare per una fessurina.
L5: Superare un muro, un diedrino e poi obliquare a sinistra in direzione di un albero.
L6: In obliquo a destra verso un albero, poi a sinistra in un diedro.

Mandrea

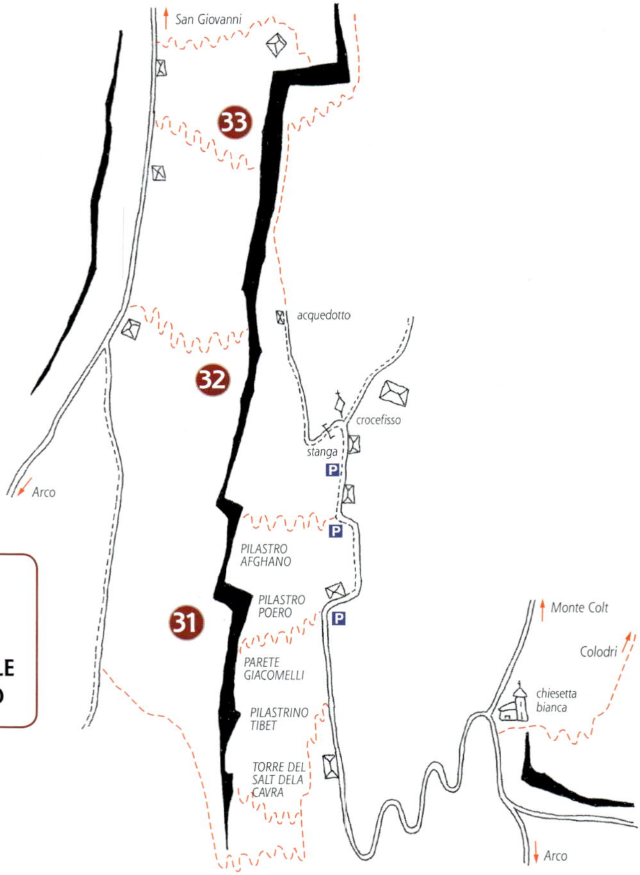

MANDREA

31 I PILASTRI
32 PARETE CENTRALE
33 MANDREA NORD

Lunga, complessa e articolata barriera rocciosa. Non molto alta, ma che offre una varietà incredibile di pareti e pilastri, di ogni forma, colore e dimensione. Su questi si sviluppano vie di ogni tipo e difficoltà. La roccia, la natura e l'ambiente silenzioso, fanno di questo posto uno dei più suggestivi e attraenti settori della valle. Tutti gli itinerari sono splendidi e meritevoli di una ripetizione, soprattutto le vie alpinistiche, che qui, non essendo molto lunghe, lasciano spazio solo al divertimento. Questa barriera crea e divide due splendide e verdi vallette o località: quella superiore, dalla quale prende anche il nome, viene chiamata Località Mandrea. Quella inferiore invece è la Località Laghel. Questa separa, la barriera rocciosa chiamata appunto Mandrea, dalla piccola e vicina dorsale montuosa Colodri-Monte Colt.

Pilastro Gabrielli, Mandrea *(sassbaloss.com)* →

31 I Pilastri

Mandrea

0.30 h

0.30 h

130 m.

E

La lunga dorsale rocciosa di Mandrea, correndo verso sud perde di continuità, e si trasforma in una bella serie di pilastri eleganti e isolati tra loro. Su questi pilastri che presentano pareti verticali e compatte, sono stati tracciati molti itinerari sportivi, tutti belli e su roccia ottima. Ottimo settore da sfruttare durante la stagione invernale. Partendo da sud, il primo pilastro è la Torre del Salt dela Cavra ed è riconoscibile per il suo pronunciato tetto che, dal parcheggio, lo si nota appena sopra il margine del bosco. A destra, oltre una larga fascia boscosa, il Piastrino Tibet e il Pilastro Poero sono collegati da un ampio muro grigio: è la Parete Fabio Giacomelli e formano un'unica struttura. Ancora più a nord, spunta dal bosco l'inconfondibile Pilastro Afghano, verticale e compatto scudo di calcare grigio.

Accesso
Da Arco seguire le indicazioni per Laghel. Dopo un tornante nell'oliveto, si giunge ad un bivio con chiesetta bianca, prendere una ripida stradina a sinistra. Questa stradina dopo un po' diviene sterrata. Nei pressi di un ampia

1 DIRETTA	**40 m.**
2 CAPRICORN DAY	**50 m.**
3 MONSUL	**70 m.**
4 IL POPOLO DEL SOLE	**70 m.**
5 SOULS IN THE DARK	**80 m.**
6 KARLOVACKO	**80 m.**
7 VECCHI DISONESTI E INSODDISFATTI	**100 m.**
8 ASSEDIO ALLA PARETE	**100 m.**
9 DAVIDE PINAMONTI	**130 m.**
10 FANTAGHIRO'	**130 m.**
11 MARAMAO	**100 m.**
12 SPIT TANARDO	**100 m.**
13 NESSUNO NASCE IMPARATO	**120 m.**
14 LE LUNE DI PAOLA	**100 m.**
15 SALUTACI LE STELLE	**100 m.**
16 LIBERTY	**100 m.**
17 IL FURTO	**70 m.**
18 MERIDIANA	**170 m.**

curva a destra, parcheggiare a lato. Qui, tracce nel bosco portano al Piastrino Tibet, alla Parete Fabio Giacomelli e al Pilastro Poero. Per la Torre del Salt dela Cavra, occorre tornare indietro lungo la stradina fino a un cartello della Sat con indicazioni. Seguire il sentiero e al primo bivio seguire delle tracce ripide nel bosco. Per il Pilastro Afghano, occorre proseguire ancora lungo la stradina e all'altezza di una curva a destra entrare nel bosco e seguire delle tracce ripide su ghiaioni fino alla base del pilastro.

Discesa
In doppia dalle vie.

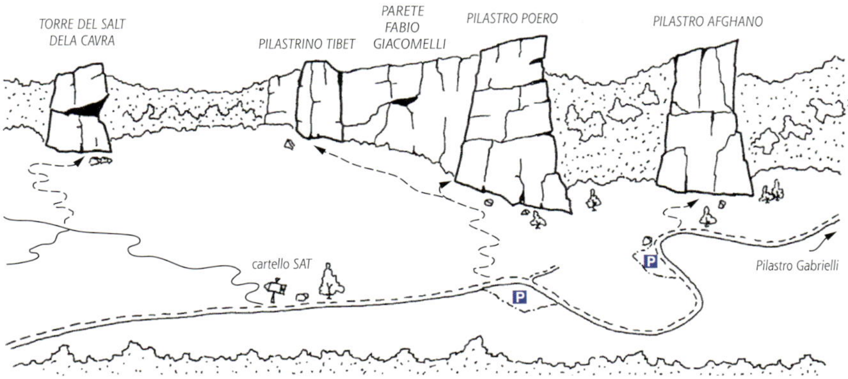

1 DIRETTA★★
U. Ischia, F. Calzà 1975
40 m. (2L)
A1, A2,/R1/I
Breve arrampicata in artificiale, ottima come palestra. Segue una bella linea logica di fessure che incidono lo spigolo della Torre. Chiodatura originale molto vecchia, ma integrata con qualche fix.
Attacco: dalla verticale del grande tetto, traversare a sinistra e attaccare una fessura con fix e qualche chiodo.

2 CAPRICORN' DAY★★★★
S. Bazzanella, D. Filippi 1999
50 m. (2L)
A1, A2/R1/I
Ottimo tetto da allenamento lungo circa 6 metri. La seconda lunghezza supera una solida placca con un bellissimo traverso. Nel complesso una bella vietta, da abbinare magari nella stessa giornata, con la via precedente.
Attacco: sotto la verticale del grande tetto.

3 MONSUL★★★★★
S. Bazzanella 1995
70 m. (2L)
6b (5c obb.)/S1/I
Bella ed elegante linea, molto logica. Una placca iniziale e delle divertenti fessure portano ad un lungo diedro. Il diedro del secondo tiro offre un'arrampicata atletica e di soddisfazione.
Attacco: all'estrema sinistra della parete, individuare il netto diedro grigio. Sotto la verticale di questo attaccare una placca. L'attacco è a pochi metri a sinistra dalla scritta "Il popolo del Sole".
Discesa: per comoda cengia verso sinistra.

TORRE DEL SALT DELA CAVRA

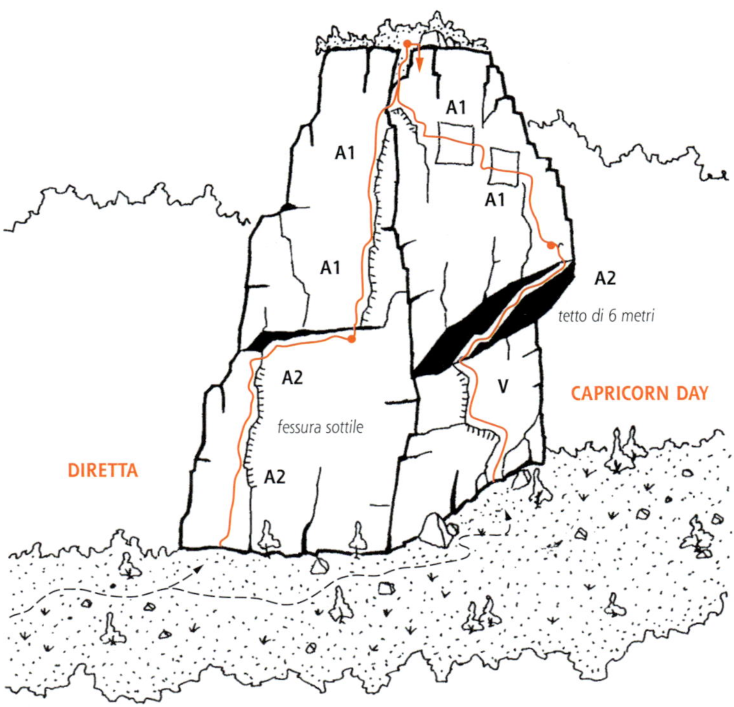

4 IL POPOLO DEL SOLE★★★
S. Bailoni 1994
70 m. (3L)
7b+ (6a obb.)/S1/I
Arrampicata in placca difficile e di movimento. Le prime due lunghezze sono belle e divertenti, mentre la terza richiede molta tecnica e resistenza.
Attacco: nome alla base.

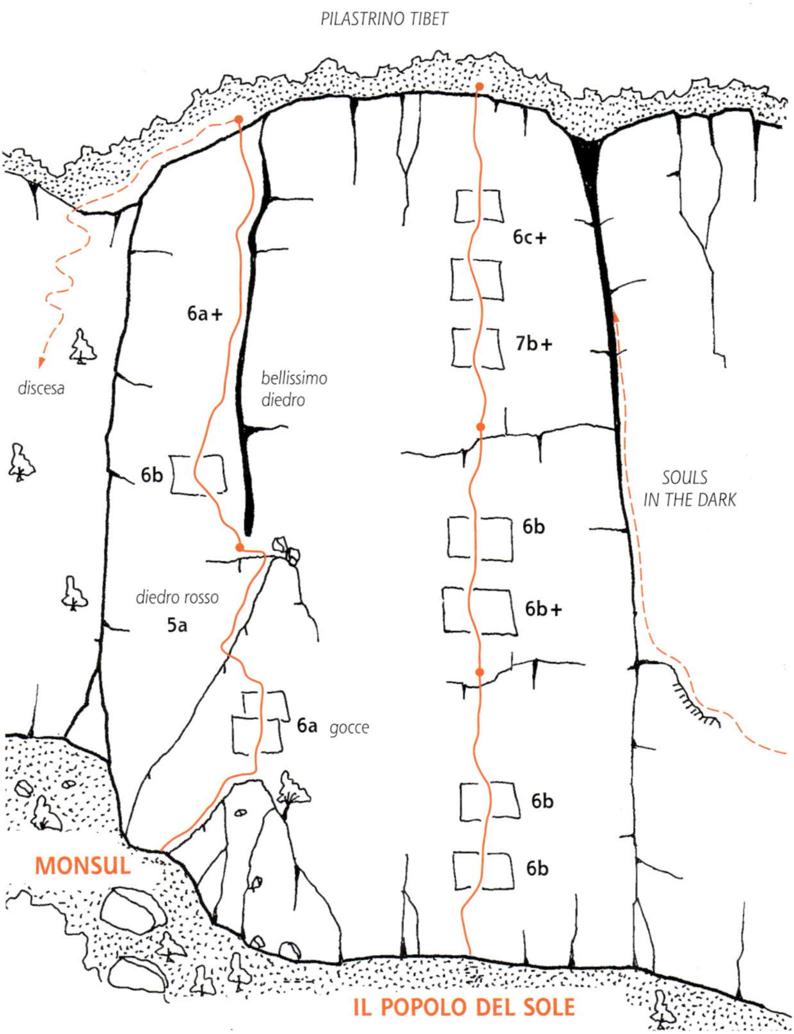

PARETE FABIO GIACOMELLI

È la parete che unisce il Pilastrino Tibet al Pilastro Poero, ed è dedicata all'amico F. Giacomelli, tragicamente scomparso al Cerro Torre. Su questo bellissimo settore, di ottima roccia grigia, corrono diversi itinerari, tutti belli e interessanti.

5 SOULS IN THE DARK ★★★★

L. Pilati 2011
80 m. (3L)
5c, 6a, 2 passi A0 (5b obb.)/S1/I
Stupende le prime due lunghezze in placca. Atletico e divertente il lungo diedro. Chiodatura ottima e ravvicinata a fix.
Attacco: nome alla base.
Discesa: per comoda cengia verso sinistra.

6 KARLOVACKO ★★★

L. Pilati, F. Devigili 2012
80 m. (4L)
5b, 6b (5b obb.)/S1/I
Bella via che si sviluppa lungo solide placche grigie. Arrampicata divertente su roccia molto lavorata, chiodatura ottima e ravvicinata a fix. Bella l'ultima lunghezza che sale un caratteristico diedro. Alcuni brevissimi tratti friabili non disturbano troppo l'arrampicata.
Attacco: nome alla base.
Discesa: per comoda cengia verso sinistra.

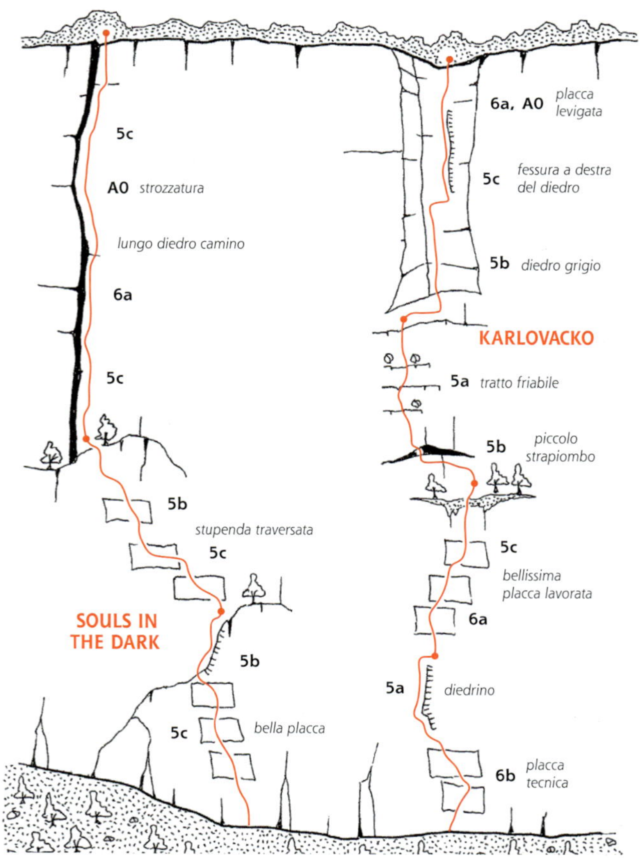

7 VECCHI DISONESTI E INSODDISFATTI ★★★★

L. Pilati, D. Filippi, F. Demetri 2012
100 m. (4L)
5b, 5c, un tratto di 6b (5c obb)/S1/I
Bellissima arrampicata, generalmente in placca, su ottima roccia molto lavorata a buchi e clessidre. Fantastica l'ultima lunghezza. Chiodatura ottima e ravvicinata a fix.
Attacco: nome alla base.
Discesa: per comoda cengia verso sinistra.

8 ASSEDIO ALLA PARETE ★★★

L. Pilati, D. Filippi 2012
100 m. (4L)
6a, 6b, passi in A0/S1/I
Arrampicata in placca, tecnica e difficile, ma su roccia fantastica. Bellissima l'ultima lunghezza lungo una sottile fessura. Chiodatura ottima e ravvicinata a fix.
Attacco: nome alla base.
Discesa: per comoda cengia verso sinistra.

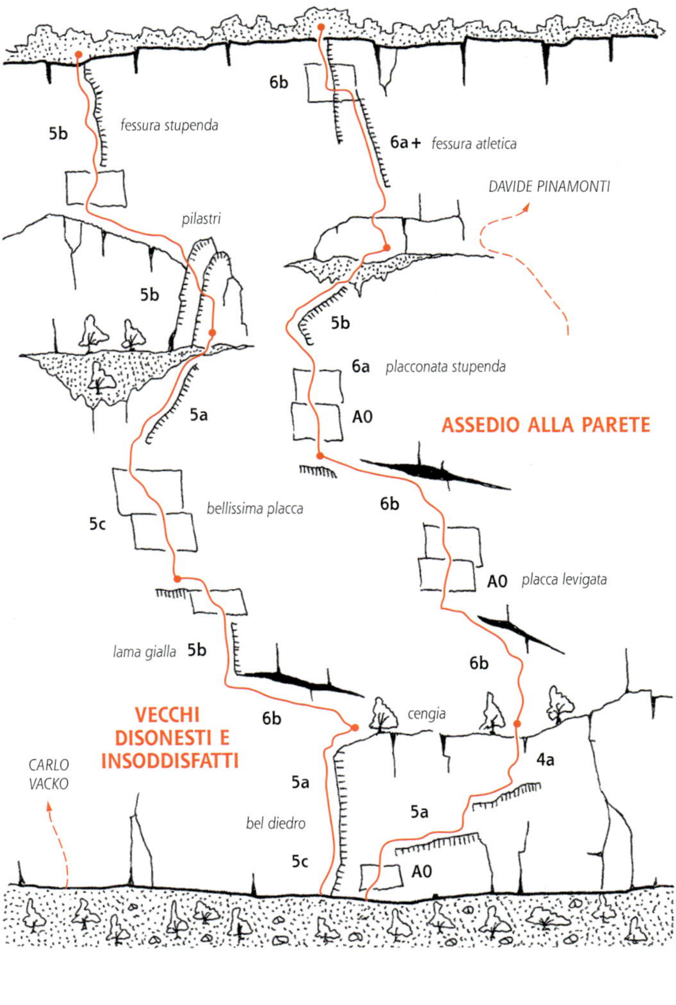

9 DAVIDE PINAMONTI ★★★★

L. Pilati, F. Demetri 2012
130 m. (6L)
V+, VI+, passi in A0/R2/I

Bellissima arrampicata classica, dalla linea logica ed elegante lungo diedri e fessure. Roccia generalmente ottima e chiodatura sufficiente a chiodi normali e alcune clessidre. Portare una serie di friend. Molto bella ma decisamente impegnativa risulta essere l'ultima lunghezza.

Attacco: nome alla base.

Discesa: per comoda cengia verso sinistra.

10 FANTAGHIRO' ★★★

Autori vari
130 m. (4L)
VI+, VII, passi in A0/R4/II

Difficile ed impegnativa salita, decisamente alpinistica per le alte difficoltà da superare con protezioni lontane. La chiodatura è mista a chiodi normali, fix e clessidre. Per la ripetizione portare una serie di friend. La roccia è fantastica e molto lavorata a gocce: stupenda la seconda lunghezza. Molto atletico il diedro strapiombante.

Attacco: nome alla base.

Discesa: per comoda cengia verso sinistra.

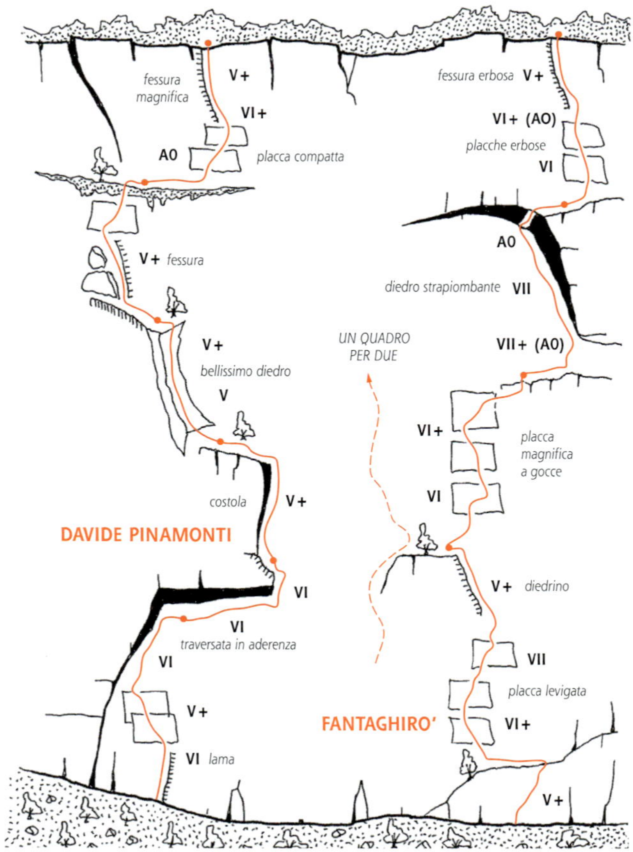

11 MARAMAO ★★★★
D. Sebastiani, F. Leoni
100 m. (4L)
6c+ (6a obb.)/S2/I
Itinerario aperto dal basso lungo una linea logica ma molto severa per la compattezza della roccia dove, per questo, sono stati usati pochissimi chiodi. In origine era quindi una salita alpinistica breve ma ardita e di tutto rispetto. Ora, dopo la richiodatura a fix, è una delle più belle vie della Mandrea.
Attacco: alla base del margine sinistro del Pilastro Poero, rimontare uno zoccolo di erbe e rocce rotte fin sotto un piccolo tettino. Attaccare la fessurina a destra del tettino.

12 SPIT TANARDO ★★★
M. Faletti 1997
100 m. (4L)
7a (6c obb.)/S2/I
Arrampicata difficile, su roccia all'inizio discreta poi solida. Chiodatura a volte lontana.
Attacco: come per "Maramao", rimontare lo zoccolo alla base del margine sinistro del "Pilastro Poero". Poi dall'attacco di "Maramao" traversare a destra e scendere fin sotto la verticale degli spit.

13 NESSUNO NASCE IMPARATO ★★★★
M. Faletti 1997
120 m. (6L)
7c (7a obb.)/S2/I
Itinerario simile al precedente.
Attacco: alla base del margine destro del pilastro.

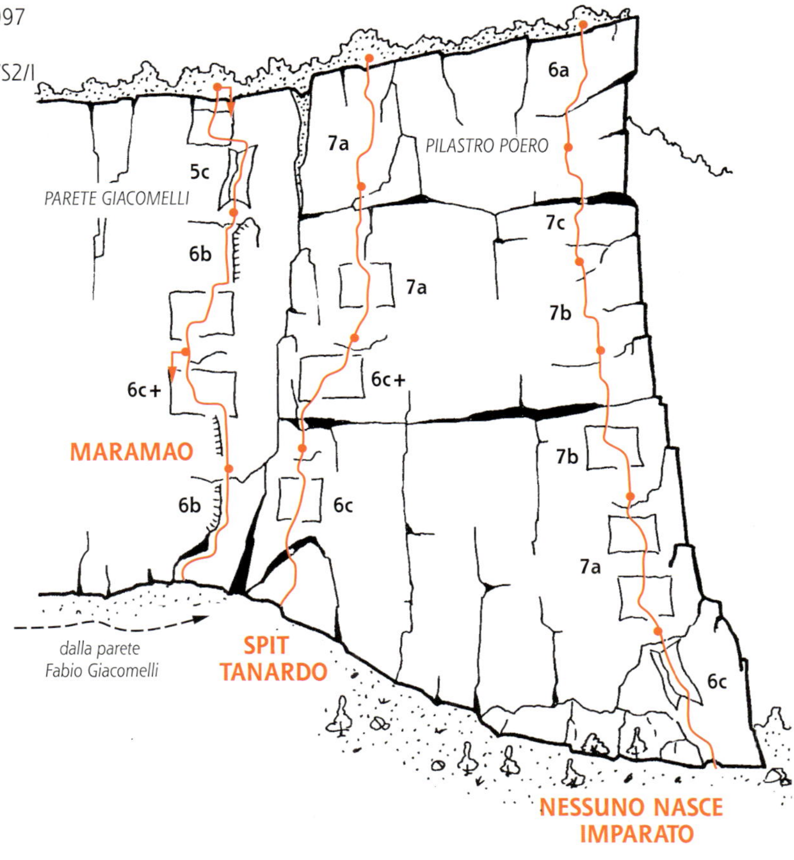

14 LE LUNE DI PAOLA★★★★★
R. Galvagni 1994
100 m. (5L)
6c (6a obb.)/S1/I
Il "Pilastro Afgano", è un'altra delle tante e belle strutture scoperte e valorizzate da Roland Galvagni. "Le lune di Paola", è una bella salita in placca con stupendi movimenti tecnici, soprattutto nel secondo e terzo tiro, dove occorre molta tecnica di placca.
Attacco: alla base della parete, immediatamente a destra di una nicchia. Targa con nome.

15 SALUTACI LE STELLE★★★★
L. Ondertoller, T. Tarter 2007
100 m. (4L)
6c, 7a (6b+ obb.)/S1/I
Arrampicata molto tecnica e difficile, caratterizzata da molti passaggi di aderenza e equilibrio su gocce e svasi. Stupenda è la seconda lunghezza, lungo una placconata incredibilmente lavorata a gocce. Chiodatura ottima e ravvicinata a fix.
Attacco: in comune con Lune di Paola, poi proseguire direttamente.

16 LIBERTY★★★
O. Oprandi e Compagni 1994
100 m. (4L)
7b (6c obb.)/S1/I
Itinerario su placca tecnica, molto forzato e difficile, dove occorrono movimenti intensi e decisi.
Attacco: poco a destra di "Le lune di Paola".

17 IL FURTO★★
A. Toni Zanetti 2009
70 m. (2L)
6b, A0/S1/I
Due lunghezze interessanti lungo lo spigolo del pilastro, la roccia nella prima parte è un po' rotta, ma il secondo tiro propone bellissimi movimenti.
Attacco: sotto la verticale dello spigolo.

18 MERIDIANA★★★
D. Filippi 2009
170 m. (6L)
A1,/R1/II
Bell'itinerario in arrampicata artificiale, divertente e meritevole. Segue l'affilato spigolo del Pilastro Afghano che ricorda appunto una grande Meridiana. Superato il pilastro, la via continua lungo il bellissimo strapiombo rosso di destra. Lungo lo strapiombo rosso, la roccia è formidabile e permette di tentare molti passaggi in libera. Chiodatura interamente a chiodi a pressione, per la ripetizione bastano solamente i rinvii. Roccia generalmente solida. Itinerario ideale come didattica e come prima esperienza con l'arrampicata artificiale.
Attacco: targa con nome.

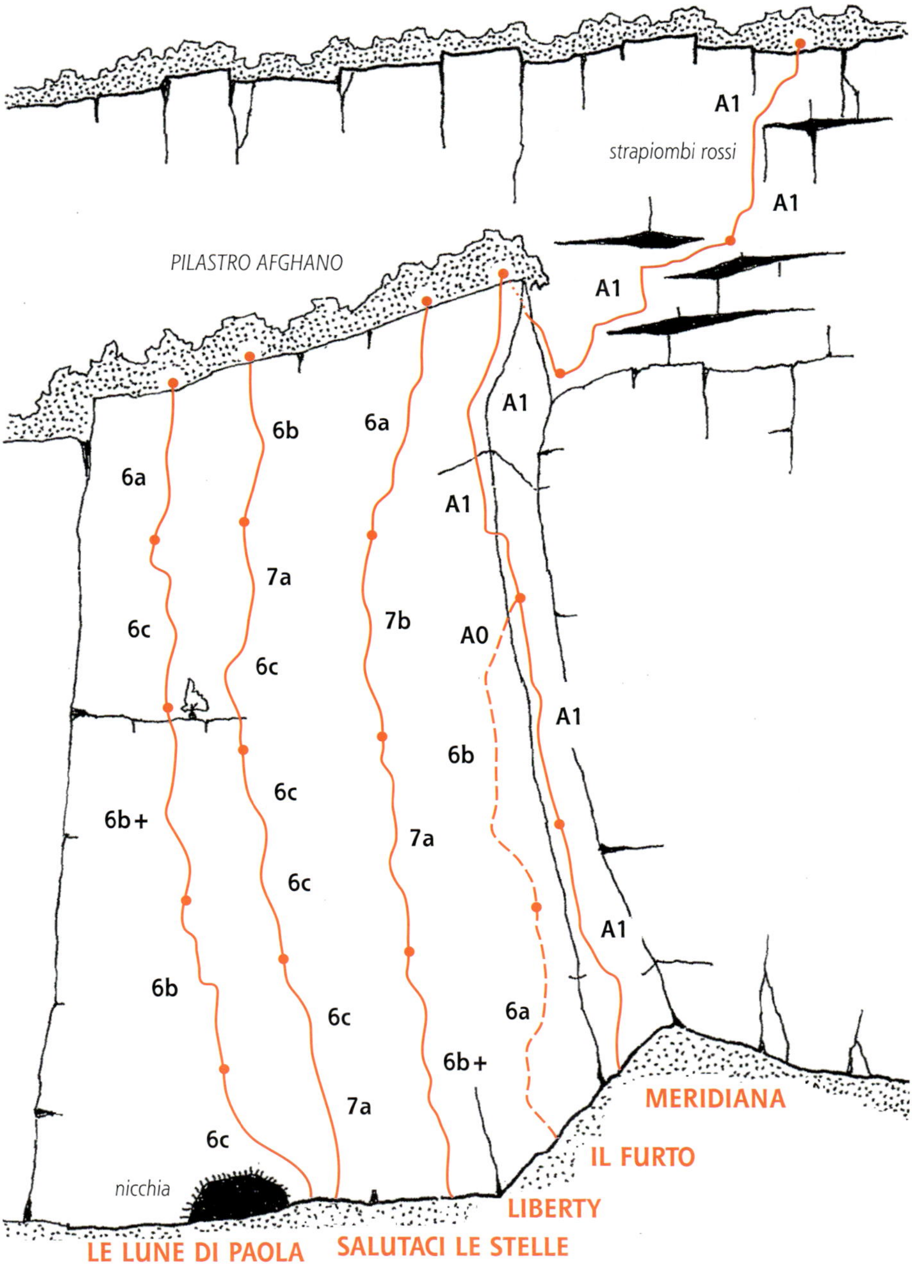
strapiombi rossi
A1
A1
A1
PILASTRO AFGHANO
A1
6a
6b
6a
A1
6c
7a
7b
A0
6c
A1
6b
6b+
6c
7a
6c
6c
A1
6b
6a
6c
6b+
7a
6c
nicchia
MERIDIANA
IL FURTO
LIBERTY
LE LUNE DI PAOLA
SALUTACI LE STELLE

32 Parete Centrale

Mandrea

0.15 h

1.00 h

400 m.

E

Splendida parete dai colori e dalle forme più svariate, caratterizzata da verticali pilastri, profondi camini e larghi strapiombi. Itinerari per la maggioranza alpinistici, brevi come sviluppo ma decisamente impegnativi. La roccia è generalmente solida e le vie si sviluppano lungo fessure e diedri. La prima via aperta su questa parete, è la classica "Via delle Fontane", mentre la più famosa è sicuramente il "Pilastro Gabrielli".

Accesso
Da Arco seguire le indicazioni per Laghel. Dopo un tornante nell'oliveto si giunge ad un bivio con chiesetta bianca. Prendere una ripida stradina sulla sinistra che dopo un po' diviene sterrata. Si passa sotto i vari pilastri, fino a che la strada termina nei pressi di una stanga e di un crocifisso. Parcheggiare un po' prima sulla sinistra, attenzione a non parcheggiare su terreni privati. Seguire la stradina che dalla stanga porta sotto le pareti, e quindi attraverso il bosco brevemente agli attacchi.

Discesa
Usciti dalle vie, scendere attraverso il bosco fino ad incontrare una strada asfaltata. Seguirla verso sud, direzione Arco, per circa 200 metri. Qui, un sentiero si stacca sulla sinistra, scendere per questo fino ad un altro bivio. Scegliere ancora il sentiero di sinistra che con una bella camminata riporta sulla strada sterrata e quindi alla macchina.

19 MOLLA TUTTO	**200 m.**
20 PANDORA	**240 m.**
21 GENGIZ KAHN	**250 m.**
22 I MUST GO ON	**250 m.**
23 ZERO NEGATIVO	**350 m.**
24 PILASTRO GABRIELLI	**250 m.**
25 BLACK HOLE	**250 m.**
26 OMBRE ROSSE	**300 m.**
27 VIA DELL'OBLIQUO	**400 m.**
28 OXYGEN	**300 m.**
29 EXCALIBUR	**300 m.**
30 VIA DELLE FONTANE	**300 m.**
31 PAGLIACCIO RIDI	**300 m.**
32 ATTIMI DI LUCIDA FOLLIA	**300 m.**
33 ROSMAU	**350 m.**
34 SULLE ALI DELLA LIBELLULA	**300 m.**

MANDREA

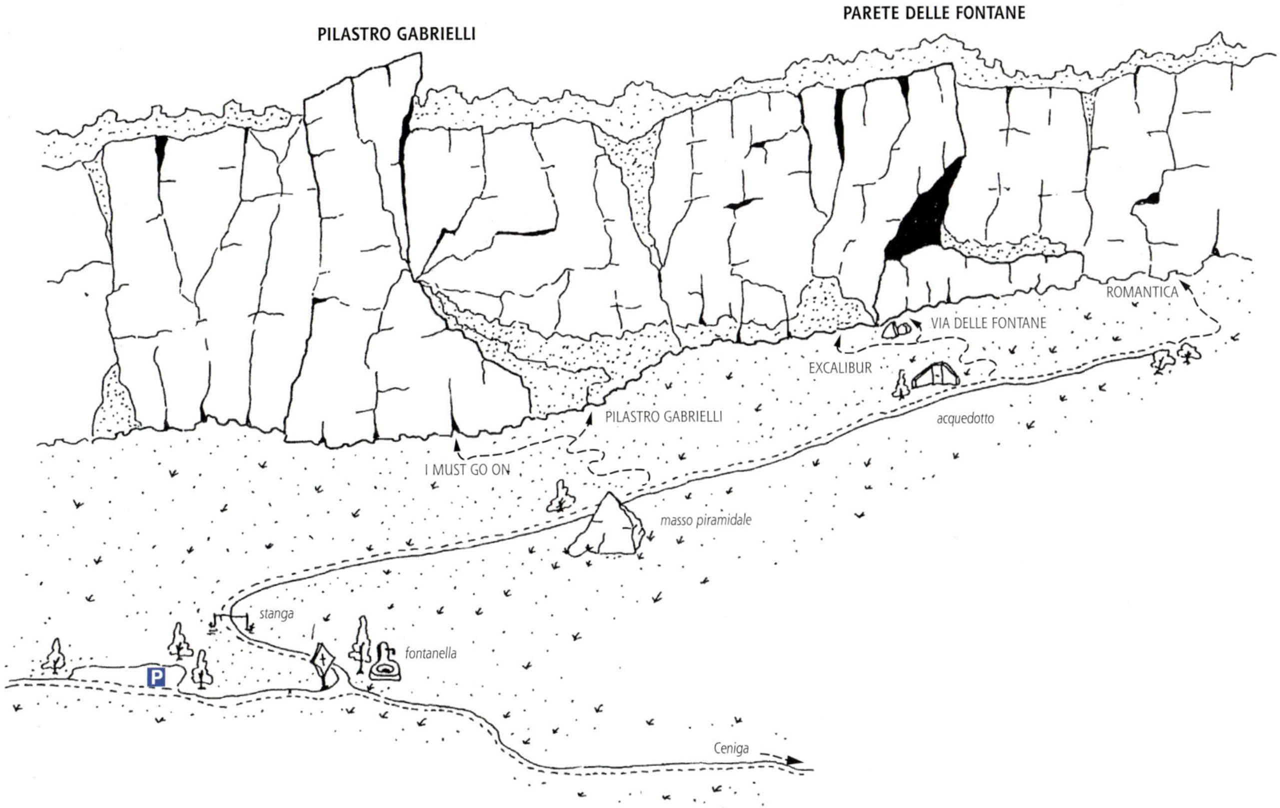

PILASTRO GABRIELLI
PARETE DELLE FONTANE
ROMANTICA
VIA DELLE FONTANE
EXCALIBUR
acquedotto
PILASTRO GABRIELLI
I MUST GO ON
masso piramidale
stanga
fontanella
P
Ceniga

19
20
21
21a
22
23
24
25
26
27
28
29
30
30a
31
32
33
34
35
36

19 MOLLA TUTTO ★★★★

G. Mantovani, M. Zanoni 2003

200 m. (6L)

6c, A0 (6a obb.)/S1/II

Bella e divertente arrampicata lungo quel settore di ripide placche grigie a sinistra del Pilastro Gabrielli. L'itinerario segue la linea più logica di questo settore, caratterizzata da una sequenza quasi ininterrotta di diedri e fessure. Molto caratteristico ed esposto è il lungo traverso in A0 (difficilmente liberabile) del terzo tiro, che permette di accedere alle fessure finali. Roccia e chiodatura ottima lungo tutto il percorso.

Attacco: dal parcheggio, portarsi all'attacco del Pilastro Gabrielli e traversare a sinistra alla base della parete. Oltrepassate alcune vie, si rimonta uno zoccoletto di erbe e roccette, e traversando un poco a destra si trova la targhetta che indica l'attacco della via.

20 PANDORA

M. Riegler, F. Riegler 2008

240 m. (8L)

7c+, 8b (? obb)/S2/III

Itinerario superbo ed estremo che corre parallelo e a sinistra della via Genghiz Kahn. Le difficoltà sono alte e continue e manca ancora una ripetizione in completa arrampicata libera. Mancano inoltre ulteriori informazioni sulle difficoltà dei singoli tiri.

Attacco: a sinistra della via Genghiz Kahn.

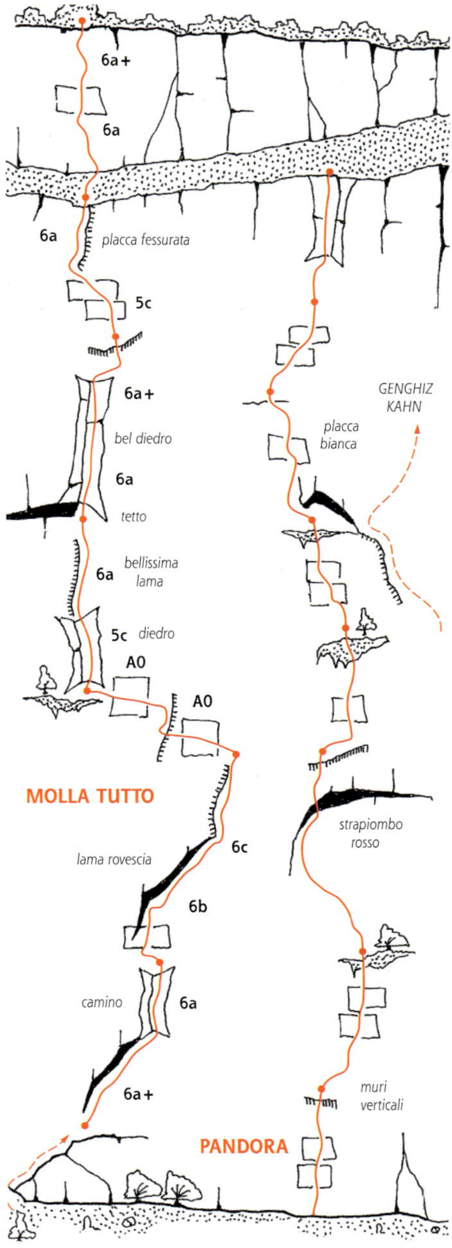

21 GENGHIZ KAHN ★★★★

M. Giordani, R. Manfrini, F. Zenatti 1985
250 m. (8L)
VII, VIII/R3/III

Itinerario difficile ed impegnativo. La prima parte, supera una lavagna verticale e compatta, dove per le alte difficoltà e la chiodatura a spit, assomiglia più a una via sportiva. Attenzione però, gli spit molto lontani rendono obbligatorio il grado 7a, occorre quindi sapersi muovere con tranquillità su queste difficoltà. La seconda parte della via, segue quella linea di svasi e fessure che delimitano a sinistra il Pilastro Gabrielli. L'arrampicata ora, è decisamente di tipo alpinistico, con protezioni tradizionali scarse e lontane. Complessivamente una grande e bella salita dove occorre esperienza alpinistica e sportiva.

Attacco: sotto la verticale del "Pilastro Gabrielli", per una fiamma arancione che sale attraverso le placche grige. Visibili i primi spit molto in alto.

21a VARIANTE ZENATTI-CELVA ★★

F. Zenatti, L. Celva 1993
100 m.
7c+, 8a (7b obb.)/S2/II

Commento di R. Larcher: "Ho fatto la prima salita in libera. Variante estetica ed impegnativa. La chiodatura però molto ravvicinata, non propone un grado dell'obbligatorio adeguato a quello massimo di 8a.

Continuazione logica della parte bassa della via "Genghiz Kahn". Prosegue infatti, con difficoltà elevate e chiodatura sportiva fino alla sommità del pilastro. Si può attaccare direttamente dalla prima sosta del "Pilastro Gabrielli".

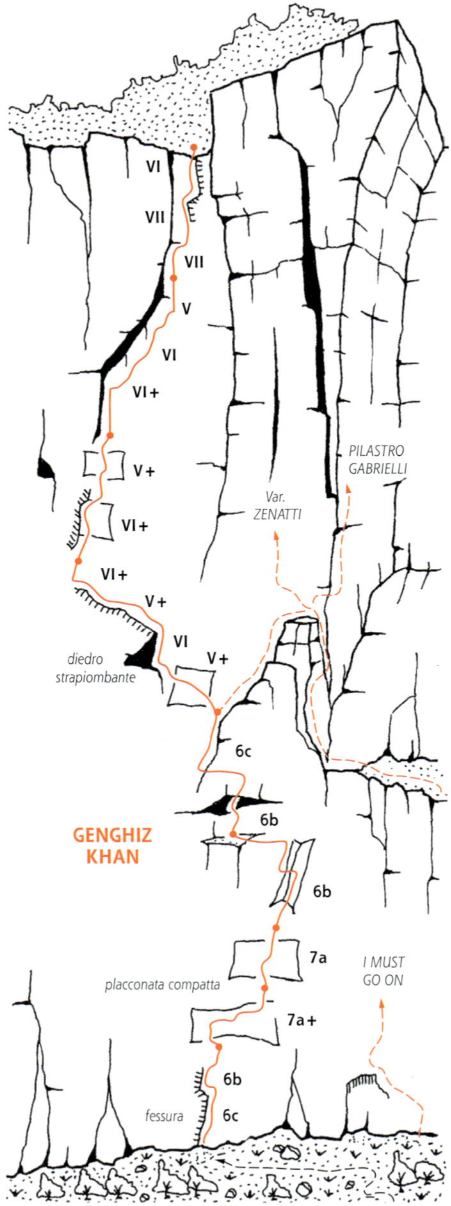

22 I MUST GO ON ★★★★★

S. Scalet, M. Canteri 1995

250 m. (8L)

VI+, VII, A3+/R3/III

Salita entusiasmante e di grande soddisfazione. Arrampicata mista. Tratti difficili e sprotetti in arrampicata libera si alternano a passaggi estremi in artificiale. Il 5° tiro, una fessura friabile e strapiombante, dove per la progressione, occorrono molti stopper e molti friend, rappresenta il tiro chiave della salita. Nel penultimo tiro, un altro passo estremo in artificiale, richiede esperienza e nervi saldi. Itinerario esposto, su roccia generalmente solida e con chiodatura buona. Vivamente consigliato agli amanti dell'arrampicata artificiale. (Prima ripetizione D.Filippi e M.Loss in 8 ore)

Attacco: sotto la verticale del "Pilastro Gabrielli", per un diedrino grigio. Scritta all'attacco.

23 ZERO NEGATIVO ★★★★★

S. Bazzanella, D. Filippi 1999
350 m. (12L)
VII, A4/R3/III

Salita spettacolare che vince con una superba traversata la grande placconata rossa. La logica è data da quel diedrino obliquo che porta alla lavagna rossa e da quel lungo tetto orizzontale che la taglia per tutta la sua larghezza. Itinerario prevalentemente in artificiale, ma con dure sezioni in libera. Il grande traverso, è stato vinto con lunghe sequenze su piccoli ganci in fori artificiali, alcuni spit però, rendono più sicura la progressione. Dopo il traverso, la via è praticamente finita e prosegue lungo diedri e paretine erbose. La prima parte della via, vince una placca grigia molto compatta, con divertenti movimenti su chiodi a pressione e precari passaggi su ganci. Per il superamento del grande traverso occorrono 4 o 5 ganci per fori artificiali dal diametro di 6 mm. E alcuni "cavetti" per rinviare i "bolts".

Attacco: sotto la verticale del "Pilastro Gabrielli", per una fessura e una lama rossa, poco a destra di "I must go on".

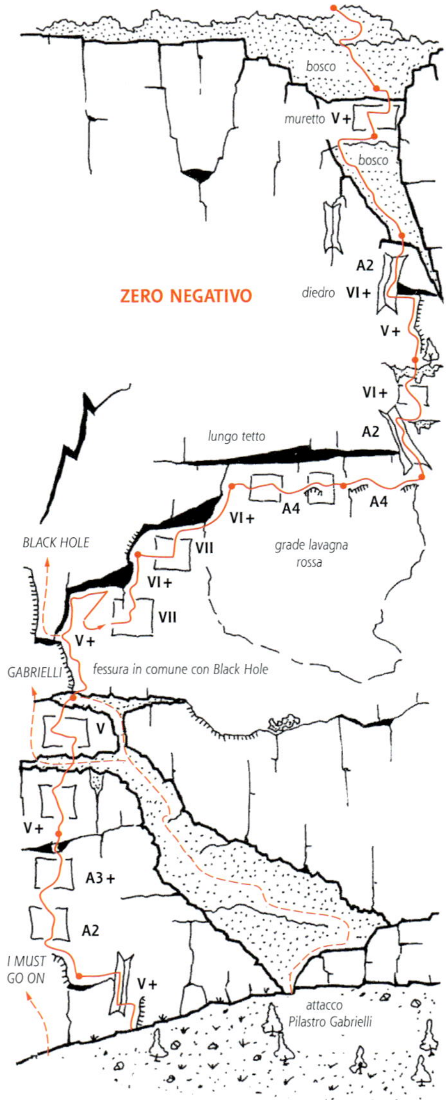

24 PILASTRO GABRIELLI ★★★★★

G. Stenghel, G. Vaccari 1978

250 m. (5L)

V+, VI+, con un tratto di VII/R3/II

Grande classica, non solo della parete, ma della valle intera. Lo spigolo del pilastro, è inciso da una sequenza incredibile di diedri perfetti e slanciati. La via, dopo aver superato uno zoccolone erboso, segue questa linea dalla logica impeccabile. Sulle prime due lunghezze, la roccia un po' friabile impone alcuni passi delicati, poi, migliora decisamente. Nei diedri rossi, la roccia molto levigata dalle infinite ripetizioni e la chiodatura precaria rendono poco divertente la salita. L'ultimo diedro, invece, è una lunghezza fantastica, su roccia porosa e con un'arrampicata molto atletica e di grande soddisfazione.

Attacco: dalla verticale del "Pilastro Gabrielli", traversare a destra fino ad una facile rampa erbosa. Alzarsi brevemente per questa rampa, e subito a destra andare a superare una placchetta con corda fissa. Superare tutto lo zoccolo, circa 100 metri, fino alla base di un diedrino grigio. Qui, traversare orizzontalmente a sinistra alla base di una rampa che porta allo spigolo del pilastro.

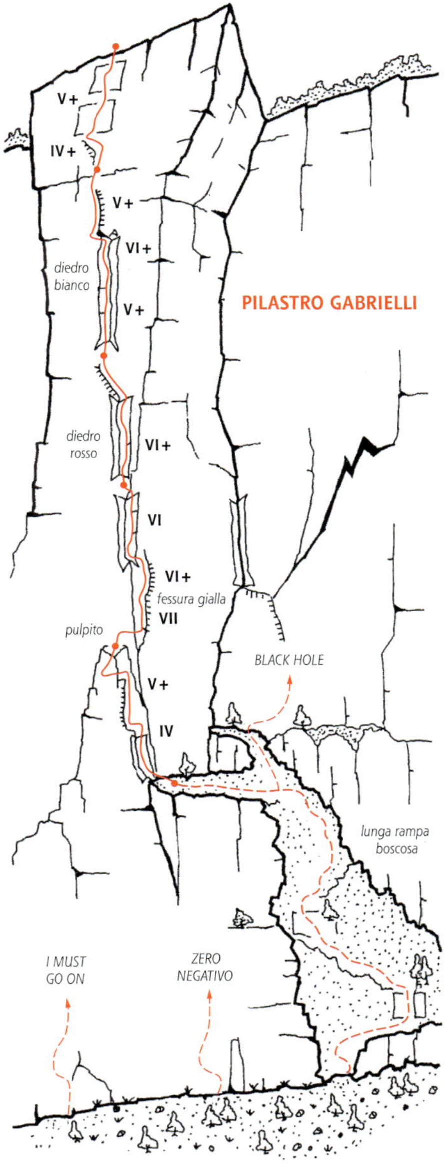

25 BLACK HOLE ★★★★★

G. Stenghel, M. Giordani 1979
250 m. (7L)
V+, VI+, con un tratto in A0/R3/II

Arrampicata in diedri e fessure di grande soddisfazione per l'ambiente in cui si svolge. Supera il marcato diedro a destra del pilastro. La roccia non è delle migliori e la chiodatura è molto precaria, ma l'esperienza alpinistica che se ne guadagna rende questa salita assolutamente consigliabile. Meravigliose sono le lame dei primi tiri.

Attacco: come per il "Pilastro Gabrielli", superare lo zoccolo fino alla base del diedrino grigio, superarlo con un breve passo di V, e guadagnare una comoda cengia. Attaccare a destra una stupenda fessura.

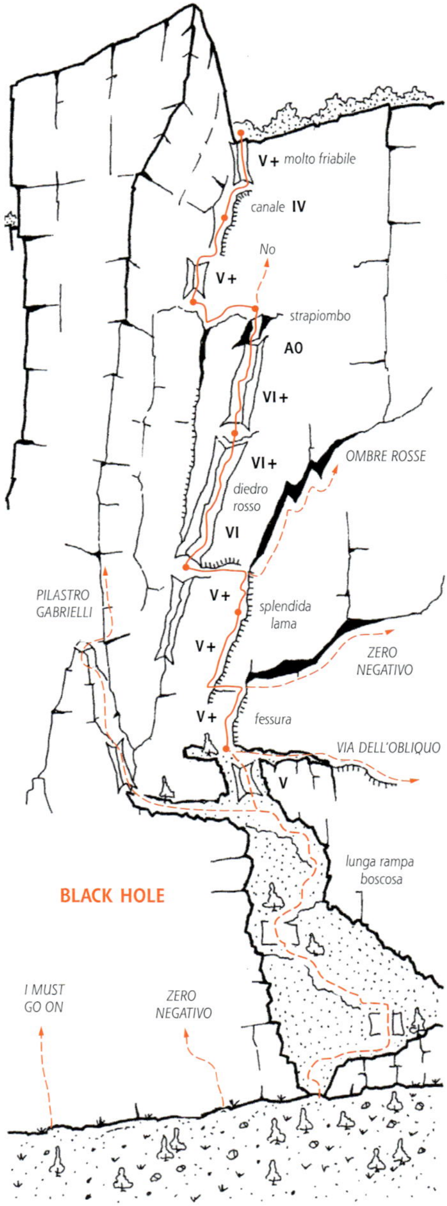

26 OMBRE ROSSE ★★★★★

M. Giordani, G. Manica, R. Manfrini 1984
300 m. (8L)
VI+, VII+/R3/III

Durissima, ma elegante e spettacolare salita. Dalla linea logica e molto ardita. Supera in arrampicata libera e con poche protezioni le grandi placconate a destra del "Pilastro Gabrielli". Un primo e difficile diedro rovescio porta nel cuore della parete, qui, con una spettacolare traversata in placca si guadagna una sequenza di diedri che portano fuori dalle difficoltà. Roccia ottima lungo tutto il percorso, tranne che negli ultimi tiri. Chiodatura precaria da integrare con stopper e friends.

Attacco: come per la via "Blach Hole", che ne ha in comune il primo tiro, poi continuare dritti per il lungo diedro strapiombante.

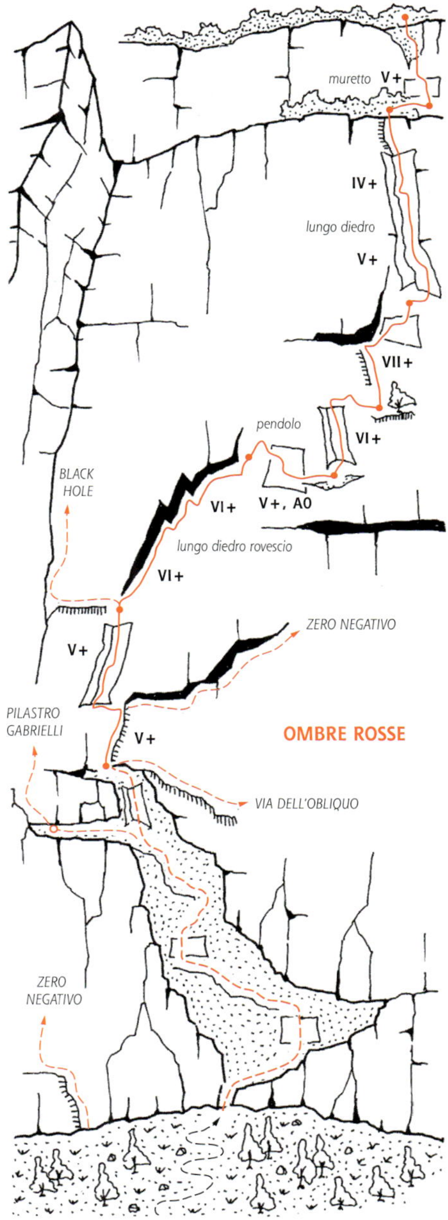

27 VIA DELL'OBLIQUO ★★★★

M. Giordani, F. Zenatti 1981
400 m. (10L)
V+, un passo di VI/R3/II

Itinerario caratteristico per la sua linea molto particolare. Segue una lunga spaccatura quasi orizzontale, che taglia la parete a destra del "Pilastro Gabrielli", tra lo zoccolo erboso e il grande lavagnone giallo. Anche se gran parte della salita si svolge lungo rampe erbose, vale veramente la pena ripetere questa via per il suo spettacolare ed esposto traverso.

Attacco: come per la via "Black Hole" fino alla comoda cengia. Iniziare il traverso erboso e ingombro di arbusti, percorrere un lungo tratto in discesa e attaccare appena possibile una fessura obliqua.

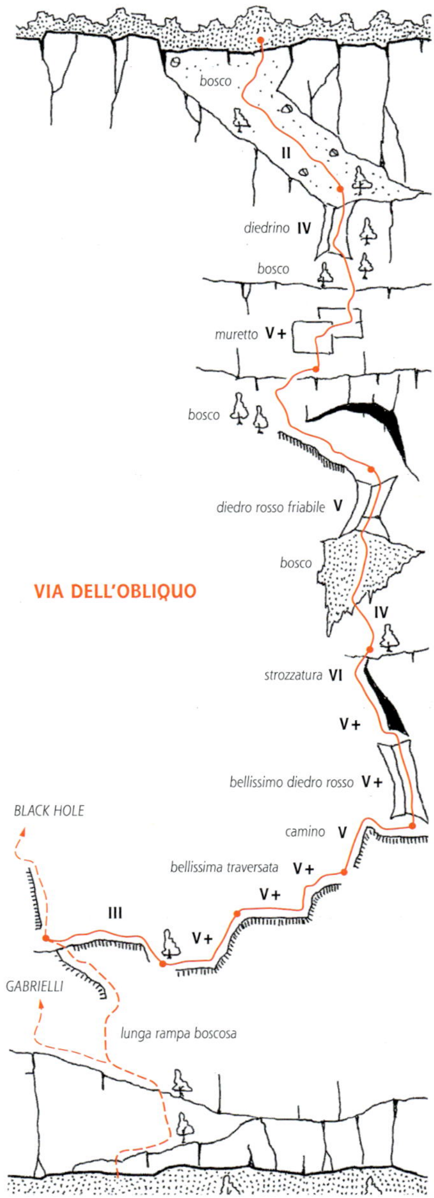

28 OXYGEN ★★★★★

I. Maghella, D. Bonaglia 2004
300 m. (8L)
6c, 7a, passi in A0 (6c obb.)/S2/II

Straordinaria arrampicata libera, tra le più belle e interessanti della Mandrea, molto consigliata. Arrampicata generalmente in placca, e spesso su magnifiche gocce. Entusiasmanti sono il quarto e il quinto tiro: placche verticali molto tecniche. Il sesto tiro inizia con una sequenza difficile e continua su prese verticali. Attenzione alla lunghezza finale: fessurina strapiombante sprotetta. Per la ripetizione servono almeno 17 rinvii e alcuni friend medio-piccoli, soprattutto per l'ultimo tiro. Può ritornare utile un gancio per superare un difficile passaggio nel primo tiro.

Attacco: circa 50 metri a destra del Pilastro Gabrielli, targa con nome su albero.

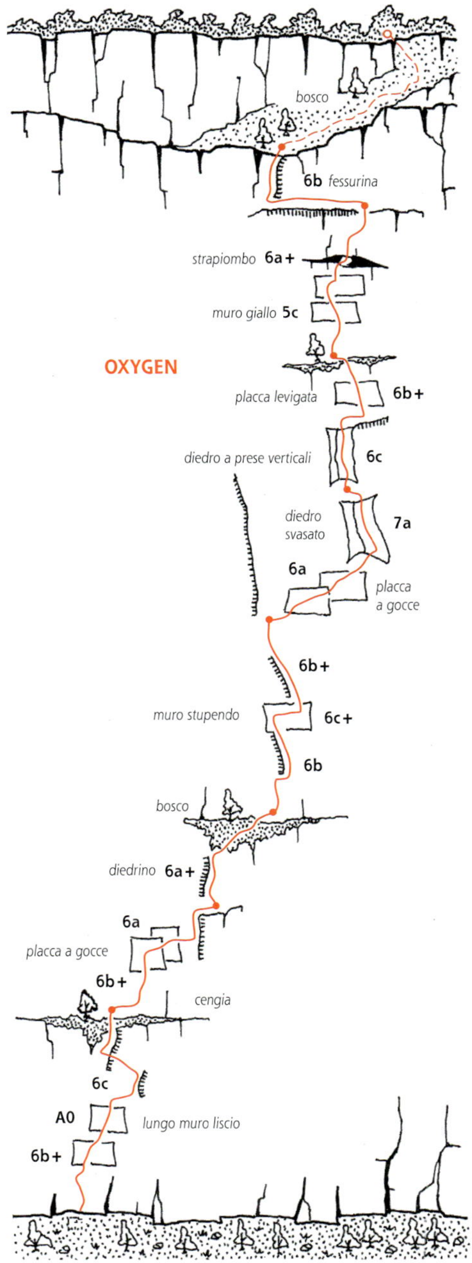

29 EXCALIBUR ★★★★★

T. Quecchia, F. Prati 1992
300 m. (11L)
VI+, A2/R3/III

Bella via che vince un pilastro verticale a destra della rampa-canale finale della "Via dell'Obliquo". Arrampicata varia e divertente. Chiodatura buona, di tipo tradizionale misto a spit, da integrare comunque con protezioni veloci. La roccia è generalmente buona, e a tratti ottima a gocce.

Attacco: sotto il grande strapiombo triangolare, leggermente a sinistra, due grossi blocchi nascondono un bel diedro rosso, (attacco via delle Fontane). Ancora più a sinistra una facile rampa porta direttamente ad una cengia alberata. Traversare tutta la cengia verso sinistra e attaccare la parete sotto la verticale di un tettino che si evita sulla destra per andare a prendere delle grosse lame.

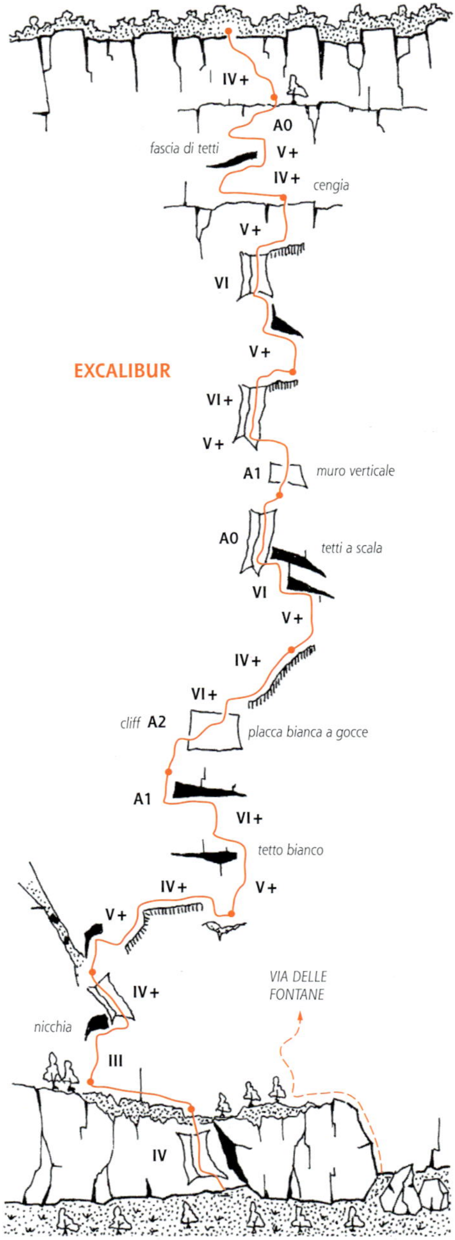

30 VIA DELLE FONTANE ★★★★★

M. Ischia, U. Ischia, F. Calzà 1975
300 m. (8L)
V+, VI+, A0/R3/II

Salita di stampo decisamente classico, tra le più vecchie e storiche vie della Valle. Supera un profondo e suggestivo camino ostruito qua e là da grossi blocchi. Arrampicata sempre divertente e su roccia solida, prestare un po' di attenzione solo ad uscire dal camino. La chiodatura è buona lungo tutto il percorso. A mio parere, questa via, è una vera "perla" della valle, assolutamente consigliata per l'ambiente in cui si svolge.

Attacco: sotto il grande strapiombo triangolare, leggermente a sinistra, attaccare un diedro rosso nascosto da due grossi blocchi.

30a VARIANTE KLIF KLOF ★★★★

S. Fruet, M. Cantaloni, C. Faes 1979
100 m. (3L)
V+, VI/R3

Bella e logica variante. Dalla terrazza alla base del caminone, salire a sinistra per una netta fessura grigia. Poi, con un altro tiro lungo un bel diedro si guadagna un terrazzo boscoso. Qui, con una delicata traversata a destra ci si ricollega alla via delle Fontane. Bella e divertente arrampicata lungo diedri e fessure su roccia buona.

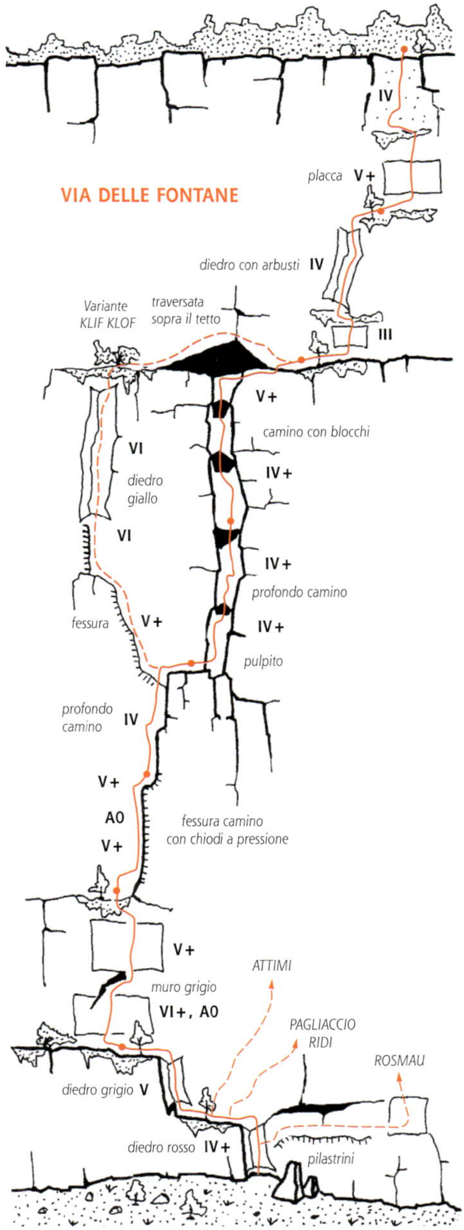

31 PAGLIACCIO RIDI ★★★

M. Avanzini, I. Maghella, V. Pasquali 1996
300 m. (12L)
6b+, 7a, con passi in A0 (6a obb.)/S1/II

Itinerario sportivo che come direttiva punta a quel bel pilastro grigio compreso tra i camini della via "Klif Klof" e della "Via delle Fontane". Arrampicata in placca bella e divertente nella parte bassa, molto sostenuta e in parte in A0 lungo il pilastro. Roccia in parte friabile nei tiri finali.

Attacco: come per la via delle Fontane. Superato il primo diedro rosso, attaccare direttamente la placca a destra.

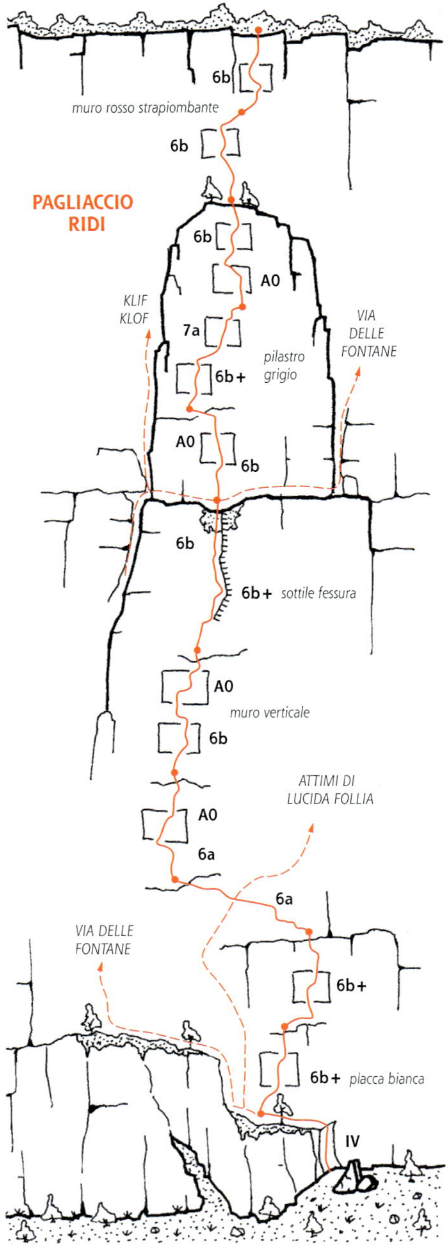

32 ATTIMI DI LUCIDA FOLLIA ★★★★

T. Quecchia, A. Tondi 1996

300 m. (12L)

VII+, A3/R3/III

Tra il profondo camino della via delle Fontane, e il grande strapiombo triangolare, una placconata grigia e verticale è solcata da un'ampio e netto diedro. Questo, da la direttiva alla salita. Itinerario difficile e sostenuto con difficoltà sportive elevate e tratti alpinistici da proteggere. Portare friends grandi, stopper e un paio di cliff per i passaggi più difficili.

La placca del 4° tiro, dopo il diedrino friabile, presenta un passaggio difficilmente liberabile e che obbliga ad un paio di difficili passaggi su cliff.

Attacco: appena a sinistra della Via delle Fontane, salire una placca lavorata: visibile un cordino in una clessidra. Si può evitare il primo tiro salendo dalla Via delle Fontane.

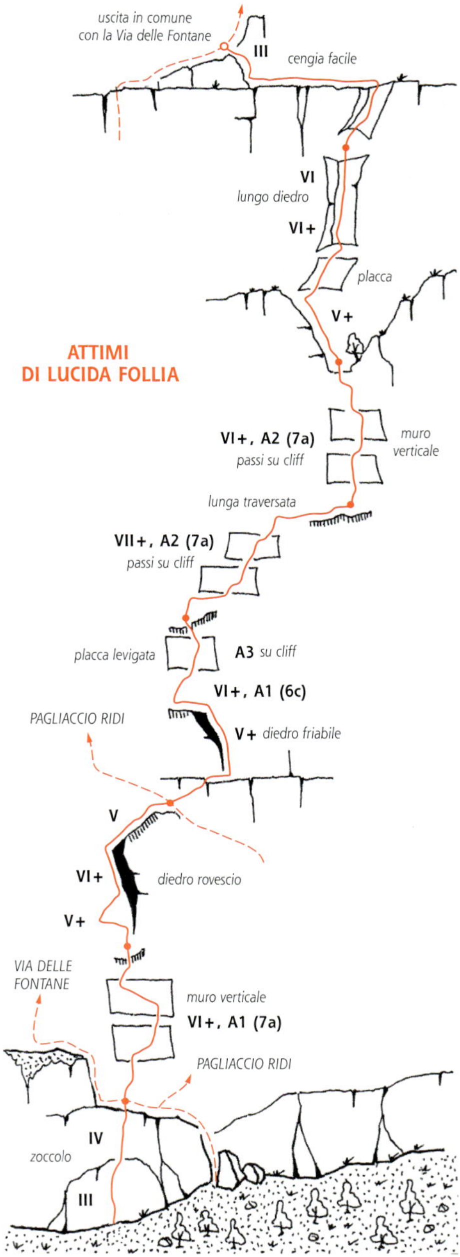

33 ROSMAU ★★★★★

M. Giordani, R. Manfrini 1982
350 m. (10L)
VI+, A2/R3/II

Itinerario molto vario e di grande soddisfazione. È un grande mix di placche verticali, strapiombi friabili e profondi camini. Il grande strapiombo triangolare è solcato nel suo lato destro da una serie di fessure e diedri strapiombanti. Questi, rappresentano il tratto chiave della salita dove si arrampica su roccia friabile con protezioni spesso insicure. Le prime placche, invece, offrono un'arrampicata stupenda mentre il profondo camino è qualcosa di veramente pauroso e suggestivo.

Attacco: sotto la verticale del grande strapiombo triangolare, attaccare per un diedro rosso nascosto da due grossi blocchi.

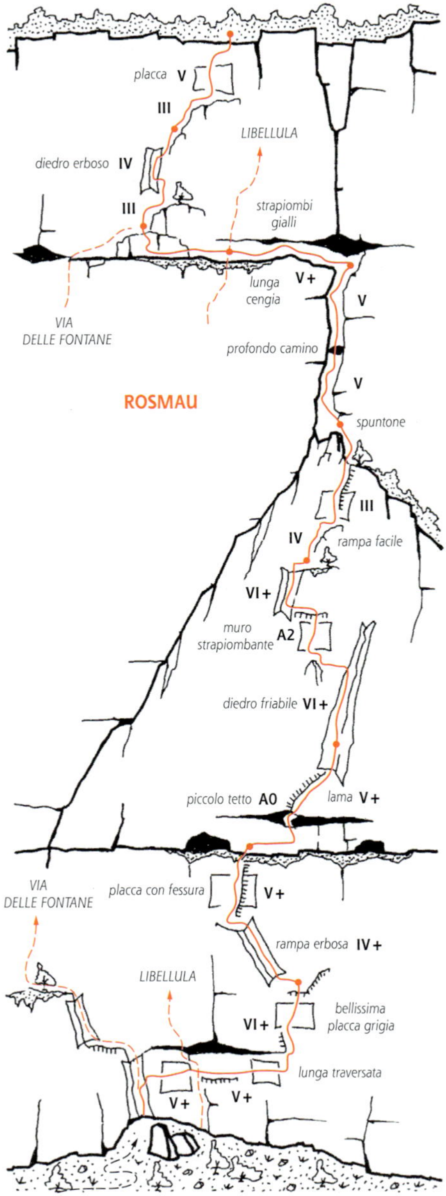

34 SULLE ALI DELLA LIBELLULA ★★★

D. Filippi, S. Bazzanella, M. Paoletto 2006
300 m. (9L)
A1, A2, IV+/R1/II

Salita molto esposta e spettacolare. Per gli amanti delle vie in artificiale e delle vie "stile Marampon". Supera direttamente il grande strapiombo triangolare compreso tra la Via delle Fontane e la Via Rosmau. Arrampicata prevalentemente su staffe, facile e divertente. Chiodatura ottima e ravvicinata a fix da 8 mm. Le prime due lunghezze superano dei muri verticali. Con le successive tre si vince il grande strapiombo con una sosta appesa nel vuoto molto scomoda. La seconda lunghezza sullo strapiombo è incredibilmente esposta e molto estetica. Con gli ultimi quattro tiri, con tratti in libera, si esce dalla parete. In questa ultima parte occorre prestare la massima attenzione: la parete è ingombra di vegetazione e massi instabili.

Attacco: sotto la verticale del grande strapiombo, pochi metri a destra dal diedro d'attacco della Via delle Fontane. Nome alla base.

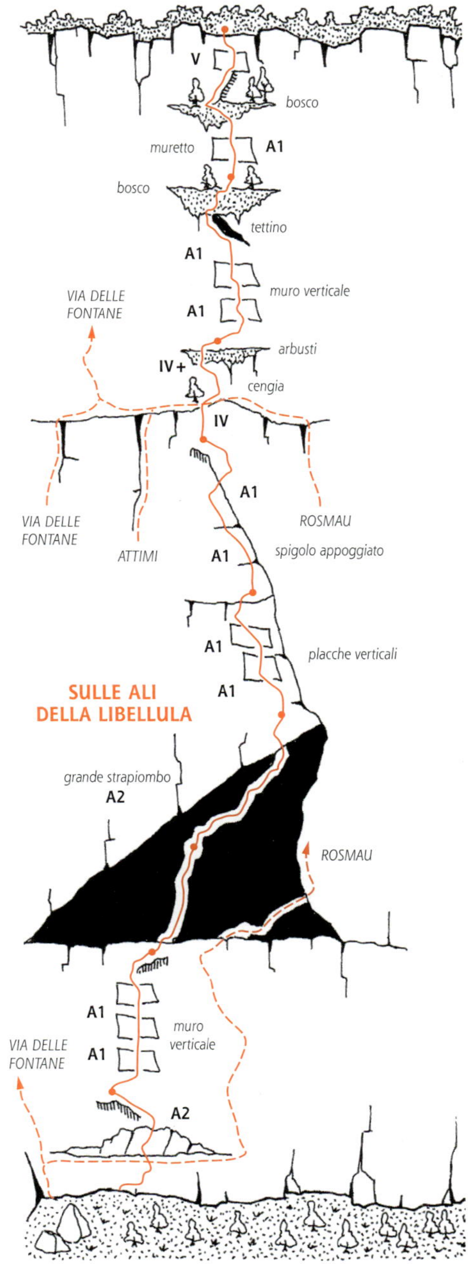

33 Mandrea Nord

Mandrea

0.30 h

1.00 h

400 m.

E

Questa vasta parete, che dal grande strapiombo triangolare della "Via Rosmau" corre verso nord, fino a chiudersi contro un poderoso pilastro, offre una bella serie di salite sportive. Qui, l'arrampicata è generalmente in placca, ma con tratti un po' erbosi. Questi itinerari sono lunghi e sicuri, immersi in un ambiente veramente originale e unico, dove regna tanta pace e silenzio. Sul pilastro che a nord chiude la parete, si sviluppano invece alcune salite alpinistiche di grande impegno ed estetica.

Accesso
Come per la Parete Centrale. Dalla stanga, seguire la stradina che passa sotto il "Pilastro Gabrielli" fino all'acquedotto. Entrare nel bosco e seguire le tracce di sentiero che si mantengono sempre vicino alle pareti.

Discesa
Usciti dalle vie, scendere attraverso il bosco fino ad incontrare una strada asfaltata. Seguirla verso sud, direzione Arco, per circa 200 metri. Qui, un sentiero si stacca sulla sinistra, scendere per questo fino ad un altro bivio. Scegliere ancora il sentiero di sinistra che con una bella camminata riporta sulla strada sterrata e quindi alla macchina.

35 IL SOLCO DELLA PESCA	**300 m.**
36 IL VOLO DELL'APE AZZURRA	**300 m.**
37 ROMANTICA	**300 m.**
38 SUDOMAGODO	**300 m.**
39 ULTIMO REGNO	**400 m.**
40 LE FIABE DI LAGHEL	**350 m.**
41 EGO TRIP	**300 m.**
42 CORRIDOIO NASCOSTO	**300 m.**
43 NATARAJ	**300 m.**
44 MOANA MON AMOUR	**300 m.**
45 ANDRÈ I COLO	**300 m.**
46 UOMINI NELLA NEBBIA	**300 m.**
47 SPECCHIO DI NARCISO	**350 m.**
48 SOLEADO	**350 m.**
49 FIORE DI CORALLO	**350 m.**
50 BONAGLIA MAGHELLA	**380 m.**
51 VIA DEI NAUFRAGHI	**400 m.**

42
41
40
39
38
39
38
37
36
35

35 IL SOLCO DELLA PESCA ★★★★
I. Maghella, D. Bonaglia 2004
300 m. (9L)
6b, 6c, A1 (6b+ obb. e A1 su cliff)/S3/II
Bellissima via, varia e divertente, che alterna tratti sportivi a sezioni decisamente alpinistiche. Dopo il primo lungo muro che si supera con due lunghezze su placche verticali e compatte, l'itinerario segue una linea quasi ininterrotta di diedri e sottili fessure. La roccia è ottima lungo tutto il percorso e la chiodatura è mista a chiodi normali e fix. Per la ripetizione possono tornare utili alcuni friend piccoli e qualche stopper medio. Eventualmente un cliff potrebbe servire per superare i difficili passaggi del primo tiro.
Attacco: oltrepassato l'acquedotto, appena a sinistra delle grande grotta. Targa all'attacco.

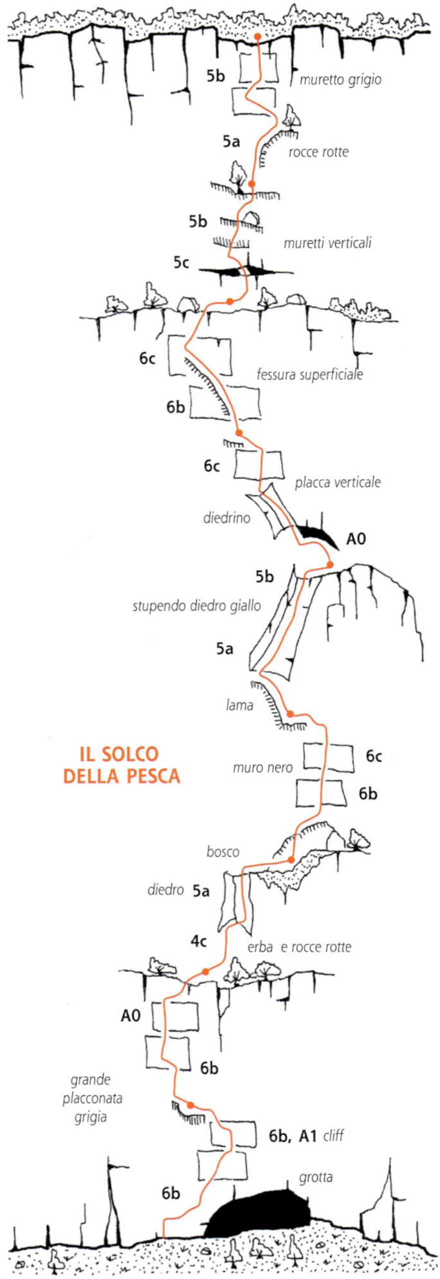

36 IL VOLO DELL'APE AZZURRA★★★

I. Maghella, D. Bonaglia 2005
300 m. (8L)
6c, A1 (6b+ obb.)/S3/II

Itinerario molto impegnativo per i difficili passaggi che propone in arrampicata libera e in artificiale. Quasi tutte le lunghezze sono molto belle: la roccia è generalmente buona e la chiodatura è sufficiente e varia a chiodi e fix. Il secondo tiro è caratterizzato da una placca verticale molto compatta, che si supera o con un difficile passo in libera o con un precario passaggio su cliff. Consigliate per questo tiro due staffe e due ganci. Attenzione al sesto tiro: dove si supera uno scabroso diedro giallo con blocchi instabili. Questa lunghezze è anche poco protetta e con tratti di roccia friabile. Bello e molto atletico il tetto finale.

Attacco: oltrepassato l'acquedotto, appena a destra delle grande grotta. Targa all'attacco.

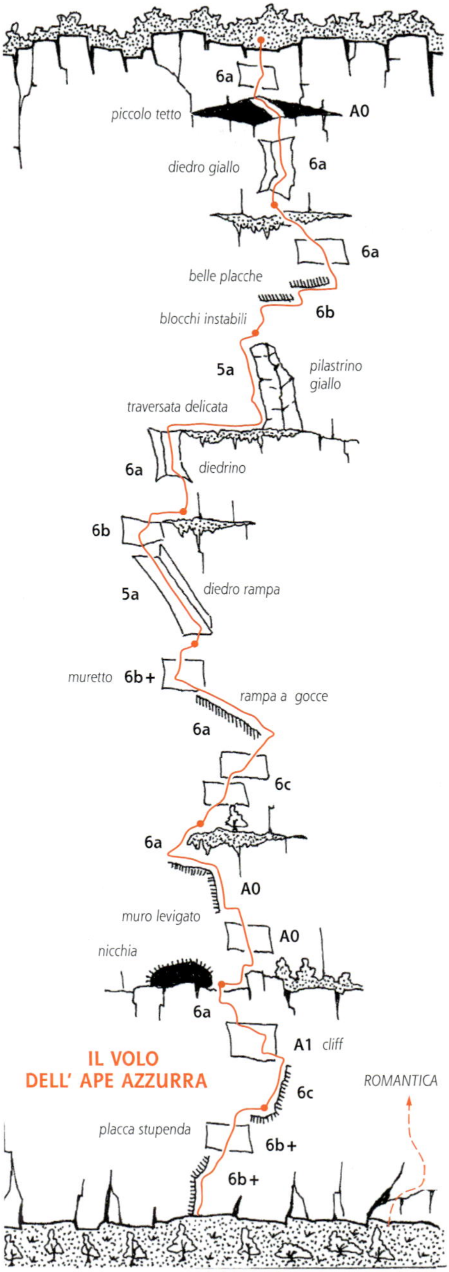

37 ROMANTICA ★★★★★

D. Filippi 1999

300 m. (12L)

6b,6c+ (5c obb.)/S1/II

Bellissima arrampicata, molto articolata e varia nei passaggi. Segue una bella linea di diedri, fessure e placche. Alcune lunghezze sono veramente straordinarie, come il primo diedro rovescio, o la lunghezza della placca strapiombante. Nel complesso una salita veramente divertente su roccia solida e con protezioni abbondanti. Conta già moltissime ripetizioni.

Attacco: dall'acquedotto, entrare nel bosco e dopo pochi metri rimontare a sinistra uno zoccoletto. Attaccare per uno strapiombino.

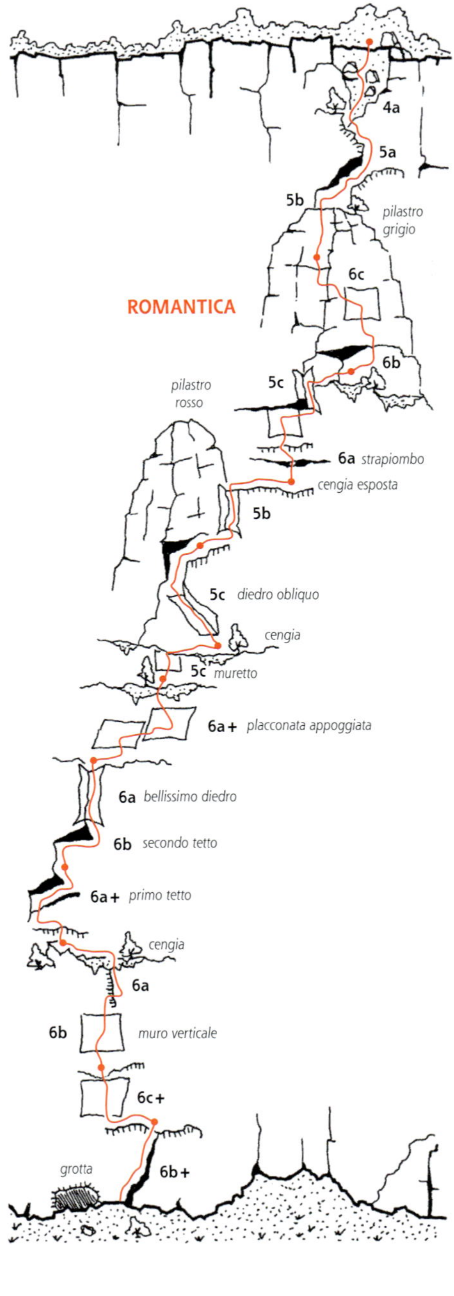

38 VIA SUDOMAGODO ★★★★

I. Maghella, M. Avanzini, D. Bonaglia 2003
300 m. (11L)
6c, 7a (6c obb. o A1 su cliff)/S1/II

Itinerario bello e spettacolare, divertente e molto continuo nelle difficoltà. L'itinerario è stato aperto dal basso, si sviluppa quindi lungo una linea molto logica ed elegante. La roccia è solida lungo tutto il percorso e la chiodatura è ottima a fix, anche se i tratti più facili sono attrezzati con dei chiodi normali. I passaggi più difficili, possono essere superati in artificiale con cliff in buchetti scavati.

Attacco: poco dopo l'attacco della via Romantica: targa all'attacco.

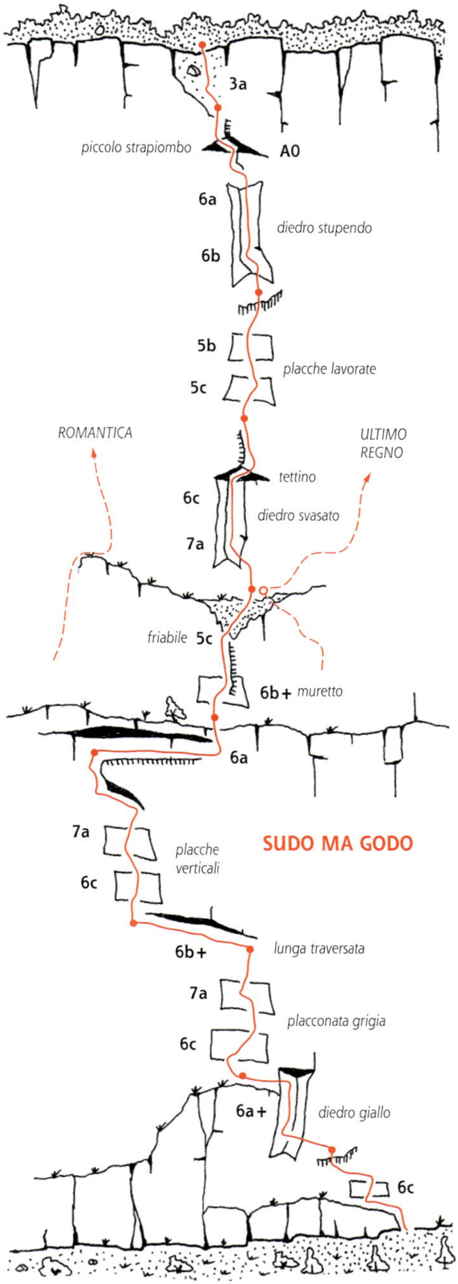

39 ULTIMO REGNO★★★

D. Filippi 2001
400 m. (16L)
7a, A0 (6b+ obb.)/S2/II

Salita divertente e caratteristica nei suoi lunghi traversi. Vince la parete zizzagando qua e là, sempre alla ricerca del punto più debole. La roccia solida, la chiodatura ottima e l'ambiente suggestivo rendono veramente consigliabile questa salita.

Attacco: come per la via Romantica. Continuare a seguire le tracce stando sempre vicini alla parete, fino ad un evidente diedrino con degli spit. Nome alla base.

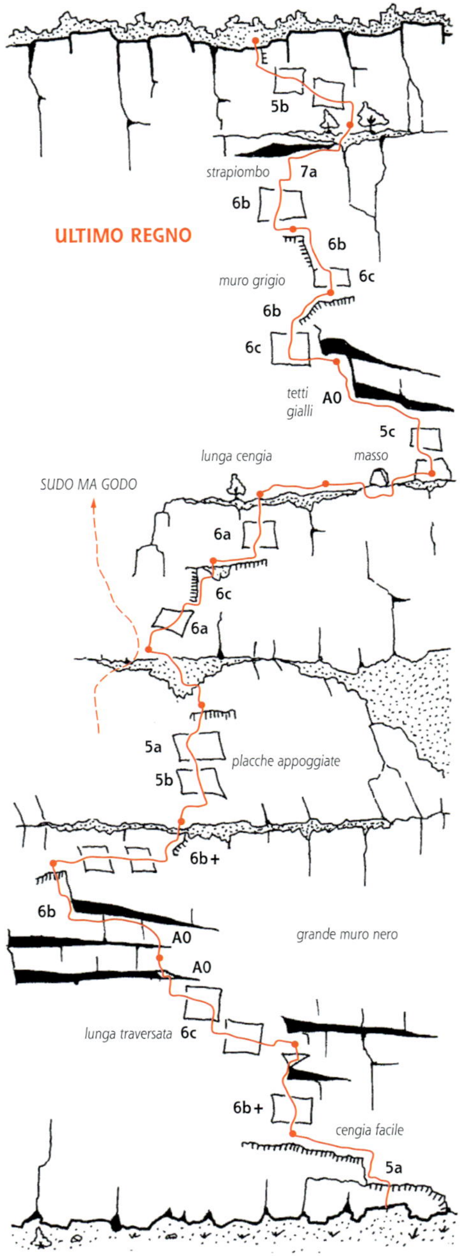

40 LE FIABE DI LAGHEL★★★

D. Filippi 2000
350 m. (11L)
6c+ (6b obb.)/S2/II

Arrampicata varia e divertente. Il terzo tiro supera un marcato tetto, dove sono consigliate due staffe. Le lunghezze centrali sono un po'erbose mentre quelle finali, a causa di un ambiente straordinario, offrono un'arrampicata di grande soddisfazione.

Attacco: come per la via Romantica e la via Ultimo Regno. Continuare a seguire le tracce stando sempre vicini alla parete, fino sotto la verticale di un lungo tetto. Attaccare per una bella placca grigia. Nome alla base.

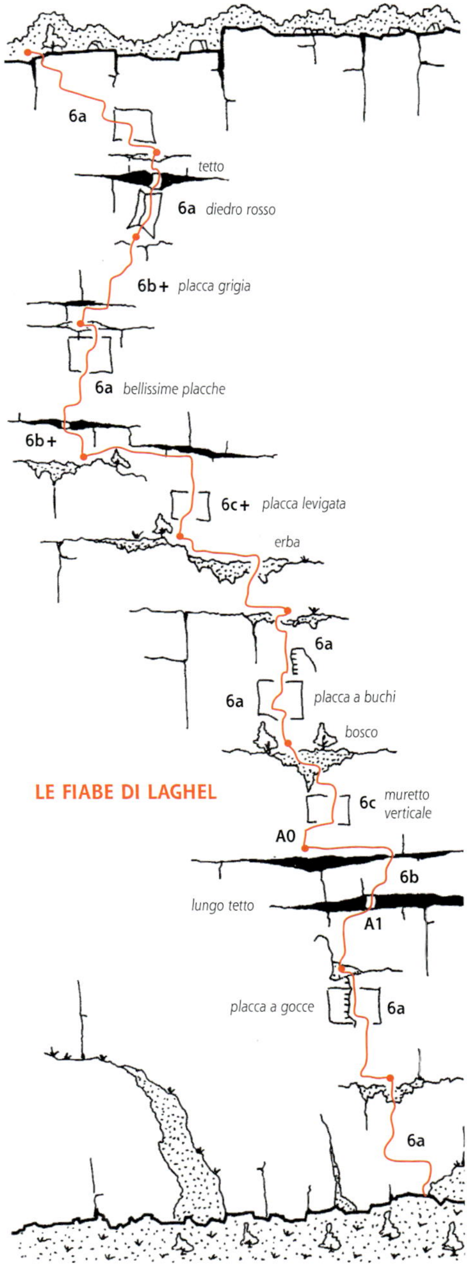

41 EGO TRIP★★★★

D. Filippi 2004
300 m. (10L)
6b+ (6a obb.)/S1/II

Questa salita si svolge in una zona dove la parete è particolarmente adagiata. Tutte le lunghezze sono comunque belle e divertenti, ad eccezione del terzo tiro: erboso e con uno strapiombino difficile. La via segue sempre una linea logica attraverso grandi placconate grigie. La roccia ottima e la chiodatura ravvicinata a fix rendono la salita consigliata e meritevole. La grande placconata della penultima lunghezza, è forse uno dei più bei tiri della Mandrea.

Attacco: nome alla base. La via attacca in comune alla Fiabe di Laghel ma al secondo fix traversa a destra.

42
43
44
45
46

42 CORRIDOIO NASCOSTO★★★

D. Filippi 2006
300 m. (9L)
6a, 6c (6a obb.)/S1/II

Tra le vie Ego Trip e Nataraj, la parete è ingombra di vegetazione. Tuttavia è stato possibile tracciare questa via seguendo un stretto corridoio di rocce pulite. L'itinerario segue, salvo qualche breve tratto, placconate solide e compatte, e non oppone difficoltà particolari. Può risultare una bella salita se non si è troppo infastiditi dalla presenza di alcuni arbusti o da qualche sasso mobile. La chiodatura è ottima e ravvicinata a fix, e alcune lunghezze sono particolarmente belle ed esposte come l'ultimo tiro.

Attacco: circa 80 m. dopo l'attacco della via Ego Trip. Nome alla base.

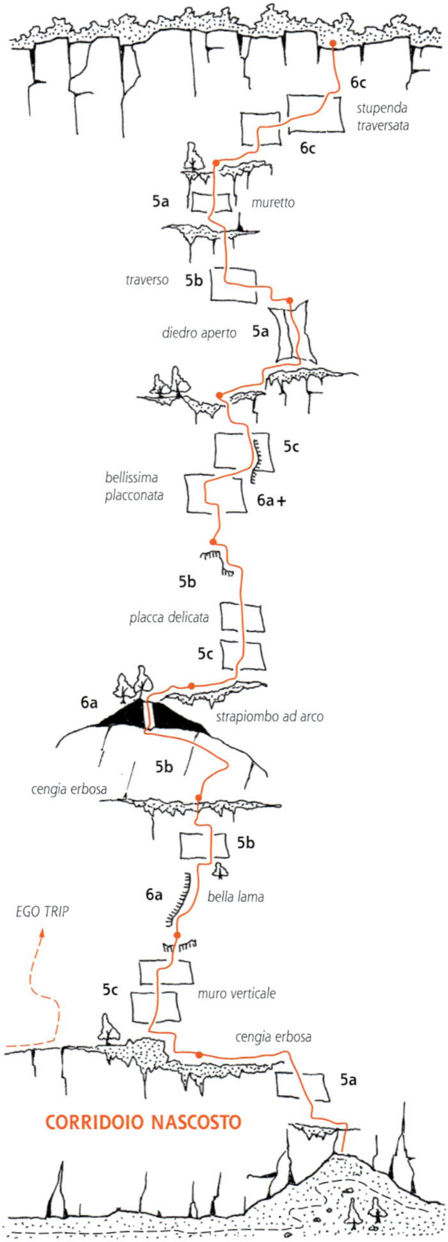

43 VIA NATARAJ ★★★★

D. Filippi 2003
300 m. (11L)
6a, 6c (6a obb.)/S1/II

L'arrampicata classica in diedri e fessure è la caratteristica principale di questo itinerario. Le difficoltà non sono mai estreme e la chiodatura è sempre ottima. Alcuni brevissimi tratti possono risultare delicati per la qualità della roccia. Molto belli sono le lunghezze centrali lungo diedri verticali ed atletici.

Attacco: Come per Fiabe di Laghel, seguire il sentiero a bolli rossi, quando il sentiero inizia a scendere ripido, rimontare uno zoccoletto alla base di un'evidente diedro. Nome alla base.

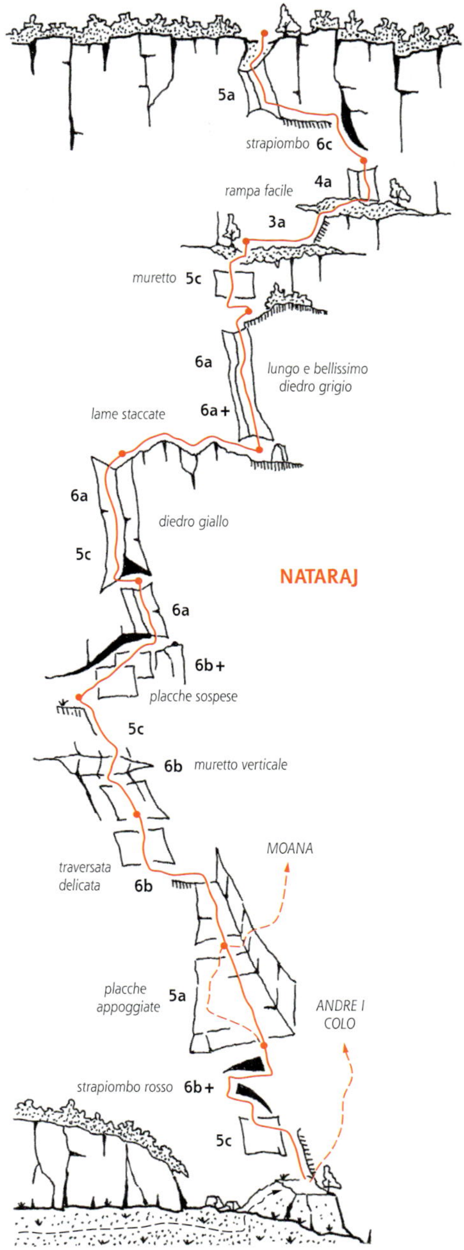

44 MOANA MON AMOUR★★★★★

R. Galvagni, D. Filippi 2004
300 m. (12L)
6a, 7a+, passi in A0 (6b obb.)/S1/II

Questo itinerario supera l'evidente e slanciato pilastro tra le Vie Nataraj e Uomini della nebbia. Stupenda arrampicata, generalmente in placca. Alcuni tiri molto belli e caratteristici lungo diedri e fessure rendono la salita decisamente divertente. Peccato che nella parte alta, un tiro quasi tutto in A0 (7c), disturba il ritmo dell'arrampicata.

Attacco: in comune con la via Nataraj. Dopo il primo tiro, seguire a sinistra gli spit rossi in placca.

45 ANDRÈ I COLO★★★★

P. Calzà 2006
300 m. (9L)
6b, 6c+, A1 (6c obb.)/S3/III

Questo itinerario sale lo stretto corridoio compreso tra le vie Moana e Uomini nella Nebbia. L'arrampicata, generalmente in placca e su roccia magnifica, è sempre entusiasmante, sostenuta e con difficoltà obbligatorie. Necessaria, su questo itinerario, una buona padronanza del grado 7a. Su molti passaggi difficili le protezioni sono lontane ed è difficile integrare con protezioni veloci.

Attacco: in comune con la via Nataraj, salire l'evidente fessura-diedro che sale sulla destra.

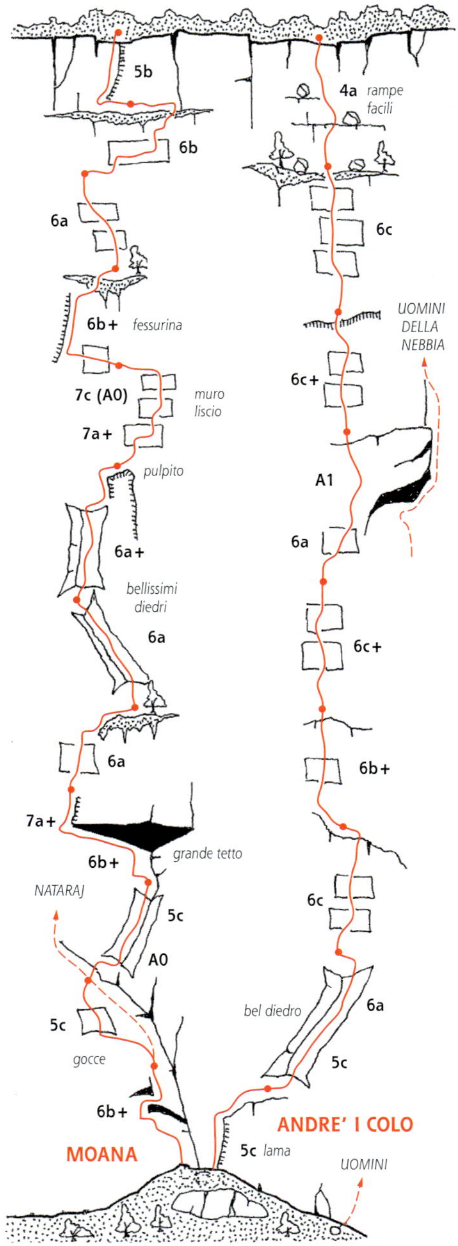

46 UOMINI DELLA NEBBIA★★★★

I. Maghella, M. Avanzini, D. Bonaglia 1998
300 m. (11L)
6c, 7a, A1 (6b+ obb.)/S2/II

Bella salita che vince un poderoso spallone con un'arrampicata sempre bella e divertente. Le lunghezze centrali sono entusiasmanti, e una forte esposizione caratterizza il superamento dei rossi strapiombi. Bell'itinerario assolutamente consigliato.

Attacco: come per le vie precedenti, continuare a traversare alla base della parete fin quando non inizia a scendere. Individuare un netto diedro con targa all'attacco.

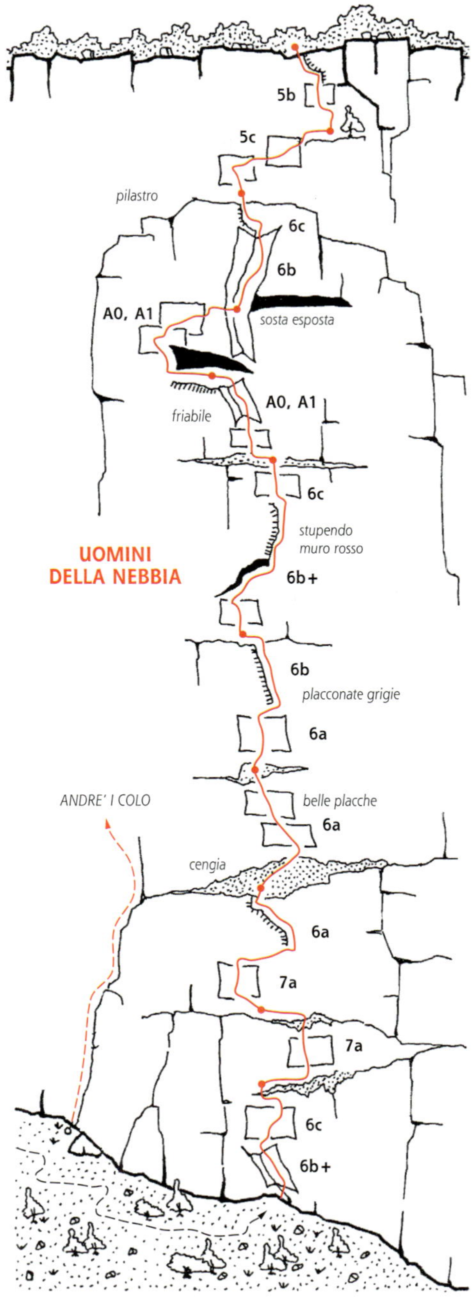

47 SPECCHIO DI NARCISIO★★★
M. Pegoretti, E. Covi, M. Cagol 1983
350 m. (11L)
V+, VI+/R3/III

Questa salita dalle caratteristiche strettamente esplorative, sale quel gran diedro-rampa formato dall'incontro della parete est della Mandrea con la parete del pilastro dove corrono le vie Soleado e Fiore di Corallo. L'itinerario presenta un'arrampicata decisamente classica e molto varia lungo placche, fessure e diedri. Le lunghezze centrali possono essere evitate rimanendo nella boscaglia, che sale parallela e a lato dell'itinerario. I diedri rossi superiori, offrono un'arrampicata elegante e su roccia magnifica, solo per queste lunghezze l'itinerario merita di essere ripetuto. In alto, al termine delle difficoltà, una traversata a sinistra porta all'ultimo friabile salto, che si supera dove si presenta più solido e accessibile, oppure, ancora più a sinistra, per l'ultimo tiro di Uomini nella nebbia. Lungo l'itinerario sono possibili comunque numerose varianti. La roccia, salvo brevi tratti, è generalmente buona. La chiodatura è decisamente scarsa: portare stopper, friend, martello e chiodi.

Attacco: salire la prima lunghezza di Soleado. Continuare ancora per Soleado e quando i fix vanno in placca a destra, seguire l'arco rovescio che obliqua a sinistra.

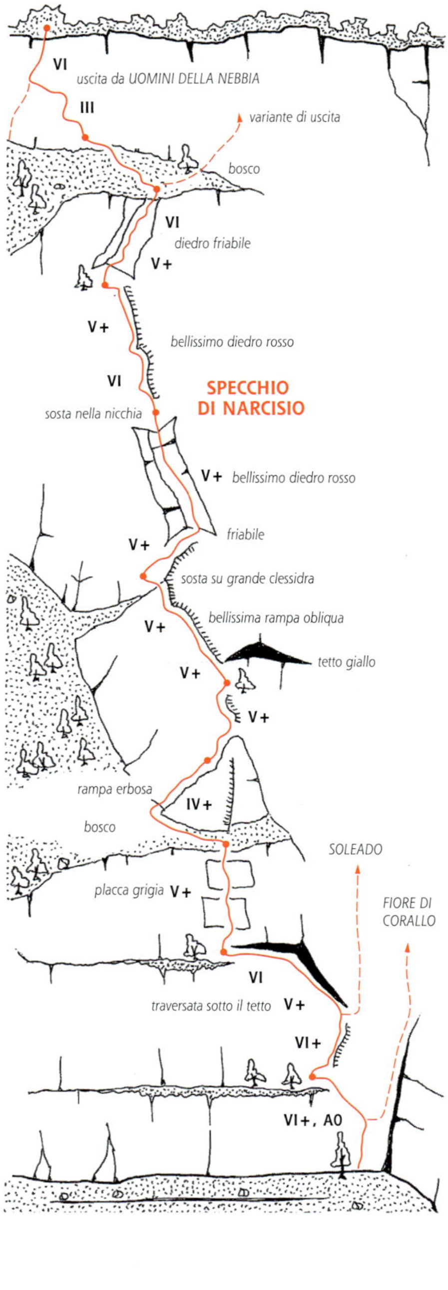

48
47
49
50
51

48 SOLEADO★★★★★

S. Banal, D. Filippi 2004
350 m. (14L)
6c, 7a, passi in A0 (6b obb.)/S2/II

Soleado corre parallela e vicina alla fantastica Fiore di Corallo. Questa grande parete è caratterizzata soprattutto da rocce gialle e strapiombanti. Soleado segue con elegante logica, una incredibile sequenza, quasi ininterrotta, di fessure e diedri. L'arrampicata che ne risulta è superba! Sempre esposta, atletica e continua. La roccia è solida e la chiodatura è ottima e ravvicinata a fix. Peccato per un unico tiro, circa a metà parete, dove si supera uno strapiombo difficile e con roccia mediocre. Superato questa lunghezza, la via continua lungo i fantastici diedri finali. Alla fine, per i più esigenti, è possibile uscire seguendo una difficile variante. Soleado si pone cosi come uno degli itinerari più belli, sostenuti e interessanti della Mandrea.

Attacco: in comune con la via Fiore di Corallo. Saliti sull'alberello, seguire i fix verso sinistra.

48a MIMOVARIANTE

S. Banal (Mimo) 2004
40 m. 7b+, 7c

Variante diretta che permette di evitare gli ultimi due tiri facili di Soleado. Tiro elegante lungo uno strapiombo di forza e resistenza.

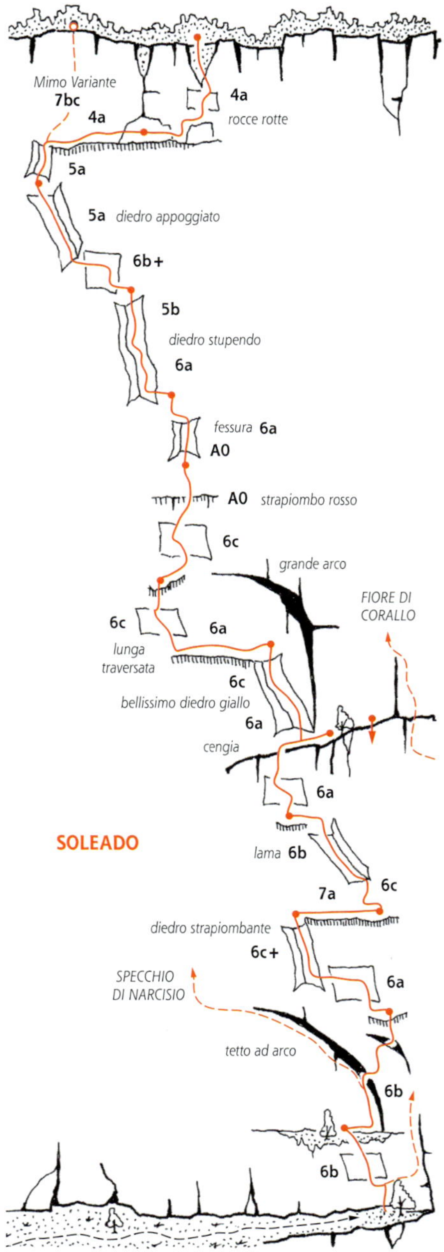

49 FIORE DI CORALLO★★★★★

M. Giordani, F. Zenatti, G. Manica 1983
350 m. (10L)
VI+, VII, passi in A0/R4/III

Di certo uno dei capolavori della Valle. Itinerario fantastico, lungo una incredibile e logica sequenza di fessure e diedri strapiombanti. Roccia ottima lungo tutto il percorso. Difficoltà molto elevate e sostenute, soprattutto in alcuni tratti dove non è possibile proteggersi adeguatamente.

È opportuno, per questa via, il sapersi muovere con disinvoltura su gradi superiori al VI+.

Attacco: dal parcheggio, dopo aver attraversato in quota, la base di tutta la parete, il sentiero inizia a scendere. Sfruttare ora delle cenge erbose, che attraverso delle placche rocciose portano alla base del grande diedro. A circa 5 metri dal fondo del diedro, attaccare una placca nera aiutandosi con un alberello con cordini. Visibili dei chiodi. (attacco in comune anche con Soleado e Specchio di Narciso)

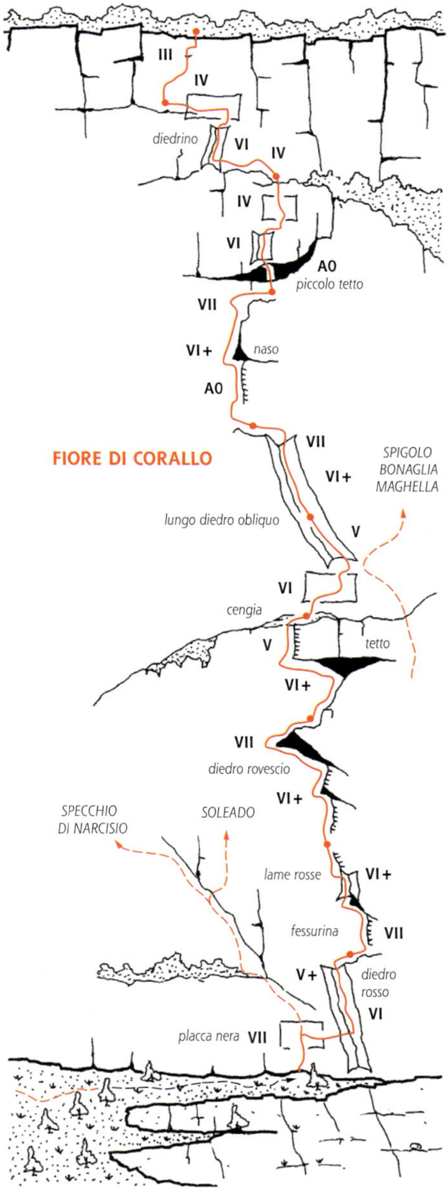

50 SPIGOLO BONAGLIA MAGHELLA

★★★★★

D. Bonaglia, I. Maghella 2008

380 m. (13L)

VI+,VII+, A1/R2/III

Straordinario ed elegante itinerario, decisamente consigliato, capolavoro della cordata Maghella – Bonaglia. Molto impegnativo, segue il verticale ed esposto spigolo del pilastro a destra di Fiore di Corallo. L'arrampicata, sempre sostenuta ed atletica, è prevalentemente in libera e su roccia magnifica. La chiodatura è buona e sufficiente, perlopiù a chiodi normali e con alcuni fix, i tratti in fessura sono però da integrare con qualche friend. Le lunghezze più impegnative si possono superare in A0, e una staffa potrebbe ritornare utile nel superamento della placca strapiombante dell'ottavo tiro. Sebbene sia un itinerario ben attrezzato, tenere presente che la difficoltà obbligatoria si aggira intorno al VII su chiodi normali. Necessaria la padronanza del grado e una buona resistenza fisica, data la lunghezza della via e la continuità delle difficoltà. Alcune lunghezze, come la prima, sono molto articolate, attenzione a gestire bene gli attriti delle corde. Discesa in doppia dalla via possibile ma problematica.

Attacco: poco a destra di Fiore di Corallo

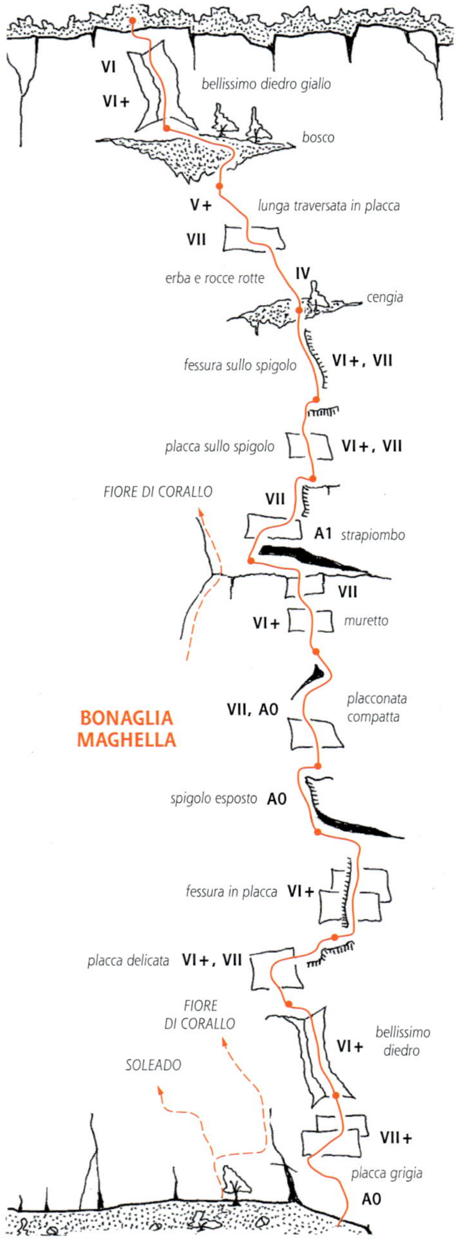

51 VIA DEI NAUFRAGHI★★★

D. Sebastiani, M. Cestari 1988
400 m. (16L)
V+, VI, A0/R3/III

Salita alpinisticamente molto interessante. Questa linea ardita affronta i grandi tetti della parete est del pilastro, per poi evitarli in maniera logica ed elegante. La roccia è buona ma la chiodatura praticamente assente. La prima parte della salita è molto divertente, mentre la seconda assume un aspetto tipicamente esplorativo per i frequenti tratti lungo boschetti e rocce rotte.

Attacco: dall'attacco di Fiore di Corallo, abbassarsi ancora e attaccare per un ampio diedro grigio oltre lo spigolo.

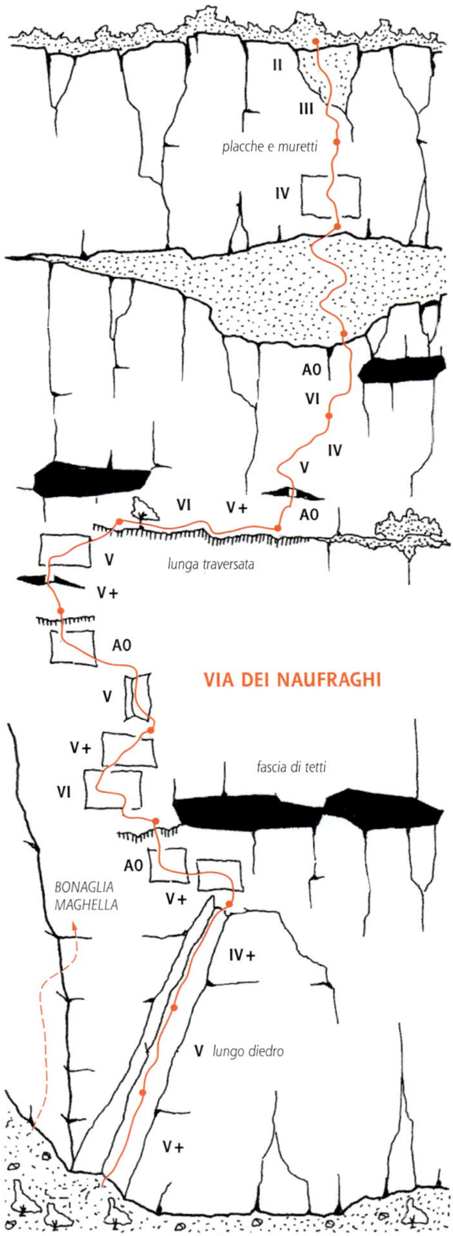

Monte Colt – San Paolo

MONTE COLT
SAN PAOLO

34 PARETE CENTRALE
35 MURO DI OCEANIA
36 PARETE SCONOSCIUTA
37 CROCE DI CENIGA
38 PARETE DI SAN PAOLO

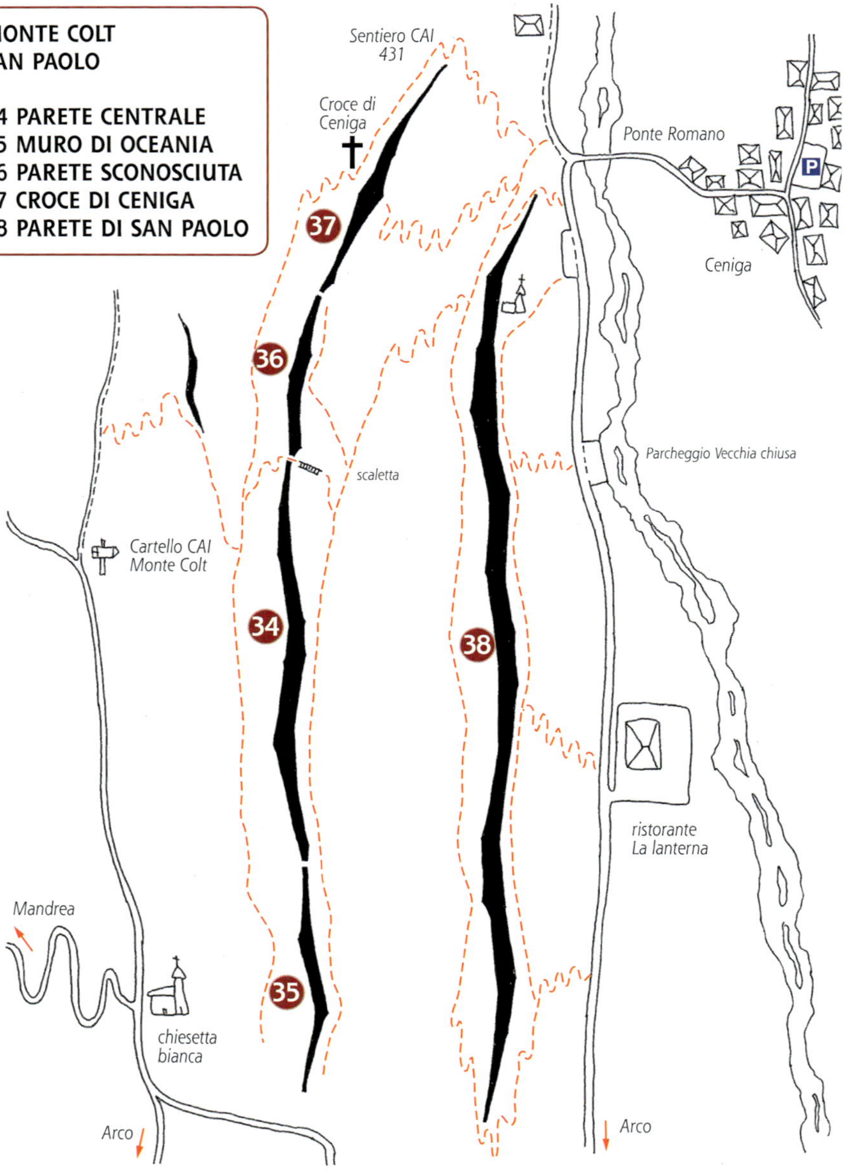

Tra la lunga barriera rocciosa della Mandrea e la Valle del Sarca, corre una modesta dorsale montuosa. Questa dorsale, le cui cime principali sono il Monte Colodri e il Monte Colt, offre verso la valle pareti non molto alte, ma verticali e decisamente interessanti. Il Monte Colt, se verso le pareti della Mandrea si presenta come una collinetta boscosa, verso valle precipita verticale con due balze rocciose separate da un'ampia e pianeggiante fascia boscosa. Il primo salto, quello superiore, è quello che si intende per la Parete Est di Monte Colt, mentre quello inferiore è conosciuto come Parete di San Paolo dove negli ultimi anni sono stati tracciati numerosi ed interessanti itinerari sportivi.

MONTE COLT – SAN PAOLO

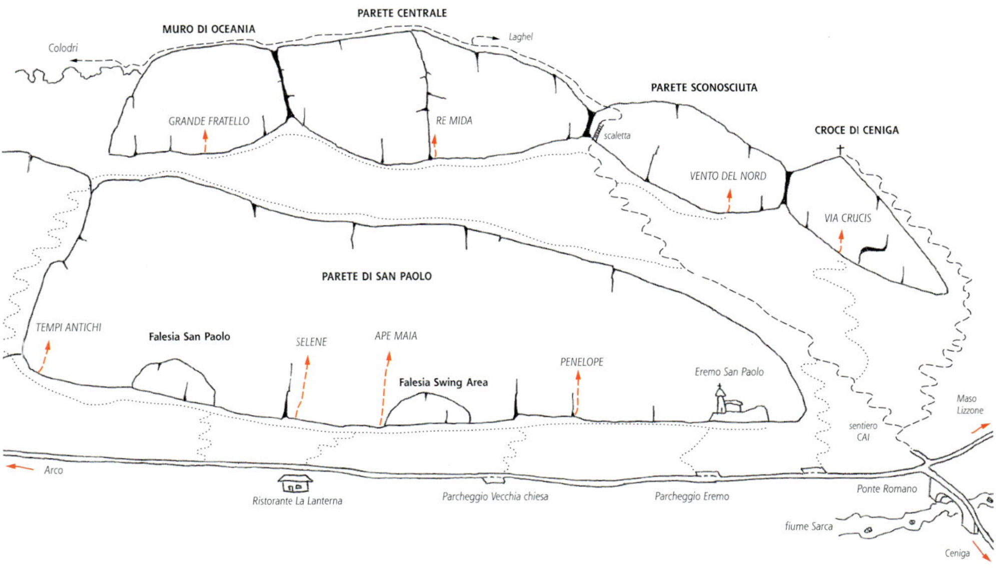

34 Parete Centrale

Monte Colt – San Paolo

0.40 h

0.30 h

150 m.

E

È praticamente una grande falesia con vie a più tiri. Tutte le vie sono fantastiche, molto divertenti e di grande soddisfazione. La roccia è sempre ottima e la chiodatura è abbondante a fix. È insomma un piccolo paradiso, soprattutto per l'ambiente tranquillo e silenzioso in cui è immerso. Inoltre l'avvicinamento e il ritorno molto comodi fanno di questo settore uno dei più frequentati della valle. Ottimo per le mezze giornate o durante la stagione invernale. Il primo esploratore di queste pareti fu, ancora una volta, Giuliano Stenghel che negli anni '80 aprì alcune interessanti itinerari. In seguito questa parete venne abbandonata. Poi, con il nuovo concetto dell'arrampicata sportiva venne riscoperto il suo reale potenziale. Il merito di questo va a Giuseppe Mantovani che, con un grande lavoro di chiodatura e pulizia, creò una serie incredibile di piccoli gioielli. Quasi tutti gli attacchi sono segnati con targhette o scritte.

Accesso
Da Arco seguire le indicazioni per Laghel. Dopo un tornante nell'uliveto si giunge ad un bivio con una chiesetta bianca. Continuare dritti per alcuni chilometri fino a un piccolo parcheggio sulla destra con cartelli escursionistici CAI per il Monte Colt. Prendere il sentiero, e giunti sulla dorsale seguire il bivio che scende a destra, verso la valle del Sarca. Dopo un tratto attrezzato con cordini e scaletta, traversare a destra fin sotto la parete.

Discesa
Usciti dalle vie, attraverso il bosco, in breve si raggiunge il sentiero che riporta al parcheggio.

Luca Pilati, *Via Flavia*, Monte Colt *(arch. Pilati)* →

1 L'ARCA DI NOÈ	80 m.
2 LA VIA DI TOMMY	90 m.
3 BIBO CLIMBING	90 m.
4 PERLA NERA	100 m.
5 VENTO CALDO DEL SUD	120 m.
6 ZIO PAPERONE	120 m.
7 X FILES	120 m.
8 2 SERPENTI	120 m.
9 TREDICESIMA LUNA	120 m.
10 CAMINO STENGHEL	120 m.
11 CERCANDO UNA STENGHEL	120 m.
12 NEMESI	120 m.
13 FUGA PER LA LIBERTA'	120 m.
14 GRILLO	120 m.
15 IL LATO ATTIVO DELL'INFINITO	140 m.
16 RE MIDA	150 m.
17 DA PORTALEDGE A PERTALEDGE	150 m.
18 NOVE DITA	120 m.
19 LA CICOGNA	120 m.
20 PASSEGGERI NEL TEMPO	120 m.
21 AUSTRITALIA	120 m.
22 VIA FLAVIA	150 m.
23 VIA LATTEA	120 m.

10
11
12
13
14
15
16
17
18
19
20
21
22
23
A

1 L'ARCA DI NOÈ ★★★
G. Mantovani 1995
80 m. (3L)
7a (6a obb.)/S1/I
Questa via è l'ultima a sinistra del settore a monotiri. Attacca in un bel diedro. Corto e violento il passaggio per superare il tetto del 3° tiro.

2 LA VIA DI TOMMY ★★★
A. Damioli 2006
90 m. (3L)
6b, A1 (6a obb.)/S1/I
Itinerario bello e divertente su roccia fantastica. Fantastiche sono la prima e l'ultima lunghezza, mentre il tiro centrale propone un'arrampicata molto difficile in libera (7b?) oppure molto faticosa in A0. Attacca appena a sinistra della via L'Arca di Noè.

3 BIBO CLIMBING ★★★★
A. Damioli 2006
90 m. (3L)
6a, 6b+ (6a obb.)/S1/I
Spettacolare arrampicata lungo bellissimi muri

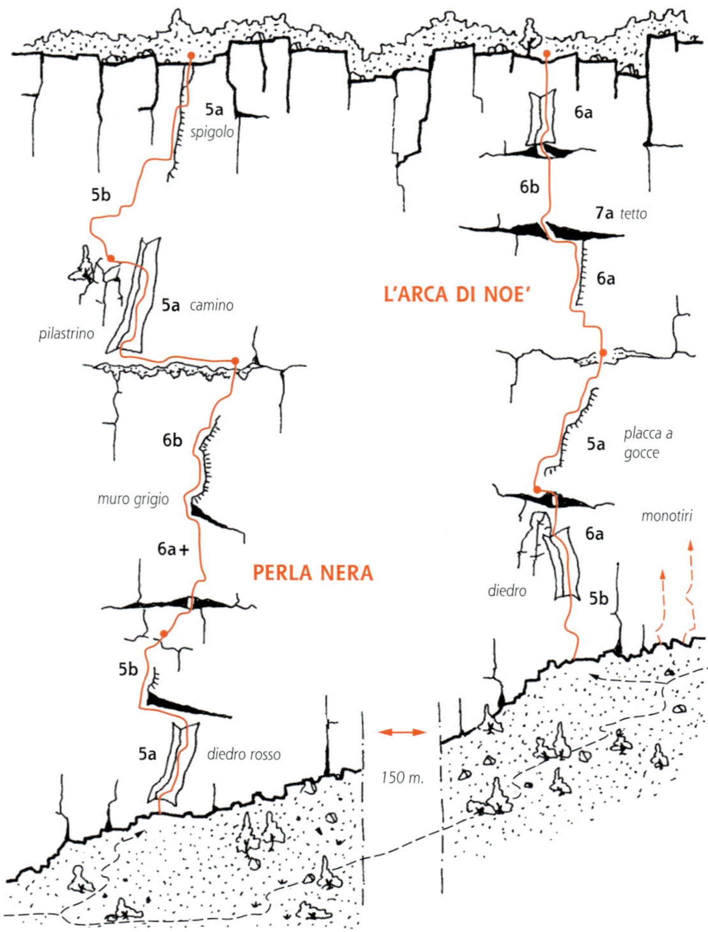

verticali e ben appigliati. Roccia fantastica e chiodatura ottima. Attacca appena a sinistra della Via di Tommy, nome alla base.

3a VARIANTI BIBO CLIMBING 2 e LOST

A. Damioli 2006
60 m. (3L)
Belle varianti di uscita alla via Bibo Climbing. Roccia ottima e chiodatura ravvicinata.

4 PERLA NERA ★★★★★

G. Mantovani 1998
100 m. (4L)
6b (5c obb.)/S1/I
Oltrepassato il settore a monotiri è la prima che si trova sulla destra. Bella, facile e divertente. Stupendo il muro grigio del 2° tiro.

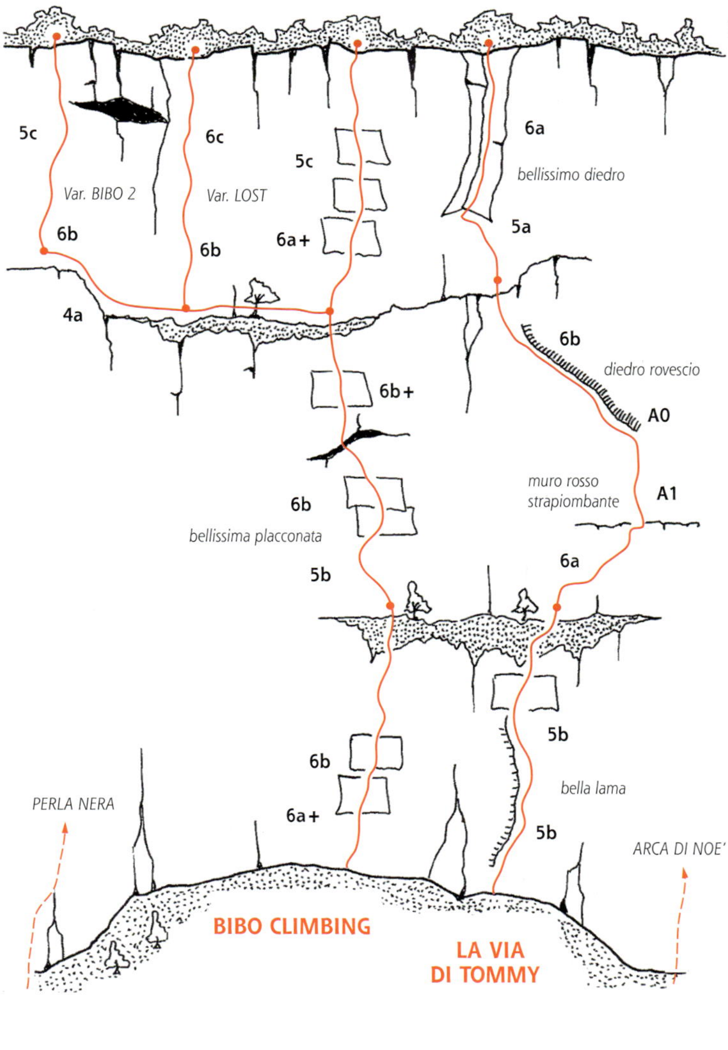

5 VENTO CALDO DEL SUD ★★★
G. Mantovani 1995
120 m. (4L)
6c (5c obb.)/S1/I
Una delle prime vie aperte. Molto caratteristica per un profondo camino. Decisamente tecnico il muro finale.

6 ZIO PAPERONE ★★★
G. Mantovani 1997
120 m. (4L)
6b+, 6c (5c obb.)/S1/I
Bella via anche se in partenza presenta un tratto un po' friabile. Fantastica è l'ultima lunghezza. Attacca appena a sinistra di "Vento caldo del Sud".

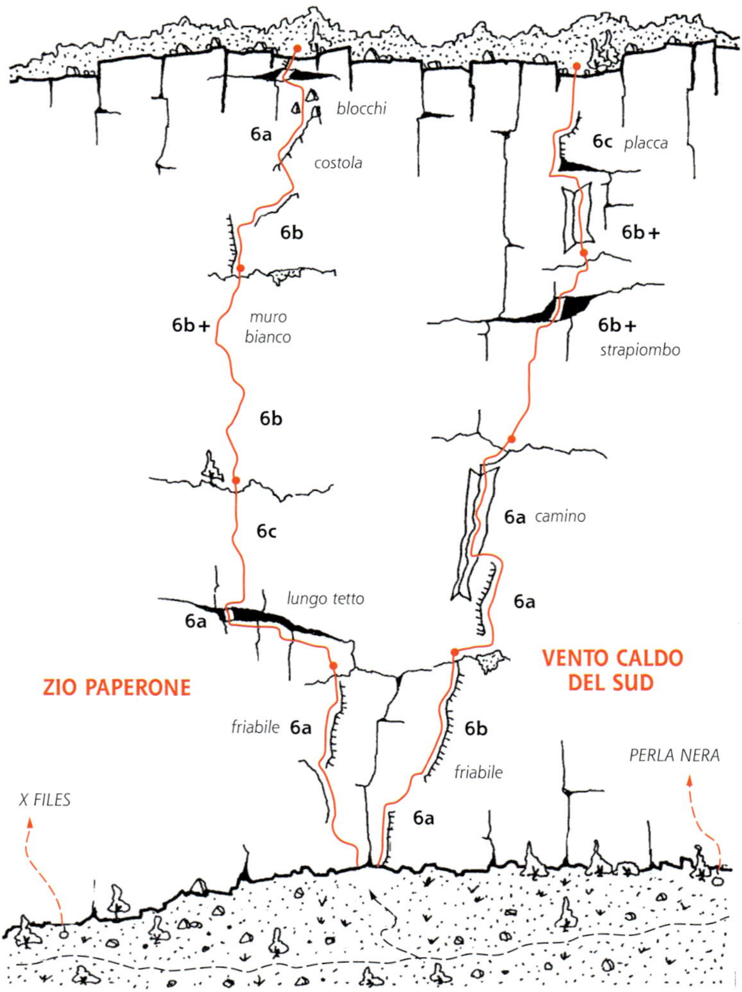

7 X FILES★★★
G. Mantovani 1996
120 m. (4L)
6b+ (5c obb.)/S1/I
Difficile fessura strapiombante in partenza. Poi bella e divertente arrampicata. Molto divertente il superamento del tetto nell'ultimo tiro.

8 DUE SERPENTI★★★★
Primi salitori ignoti
120 m. (3L)
6c (6b obb.)/S1/I
Difficile placca in partenza, poi entusiasmante arrampicata su meravigliose placche a gocce. È tra le più belle vie della parete.

9 TREDICESIMA LUNA★★★★★
G. Mantovani 1996
120 m. (4L)
6b (5c obb.)/S1/I
Tra le più belle e facili di tutta la parete. Bellissima è la seconda lunghezza. Passaggio molto tecnico sulla placca dell'ultimo tiro.

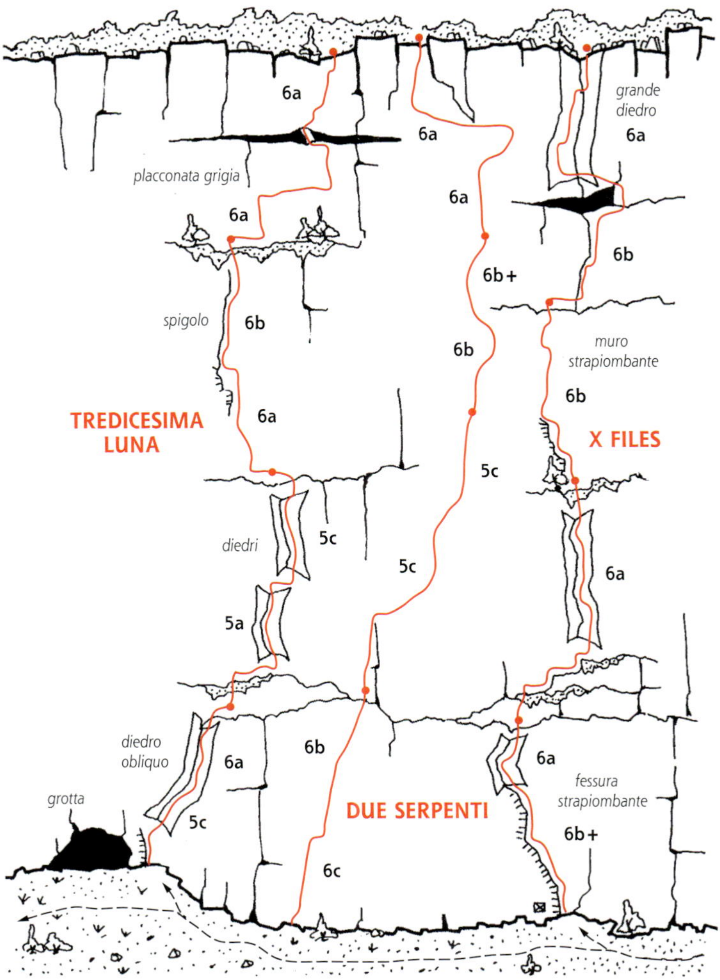

10 CAMINO STENGHEL ★★★
G. Stenghel, F. Sartori 1982
120 m. (3L)
V+, VI, un passo VI+/R3/I
Dopo la prima lunghezza erbosa e friabile, la via si insinua in un meraviglioso camino rosso, con roccia fantastica e arrampicata divertente. Anche se breve, questa via è molto consigliata agli alpinisti. Portare una serie di friend. **Attacco:** appena a destra della via Nemesi salire un canale.

11 CERCANDO UNA STENGHEL ★★★
D. Filippi, L. Pilati 2012
120 m. (4L)
V+, VI+, un passo A1/R3/I
Questa via supera il profondo camino compreso tra il Pilastro Nemesi e il Camino Stenghel. Itinerario bello e alpinisticamente molto interessante. Arrampicata difficile ma divertente lungo stretti camini strapiombanti. **Attacco:** la prima lunghezza è in comune al Camino Stenghel.

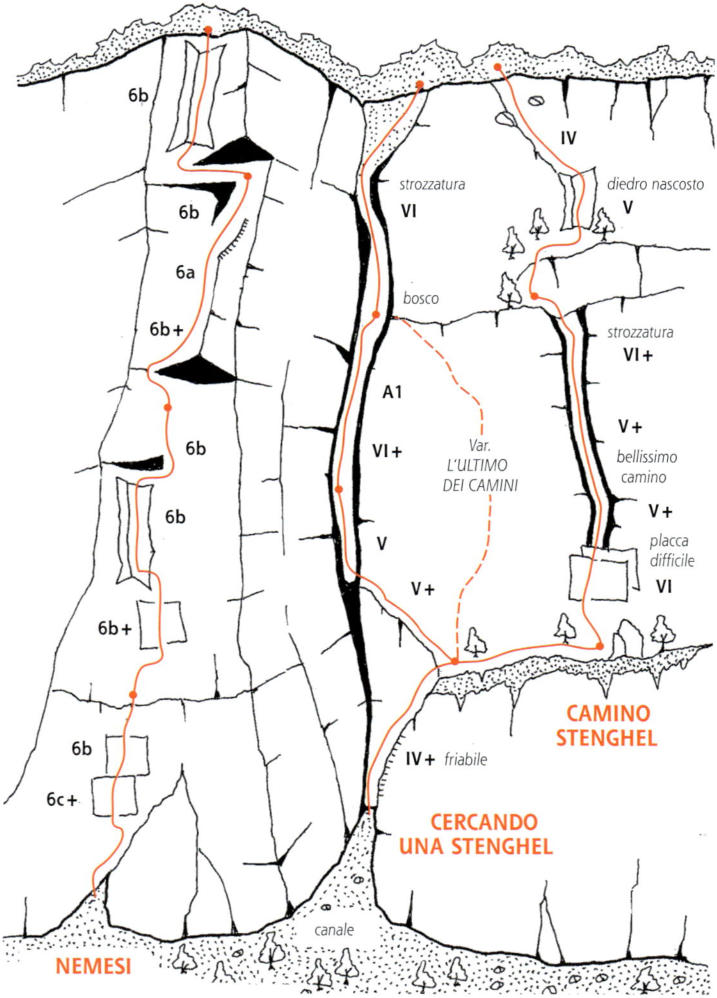

11a VARIANTE L'ULTIMO DEI CAMINI ★★★
D. Filippi, L. Pilati, F. Demetri 2012
60 m. (2L)
V+, VI, un tratto A1/R3/I
Con questa variante, alpinisticamente interessante, si supera un camino strapiombante, friabile e molto repulsivo. Progressione sicura con chiodatura buona a chiodi a pressione e fix. Utili friend nella prima lunghezza.

12 NEMESI ★★★★★
G. Mantovani 1996
120 m. (4L)
6b+, 6c+ (5c obb.)/S1/I
Di certo la più bella e spettacolare di tutta la parete. Sale lungo lo spigolo di un evidente e slanciato pilastro. Il 3° tiro è indimenticabile...

13 FUGA PER LA LIBERTA' ★★★
D. Mabboni 1998
120 m. (4L)
7b+ (6c obb.)/S1/I
Difficile arrampicata lungo placche verticali e strapiombanti. Molto tecnico il 3° tiro dove occorre molta decisione e slancio.

14 GRILLO ★★
D. Depretto, M. Eisendle 1998
120 m. (4L)
6c+ (6a obb.)/S1/I
Arrampicata molto caratteristica per la varietà dei passaggi. Roccia a tratti un po' insicura. Occorre un po' di coraggio per superare la lama rossa del 2° tiro.

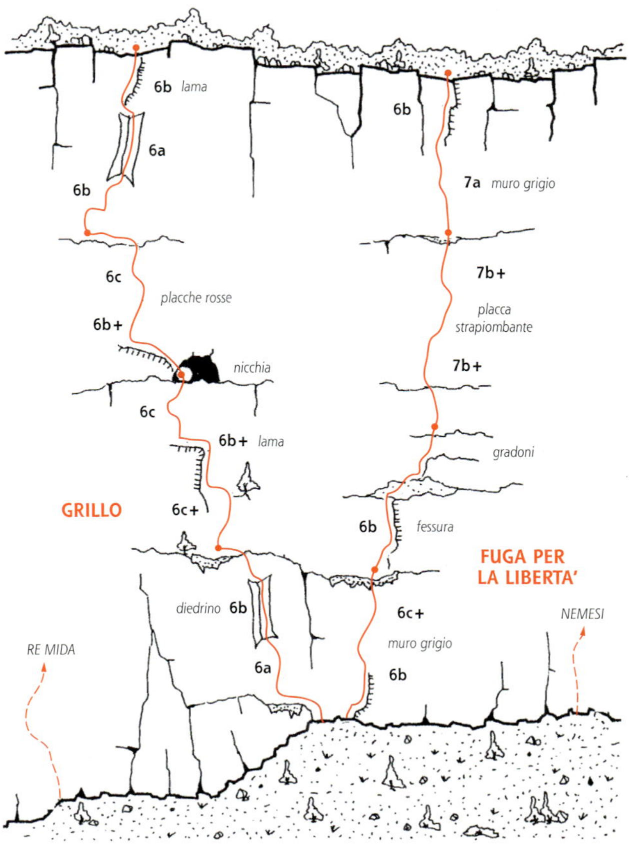

15 IL LATO ATTIVO DELL'INFINITO ★★★

A. Damioli, M. Camparini 2010
140 m. (5L)
6a, 6c, A1 (6a obb.)/S1/I

Itinerario dalle caratteristiche molto simili alla via vicina via Portaledge. La prima parte della via sale attraverso lavagne gialle e leggermente strapiombanti, mentre la seconda parte segue placche grigie molto lavorate a gocce. La chiodatura è ottima e abbondante a fix, e permette sia una difficile arrampicata libera (con difficoltà decisamente alte) oppure una facile e divertente arrampicata artificiale.

Attacco: nome alla base.

16 RE MIDA ★★★

G. Mantovani 1996
150 m. (6L)
7b (6b obb.)/S1/I

Bella arrampicata con alcuni difficili tratti. Sale quel poderoso ed evidente pilastrone rosso al centro della parete.

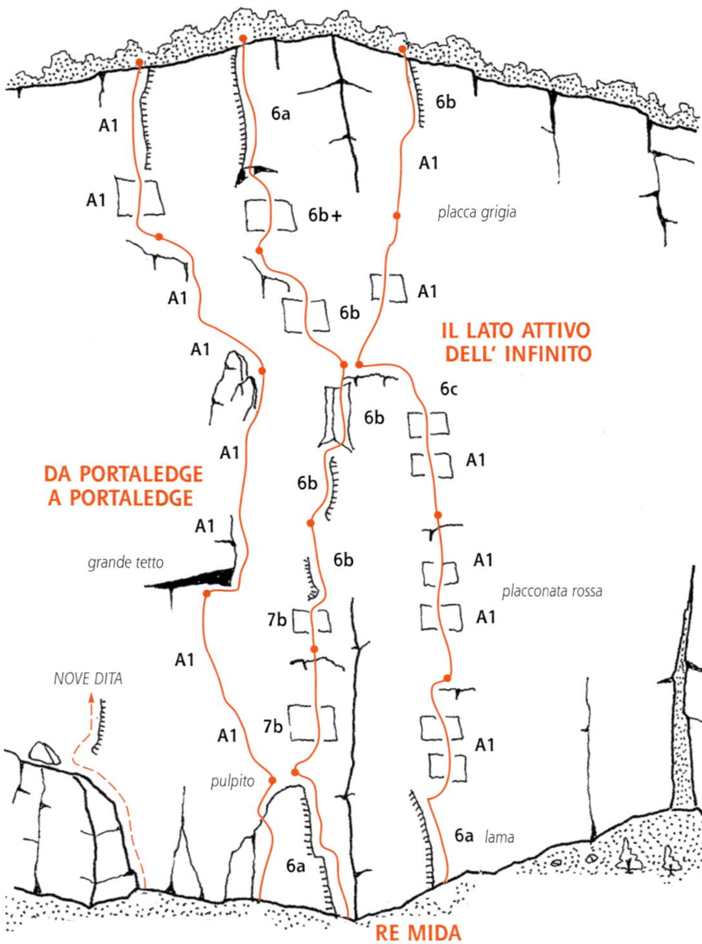

17 DA PORTALEDGE A PORTALEDGE★★★★

A. Damioli, M. Camparini 2009
150 m. (7L)
6a, A1 (6a obb.)/S1/I

Bellissima arrampicata mista, libera e artificiale, lungo placconate leggermente strapiombanti. La roccia è sempre ottima e la chiodatura abbondante e ravvicinata a fix. Sale parallela e vicina alla via Re Mida. Questa via, data la ravvicinata chiodatura, può anche essere superata completamente in arrampicata artificiale con difficoltà di A1. Anche in questo caso risulta essere una bellissima salita, lungo lavagne verticali e strapiombanti, ottima come prima esperienza nell'utilizzo delle staffe.

Attacco: nome alla base.

18 NOVE DITA★

G. Mantovani 1997
120 m. (4L)
7b (6b obb.)/S1/I

Via discontinua e poco divertente. Molto impegnativa è la fessura strapiombante del secondo tiro. L'ultima lunghezza ripercorre una via tradizionale.

19 LA CICOGNA★

N. Tarolli 1997
120 m. (4L)
6c, A0 (6b obb.)/S1/I

Via discontinua e poco divertente. Molto difficile la placca strapiombante iniziale. Chiodatura un po' lunga nel resto della via.

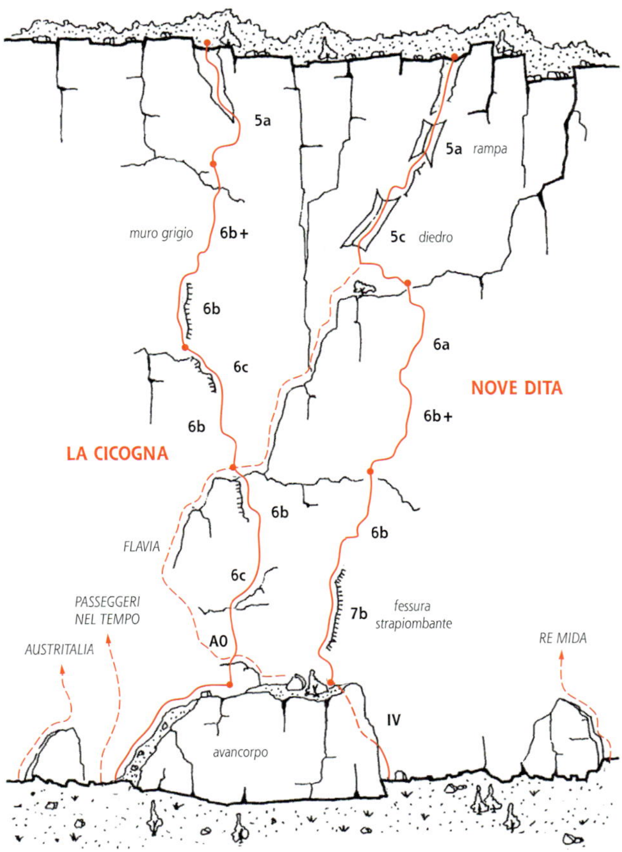

20 PASSEGGERI NEL TEMPO ★★★
A. Mustoni, M. Panteghini 1996
120 m. (4L)
7b (6b obb.)/S1/I
Bella e divertente arrampicata in placca. Stupende le lunghezze centrali, dove i muri verticali richiedono molta tecnica e movimento.

21 AUSTRITALIA ★
N. Tarolli 1997
120 m. (4L)
7b (6b obb.)/S1/I
Via discontinua e poco divertente. Ripercorre in parte la via tradizionale "Diego Monelli". Bella la placca dell'ultimo tiro.

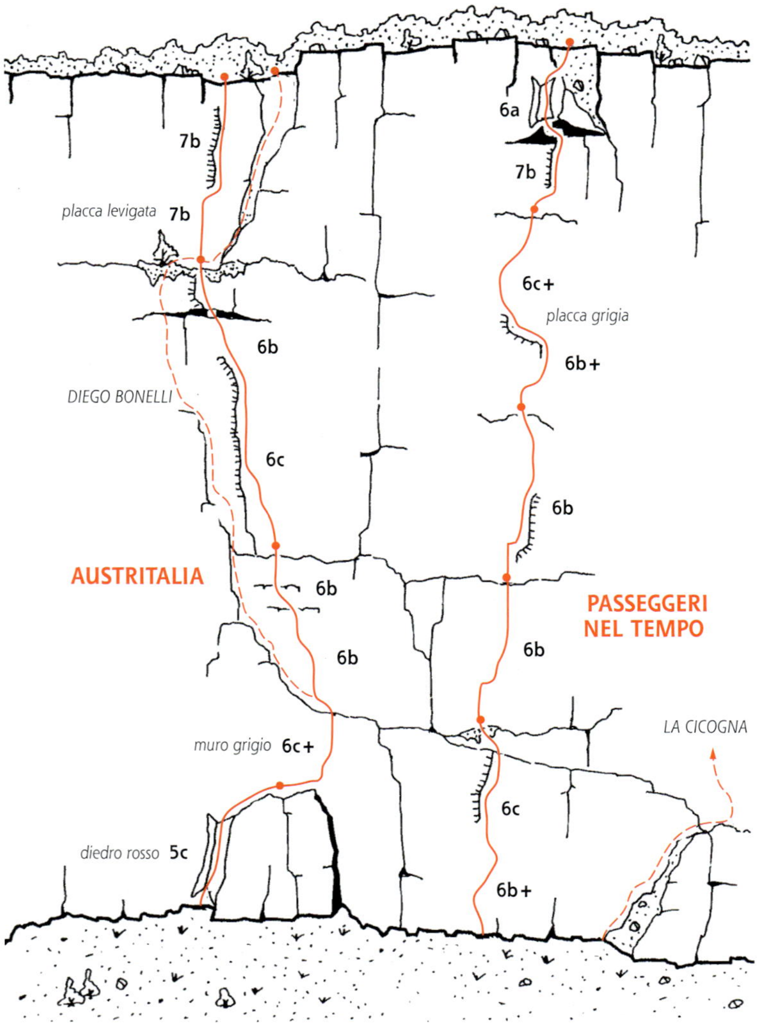

22 VIA FLAVIA ★★★★★

D. Zampiccoli, F. Miori 1983
150 m. (5L)
V+, VI/R3/I

Bella salita alpinistica, lungo diedri e fessure. Roccia fantastica ma chiodatura praticamente assente. Stupendo è il quarto tiro. Itinerario assolutamente consigliato.

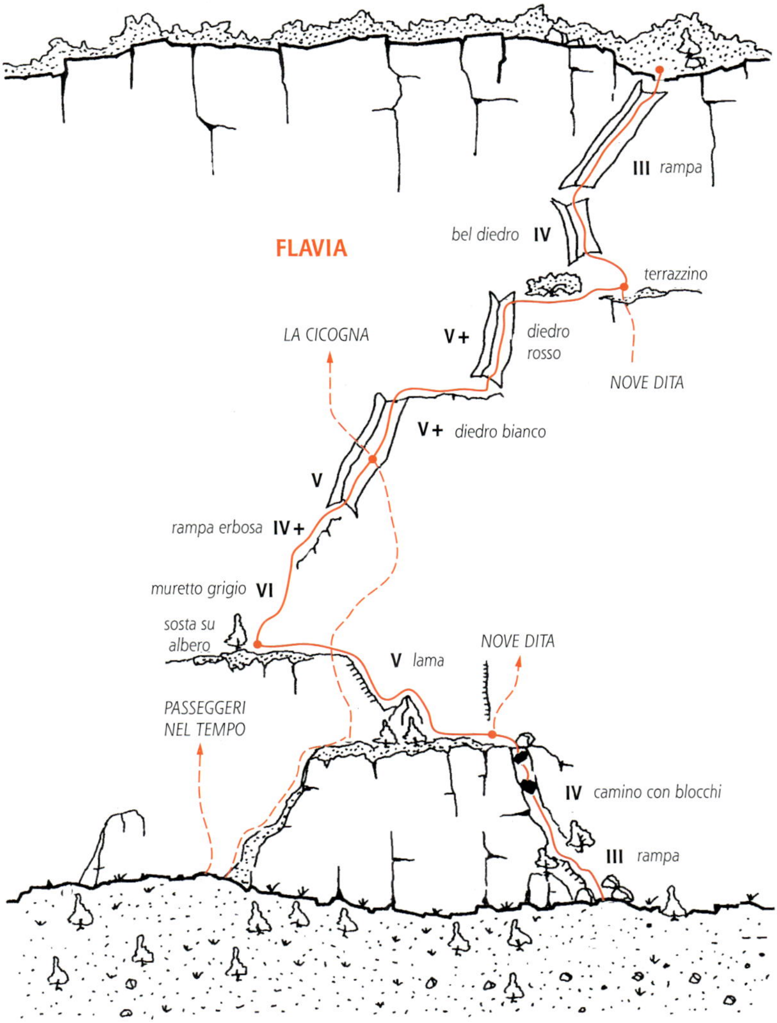

23 VIA LATTEA ★★★★★
G. Mantovani 1998
120 m. (4L)
6b (5c obb.)/S1/I
Bella, facile e divertente arrampicata. La seconda lunghezza supera un magnifico strapiombo con delle ottime prese.

Altre vie:

A – DIEGO BONELLI: di G. Stenghel e F. Sartori 1981. Sale le fessure a sinistra della via "Flavia". Ripetendo "Austritalia" si vedono ancora i vecchi chiodi. 150 m. V+, VI.

B – VALZER LENTO: di G. Stenghel e F. Sartori 1982. Sale delle lame gialle all'estrema destra della parete, oltre ancora il settore a monotiri. 50 m. V+

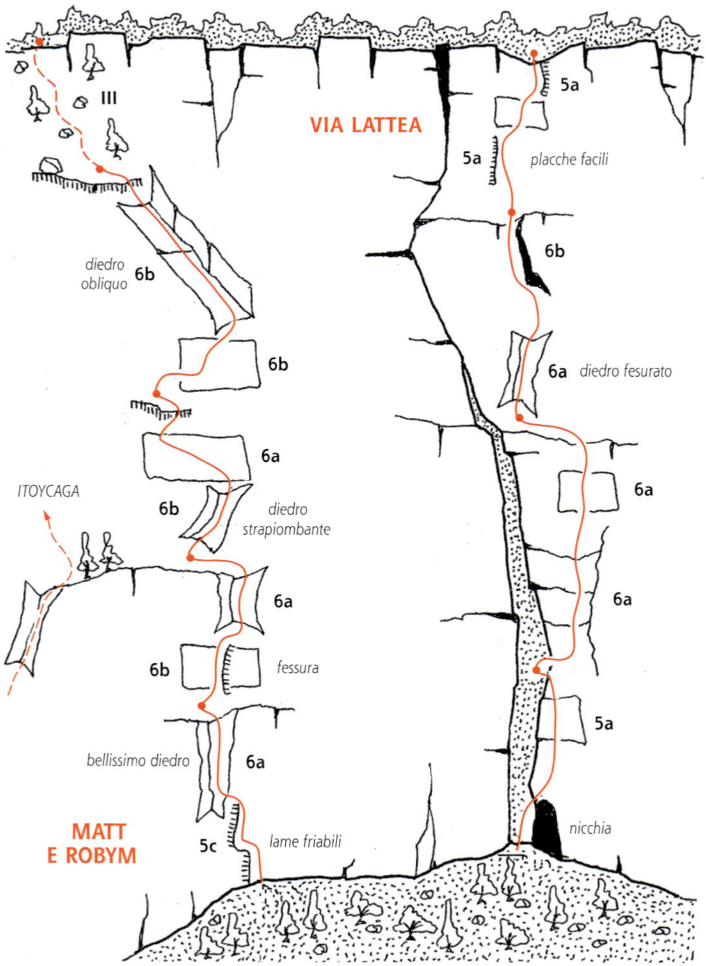

LIGHTNING 25
Alpin backpack senza compromessi
LEGGERO , con dettagli FUNZIONALI INNOVATIVI , LIGHTNING 25 offre il massimo comfort in big wall.
CHECK OUT OUR PRODUCTS
cleanclimb shop
Via Segantini, 112
38062 Arco (TN)
tel. +39 0464 533068
shop@cleanclimb.com
Gobbi Sport
Via Segantini, 72
38062 Arco (Tn)
Tel. +39 0464 532500
info@gobbisport.it
cleanclimb
Gobbisport
ORTOVOX
ortovox.com
ORTOVOX
VOICE OF THE MOUNTAINS

35 Muro di Oceania

Monte Colt – San Paolo

0.40 h

0.20 h

120 m.

E

La lunga parete est di Monte Colt, verso sud cambia decisamente aspetto e conformazione. I muri solcati da camini e fessure, intasati qua e là da della vegetazione, si trasformano ora in un unica, compatta e strapiombante lavagna rocciosa. Questa parete gialla è il Muro di Oceania, battezzata cosi da R. Galvagni dopo averci tracciato sopra una fantastica via: Il grande fratello. Questo settore è inoltre molto interessante per l'arrampicata artificiale. Infatti, numerosi sono gli itinerari tracciati in questo stile: dai più facili, con chiodatura seriale a pressione o fix, ai più difficili con progressione su ganci e chiodi. Per l'arrampicata artificiale, è sicuramente il settore che offre le salite più belle della valle.

Accesso

Come per la Parete Centrale di Monte Colt. Continuare ancora a traversare lungamente in quota, fin sotto la parete riconoscibile per la sua verticalità e compattezza.

Discesa

Attraversare il bosco fino a trovare il sentiero, seguirlo verso destra e facilmente si ritorna al parcheggio.

24 MAT E ROBYM	**100 m.**
25 ITOYCAGA	**120 m.**
26 WAZIYA	**120 m.**
27 SPRITZ E BUGIE	**120 m.**
28 TANKA SHILA	**120 m.**
29 FIORE DI LOTO	**120 m.**
30 INA MAKA	**120 m.**
31 IL DESTINO DEL LEONE	**120 m.**
32 IL GRANDE FRATELLO VI GUARDA	**150 m.**
33 LA ONDA ROSSA	**120 m.**
34 DIAGONALE OBLIQUA	**120 m.**
35 MOMENTO DI SOSTA	**120 m.**
36 YURTA	**120 m.**

24
25
26
27
28
29
30
31
32
33
34
35
36

24 MAT E ROBYM ★★★★
R. Marchiori, M. Campolongo 2003
100 m. (4L)
6b (6a+ obb.)/S1/I

Breve salita, ma assolutamente bella e da non perdere. Dopo il primo spettacolare diedro, la via continua lungo solide e articolate placconate. Arrampicata sempre tecnica e divertente, chiodatura ottima e ravvicinata a fix. Attenzione ai primi metri dove la roccia è un po' friabile. Da questa via è consigliabile scendere in doppia, con due calate facili e veloci. Per uscire verso l'alto occorre un'altro tiro fra arbusti e rocce instabili.

Attacco: oltrepassato l'attacco della Via Lattea, alla base di un'evidente lama rossa. Scritta alla base.

25 ITOYCAGA ★★
D. Filippi 2012
120 m. (5L)
6a, A2/R1/I

Purtroppo le prime due lunghezze si svolgono su roccia in parte friabile. Ma dopo queste, la salita migliora decisamente, con un bellissimo diedro in arrampicata libera e con delle entusiasmanti sezioni in arrampicata artificiale. È una salita breve ma molto varia, per tipo di arrampicata e qualità della roccia. Ottimamente attrezzata a fix, portare solo rinvii.

Attacco: nome alla base.

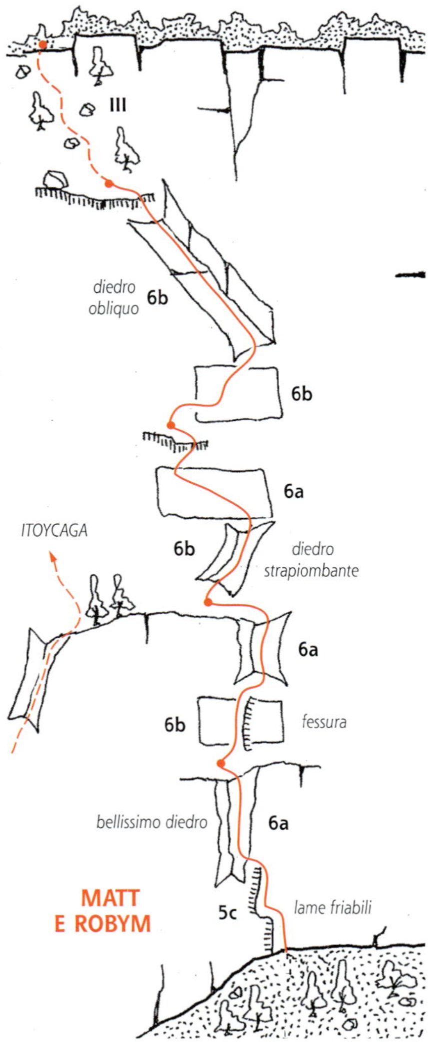

26 WAZIYA ★★★
D. Filippi 2012
120 m. (4L)
6a, A3/R2/I

Dopo le prime due lunghezze in arrampicata libera, la via prosegue in artificiale superando un lungo muro rosso, compatto e strapiombante. Qui la progressione avviene su bolts artigianali e ganci in fori artificiali da 8 mm. Necessari per questa lunghezza micro fettucce per strozzare i bolts e molti ganci da lasciare rinviati. Con un'ultima facile lunghezza si esce dalla parete. È nel complesso un itinerario bello e divertente, su roccia solida e compatta, con una lunghezza in artificiale tutta particolare e da provare!
Attacco: nome alla base.

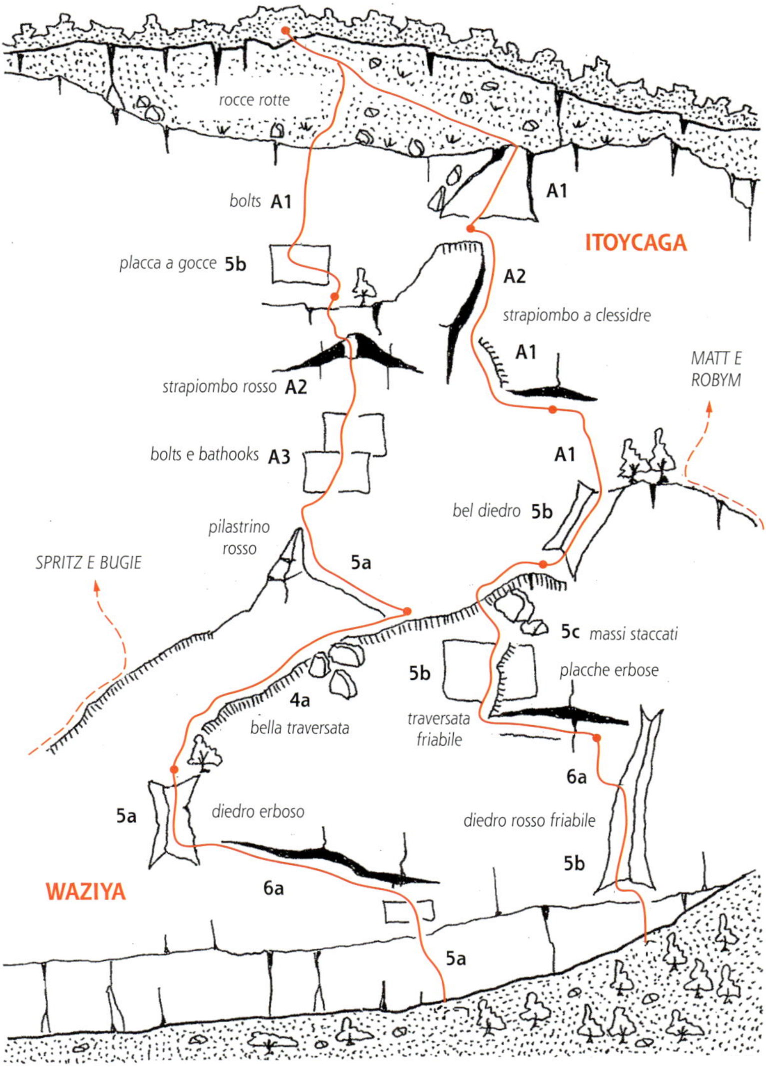

27 SPRITZ E BUGIE★★★★★

D. Filippi, C. Della Maria, F. Demetri 2010
120 m. (5L)
VI+, A3/R3/II

Straordinaria arrampicata mista, libera e artificiale, lungo diedri e placconate di roccia fantastica. L'itinerario inizia superando un magnifico diedro giallo e strapiombante, dove ci si protegge quasi esclusivamente a friend. Si continua poi lungo bellissime placconate in stile "bathook", cioè progredendo in artificiale con i ganci in piccoli fori scavati. Le sezioni bathook sono lunghe, anche di 10 passaggi consecutivi. Occorre quindi avere con se molti ganci per aver la possibilità di lasciarli alcuni rinviati. La progressione non è mai comunque pericolosa e non si rischiano voli troppo lunghi. Tutte le soste sono ottime a fix. Calcolare per la ripetizione circa 6-7 ore

Materiale necessario per la ripetizione:
- 3 chiodi a lama sottile (tipo KB)
- 3 chiodi normali (tipo LA)
- 1 serie di stopper
- 1 serie di friend
- 6 ganci di varie misure
- 10 ganci per fori artificiali da 8 mm

Attacco: per una evidente fessura, nome alla base.

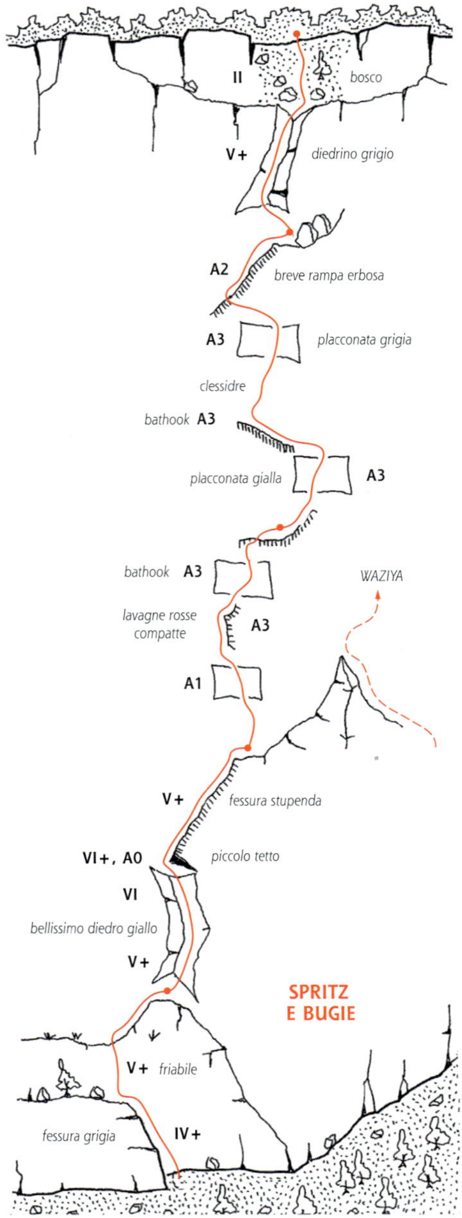

28 TANKA SHILA ★★★★

D. Filippi 2011
120 m. (3L)
A2, A3/R2/I

Bellissimo itinerario in arrampicata artificiale, molto divertente e non troppo impegnativo. Molto vario nei passaggi e nella progressione. La linea è logica e molto elegante, sempre alla ricerca dei punti deboli della parete, come sottili fessure o piccoli buchi per i ganci. I passi su ganci non sono mai precari e comunque sono protetti da ottimi ancoraggi. L'itinerario è rimasto attrezzato con chiodi normali, fix da 8 mm., molte clessidre e alcuni stopper. Tutte le soste sono ottime a fix.

Materiale per la ripetizione:

- 2 chiodi normali
- alcuni stopper piccoli
- 4 ganci di varie misure
- 4 ganci per fori artificiali da 8 mm.
- kevlar aperti per clessidre piccole
- fettucce fini per bolts

Attacco: nome alla base, salire un breve zoccoletto con corda fissa.

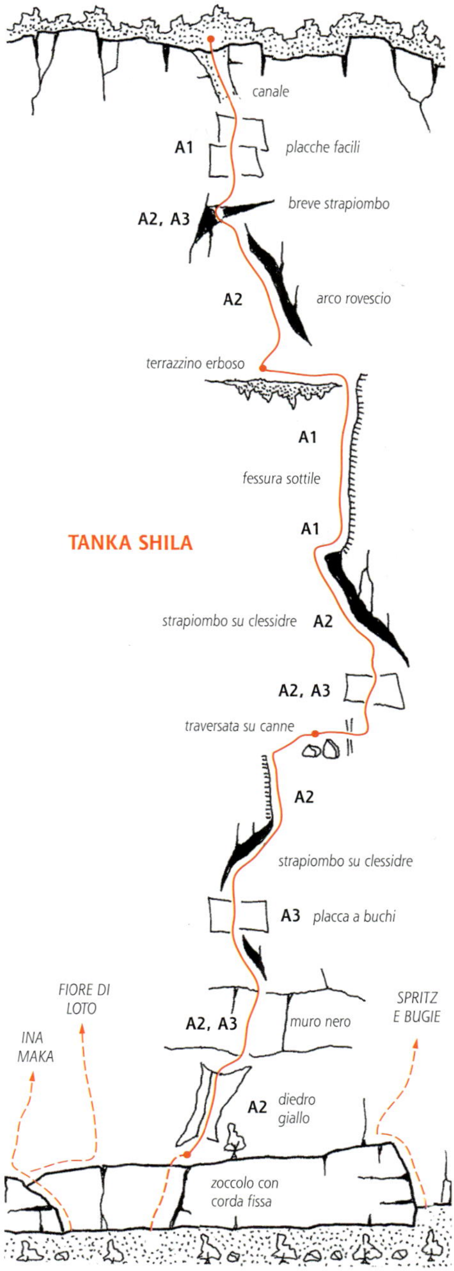

29 FIORE DI LOTO★★★★★

D. Filippi 2010
120 m. (3L)
A3, V+/R3/II

Straordinaria arrampicata artificiale, sicuramente tra le più belle salite in questo stile, nell'intera valle del Sarca. La linea è stupenda, segue un'interrotta e sottilissima fessura che incide per intero la parete. La roccia è ottima e dai più svariati colori. La progressione avviene principalmente su piccoli chiodi e stopper, ma numerosi sono anche i passaggi su ganci e peker. La seconda lunghezza è molto lunga, quasi di 50 metri! È difficile, molto sostenuta e continua. Considerare che, in questa lunghezza, va piazzato almeno un ancoraggio ogni metro! Portare quindi molti cordini kevlar e moltissimi moschettoni sciolti. Attenzione all'ultima lunghezza che presenta alcuni blocchi instabili. Calcolare per la ripetizione circa 6-8 ore.

Materiale necessario per la ripetizione:

- 5 chiodi a lama sottile (tipo KB)
- 5 chiodi normali (tipo LA)
- 5 chiodi angolari
- 2 serie di stopper
- 1 serie di friend (meglio misure medie e piccole)
- 6 ganci di varie misure
- 6 ganci per fori artificiali da 8 mm.
- 4 Peker di misura piccola

Attacco: sopra un breve zoccoletto con albero, nome alla base.

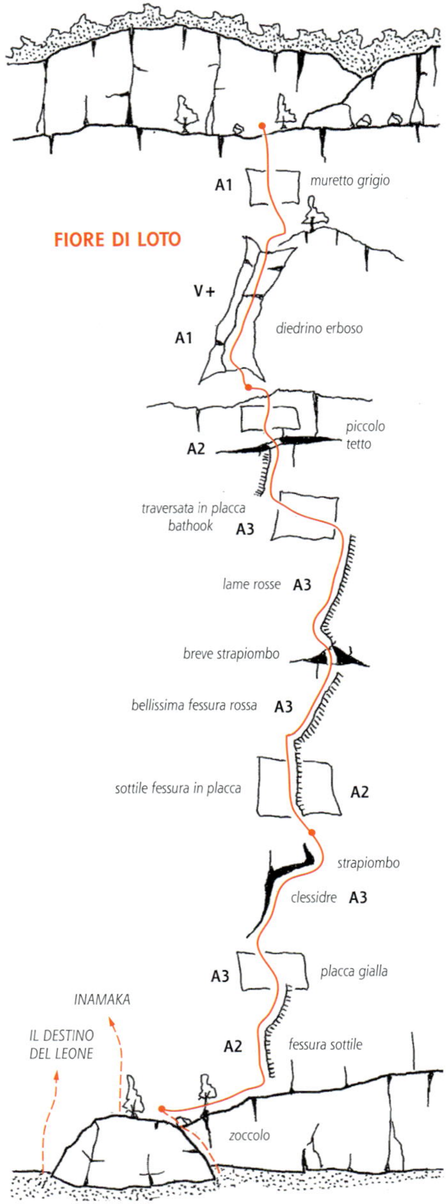

30 INA MAKA★★★
D. Filippi 2011
120 m. (3L)
A2, V/R2/I
Bellissimo e facile itinerario in arrampicata artificiale. Dopo la prima grande lavagna, gialla e strapiombante, la via segue una logica sequenza di diedri e fessure. L'ultima lunghezza segue un bellissimo e articolato diedro, quasi interamente in arrampicata libera. Chiodatura principalmente a golfari da 8 mm. ma con alcuni passaggi su ganci. Roccia ottima. Per la ripetizione portare molti rinvii e alcuni ganci per fori artificiali da 8 mm.
Attacco: sopra un breve zoccoletto con albero, nome alla base

31 IL DESTINO DEL LEONE★★★★
D. Mabboni 1997
120 m. (3L)
7b+ (7a obb.)/S2/I
Itinerario decisamente estremo lungo placconate grigie e verticali. Arrampicata molto tecnica ed elegante su roccia stupenda. Incrocia la via "Il grande Fratello" a metà del suo traverso.

32 IL GRANDE FRATELLO VI GUARDA ★★★★★
R. Galvagni, M. Pfitscher 1996
150 m. (5L)
6c+ (6a obb.)/S1/I
Grande ed entusiasmante arrampicata in placca. Roccia fantastica. Meraviglioso è il traverso del 4° tiro. Assolutamente consigliata.

33 LA ONDA ROSSA★★★
D. Filippi 2011
120 m. (3L)
A0, A1/R1/I
Itinerario in arrampicata artificiale facile e divertente, completamente attrezzato con golfari da 8 mm. Sale la linea più strapiombante del settore, con un grande tetto di bellissima roccia rossa: la "Onda Rossa". Bellissima l'ultima lunghezza, molto verticale ed esposta. Per la ripetizione portare solo rinvii.
Attacco: nome alla base.

34 DIAGONALE OBLIQUA★★★
D. Filippi 2011
120 m. (3L)
V, A2/R2/II
Questo itinerario sale la linea più logica dell'intera parete, ovvero un'evidente fessura obliqua, che taglia la parete in diagonale da sinistra a destra. Arrampicata artificiale classica e faticosa, ma anche entusiasmante, lungo fessure da attrezzare con chiodi normali e molti stopper. Attenzione al camino di attacco, con vari blocchi instabili. Alcuni tratti risultano particolarmente impegnativi, come il superamento del piccolo strapiombo al termine del secondo tiro. Per la ripetizione portare 15 chiodi normali di varie misure, una serie di friend e una serie di stopper.
Attacco: nome alla base di un camino rosso e friabile, ingombro di massi, attenzione!

35 MOMENTO DI SOSTA★★★★
A. Damioli 2007
120 m. (5L)
6c, 7b, A0 (6b obb.)/S1/I
Bellissimo itinerario sportivo, su roccia fantastica e con chiodatura ottima e ravvicinata a fix. Il primo muro risulta particolarmente impegnativo: tecnico e su piccole prese, mentre le rimanenti lunghezze offrono un'arrampicata più facile e divertente. Attenzione all'ultima lunghezza con passaggi su roccia delicata ed erbosa.
Attacco: nome alla base.

36 YURTA★★★
A. Damioli 2007
120 m. (5L)
6a, 6c+ (6a obb.)/S1/I
Arrampicata breve e divertente con molti passaggi interessanti. Roccia sempre ottima e chiodatura abbondante a fix. Supera il margine sinistro della parete, sfruttando all'inizio una caratteristica fessura camino. Bello anche il muro finale, con arrampicata tecnica su piccole prese.
Attacco: nome alla base.

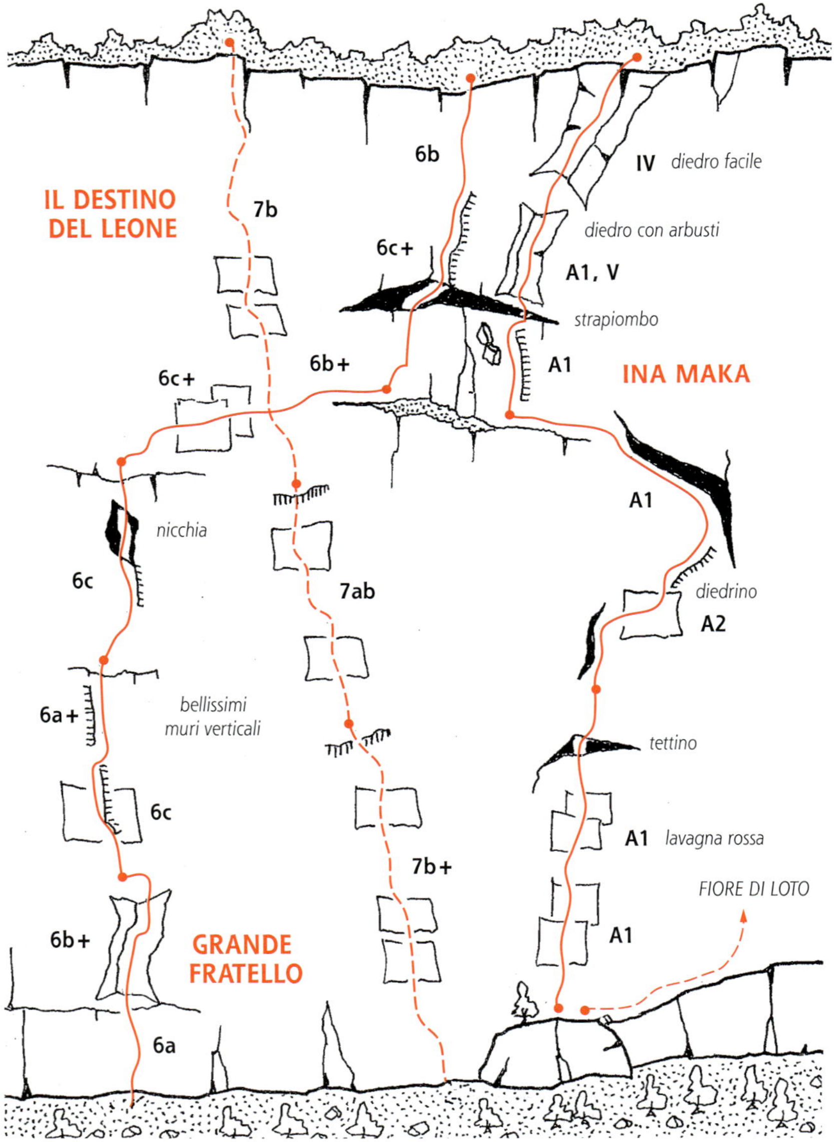
IL DESTINO DEL LEONE
INA MAKA
GRANDE FRATELLO
FIORE DI LOTO
IV
diedro facile
6b
7b
diedro con arbusti
6c+
A1, V
strapiombo
6b+
A1
6c+
nicchia
A1
6c
7ab
diedrino
A2
bellissimi muri verticali
6a+
tettino
6c
A1
lavagna rossa
7b+
6b+
A1
6a

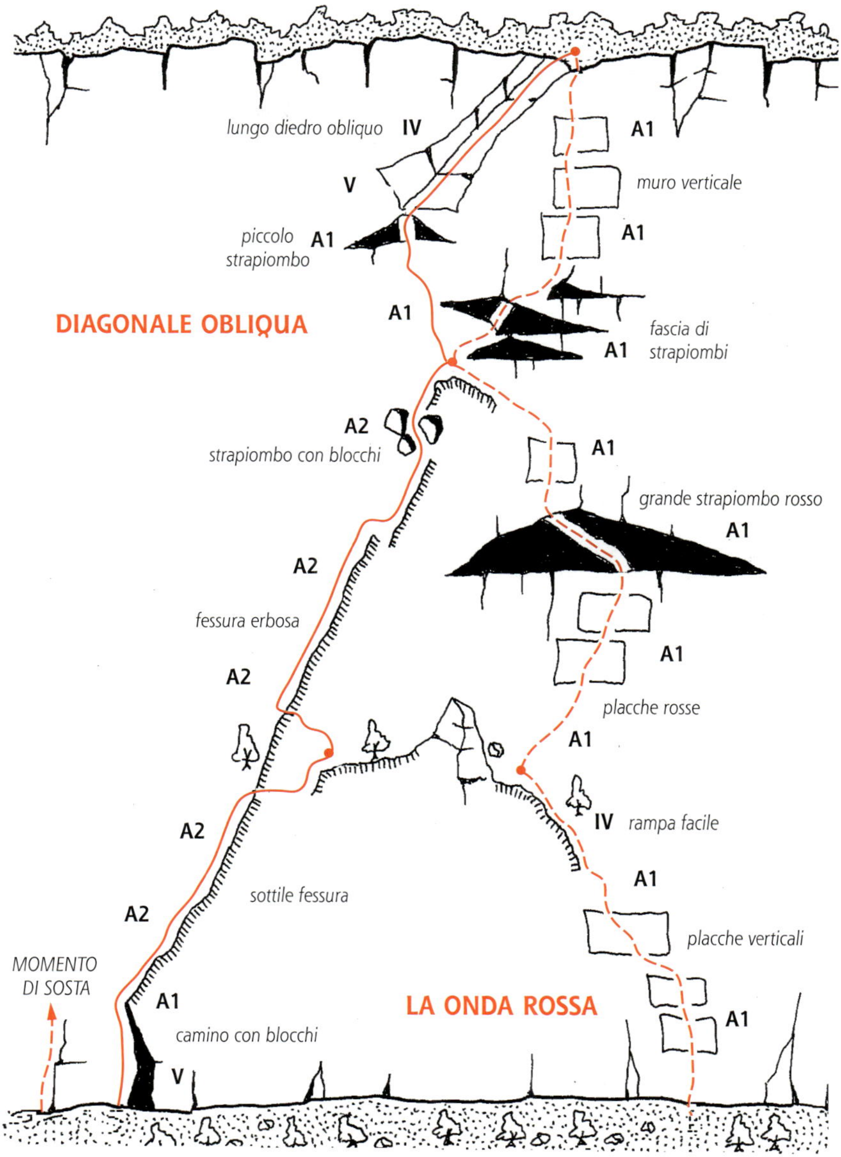
lungo diedro obliquo
IV
A1
V
muro verticale
piccolo strapiombo
A1
A1
A1
DIAGONALE OBLIQUA
fascia di strapiombi
A1
A2
strapiombo con blocchi
A1
grande strapiombo rosso
A1
A2
fessura erbosa
A1
A2
placche rosse
A1
IV
rampa facile
A2
A1
sottile fessura
A2
placche verticali
MOMENTO DI SOSTA
A1
LA ONDA ROSSA
A1
camino con blocchi
V

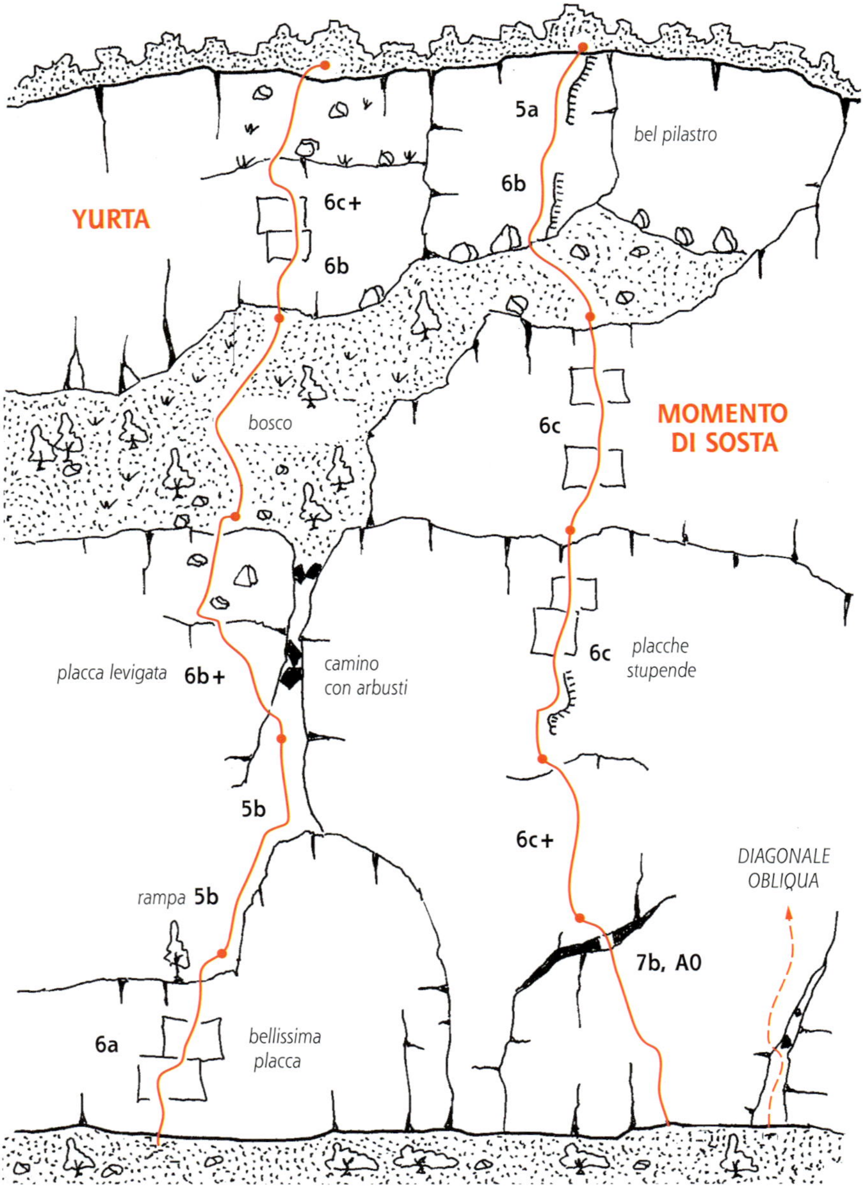
YURTA
6c+
6b
bosco
placca levigata
6b+
camino
con arbusti
5b
rampa 5b
6a
bellissima
placca
5a
bel pilastro
6b
MOMENTO
DI SOSTA
6c
6c
placche
stupende
6c+
7b, A0
DIAGONALE
OBLIQUA

MASSONE pag. 98
NAGO pag. 214
BASSILANDIA pag. 160
TERLAGO pag. 256
COMANO pag. 292
NOMESINO pag. 424
COLLANA
Mario Manica
Antonella Cicogna
Davide Negretti
Klettern in
ARCO
113 Vorschläge
Arco
Sarcatal
Trient
Rovereto
Judikarien
COLLANA LUOGHI VERTICALI
Mario Manica
Antonella Cicogna
Davide Negretti
ARCO
Rock
113 Suggestion
Arco
Sarca Valley
Trento
Rovereto
Giudicarie Valleys
EDIZIONI VERSANTE SUD
COLLANA LUOGHI VE
Mario Manica
Antonella Cicogna
Davide Negretti
ARCO
Falesie
113 Proposte
Arco
Valle del Sarca
Valle dei Laghi
Trento
Rovereto
Valli Giudicarie
EDIZIONI VERSANTE SUD
www.versantesud.it

36 Parete Sconosciuta

Monte Colt – San Paolo

0.40 h

0.20 h

140 m.

E

Bellissimo settore, scoperto valorizzato e battezzato "Parete Sconosciuta" da Alberto Damioli. Su questa piccola parete, Alberto per gli amici "Bibo", ha attrezzato da solo e dal basso, una serie di bellissimi itinerari e un settore a monotiri chiamato "La cantina del Bibo".
La parete è a volte discontinua ed è interrotta qua e là da cenge erbose. Gli itinerari risultano così un po' articolati, ma presentano comunque delle belle sezioni su muri verticali di ottima roccia. Tutte le vie, molto consigliate, sono ottimamente attrezzate a fix.

Accesso
Come per la parete est di Monte Colt. Ma dopo essere scesi dalla scaletta metallica anziché andare a destra, svoltare a sinistra seguendo un'evidente traccia che in breve porta sotto la parete.

Discesa
Usciti dalle vie, seguire verso sinistra tracce e ometti, fino al sentiero principale e quindi al parcheggio.

37 CABERNET FRANC	**60 m.**
38 AFIN QUE NUL NE MEURE JMAIS	**100 m.**
39 ALDILA' DEL DELIRIO	**55 m.**
40 PER UN EVIDENTE DESTINO	**140 m.**
41 COLT MANIA	**90 m.**
42 I RIFLESSI DEL ROSSO	**80 m.**
43 VENTO DEL NORD	**130 m.**
44 TU CHIODA CHE POI IO FA'	**140 m.**

38
39
40

41
42
43
44

37 CABERNET FRANC★★★
A. Damioi 2006
60 m. (3L)
6b+ (6a obb.)/S1/I
È la prima via che si trova percorrendo la base della parete. Inizia con una lunghezza stupenda su roccia fantastica, con uno strapiombino di forza a metà tiro. Segue una cengia alberata e il bellissimo e verticale muro finale. Dopo questo, è possibile scendere in corda doppia lungo la via oppure continuare per un'altra lunghezza tra rocce rotte e arbusti.
Attacco: nome alla base.

38 AFIN QUE NUL NE MEURE JMAIS★★★
A. Damioli 2006
100 m. (4L)
6b, 7b+ (6a obb.)/S1/I
Bellissimo itinerario ma un po' discontinuo. La seconda lunghezza, supera un fantastico muro giallo strapiombante, ma con buone prese. Qui, la roccia ottima e l'abbondante chiodatura permette un'arrampicata entusiasmante. Poi, con un paio di facili lunghezze su placconate grigie appoggiate, si esce dalla parete.
Attacco: nome alla base.

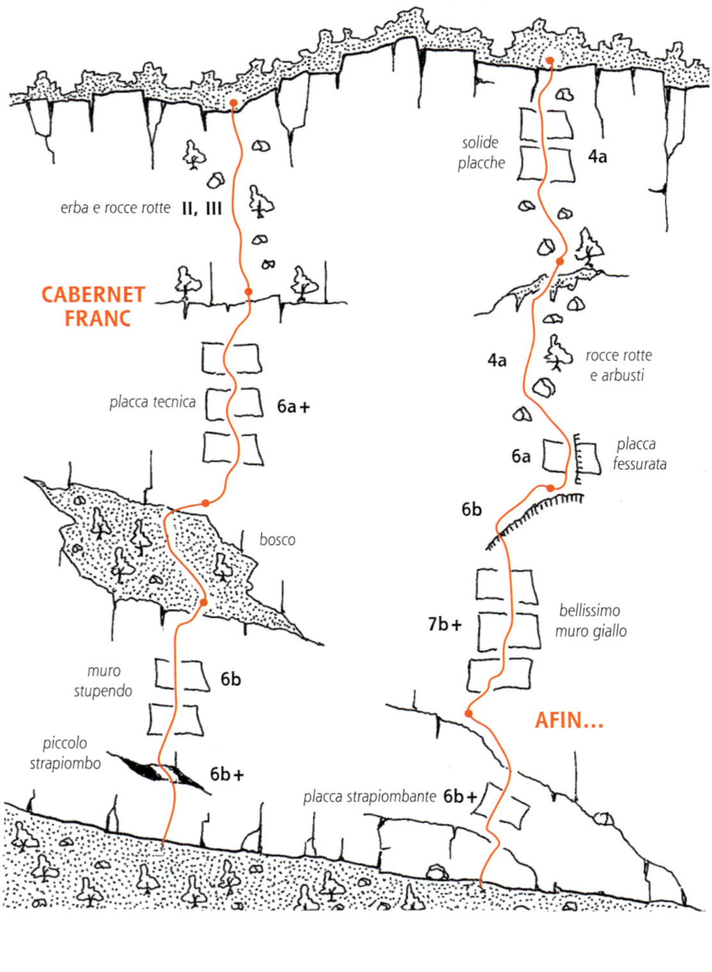

39 ALDILA' DEL DELIRIO ★★★

A. Damioli 2006
55 m. (2L)
6a, 7a (6b obb.)/S1/I

La prima lunghezza propone un'arrampicata tecnica con difficile passo in strapiombo. Dopo la seconda lunghezza è possibile calarsi con una corda doppia oppure continuare con un'altro tiro tra rocce rotte e arbusti.

Attacco: a sinistra di un settore a monotiri, nome alla base.

40 PER UN EVIDENTE DESTINO ★★★

A. Damioli 2006
140 m. (5L)
6b (5c obb.)/S1/I

Itinerario molto vario, divertente e di soddisfazione. Arrampicata atletica nella prima parte della via lungo diedri e fessure. Arrampicata di equilibrio e di aderenza nella seconda parte, su compattissime placconate grigie. Roccia ottima salvo qualche sasso mobile alle cenge.

Attacco: a destra di un settore a monotiri, è ben visibile un evidente diedro giallo, nome alla base.

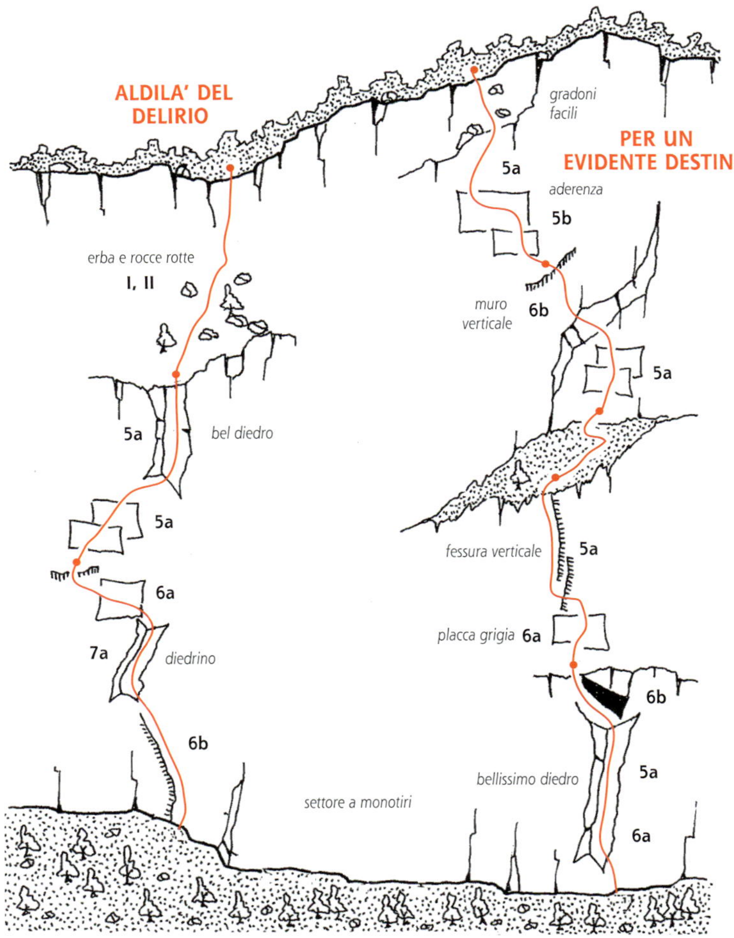

41 COLT MANIA ★★★
D. Filippi 2012
90 m. (4L)
A1, V/S1/I
Dopo il primo tiro, lungo una bellissima lavagna rossa e strapiombante, la via prosegue per placconate grigie e verticali. Itinerario in arrampicata mista libera e artificiale, completamente attrezzato a fix e chiodi a pressione. Portare solo rinvii.
Attacco: circa 20 metri a sinistra di "I Riflessi del Rosso", sopra uno zoccolo erboso.

42 I RIFLESSI DEL ROSSO ★★★
A. Damioli 2006
80 m. (3L)
6c, A1 (6b obb.)/S1/I
Questo itinerario inizia superando, in artificiale, un placconata liscia e strapiombante (utili le staffe). In libera risulterebbe una lunghezza decisamente estrema. Le successive lunghezze offrono invece un'arrampicata più facile, tecnica ed elegante. Dopo il terzo tiro è possibile scendere in corda doppia, oppure continuare ancora, per un altro tiro, lungo muretti verticali e rocce rotte.
Attacco: percorrere la base della parete fino ad un caratteristico muraglione liscio e strapiombante, nome alla base.

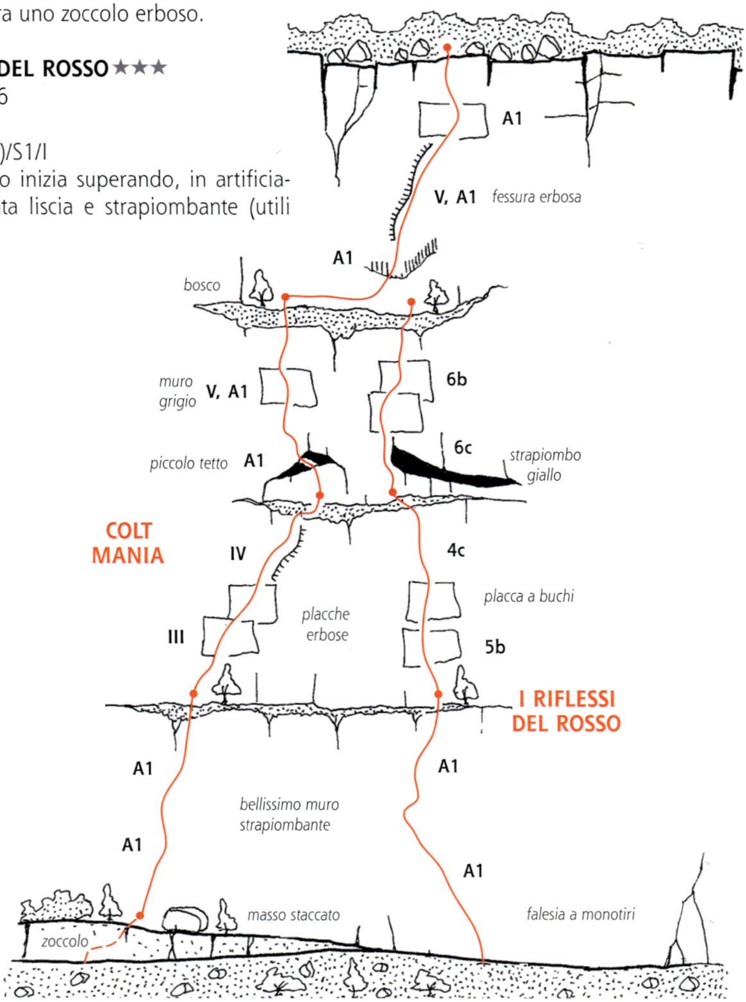

43 VENTO DEL NORD ★★★★

A. Damioli 2007

130 m. (3L)

6b+, un passo 6c (6a obb.)/S1/II

Bellissima via, breve ma su roccia fantastica. Spettacolare l'ultima lunghezza, dove si vince un compattissimo muro grigio. Chiodatura ottima e ravvicinata.

Attacco: dopo il settore a monotiri e il lungo muraglione liscio si rimonta uno zoccoletto. Nome alla base.

44 TU CHIODA CHE POI IO FA ★★★★

A. Damioli 2007

140 m. (4L)

6b (5c obb.)/S1/I

Bellissimo il primo tiro su roccia stupenda lavorata a gocce. Seguono altre lunghezze facili e divertenti sempre su roccia solida. Chiodatura ottima e ravvicinata.

Attacco: dopo il settore a monotiri e il lungo muraglione liscio si rimonta uno zoccoletto. Appena a destra di Vento del Nord

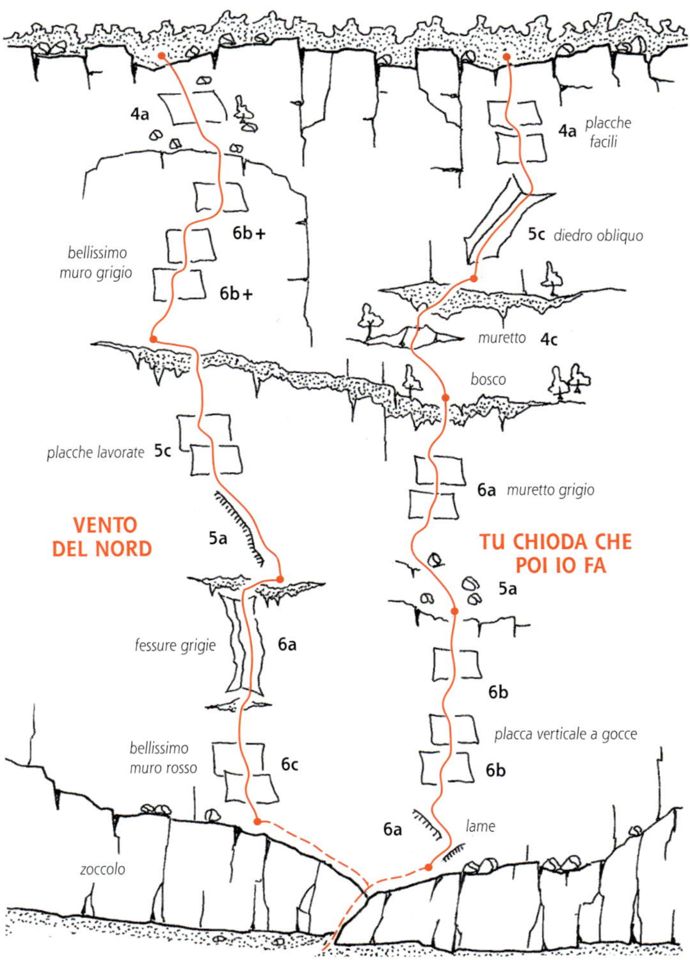

37 Croce di Ceniga

Monte Colt – San Paolo

0.30 h

0.40 h

150 m.

E

La parete del Monte Colt, verso nord degrada dolcemente fino ad arrivare poco sopra l'abitato di Ceniga. Qui, la parete risulta ancora verticale e compatta, con interessanti e piacevoli itinerari alpinistici e sportivi.

Accesso

Sebbene sia un settore della lunga parete del Monte Colt, dove generalmente l'accesso avviene dall'alto (dalla strada di Laghel) per queste vie conviene l'avvicinamento dal basso, e cioè dal parcheggio dell'Eremo di San Paolo o dal parcheggio al centro di Ceniga. Dal parcheggio si raggiunge il Ponte Romano dove inizia il sentiero per il Monte Colt (attenzione a non salire per il sentiero di rientro delle vie di San Paolo). Prendere il sentiero, (tralasciato il bivio 431 sulla destra, sentiero di rientro), continuare per circa 5 minuti fino a prendere un bivio sulla destra segnato con un ometto. Salire ancora per altri 10 minuti fino a scorgere sulla destra una traccia, con bolli azzurri, che porta alla parete.

Discesa

Dall'uscita delle vie, dirigersi verso la grande croce di Ceniga, dove si trova il sentiero che facilmente riporta a valle.

45 CATIA	**150 m.**	
46 VIA CRUCIS	**150 m.**	
47 FOLLIA D'ESTATE	**150 m.**	
48 PALMA	**150 m.**	

45
46
47
48

45 CATIA★★★

D. Cabas, P. Masera, D. Arlanch 2011
150 m. (4L)
5b, 6b, 2 passi in A0 (6a obb)/S1/I

Piacevole salita su roccia solida e molto lavorata, con chiodatura ottima e ravvicinata a fix. Bella e impegnativa la placca della terza lunghezza, con difficili passaggi di tecnica e equilibrio. Per la ripetizione portare solo rinvii.

Attacco: nome alla base.

46 VIA CRUCIS★★★

D. Cabas, P. Masera 2011
150 m. (6L)
5b, un passo 6b (5b obb)/S1/I

Bellissima via, piacevole e divertente. Stupenda è la terza lunghezza lungo una fessura obliqua. La roccia è ottima e molto lavorata. La chiodatura è abbondante e ravvicinata a fix e qualche chiodo, per la ripetizione portare solo rinvii. La via sbuca proprio sotto la grande croce di Ceniga.

Attacco: nome alla base.

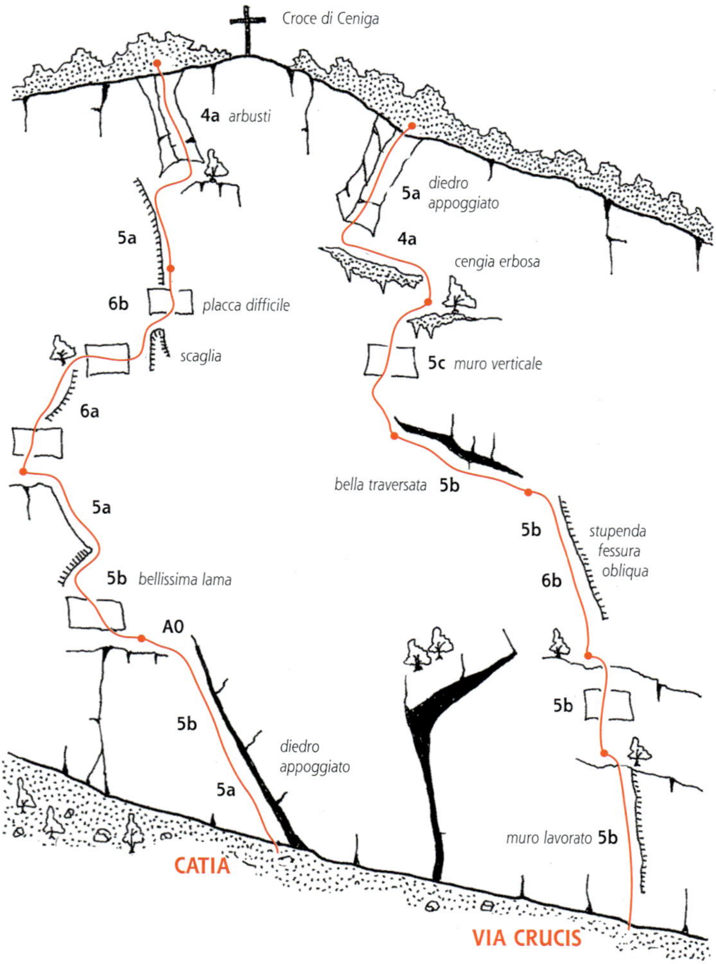

47 FOLLIA D'ESTATE★★★

D. Cabas, P. Masera 2011
150 m. (5L)
5c, 6a (5b obb)/S1/I

Bella e piacevole arrampicata in placca, su roccia generalmente solida. Bellissimi sono il primo diedro e la placca del quarto tiro. Chiodatura ottima e ravvicinata a fix, per la ripetizione portare solo rinvii. **Attacco:** nome alla base

48 PALMA★★★

D. Cabas, P. Masera 2011
150 m. (4L)
5c, 6a (5b obb)/S1/I

Arrampicata straordinaria nelle prime due lunghezze, lungo fessure gialle di ottima roccia lavorata a gocce e lame. Meno entusiasmante, ma sempre divertente risulta la seconda parte. Roccia solida lungo tutto il percorso, attenzione però ad alcuni passi nel terzo tiro dove alcuni blocchi sono di dubbia tenuta. Chiodatura ottima e ravvicinata a fix, portare solo rinvii.

Attacco: nome alla base. **Discesa:** scendere a destra nel bosco seguendo vaghe tracce di sentiero.

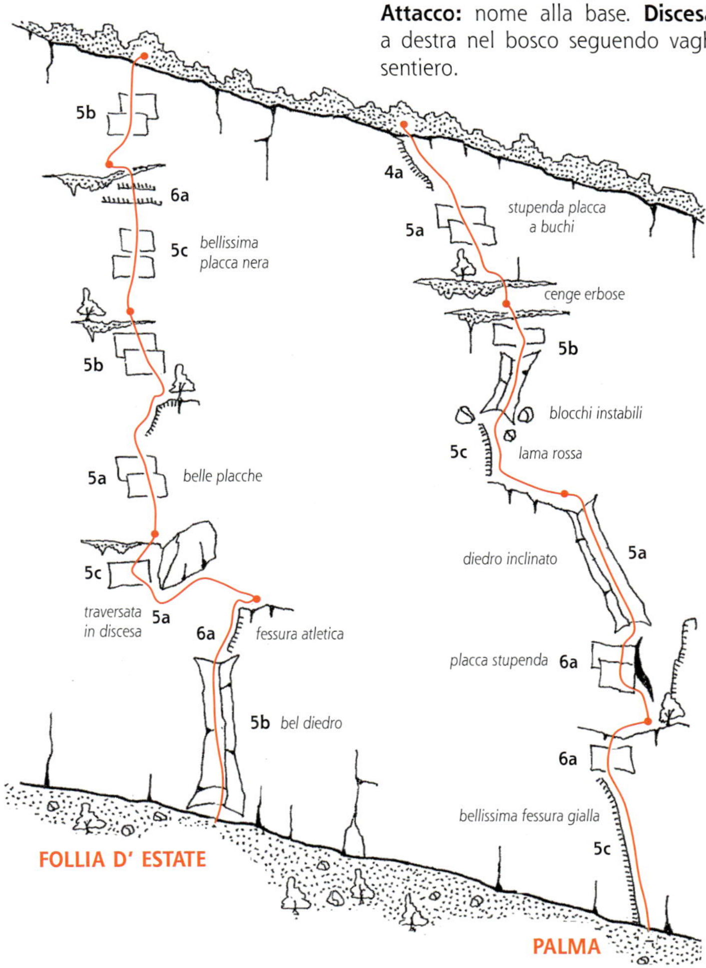

38 Parete di San Paolo

Monte Colt – San Paolo

0.15 h

0.30 h

300 m.

E

Il Monte Colt, verso la valle del Sarca, precipita con due balze rocciose: quella inferiore è comunemente chiamata Parete di San Paolo. Su questa lunga, ma non molto alta, fascia rocciosa sono nate negli anni '80 alcune delle falesie più belle e famose della Valle: la falesia di San Paolo e la Swing Area. Inoltre, negli ultimi anni, sono nati moltissimi itinerari, sia sportivi che classici. La bellezza delle salite, uniti al comodo avvicinamento e al veloce rientro, fanno di questa parete, il settore più frequentato dell'intera Valle del Sarca.

Accesso

La parete di San Paolo è molto lunga e alla base corre la stradina che collega Arco a Ceniga. Lungo questa stradina si trovano 3 comodi parcheggi. Il primo fra tutti, si trova presso la locanda "La Lanterna" da Ruggero, luogo ideale e molto ospitale per tutti gli arrampicatori. È il punto di partenza per tutte le vie di San Paolo Sud, cioè dalla via Tempi Antichi alla via Concordia.
Per le vie della zona centrale, conviene lasciare l'auto presso il parcheggio della "Vecchia Chiusa" sul Sarca. Per le vie del settore nord, risulta comodo il parcheggio dell'Eremo di San Paolo.

Discesa

Esistono due possibilità: per le vie che salgono a destra della falesia di San Paolo, (dalla Via Calliope alla Via Nereidi), seguire il sentiero verso destra che scende a Ceniga, e quindi per stradina asfaltata, si ritorna ai parcheggi. Per le altre vie (da Tempi Antichi a Calliope) seguire il sentiero verso sinistra, (verso Arco) che con ripide svolte, a tratti molto esposto, riporta velocemente alla base.

49 TEMPI ANTICHI	**300 m.**
50 LECCIOMANIA	**180 m.**
51 MANI ROSSE	**200 m.**
52 VIA 70°	**200 m.**
53 SABINA	**180 m.**
54 LA CENGIA ROSSA	**180 m.**
55 CALDO INVERNO	**180 m.**
56 ANORMALE	**200 m.**
57 CALLIOPE	**200 m.**
58 ADONIS	**200 m.**
59 ORFEO	**250 m.**
60 SETTE MURI	**250 m.**

61	IN MEMORIA DI UGO ISCHIA	250 m.
62	VIA ISCHIA CALZA'	250 m.
63	ROBERTO	250 m.
64	RUGGERO	200 m.
65	FREIHEIT DIE ICH MEINE	200 m.
66	ELIOS	250 m.
67	SELENE	250 m.
68	SINDROME DA MAKITA	200 m.
69	VIA LILILLA	300 m.
70	WEG DURCH DAS GESICHT	250 m.
71	ATHENE	300 m.
72	SPIDERMAN	200 m.
73	VIA APE MAIA	250 m.
74	GIU' DALLE BRANDE	250 m.
75	NEVI D'AUTUNNO	250 m.
76	PER ELA	280 m.
77	PARETE NERA	250 m.
78	LA TARTARUGA	250 m.
79	LO SCANSAFATICHE	230 m.
80	ARIA DI PRIMAVERA	200 m.
81	CIRCE	200 m.
82	APHRODITE	250 m.
83	BON TON	200 m.
84	SIMPATICHE CANAGLIE	200 m.
85	PENELOPE	200 m.
86	PERSEPHONE	200 m.
87	HELENA	200 m.
88	FUGA DALL'ADES	200 m.
89	PILASTRO THEMIS	180 m.
90	PANTAREI	180 m.
91	ISIS	150 m.
92	PORCI CON LE ALI	180 m.
93	ARGO	150 m.
94	AGANIPPE	150 m.
95	DIRADE	150 m.
96	NEREIDI	120 m.

56
55
54
53
52
51
49a
49

67
66
65
64
63
62
61
62
60
62
59
58
57

49 TEMPI ANTICHI ★

D. Cabas, P. Masera 2007
300 m. (10L)
IV, V+/R3/II

Itinerario alpinistico ed esplorativo, poco interessante per l'arrampicata e la qualità della roccia. Supera una serie di balze rocciose interrotte da boschetti e terrazze erbose. Nel complesso può considerarsi una bella avventura come allenamento a salite più impegnative.

Attacco: dal ristorante "La Lanterna" seguire verso Arco la stradina e poco dopo prendere a destra il ripido sentiero che porta alla falesia si San Paolo. Seguire ora le tracce sotto le pareti, sempre in direzione Arco, fino all'evidente attacco. Nome alla base.

49a VARIANTE CORNETTO D'ANGOLO ★★

D. Filippi 2012
30 m. A2

Questa bella variante supera il marcato tetto di 5 metri, a forma di piccolo corno, posto proprio all'angolo della parete del Monte Colt. Come monotiro in artificiale, è facilmente raggiungibile anche dall'alto.

Accesso dall'alto: come per le vie del Monte Colt. Raggiunta la dorsale di Monte Colt, prendere a destra il sentiero che porta al Monte Colodri. Quando il sentiero inizia a scendere, ad una curva a gomito, abbandonare il sentiero e prendere una traccia a sinistra che porta ad un canalino e sotto il tetto.

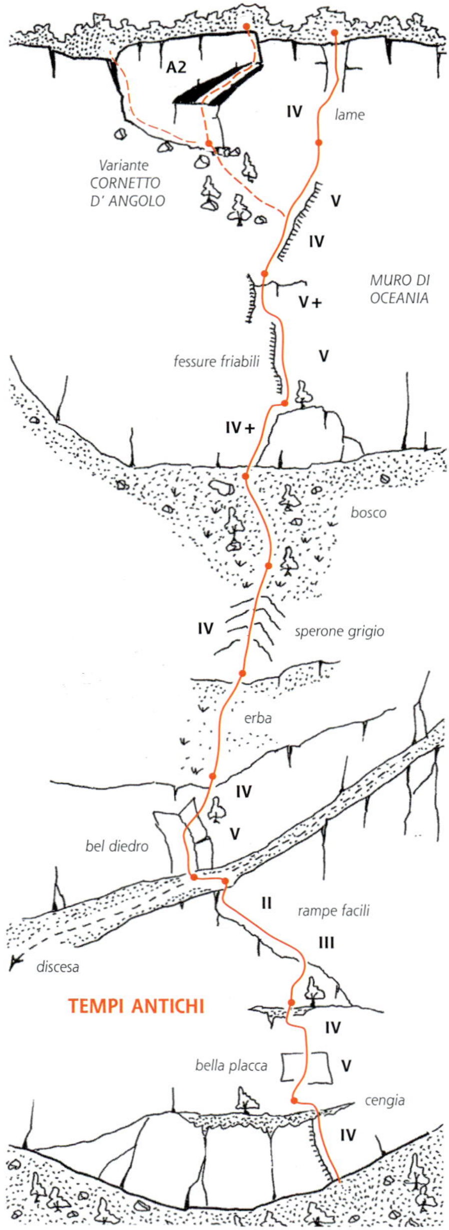

50 LECCIOMANIA ★★★

D. Cabas, P. Masera 2008

180 m. (6L)

V, VI+/R2/I

A parte il quarto tiro, abbastanza scabroso per la qualità della roccia, il resto della via risulta essere bello e divertente. Bellissima inoltre è l'ultima lunghezza: una stupenda placconata lavorata a tacche e gocce. È da considerarsi un itinerario alpinistico, anche se è abbondantemente attrezzato con numerosi fix e i passi di VI sono facilmente azzerabili. In generale è comunque una salita interessante e consigliata. Usciti dalla via, una evidente traccia scende a sinistra e riporta alla base della parete, attenzione ad alcuni tratti esposti.

Attacco: dal ristorante "La Lanterna" seguire verso Arco la stradina e poco dopo prendere a destra il ripido sentiero che porta alla falesia si San Paolo. Seguire ora le tracce sotto le pareti, sempre in direzione Arco, fino all'evidente attacco. Nome alla base.

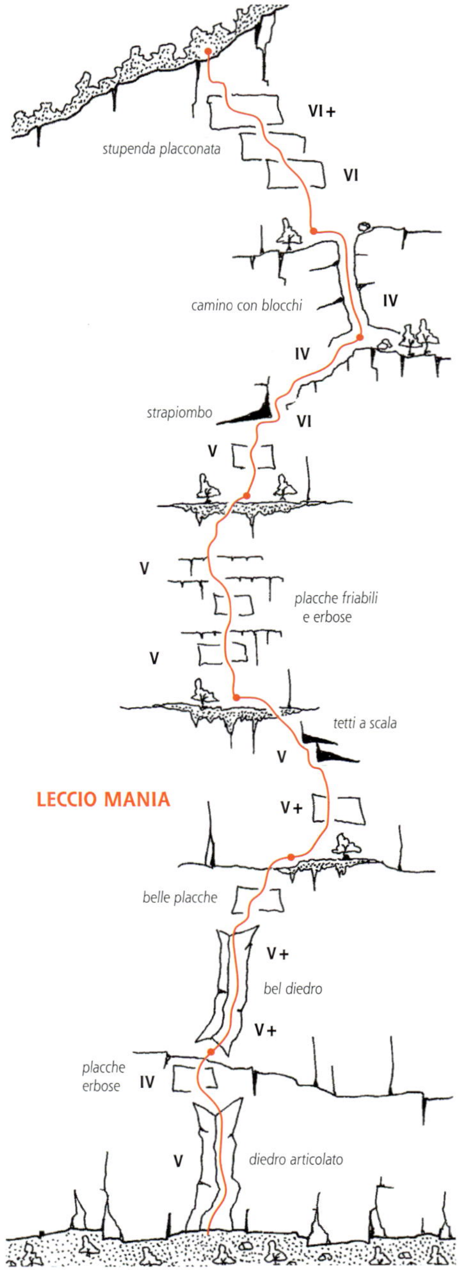

51 MANI ROSSE ★
D. Cabas, P. Masera 2007
200 m. (7L)
IV, V+/R3/I

Itinerario alpinistico interessante ma con una lunghezza decisamente pericolosa: per la friabilità della roccia e per alcuni grossi blocchi instabili. Prestare la massima attenzione. Bello il penultimo tiro che sale una compatta placconata grigia. Il resto della via si svolge perlopiù lungo fessure e diedri disturbati dalla vegetazione. Riservata ad alpinisti con esperienza su roccia friabile. Usciti dalla via, una evidente traccia scende a sinistra e riporta alla base della parete, attenzione ad alcuni tratti esposti.

Attacco: dal ristorante "La Lanterna" seguire verso Arco la stradina e poco dopo prendere a destra il ripido sentiero che porta alla falesia si San Paolo. Seguire ora le tracce sotto le pareti, sempre in direzione Arco, fino all'evidente attacco. Nome alla base.

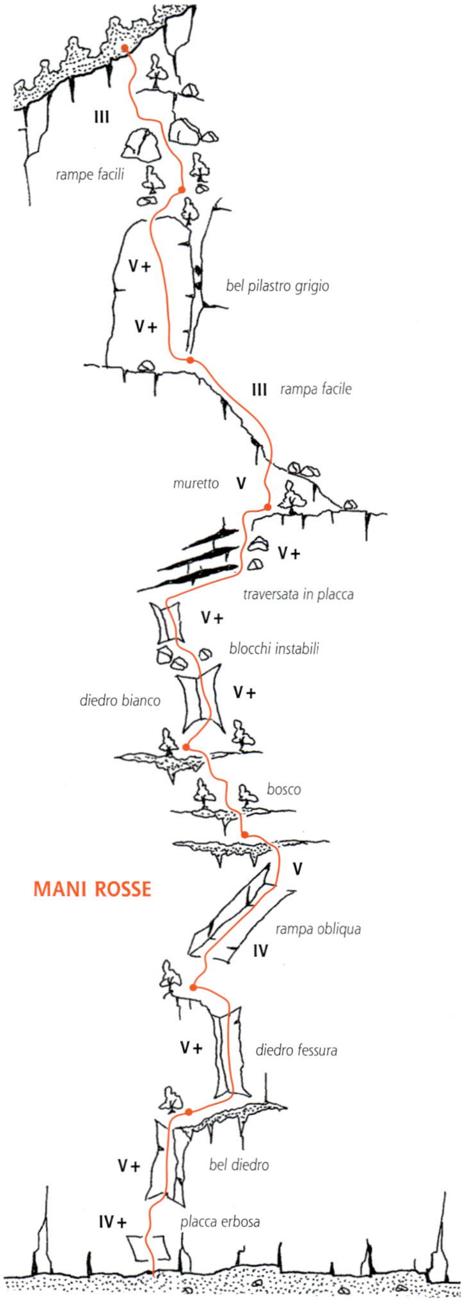

52 VIA 70° ★★★

D. Cabas, P. Masera 2012

200 m. (8L)

V+, VI+, un tratto in A0/R3/I

Bella e divertente arrampicata, molto varia, lungo diedri fessure e splendide placconate. Molto belle le lunghezze lungo il pilastro grigio. Il difficile traverso di 6c è facilmente superabile in A0. La roccia è generalmente solida, la chiodatura è ottima a chiodi normali e fix e per la ripetizione bastano solamente i rinvii.

Attacco: dal ristorante "La Lanterna" seguire verso Arco la stradina e poco dopo prendere a destra il ripido sentiero che porta alla falesia si San Paolo. Seguire ora le tracce sotto le pareti, sempre in direzione Arco, fino all'attacco con nome alla base.

53 SABINA ★★★

D. Cabas, P. Masera, G. Gerola 2012

180 m. (5L)

IV, V+/R3/I

Bell'itinerario alpinistico lungo diedri e fessure, attrezzato esclusivamente con chiodi normali e qualche clessidra. Per la ripetizione possono ritornare utili alcuni friend medi ma non sono necessari. Arrampicata molto divertente su roccia generalmente solida, salvo qualche breve tratto dove occorre prestare la massima attenzione. Fantastica è l'ultima lunghezza su roccia lavorata a buchi e clessidre.

Attacco: dal ristorante "La Lanterna" seguire verso Arco la stradina e poco dopo prendere a destra il ripido sentiero che porta alla falesia si San Paolo. Seguire ora le tracce sotto le pareti, sempre in direzione Arco, fino all'attacco con nome alla base.

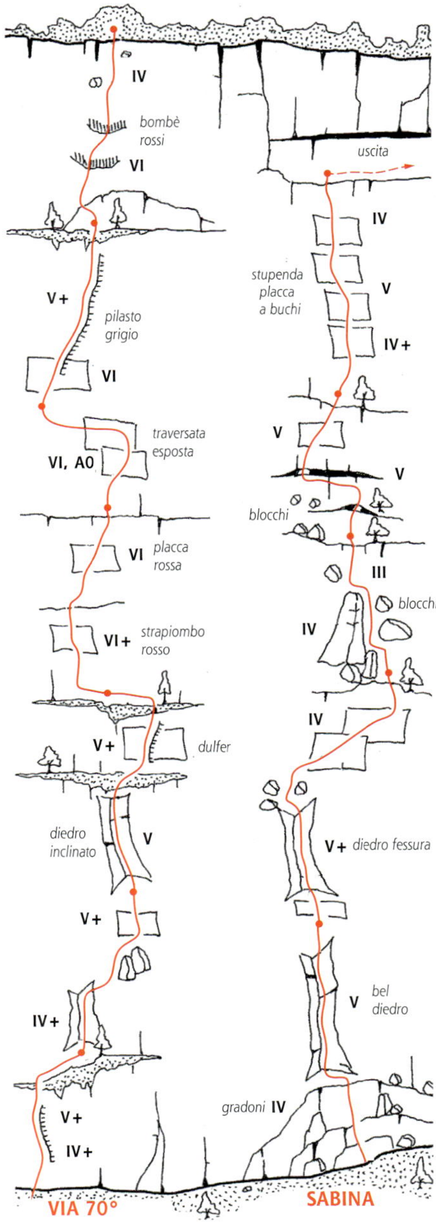

54 LA CENGIA ROSSA★★★★★

H. Grill, F. Kluckner, F. Heiss 2012
180 m. (7L)
5b, 5c/S1/I

Bellissimo itinerario lungo placconate di roccia fantastica. L'arrampicata è sempre piacevole e divertente con ottima e ravvicinata chiodatura a fix. Particolarmente belle le ultime due lunghezze.

Al termine delle difficoltà, un'evidente cengia (la Cengia Rossa) porta fuori dalla parete. Lungo questa conviene rimanere ancora legati, poi seguire l'evidente traccia che scende a sinistra e riporta alla base della parete, attenzione ad alcuni tratti esposti.

Attacco: dal ristorante "La Lanterna" seguire verso Arco la stradina e poco dopo prendere a destra il ripido sentiero che porta alla falesia si San Paolo. Seguire ora le tracce sotto le pareti, sempre in direzione Arco, fino all'attacco con nome alla base.

55 CALDO INVERNO★★★★

D. Cabas, P. Masera, H. Grill, F. Kluckner, K. Oppermann 2012
180 m. (7L)
5b, 5c/S1/I

Bellissima arrampicata, facile e divertente, lungo solide placconate. Alcuni brevi tratti su cenge alberate non disturbano troppo la salita. Fantastica l'ultima lunghezza che percorre un muro rosso lavorato a gocce. Chiodatura ottima e ravvicinata a fix, portare solo rinvii. Al termine delle difficoltà, un'evidente cengia porta fuori dalla parete. Lungo questa conviene rimanere ancora legati, poi seguire l'evidente traccia che scende a sinistra e riporta alla base della parete, attenzione ad alcuni tratti esposti.

Attacco: dal ristorante "La Lanterna" seguire verso Arco la stradina e poco dopo prendere a destra il ripido sentiero che porta alla falesia si San Paolo. Seguire ora le tracce sotto le pareti, sempre in direzione Arco, fino all'attacco con nome alla base.

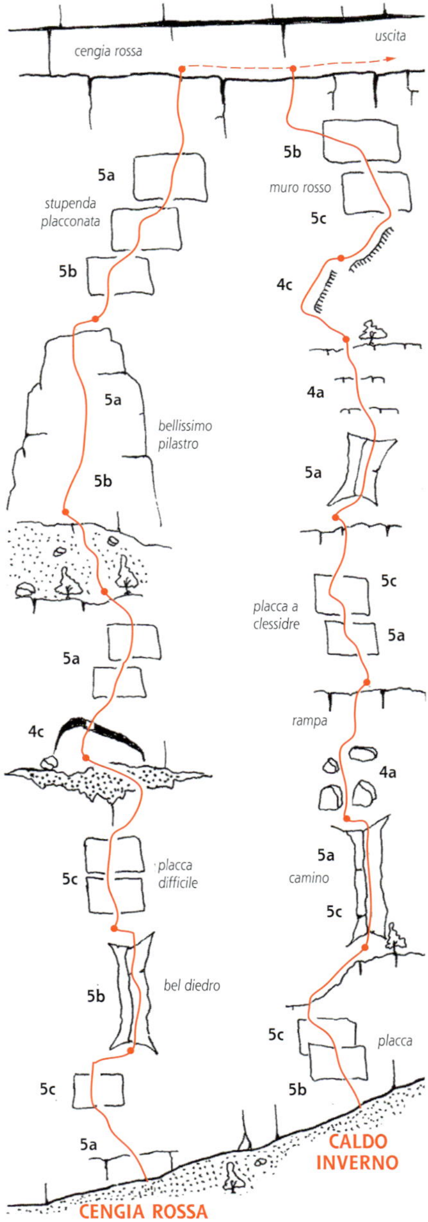

56 ANORMALE ★★

D. Cabas, P. Masera 2007

200 m. (6L)

IV, V+/R3/I

Itinerario alpinistico ed esplorativo che nelle prime 4 lunghezze sale per rampe e canali erbosi poco interessanti. Molto belle invece le ultime due lunghezze, lungo splendide placconate di solida roccia. Chiodatura sufficiente a chiodi e clessidre, portare una serie di friend.

Attacco: dal ristorante "La Lanterna" seguire verso Arco la stradina e poco dopo prendere a destra il ripido sentiero che porta alla falesia di San Paolo. A sinistra della falesia, attaccare per una rampa che verso sinistra porta a un diedrino.

57 CALLIOPE ★★★★

H. Grill, S. Königseder, S. Schieder, F. Heiss 2007

200 m. (6L)

V+/R2/I

Salita tra le più facili della parete, ma per questo non meno bella delle altre. Supera all'inizio un bellissimo camino, che ricorda tanto i camini dolomitici. Continua lungo solide e belle placconate e termina con un' ultimo tiro che serpeggia attraverso grandi blocchi instabili. Arrampicata sempre piacevole e divertente. Chiodatura ottima e roccia generalmente solida.

Attacco: dal ristorante "La Lanterna", si sale alla base della parete e la si costeggia verso Arco per circa 400 m. Oltrepassata la falesia si arriva ad un caratteristico canale con gradini che porta dentro al camino di attacco del primo tiro.

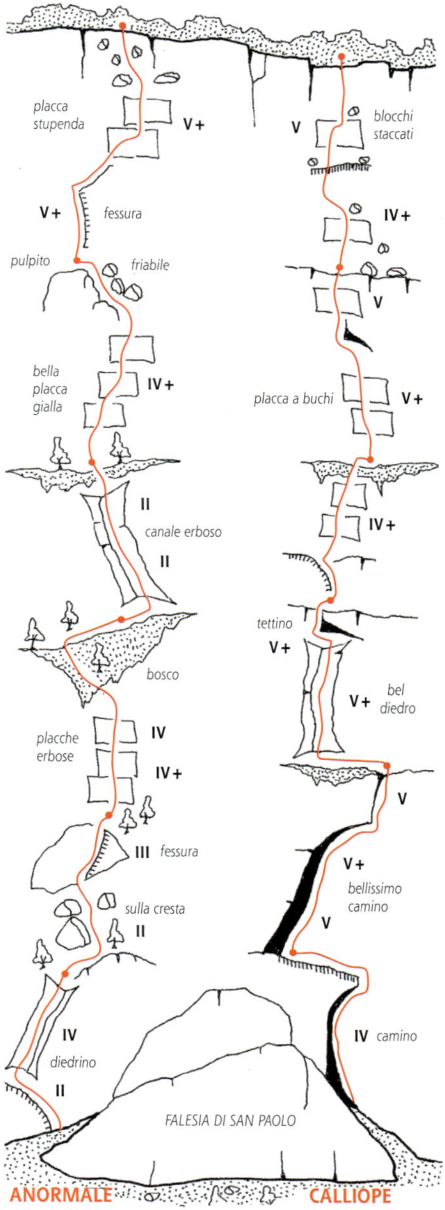

58 ADONIS ★★★

P. Masera, D. Cabas 2007
H. Grill, F. Heiss uscita diretta 2007
200 m. (6L)
V+, VI/R2/II

Arrampicata varia e divertente lungo placche diedri e fessure. Bellissimo è il diedro del secondo tiro, solide ed eleganti le placconate successive. Attenzione agli ultimi tiri dove si arrampica molto vicini a dei grossi blocchi instabili. Questi ultimi tiri, possono essere evitati seguendo una bella variante che si stacca dalla penultima sosta (variante Grill) e sale a destra direttamente per rocce molto più compatte. Utili per la ripetizione alcuni friend.

Attacco: dal ristorante "La Lanterna", si sale alla base della parete e la si costeggia verso Arco per circa 400 m. Oltrepassata la falesia si nota l'evidente fessura d'attacco. Nome alla base.

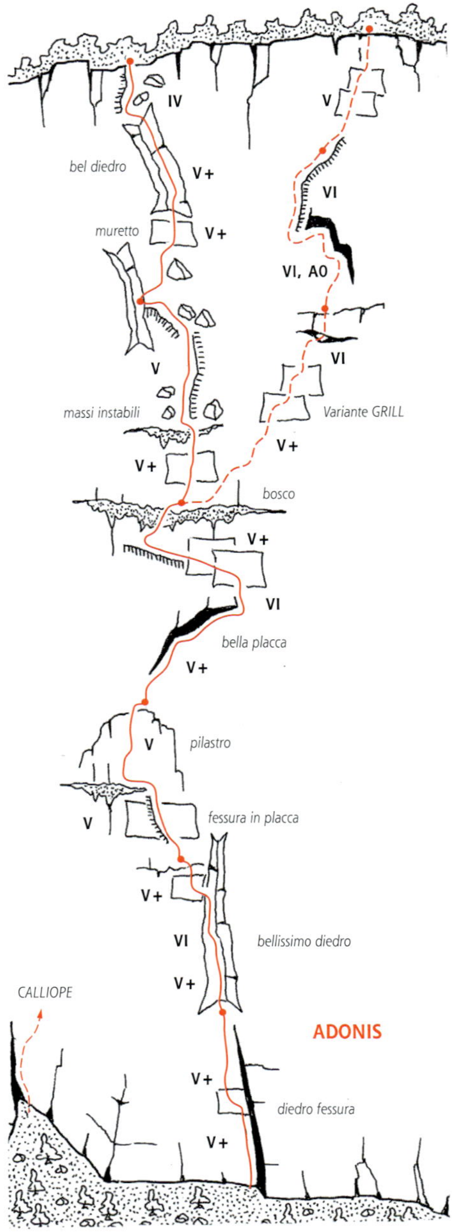

59 ORFEO★★★★

H. Grill, S. Königseder, F. Kluckner, M. Mocek
2007
250 m. (9L)
V+, VI, un tratto VI+/R2/II

Bella arrampicata, molto varia, lungo placche diedri e fessure. Molto atletica la fessura della prima lunghezza dove occorre proteggersi con alcuni friend. Tecnica ed elegante è la placca del terzo tiro mentre le lunghezze centrali sono facili e divertenti. Poi, un' ultimo fantastico tiro porta fuori dalla parete. La linea è elegante. La roccia è stupenda ma con alcuni massi instabili sparsi qua e là e la chiodatura è buona e sufficiente lungo tutto il percorso.

Attacco: dal ristorante "La Lanterna", si sale alla base della parete e la si costeggia verso Arco per circa 300 m. fino ad una specie di muretto, con cordone su albero, che permette di guadagnare una lunga cengia sospesa. Poco a sinistra attacca la via.

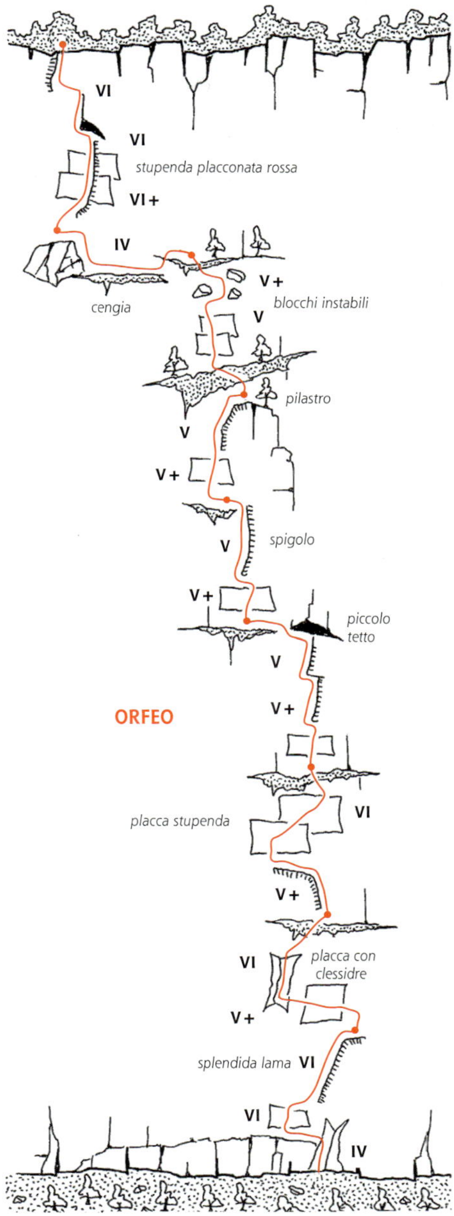

60 SETTE MURI★★★★

H. Grill, F. Kluckner, A. Kluckner 2006
250 m. (11L)
V, VI+, 1 passo di VII/R2/II

Arrampicata varia e divertente lungo diedri e placconate. Le placche sono ottimamente attrezzate a fix, ma lungo i diedri e le fessure potrebbero ritornare utili alcuni friend. Le prime lunghezze sono un po' tortuose ma le rimanenti seguono una linea logica ed elegante. Splendidi i tiri finali lungo una placconata grigia lavorata a gocce.

Attacco: dal ristorante "La Lanterna", si sale alla base della parete e la si costeggia verso Arco per circa 200 m. Nome alla base.

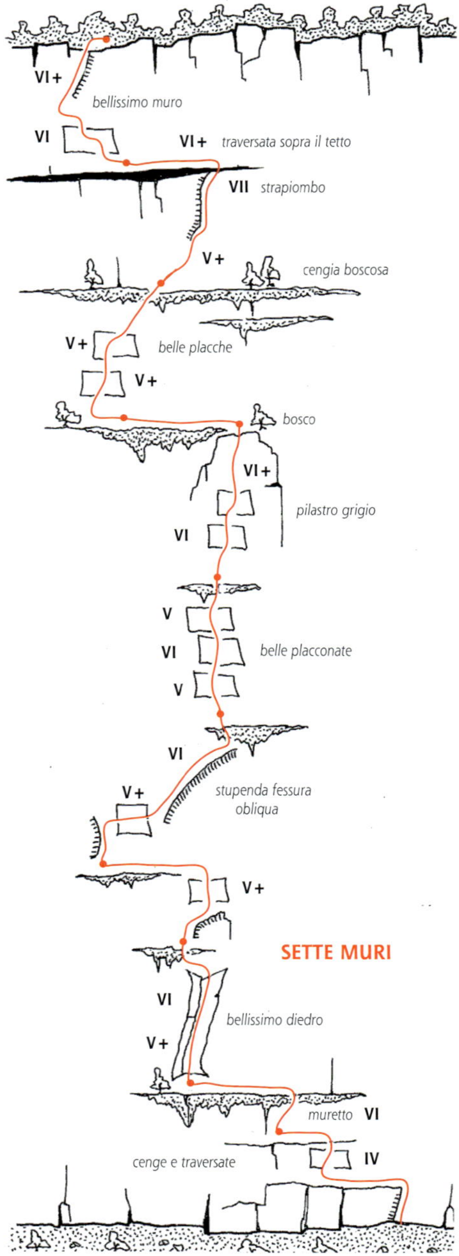

61 IN MEMORIA DI UGO ISCHIA ★★★★

H. Grill, F. Kluckner, F. Heiss 2007
250 m. (9L)
V+, VI+/R2/II

Bella e divertente arrampicata, generalmente in placca. Bellissime sono le placconate iniziali su ottima roccia lavorata a buchi. Occorre prestare molta attenzione nelle lunghezze finali dove si arrampica vicino o sopra a dei grandi blocchi instabili. Chiodatura ottima e roccia nel complesso solida.

Attacco: dal ristorante "La Lanterna", si sale alla base della parete e la si costeggia verso Arco per circa 200 m. Nome alla base.

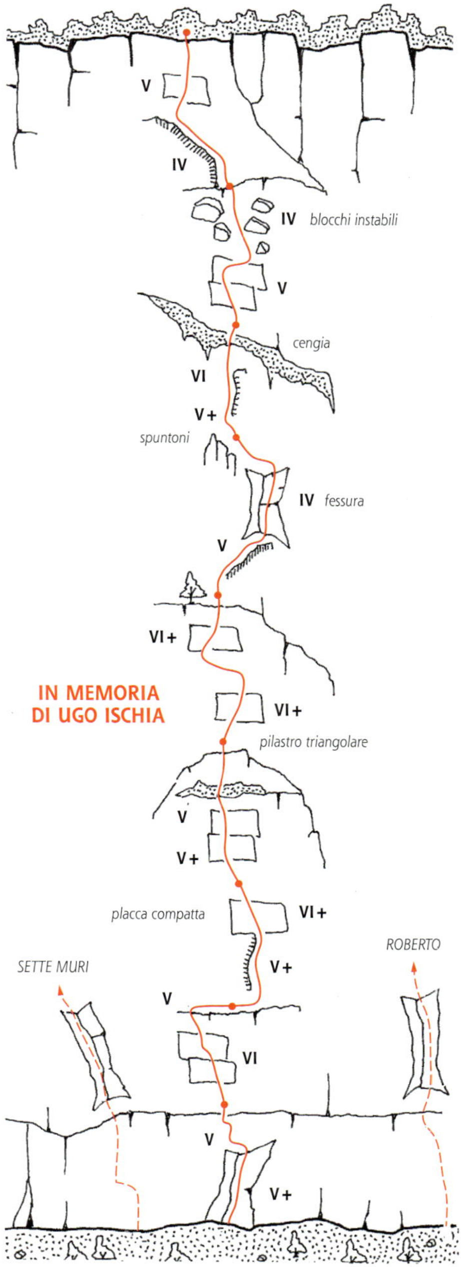

62 VIA ISCHIA CALZA' ★★

U. Ischia, F. Calzà 1971

250 m. (8L)

V+, un tratto di VI/R3/II

Questo itinerario, che propone un'arrampicata spesso disturbata dalla fitta vegetazione, è però ricco di passaggi belli e interessanti. Dopo il primo difficile diedro, poco proteggibile, la via prosegue seguendo i punti deboli della parete sfruttando placche e muretti di roccia generalmente solida. La via conta pochissime ripetizioni, la chiodatura è praticamente inesistente e inoltre la linea è un po' difficile da trovare, ma tutto questo rende la salita interessante e meritevole di una ripetizione. Ottima nelle tiepide giornate invernali. Attenzione: rimane una via pionieristica e sconsigliata a chi è troppo esigente in fatto di estetica dell'arrampicata.

Attacco: dal ristorante "La Lanterna", si sale alla base della parete e la si costeggia verso Arco per circa 300 m. fino ad una specie di muretto, con cordone su albero, che permette di guadagnare una lunga cengia sospesa. Percorrere tutta la cengia verso destra fino alla base dell'evidente diedro.

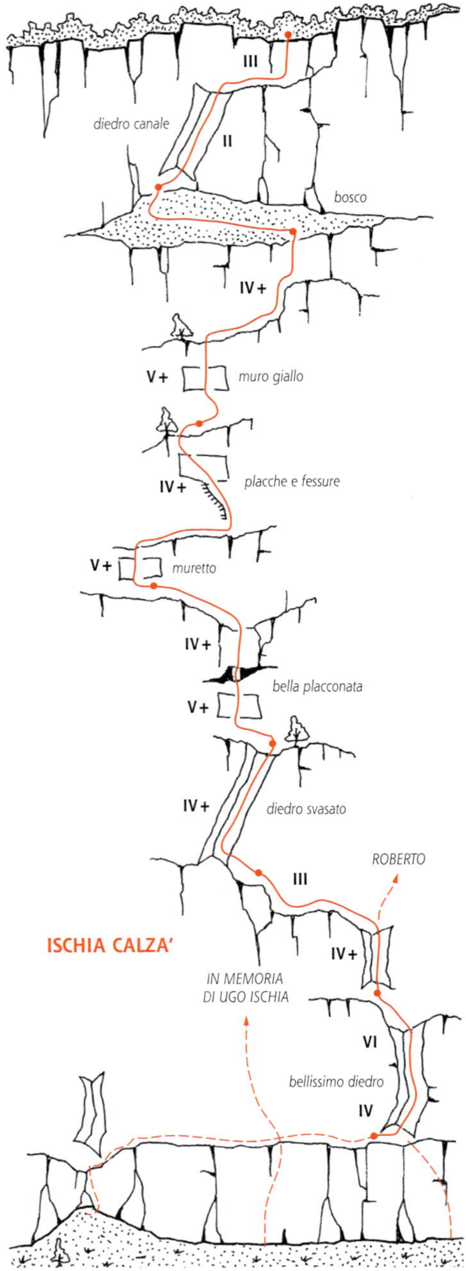

63 ROBERTO ★★★

G. Mantovani 2006

250 m. (8L)

6a, 6b+, passi in A0 (6a obb.)/S1/II

Itinerario vario e divertente. Spettacolare è l'ultima lunghezza: un muro rosso strapiombante inciso da una splendida fessura. Belli sono i diedri iniziali e numerosi sono i passaggi in placca che richiedono una buona tecnica di piedi. Purtroppo la levigata placca del 5° tiro obbliga ad alcuni passi in A0. Attenzione ad alcuni blocchi instabili: vedi cartello al 6° tiro.

Attacco: dal ristorante "La Lanterna", si sale alla base della parete e la si costeggia verso Arco per circa 200 m. Nome alla base.

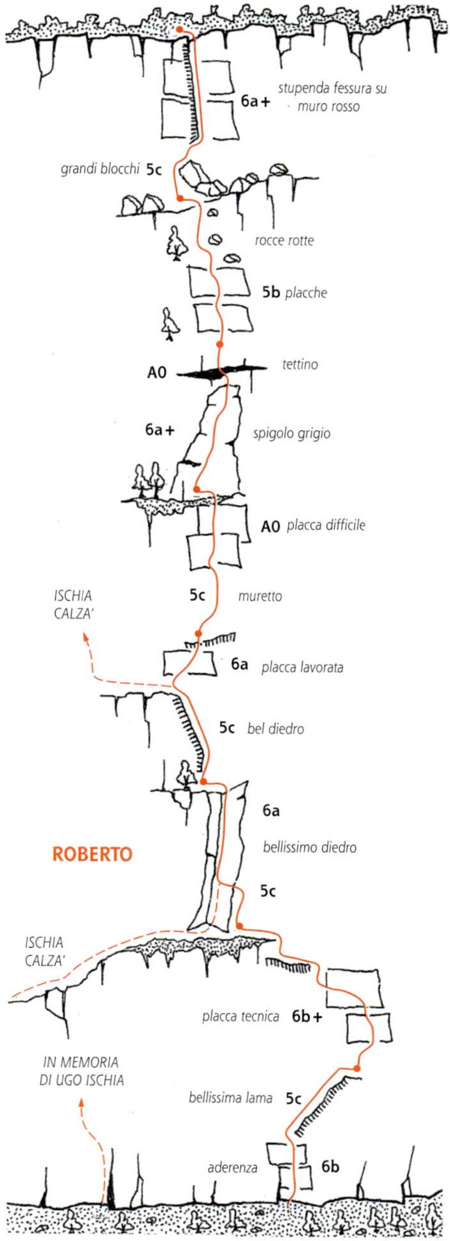

64 RUGGERO★★★

A. Salomon, P. Gopel 2009
200 m. (7L)
6b+, 7a (6b+ obb.)/S2/II

Itinerario generalmente bello e interessante, su buona roccia e ben chiodato, ma molto discontinuo nelle difficoltà. Inizia bruscamente, con una difficile lunghezza lungo una placca molto tecnica. Decisamente fantastico, è il grande diedro giallo centrale, che offre una stupenda arrampicata classica su roccia da sogno. Dopo il diedro, la via prosegue alternando tratti severi e impegnativi, a tratti facili ed erbosi. Infine con un'ultima difficile lunghezza, si esce dalla parete.

Attacco: dal ristorante "La Lanterna", si sale alla base della parete e la si costeggia verso Arco per circa 100 m. Nome alla base.

65 FREIHEIT DIE ICH MEINE★★★★

H. Schnitzer, L. Breitenberger, M. Holzer, M. Huber 2011
200 m. (7L)
6b, 7b+ (6b obb.)/S2/II

Bellissimo itinerario sportivo, sostenuto e divertente. Le lunghezze in placca grigia sono tutte belle ed entusiasmanti, con molti passaggi tecnici su buone prese. La lunghezza sullo strapiombo giallo, è invece sostenuta ed esposta ed impone alcuni difficili passi obbligatori, ma può anche essere superata quasi completamente in A0. La chiodatura è ottima a fix, portare solo rinvii.

Attacco: dal ristorante "La Lanterna", si sale alla base della parete e la si costeggia verso Arco per circa 100 m. Nome alla base.

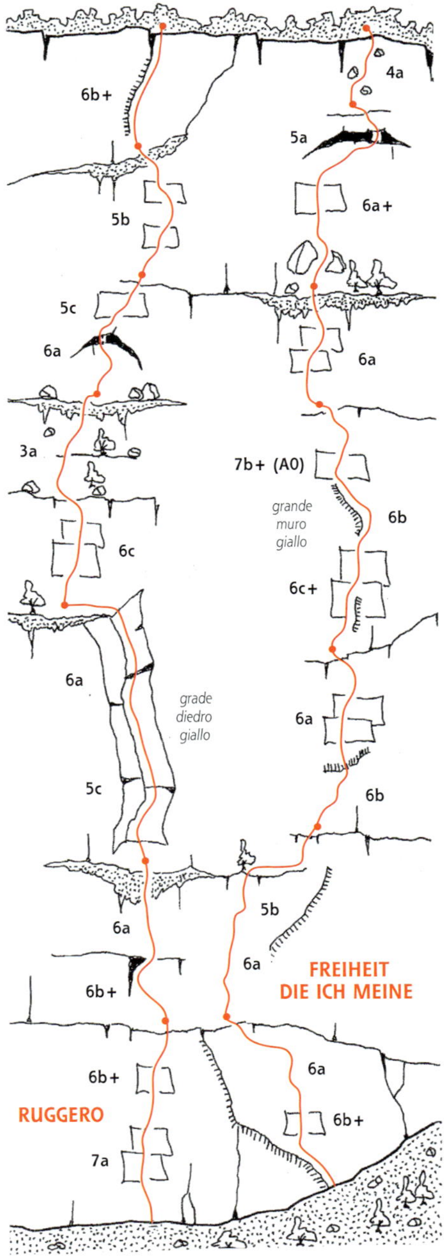

66 ELIOS★★★★★

H. Grill, F. Heiss 2007
250 m. (9L)
V+, VI+, 2 passi VII/R1/II

Tra le più belle e interessanti della parete, molto consigliata. Arrampicata sempre molto varia e divertente lungo placche tecniche e strapiombi di forza, non mancano nemmeno le fessure per incastrare mani e piedi. Molti sono i tiri entusiasmanti, in particolare la settima lunghezza che supera una sequenza di piccoli tetti su ottime prese. Roccia solida e chiodatura sufficiente lungo tutto l'itinerario. Attenzione ai blocchi instabili sparsi lungo la via.

Attacco: dal ristorante "La Lanterna", si sale alla base della parete e la si costeggia verso Arco per circa 100 m. Nome alla base.

67 SELENE★★★★★

H. Grill, F. Kluckner, A. Kluckner S. Königseder 2007
250 m. (8L)
V+, VI/S1/II

Bellissima e facile arrampicata lungo splendidi diedri e placconate compatte. Tra le più belle della parete. La caratteristica principale di questa salita sta nelle difficoltà sempre contenute e omogenee. Chiodatura ottima e roccia solida lungo tutto il percorso. Attenzione ai soliti blocchi instabili sparsi lungo la via.

Attacco: dal ristorante "La Lanterna", si sale alla base della parete e la si costeggia verso Arco per circa 100 m. Nome alla base.

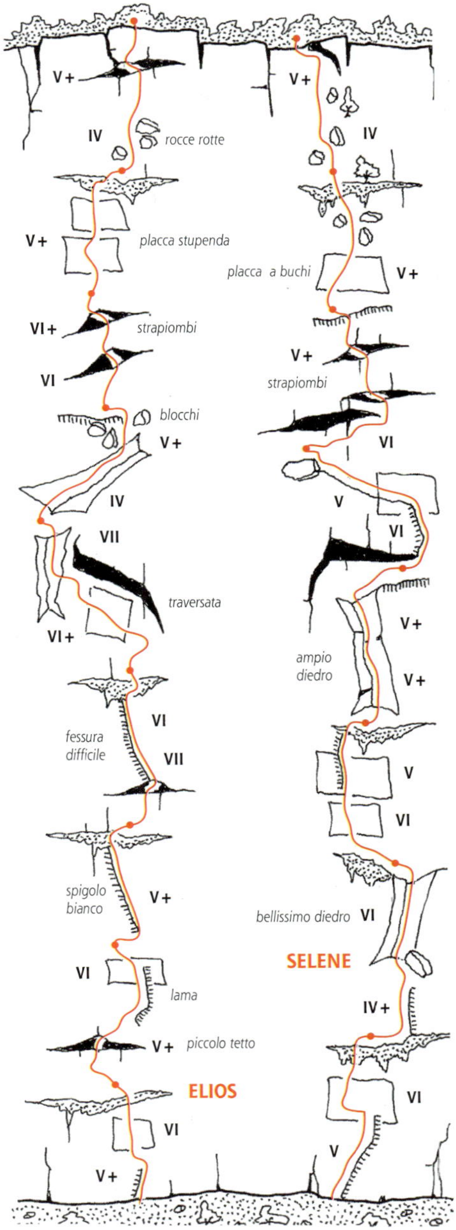

74a
74
73
72
71
69
69
68

82
81
80
79
78
77
74a
76
74

68 SINDROME DA MAKITA ★★★

G. Mantovani 2005
200 m. (5L)
6b+, 6c (6a obb.)/S1/II

Itinerario bello e divertente. Sostenuto soprattutto nelle prime due lunghezze, dove si sviluppa lungo una fessura verticale ed esposta. Molto vario e articolato il quarto tiro: strapiombo, fessura, camino e placca. In alcuni tratti però bisogna prestare la massima attenzione per la qualità della roccia. Chiodatura ottima a fix lungo tutto il percorso. Nell'ultimo tratto, l'itinerario ripercorre la classica via Lililla.

Attacco: dal ristorante "La Lanterna", si sale alla base della parete e la si costeggia verso nord. Nome alla base.

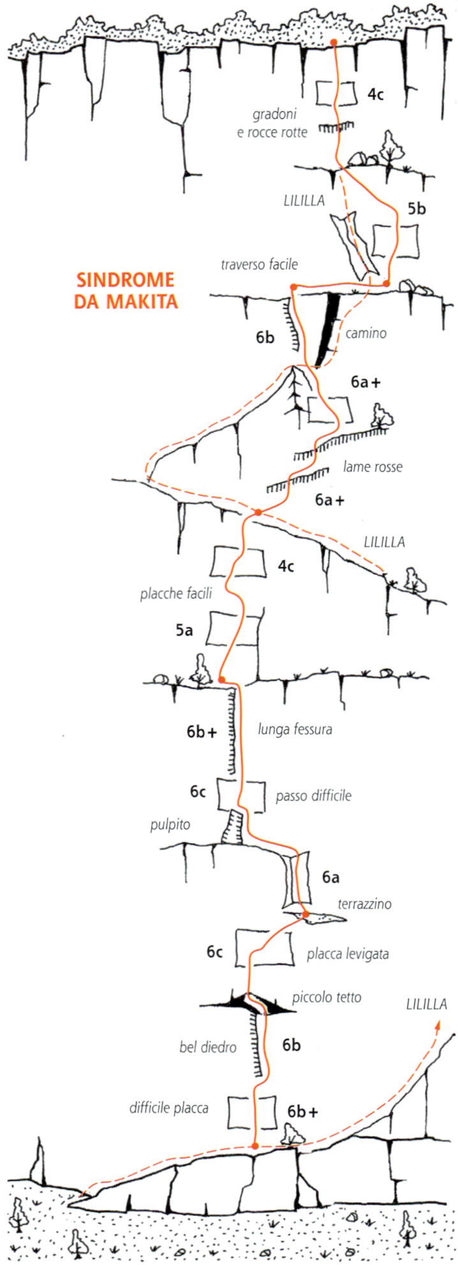

69 VIA LILILLA★★★

F.Miori, D. Zampiccoli 1982

300 m (7L)

V+, 1 passo VII o A0/R3/II

Bella e divertente salita classica. Un grande mix di placche compatte, camini improteggibili e fessure friabili; il tutto intasato qua e là dalla vegetazione. Riservata agli amanti dello stile tradizionale della valle. L'itinerario segue una linea molto logica di diedri e fessure con roccia generalmente buona. La chiodatura è piuttosto scarsa e talvolta occorre rinforzare qualche sosta. Dal ristorante, è facile notare una grande placca grigia incisa da una fessura obliqua che la taglia da sinistra verso destra. Questa fessura da la direttiva della prima parte della via.

Attacco: dal ristorante "La Lanterna", si sale alla base della parete e la si costeggia verso nord per circa 100 m. Superato uno zoccoletto ci si trova alla base della fessura obliqua iniziale.

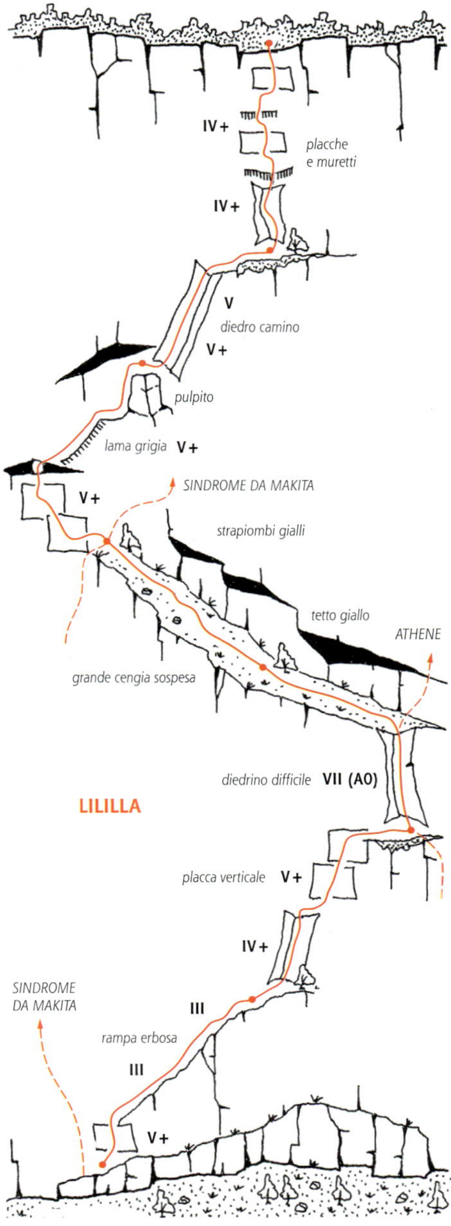

70 WEG DURCH DAS GESICHT ★★★★

W. Mairosl, H. Schnitzer, J. Fischer, M. Huber
2008
250 m. (8L)
6b+, un tratto 7a (6b obb.)/S3/II

Itinerario tra i più belli e interessanti della Parete di San Paolo. Supera un corridoio di placconate grigie verticali ed offre sempre un'arrampicata tecnica ed elegante. Fantastiche le lunghezze della lama rovescia e dello strapiombo rosso. Roccia sempre ottima. Chiodatura a fix, ma non abbondante: necessari alcuni friend medio piccoli, soprattutto per il tiro della lama rovescia. Il tiro dello strapiombo, evitabile sulla sinistra, propone un'arrampicata di forza e resistenza sempre su buone prese.

Attacco: dal ristorante "La Lanterna", si sale alla base della parete e la si costeggia verso nord per circa 100 m. Nome alla base.

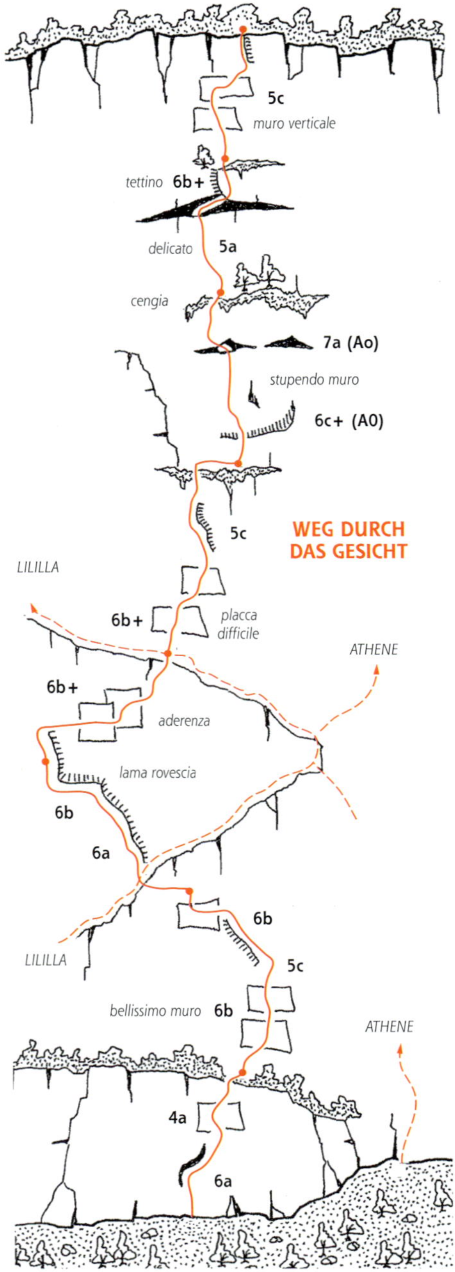

71 ATHENE ★★★★★

H. Grill, F. Kluckner, F. Heiss 2006

300 m. (11L)

VI+, VII+/R1/II

Bellissimo itinerario dalla linea logica ed elegante: sicuramente il più interessante e divertente dell'intera parete. Propone un'arrampicata generalmente in placca, su roccia ottima e compatta. La chiodatura è abbondante a chiodi normali e alcuni fix e per la ripetizione bastano solamente dei rinvii. Forse qualche friend piccolo potrebbe ritornare utile. La difficoltà è omogenea lungo tutto il percorso e alcune lunghezze sono particolarmente belle come il quarto o l'ultimo tiro. Assolutamente consigliata agli alpinisti amanti delle vie attrezzate a chiodi normali.

Attacco: dal ristorante "La Lanterna", si sale alla base della parete e la si costeggia verso nord per circa 100 m. Nome alla base.

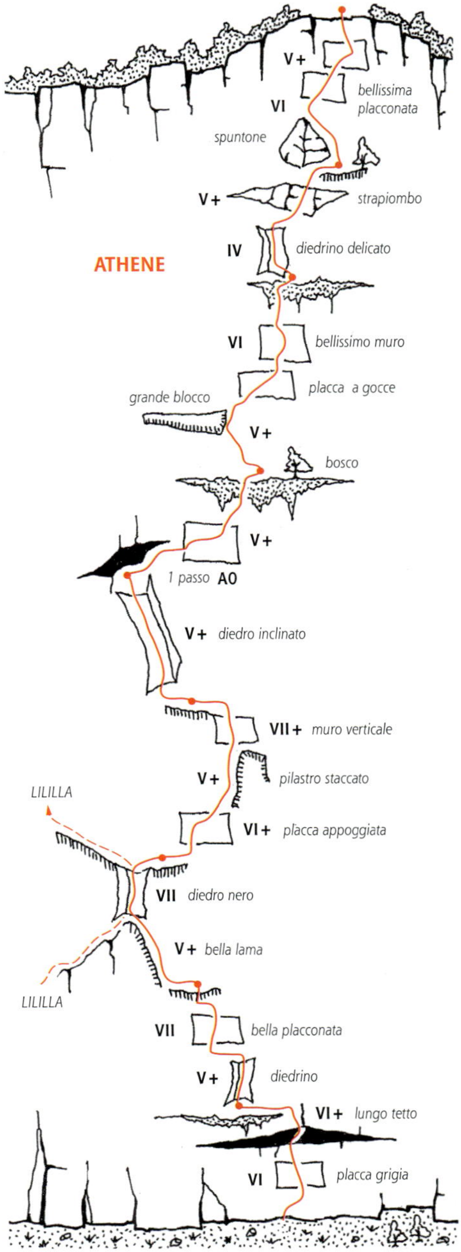

72 SPIDERMAN ★★★★★

H. Schnitzer, S. Fischer, M. Huber, L. Breitenberger 2009
200 m. (8L)
6b+, 6c+ (6b obb.)/S2/II

Straordinaria arrampicata sportiva, sicuramente tra le più belle vie di San Paolo. Si sviluppa lungo una bellissima sequenza di placconate grigie, solide e ben protette a fix. Nel primo e nell'ultimo tiro, dove si incontrano le difficoltà maggiori, la chiodatura è ravvicinata, da permettere di superare i passaggi anche in A0. Nel resto della via, la chiodatura più distanziata rende l'arrampicata davvero entusiasmante. Fantastico l'ultimo tiro: strapiombo di forza e resistenza su buone prese. Per la ripetizione bastano i rinvii.

Attacco: dal ristorante "La Lanterna", si sale alla base della parete e la si costeggia verso nord per circa 200 m. Nome alla base, appena a sinistra della via Ape Maia.

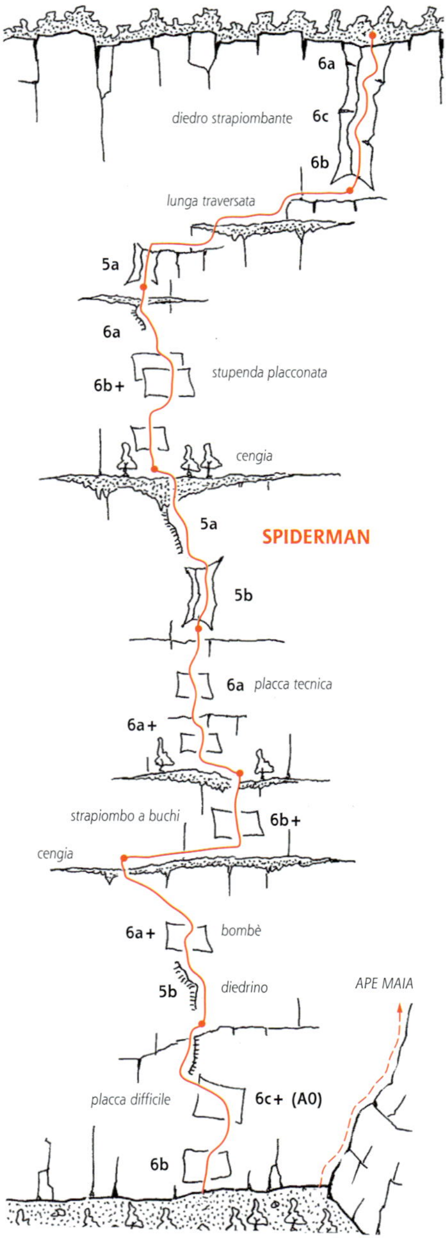

73 VIA APE MAIA ★★★★

G. Mantovani 2003

200 m. (7L)

5c, 6b (6a obb.)/S1/II

Bella e divertente arrampicata che si sviluppa principalmente lungo una bella serie di diedri e fessure. Il 5° tiro supera una placca verticale entusiasmante e molto tecnica. Roccia buona e chiodatura ottima a fix lungo tutto il percorso.

Attacco: dal ristorante "La Lanterna", si sale alla base della parete e la si costeggia verso nord per circa 200 m. Nome alla base. L'attacco è immediatamente a sinistra della falesia Swing Area.

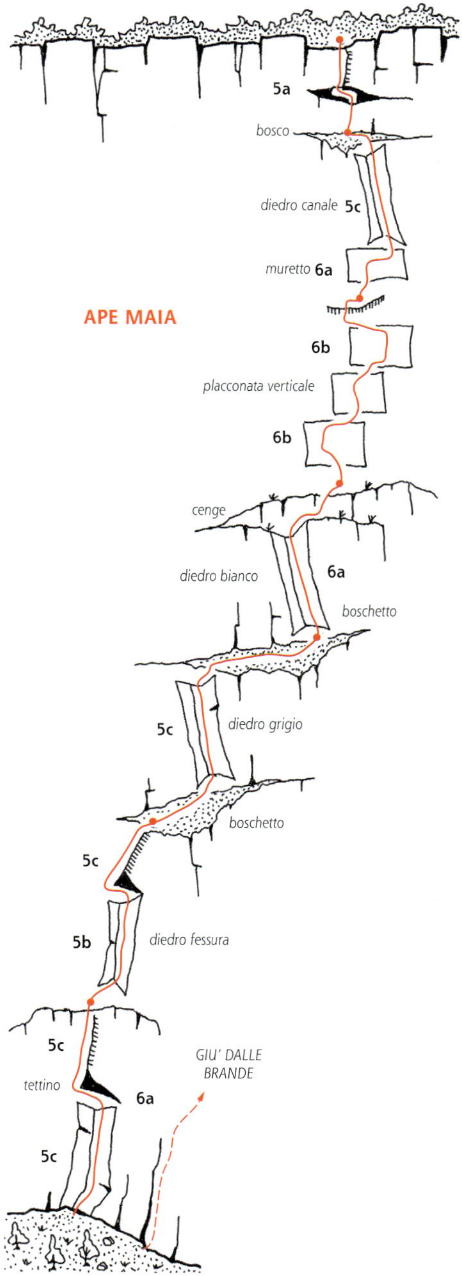

74 GIU' DALLE BRANDE ★★★

G. Mantovani 2004
250 m. (7L)
6a, 6b (6a obb.)/S1/II

Itinerario vario e divertente. Arrampicata classica lungo diedri e fessure. Roccia solida e chiodatura ottima a fix. Caratteristico è il lungo traverso a metà parete, che dona alla via un' aspetto decisamente esplorativo. Molto bello il grande diedro del quinto tiro: sostenuto ed atletico.

Attacco: dal ristorante "La Lanterna", si sale alla base della parete e la si costeggia verso nord per circa 200 m. Nome alla base. L'attacco è immediatamente a sinistra della falesia Swing Area.

74a VARIANTE CONCORDIA ★★★★

H. Grill, G. Mantovani, F. Heiss, F. Kluckner 2008
120 m. (4L)
6a/S2/I

Bellissima variante che raddrizza la via Giù dalle brande. Le prime due lunghezze si sviluppano lungo elegantissime placche di roccia fantastica e molto lavorata. Segue un bellissimo spigolo e un tiro con alcuni strapiombi molto atletici. Questa variante si allaccia alla via Giù dalle brande all'altezza del grande diedro, evitandone le prime difficili lunghezze. Ne risulta cosi una salita molto omogenea nelle difficoltà e molto varia nell'arrampicata. Tra le linee migliori di San Paolo.

Attacco: dal ristorante "La Lanterna", si sale alla base della parete e la si costeggia verso nord per circa 300 m. Nome alla base. L'attacco è immediatamente a destra della falesia Swing Area.

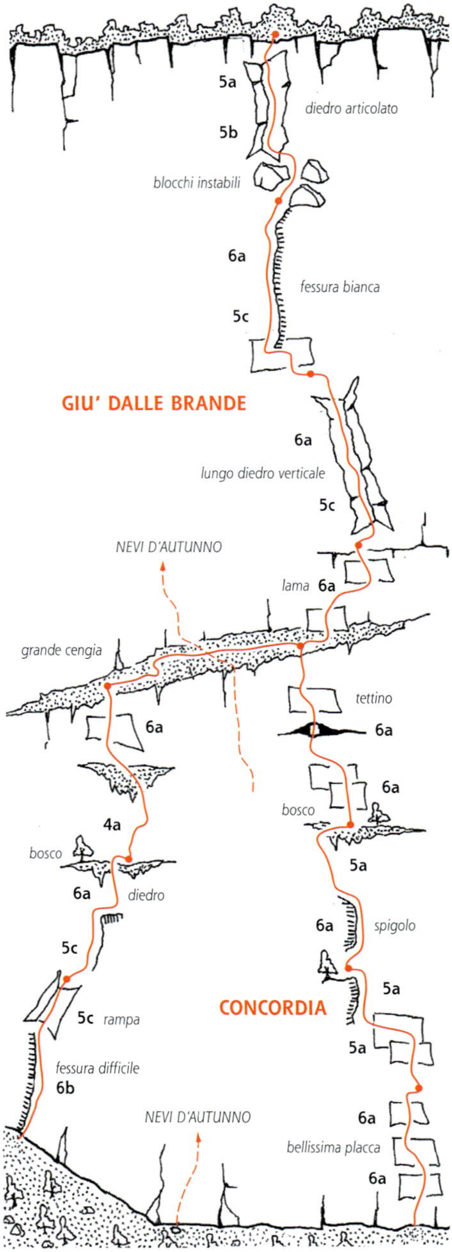

75 NEVI D'AUTUNNO★★★

D. Cabas, P. Masera 2010
250 m. (8L)
VI, VII, A1/R3/II

Bell'itinerario sportivo, che offre una divertente arrampicata lungo bellissime placconate con roccia stupenda e lavorata. Alcune sezioni sono molto belle, come la placca a buchi del secondo tiro o il muro nero del quarto. Ostica e molto faticosa risulta invece la placca strapiombante nella parte alta della via. Salvo qualche brevissimo tratto, la roccia è solida lungo tutto il percorso. La chiodatura è ottima e abbondante e i passaggi più difficili sono facilmente azzerabili. Per la ripetizione bastano solamente i rinvii.

Attacco: dal ristorante "La Lanterna", si sale alla base della parete e la si costeggia verso nord per circa 300 m. Nome alla base.

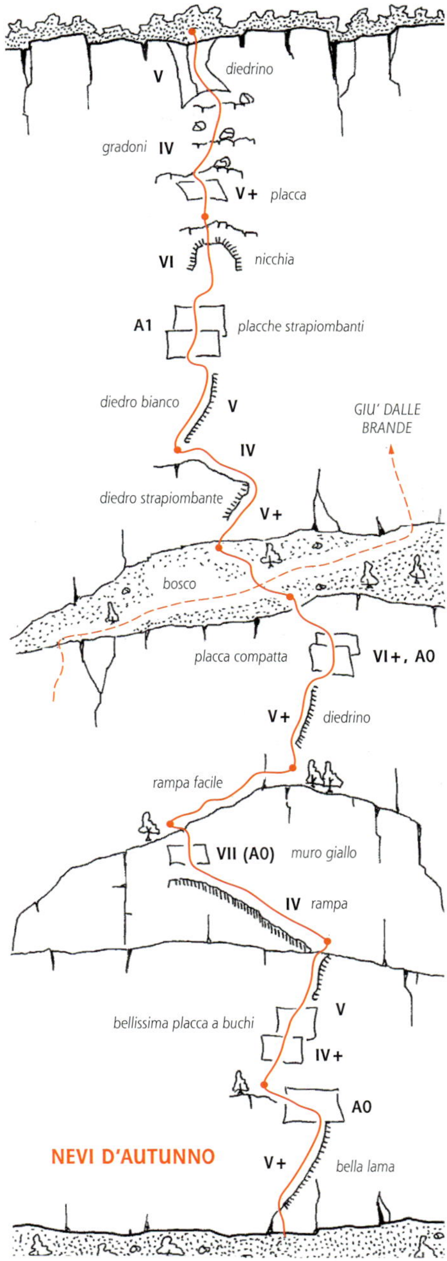

76 PER ELA★★

D. Cabas, P. Masera 2010
280 m. (9L)
VI, VII, A0/R3/II

La prima parte della salita vince dei muri verticali e molto compatti, con arrampicata difficile, tecnica e tipicamente sportiva con abbondanti protezioni a fix. La parte alta invece, prosegue lungo cenge erbose e fessure friabili, protette da chiodi normali e clessidre. Una prima parte decisamente sportiva ed una seconda parte alpinistica, è la caratteristica principale di questa salita.

La roccia, è nel complesso buona e la chiodatura sufficiente. Eventualmente portare alcuni friend medi per la bella fessura del secondo tiro. Attenzione, rimane comunque un itinerario di puro interesse alpinistico ed esplorativo, con tratti friabili ed erbosi.

Attacco: dal ristorante "La Lanterna", si sale alla base della parete e la si costeggia verso nord per circa 300 m. Nome alla base. L'attacco è immediatamente a destra della falesia Swing Area.

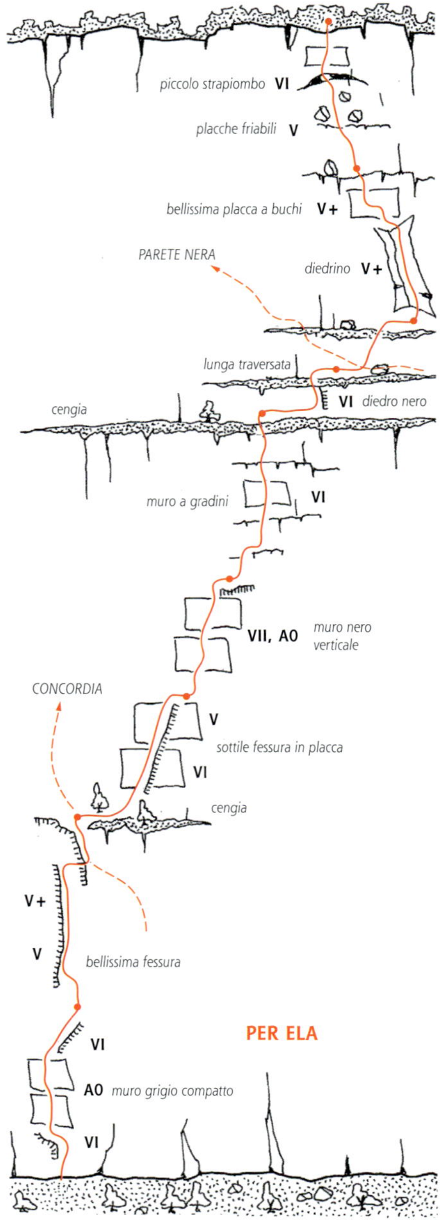

77 PARETE NERA ★★★★★

H. Grill, F. Heiss, S. Bauer, M. Heiss 2010
250 m. (9L)
VI+, VII, passi in A0/R3/II

Tra le più belle e ardite vie della parete di San Paolo. Supera, nel suo centro, la grande muraglia nera con un'arrampicata stupenda su magnifica roccia lavorata a gocce. Superato il grande muro verticale, la parete si adagia e le difficoltà diminuiscono. Necessari per la ripetizione una serie di friend e stopper.

Attacco: dal ristorante "La Lanterna", si sale alla base della parete e la si costeggia verso nord per circa 350 m. Nome alla base.

78 LA TARTARUGA ★★★★

H. Grill, F. Heiss, F. Kluckner, K. Oppermann, B. Holzer 2012
250 m. (10L)
VI, VII, passi in A0/R3/II

Itinerario che corre vicino alla via Parete Nera e ne rispecchia quindi le caratteristiche principali. Difficili sono le lunghezze che superano il ripido muro iniziale, mentre la parte alta perde un po' di interesse e sale per placche e muretti meno impegnativi. Chiodatura sufficiente a fix e chiodi, ma in alcuni tratti occorre integrare con alcuni friend.

Attacco: dal ristorante "La Lanterna", si sale alla base della parete e la si costeggia verso nord per circa 350 m. Nome alla base.

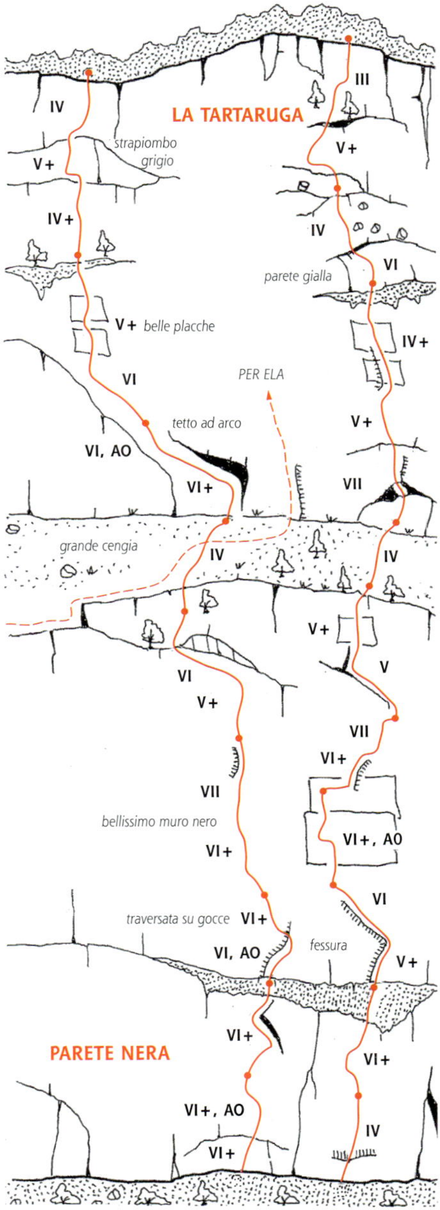

79 LO SCANSAFATICHE★★★

H. Grill, F. Heiss, K. Oppermann, B. Holzer 2012
230 m. (10L)
V+, VI+, passi in A0/R3/II

Itinerario un po' discontinuo nell'arrampicata e nelle difficoltà, molto articolato nella linea che ricerca una sua logica nella parete. Nel complesso è una bella arrampicata, molto varia e su roccia sempre ottima. La chiodatura è sufficiente: mista a chiodi, fix e clessidre, portare eventualmente alcuni friend medi e piccoli. Bellissimo il penultimo tiro: una lunga placconata grigia molto lavorata a buchi e clessidre.

Attacco: nome alla base.

80 ARIA DI PRIMAVERA★★★

D. Cabas, P. Masera, D. Arlanch 2011
200 m. (7L)
V+, un passo di VI, A1/R2/II

Itinerario molto divertente, vario e interessante. La penultima lunghezza è uno dei tiri più belli di San Paolo: una lunga placconata grigia incredibilmente lavorata a buchi e clessidre. La grande parete nera, si supera con due lunghezze in artificiale, facilmente collegabili in un unico tiro. Nel complesso è una bella salita che unisce arrampicata libera e artificiale. Chiodatura ottima, portare solo rinvii, ed eventualmente alcuni friend medio piccoli.

Attacco: nome alla base.

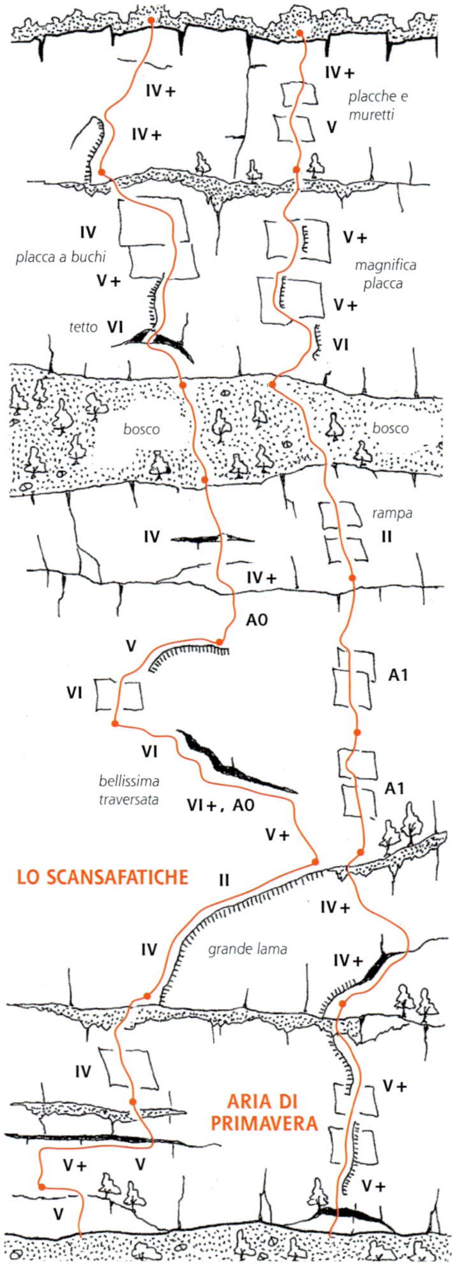

81 CIRCE★★

D. Cabas, P. Masera 2009
200 m. (7L)
IV, V+/R3/I

Itinerario che va alla ricerca della linea migliore in un settore decisamente scadente, per la qualità della roccia e per l'abbondante vegetazione. Bella la lunghezza sullo spigolo giallo e divertenti i tiri d'uscita. Nel complesso un itinerario alpinistico, su roccia generalmente friabile ma ben attrezzato a chiodi normali e clessidre. Eventualmente portare alcuni friend medi e piccoli. Attenzione ad alcuni blocchi instabili lungo la via.

Attacco: dal parcheggio della Vecchia Chiusa sul Sarca, salire direttamente il bosco fino alla base della parete, poi leggermente a sinistra. Nome alla base.

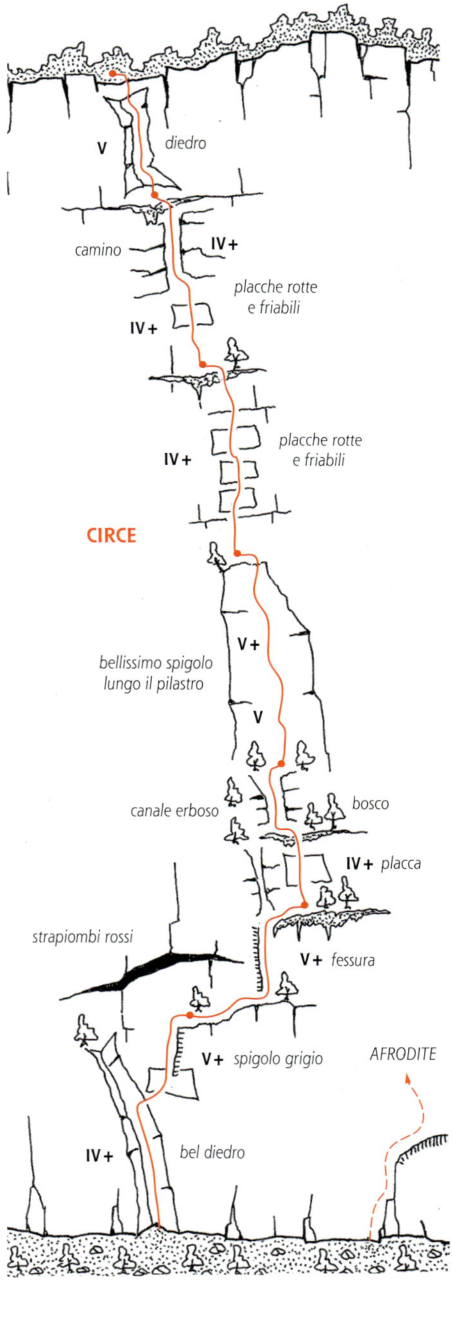

82 APHRODITE ★★★

H. Grill, F. Kluckner, S. Königseder, F. Heiss
2006
250 m. (10L)
V+/R1/I

Divertente salita di stampo classico lungo placche, diedri e fessure. Alcuni tiri sono particolarmente belli, in altri invece, occorre prestare attenzione alla qualità della roccia. Nel complesso però la roccia è generalmente buona. La chiodatura è sufficiente a chiodi e qualche fix e per la ripetizione bastano solamente dei rinvii.

Attacco: dal parcheggio della Vecchia Chiusa sul Sarca, salire direttamente il bosco fino alla base della parete, poi leggermente a sinistra. Nome alla base.

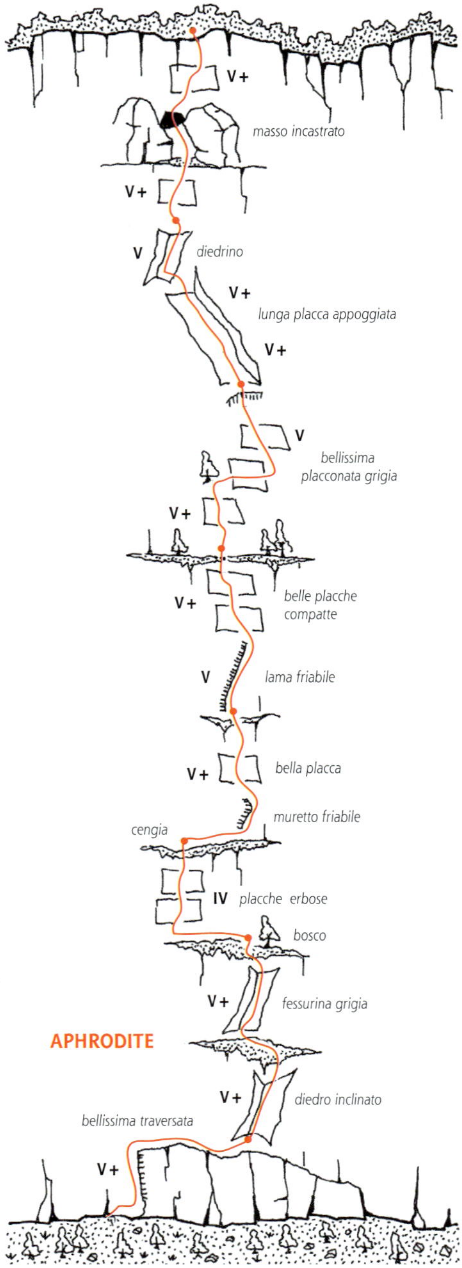

82
83
84
85
86
87
88

83 BON TON★★★★

I. Rabanser, S. Michelazzi, M. Furlani 2010
200 m. (6L)
VI+, VII, A1/R3/II

Bell'itinerario, decisamente alpinistico, con alte difficoltà e passaggi obbligatori su protezioni tradizionali. Arrampicata generalmente in placca, su roccia ottima e attrezzata principalmente con chiodi normali e clessidre.

Attacco: dal parcheggio della Vecchia Chiusa sul Sarca, salire direttamente il bosco fino alla base della parete, poi leggermente a destra. Nome alla base.

84 SIMPATICHE CANAGLIE★★★

D. Mabboni, F. Cazzanelli 2006
200 m. (6L)
6c, un passo in A0 (6b obb.)/S3/I

Questo itinerario sale l'evidentissimo spigolo grigio che caratterizza il settore nord parete di San Paolo. Salita prevalentemente sportiva attrezzata a fix, ma che presenta sezioni alpinistiche molto impegnative come il secondo tiro, dove occorre proteggersi con friend per un lungo tratto in fessura (VII obbligatorio). Molto bello ed elegante il lungo spigolo grigio, con chiodatura lunga, passi eleganti e obbligatori. Attenzione all'ultimo tiro, facile ma a tratti friabile e con grandi massi instabili.

Attacco: dal parcheggio della Vecchia Chiusa sul Sarca, salire direttamente il bosco fino alla base della parete, poi leggermente a destra. Salire per un facile diedrino con arbusti.

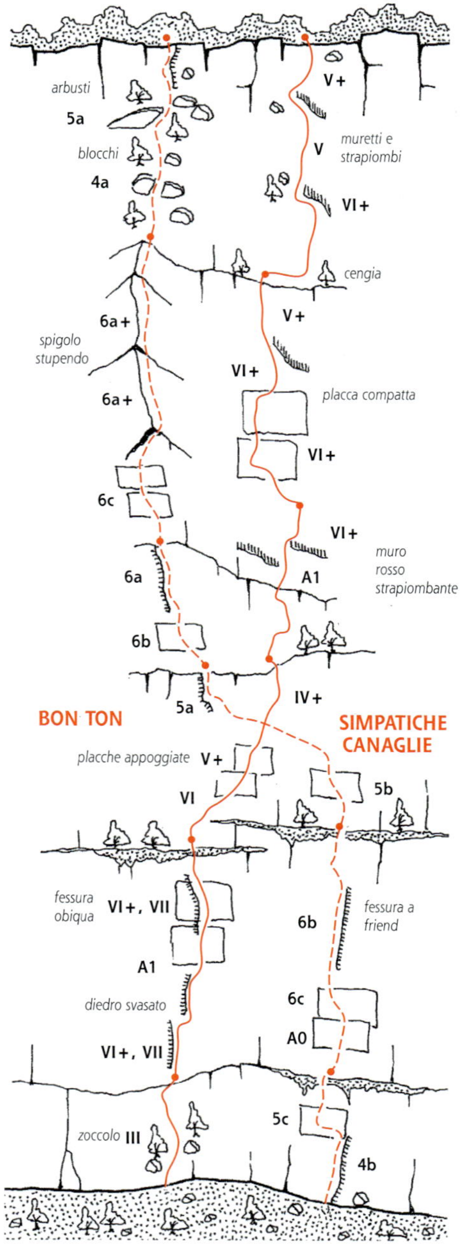

85 PENELOPE★★★★

G. Mantovani 2004
200 m. (6L)
6a, 6b+ (6a obb.)/S1/I

Itinerario bello e divertente. Un lungo e regolare diedro e una placca atletica strapiombante, sono le caratteristiche principali della salita. La roccia solida e l'ottima chiodatura rendono l'itinerario molto piacevole e rilassante

Attacco: dal parcheggio della Vecchia Chiusa sul Sarca, salire direttamente il bosco fino alla base della parete, poi leggermente a destra, alla base dell'evidentissimo e diedro. Nome alla base.

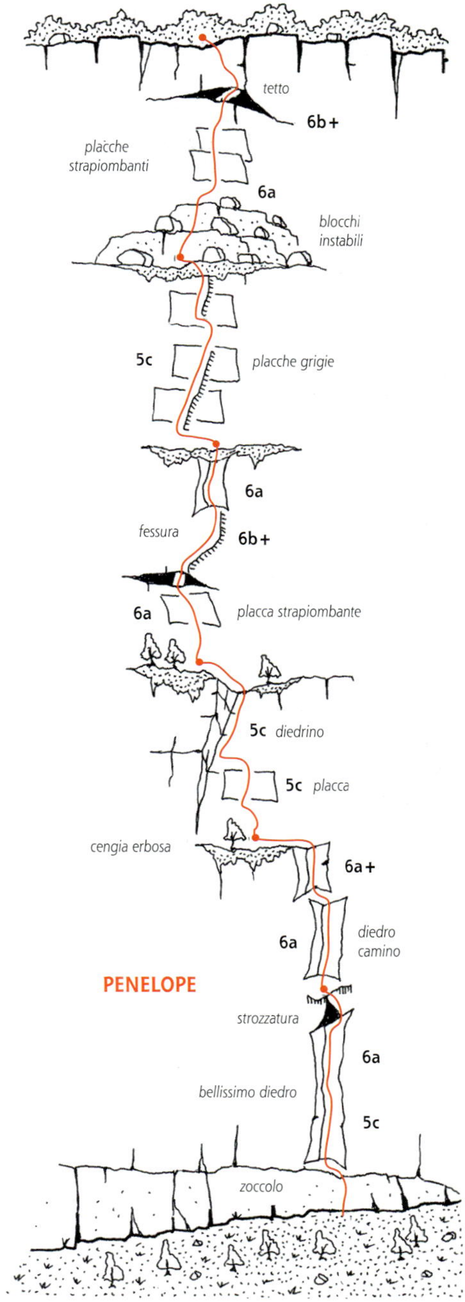

86 PERSEPHONE ★★★★★

H. Grill, F. Kluckner 2007
200 m. (7L)
6a, 6b+/S1/I

Bella e divertente arrampicata, di tecnica e movimento, prevalentemente in placca. Stupenda è la placconata iniziale solcata da una sottile fessura. Spettacolari anche le lunghezze finali su roccia fantastica. Chiodatura prevalentemente a fix, ma potrebbero ritornare utili alcuni friend medio piccoli. Attenzione ad alcuni massi instabili a metà percorso.

Attacco: dal parcheggio della Vecchia Chiusa sul Sarca, salire direttamente il bosco fino alla base della parete, poi a destra. Nome alla base.

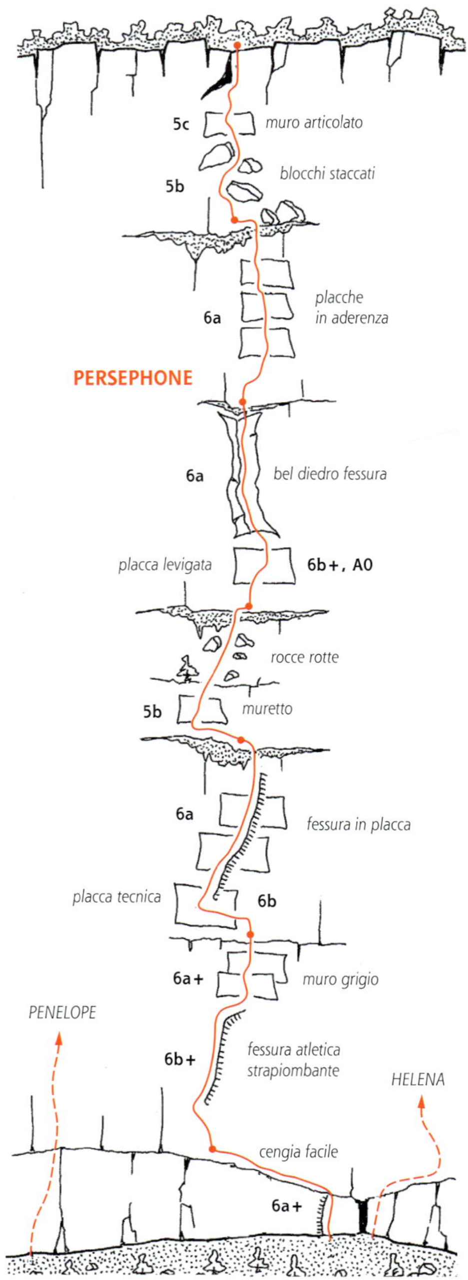

87 HELENA ★★★

H. Grill, F. Kluckner, F. Heiss 2006
200 m. (9L)
V+, VI/R1/I

Bell' itinerario, elegante e divertente. Propone un'arrampicata generalmente in placca su roccia stupenda. Alcuni tratti strapiombanti ma ben appigliati rappresentano i passaggi più belli della via. Chiodatura ottima e abbondante a chiodi normali e fix. Per la ripetizione bastano solamente i rinvii. Bellissima è l'ultima lunghezza.

Attacco: dal parcheggio della Vecchia Chiusa sul Sarca, salire direttamente il bosco fino alla base della parete, poi a destra. Nome alla base.

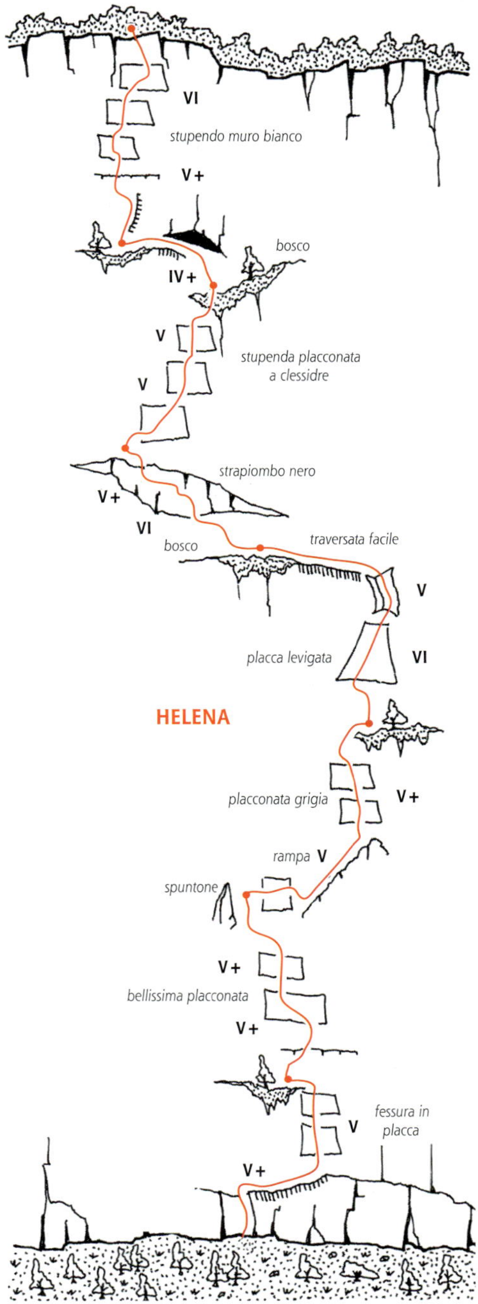

Nuove vie in Valle

Heinz Grill

Quale motivazione ci ha spinto ad aprire nuove vie nella molto frequentata Valle del Sarca? La nostra eccessiva energia o la noia di ripetere sempre gli stessi itinerari dei quali sapevamo a memoria ogni appiglio? Oppure - come dice chi ci critica - eravamo disoccupati e quindi partivamo con martello, chiodi e sega per fare gli artigiani in parete? No! Percepivamo dentro di noi un'idea: quella che proprio nella Valle del Sarca a mo' d'esempio, potrebbe trovare posto un senso artistico di plasmare una via.

Quando, per esempio, siamo scesi dal Monte Brento in inverno eravamo considerati dei relitti da tempi antichi, degli alieni della Valle, che apparentemente non conoscevano la modernità. Ma che cos'è la modernità? Dentro di noi, che potevamo solo andare sulle grandi pareti perché ci mancava la forza nelle dita per l'arrampicata sportiva ed eravamo in grado di superare gli strapiombi solo aiutandoci con le staffe, aumentava la nostalgia dell'avventura più pura e della ricerca del' "idea" della prima salita, che combinasse in modo semplice i principi alpinistici con la sicurezza naturale. Dove si possono trovare delle vie che offrono un equilibrio tra esperienza alpinistica e ambizione sportiva? E dove potevano trovare ancora spazio delle prime salite? Sicuramente non nelle zone ben conosciute, caratterizzate da placche libere, fessure e pareti scontate. Siamo andati perciò a cercare nelle zone boscose e abbiamo combinato le possibili linee con tutta l'agilità della nostra fantasia. La parete di San Paolo quasi non offriva nessun percorso intero che portasse in cima e così, con l'aiuto di alcuni traversi e la capacità di trovare soluzioni fantasiose, siamo riusciti a collegare le singole parti della parete e ad aprire sensati e logici itinerari fino a dieci lunghezze. Un vasto lavoro di pulizia e la rimozione di terra da fessure e buchi sono stati indispensabili.

L'obiettivo di queste prime salite, svolte più nel sottobosco che sulla vera roccia, presentando più erba che appigli o placche bucate, era di creare non salite estreme, ma itinerari facili e dal carattere classico. È necessario considerare che si trattava di inventare itinerari lungo le zone boscose ed erbose e non rapide prime salite, percorse di getto e ripetibili subito, avendo valore dall'inizio. La prima salita dal basso fino all'uscita era solamente "un'esplorazione botanica" in condizioni più o meno avventurose. "Terrà la radice? il ramo o il ciuffo d'erba?" Lo strapiombo della via Helena presentava solo erba e alcuni arbusti ed era un bel passaggio di A2 su rami. Dopo aver pulito dalla terra gli appigli e i buchi , si palesavano i passaggi più belli, tanto che oggi è difficile immaginarsi che quello strapiombo aveva richiesto un'acrobazia tecnica e rischiosa. Spesso evitavamo di piantare spit e correvamo alcuni rischi proteggendoci con sicurezze naturali e chiodi pessimi. Quasi sempre attrezzavamo le vie in un secondo momento per le esigenze dei ripetitori.

Senza lo sviluppo e la successiva elaborazione delle vie queste non sarebbero diventate interessanti. Da un punto di vista classico non è certamente "alpinistico" creare una via elaborandola da come si presenta in natura, o persino correggendone in momenti successivi la linea per renderla più accessibile per i ripetitori. Se invece avessimo solo aperto vie per noi stessi, senza poi sistemarle e modificarle, se non ci fossimo comportati in maniera poco ortodossa dal punto di vista alpinistico, ci saremmo limitati alla prima ascensione e avremmo presto dimenticato le nostre avventure in mezzo all'erba e nel sottobosco. L'elaborazione della via ha regalato alcuni bei tiri alla Valle del Sarca già troppo frequentata.

guesthouse arco
Home Sweet Home
living | training | home
Apartments for climbers (but not only) in Arco and Chiarano, for 2-6 people
FON +39 335 5241312
www.guesthouse-arco.com
visit us
facebook.com/guesthouse-arco
michael meisl

93
92
91
90
89
88a
88
87
85

88 FUGA DALL' HADES ★★★★★

H. Grill, S. Königseder 2006
200 m. (7L)
V+, VI/R1/I

Tra le più belle e piacevoli salite della parete di San Paolo. L'arrampicata si svolge generalmente lungo bellissime placconate grigie, molto lavorate a buchi e clessidre. Non mancano passi strapiombanti, come il primo muro o nel penultimo tiro, che si superano comodamente su grandi prese. Prestare la solita attenzione, in uscita, ad alcuni massi instabili.

Attacco: dal parcheggio della Vecchia Chiusa sul Sarca, salire direttamente il bosco fino alla base della parete, poi a destra. Nome alla base.

88a VARIANTE FESSURA DI HADES ★★★

H. Grill, F. Kluckner 2006
80 m. (2L)
VI+, A0/R1/I

Variante breve ma molto impegnativa, supera una difficile fessura gialla e strapiombante, dove occorre anche integrare con alcuni friend medi e grandi. Superata la fessura, con un bellissimo ed esposto traverso, lungo placconate grigie, si ritorna sulla via originale.

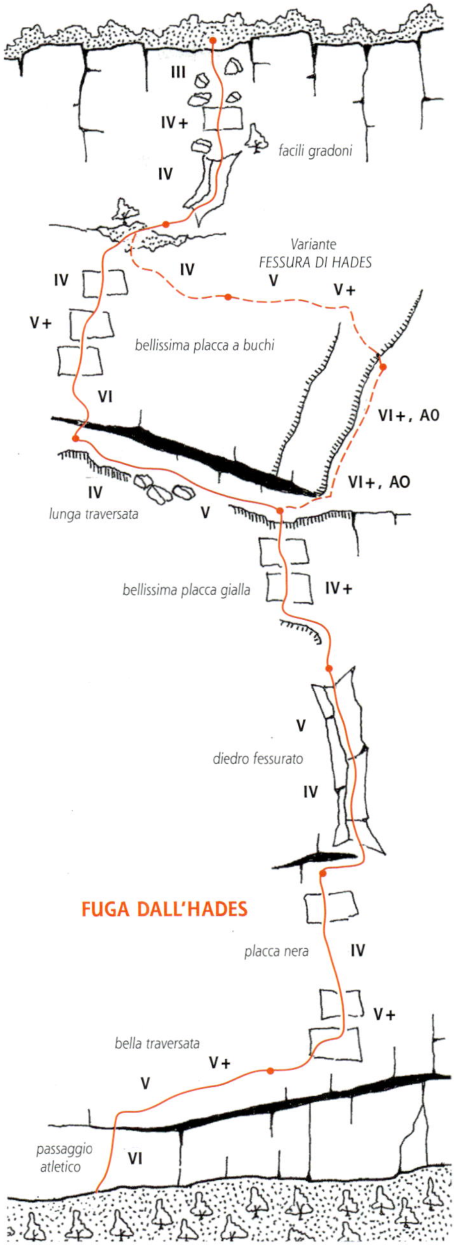

89 PILASTRO THEMIS ★★★★

H. Grill, S. Königseder 2007
180 m. (5L)
5c, 6a (5c obb)/S1/I

Bella e divertente arrampicata su roccia solida. Alcuni tratti, nel terzo e quarto tiro, sono davvero spettacolari. La linea è logica ed elegante e la chiodatura sempre buona e sufficiente. Le difficoltà contenute di questa via, ne fanno una delle più facili della parete.

Attacco: dal parcheggio dell'Eremo prendere le scalette che portano all'Eremo di San Paolo, poco dopo entrare nel bosco e seguire un'evidente traccia che porta alla base della parete. Nome alla base.

90 PANTAREI ★★★★★

R. Galvagni, D. Filippi 2004
180 m. (6L)
6a, 6b+ (5c obb.)/S1/I

Bella salita che si svolge lungo un settore di muri e diedri compatti privi di vegetazione. Roccia stupenda e chiodatura ottima. Alcune lunghezze sono particolarmente belle, come il diedro strapiombante del secondo tiro o il pilastro grigio finale. Roccia e chiodatura ottima.

Attacco: dal parcheggio dell'Eremo prendere le scalette che portano all'Eremo di San Paolo, poco dopo entrare nel bosco e seguire un'evidente traccia che porta alla base della parete. Nome alla base.

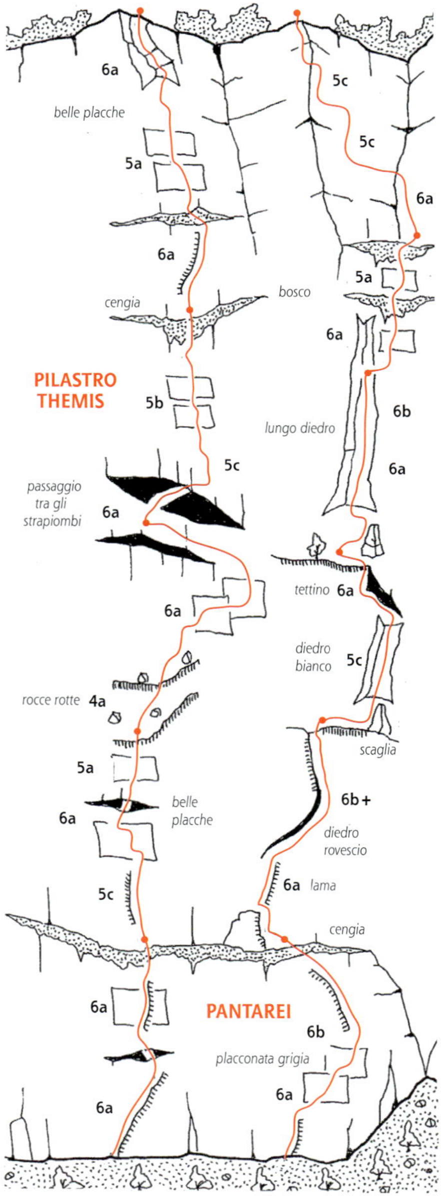

91 ISIS★★★★

D. Cabas, P. Masera 2007
150 m. (4L)
6a, con un passo 6c/A0 (5c obb.)/S1/I

Itinerario piacevole e divertente, molto vario, lungo placche fessure e diedri. Molto bella la placca rossa della seconda lunghezza. Roccia ottima e chiodatura a fix e clessidre. Attenzione al alcuni blocchi instabili lungo la via.

Attacco: dal parcheggio dell'Eremo prendere le scalette che portano all'Eremo di San Paolo, poco dopo entrare nel bosco e seguire un'evidente traccia che porta alla base della parete. Nome alla base.

92 PORCI CON LE ALI★★★

R. Galvagni, D. Filippi 2004
180 m. (6L)
6a, 6b (5c obb.)/S1/I

Bella via, facile e divertente lungo placche diedri e fessure. Le lunghezze centrali seguono con logica una esposta traversata. La roccia solida, l'ottima chiodatura e la difficoltà contenute rendono la salita adatta alle mezze giornate. Molto bello è l'ultimo tiro che si svolge lungo un' aereo ed affilato spigolo.

Attacco: dal parcheggio dell'Eremo prendere le scalette che portano all'Eremo di San Paolo, poco dopo entrare nel bosco e seguire un'evidente traccia che porta alla base della parete, poi risalire un canale. Nome alla base.

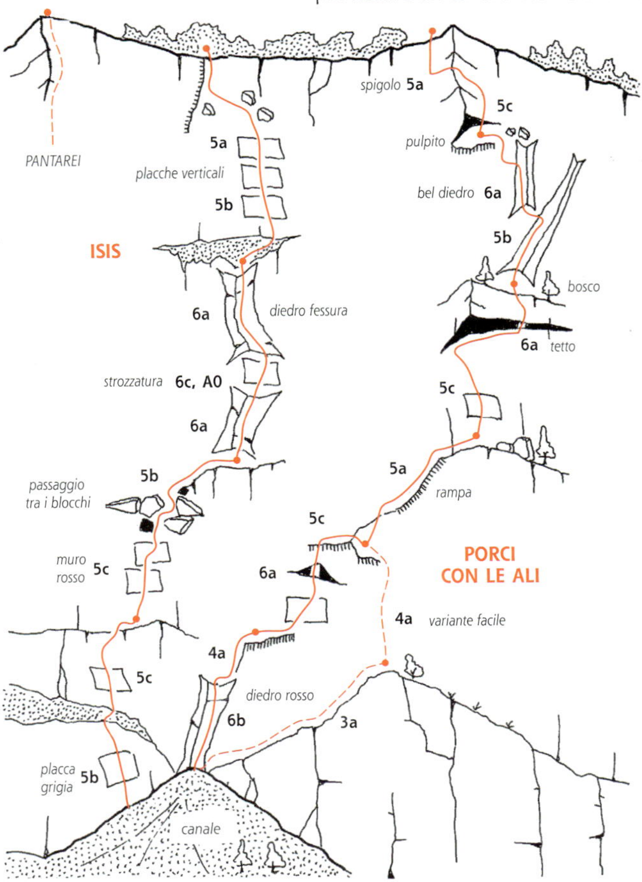

93 ARGO★★

D. Cabas, P. Masera 2010
150 m. (5L)
IV, V/R3/I

Argo risulta essere l'itinerario più facile di San Paolo, non per questo però il più friabile ed erboso. Anzi, rimane una salita picevole lungo rocce abbastanza sgombre dalla vegetazione. Bello il diedro centrale e la placca finale. Sulla via non si trovano chiodi, ma numerosi arbusti e clessidre

Attacco: tra le vie Porci con le Ali e Aganippe, nome alla base.

94 AGANIPPE★★★

H. Grill, F. Kluckner, F. Heiss 2007
150 m. (5L)
V+, VI/R1/I

Itinerario dalla linea logica ed elegante. Arrampicata sempre piacevole e divertente. Le prime tre lunghezze su svolgono lungo belle placche, solide ed articolate, mentre sulle ultime due, occorre prestare la massima attenzione per alcuni blocchi instabili. La chiodatura è buona, fix nei tratti più impegnativi e moltissime clessidre nel resto della via.

Attacco: dal parcheggio dell'Eremo, salire alla falesia dell'Eremo di San Paolo. Poco a sinistra attacca la via.

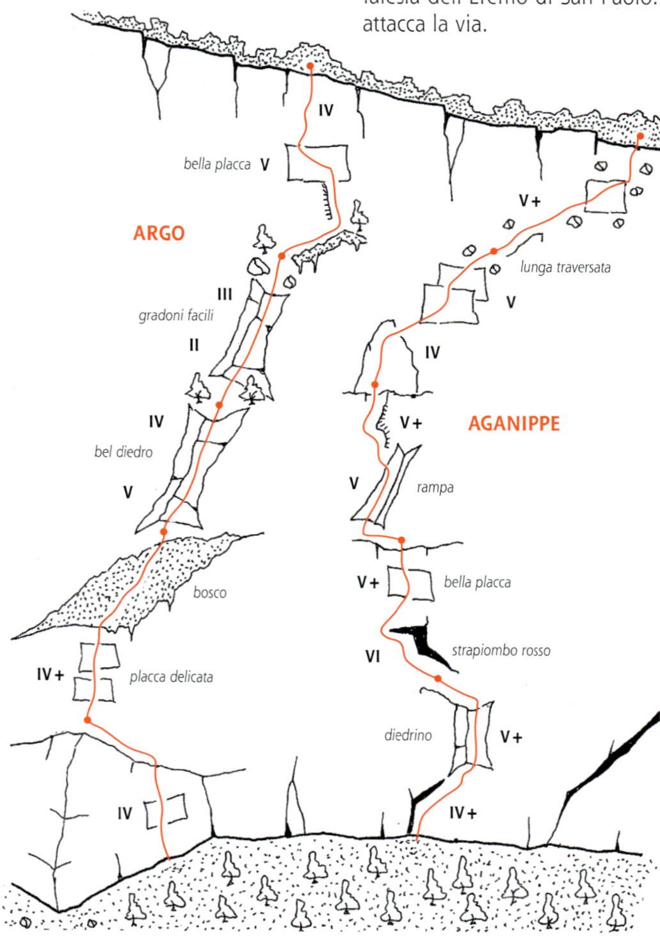

95 DIRADE★★★

150 m. (5L)

V+, un passo VI+/R1/I

Bella e divertente arrampicata, generalmente in placca ma con alcuni passaggi atletici su piccoli strapiombi. Molto suggestiva è la prima lunghezza, sotto un grande arco strapiombante. La roccia è generalmente solida e la chiodatura sufficiente a fix e numerose clessidre. **Itinerario chiuso e assolutamente da non percorrere nei giorni festivi perchè si sviluppa proprio sopra l'Eremo di San Paolo.**

Attacco: dal parcheggio dell'Eremo, salire alla falesia dell'Eremo di San Paolo. Poco a sinistra attacca la via.

96 NEREIDI★★★★

H. Grill, F. Kluckner, F. Heiss 2007

120 m. (4L)

V+, un passo VI/R1/I

Bellissima arrampicata, breve ma piacevole e divertente. Supera una serie di placconate grigie all'estrema destra della lunga parete di San Paolo. Linea logica e roccia stupenda. La chiodatura è mista a chiodi, fix e clessidre, portare solo rinvii. Prestare solo un po' di attenzione ai soliti blocchi instabili sparsi qua e là.

Attacco: dal parcheggio dell'Eremo, seguire per pochi metri la strada verso Ceniga, entrare nel bosco e seguendo evidenti tracce portarsi alla base della parete, nome alla base.

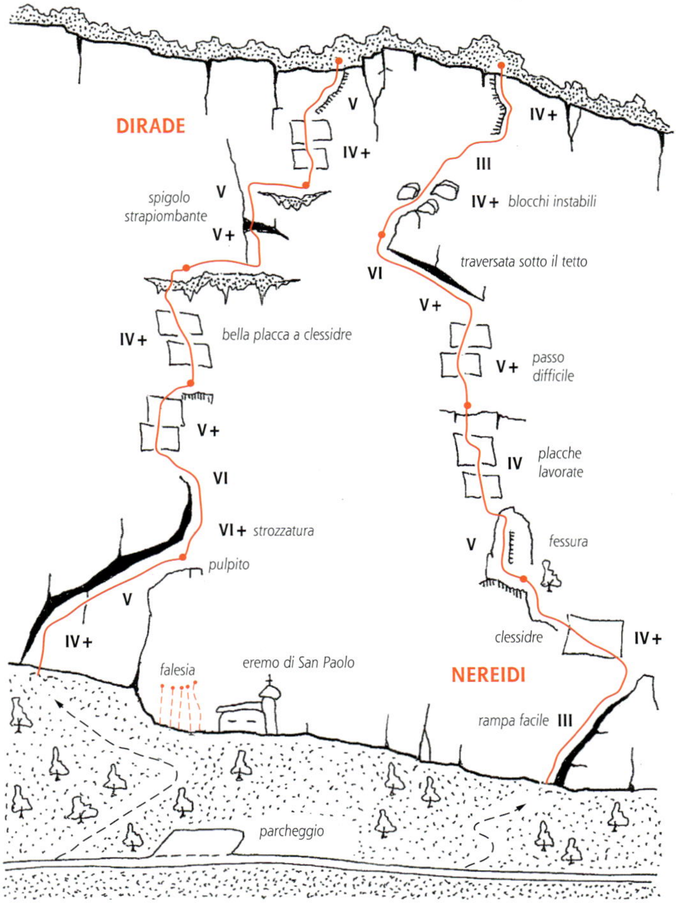

Monte Colodri

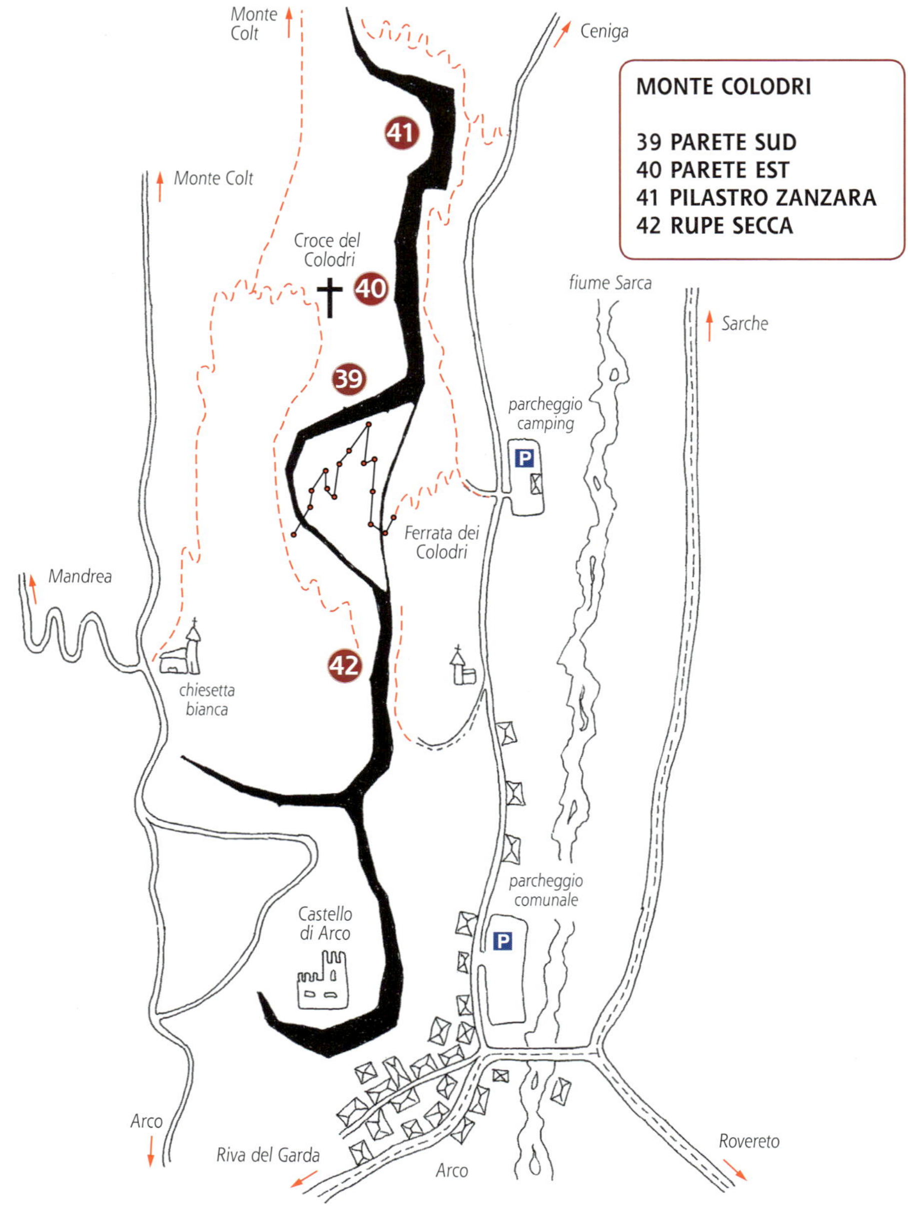

È il monte che sovrasta a nord l'abitato di Arco. Struttura assai complessa e articolata, offre una vasta ed incredibile varietà di itinerari. Dalle vie classiche, lungo fessure e diedri, alle vie sportive su placche estremamente compatte fino ai difficili itinerari in artificiale sotto pronunciati strapiombi. Queste pareti hanno cominciato ad attirare gli alpinisti già negli anni '70, quando vennero scalate le linee più evidenti come il grandi diedri della via Bertamini o della via Barbara. Da allora, di vie nuove ne continuano a nascere ogni anno. Sembra proprio che sia una miniera inesauribile.

Per Monte Colodri, si intendono due principali strutture: il Colodri e la Rupe Secca. Il Colodri è la parete più importante per aspetto e dimensioni. A sud si presenta con una parete strapiombante e repulsiva. Ad est, un'alta e larga parete verticale è incisa da una miriade di fessure, mentre a nord è spalleggiato da uno slanciatissimo e perfetto pilastro. La Rupe Secca, è invece la sua sorella minore: ad est si presenta con una parete scura e verticale dove si sviluppano gli itinerari sportivi. Tra la Rupe Secca e il Colodri sale una bella e facile ferrata che porta direttamente alla croce di vetta del Monte Colodri.

MONTE COLODRI

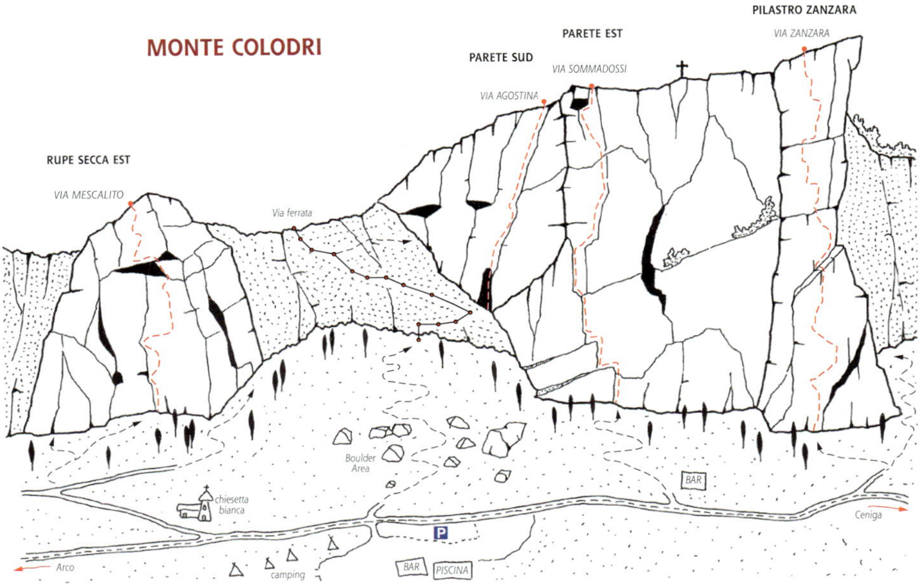

39 Parete Sud

Monte Colodri

0.30 h

1.00 h

240 m.

S

Parete strapiombante e molto repulsiva. Incisa da fessure e diedri, talvolta chiusi da pronunciati strapiombi o tetti. È la parete che sovrasta la via ferrata alla vetta del Monte Colodri. Le vie su questa parete, tutte difficili ed entusiasmanti, offrono un'arrampicata mista libera-artificiale. È consigliabile ripetere queste vie durante la stagione invernale, quando cioè sulla ferrata sottostante, non passano escursionisti. Sulle vie infatti, poco ripetute, si rischierebbe di far cadere qualche sasso.

Accesso

Dal parcheggio della piscina comunale prendere il sentiero per la ferrata e il Monte Colodri. Al primo ampio tornante della via ferrata, quando questa si avvicina molto alla parere, abbandonarla e seguire delle tracce che portano proprio sotto gli strapiombi.

Discesa

Usciti dalle vie, puntare alla croce di vetta. Da qui, seguire il sentiero segnato che porta alla ferrata e quindi in valle.

1 PRIMI SOGNI	180 m.
2 TETTO ZAMBALDI	240 m.
3 BIG LOVE	180 m.
4 MAGIC TRIP	180 m.
5 SOTTO VUOTO	180 m.
6 DECIMA SINFONIA	200 m.
7 POMI COTI	200 m.
8 CHARLIE CHAPLIN	200 m.
9 VIA DEL BEPI	200 m.
10 AGOSTINA	220 m.

1
2
3
4
5
6
7
8
9
10

1 PRIMI SOGNI ★★★
D. Mabboni 2000
180 m. (5L)
5c, 6a (5c obb.)/S2/I

Arrampicata varia, originale e divertente. Dopo le prime due lunghezze su placche appoggiate, la via prosegue lungo un diedro di rocce grigie e articolate. La roccia è generalmente buona lungo tutto il percorso e la chiodatura è ottima a fix. Nel terzo tiro potrebbero ritornare utili alcuni friend piccoli lungo una lama delicata e friabile. Nell'ultimo tiro, la via presenta passaggi delicati per la qualità della roccia: prestare la massima attenzione per non far cadere massi sulla ferrata sottostante!

Attacco: abbandonare la ferrata al primo ampio tornante e portarsi alla base delle placche appoggiate, un fix indica l'attacco della via.

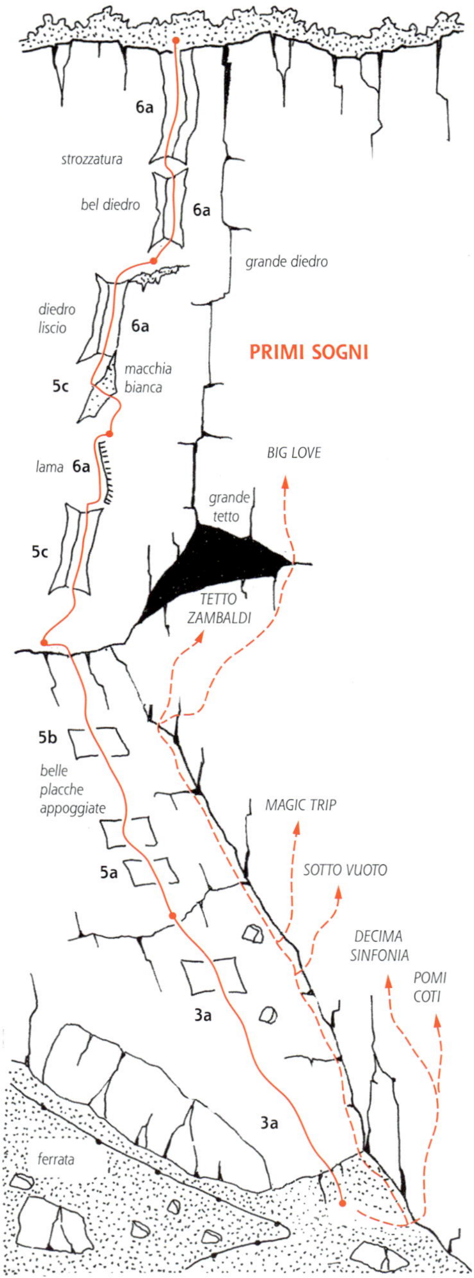

2 TETTO ZAMBALDI ★★★

D. Filippi. R. Galvagni 2010
240 m. (8L)
V+, A2/R1/II

Bell'itinerario in arrampicata artificiale, in ambiente magnifico e suggestivo, che supera direttamente il più grande strapiombo dei Colodri. Dopo una prima parte in arrampicata libera, lungo placconate appoggiate, prosegue per il grande tetto e il successivo affilato spigolo. La roccia solida lungo tutto il percorso e la chiodatura abbondante a chiodi a pressione, rendono l'itinerario meritevole e consigliabile agli amanti delle salite con le staffe. Dedicato all'amico Renzo Zambaldi, tragicamente scomparso sulle rocce dei Colodri.

Attacco: portarsi all'inizio della ferrata dei Colodri, traversare circa 50 metri a destra e attaccare una placconata grigia. Chiodi a pressione visibili.

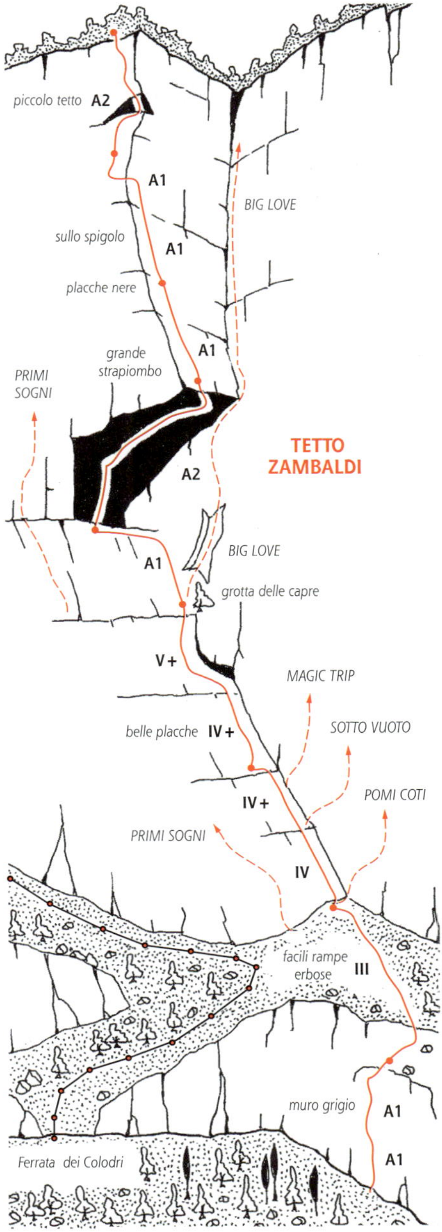

3 BIG LOVE ★★★★

M. Giordani, F. Zenatti 1981
180 m. (5L)
VI +, A2/R3/II

Bellissima e impegnativa scalata, di grande soddisfazione, prevalentemente in artificiale ma con difficili sezioni in arrampicata libera. Supera il grande strapiombo che caratterizza il margine sinistro della parete sud del Colodri. La via segue le linee naturali della parete come diedri e fessure, e la chiodatura risulta essere totalmente a chiodi normali, tranne un' unico chiodo a pressione all'uscita del tetto. La roccia, salvo la scabrosa partenza e alcuni passaggi, rimane abbastanza buona. Per una ripetizione portare molti stopper, una serie di friend (raddoppiare il n. 3 Camalot) e una scelta di chiodi normali. Attenzione a gestire bene gli attriti delle corde nell'ultima lunghezza: molto articolata e difficile. (Probabile prima rip. D. Filippi e D. Pinamonti, 2010).

Attacco: abbandonare la ferrata al primo tornante e portarsi alla base della parete. Seguire per un paio di lunghezze la via del Tetto Zambaldi fino al grande albero dove attacca la via.

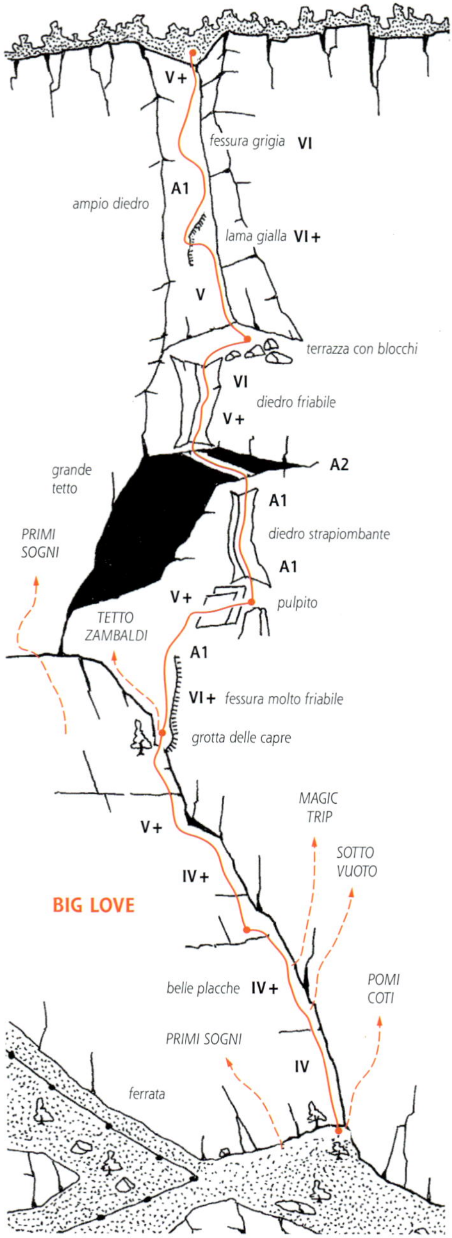

4 MAGIC TRIP★★★★★

M. Pegoretti, A. Andreotti 1985
180 m. (6L)
VI, VII, A3/R4/III

Itinerario artificiale di grande soddisfazione, molto difficile e impegnativo. Fortemente strapiombante e poco attrezzato, offre difficoltà non troppo elevate ma incredibilmente continue e sostenute. Segue con logica impeccabile una sottile fessura praticamente ininterrotta dall'attacco alla cima. La roccia è solida e compatta lungo tutto il percorso, ma attenzione al terzo tiro, delicato e in parte friabile. Le soste sono generalmente buone su chiodi a pressione e spit. La progressione avviene principalmente su chiodi normali e stopper, e in alcuni rari passaggi sono obbligatori i cliff. Per una ripetizione occorre: una vasta scelta di stopper medi, friend piccoli, una decina di chiodi assortiti e un paio di cliff medio-grandi. (Prima ripetizione: dicembre '03 Samu, Gigi e Diego in 9 ore)

Attacco: abbandonare la ferrata al primo ampio tornante. Non portarsi troppo vicino alla parete, ma iniziare subito a rimontare uno zoccoletto di roccette friabili in direzione di una grossa pianta di fico alla base della parete: attacco di Sotto Vuoto. Continuare ancora a salire per alcuni metri fino ad una comoda cengetta. Qui sono visibili i primi chiodi in alto. La via parte subito bruscamente con due passaggi su cliff.

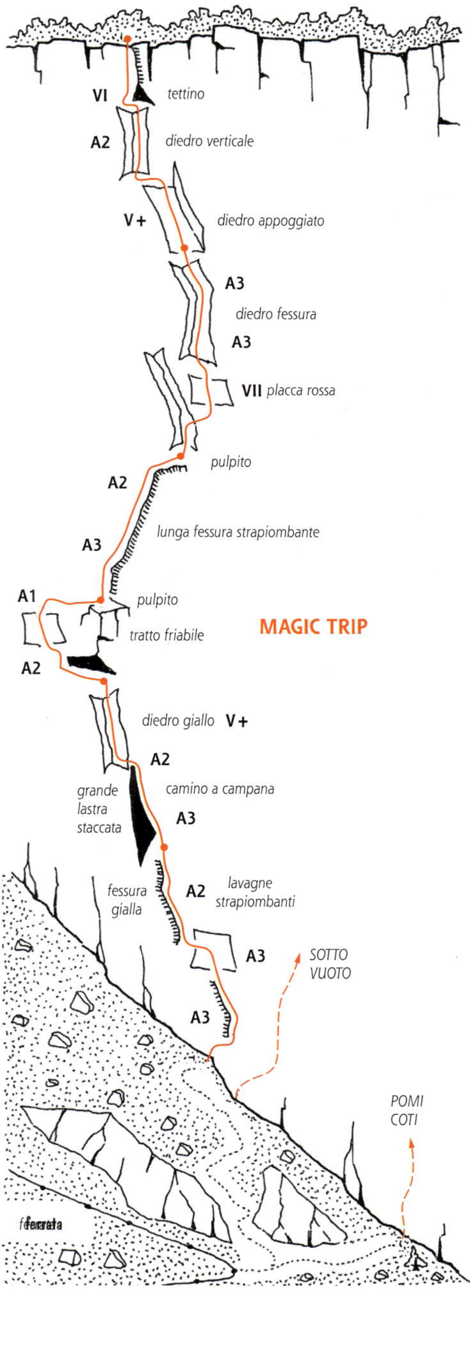

5 SOTTO VUOTO ★★★★★
P. Calzà 2002
180 m. (5L)
6c, 7b (6c obb.)/S2/II

Sotto Vuoto segue una linea di diedri e fessure fortemente strapiombanti. Lungo questa linea correva in precedenza un bellissimo itinerario in artificiale. Ora, la linea classica e logica e la chiodatura moderna a fix, fanno di questo itinerario uno dei più belli e spettacolari di Arco. La roccia è magnifica lungo tutto il percorso, e la chiodatura è ottima a fix, abbastanza distante da rendere obbligatori molti passaggi difficili della via. L'arrampicata è di resistenza, sempre atletica e in forte strapiombo, su canne e fessure.

Attacco: abbandonare la ferrata al primo ampio tornante. Non portarsi troppo vicino alla parete, ma iniziare subito a rimontare uno zoccoletto di roccette friabili in direzione di una grossa pianta di fico alla base della parete, visibile la sosta a fix e la vecchia sosta a chiodi a pressione.

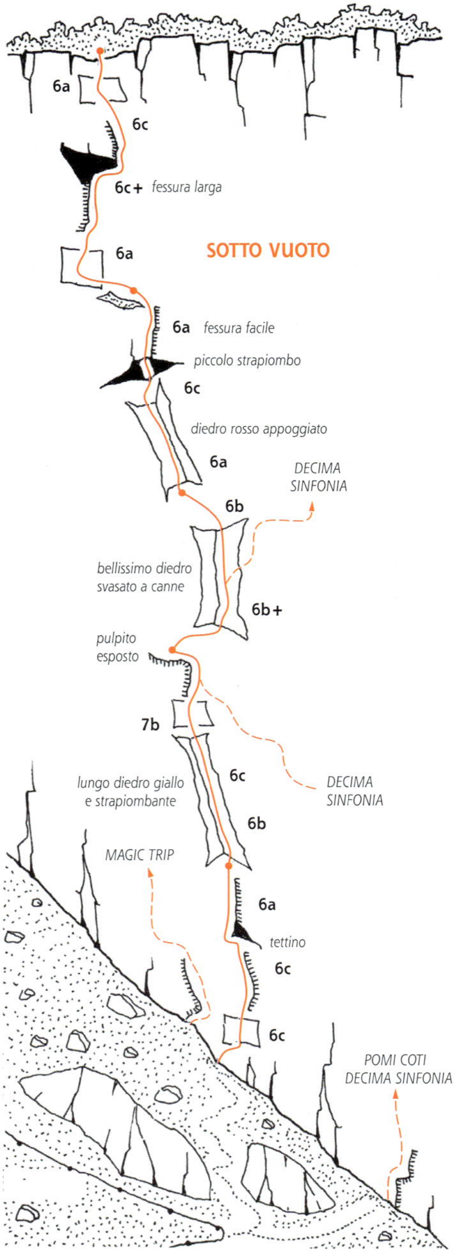

6 LA DECIMA SINFONIA★★★★★

T. Nannuzzi, M. Marsigli 1982
200 m. (5L)
VI+, A4/R4/III

Questa via rappresenta uno dei grandi capolavori dell'arrampicata ad Arco. I primi salitori infatti sono riusciti a superare la parete sud del Colodri, rossa e strapiombante, senza forare la roccia, nemmeno alle soste! Alcuni anni dopo, la via è stata raddrizzata con alcune varianti, ma per fortuna il tiro chiave è rimasto inalterato. In seguito con la chiodatura di Sottovuoto, parte del tiro chiave è stato spittato. Le prime lunghezze seguono diedri e fessure oblique che con andamento da destra a sinistra portano al centro della parete. Con altre due lunghezze difficili e molto impegnative in arrampicata artificiale si vince lo strapiombo e si incrociano gli spit di Sottovuoto. Con un' ultimo tiro facile si esce dalla parete.

Attacco: abbandonare la ferrata al primo ampio tornante e brevemente alla base della parete. Dietro una grossa pianta di fico, sale un'evidente diedro fessura. Visibili i primi chiodi.

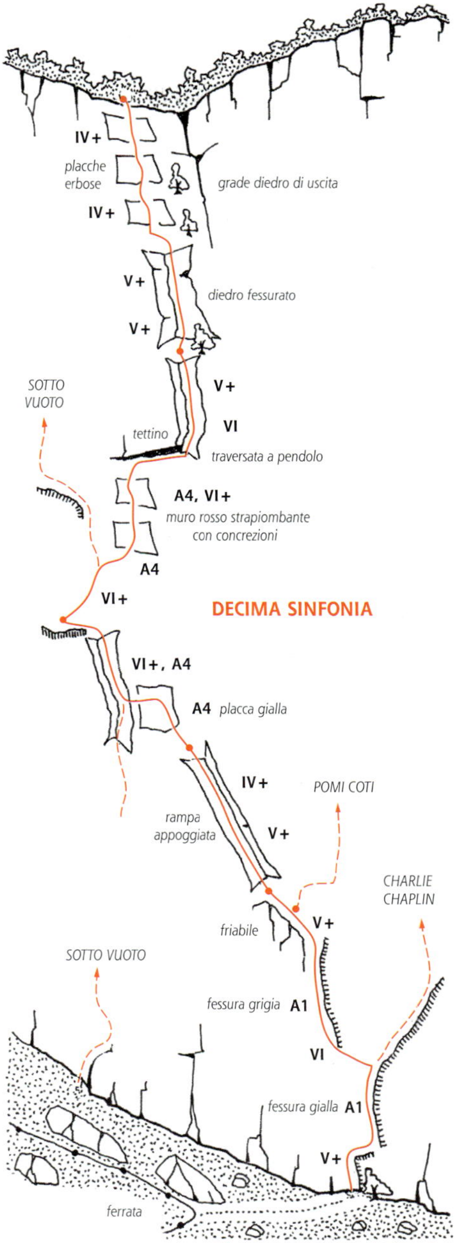

7 POMI COTI ★★★★

D. Filippi, A. Zanetti 2006
200 m. (6L)
VI, A2, A3/R3/II

Itinerario in arrampicata artificiale, bello e molto esposto. Supera il tetto più marcato della parete sud del Colodri. La prima lunghezza è in comune con la Via Decima Sinfonia, poi la via si stacca e punta direttamente al grande tetto. La progressione si svolge principalmente su chiodi, fix e ganci; rari sono i passaggi su stopper e friend. Alcuni fix lungo i tiri rendono l'arrampicata sempre sicura e piacevole. I passaggi su ganci sono generalmente in fori artificiali da 10 mm. e sono stati usati due ganci "Grappling Hook" della Black Diamond. Il traverso sotto il tetto richiede 2 ganci anche per il secondo di cordata. La roccia è ottima e tutte le soste sono attrezzate a fix. Portare alcuni friend o stopper di misura media per i primi due tiri, alcuni chiodi, 4 ganci e almeno 15 rinvii Attenzione: molto problematica è la discesa in doppia dalla via dopo aver superato il grande tetto.

Attacco: abbandonare la ferrata al primo ampio tornante e brevemente alla base della parete. Dietro una grossa pianta di fico, sale un'evidente diedro fessura. Visibili i primi chiodi (primo tiro Decima Sinfonia).

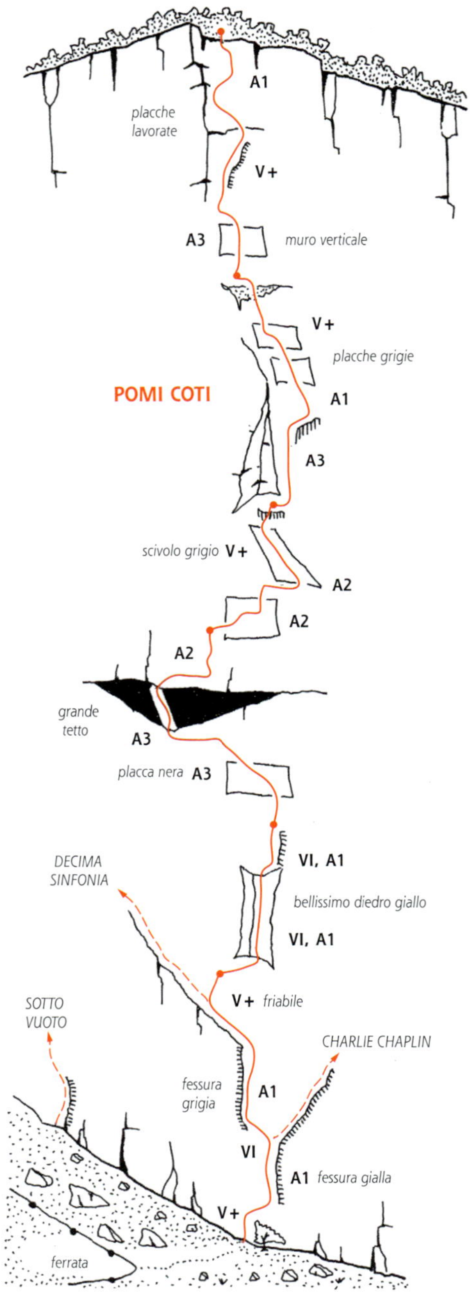

8 CHARLIE CHAPLIN ★★★★

M. Giordani, F. Zenatti 1984

200 m. (6L)

VI+ un passo di A1/R3/II

Estrema arrampicata libera con tratti friabili sprotetti. La prima parte, si sviluppa lungo fessure gialle e friabili, mentre in alto segue un bel diedro grigio, molto esposto e verticale.

Attacco: abbandonare la ferrata al primo ampio tornante e brevemente alla base della parete. Dietro una grossa pianta di fico, sale un'evidente diedro fessura. Visibili i primi chiodi (primo tiro Decima Sinfonia). Attaccare la fessura e dopo 15 metri circa, arrivati all'alberello, salire le lame rosse verso destra.

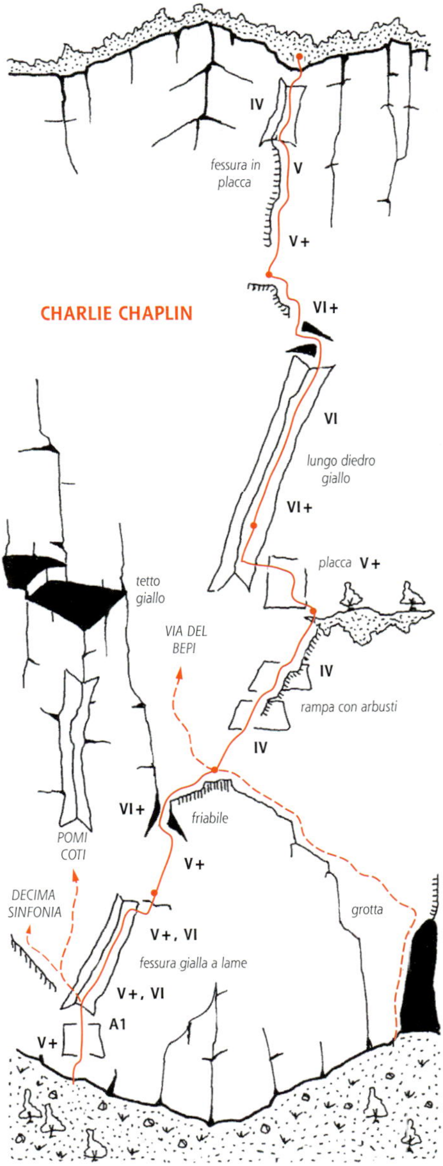

9 VIA DEL BEPI ★★★★★

E. Salvaterra, A. Leviti 1980
200 m. (7L)
VI+, A1/R3/II

È forse la linea più logica ed attraente della parete. Dopo le prime fessure punta al superamento di un profondo e netto diedro. Arrampicata atletica lungo diedri e fessure. Roccia solida e chiodatura discreta.

Attacco: abbandonare la ferrata al primo ampio tornante. Seguire delle tracce che portano alla grande grotta e attaccare lo spigolo sinistro seguendo dei vecchi chiodi.

9a VARIANTE DI USCITA ★★★

M. Pegoretti e Compagno 1986
80 m.
VI+, A1/R3

Arrivati sotto l'ultimo tetto, invece di uscire a sinistra, questa difficile variante segue la fessurina di destra. Arrampicata atletica lungo fessure strapiombanti ma facilmente proteggibili con friend e stopper.

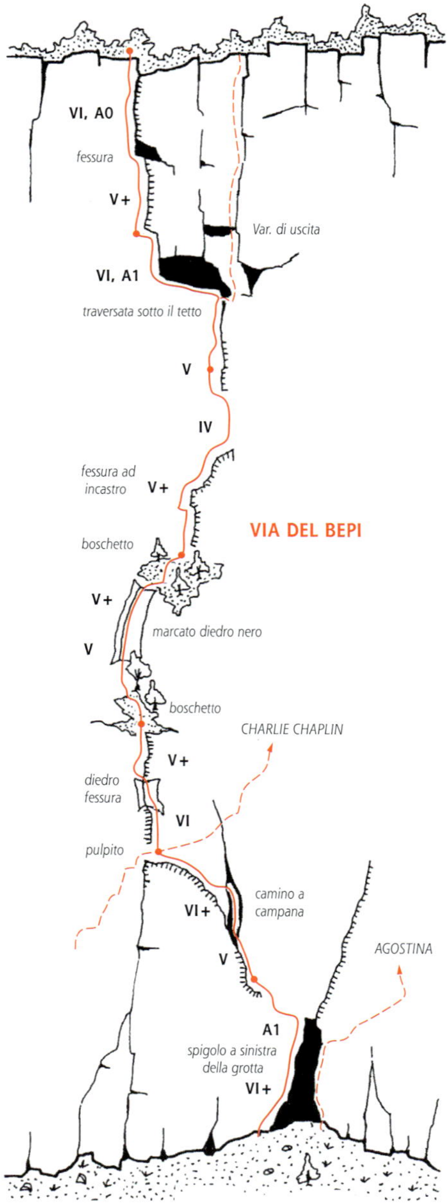

10 AGOSTINA ★★★★★
G. Stenghel, G. Vaccari 1976
220 m. (7L)
VI+, passi in A0/R3/II

Salita dalla logica impeccabile, entusiasmante e di grande soddisfazione. Dalla grande grotta segue quella netta ed evidente fessura che sale obliqua verso destra. Arrampicata libera con tratti decisamente impegnativi. Roccia a tratti friabile, soprattutto nel primo tiro. Chiodatura precaria lungo i tiri, ottima a fix nelle soste.

Attacco: come per la "Via del Bepi" fino alla grande grotta. Attaccare all'interno della grotta la parete di destra per delle fessure friabili.

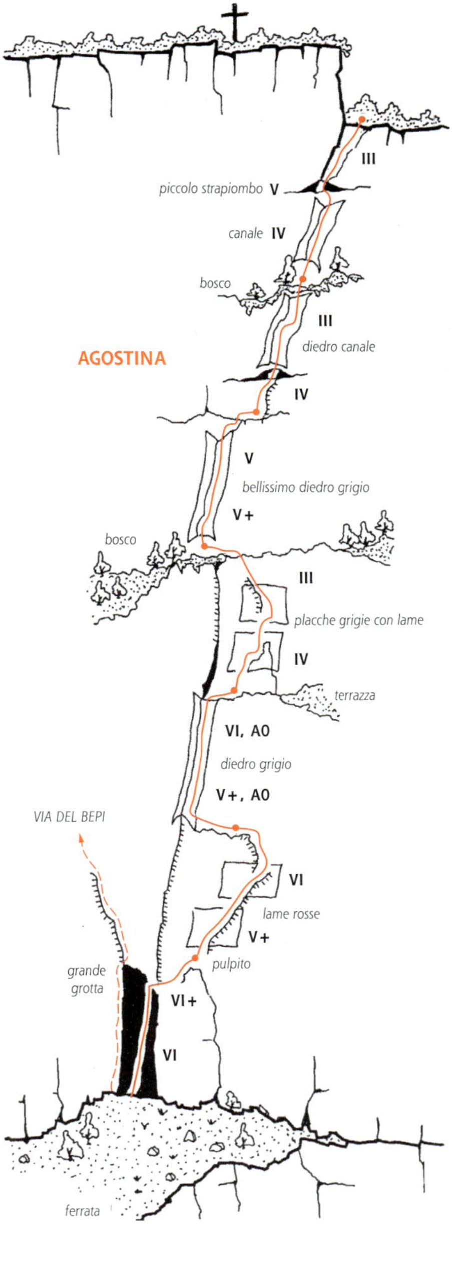

40 Parete Est

Monte Colodri

0.15 h

1.00 h

400 m.

E

Grande muraglia, verticale, compatta e solare. Incisa da una infinità di diedri e fessure, tutte percorse da vie, varianti e variantine. Tutte le vie sono parzialmente attrezzate a spit, nelle soste e lungo i tiri. Occorre però ricordare che si tratta comunque di vie alpinistiche, è consigliabile quindi avere sempre con sé una serie di stopper e alcuni friend. Mentre la metà inferiore è caratterizzata da lavagne gialle e strapiombanti, quella superiore si presenta invece come un vasto specchio grigio. Parete da sempre superfrequentata offre delle salite straordinarie su roccia fantastica. L'arrampicata è decisamente atletica: dulfer lungo i diedri e tecniche di incastro nelle fessure. Purtroppo però, ultimamente, alcune di queste non sono più cosi divertenti: le infinite ripetizioni hanno infatti levigato la roccia in maniera incredibile. È questo il caso delle vie più classiche come la "Sommadossi" o la "White Crack".Ma è sufficiente buttarsi su tutte le altre, magari quelle poco frequentate, per trovare salite uniche per bellezza e soddisfazione.

Accesso

Dal parcheggio della piscina comunale, seguire inizialmente il sentiero per la via ferrata. Appena possibile, prendere a destra le varie diramazioni che portano alla base della parete.

Discesa

Usciti dalle vie, puntare alla croce di vetta. Da qui, seguire il sentiero che porta alla ferrata e quindi in valle.

11 LUCA SGANZINI	**200 m.**
12 WHITE CRACK	**300 m.**
13 BRUNELLO SOMMADOSSI	**300 m.**
14 GURU BASSI	**300 m.**
15 GIOVANNI SEGANTINI	**300 m.**
16 RENATA ROSSI	**300 m.**
17 KATIA MONTE	**400 m.**
18 LUIGI DEGASPERI	**270 m.**
19 L' INCOMPIUTA	**350 m.**

21
20
18a
18
17c
20
19
17
17b
17
15
16
16b
14
13b
13
13a
12
12a
11

11 LUCA SGANZINI ★★★★★

E. Salvaterra, A. Leviti 1979
200 m. (5L)
VI+, A3/R3/II

Grande e bella via, sicuramente una delle più interessanti del Colodri dal punto di vista alpinistico. A un suo fascino tutto particolare, tipico delle vie poco ripetute. Ha una logica lineare ed elegante, lungo una sequenza di diedri e fessure. Tutte le lunghezze sono belle ed ognuna ha una sua caratteristica ben diversa. Le prime due lunghezze presentano tratti friabili, il terzo tiro sale attraverso una grotta e i diedri finali offrono una stupenda arrampicata artificiale. Complessivamente è una via completa e di grande soddisfazione, assolutamente da non perdere.

Al termine del 5° tiro traversare in leggera discesa verso sinistra fino alla sosta della via "Agostina". Da qui, o proseguire per questa o calarsi con due corde doppie.

Attacco: alla base della parete est, si individua facilmente tra gli strapiombi gialli, un' avancorpo triangolare grigio. Salire facilmente dalla rampa di sinistra fino a un muretto verticale con dei chiodi. Attaccare la fessura sovrastante, che obliqua a sinistra in direzione di un evidente diedro.

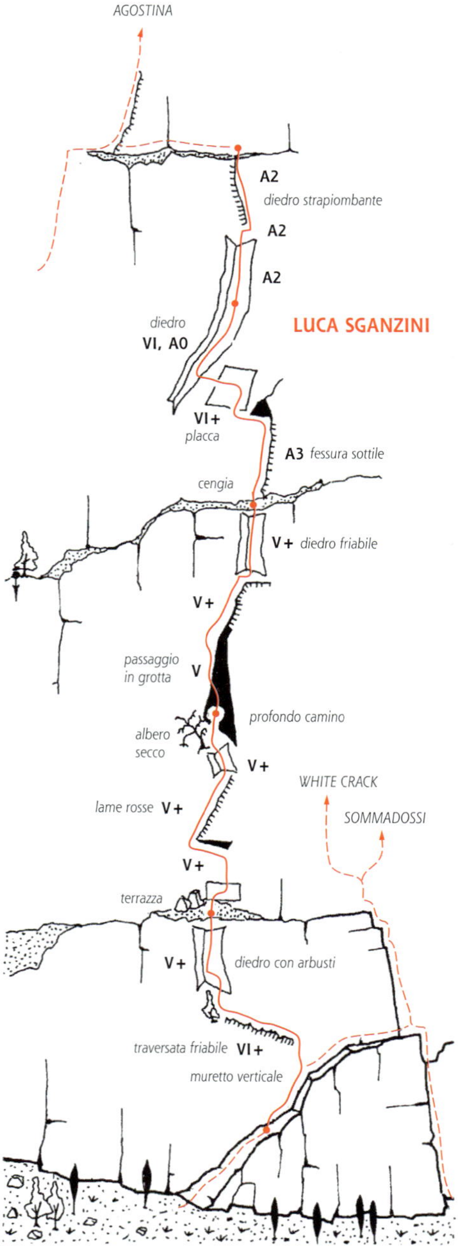

12 WHITE CRACK ★★★

R. Bassi, L. Giacomelli 1979
300 m. (9L)
VI+, VII/R2/II

Arrampicata continua e sostenuta lungo fessure e diedri. Molto ripetuta, ma con tratti levigati e sprotetti. Nel tratto centrale della via, si arrampica lungo quello che è forse il più bello, lineare e perfetto diedro dell'intero Colodri. Al termine di questo diedro, ci si trova in un boschetto: qui termina la via. Ora ci sono due possibilità, o verso sinistra, fino alle fessure terminali della via "Agostina", oppure con una traversata un po' rognosa verso destra per andare a prendere i diedri della via "Sommadossi".

Attacco: dalla sommità dell'avancorpo triangolare grigio, raggiungibile dal diedro levigato di destra o dalla facile rampa di sinistra, salire il sovrastante pilastro staccato (2° tiro della via "Sommadossi"). Dalla sosta con i grossi blocchi alzarsi e obliquare a sinistra in direzione del diedro rosso. Attenzione a non seguire gli spit di destra della via "Sommadossi".

12a VARIANTE DIRETTA DEI BOLOGNESI ★★★

T. Nannuzzi, A. Corticelli 1982
50 m.
VI+, A3/R3

Dal boschetto al termine delle difficoltà, anziché traversare a sinistra, proseguire direttamente per una fessura strapiombante. Variante breve ma molto difficile e interessante per i primi 20 metri dove viene richiesto un buon uso di chiodi e stopper.

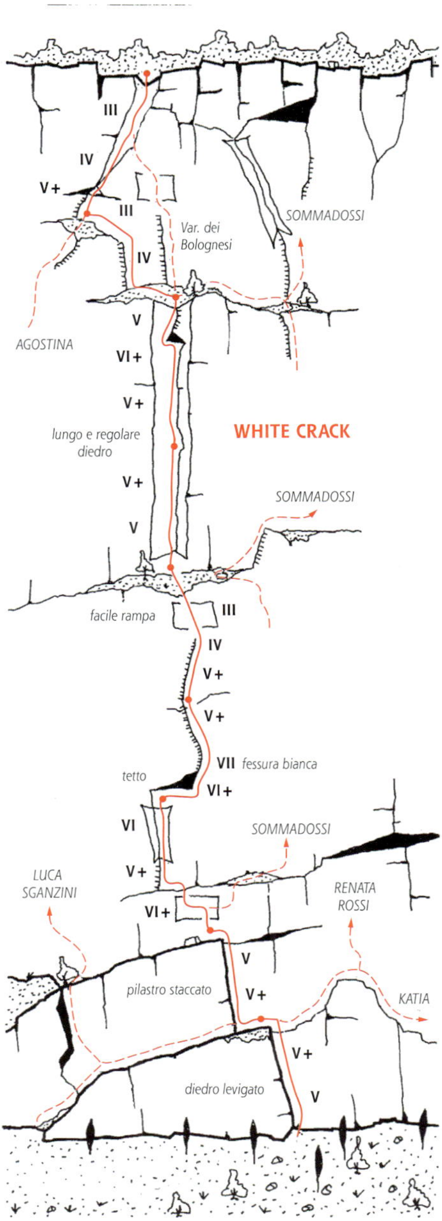

13 BRUNELLO SOMMADOSSI ★★★

U. Ischia, M. Ischia 1975
300 m. (10L)
VI+, VII/R2/II

È la grande classica del Colodri: una delle prime vie aperte sulla parete e una delle più belle. Purtroppo però le infinite ripetizioni hanno levigato la roccia rendendo l'arrampicata poco divertente. La via si sviluppa lungo una bella serie di diedri posti all'incirca dove la parete sud si incontra con la parete est.

Attacco: alla base della parete est, si individua facilmente tra gli strapiombi gialli, un' avancorpo triangolare grigio. Attaccare il diedro levigato che questo avancorpo forma alla sua destra. Scritta e targhetta all'attacco. La sommità di questo avancorpo è anche raggiungibile più facilmente da sinistra, lungo una rampa che lo rimonta interamente.

13a VARIANTE MANOLO ★★

M. Zanolla e Compagno 1978
40 m. VII/R3

Al 4° tiro di corda, la via "Sommadossi" si sposta a sinistra per andare a prendere delle fessure in placca. Questa variante invece, rimane nel fondo del diedro e lo rimonta interamente. Variante difficile su roccia friabile e con chiodatura praticamente assente.

13b VARIANTE GIORDANI ★★★

M. Giordani, A. Baldessarini, F. Piccolroaz 1980
80 m VI+/R3

Variante d'uscita molto elegante, difficile e poco attrezzata. Dopo l'ottavo tiro, la via Sommadossi prosegue con un ampio e netto diedro. Dalla sosta nel boschetto, attaccare l'ampio diedro e dopo alcuni metri prendere una fessura difficile che si stacca sulla destra .

13c VARIANTE FERRARI-DALPONTE ★★★★

D. Ferrari, F. Dal ponte 1976
50 m. V+, VI/R1

È la variante che con gli anni ha praticamente sostituito l'uscita originale della via "Sommadossi". Dal lungo diedro finale, quando si passa sotto il grande tetto triangolare, anzichè prose-

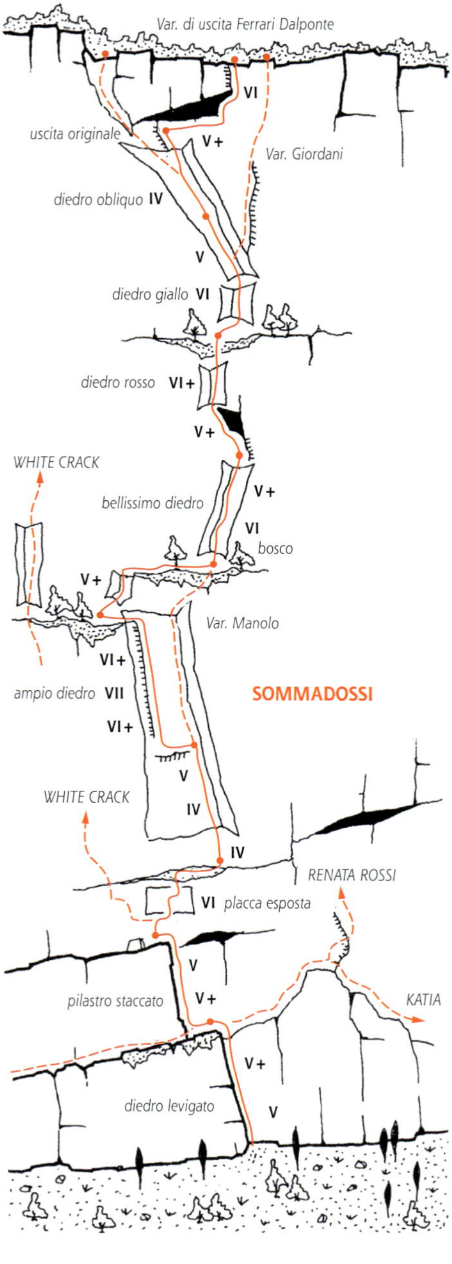

guire facilmente a sinistra, portarsi sotto il tetto seguendo un diedrino verticale. Dalla sosta sotto il tetto, con una esposta traversata a destra, e poi direttamente per un facile diedrino si esce dalla parete.

14 GURU BASSI ★★★★

R. Larcher, D. Bonvecchio 1994
300 m. (8L)
7c+, 8a (7c+ obb.)/S2/II

Commento di R. Larcher: "Con Danilo Bonvecchio l'abbiamo dedicata a Roberto Bassi. È stata l'ultima via logica ed indipendente che rimaneva da aprire lungo l'affollata parete dei Cololdri. Linea impegnativa che si può addolcire evitando il duro primo tiro. Merita una ripetizione solo per scalare l'entusiasmante ed aereo spigolo del 4° tiro."

Sale il pilastro compreso tra la via "Sommadossi" e la via "Renata Rossi"

Attacco: come per la via "Sommadossi". Attaccare il muro rosso a destra del diedro.

15 GIOVANNI SEGANTINI ★★★★★

P. Calzà, M. Antonini 2008
300 m. (9L)
6c, 7a (6c+ obb)/S2/II

Straordinaria arrampicata in placca, dove prevale tecnica e movimento. Con questa salita, si vince uno stretto corridoio compreso tra le vie Renata Rossi e Katia Monte. Nella parte alta, nell'ottavo tiro, la via ripercorre la variante Specchio delle mie brame (famosa variante alla via Renata Rossi aperta da R. Bassi e H. Mariacher nel 1982). La roccia è sempre ottima e la chiodatura a fix, ma spesso distanziata. Portare almeno 15 rinvii.

Attacco: a destra del diedro d'attacco delle vie Sommadossi e Renata Rossi.

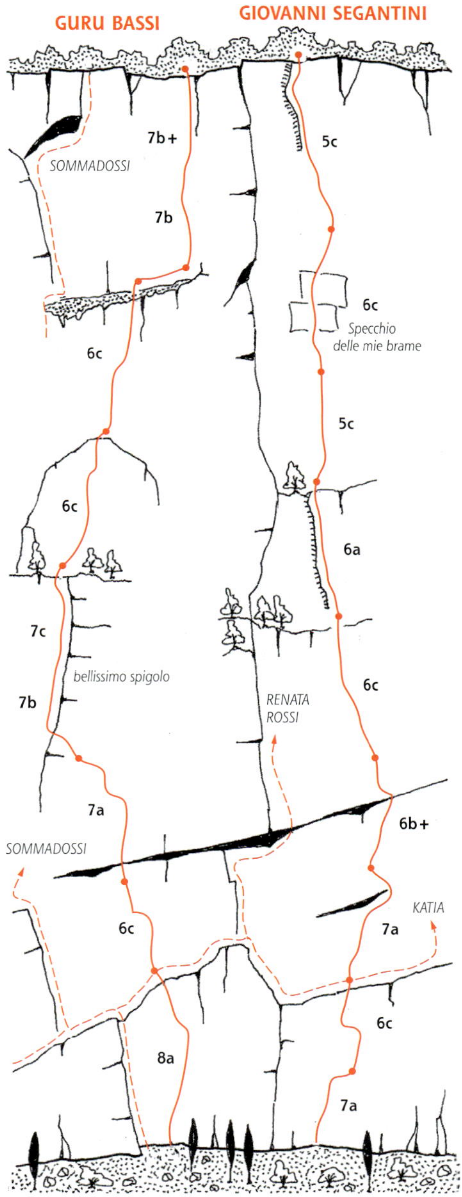

16 RENATA ROSSI★★★

M. Furlani, E. Piffer, R. Bassi, L. Giacomelli
1979
300 m. (9L)
V+, VI+/R2/II

Altra grande classica della parete, è stata dedicata a Renata Rossi, la prima donna italiana a ricevere il brevetto di Guida Alpina. Anche su questa via, la roccia levigata dalle infinite ripetizioni, rende l'arrampicata insicura e poco divertente. Stupenda è la lama rossa del terzo tiro.

Attacco: come per la via "Sommadossi". Salire il primo diedro in comune alla via "Sommadossi", e alla terrazza traversare a destra e rimontare un pulpito.

16a VARIANTE GULLIVER★★★

M. Preti e compagni
100 m.
V+, VI+/R3

Può anche essere considerata come una variante di raccordo dalla via "Renata Rossi" alla via "Sommadossi". Dopo il 5° tiro della via "Renata Rossi", anzichè proseguire dritti lungo il diedro, traversare verso sinistra su una placca a buchi fin sotto la verticale della fessura. Seguire per due lunghezze la fessura fino ad un traversino che verso sinistra porta ad un boschetto alla base dell' ampio diedro della via Sommadossi"

16b VAR. SPECCHIO DELLE MIE BRAME ★★★

R. Bassi, H. Mariacher 1982
60 m
6c/S3

Piccola variante ma dalla grande importanza storica. Risulta infatti essere la prima placca della Valle chiodata dall'alto espressamente per l'arrampicata sportiva. Dal sesto tiro della via "Renata Rossi", dopo alcuni metri nel diedro, traversare a destra e puntare ad una pianta. Proseguire ora direttamente superando una fantastica placca fino a ricongiungersi alla via Renata.

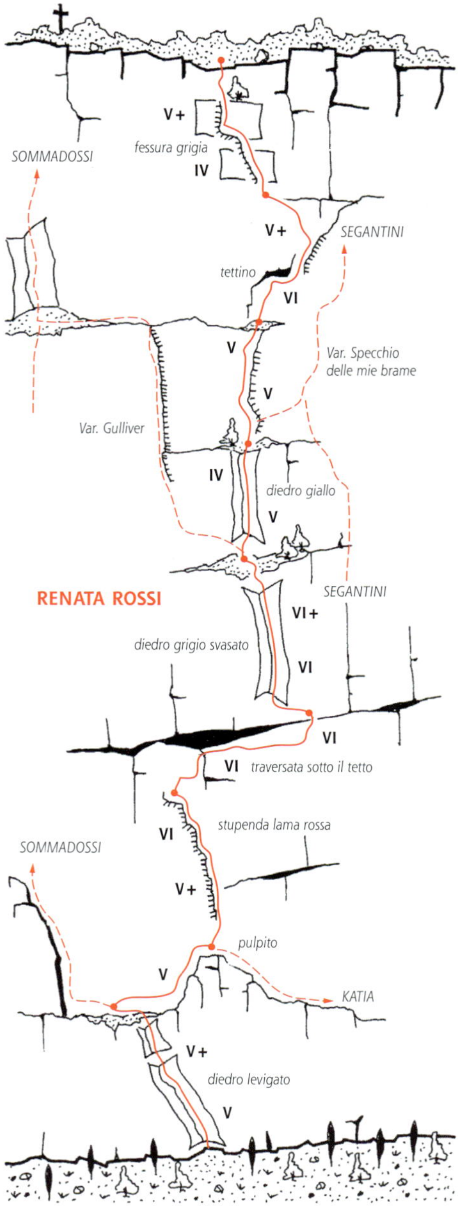

17 KATIA MONTE ★★★★

G. Stenghel, F. Monte 1976
400 m. (12L)
V+, VI+, un tratto di VII/R2/II

Dal punto di vista estetico ed alpinistico, questa via è una delle più interessanti ascensioni sulle pareti del Colodri. Itinerario molto lungo e articolato, caratterizzato da lunghi traversi per collegare diedri e fessure. Poco ripetuta, questa via mantiene ancora una roccia porosa, soprattutto lungo le splendide fessure terminali. Salita consigliata e assolutamente da non perdere.

Attacco: come per la via "Sommadossi" e la via "Renata Rossi". Dal pulpito della via Renata abbassarsi e traversare a destra lungo una comoda cengia.

17a VARIANTE DELLE ROSTE ★

R. Bassi, S. Fruet 1979
70 m.
V+/R3

È una variante di raccordo, che permette dall'ottavo tiro della via "Katia" di traversare a sinistra e collegarsi alla via "Renata Rossi". Arrampicata lungo placche e fessure in parte erbose.

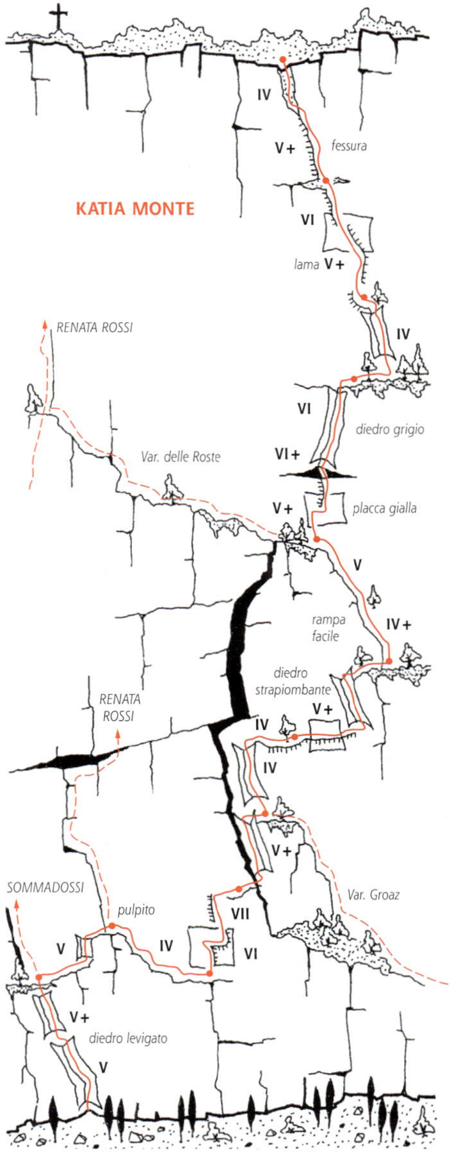

17b VARIANTE GROAZ ★★★★

G. Groaz, R. Segalla 1976
160 m. (4L)
VI+, A1/R3/II

Importante e difficile variante, alpinisticamente molto bella e interessante. Attacca in comune alla via Bertamini, poi con andamento verso sinistra, lungo diedri e fessure, si collega al 6° tiro della via Katia.

Attacco: superata la prima lunghezza della Via Bertamini, prendere a sinistra una costola grigia che porta ad una cengetta. Dopo essersi abbassati di qualche metro seguire a sinistra un'evidente fessura grigia.

17c VARIANTE INVOLUTION ★★★★

M. Giordani, R. Manfrini 1987
150 m.
7a (6c obb.)/S2/II

Variante ardita e di concezione sportiva. Attrezzata in gran parte a spit da 8mm, purtroppo però vecchi e a volte un po' distanziati. Supera un settore di placche verticali e molto compatte. Portare stopper e qualche chiodo.

Attacco: dopo la prima breve placchetta della via "Bertamini", seguire gli spit che verso sinistra superano un tettino.

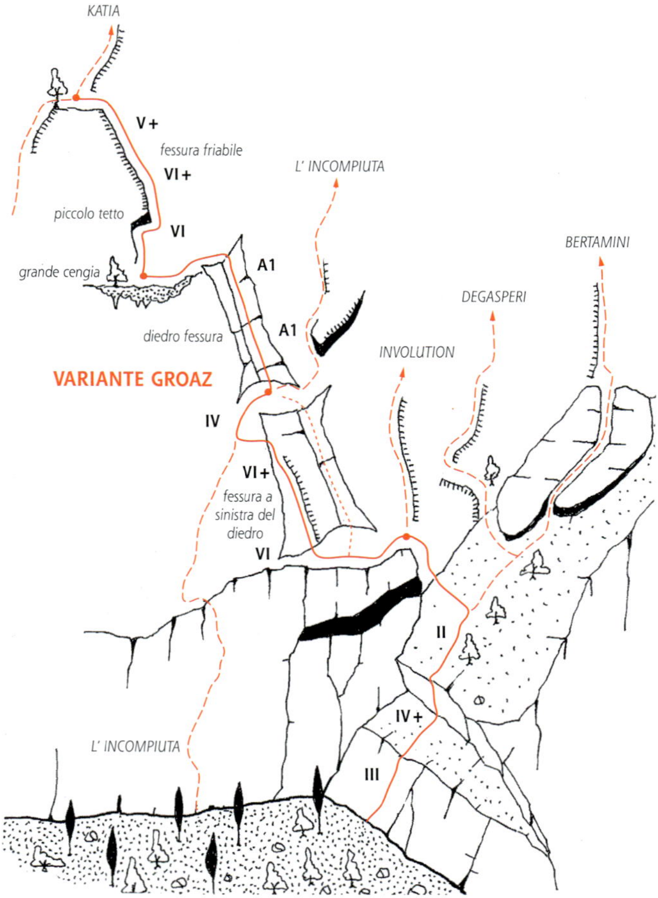

18 LUIGI DEGASPERI ★★★★★

R. Bassi, S. Fruet, C. Faes, M. Degasperi 1980
270 m. (9L)
VI+, A2/R3/II

Itinerario alpinisticamente molto interessante. Poco ripetuto e in gran parte da attrezzare. Le lavagne rosse comprese tra la variante "Groaz" e le fessure iniziali della via "Bertamini", sono incise da una serie di diedri e fessure. Per queste si sviluppa la parte iniziale della via. Arrivati alla grande cengia alberata, leggermente a sinistra, la via prosegue seguendo un lungo diedro grigio. Al termine di questo, una zona facile ed erbosa, porta all'inizio delle fessure terminali della via "Katia".

Attacco: salire il primo tiro della via Bertamini e sostare ad un grosso albero. Continuare ancora per qualche metro, poi con un difficile passo a sinistra, si va a prendere un'evidente svasatura gialla.

18a VARIANTE GIPU' ★★★

E. Salvaterra, C. Gipponi 1980
80 m. V+,VI/R3

Ottima variante per rendere più interessante la via "Degasperi". Dall'attacco della via "Bertamini", scendere ancora lungo la parete fino ad un evidente diedro giallo.(Per questo diedro attaccano anche le vie "DDT" e "Festival"). Salire il diedro e continuare per una facile rampa a sinistra fino alla prima sosta. Per una evidente lama e le successive fessure si guadagna la rampa alberata dove attacca la via "Degasperi".

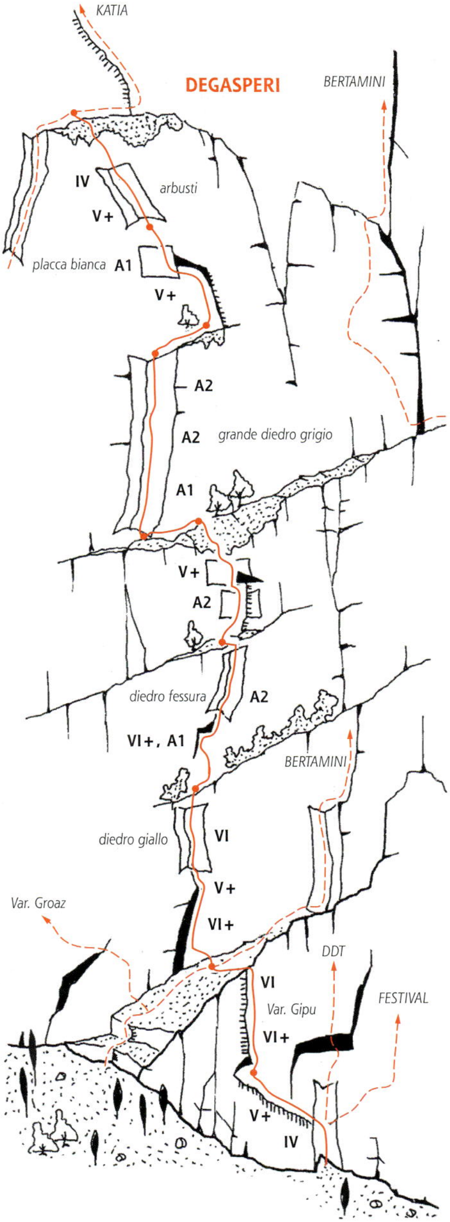

19 L' INCOMPIUTA ★★★★

H. Grill, F. Heiss, F. Kluckner, I. Rabanser 2012
350 m. (11L)
VI+, VII, A0/R4/III

Pensare che sulla parete est del Colodri si potesse trovare ancora lo spazio per una via nuova e per di più totalmente indipendente era una cosa da pazzi ed invece eccola qua: l' incompiuta. È una via di deciso stampo alpinistico: bella, interessante e intrigante. Fessure, diedri e alla fine placche caratterizzano questa via mai banale, da non sottovalutare, dove è indispensabile sapersi proteggere con stopper e friend. Una via completa, di sicuro ingaggio che garantisce soddisfazione e appagamento. (commento di M. Loss) Per la ripetizione portare una serie di friend raddoppiando le misure medie.

Attacco: a sinistra della via Bertamini.

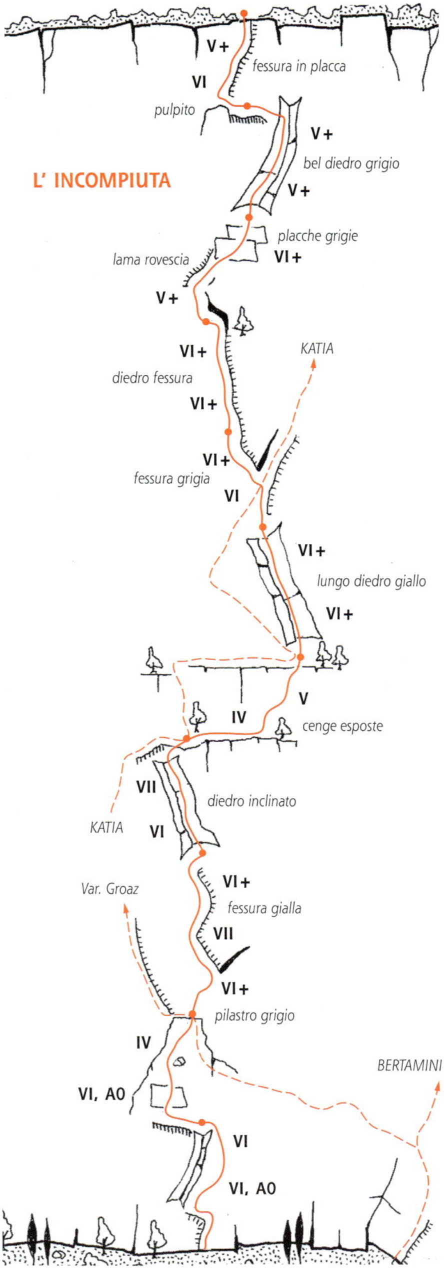

Luca Galbiati, *Sommadossi*, Monte Colodri *(sassbaloss.com)* →

41 Pilastro Zanzara

Monte Colodri

0.10 h

1.00 h

350 m.

E

Stupendo e slanciato pilastro che spalleggia a nord il Monte Colodri. Il termine pilastro gli si addice perfettamente per le suo linee regolari e il suo aspetto decisamente squadrato. Dopo le prime salite classiche degli anni '70, lungo fessure e diedri, la vera potenzialità del pilastro si espresse con l'apertura della via "Zanzara". Il grande capolavoro di Manolo e Roberto Bassi, rappresentò per molti anni, la massima espressione dell'arrampicata libera in Valle. Molte vie sono state aperte in seguito su questo pilastro, vie classiche, vie in artificiale e vie sportive: tutte magnifiche, eleganti e assolutamente da non perdere.

Accesso
Dal parcheggio della piscina comunale, seguire la stradina asfaltata verso nord per circa 200 metri. Quando si è praticamente sotto la verticale del pilastro, seguendo una stradina, entrare nel boschetto e portarsi alla base della parete.

Discesa
Usciti dalle vie, puntare alla croce di vetta. Da qui, seguire il sentiero che porta alla ferrata e quindi in valle.

20 UMBERTA BERTAMINI	**350 m.**
21 BARBARA	**300 m.**
22 HAMMADA	**300 m.**
23 DDT	**350 m.**
24 FESTIVAL	**300 m.**
25 ZANZARA	**300 m.**
26 DIEDRO ROSI	**180 m.**
27 VERTICAL TRASH	**300 m.**
28 LIBERTA DI SOGNARE	**300 m.**
29 LUIGI MICHELUZZI	**300 m.**
30 VIA DEI TRE SPIGOLI	**300 m.**
31 PILASTRO NORD	**300 m.**
32 PERDUTA GENTE	**250 m.**

20
21
25
25
22
23
24
26
29
20
21
27
28

20 UMBERTA BERTAMINI ★★★

U. Ischia, M. Ischia, G. Emanuelli, F. Calzà 1972
350 m. (11L)
V+, VI/R2/II

È la via più facile e classica della parete. Molto ripetuta, presenta però un' arrampicata poco divertente per la roccia incredibilmente levigata. La direttiva della salita è data dal quel regolare ed ampio diedro formato dal "Pilastro Zanzara" contro la parete est del Colodri. Particolarmente impegnativo e molto faticoso è proprio l'ultimo tiro dove bisogna superare uno stretto camino dalle pareti molto levigate.

Attacco: dalla base del pilastro, salire a sinistra per delle ripide tracce nel bosco fino ad una placchetta grigia appoggiata incisa da una fessurina. Scritta "Bertamini" all'attacco.

20a VARIANTE CENTRALE ★★

L. Calderan, S. Scalet, L. Puiatti 1979
90 m. VI+/R3

Variante alpinisticamente molto interessante. Poco chiodata, difficile e in parte un po' friabile. Dopo il lungo traverso verso sinistra, per raggiungere la base del gran diedro, la via Bertamini continua facilmente per delle placche appoggiate ed erbose. Qui, la faccia destra del diedro, è incisa da fessure gialle e strapiombanti. Attaccare la fessura centrale che con forti difficoltà porta ad una sosta sotto un tetto. Ora traversare a destra, seguendo quell'evidente spaccatura che taglia orizzontalmente in due la parte superiore del pilastro. Questa traversata porta alla via Barbara incrociando ben altre quattro vie.

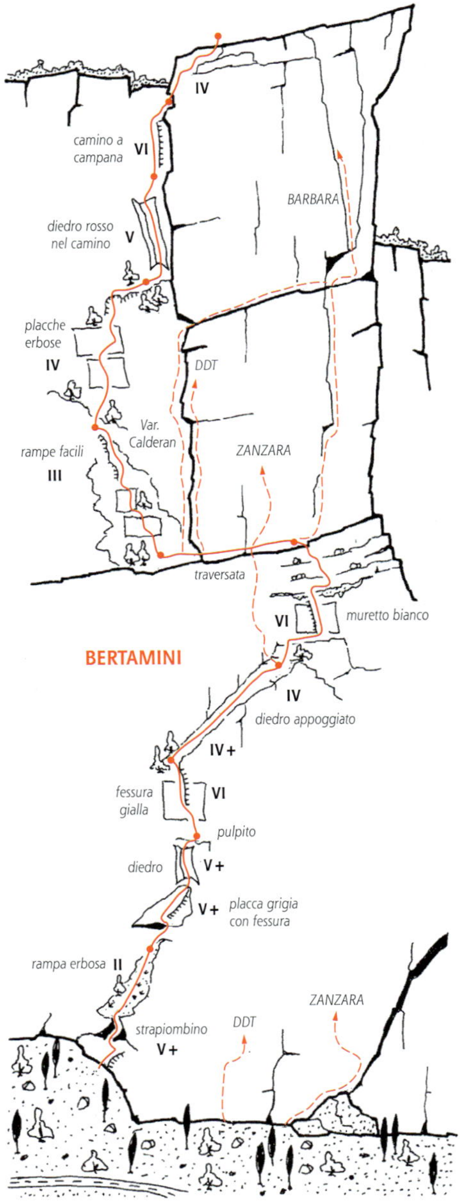

21 BARBARA ★★★★

U. Ischia, M. Ischia 1972
300 m. (10L)
V+, VI/R2/II

Itinerario storico ed elegante, grande classica della parete. In realtà, è una variante alla via "Bertamini". Infatti è stata aperta dopo ed ha in comune i primi 5 tiri. Arrivati alla grande cengia, dove la via "Bertamini" traversa a sinistra, la via "Barbara" si butta in un lungo e perfetto diedro rosso. Purtroppo anche qui le infinite ripetizioni hanno levigato la roccia a tal punto da rendere insicura la progressione.

Attacco: come per la via "Bertamini".

21a VARIANTE DALLAGO ★

W. Dallago, F. Miori 1981
80 m. IV/R3

È una variante di raccordo tra le vie "Barbara" e "Micheluzzi". Dalla sosta della via "Barbara" alla base del grande diedro rosso, traversare per cenette verso destra fino alla sosta della via "Micheluzzi" alla base del grande diedro grigio.

21b VARIANTE DEI TRE MOSCHETTIERI ★★

R. Bassi, S. Fruet, F. Toldo 1980
120 m. VI, A1/R3

Variante alpinisticamente interessante. Poco chiodata e per nulla ripetuta. Dalla sosta sopra il grande diedro della via "Barbara", traversare verso destra per circa 20 metri e sostare ad un albero. Si è proprio sotto il "Becco del Colodri". Seguire ora un lungo diedro grigio che con tre tiri porta fuori dalla parete.

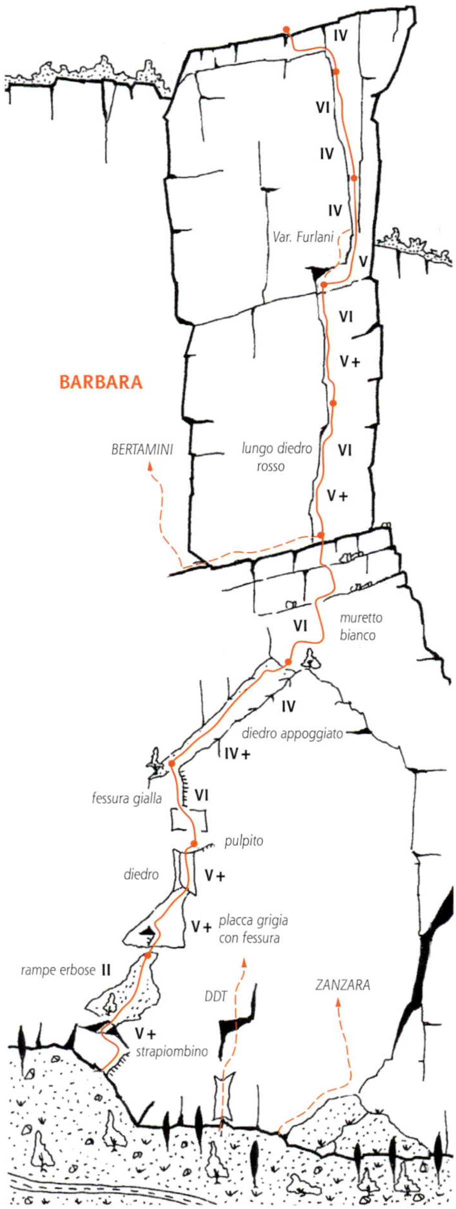

22 HAMMADA ★★★

H. Gargitter, C. Obrist 1995
300 m. (10L)
7c+, 8a (7c obb.)/S2/II

Arrampicata libera estrema sul fianco sinistro del pilastro, attrezzata ottimamente con fix da 10 mm. Nella parte alta del pilastro, corre molto vicino allo spigolo della via "DDT" dove incrocia e sormonta la via addirittura per una lunghezza intera.

Attacco: come per la via "Bertamini". Dopo il primo tiro in comune, invece di seguire la fessurona in placca grigia, traversare facilmente a destra alla base del primo muro giallo.

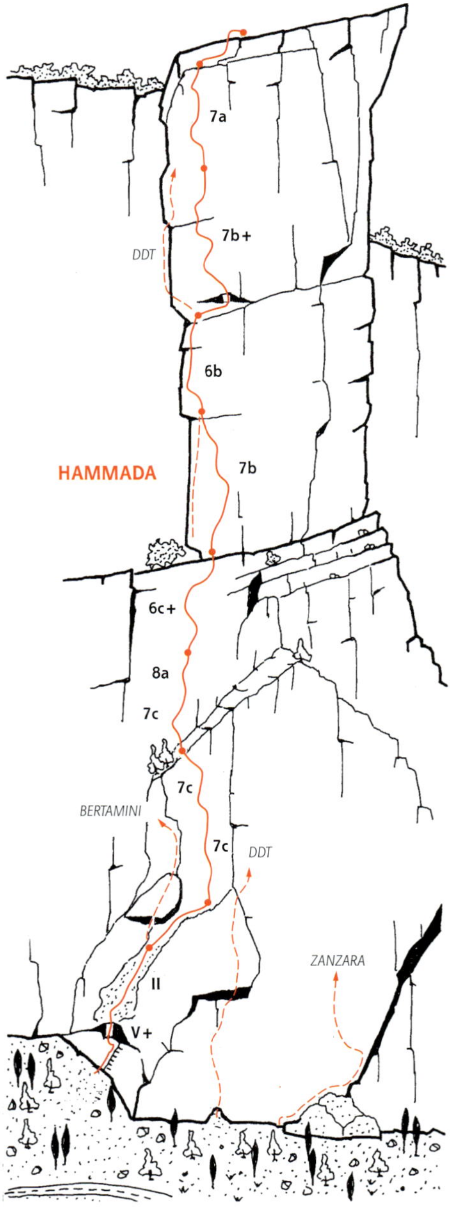

21
26
27
28
29

23 VIA DDT ★★★★★

U. Marampon (in autosicura dal basso) 1987
350 m. (11L)
A2/R2/II

Grande e bella salita in stile tipico "Marampon": cioè tutto l'itinerario è completamente attrezzato con chiodi a pressione, a volte però molto distanziati tra loro. La linea è molto logica, esposta ed elegante, e corre proprio lungo il filo dello spigolo sud est del pilastro. Arrampicata lunga e impegnativa, non da sottovalutare per la chiodatura spesso lunga e faticosa. Assolutamente consigliata agli amanti dell'artificiale.

Attacco: dalla base del pilastro, seguire verso sinistra un ripido sentiero nel bosco e portarsi sotto la verticale di un tettino di rocce rosse. Attaccare un'evidente diedrino con scritta "DDT".

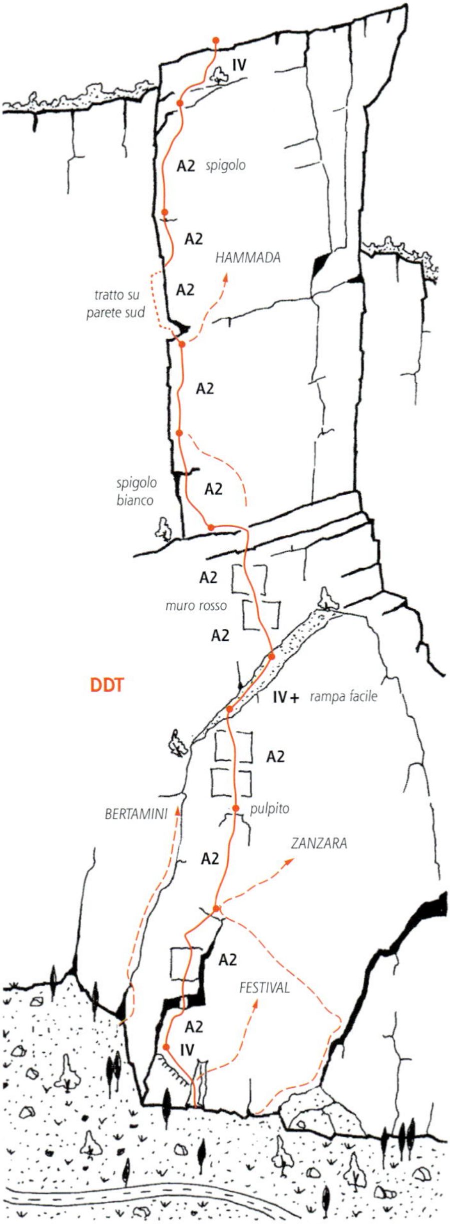

24 FESTIVAL ★★★

C. Remy, Y. Remy 1993
300 m. (10L)
7c, A0 (6c obb.)/S2/II

Itinerario sportivo estremo aperto dal basso dai mitici fratelli Remy in occasione del festival della montagna di Trento. Arrampicata in placca su roccia fantastica, incrocia molte volte, nelle soste, la via "Zanzara". Attenzione all'entrata in sosta del primo tiro, tratto sprotetto per molti metri: utili alcuni microfriends. Il terzo tiro è un muro strapiombante superabile in A1 dove può ritornare utile una staffa. Il resto della via offre un'arrampicata stupenda ed elegante.

Attacco: come per la via "DDT". Attaccare il diedro e poco dopo seguire gli spit che salgono verso destra.

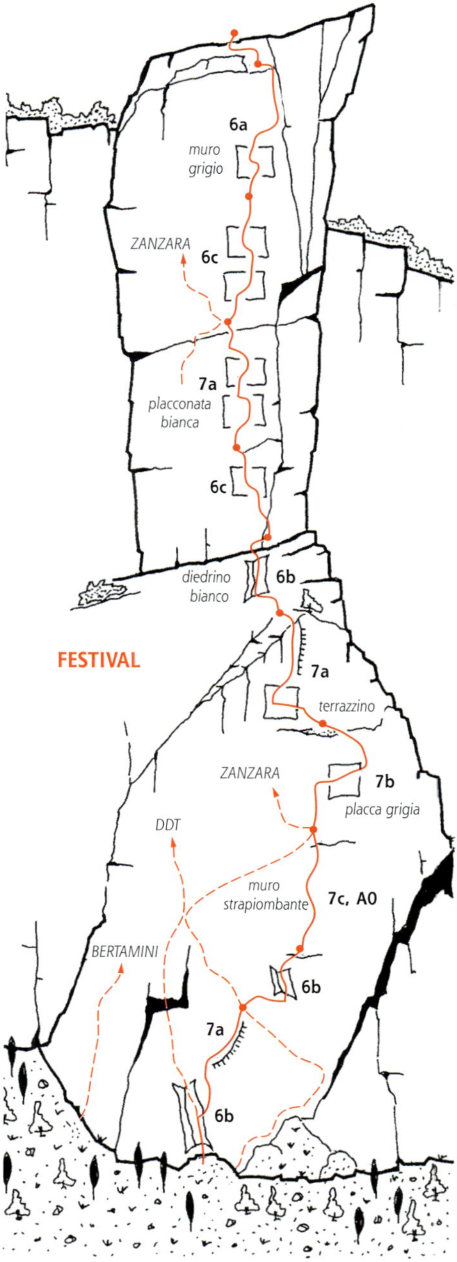

25 ZANZARA ★★★★

M. Zanolla, R. Bassi 1983
300 m. (14L)
6b, 7a+ (6c obb.)/S2/II

Itinerario storico e famoso, chiodato dall'alto da due grandi geni dell'arrampicata. Rappresenta forse uno dei primi tentativi di spostare l'arrampicata sportiva dalle piccole falesie alle grandi pareti. Per questo è uno dei simboli dell'arrampicata sportiva in valle del Sarca. Segue, attraverso le grandi placconate, una linea logica ed elegante. L'arrampicata è stupenda lungo tutto il percorso, la roccia purtroppo è un po' levigata nella prima parte mentre è più ruvida nei tiri finali. Recentemente la vecchia chiodatura è stata rinnovata, senza però alterare le caratteristiche della via.

Attacco: alla base del pilastro, si appoggia alla parete un grande zoccolone di rocce rotte con erbe ed arbusti. A sinistra, questo zoccolone, forma contro la parete un ampio e solido diedro: attaccare per questo.

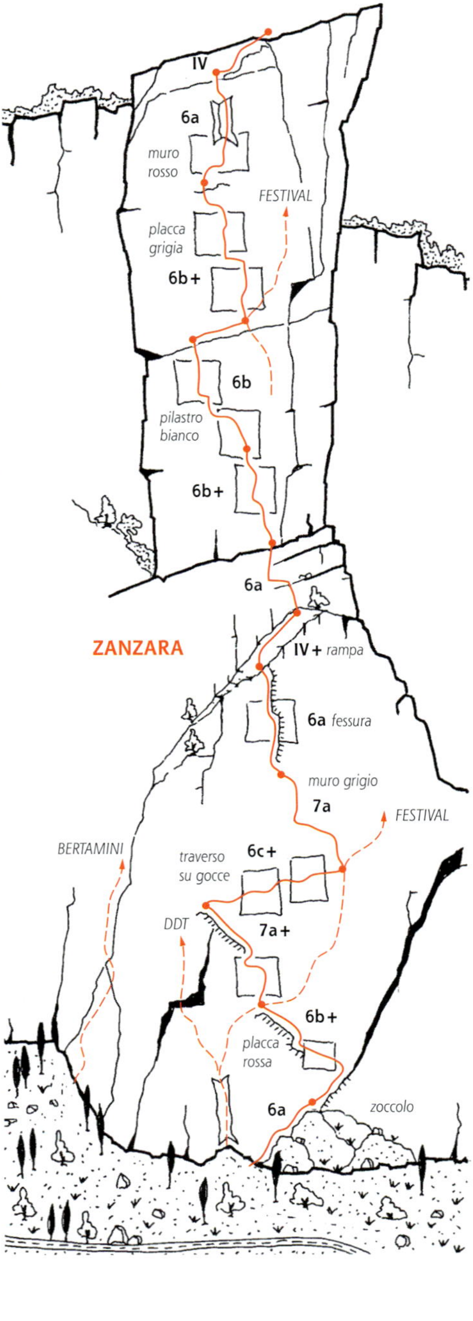

26 DIEDRO ROSI ★★★★★

M. Giordani, F. Piccolroaz 1980

180 m. (5L)

VI+, A3/R4/II

Itinerario meraviglioso e molto interessante dal profilo alpinistico. Assolutamente consigliato agli amanti dell'artificiale e dell'arrampicata mista. La direttiva della salita è data da quella evidente spaccatura obliqua che incide le placconate basali del pilastro. Arrampicata sostenuta lungo tutto il percorso, passaggi estremi in libera si alternano a precari passaggi in artificiale su chiodi insicuri. L'ottima roccia e la facilità di posizionare protezioni intermedie permettono comunque una progressione divertente e di grande soddisfazione. Per la discesa, usciti dalla via, traversare brevemente a destra fino a trovare una sosta con catena. Qui, tre corde doppie facili e veloci riportano alla base.

Attacco: dalla base del pilastro, rimontare alla meglio lo zoccolo di erbe e roccette (via originale) fino alla prima sosta della via Zanzara. Dalla sosta, prendere a destra la fessura che in alto si trasforma in diedro.

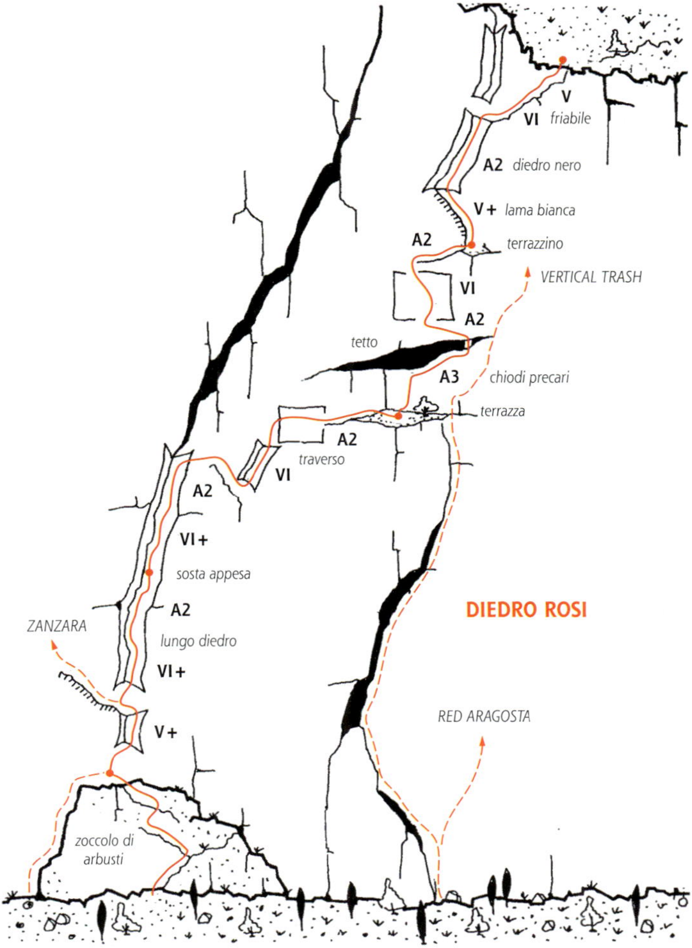

27 VERTICAL TRASH ★★★

S. Banal, D. Filippi 2002
300 m. (12L)
A1, A2, V+/R1/II

Vertical Trash è la direttissima al "Becco del Colodri". È il tipico itinerario anni '60, tutto chiodato in artificiale, usando principalmente fix da 6 e da 8. La prima parte della via si sviluppa lungo verticali placconate grigie. La parte centrale, segue fedelmente lo spigolo del pilastro. Queste lunghezze sono strapiombanti e molto estetiche. Infine, in piena parete nord, si supera lo strapiombante naso bianco denominato "Becco del Colodri". Itinerario lungo e sostenuto che richiede disinvoltura sulle staffe. Portare perforatore manuale e alcuni spit, per eventuali rotture dei fix da 6. Si può scendere in doppia in qualsiasi momento, usando le soste della vicina via "Red Aragosta". Arrivati in cima conviene scendere dalla ferrata. (prima ripetizione G. Bressan e Co. 2004)

Attacco: come per la via Zanzara, poi attraversare a destra e attaccare una rampa erbosa che si trasforma in diedro. Questa rampa è proprio sotto la verticale di un evidente diedro strapiombante a mezzaluna.

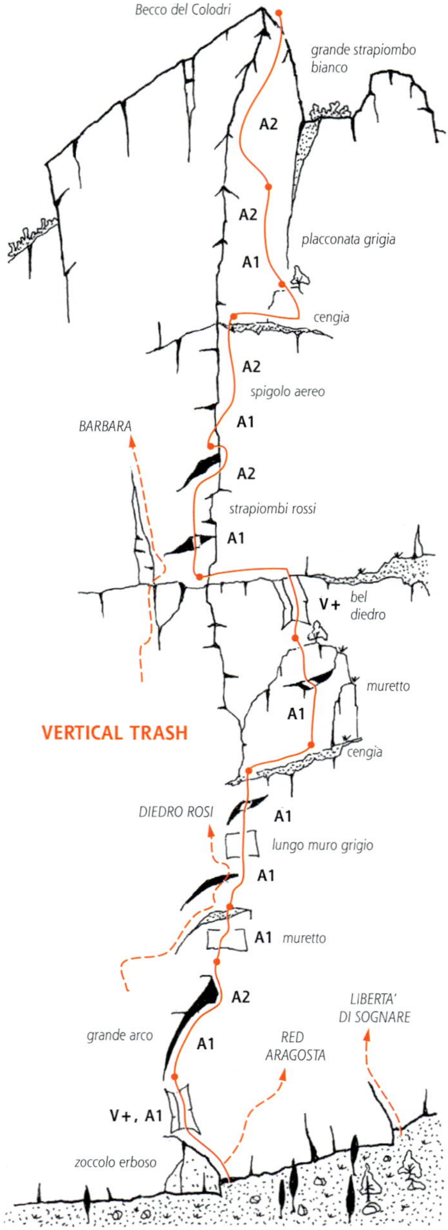

28 LIBERTA DI SOGNARE ★★

S. Bailoni, E. Mazzarini, M. Santi 2000
300 m. (11L)
VII+, A3/R3/II

Itinerario molto sostenuto e complesso, dalla linea logica ed elegante, ma dalla chiodatura poco curata e scadente. Con una chiodatura migliore, sarebbe una salita stupenda e molto consigliata. Questa via offre un'arrampicata molto varia: fessure friabili ed erbose, stupende placche lavorate a gocce, muri verticali levigati e compatti. Le lisce placconate centrali sono chiodate a fix, e possono essere superate o con passaggi precari su ganci, o con estremi passaggi in arrampicata libera. Oppure come abbiamo fatto noi: con la "furba"! Per la ripetizione sono necessari friend medio piccoli, alcuni stopper, staffe, martello e alcuni chiodi.

Attacco: individuare e seguire una rampa erbosa che entra in parete da destra e porta sotto la verticale di una evidente teoria di diedri e fessure che solcano la parete.

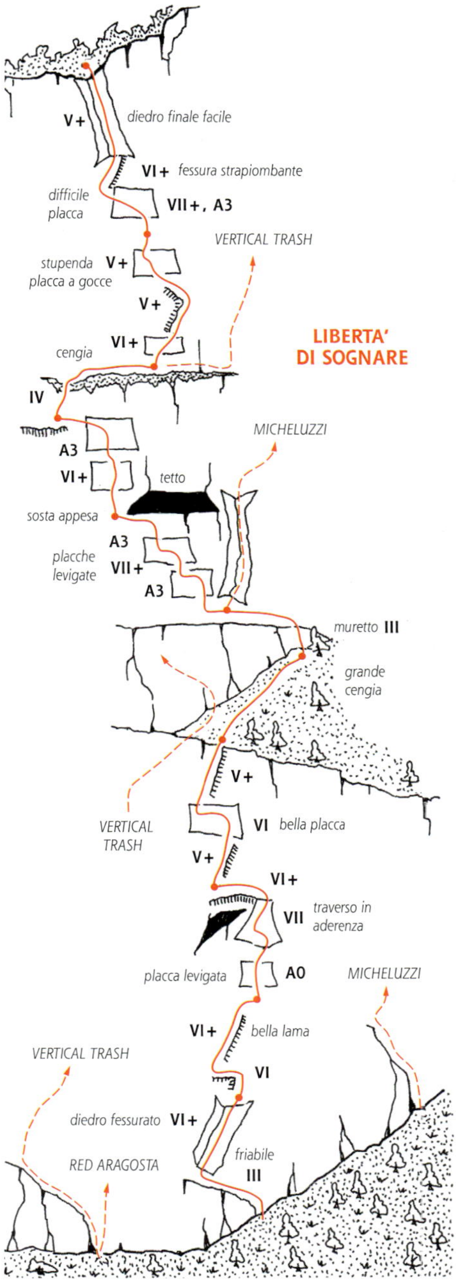

29 LUIGI MICHELUZZI ★★★★★

G. Stenghel, F. Monte, G. Vaccari 1976
300 m. (10L)
VI, A2/R3/II

Salita molto varia e articolata. Supera la parete nord del Pilastro Zanzara lungo una linea logica di fessure e diedri. La direttiva della salita è data da quel grande diedro grigio che incide la metà superiore della parete. Le prime quattro lunghezze, si sviluppano su rocce erbose e in parte un po' friabili. Seguono alcuni tiri attraverso prati verticali e boschetti, molto divertenti e suggestivi e che danno alla salita un'impronta molto romantica ed esplorativa. Il grande diedro grigio offre un'arrampicata in artificiale stupenda e di grande soddisfazione. Con le lunghezze finali, ci si immerge in un ambiente veramente caratteristico per la Valle. Nel complesso si tratta di una via veramente unica per bellezza, assolutamente da non perdere.

Attacco: dalla base del pilastro, seguire una traccia nelle ghiaie che sale verso destra e portarsi sotto la verticale di un tettino a forma di rombo. Attaccare per una fessura erbosa che più in alto si trasforma in un ampio diedro.

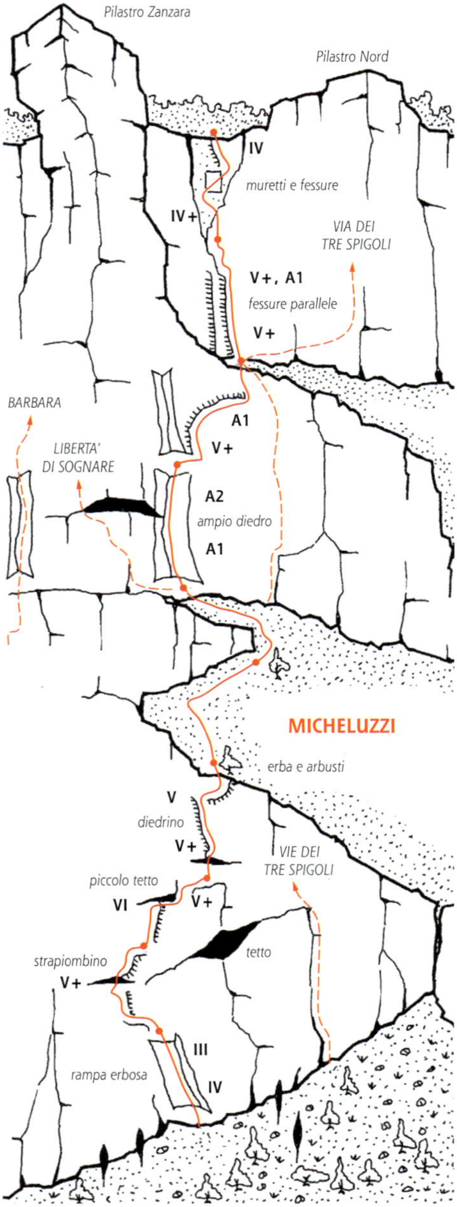

31
32
31
28
27
29
30

30 VIA DEI TRE SPIGOLI ★★★

D. Filippi 2012
300 m. (12L)
A1/R1/II

Questa via supera in successione tre bellissimi spigoli: esposti e verticali. L'itinerario, in completa arrampicata artificiale, è totalmente attrezzato con chiodi a pressione. L'arrampicata è sempre bella e la roccia ottima. Molto esposto e a tratti strapiombanti, è l'ultimo spigolo. Per la ripetizione portare solo rinvii.

Attacco: dalla base del Pilastro Zanzara, seguire una traccia nelle ghiaie che sale verso destra e portarsi sotto la verticale del primo, ma poco evidente, spigolo grigio.

31 PILASTRO NORD ★★★

D. Filippi 2010
300 m. (9L)
V+, VI+, A1/R2/II

A destra del Pilastro Zanzara, sul versante nord del Monte Colodri, si stacca un poderoso ed evidente pilastro grigio: questo da la direttiva alla via. Purtroppo questo pilastro si poggia su uno zoccolone di rocce erbose e friabili e la prima parte della salita risulta quindi poco piacevole. Ma superato lo zoccolo, l'itinerario migliora decisamente offrendo una divertente arrampicata mista libera e artificiale. Stupende sono le lunghezze finali, lungo fessure e diedri di roccia fantastica. Nel complesso è un itinerario facile, divertente e ben chiodato, dal sapore tipicamente alpinistico, ed immerso in un ambiente tranquillo e isolato. L'itinerario è attrezzato con molti chiodi a pressione e fix alle soste. Per la ripetizione portare almeno 20 rinvii, alcuni friend medi e staffe.

Attacco: dalla base del Pilastro Zanzara, per tracce di sentiero salire per faticosi ghiaioni sotto il versante nord del Colodri. Poco prima raggiungere il termine del ghiaione (attacco Perduta Gente) attaccare un facile diedro erboso.

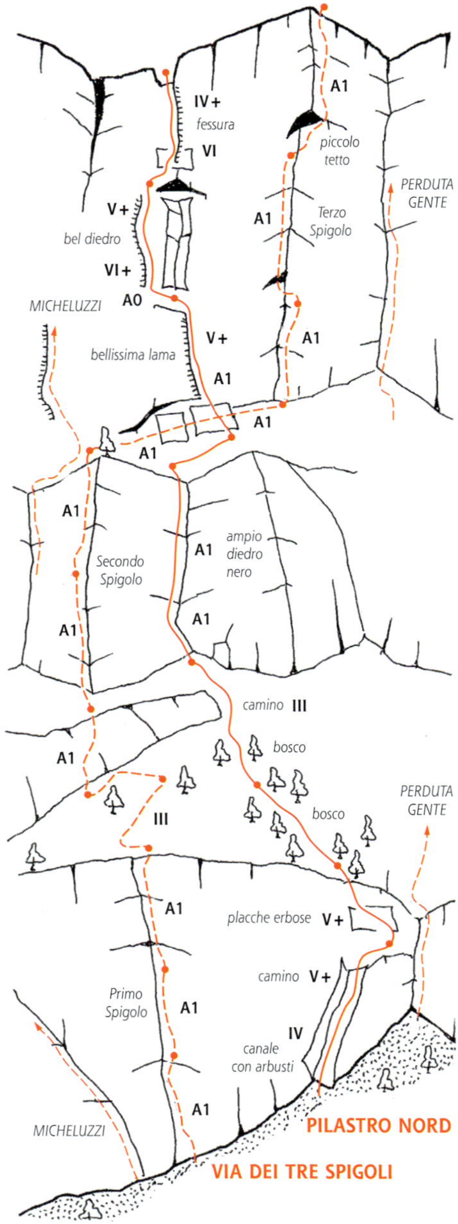

32 PERDUTA GENTE ★

G. Stenghel, F. Sartori 1976
250 m. (6L)
IV, un tratto di VI+/R3/II

Il versante nord dei Colodri, è caratterizzato da due grandi pilastri: il Pilastro Zanzara e il Pilastro Nord. A destra di questi, la parete perde di interesse e degrada verso il Monte Colt con rocce erbose e friabili. Lungo questo versante, sale questa via dalle caratteristiche decisamente esplorative dove l'unico tiro interessante è l'ultimo: un diedro verticale, difficile e friabile. Per il resto solo rocce erbose ed arbusti. Può essere considerato un ottimo itinerario, come allenamento per vie più impegnative. Per arrivare all'ultimo diedro difficile, il percorso non è obbligato e offre numerose varianti: lo schizzo proposto è di una nostra ripetizione, dove abbiamo lasciato numerosi cordini agli arbusti per segnare il percorso.

Attacco: dalla base del Pilastro Zanzara, per tracce di sentiero salire per faticosi ghiaioni sotto il versante nord del Colodri. Al termine del ghiaione attaccare una specie di diedro fessurato con arbusti.

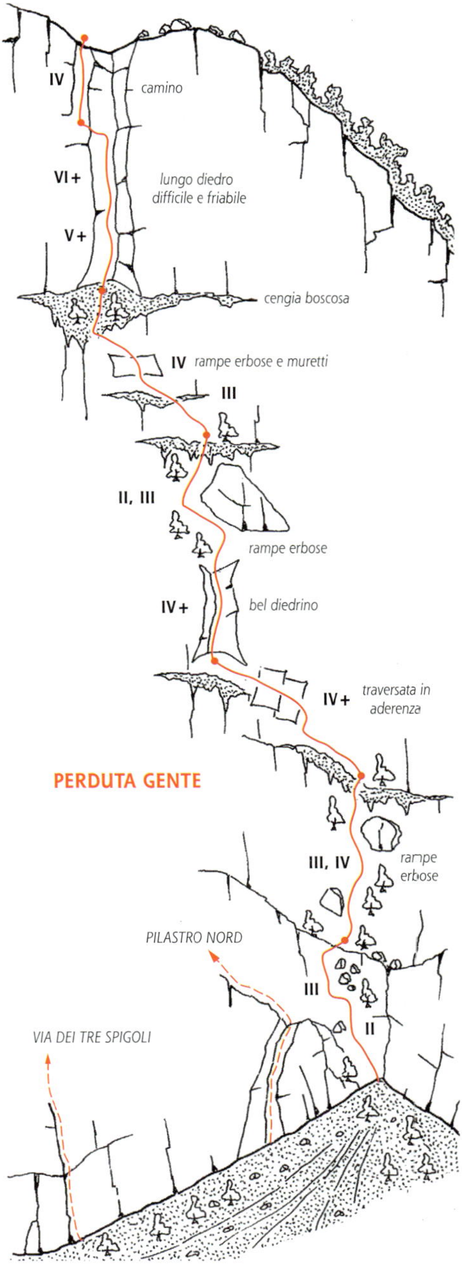

42 Rupe Secca

Monte Colodri

0.10 h

1.00 h

260 m.

E

Bella e compatta parete sulla quale sono stati tracciati, data la qualità della roccia e la favorevole struttura della parete, un numero incredibile di itinerari. Ottimo settore da sfruttare nelle mezze giornate o nella stagione invernale. Su questa parete si trovano forse gli itinerari sportivi più belli della Valle del Sarca. Anche su questa parete si trova proprio di tutto, dalle vie in artificiale alle vie per principianti, dalle vie sportive alle vie classiche, fino alle vie tradizionali poco conosciute e dimenticate come la via "Follie di Holliwood". Vale la pena ricordare che nel lontano 1982, su questa parete, Renzo Vettori e Renato Bernard tracciarono la via "Mescalito", sicuramente un passo avanti nella storia dell'arrampicata in valle del Sarca.

Accesso
Dal parcheggio della piscina comunale, seguire la strada asfaltata in direzione di Arco. Dopo circa 200 metri, prendere a destra una stradina (chiesetta bianca sulla destra) che porta ad un sentierino e brevemente alla parete.

Discesa
Usciti dalle vie, per tracce di sentiero muoversi verso il Colodri fino ad incontrare il sentiero segnato e quindi la ferrata che riporta in valle.

33 CINQUE STAGIONI	180 m.
34 TOTEM E TABU'	180 m.
35 FIT CHECK	150 m.
36 STYRIA	200 m.
37 EMILIANA	200 m.
38 TYSZKIEWICZ	220 m.
39 BALK MACIGNO	240 m.
40 MESCALITO	260 m.
41 ZODIAC WALL	260 m.
42 PASSI FALSI	240 m.
43 STENICO	180 m.
44 CISMON 93	250 m.
45 RICCI E CAPRICCI	150 m.
46 ASPETTANDO MARTINO	180 m.

33
34
35
36
37
38
38a
39
39a
40
40a
41
42
43
44
45
46

33 CINQUE STAGIONI★★★
Ufficio Guide Alpine Arco 2000
180 m. (8L)
5c, un passo A0 (5a obb.)/S1/I

Bella, caratteristica e divertente arrampicata. Sale per un settore che a prima vista appare erboso e friabile, quello che invece si trova è una salita sempre su roccia pulita e molto compatta. Molto atletico è il muro finale dove sono state aggiunte addirittura delle prese artificiali. Al termine della salita, proseguire per altre tre lunghezze lungo lo spigolo sud.

Attacco: dalla base della parete, seguire il sentiero verso sinistra fino ad un grande placcone grigio appoggiato. Visibili i primi fix

Discesa: traversare verso destra fino ad incontrare il sentiero e la ferrata di discesa.

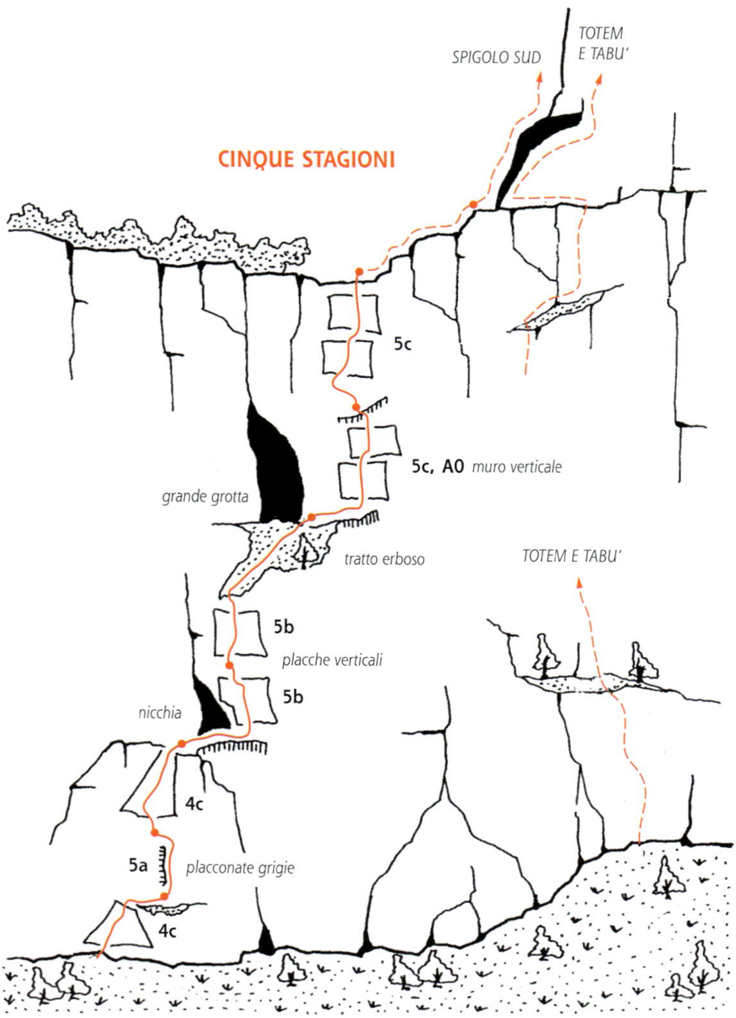

34 TOTEM E TABU' ★★★★★

Roly Galvagni 2000
180 m. (7L)
7a (6b obb.)/S2/II

Stupenda salita su roccia fantastica, ennesimo capolavoro di Roly Galvagni. La prima parte della via si sviluppa lungo facili placche leggermente appoggiate, mentre la seconda parte, propone dei muri verticali e compatti che richiedono un'arrampicata tecnica e di resistenza.
Attacco: dalla base della parete, seguire il sentiero verso sinistra. Dopo una discesa attaccare a destra una placca con all'inizio delle particolari concrezioni. Visibili i primi fix.

35 FIT CHECK ★★★

Primi salitori: ?
150 m. (7L)
6c, 7b+ (6c obb.)/S2/II

Questo itinerario sale lo stretto corridoio compreso tra le vie Totem e Tabù e Styria. La roccia e la chiodatura sono ottime. Arrampicata tecnica lungo placche verticali.

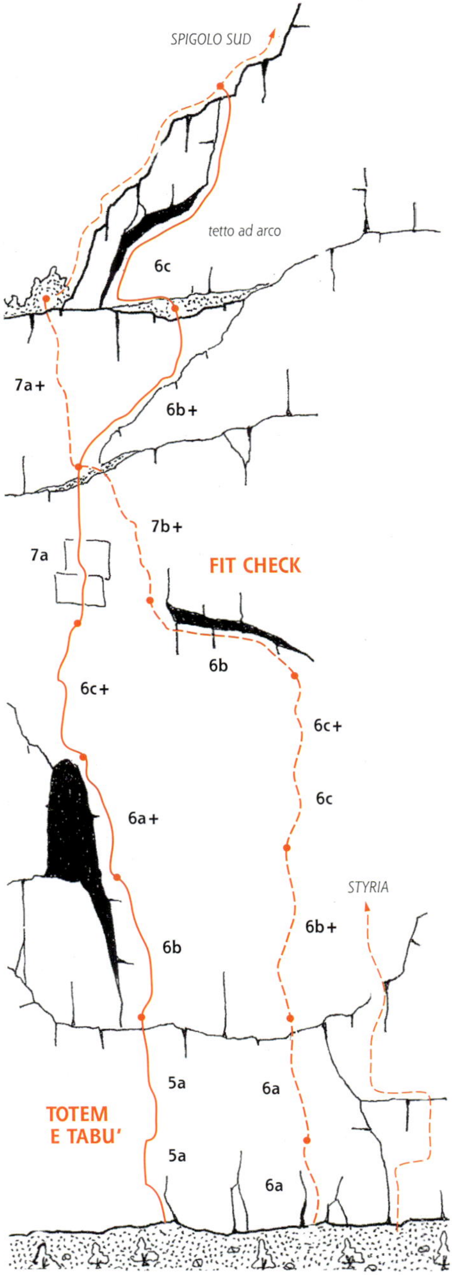

36 STYRIA★★★★

H. Gregoritsch, G. Hubmann 1994
200 m. (7L)
7a (6b obb.)/S2/II

Divertente arrampicata in placca, con delle stupende sezioni tecniche. Bellissimo è il 5° tiro, dove si supera uno strapiombo ben appigliato. Nel muro finale, occorre invece molta decisione e forza.

La discesa in doppia da questa via, pur essendo fattibile è un po' complicata. È consigliabile scendere o dalla ferrata o dalle doppie di "Totem e Tabu". Caratteristica di questo itinerario è la sua chiodatura: infatti sono stati resinati nella roccia dei ferri a "U".

Attacco: come si arriva dal sentiero proveniente dalla stradina, questa è la prima via che si incontra. Attacca alla base di un ampio diedro grigio dalle pareti molto levigate.

37 EMILIANA★★★

H. Gregoritsch, G. Hubmann 1995
200 m. (6L)
7b (6c obb.)/S3/II

Itinerario sostenuto e difficile. Arrampicata in placca di tecnica e movimento. Le ultime due lunghezze presentano una chiodatura un po' lunga, potrebbe ritornare utile qualche stopper. Anche questa via, come la "Styria", presenta un tipo di chiodatura decisamente innovativo.

Attacco: come per la via "Styria" che ha in comune il primo tiro.

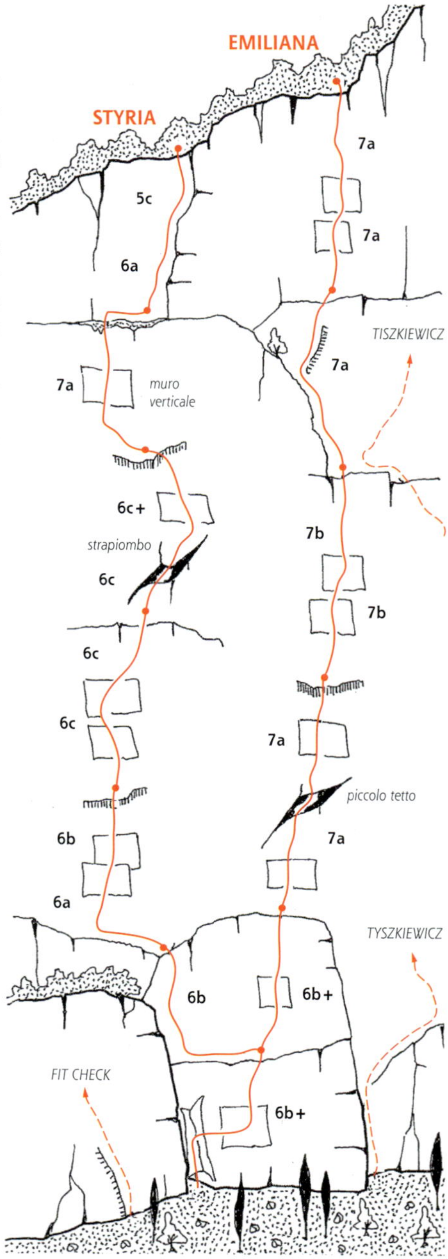

38 TYSZKIEWICZ ★★★★

G. Groaz, R. Segalla 1976
220 m. (7L)
VI+, VII+ (A0)/R1/II

Bellissima via di stampo decisamente classico lungo fessure e diedri. Attrezzata parzialmente a spit, occorre di tanto in tanto proteggersi con qualche stopper o friend. I primi salitori, nella nicchia del secondo tiro trovarono la scritta "Tyszkiewicz 1804": era un precedente tentativo?...

Attacco: dall'ampio diedro della via "Styria", traversare a destra, entrare nel bosco e attaccare il primo diedro che si incontra. Molte scritte sul muro grigio a lato. Poco più a destra, lungo uno spigolo grigio, sale una breve variante d'attacco attrezzata a fix da R. Galvagni. 30 m. 6b

38a VARIANTE FOLLIE DI HOLLIWOOD

G. Stenghel, F. Nicolini 1983
150 m. VI+

Alpinisticamente molto interessante e difficile, questa variante è poco ripetuta o addirittura abbandonata a causa della leggendaria "Lama di Ghigliottina", una grande lastra di dubbia tenuta che si è obbligati a tirare!

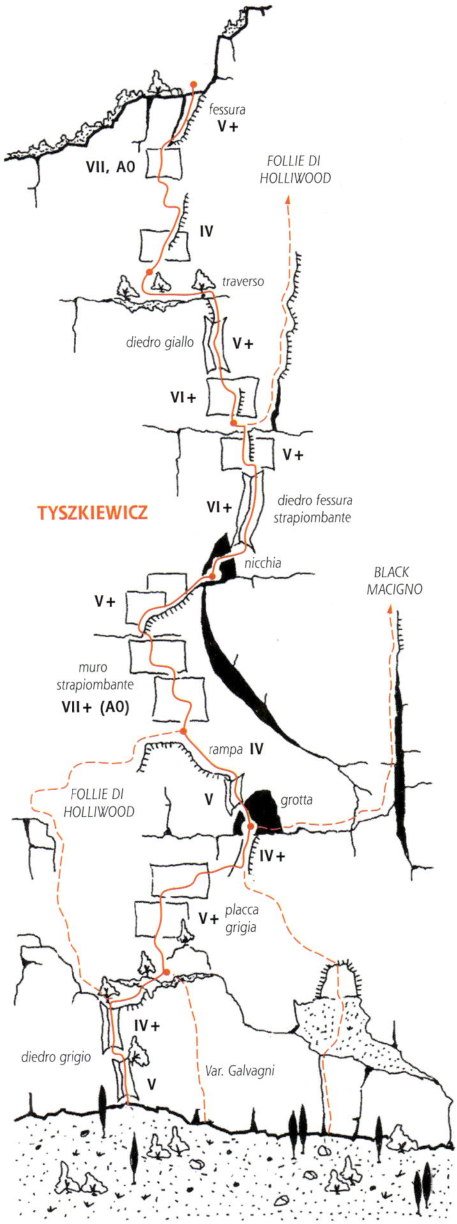

Tyszkyewicz 1804

Giovanni Groaz

Quando il mitico Bepi "dei Colodri" ci assicurò che la via era stata tentata ma non completata, "Non sono neppure arrivati a metà", disse, decidemmo che l'avremmo aperta noi. "Davvero non l'hanno finita?", insistetti; "Certo che no, li avrei visti: non mi muovo mai da qui e tengo sempre d'occhio le pareti", rispose. "Ma...", volli insistere per avere maggiori certezze; "Adesso basta, Dio... , non sono stati capaci di salirla quella via, lo volete capire sì o no? E' troppo difficile, io lo so, perché mi calavo proprio da lì quando dopo la guerra andavo a tagliare le uniche piante che non costavano soldi!", sbraitò il Bepi tutto paonazzo versandosi rabbiosamente l'ennesimo bicchiere di rosso.
Arrivammo così a quello che pareva il punto massimo raggiunto da chi aveva tentato la scalata, e proseguimmo lungo una fessura obbligata troppo larga per piantarvi chiodi o cunei e troppo stretta per infilarvicisi. "Ecco perché non l'hanno finita", sentenziò l'amico baldanzosamente. Più su i chiodi riprendevano. Alla faccia! Fu la prima ripetizione della Sommadossi ai Colodri.
Nella primavera dell'anno successivo eravamo ancora alla ricerca di una via nuova tra quelle rocce. Avevo individuato una parete forse mai salita, ma memore della delusione dell'anno prima non ero più tanto sicuro sulla verginità della stessa. A sentire il Bepi lì nessuno era mai andato a ficcare il naso, ma prendemmo con le molle le sue affermazioni e gli demmo corda per non farlo indispettire.
Nel frattempo avevamo conosciuto un tizio in pensione che abitava una casa molto vicina alle rocce oggetto delle nostre attenzioni. Disse che quel monte, i locali, lo chiamavano Rupe Secca, e nessuno l'aveva fino ad allora salito da quel lato così repulsivo. Ai suoi piedi furono catturati e fucilati dall'esercito austroungarico alcuni disertori ceki: di loro rimane il vago ricordo e un cippo. Ci raccontò inoltre che in tempi più remoti qualcuno s'era già inerpicato sulla prima parte dello scosceso dirupo, ma non con intenti alpinistici: si vociferava d'un leggendario tesoro aureo celato tra gli anfratti di quelle pareti, dove una stretta galleria segreta proveniente dalla vicina rocca andava a terminare in una caverna irraggiungibile. Effettivamente una oscura grotta occhieggiava solitaria a un terzo di altezza di quella rupe. Si preannunciava una scalata dalle tinte avventurose.
Dopo un primo tratto non molto difficile arrivammo dove una serie discontinua di piccoli gradini, chiaramente scavati da qualcuno, ed un arpione infitto nella roccia, segnalavano la veridicità del racconto del vecchio. Quando raggiungemmo la grotta rinvenimmo meravigliati i resti d'una antica lanterna, una scritta con due nomi e una data scolpita. Di oro non c'era traccia, naturalmente, e certo non c'era mai stato in quel posto. Scoprimmo che più oltre nessuno s'era mai spinto. Proseguimmo quindi su terreno intonso molto difficile, con la chiodatura a tratti fortemente precaria, dove di quando in quando si rivelarono utili le staffe. L'uscita fu problematica: o cacciarsi in una fessura improteggibile, oppure lavorare di fino per evitare a tutti i costi l'utilizzo degli aborriti chiodi a pressione, allora in voga per liquidare in fretta le vie nuove impegnative. Optai per la seconda possibilità e fummo fuori.

Scendemmo alla base e fummo prontamente festeggiati dal vecchio lì sotto. Volle sapere quale nome avremmo dato alla nuova via

appena aperta. "Non lo sappiamo ancora, ci penseremo",
rispondemmo all'unisono. Ci invitò nella sua casa a mangiare e bere qualcosa, raccontandoci brani della sua esistenza. Aveva lavorato una vita in Amazzonia ed era tornato a casa perché voleva
morire dov'era nato. La casa era piena di strani oggetti tribali a noi sconosciuti. Uno in particolare attirò la mia attenzione: una specie di bambolotto scuro con un brutto ghigno e capelli corvini lunghissimi. "Cos'è?", chiesi, tendendo la mano. "No, fermo! non lo toccare", proferì il vecchio, e dopo un lungo, misterioso silenzio di raccoglimento aggiunse: "E' un segreto, ma ve lo svelerò se prima mi direte il nome della nuova scalata". L'amico ed io ci guardammo smarriti, ma dopo un attimo decidemmo di dedicare la via a chi ci aveva preceduti fino alla grotta ben 171 anni prima. "Tyszkiewicz 1804", rispondemmo. "Bene", ribattè il nostro ospite, "questa non è una bambola, ma la testa di un uomo. Non chiedetemi altro, ve ne supplico, è una storia troppo lunga; forse un giorno ve la racconterò", disse con un sospiro. Ce ne andammo ammutoliti e quella notte non riuscimmo ad addormentarci.

Il vecchio non lo rivedemmo mai più.

39 BLACK MACIGNO★★★★★

M. Pegoretti, P. Piacini 1982
240 m. (8L)
VI+, A3/R3/II

Difficile arrampicata mista, prevalentemente in artificiale. Per chi ama le salite da attrezzare, su questa troverà pane per i suoi denti, soprattutto nel lungo e perfetto diedro centrale. Itinerario poco ripetuto, è alpinisticamente molto interessante. Nel complesso è una gran bella salita di soddisfazione garantita.

Attacco: dall'attacco della via "Tyszkiewicz", spostarsi di circa 10 metri a destra dove la placca grigia è incisa da una fessura. In alto è visibile un chiodo.

39a VARIANTE PAN★★★

Chris, David, Pete e Toni 2003
60 m. (2L)
7a, 7b (6c obb.)/S1/II

Pan, è un percorso in completa arrampicata libera che di originale ha solamente le prime due lunghezze. Dopo queste si sovrappone alle vie Maiali nello Spazio e Black Macigno.

Attacco: poco a sinistra del diedro d'attacco della via Mescalito.

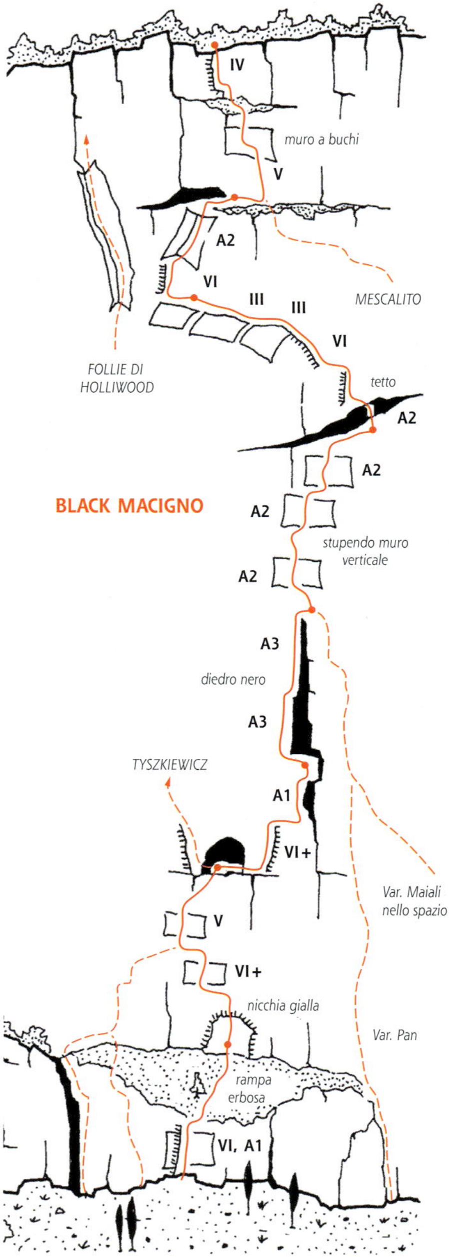

40 MESCALITO ★★★★★

R. Vettori, R. Bernard 1982
260 m. (9L)
VI+, VII+, con passi in A0 (7a)/R1/II

Grande, meravigliosa e stupenda salita, sicuramente tra le più belle vie dell'intera valle. Aperta dal basso e molti anni fa rappresenta un vero capolavoro. Recentemente sono stati aggiunti alcuni fix nelle soste e lungo i tiri. Vince con logica esemplare la liscia parete centrale della Rupe Secca. Sembra incredibile infatti, che su quelle placconate ci sia la possibilità di passare in libera e con difficoltà contenute. La roccia è stupenda lungo tutto il percorso, e la chiodatura è mista a spit e chiodi. Occorrono inoltre alcuni friend per il primo tiro e diversi cordini per attrezzare clessidre e arbusti nelle lunghezze finali. Ritengo che l'apertura di questa via, date le difficoltà e le poche protezioni usate in apertura, abbia rappresentato in quegli anni un passo avanti nella storia dell'arrampicata in valle del Sarca.

Attacco: dal diedro della via "Tyszkiewicz", traversare ancora a destra seguendo un sentierino nel bosco fino al prossimo evidente diedro.

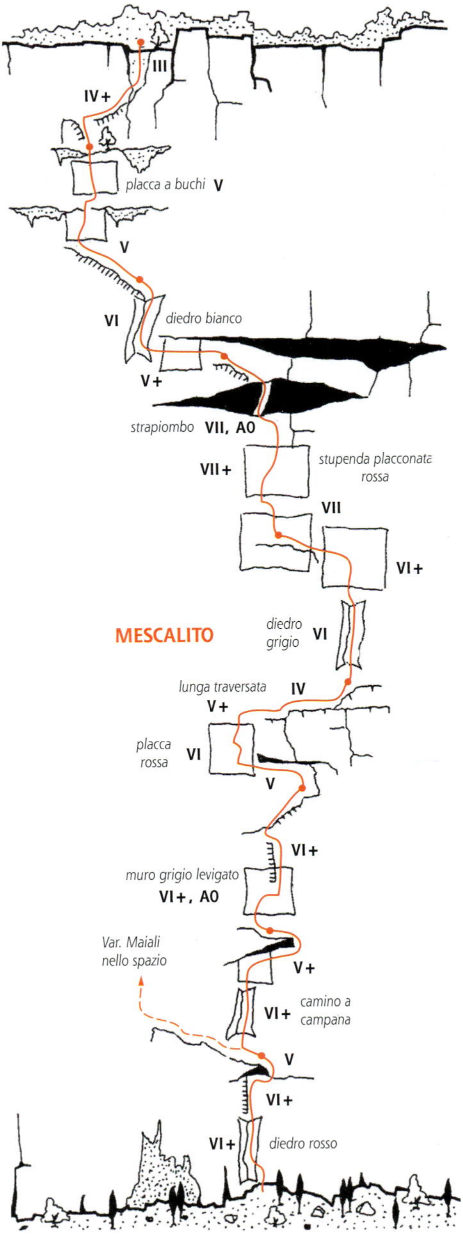

40a VARIANTE MAIALI NELLO SPAZIO

D. Mabboni, M. Mabboni 1987.
80 m. (3L)
7b+

Breve ma difficilissima variante. Difficoltà elevate e chiodatura molto distante, soprattutto nell'ultimo tiro. Dopo il primo tiro della via Mescalito questa variante, obliqua a sinistra fino a collegarsi alla quarta sosta della via Black Macigno.

41 ZODIAC WALL★★★★★

I. Rabanser, A. Andreotti, M. Furlani, 2003
260 m. (9L)
VII, A3/R3/II

Bellissimo itinerario, sostenuto e impegnativo. Quasi interamente in arrampicata artificiale, ma che propone in ogni singola lunghezza, alcuni passaggi piccanti in arrampicata libera. Supera le levigate lavagne nere comprese tra la via Mescalito e la via Passi Falsi. In alto affronta e supera direttamente i gialli strapiombi per poi continuare lungo le splendide placconate finali. Questo itinerario necessita di una buona esperienza di arrampicata artificiale su staffe e ganci. Portarsi per la ripetizione, oltre che al martello e alcuni chiodi, diversi tipi di ganci e un paio del tipo Talon per fori artificiali da 8 mm. La roccia è sempre ottima lungo tutto il percorso.

Attacco: oltrepassato l'evidente attacco di Mescalito, portarsi sotto un altro caratteristico diedro: grigio e poco attraente.

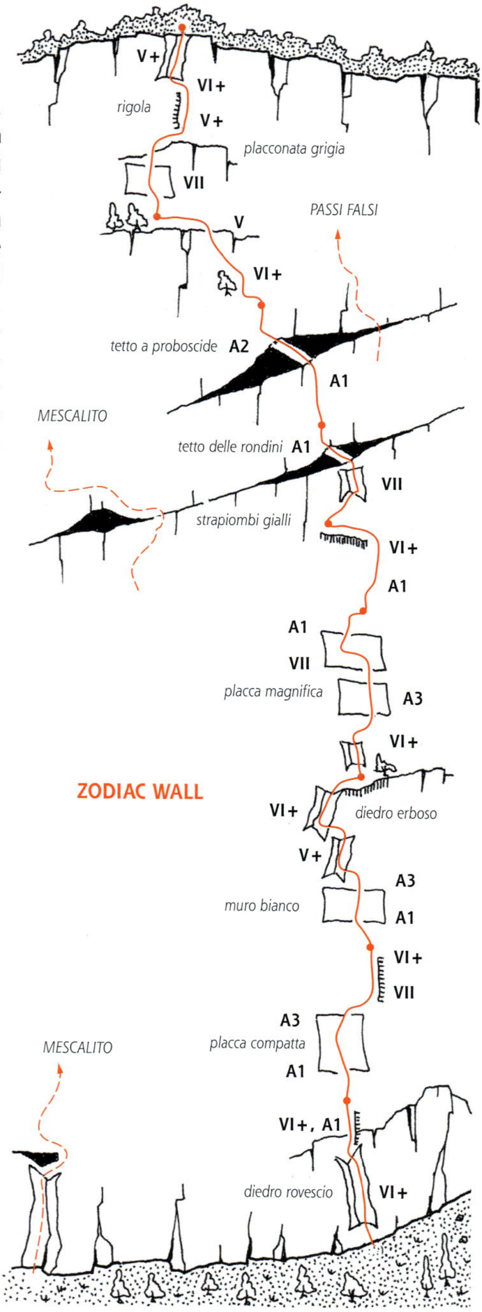

42 PASSI FALSI ★★★★

P. Calzà 1996

240 m. (7L)

7a (6b obb.)/S2/II

Stupendo itinerario sportivo lungo solidissime placche. Tutte le lunghezze sono belle, sostenute e continue soprattutto il muro giallo del quinto tiro che offre un'arrampicata entusiasmante su ottime prese. La traversata di 7a sopra i tetti si può fare in A0, e porta ad una sosta incredibilmente esposta. Meraviglioso è anche il tiro finale: una lunghissima placconata grigia molto lavorata dall'acqua.

Attacco: dal diedro della via "Mescalito", traversare ancora verso destra seguendo il sentiero che poco dopo inizia a salire. Costeggiare la parete fino ad una placca grigia con visibili degli spit (Ricci e Capricci) e dei chiodi a pressione (Cismon '93) . Salire ancora di poco e prendere una cengia che entra in parete verso sinistra.

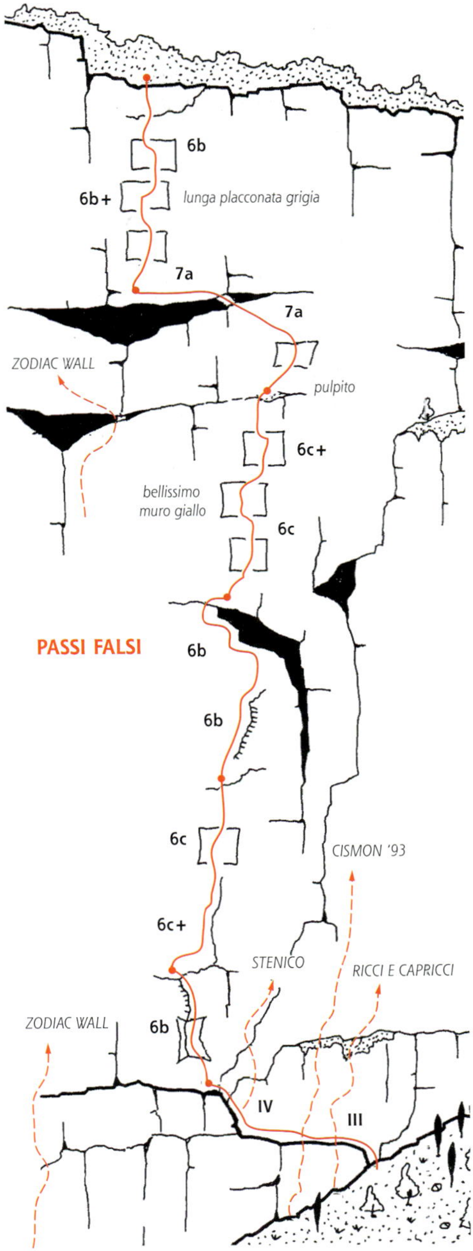

43 MARINO STENICO★★★

G. Stenghel, G. Vaccari, R. Vettori 1978
180 m. (5L)
VI+, VII (A0)/R1/II

Storica salita che vince il perfetto diedro che solca il fianco destro della parete. Arrampicata decisamente atletica in diedri molto lunghi e continui, purtroppo però la roccia è molto levigata dalle infinite ripetizioni. Molto faticoso, ma ben appigliato è lo strapiombo del quarto tiro. Per il diedro dell'ultimo tiro possono ritornare utili alcuni stopper o friends grandi. Usciti dalla via, percorrere verso destra la cengia alberata che tra vari sali e scendi porta alla ferrata. In questo tratto, conviene rimanere legati e proseguire in conserva rinviando i vari arbusti.
Attacco: come per "Passi falsi", il primo tiro è in comune.

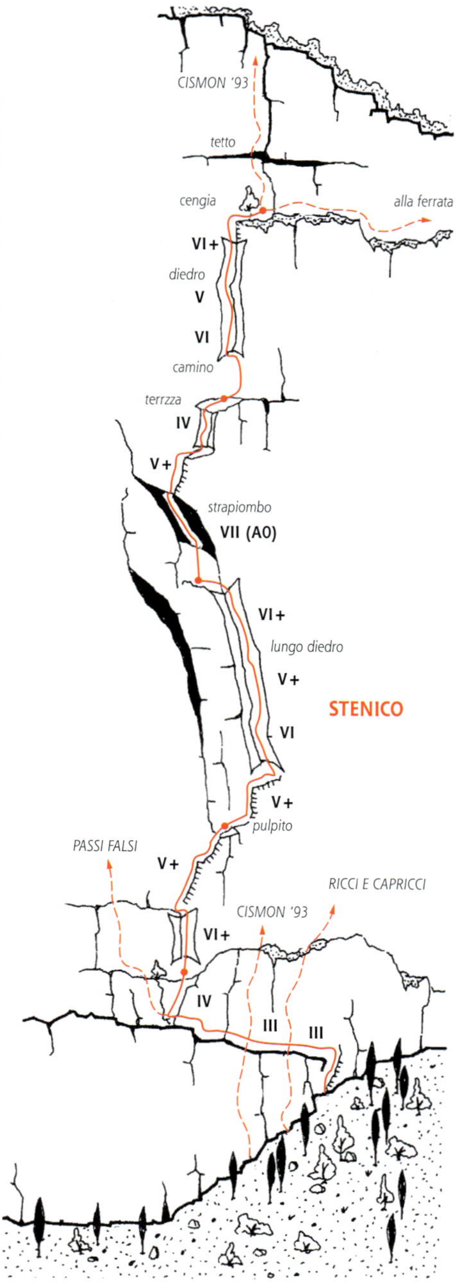

44 CISMON '93 ★★★★

U. Marampon 1993
250 m (7L)
A1, A2/R2/II

Bella arrampicata, per i veri amanti dell'artificiale, in tipico stile Marampon. La linea è molto estetica ed esposta, segue quell'affilato spigolo a destra del diedro della via "Stenico". Roccia ottima e arrampicata divertente. È completamente attrezzata con chiodi a pressione. Molto spesso però, i chiodi sono molto lontani, è consigliabile quindi portarsi una "prolunga" per essere più veloci nei passaggi. Ottima salita da sfruttare nelle fredde giornate invernali.

Attacco: come per "Passi falsi". Attaccare per gli evidenti chiodi a pressione visibili sulla placca grigia.

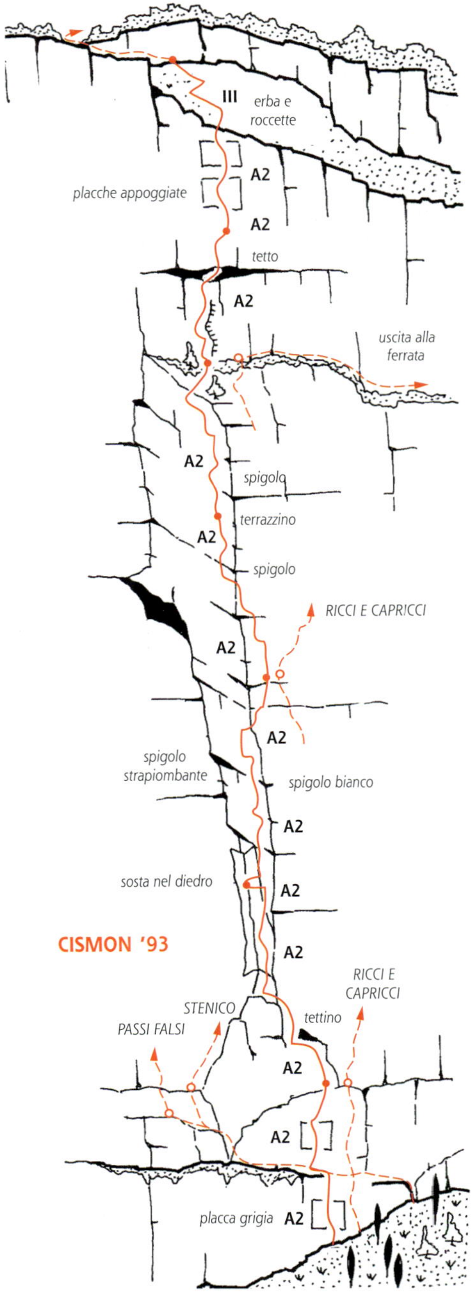

45 RICCI E CAPRICCI ★★★

P. Calzà, E. Parisi 1992
150 m. (5L)
7a (6c obb.)/S2/II

Itinerario sportivo bello e divertente. Si sviluppa attraverso quel muro verticale e compatto a destra della via "Cismon '93". Per la discesa, o attraversare alla ferrata come per la via "Stenico", oppure in doppia dalla via.

Attacco: come per "Passi falsi", attaccare per gli evidenti spit visibili sulla placca grigia.

46 ASPETTANDO MARTINO ★★★★

Ufficio Guide Alpine Arco 1998
180 m. (6L)
5c (5a obb.)/S2/I

Bella, facile e divertente arrampicata. Molto articolata, segue un logico sistema di diedri e cenge all'estrema destra della parete.

Attacco: come per "Passi falsi", salire ancora lungo il sentiero fino ad una terrazza ghiaiosa. Attaccare la parete per una rampa erbosa.

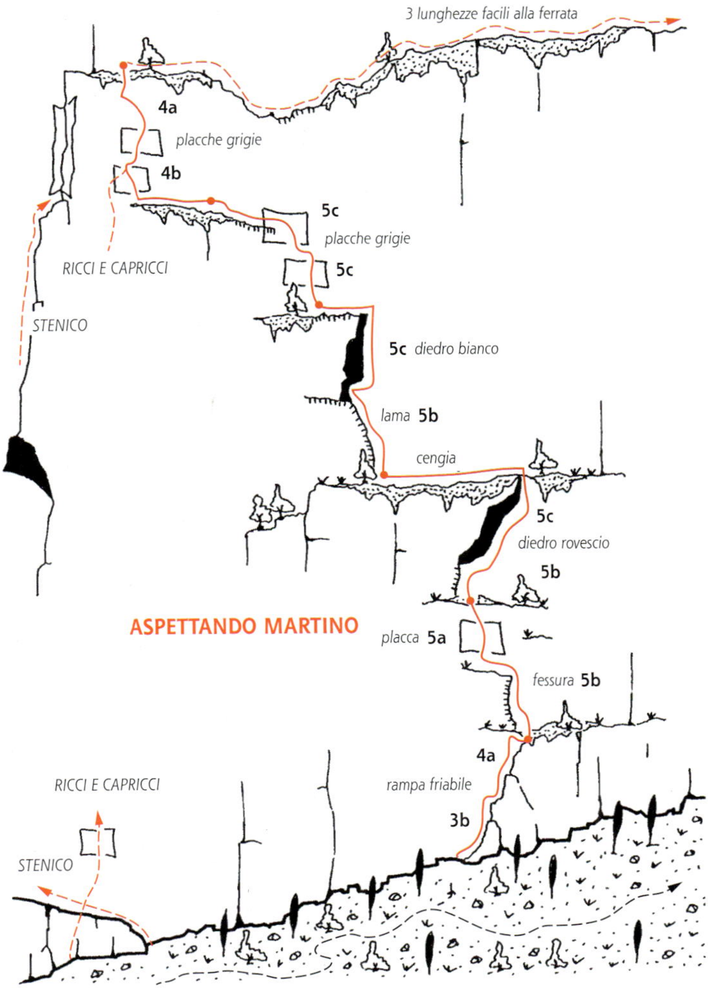

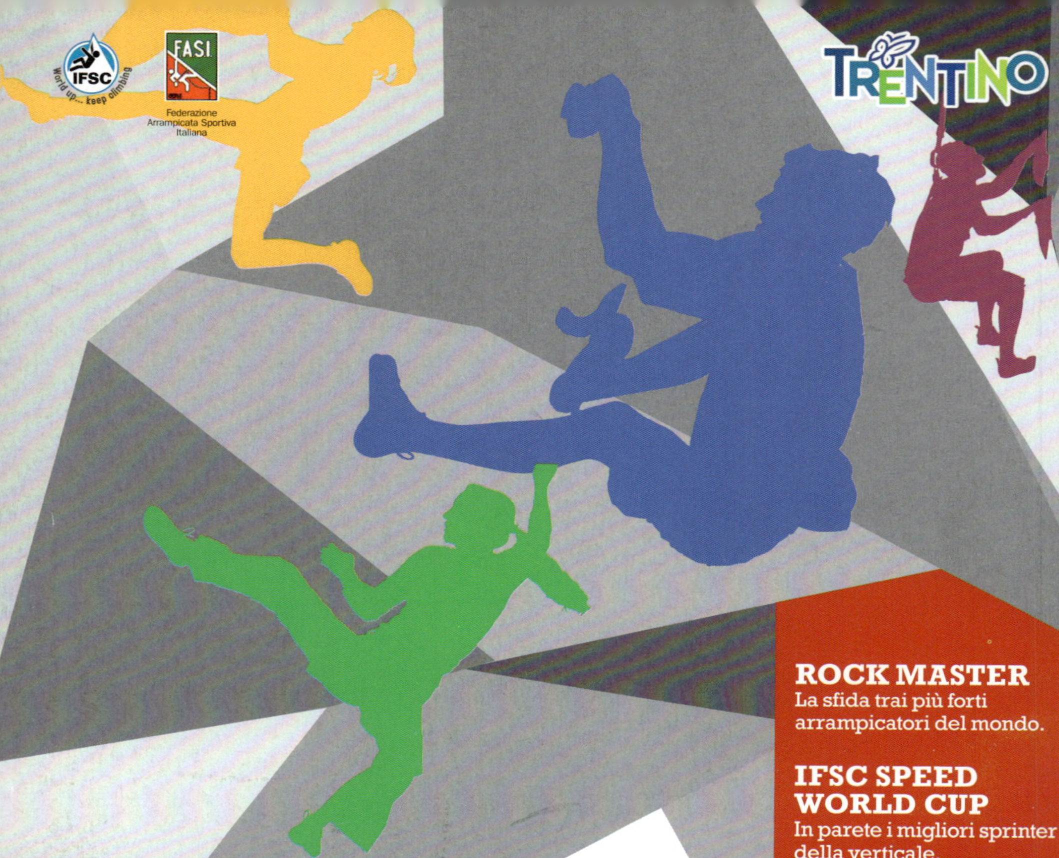

FESTIVAL ROCK master

Arco Garda Trentino
www.rockmasterfestival.it

ROCK MASTER
La sfida trai più forti arrampicatori del mondo.

IFSC SPEED WORLD CUP
In parete i migliori sprinter della verticale.

ARCOROCK LEGENDS
Premiazione delle personalità che hanno segnato la storia dell'arrampicata.

ROCKJUNIOR KID'S & FAMILY ROCK
Festival Internazionale dell'arrampicata giovanile.

PARACLIMBING CUP
Competizione Internazionale per atleti disabili.

ROCKMASTER VILLAGE
Il punto di incontro per tutti gli appassionati, intrattenimento, test, attività guidate.

Regione Autonoma Trentino Alto Adige
Provincia Autonoma di Trento
Comune di Arco
North Lake GARDA Trentino · Italia
Comunità Alto Garda e Ledro
Bacino Imbrifero Montano Sarca · Mincio · Garda

technical sponsor
sintgrips www.sint-grips.com
LA SPORTIVA
CAMP
SALEWA